Rainer Gievers

Das Praxisbuch

Xiaomi Redmi Note 15 (5G) & Redmi Note 15 Pro (5G)

Anleitung für Einsteiger

www.das-praxisbuch.de

Vorwort

Xiaomi (ausgesprochen als »schau-mie«) ist erst seit 2019 offiziell auf dem deutschen Markt vertreten. Inzwischen zählt der Hersteller zu den drei größten Handy-Marken in Deutschland. Während andere Hersteller sich auf wenige Modelle beschränken, ist Xiaomi für ein umfangreiche Produktpalette bekannt, die alle Kundenansprüche abdeckt.

Wenn Sie bereit sind, Ihren Arbeitsstil an einige Besonderheiten des Handys anzupassen, können Sie mit dem Handy viele Dinge wie E-Mail-Verwaltung, Anzeige und Bearbeitung von Dokumenten, Terminplanung usw. auch unterwegs durchführen, ohne ein Notebook dafür mitführen zu müssen.

Dieses Buch ist entstanden, um den Anwender Schritt für Schritt von den Grundlagen bis zur optimalen Nutzung der vorinstallierten Anwendungen zu begleiten. Darüber hinaus teilen wir wertvolle Tipps aus unserer mehr als 30-jährigen Erfahrung mit Smartphones, die Sie weder im Internet noch in anderen Büchern finden werden.

Für dieses Buch standen uns das Redmi Note 15 und das Redmi Note 15 Pro 5G zur Verfügung. Die anderen Modelle dürften nur geringfügig im Funktionsumfang abweichen.

Wir empfehlen, die ersten beiden Kapitel zur Ersteinrichtung und zur Benutzeroberfläche durchzuarbeiten, auch wenn Sie vielleicht schon mal mit einem Android-Handy gearbeitet haben. Auf die unvermeidlichen Fachbegriffe, die dabei erläutert werden, setzen dann die weiteren Kapitel auf.

Falls Sie im Buch irgendwo einen Fehler entdecken, schicken Sie bitte eine E-Mail an *info@das-praxisbuch.de.*

Rainer Gievers, im Januar 2026

1. Auflage vom 31.01.2026

Ebook

Dieses Buch steht seinem Käufer auch als farbiges Ebook zum kostenlosen Download zur Verfügung. Es kann mit jedem PDF-Programm (zum Beispiel »Adobe Acrobat«) angezeigt und ausgedruckt werden.

Für den Download rufen Sie in Ihrem Webbrowser auf dem PC oder Handy bitte folgende Webadresse auf (beachten Sie bitte hierzu unsere Datenschutzhinweise unter *www.das-praxisbuch.de/impressum/datenschutz.php*):

`www.das-praxisbuch.de/download`

Geben Sie bitte folgenden Code (Groß- und Kleinschreibung beachten) ein:

`73R-AvC-wjW-thY-4C`

Sollten Sie Probleme mit der Codeeingabe oder dem Herunterladen haben, dann schreiben Sie uns bitte eine E-Mail an service@das-praxisbuch.de. Wir helfen gerne weiter!

Hinweis

ISBN 978-3-96469-314-3

Aufbau der Kapitel

- Damit Sie erkennen, welche Bildschirmkopie zu welchem Erläuterungstext gehört, sind die Texte mit Zahlen (❶,❷,❸) durchnummeriert.
- Webadressen, Menübezeichnungen und verwiesene Kapitel sind *kursiv* gesetzt.
- Verschachtelte Menüs werden durch »/« gekennzeichnet. Somit bedeutet zum Beispiel ⁝/*Einstellungen*, dass Sie das Menü aktivieren und dort auf *Einstellungen* gehen.
- Auch Verzeichnis- und Dateinamen, sowie Webadressen sind in Kursivschrift gesetzt.

In den Rahmen sind weiterführende Infos zum jeweiligen Thema untergebracht.

1. Inhaltsverzeichnis

2. Einführung

Vielleicht gehören Sie auch zu den Anwendern, die sich bisher mit einem Einfach-Handy zufrieden gegeben haben und nun erstmals ein sogenanntes Smartphone nutzen. Alternativ besitzen Sie schon seit geraumer Zeit ein Smartphone, verwenden darauf aber derzeit nur die Telefonie-Funktionen.

Was aber ist ein **Smartphone**? Darunter versteht man ein Mobiltelefon, das neben der Telefonie noch weitere Funktionen mitbringt, die sonst nur PCs aufweisen, beispielsweise Kontakt- und Teminverwaltung, Musikabspielgerät, Internet usw. Von wenigen Billig-Handys abgesehen, die für maximal 50 Euro angeboten werden, sind übrigens genau genommen inzwischen fast alle Smartphones.

Die Betriebssoftware, sozusagen das Herz Ihres Handys, ist das von Google entwickelte **Android**. Es erfüllt die gleichen Aufgaben wie das Windows-Betriebssystem auf Ihrem PC oder Notebook.

2.1 Das ist bei Android anders

Dieses Kapitel soll kurz die Unterschiede zwischen den »alten« Handys und den modernen Smartphones beleuchten.

Schon bei der ersten Inbetriebnahme gibt es den ersten Unterschied: Während früher ein Handy nach dem Einschalten und der PIN-Eingabe sofort betriebsbereit war, müssen Sie bei einem Android-Handy erst Ihren Internetzugang einrichten. Überhaupt empfiehlt es sich, einen Blick auf den Mobilfunkvertrag zu werfen, denn dieser muss auch eine **Internetflatrate** (Datenvertrag) beinhalten. Sie zahlen dann nur einen festen Betrag für die Internetnutzung und keinen nutzungsabhängigen – Letzteres ist meist extrem teuer. Auf dieses Thema gehen wir übrigens später noch genauer ein.

Bereits beim ersten Einschalten eines Android-Handys richten Sie die Internetverbindung ein.

Eine permanente Internetverbindung ist für Android-Handys wichtig. Natürlich sind Webbrowser und E-Mail-Anwendung ohne Internetanbindung unbrauchbar – aber wussten Sie, dass sogar Programme, von denen Sie es nie erwarten würden, aufs Internet angewiesen sind? Ihr Android-Handy speichert beispielsweise auch Ihre Kontakte, Termine, Lesezeichen des Chrome-Browsers, Ihre Fotos und Videos und vieles mehr im Internet. Das hört sich zunächst erst einmal ungewohnt an, hat aber für Sie durchaus Vorteile, wie wir unten noch zeigen werden. Ihre persönlichen Daten landen natürlich nicht einfach frei im Internet, sondern sind geschützt vor fremden Zugriff.

Den Speicherort für Ihre Daten legen Sie übrigens bereits bei der ersten Inbetriebnahme Ihres Android-Handys fest. Es handelt sich dabei um Ihr sogenanntes **Google-Konto**. Dieses hat immer das Format *IhrName@gmail.com*. Dabei ist *IhrName* ein von Ihnen frei wählbarer Name, erlaubt sind zum Beispiel die Kontonamen *hans.mueller@gmail.com, hansmuell25@gmail.com oder mueller201@gmail.com.*

Ihr Google-Konto erstellen Sie direkt nach der Interneteinrichtung beim ersten Einschalten Ihres Android-Handys. Den Kontonamen dürfen Sie frei wählen.

Nicht jeder ist darüber glücklich, dass seine Daten bei Google gespeichert werden. Google informiert aber sehr offen darüber und fragt gegebenenfalls nach Ihrer Zustimmung. Natürlich dürfen Sie auch ablehnen, aber ohne Google-Konto müssen Sie auf viele Komfortfunktionen verzichten. Dazu zählt auch die nachträgliche Installation von weiteren nützlichen Programmen aus dem Play Store.

2.2 Das Google-Prinzip

Wie bereits erwähnt, sammelt Google systematisch Ihre Daten, denn Ihr Android-Gerät lädt alle Ihre Kontakte, Termine, Browser-Lesezeichen, Fotos usw. auf Google-Server im Internet hoch. Sie können das natürlich teilweise verhindern, indem Sie erst gar kein Google-Konto auf dem Handy einrichten. Allerdings steht Ihnen ohne Google-Konto der Play Store nicht zur Verfügung, über den Sie weitere Programme installieren.

In der Praxis halten wir die Datensammlung durch Google für unproblematisch, da Google strenges EU-Recht einhalten muss. Trotzdem empfehlen wir, das automatische Hochladen von Fotos und Videos auf Google-Server zu deaktivieren. Nach unseren Informationen überprüft Google diese Medien mithilfe von KI auf potenziell unerlaubte Inhalte. Dabei kann es im Falle eines Fehlalarms zur Sperrung Ihres Google-Kontos kommen. Zudem ist der kostenlose Speicherplatz Ihres Google-Kontos auf 15 Gigabyte begrenzt, was durch das Hochladen von Fotos und Videos schnell ausgeschöpft sein kann.

2.3 Die SIM-Karte

Ihr Handy unterstützt zwei Arten des Internetzugangs:

- Über das Mobilfunknetz: Prüfen Sie, wie viel Internet-Datenvolumen in Ihrem Mobilfunkvertrag enthalten ist. Für die gelegentliche Nutzung des Internets unterwegs sind 2 Gigabyte (GB) in der Regel ausreichend. Wird das Datenvolumen überschritten, drosselt der Netzbetreiber die Übertragungsgeschwindigkeit. Dies macht sich beispielsweise durch langsames Laden von Webseiten im Webbrowser oder ruckelnde Videowiedergabe mit YouTube bemerkbar. Beachten Sie dabei, dass auch die Qualität der Mobilfunkverbindung Einfluss auf die Geschwindigkeit haben kann.
- Über WLAN: Wie Ihnen bekannt sein dürfte, lässt sich das Internet mit Ihrem Handy über WLAN nur zuhause beziehungsweise an ausgewiesenen WLAN-Zugangspunkten in Hotels, Bars usw. verwenden.

Eine neue SIM-Karte wird immer als große Plastikkarte geliefert. Vorgestanzt sind darin Mini-SIM, Micro-SIM und Nano-SIM, wovon Sie die Nano-SIM (Pfeil) vorsichtig herausbrechen.

Neben der physischen SIM-Karte gibt es seit einigen Jahren auch die sogenannte eSIM. Das »e« steht dabei für »embedded«, also »eingebaut«. Die eSIM ist in Form eines Chips im Handy integriert und wird durch Software aktiviert und verwaltet. Statt eine physikalische SIM-Karte einzulegen, muss man einfach einen vom Mobilnetzbetreiber zur Verfügung gestellten Code zur Aktivierung der eSIM eingeben oder die eSIM online aktivieren.

Ein riesiger Vorteil der eSIM ist, dass man damit mehrere Verträge gleichzeitig auf dem Handy nutzen kann, zwischen denen man bei Bedarf umschaltet. Wer häufig außerhalb Europas reist, wird die Möglichkeit schätzen lernen, in den jeweiligen Ländern einen eSIM-Vertrag abzuschließen, mit dem man Roaming-Kosten spart. Das nervige Austauschen der SIM-Karte gehört damit der Vergangenheit an!

Die Mobilnetzbetreiber bieten den – teilweise kostenlosen – Wechsel zwischen normaler SIM und eSIM an. Beachten Sie allerdings, dass das Handy auch die eSIM unterstützen muss. Bei der Redmi Note 15-Serie ist dies beim Redmi Note 15 Pro 5G und Redmi Note 15 Pro+ 5G der Fall. Nicht unterstützt werden dagegen Redmi Note 15 Pro und Redmi Note 15.

Bei der Einrichtung Ihres Handys mit eSIM folgen Sie einfach den später beschriebenen Schritten. Sollten Sie die eSIM-Freischaltung während der Ersteinrichtung versehentlich überspringen, können Sie diese jederzeit nachträglich über die Geräteeinstellungen vornehmen. Bitte beachten Sie, dass für die Einrichtung zwingend eine WLAN-Verbindung erforderlich ist, da das Gerät in diesem Schritt auf eine Internetverbindung angewiesen ist, die nicht über das Mobilfunknetz hergestellt werden kann.

Wenn Sie später mal das Handy wechseln, haben Sie übrigens zwei Möglichkeiten, die eSIM auf das neue Gerät zu übernehmen: Entweder Sie nutzen eine Transferoption auf dem alten Handy oder – was möglicherweise einfacher ist – sperren einfach die alte eSIM über die Webseite oder Handy-App Ihres Netzbetreibers. Anschließend beantragen für das neue Handy eine neue eSIM, was in der Regel kostenlos ist.

So legen Sie die SIM-Karte ein: Sie drücken mit dem beiliegenden Stechwerkzeug die Schublade durch das kleine Loch **in** der Schublade heraus. Die Schublade finden Sie auf der Unterseite. Stechen Sie bitte nicht in das Loch neben der Schublade (Redmi Note 15), weil Sie damit das Handy beschädigen könnten!

Legen Sie die SIM-Karte in das kleine Fach ein, mit der beschrifteten Seite nach unten. Beim Redmi Note 15 Pro gestaltet sich dies etwas kniffliger: Die SIM-Karte sollte mit der Einkerbung nach außen zeigen (siehe Kreismarkierung).

Beim Einschieben der Schublade ins Handy ist besondere Vorsicht geboten. Achten Sie darauf, dass die SIM-Karte nicht herausfällt oder verrutscht.

Hinweis: Die Handhabung und Installation der SIM-Karte setzt etwas Geschick voraus. Sollten Sie sich unsicher sein, überlassen Sie dies am besten einer kundigen Person.

2.4 Das Netzteil

Da Xiaomi – wie viele andere Hersteller auch – inzwischen kein Netzteil mehr bei seinen aktuellen Handys mitliefert, gehen wir in diesem Kapitel darauf ein, wie Sie die Stromversorgung sicherstellen.

Ihrem Handy liegt ein **USB-C-auf-USB-A-Kabel** bei. Sie können damit das Handy an einem PC oder ein Notebook mit USB-A-Buchse zum Aufladen anschließen. USB-Anschlüsse liefern oft weniger Strom als herkömmliche Ladegeräte. Ein USB-2.0-Port gibt typischerweise nur 500 mA ab, während USB-3.0-Ports bis zu 900 mA liefern können. Im Vergleich dazu bieten Netzteile für Smartphones häufig 1 A oder mehr, was zu schnelleren Ladezeiten führt. Der Akku Ihres Handys wird automatisch aufgeladen, sobald Sie es am PC/Notebook anschließen.

Beachten Sie, dass sich inzwischen USB-C auch bei PCs durchsetzt, das heißt, Sie benötigen eventuell ein **USB-C-auf-USB-C-Kabel** für den Anschluss.

Sie haben noch ein Handy-Netzteil herumliegen? Egal, ob es von Samsung, Motorola, Nokia oder einem anderen Hersteller stammt, meistens lässt es sich problemlos am Xiaomi-Handy verwenden.

Bevor Sie ein Netzteil mit dem Handy verbinden, sollten Sie dessen Leistungsangaben kontrollieren.

Unter OUTPUT (engl. »Ausgabe«) sind bei diesem Samsung-Netzteil die folgenden Angaben zu finden: 9.0 V ⎓ 1.67 A or 5.0 V ⎓ 2.0 A.

Für uns interessant ist in diesem Zusammenhang nur »5.0 V ⎓ 2.0 A«, was zu Deutsch heißt: Es werden 5,0 Volt Gleichstrom mit 2,0 Ampere abgegeben.

Sofern Sie »5.0 V ⎓« vorfinden, dürfte es keine Probleme geben. Bei den Ampere-Angaben gilt: »Je höher, desto schneller wird geladen«.

Das Handy sollte – auch im ausgeschalteten Zustand – nach maximal 10 Sekunden eine Ladeanimation anzeigen. Ist das Handy eingeschaltet, dann hören Sie zusätzlich einen kurzen Signalton. Wenn das nicht der Fall ist oder sich das Handy deutlich erhitzt, dann sollten Sie USB-Kabel und Netzteil austauschen.

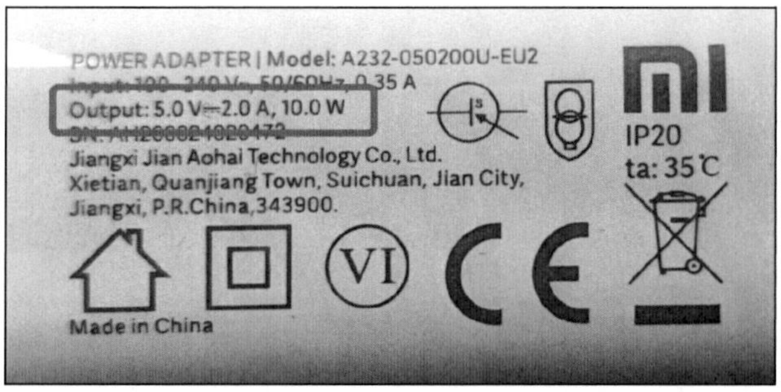

Auch bei diesem Netzteil eines Drittanbieters erwarten wir keine Probleme:

»Output: 5.0 V ⎓ 2.0 A 10.0W«.

Die Watt-Angabe – ergibt sich aus der Multiplikation von V(olt) und Ampere – brauchen Sie nicht zu beachten.

Das Aufladen mit einem Standardnetzteil, das nur 10 Watt liefert, dauert Ihnen zu lange? Dann empfehlen wir Ihnen ein Schnelllade-Netzteil.

Folgende maximale Ladeleistungen sind möglich:

- Redmi Note 15: 45 Watt
- Redmi Note 15 5G: 45 Watt
- Redmi Note 15 Pro 5G: 45 Watt
- Redmi Note 15 Pro+ 5G: 120 Watt

Sie können zwar ein 120 Watt-Netzteil beispielsweise am Redmi Note 15 anschließen, die Ladegeschwindigkeit bleibt aber auf 45 Watt beschränkt.

Neben Xiaomi bieten auch Dritthersteller Netzteile mit unterschiedlicher Ladeleistung an. Wir raten allerdings zu Original Xiaomi-Produkten. Achten Sie darauf, dass ein passendes Anschlusskabel beiliegt, falls das Netzteil nur eine USB-C-Buchse hat.

Wichtig: Kaufen Sie Netzteile nur beim Fachhändler oder einer Elektronikkette, aber niemals bei Amazon, Ebay oder auf Online-Flohmärkten. Es besteht sonst die Gefahr, dass Ihnen ein gefälschtes Netzteil angedreht wird! Fälschungen entsprechen nicht immer den gängigen Sicherheitsbestimmungen und könnten das Handy beschädigen.

3. Erster Start

Beim ersten Einschalten richten Sie den Internetzugang über WLAN, Ihr Google-Konto und einige andere Dinge ein.

> **Hinweis**: Falls Sie bereits den Assistenten durchlaufen haben und schon Ihr Gerät nutzen, sollten Sie im Kapitel *4 Grundlagen der Bedienung* weiterlesen. Wo es in diesem Buch darauf ankommt, gehen wir auf die im Assistenten vorgenommenen Einstellungen nochmals ein. Sie verpassen also nichts!

❶ Geben Sie zuerst die SIM-PIN ein, damit sich das Xiaomi-Handy ins Mobilfunknetz einbucht. Schließen Sie Ihre Eingabe mit der ✓-Schaltfläche neben dem Eingabefeld ab.

❷ Sollte sich zwischendurch der Bildschirm ausschalten, dann betätigen Sie kurz den Ein-/Ausschalter auf der rechten Geräteseite. Es wird dann der sogenannte Sperrbildschirm angezeigt, auf dem Sie eine Wischgeste durchführen. Dazu halten Sie den Finger an beliebiger Stelle auf das Display und ziehen sofort nach oben. Heben Sie danach den Finger sofort an.

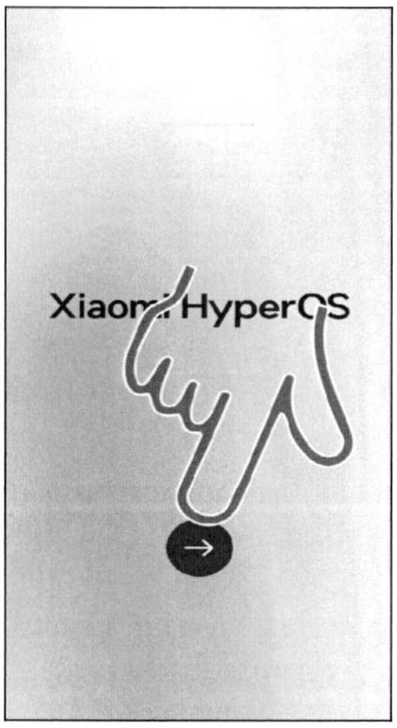

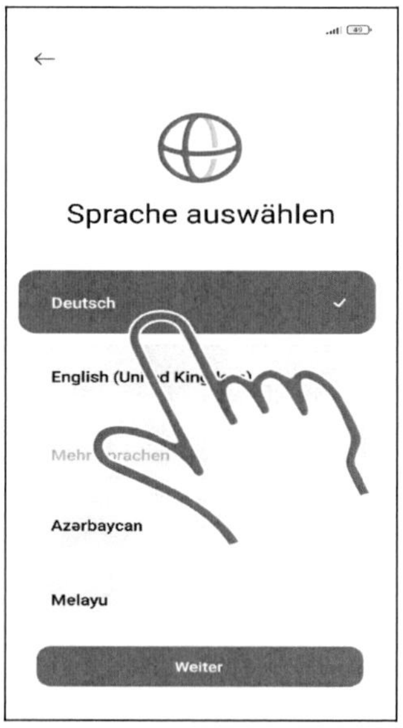

❶ Tippen Sie auf die Schaltfläche im unteren Bildschirmdrittel.

❷ Falls nicht *Deutsch* als voreingestellte Sprache angezeigt wird, müssen Sie dies erst auswählen.

❸ Betätigen Sie dann *Weiter.*

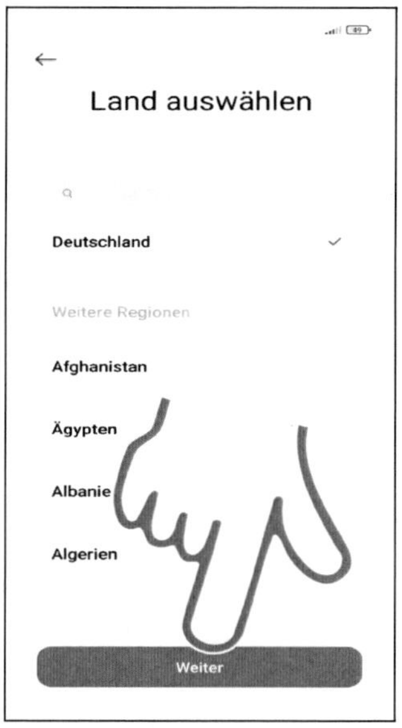

❶ Im nächsten Bildschirm sollte bereits *Deutschland* ausgewählt sein. Gehen Sie ebenfalls auf *Weiter.*

❷ Halten Sie den Finger auf den Text und wischen Sie nach oben.

❸ Aktivieren Sie durch Antippen das Abhakkästchen (Pfeil). Sie müssen nun mit *Weiter* die Geschäftsbedingungen akzeptieren.

❶ **Beachten Sie beim *Mit einem anderen Gerät einrichten***-Bildschirm: Sofern Sie von einem älteren Smartphone (Android oder iPhone) umsteigen, das noch funktionsfähig ist, können Sie dessen Daten übernehmen. Lesen Sie in diesem Fall im Kapitel *3.1 Automatische Datenübernahme* weiter.

❷ Gehen Sie andernfalls auf *Überspringen.*

❸ Falls Sie keine SIM-Karte in das Handy eingelegt hatten und es mit einer eSIM nutzen möchten, betätigen Sie hier *eSIM aktivieren*.

Hinweis zur Datenübernahme von einem anderen Android-Handy: Auch wenn Sie nicht die oben erwähnte Funktion *Mit einem anderen Gerät einrichten* nutzen, werden später alle Ihre Daten aus einem vorhandenen Google-Konto übernommen.

❶❷ Als Nächstes stellen Sie den genutzten WLAN-Zugangspunkt ein. Tippen Sie dafür kurz einen der gefundenen Zugangspunkte in der Liste an, geben Sie das zugehörige Kennwort ein und betätigen Sie *Verbinden.*

❸ Betätigen Sie *Weiter.*

Der »Zeigefinger« weist im Buch häufig auf Schaltflächen hin, die Sie antippen müssen.

In diesem Buch unterscheiden wir zwischen »Antippen«, was immer ein kurzes Antippen heißt und längerem Tippen und Halten mit dem Finger. Wenn Sie den Finger lange auf einem Bildschirmelement gedrückt halten müssen, weisen wir immer explizit darauf hin.

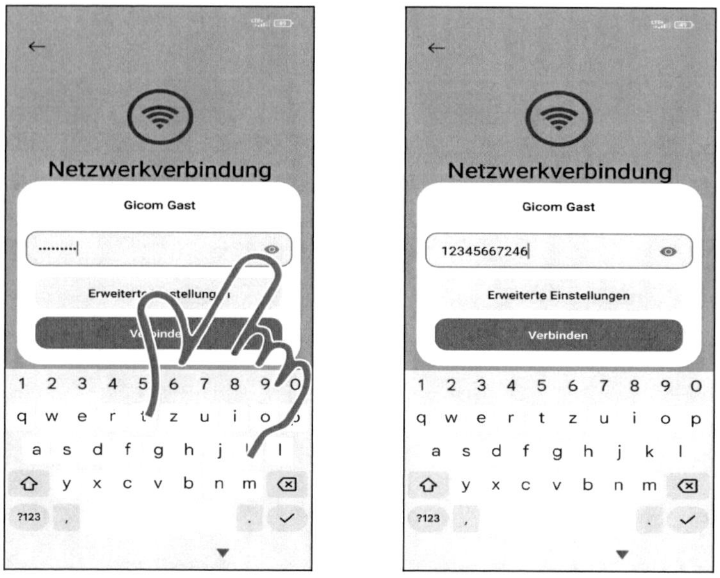

❶❷ Tipp: Das Handy erleichtert Ihnen bei Bedarf die Passworteingabe: Antippen von 👁 deckt das Passwortfeld auf.

Lesen Sie im Kapitel *3.2 Vorhandenes Google-Konto* weiter.

3.1 Automatische Datenübernahme

Sie haben ein älteres Smartphone? Dann können Sie dessen Daten und Programme automatisch herüber kopieren lassen und sparen sich somit einige Einrichtungsschritte. Wichtig ist, dass Sie das alte Handy neben sich liegen haben, weil Sie dort die Datenübernahme bestätigen müssen.

Im Folgenden gehen wir davon aus, dass Ihr altes Handy mit Android läuft. Es muss eingeschaltet und mit dem Internet verbunden sein. Entsperren Sie es gegebenenfalls und lassen den Startbildschirm angezeigt.

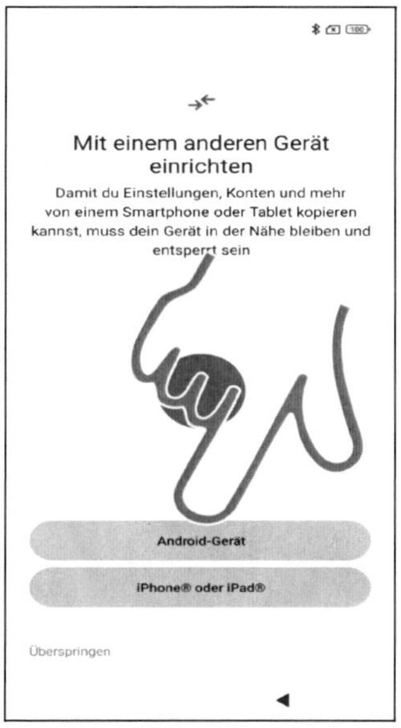

❶ Betätigen Sie *Android-Gerät.*

❷ Das neue Handy zeigt einen QR-Code an.

❸ Rufen Sie nun auf dem alten Handy eine Anwendung auf, mit der Sie den QR-Code scannen können, beispielsweise die im Kapitel *23.5 Scanner (QR Codes lesen)* vorgestellten Funktionen. Tippen Sie den angezeigten Link beziehungsweise *Link öffnen* an.

Häufig erkennt das alte Handy übrigens automatisch, dass seine Daten übernommen werden sollen und zeigt den Hinweis »*Neues Gerät einrichten*« an. Betätigen Sie dann *Einrichten.*

❶ Altes Handy: Zeigt Erfolgsmeldung.

❷ Geben Sie das Passwort zu Ihrem Google-Konto ein und betätigen Sie die Pfeil-Schaltfläche unten rechts auf dem Tastenfeld.

Nur beim Redmi Note 15 Pro: Wenn Sie keine SIM-Karte eingelegt haben, weil Sie eine eSIM nutzen möchten, betätigen Sie jetzt *eSIM aktivieren*.

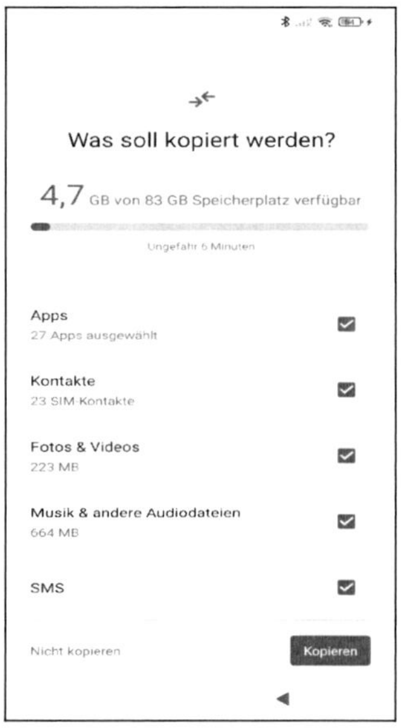

➊ Betätigen Sie *Weiter*.

➋ Erneut müssen Sie sich etwas gedulden…

➌ Im folgenden Bildschirm brauchen Sie keine Änderungen durchzuführen und betätigen *Kopieren*.

Folgen Sie den Anweisungen im Kapitel *3.4 Weitere Einrichtung* (falls in dem Kapitel mal ein Bildschirm von dem im Buch abweicht, wählen Sie die für Sie sinnvolle – sie können nichts kaputt machen!).

3.2 Vorhandenes Google-Konto

Dieses Kapitel sollten Sie durcharbeiten, wenn Sie schon mal ein Android-Handy genutzt haben, dieses aber defekt oder nicht mehr vorhanden ist.

Falls Sie nicht wissen, was ein Google-Konto ist, oder bisher noch kein Android-Gerät genutzt haben, lesen Sie bitte im Kapitel *3.3 Neues Google-Konto* weiter.

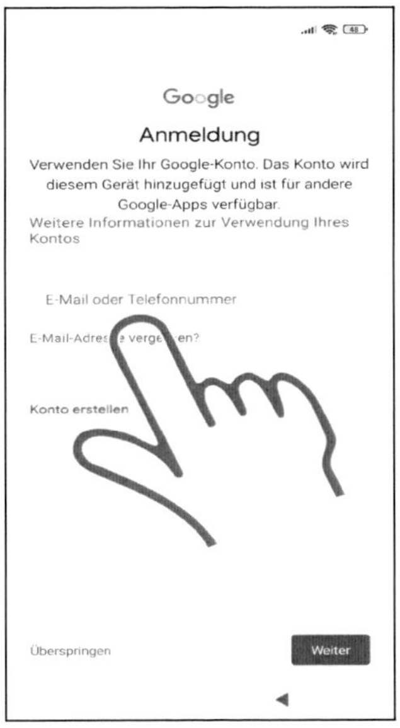

➊ Tippen Sie in das Eingabefeld.

➋ Geben Sie Ihren Google-Konto-Namen (Eingabe des Namens vor *@gmail.com* reicht aus) ein und gehen Sie auf *Weiter.*

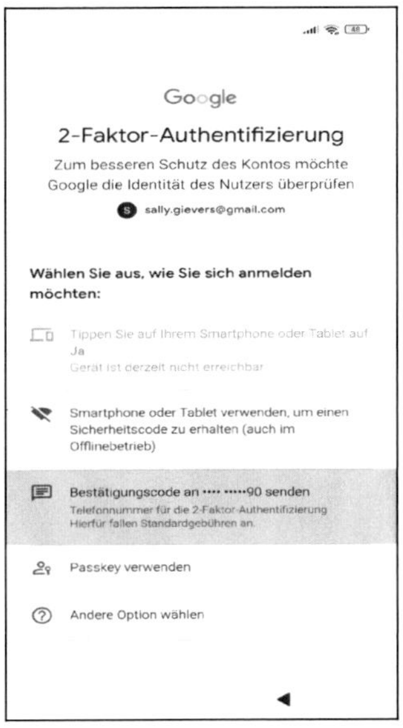

➊ Erfassen Sie das Passwort Ihres Google-Kontos und gehen Sie erneut auf *Weiter.*

➋ Sie müssen sich nun authentifizieren. Sofern Ihnen ein Handy oder Tablet zur Verfügung steht, auf dem Sie mit dem gleichen Google-Konto angemeldet sind, wie auf dem gerade einzurichtenden Xiaomi Redmi, wählen Sie die erste oder zweite Option. In unserem Beispiel lassen wir uns einen Code per SMS an ein anderes Handy senden – dabei verwendet Google die Rufnummer der SIM-Karte, die Sie zuletzt genutzt hatten.

➌ Betätigen Sie *Weiter.*

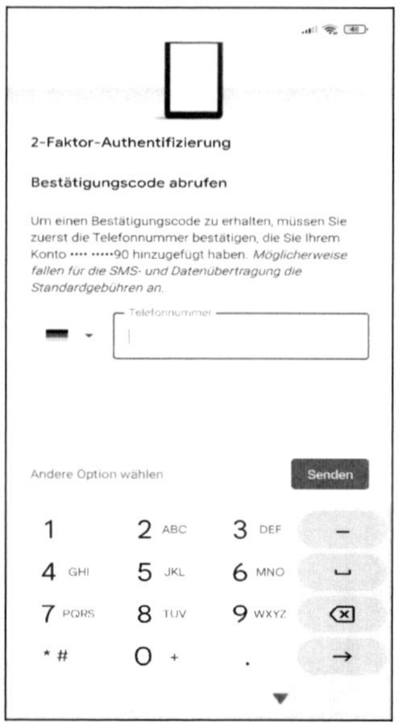

➊ Zur Sicherheit müssen Sie die im Konto hinterlegte Handynummer eingeben. Betätigen Sie dann *Senden*.

➋ Geben Sie den empfangenen Code ein und gehen Sie auf *Weiter*.

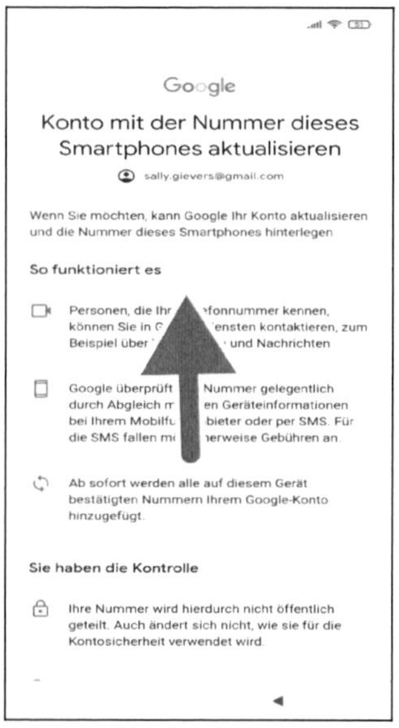

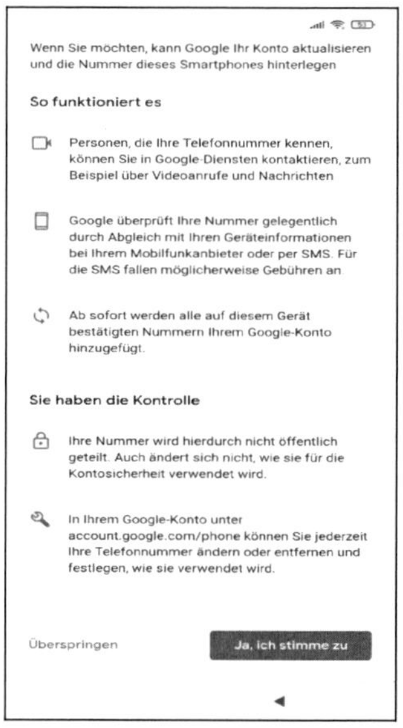

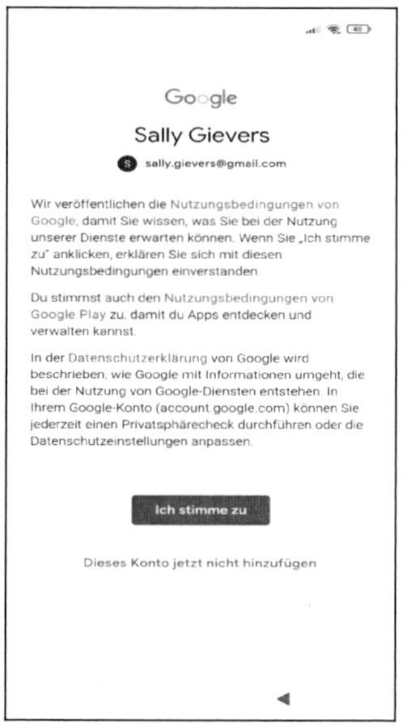

➊➋ Sofern Sie die SIM-Karte bisher noch nicht mit Ihrem Google-Konto verwendet haben, erscheint dieser Bildschirm. Wischen Sie mit dem Finger auf dem Bildschirm nach oben und gehen Sie auf *Ja, ich stimme zu*.

➌ *Ich stimme zu* betätigen Sie als Nächstes.

Lesen Sie im Kapitel *3.4 Weitere Einrichtung* weiter.

3.3 Neues Google-Konto

Dieses Kapitel müssen Sie durchzuarbeiten, wenn Sie noch kein sogenanntes Google-Konto besitzen. Dies ist in der Regel der Fall, wenn Sie bisher noch nie ein Android-Handy oder Tablet genutzt haben.

Das Google-Konto hat das Format einer E-Mail-Adresse und immer die Endung *@gmail.com*, beispielsweise *sally.gievers@gmail.com*. Vom Handy wird das Google-Konto verwendet, um eine Sicherung Ihrer Daten auf Google-Servern durchzuführen.

> Beachten Sie, dass bei Ihnen die Bildschirmabbildungen eventuell etwas anders aussehen, da Google laufend Änderungen an der Benutzeroberfläche vornimmt.

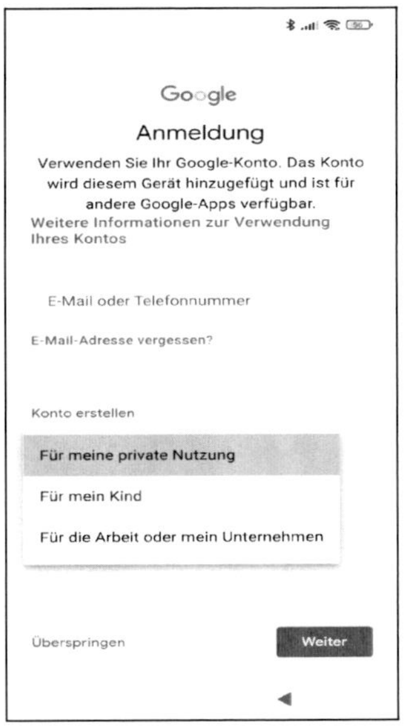

➊ Betätigen Sie *Konto erstellen.*

➋ Wählen Sie *Für meine private Nutzung* aus.

➌ Erfassen Sie in den Feldern Ihren Vor- und Nachnamen (mit dem Finger in das jeweilige Eingabefeld tippen) und betätigen Sie *Weiter.*

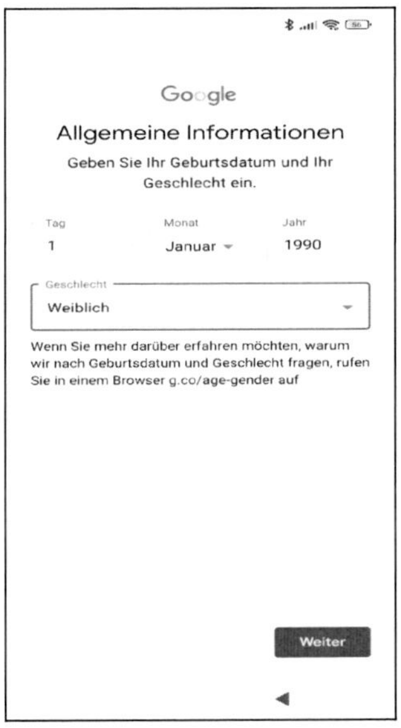

➊ Geben Sie Ihr Geburtsdatum und Geschlecht an (es ist Ihnen unbenommen, hier falsche Angaben zu machen), dann betätigen Sie *Weiter.*

➋ Damit Ihre Daten vor fremden Zugriff geschützt sind, möchte Google eine Authentifizierung einrichten. Dies kann wahlweise über Ihre Handynummer oder eine E-Mail-Adresse (Gmail-Adresse) geschehen. Aufgrund der damit verbundenen Vorteile empfehlen wir hier *Gmail-Adresse erstellen* auszuwählen. Betätigen Sie dann *Weiter.*

❶ Google schlägt Ihnen einige Kontonamen vor. Wenn Sie *Gmail-Adresse erstellen* auswählen (❷), können Sie auch einen selbst gewählten Kontonamen eingeben. Betätigen Sie dann erneut die *Weiter*-Schaltfläche. Falls der Kontoname bereits an jemand anders vergeben wurde, macht das Programm Vorschläge beziehungsweise gibt Ihnen die Möglichkeit, einen anderen Kontonamen einzugeben.

❶ So vergeben Sie einen selbst gewählten Kontonamen: Betätigen Sie *Gmail-Adresse erstellen.*

❷ Erfassen Sie den Kontonamen. Betätigen Sie dann erneut die *Weiter*-Schaltfläche. Falls der Kontoname bereits an jemand anders vergeben wurde, macht das Programm Vorschläge beziehungsweise gibt Ihnen die Möglichkeit, einen anderen Kontonamen einzugeben.

Ein Kontoname darf Buchstaben, Zahlen und Punkte enthalten. Klein- und Großschreibung wird nicht berücksichtigt.

Tipp: Verzichten Sie bei Ihrem Kontonamen auf die leicht verwechselbaren Zeichen »0«, »O«, »1«, »L«, »Z« und »2«. Sie vermeiden damit Missverständnisse, wenn Sie mal Ihre E-Mail-Adresse für jemand anders aufschreiben.

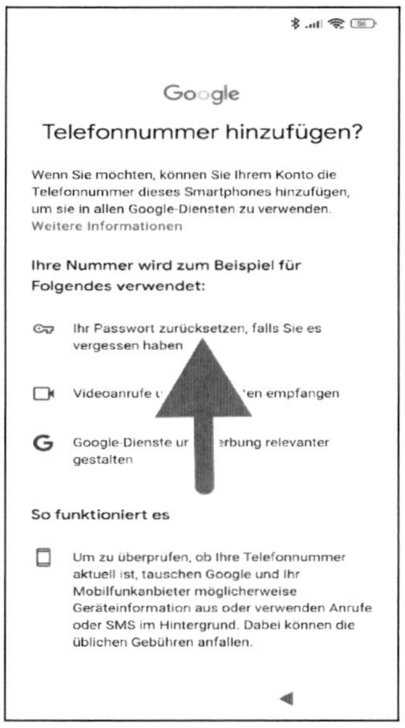

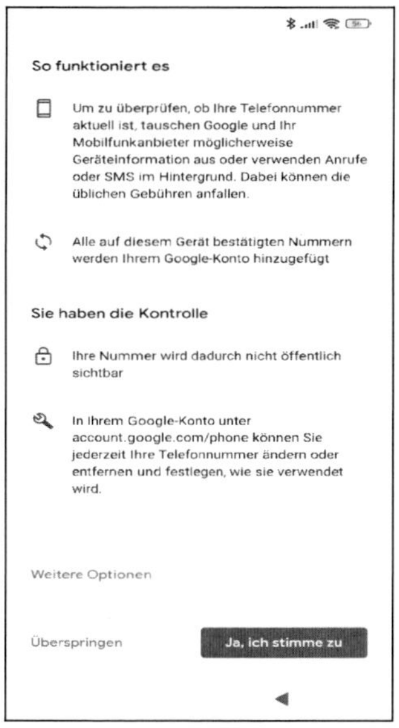

❶ Zum Schluss erfassen Sie das das Kennwort. **Das Kennwort (und natürlich den Kontonamen) sollten Sie sich genau merken oder notieren, weil Sie das Handy später ab und zu danach fragt!** Betätigen Sie dann *Weiter.*

❷ Wischen Sie in diesem Bildschirm nach oben. Dazu halten Sie den Finger auf eine beliebige Position auf dem Display und ziehen ihn angedrückt sofort nach oben und lassen ihn dann los.

❸ Damit Sie das Kennwort für Ihr Google-Konto wieder zurücksetzen können, falls Sie es mal vergessen, betätigen Sie jetzt *Ja, ich stimme zu.*

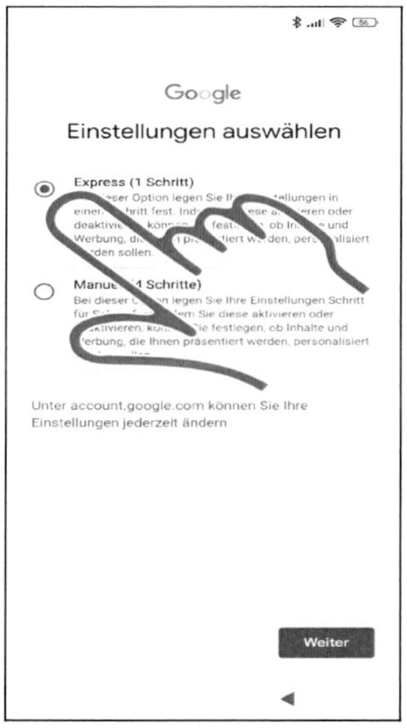

❶ Betätigen Sie *Weiter.*

❷ Bei den Personalisierungseinstellungen aktivieren Sie der Einfachheit halber *In 1 Schritt auswählen* und gehen auf *Weiter.*

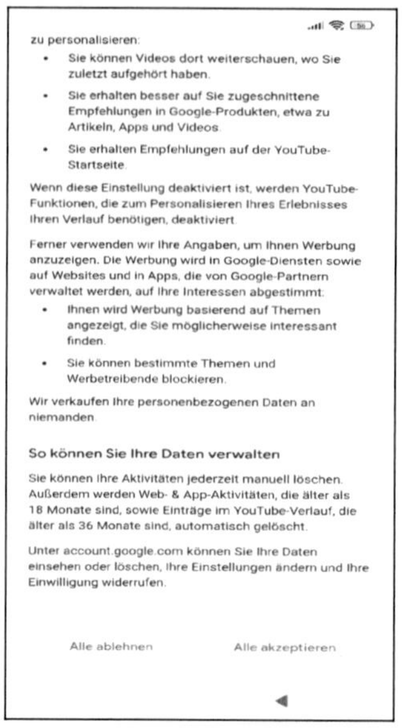

❶❷ Wischen Sie auf dem Bildschirm nach oben und gehen Sie auf *Alle akzeptieren.*

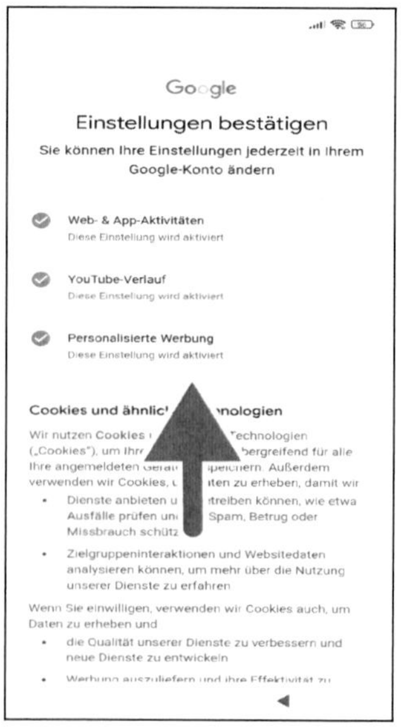

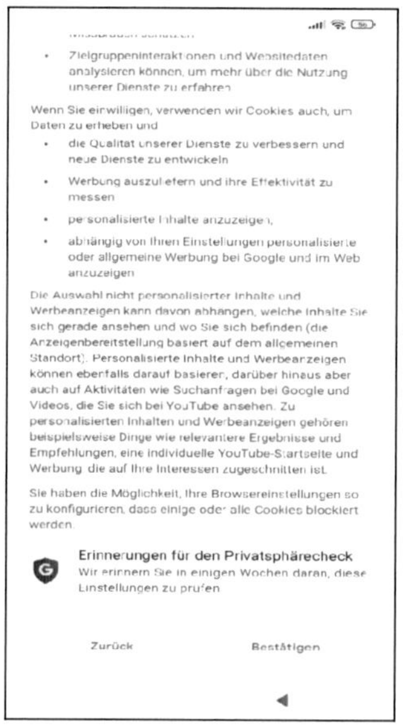

❶ Erneut müssen Sie die Wischgeste einsetzen, also mit dem Finger auf dem Bildschirm nach oben wischen.

❷ Betätigen Sie *Bestätigen.*

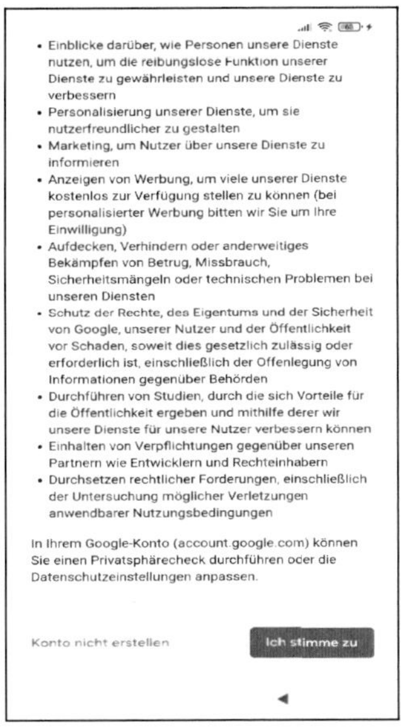

❶❷ Im *Datenschutz und Bedingungen*-Bildschirm wischen Sie ebenfalls nach oben und betätigen *Ich stimme zu.*

3.4 Weitere Einrichtung

❶ Falls Sie eine eSIM nutzen möchten, müssen Sie sie erst aktivieren. Dazu wählen Sie *eSIM herunterladen.*

❷ Scannen Sie den vom Netzbetreiber bereitgestellten QR-Code.

❸ Betätigen Sie *Einrichten.*

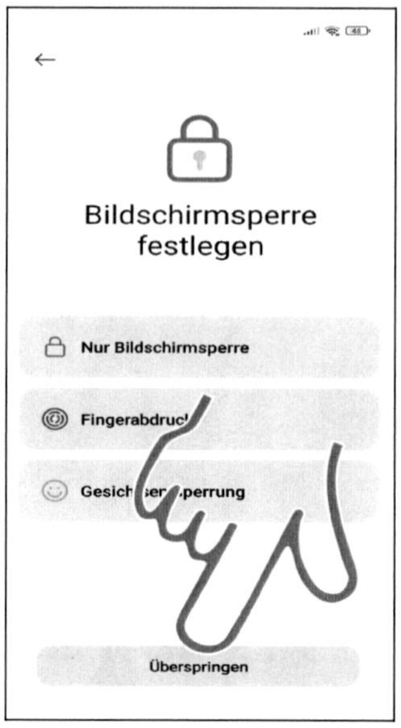

❶ Wenn Sie Ihr Google-Konto neu eingerichtet haben, betätigen Sie hier *Nicht kopieren*, sonst *Weiter.*

❷ Die Bildschirmsperre legen wir später noch an, weshalb Sie auf *Überspringen* gehen

❶❷ Im Google-Dienste-Bildschirm führen Sie die bereits vorgestellte Wischgeste durch – Finger auf den Bildschirm setzen, nach oben ziehen und Finger hoch nehmen – dann betätigen Sie *Akzeptieren.*

❸ Falls dieser Bildschirm erscheint, betätigen Sie *Sicherung aktivieren.*

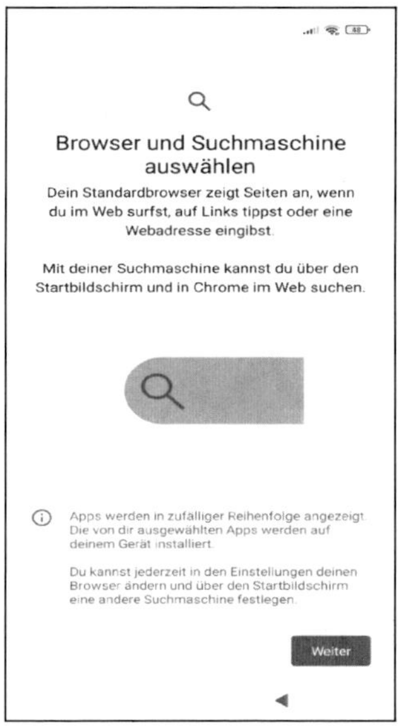

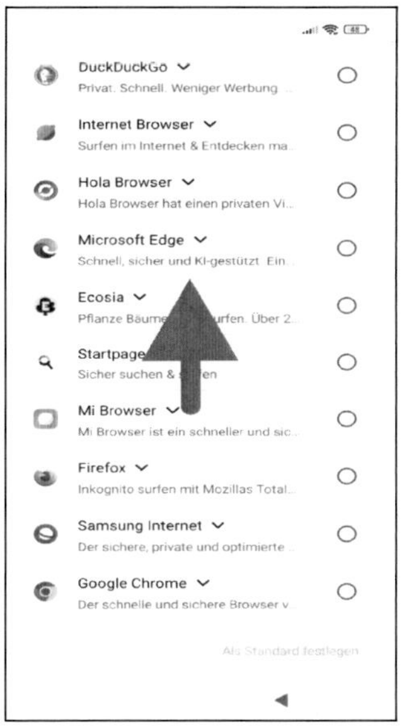

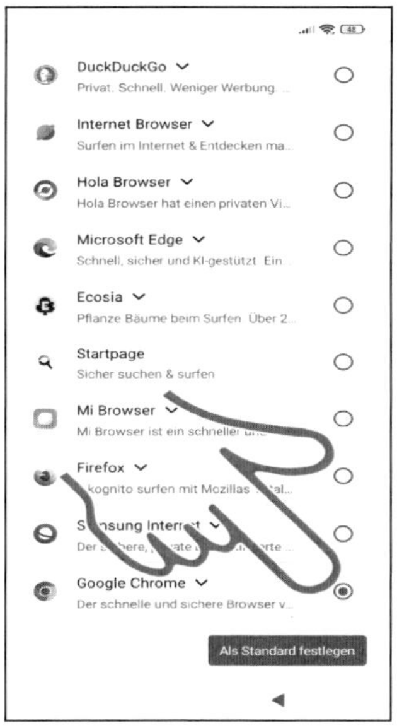

Die folgenden Konfigurationsschritte sind die Folge von gerichtlichen Auflagen, die Google als marktbeherrschendes Unternehmen erhalten hat:

➊ Betätigen Sie *Weiter.*

➋➌ Blättern Sie mit einer Wischgeste durch die Liste und suchen Sie in der Auflistung *Google Chrome*, das Sie durch kurzes Antippen markieren. Gehen Sie auf *Als Standard festlegen.*

Die Webbrowser-Liste wird zufällig generiert und sieht bei Ihnen etwas anders aus.

Sofern Sie hier einen anderen Standardbrowser festlegen, werden bei Ihnen einige Funktionen auf dem Handy anders aussehen. Wir beschränken uns daher auf die Google-Anwendungen – Nachteile erleiden Sie dadurch keine.

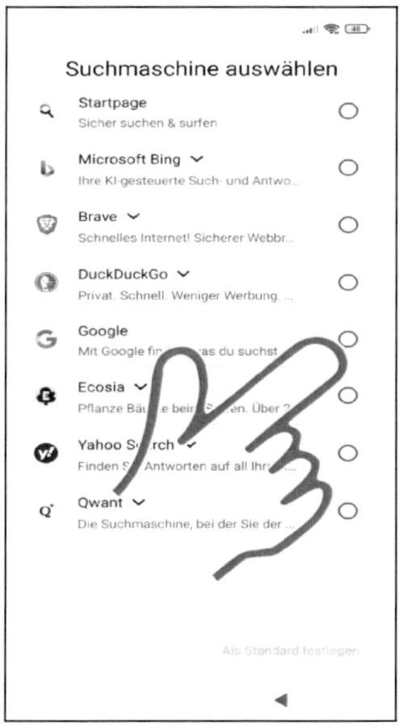

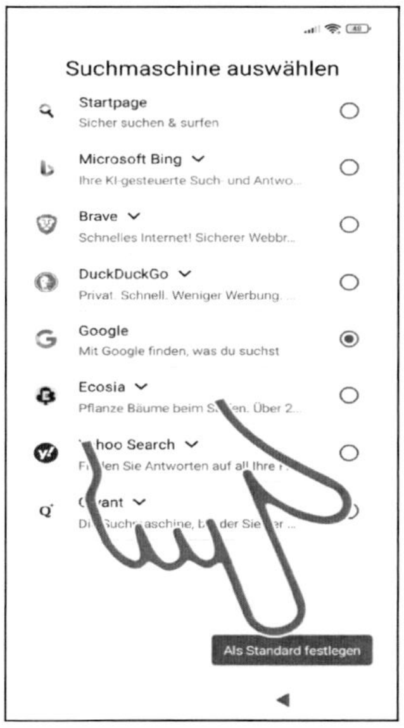

➊➋ Auch bei der verwendeten Standardsuchmaschine aktivieren Sie *Google* und gehen auf *Als Standard festlegen.*

❶ Im *Einrichtung fortsetzen?*-Bildschirm wählen Sie *Jetzt aufhören und mich später erinnern.*

❷❸ Betätigen Sie *Mehr* und *Weiter.*

❶ Eine Kindersicherung benötigen Sie nicht. Gehen Sie ohne Änderungen auf *Weiter.*

❷ Die Schriftgröße können Sie auch später noch ändern, weshalb Sie *Weiter* betätigen.

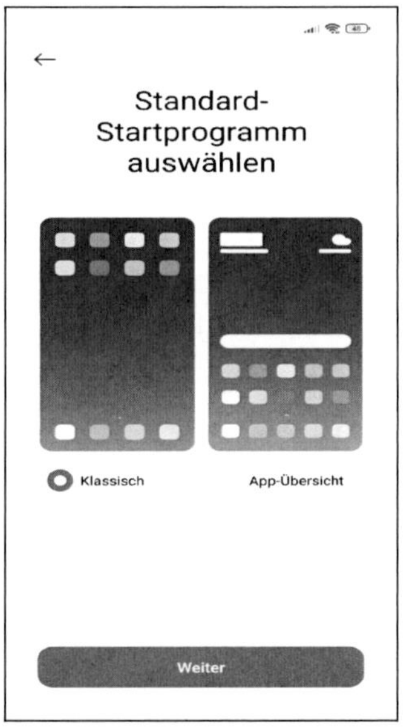

❶❷ Betätigen Sie in den folgenden Bildschirmen *Zustimmen* und *Cookies akzeptieren.*

❸ Gehen Sie auf *Weiter.*

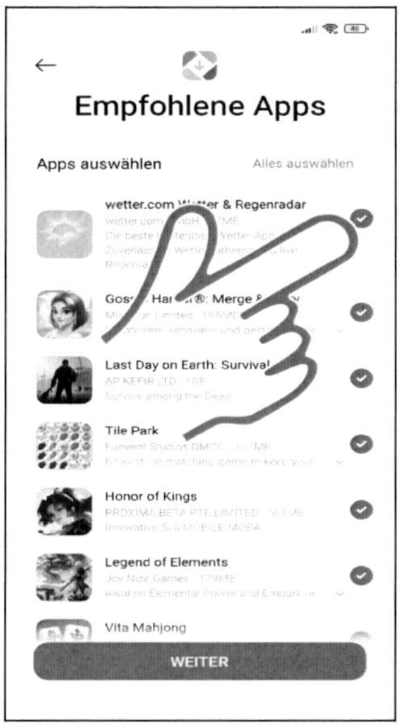

❶❷ Im *Empfohlene Apps*-Bildschirm deaktivieren Sie alle Abhakkästchen und betätigen dann *Weiter.* Sie verhindern so die Installation von unnötigen Spielen, die nur Speicherplatz kosten.

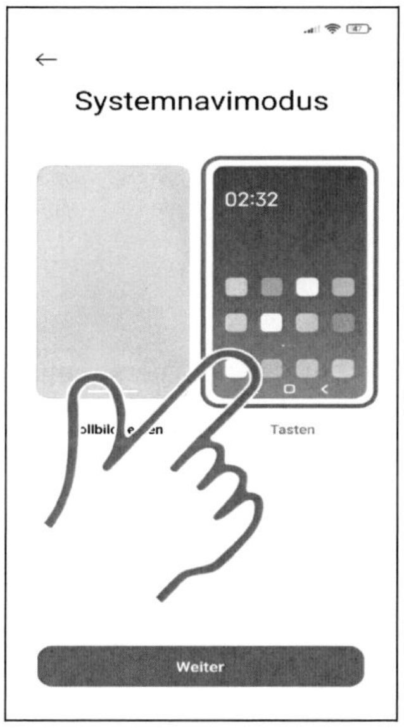

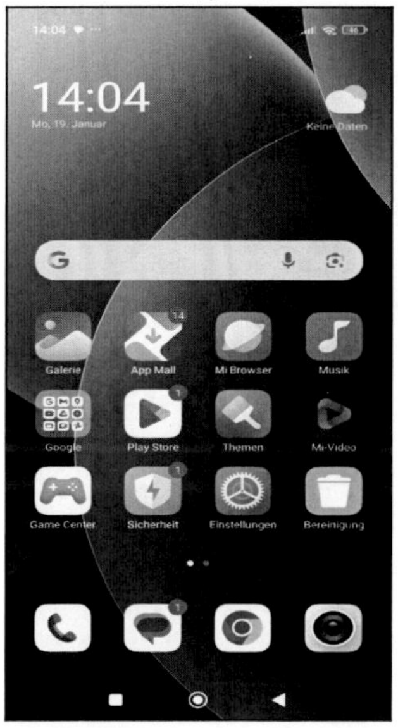

❶ In diesem Bildschirm müssen Sie *Tasten* aktivieren, bevor Sie auf *Weiter* gehen. Sie aktivieren damit die praktischem Tasten (■ ◉ ◀) unterhalb des Bildschirms!

❷❸ Tippen Sie auf den *Fortfahren,* worauf der Startbildschirm erscheint und Sie mit dem Handy arbeiten können.

4. Grundlagen der Bedienung

Auch wenn Sie ein Gerät in den Händen halten, das offiziell von Xiaomi hergestellt wird, so stammt doch die enthaltene Software größtenteils von Google.

Google ist auch für die regelmäßig durchgeführten Updates der enthaltenen Anwendungen zuständig, die manchmal zusätzliche Funktionen erhalten. Leider führt dies dazu, dass mit der Zeit einige Beschreibungen in diesem Buch von der Realität abweichen. In der Regel werden Sie sich aber dennoch zurecht finden.

4.1 Bedienelemente des Xiaomi-Handys

Zwar erfolgt die Bedienung des Handys weitgehend über das Touchdisplay, einige Funktionen werden aber auch über auf dem Display eingeblendeten »Tasten« ausgelöst.

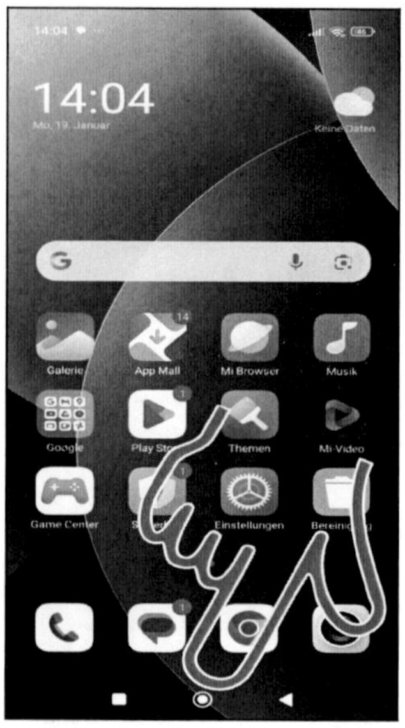

Die drei Tasten unterhalb des Displays:

- ■: Zuletzt genutzte Anwendungen auflisten.
- ◉: Schaltet wieder auf den Startbildschirm zurück.
- ◀: Zurück: Zum vorherigen Bildschirm zurückkehren, beziehungsweise Menüs schließen.
- Lautstärketasten (auf der rechten Geräteseite): Regulieren bei Telefongesprächen die Hörerlautstärke, sonst die Medienlautstärke (unter anderem bei der Musikwiedergabe).
- Ein-/Ausschalter (auf der rechten Geräteseite): Kurzes Betätigen schaltet das Display aus beziehungsweise ein.

Sie sehen unten die drei Tasten nicht? Dann haben Sie während der Einrichtung aus Versehen die Gestensteuerung aktiviert. Wir zeigen Ihnen im Folgenden, wie Sie auf die Tastensteuerung umschalten, die wir in diesem Buch verwenden.

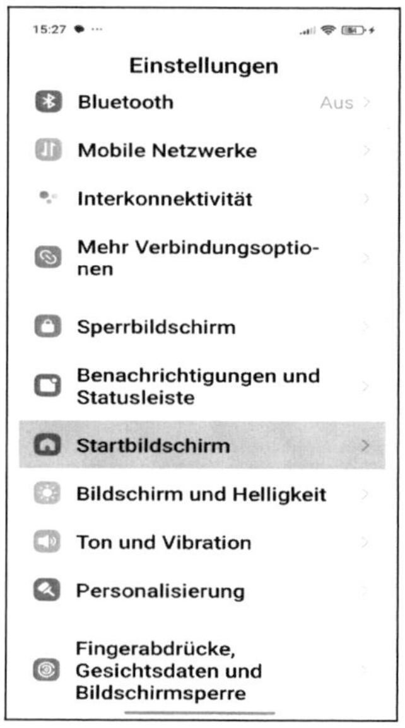

❶ Sollten Sie sich gerade in einer Anwendung befinden, dann führen Sie eine Wischgeste von unterhalb des Displays nach oben durch.

❷ Gehen Sie im Startbildschirm auf *Einstellungen.*

❸ Rufen Sie das *Startbildschirm*-Menü auf.

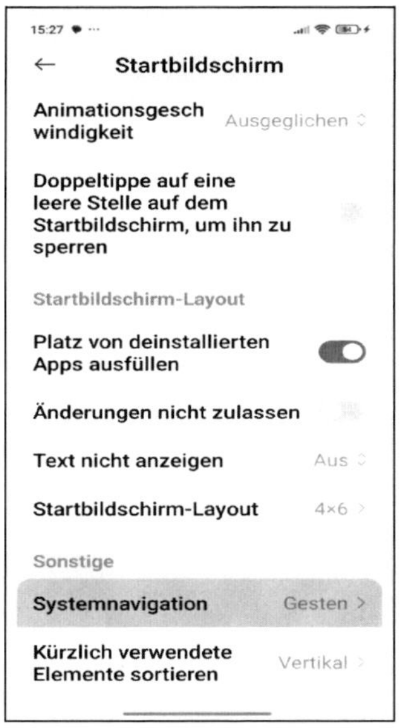

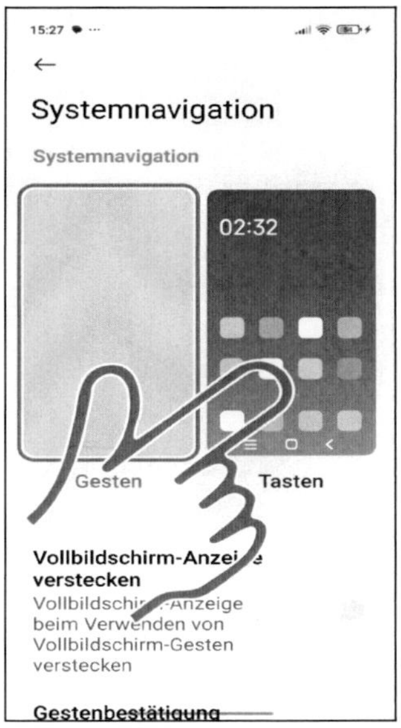

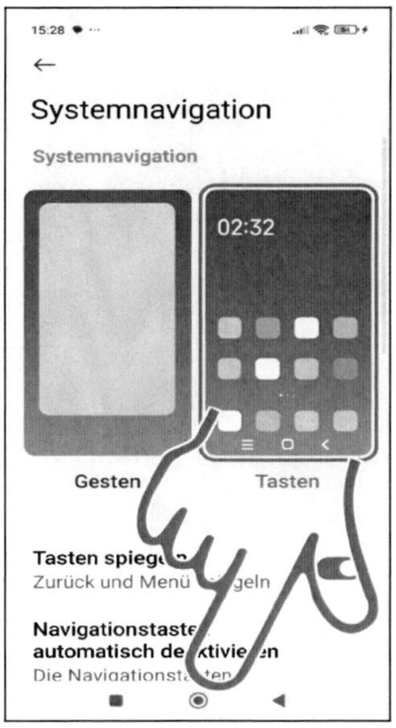

➊ Wählen Sie *Systemnavigation.*

➋ Aktivieren Sie *Tasten.*

➌ Unter dem Bildschirm erscheinen die Tasten. Betätigen Sie ◉ für die Rückkehr in den Startbildschirm.

4.2 Displaysperre

Die Gerätesperre (Displaysperre), welche sich nach einiger Zeit der Nichtnutzung aktiviert, schaltet alle Tastenfunktionen aus. Dadurch lässt sich das Handy auch in einer Tasche transportieren, ohne dass man aus Versehen irgendeine Funktion auslöst.

Weil das Display zu den Komponenten eines Handys zählt, die am meisten Strom verbrauchen, wird es ausgeschaltet, sobald sich die Gerätesperre aktiviert. Auf eingehende Anrufe und Benachrichtigungen macht das Handy natürlich auch weiterhin aufmerksam: Geht ein Anruf ein, deaktiviert sich die Gerätesperre automatisch und das Display schaltet sich wieder ein.

Zum Aus- beziehungsweise Einschalten des Displays betätigen Sie den Ein-Ausschalter auf der rechten Geräteseite.

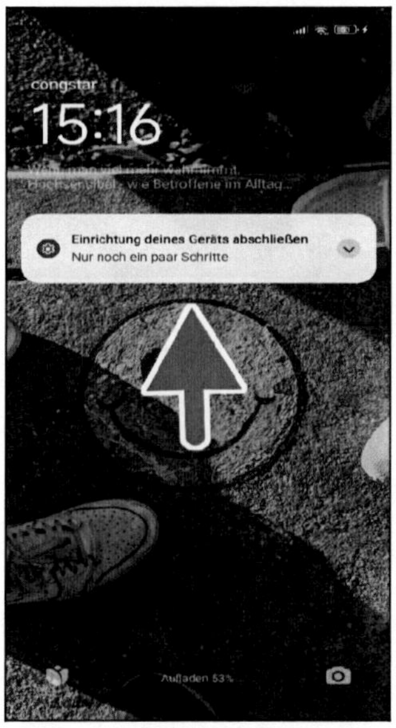

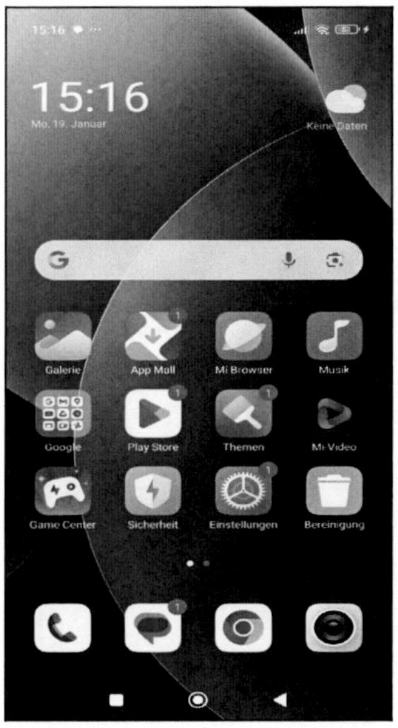

➊ So deaktivieren Sie die Displaysperre: Tippen und Halten Sie den Finger auf den Bildschirm und ziehen Sie ihn sofort nach oben.

➋ Der Startbildschirm ist damit freigeschaltet.

4.3 Der Startbildschirm

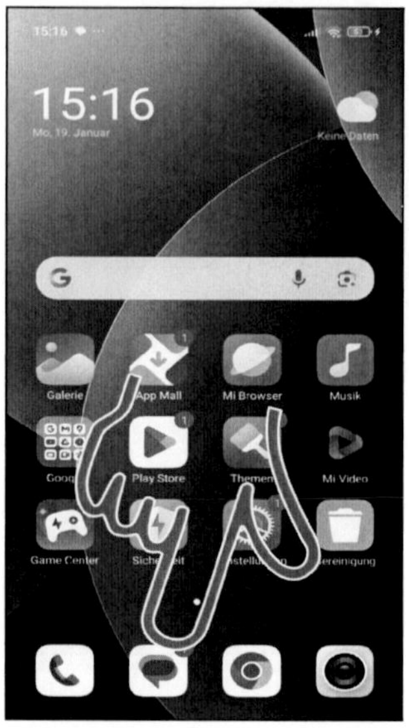

❶ Der Startbildschirm ist der Ausgangspunkt, von dem Sie alle weiteren Anwendungen aufrufen. Er erscheint automatisch nach dem Einschalten sowie nach Betätigen der ◉-Taste. Betätigen Sie eine der Verknüpfungen (Pfeil) um die dahinterstehende Anwendung, im Beispiel die SMS-Anwendung (❷), aufzurufen. Die ◉-Taste bringt Sie nun wieder auf den Startbildschirm zurück.

Hinweis: Die Bildschirmanzeige bei Ihrem Gerät weicht an einigen Stellen von der in diesem Buch ab. Wir hatten zwecks besserer Lesbarkeit eine größere Schrift und kontrastreiche Hintergründe eingestellt.

Bitte beachten Sie, die ◉-Taste nur kurz zu betätigen, weil Sie sonst ein Google-Menü aufrufen.

4.4 Erste Schritte

Damit Sie Ihr neues Handy besser kennenlernen, führen wir eine Routineaufgabe durch.

4.4.1 Bildschirmeinschaltzeit anpassen

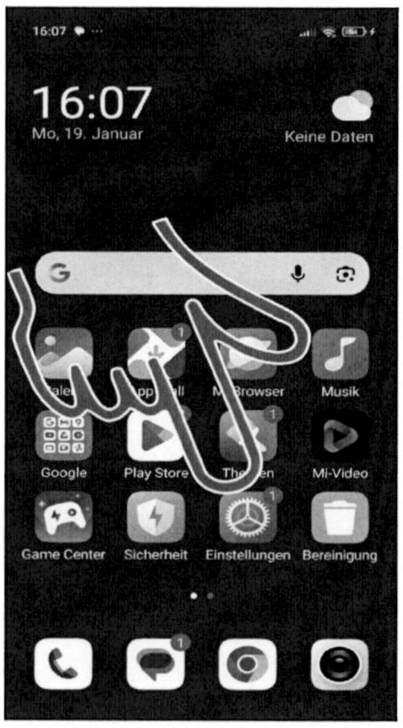

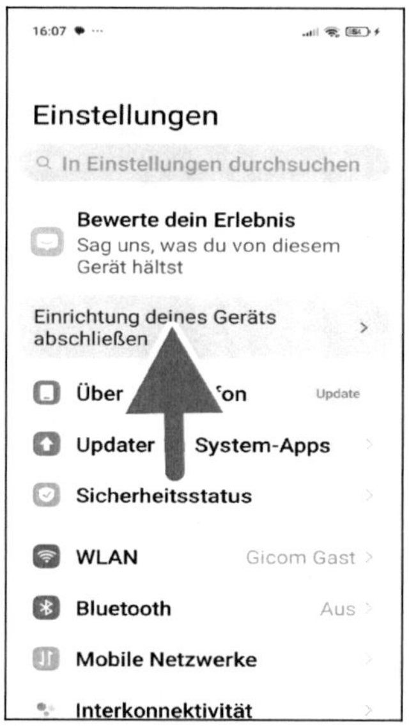

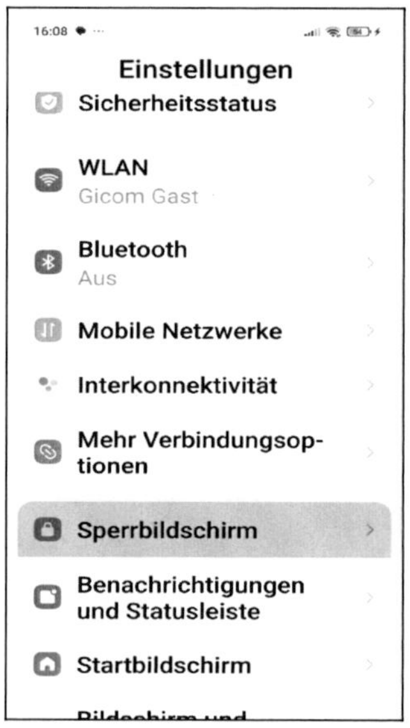

❶ Sie finden die Einstellungen im Startbildschirm. Falls bei Ihnen dieser Bildschirm nicht angezeigt wird, betätigen Sie einmal kurz die ◉-Taste. Tippen Sie auf *Einstellungen.*

❷ Wischen Sie gegebenenfalls durch das Menü (Finger auf den Bildschirm setzen und sofort nach oben/unten wischen, dann loslassen).

❸ Wählen Sie *Sperrbildschirm.*

Abhängig von den bei Ihnen vorinstallierten Anwendungen sieht der Startbildschirm bei Ihnen anders aus.

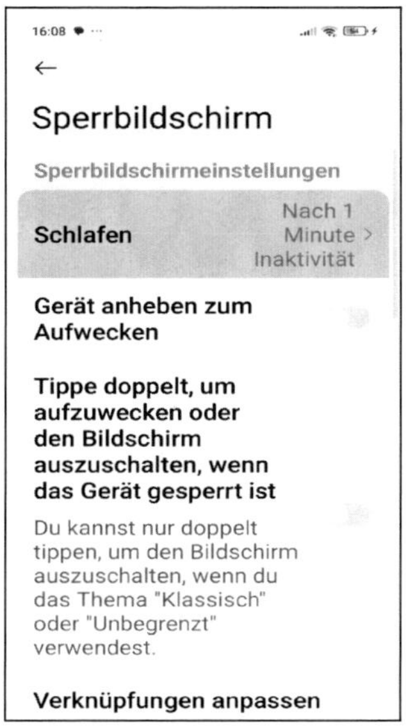

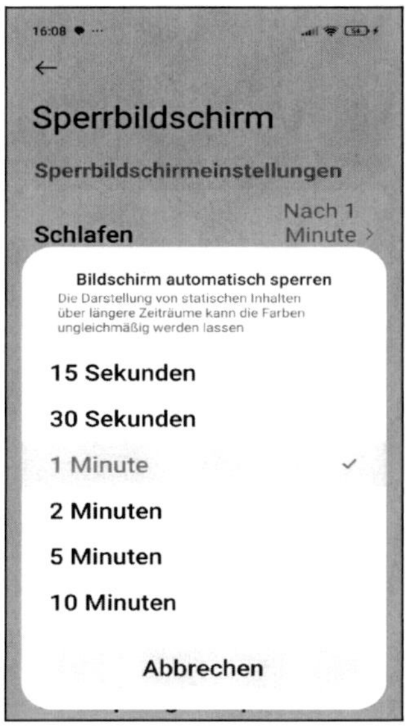

❶❷ Rufen Sie *Schlafen* auf und wählen Sie gewünschte Abschaltzeit aus. Sie befinden sich wieder im vorherigen Bildschirm, von dem aus Sie mit der ◉-Taste zum Startbildschirm zurückkehren.

4.5 Updates für Systemapps

Für einige der vorinstallierten Xiaomi-Anwendungen stehen Updates zur Verfügung, die Sie installieren sollten.

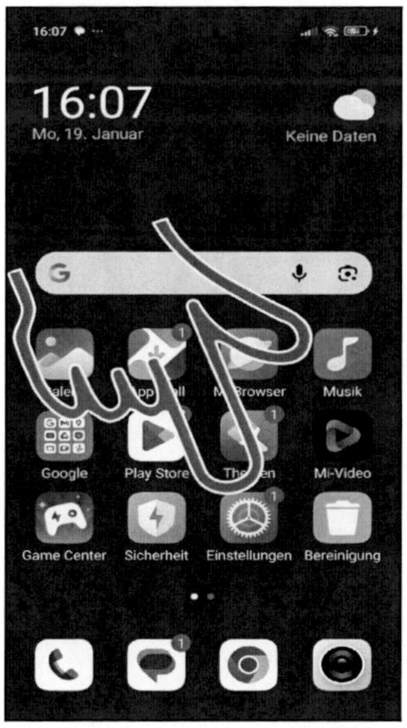

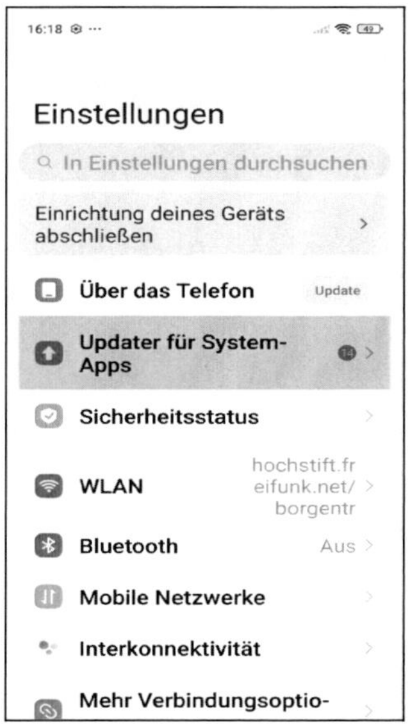

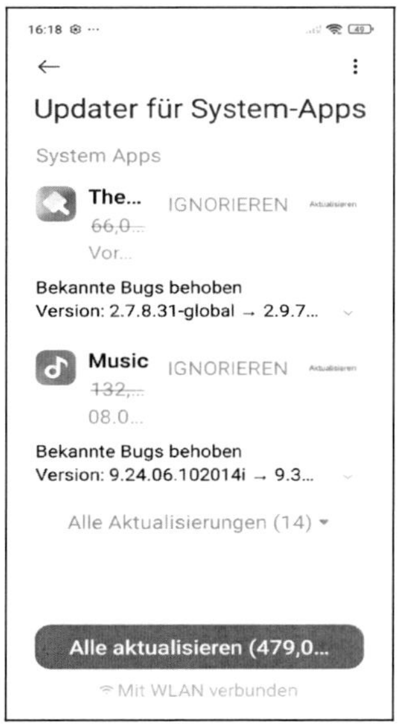

❶ Rufen Sie *Einstellungen* im Startbildschirm auf.

❷ Wählen Sie *Updater für System-Apps* aus.

❸ Betätigen Sie *Alle aktualisieren* und dann *Weiter.* Die Aktualisierung läuft nun im Hintergrund ab, weshalb Sie jetzt die ◉-Taste unterhalb des Bildschirms betätigen können.

4.6 Betriebssystem-Update

Ab und zu veröffentlicht Xiaomi Betriebssystem-Updates. Wir empfehlen das Update an dem Ort durchzuführen, wo Sie auch die Ersteinrichtung vorgenommen haben, denn dann nutzen Sie eine Internetverbindung über WLAN (einen WLAN-Zugangspunkt haben Sie bei der Ersteinrichtung festgelegt). Dies ist empfehlenswert, weil das Update manchmal mehrere hundert Megabyte umfasst und bei einer Mobilfunk-Internetverbindung unter Umständen mehrere Tage für das Herunterladen benötigt.

Wenn Sie das Handy gerade »frisch« in Betrieb genommen haben, ist die Wahrscheinlichkeit sehr hoch, dass bereits ein Betriebssystem-Update bereit steht. Dieses nimmt eventuell einige Änderungen an der Benutzeroberfläche vor.

Beachten Sie, dass die Betriebssystem-Updates permanent sind, das heißt, wenn Sie das Handy später mal auf Werkseinstellung zurücksetzen, bleibt das Update erhalten.

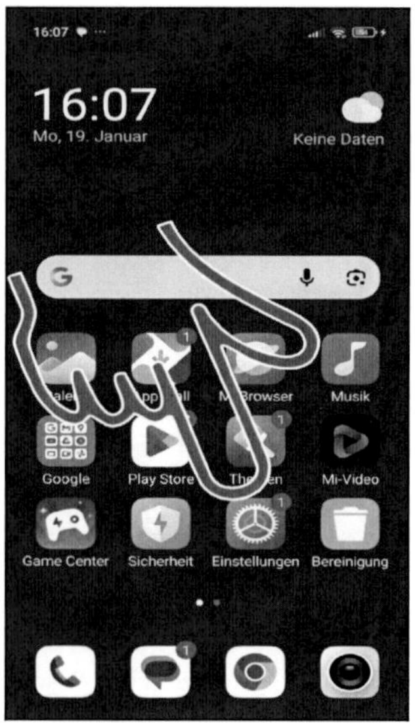

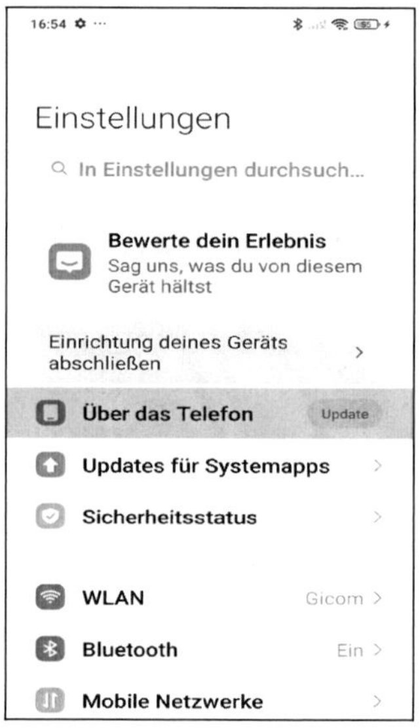

❶ Gehen Sie im Startbildschirm auf *Einstellungen.*

❷ Wählen Sie *Über das Telefon.*

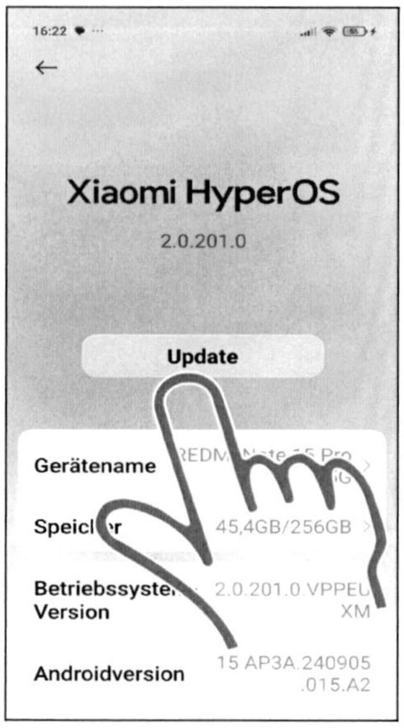

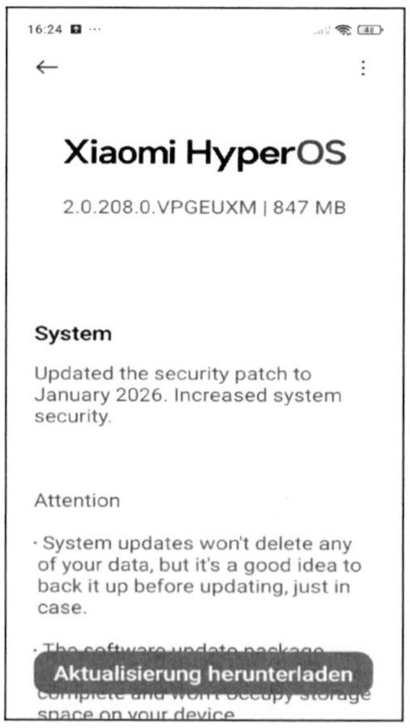

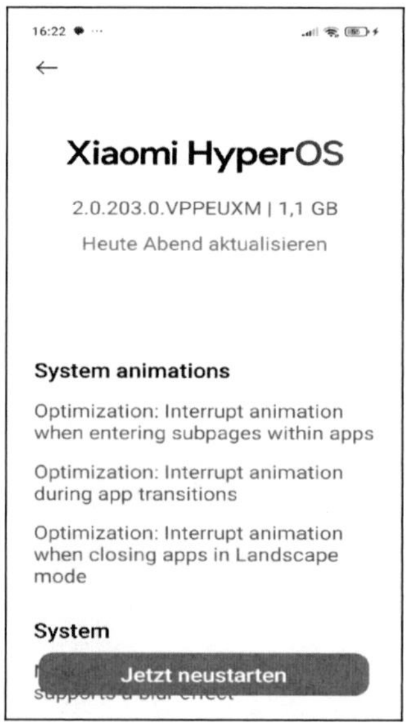

❶ Tippen Sie *Update* an – falls Sie diese Schaltfläche nicht sehen, liegt (noch) kein Update vor und Sie können den Bildschirm mit der ◉-Taste verlassen.

❷ Betätigen Sie *Aktualisierung herunterladen* und warten Sie, während das Handy das Update herunterlädt. Falls Ihnen das zu lange dauert, betätigen Sie die ◉-Taste und arbeiten mit dem Handy ganz normal weiter, während das Update im Hintergrund heruntergeladen wird (rufen Sie das Menü später erneut auf, um das Update abzuschließen).

❸ Eine Prozentanzeige hält Sie über den Installationsfortschritt auf den Laufenden. Gehen Sie anschließend auf *Jetzt neustarten.*

4.7 Der Startbildschirm in der Praxis

Der Startbildschirm erscheint standardmäßig nach dem Einschalten beziehungsweise nach Betätigen der ◉-Taste.

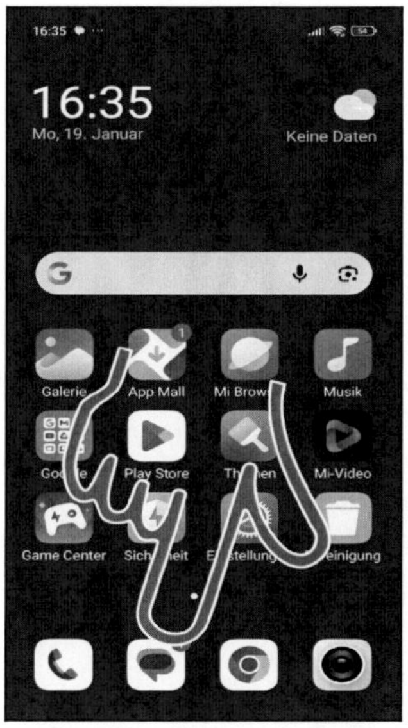

❶❷ Mehrere Anwendungen sind standardmäßig auf dem Startbildschirm über sogenannte Schnellzugriffe (Verknüpfungen) aufrufbar. Tippen Sie einfach einen Schnellzugriff kurz an, um die entsprechende Anwendung zu starten. Im weiteren Verlauf dieses Buchs erfahren Sie, wie man Schnellzugriffe auf seine Lieblingsprogramme selbst anlegt.

Mit der ◉-Taste unterhalb des Displays schalten Sie, egal, in welcher Anwendung Sie sich gerade befinden, wieder auf den Startbildschirm zurück.

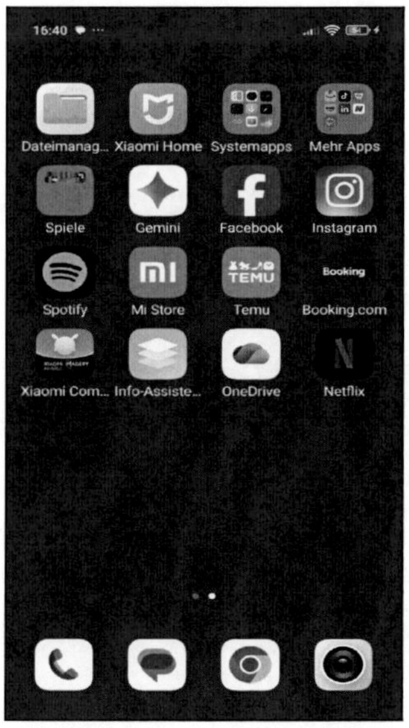

❶❷ Zunächst stehen Ihnen nur zwei Bildschirmseiten im Startbildschirm zur Verfügung. Sobald Sie später weitere Programme installiert haben (siehe Kapitel *16 Play Store*), fügt das Handy zusätzliche Bildschirmseiten hinzu. Sie können dann jeweils mit einer Wischgeste nach links zu den Bildschirmseiten wechseln. Die ◉-Taste schaltet, wie bereits erwähnt, auf die erste Startbildschirmseite zurück.

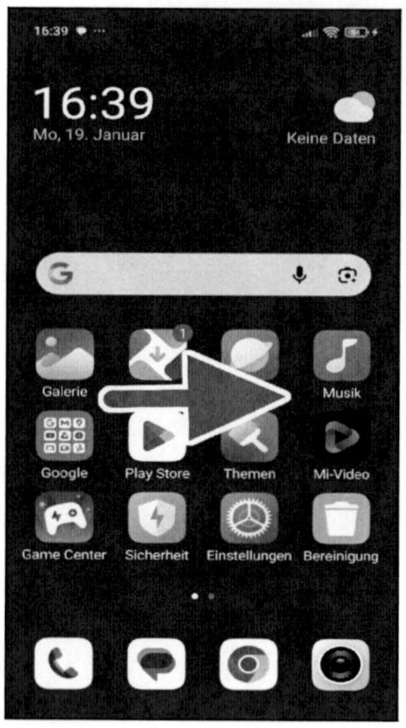

❶❷ Wischen nach rechts öffnet dagegen eine Google-Anwendung, welche aktuelle Nachrichten anzeigt.

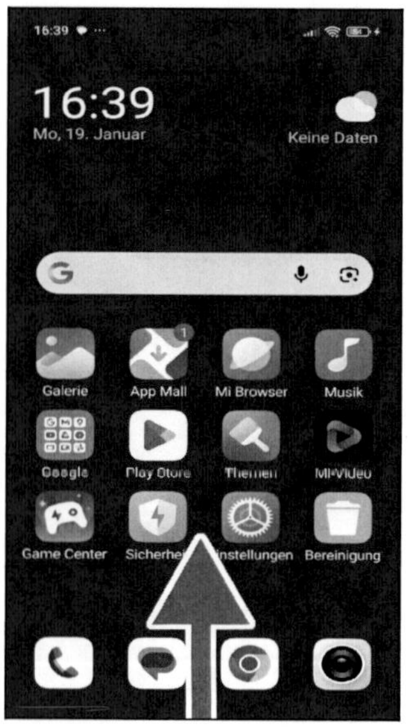

❶ Die *For You*-Nachrichten zeigt eine Wischgeste von unterhalb des Displays nach oben an.

❷❸ Tippen Sie eine Schlagzeile für den vollständigen Artikel an.

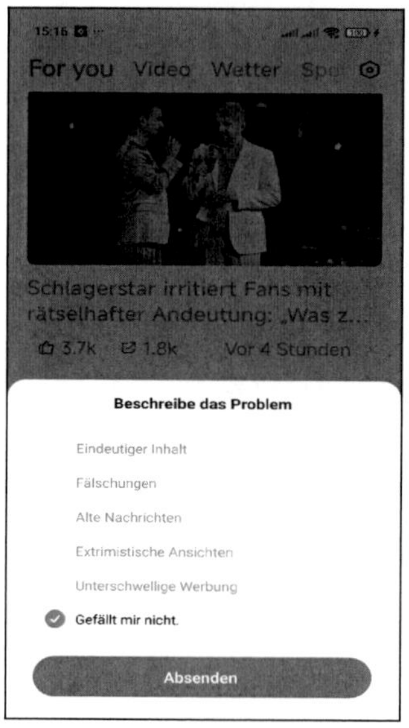

❶❷ Bei Schlagzeilen, die Sie nicht interessieren, tippen Sie auf X und wählen im Popup *Gefällt mir nicht*. Gehen Sie dann auf *Absenden*.

4.8 Titelleiste und Benachrichtigungsfeld

Wie bei fast allen Handys informieren auch beim Xiaomi Symbole in der Titelleiste über einige wichtige Systemfunktionen.

Beispiele für die Symbole in der Titelleiste am oberen rechten Bildschirmrand:

- .ıll: Mobilfunk-Empfang (die Sendestärke erkennen Sie am ausgefüllten Balken).
- ᯤ: Internetverbindungen finden über WLAN statt.
- 55: Akkuladezustand.

In diesem Buch finden Sie, wo es sinnvoll ist, in den Kapiteln jeweils Hinweise darauf, welche Symbole in der Titelleiste erscheinen.

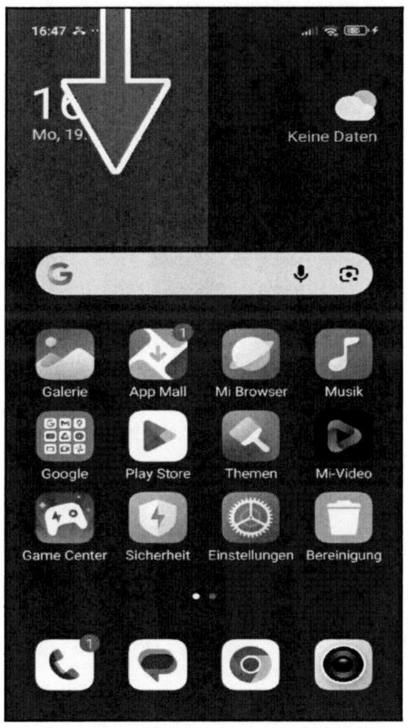

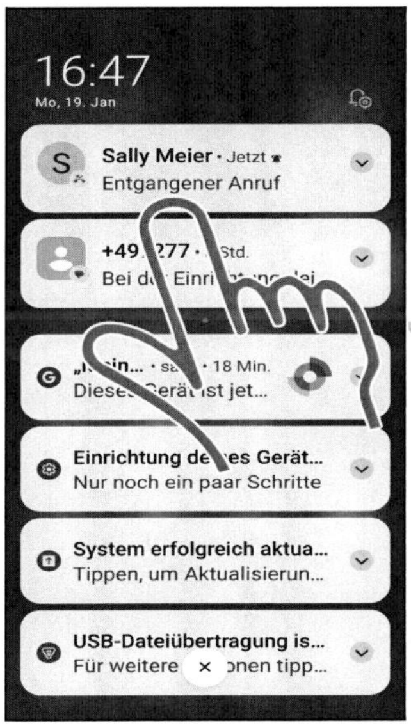

❶ Um weitere Informationen, zum Beispiel über einen verpassten Anruf, zu erhalten, wischen Sie mit dem angedrückten Finger von links oben außerhalb des Displays nach unten und lassen Sie dann den Finger los. Wichtig: Achten Sie darauf, dass Sie nur innerhalb des hier hervorgehobenen Bereichs wischen.

❷❸ Es erscheint das **Benachrichtigungsfeld**, welches ausführliche Infos auflistet und durch Antippen die zugehörige Anwendung, im Beispiel die Anrufliste, startet.

❶❷ Liegen mehrere Benachrichtigungen einer Anwendung vor, so fasst das Handy diese in einem Eintrag zusammen. Antippen der Titelleiste des Eintrags klappt dann die enthaltenen Benachrichtigungen aus.

❶ Zum Löschen einer einzelnen Benachrichtigung tippen und halten Sie den Finger darauf und ziehen ihn nach rechts. Die restlichen Einträge in der Benachrichtigungsliste rutschen dann nach oben.

❷ Die ✕-Schaltfläche entfernt dagegen alle Benachrichtigungen in einem Rutsch.

4.9 Kontrollzentrum

Im **Kontrollzentrum** finden Sie häufig benötige Systemfunktionen, beispielsweise zur Steuerung der Displayhelligkeit oder für die WLAN-Verwaltung.

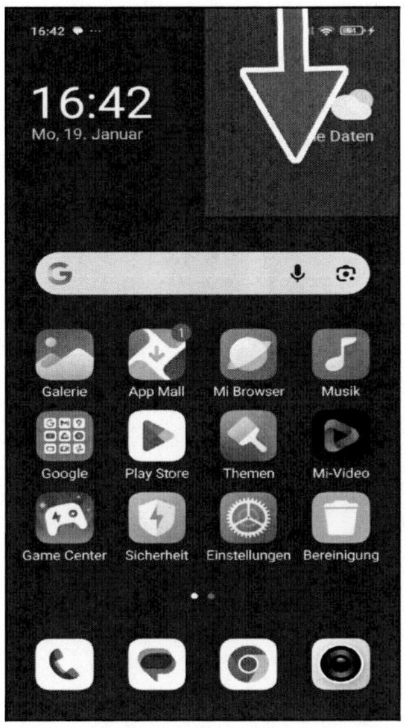

❶ Wischen Sie mit dem angedrückten Finger von der rechten Oberseite nach unten und lassen Sie dann den Finger los. Der hervorgehobene Bereich zeigt, wo Sie wischen müssen.

❷ Tippen Sie eine Schaltfläche kurz an, so schalten Sie eine Funktion ein/aus.

Die Schaltflächen:

- : Verwaltet das WLAN. Siehe Kapitel *8 Internet einrichten und nutzen.*
- : *Mobile Daten*: Deaktivieren Sie *Mobile Daten*, damit das Handy keine Internetverbindung über das Mobilfunknetz aufbaut. Dies kann nötig sein, wenn Sie keinen Mobilfunkvertrag mit Internetflatrate nutzen (sogenannter Datenvertrag). Internetverbindungen finden dann über das WLAN statt. Siehe auch Kapitel *8.2.4 Mobilfunk-Internet aktivieren/deaktivieren.*
- *Keine Wiedergabe*: Ruft die Musik-Anwendung auf, mit der Sie Audio und Video-Dateien auf dem Handy wiedergeben. In der Praxis unnütz, weil heutzutage die Medienwiedergabe über Streaming-Anwendungen wie die später noch vorgestellten YouTube und YouTube Music erfolgt.
- : Regler für die Displayhelligkeit
- : Regler für die Musiklautstärke
- *Home*: Verwaltet über Google Home angebundene Smarthome-Geräte. In diesem Buch gehen wir nicht weiter darauf ein.
- (Bluetooth): Bluetooth-Geräte verwalten. Siehe Kapitel *25 Bluetooth.*
- (Flugmodus): Alle Funkverbindungen (Telefonie, Mobilfunkinternet, WLAN und Bluetooth) ein/ausschalten (siehe Kapitel *5.5 Flugmodus (Offline-Modus)*).
- (Stumm): Klingel- und Benachrichtigungstöne stumm schalten.
- (Taschenlampe): Kamera-LED ein/ausschalten.
- (Bildschirmfoto): Screenshot aufnehmen.
- (Energiesparmodus): Erhöht die Akkubetriebsdauer. Dabei reduziert das Handy unter anderem Displayhelligkeit und Prozessorgeschwindigkeit.
- (Sperre der Ausrichtung): Normalerweise passt sich die Bildschirmorientierung automatisch an die Geräteausrichtung an. Wenn Sie das Handy beispielsweise waagerecht halten, so wird automatisch auf eine waagerechte Anzeige umgeschaltet. Aktivieren Sie

Sperre der Ausrichtung wenn sich die Bildschirmorientierung nie ändern soll.

- (Einstellungen): Geräteeinstellungen aufrufen.
- (Quick Share): Dient der Dateiübertragung mit einem weiteren Android-Handy, das sich in räumlicher Nähe befindet.
- (Scanner): QR-Code oder Textdokumente aufnehmen und in Text umwandeln. Siehe Kapitel *23.5 Scanner (QR Codes lesen).*
- (Wallet): Bezahlen per NFC über Ihre mit Google Pay verknüpfte Kredit- oder Debitkarte. In diesem Buch gehen wir nicht weiter darauf ein.
- (Bildschirmaufnahme): Video vom Bildschirm erstellen.

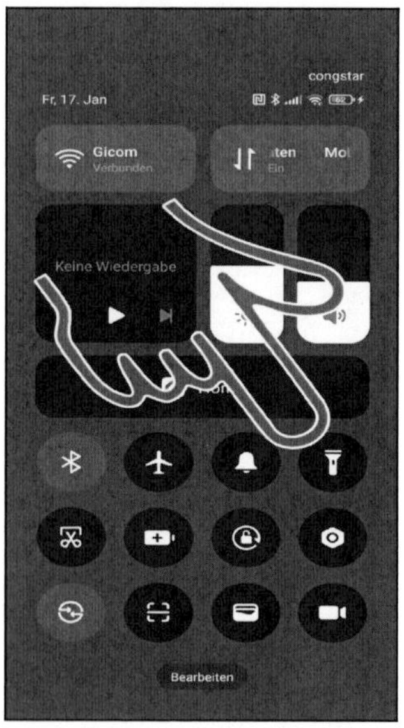

❶❷ Antippen eines Symbols im Kontrollzentrum schaltet die dahinterstehende Funktion, hier die Taschenlampe (Kamera-LED), ein/aus.

4.10 Startbildschirm konfigurieren

Auf allen Bildschirmseiten des Startbildschirms lassen sich weitere Widgets und Verknüpfungen hinzufügen. Alternativ löschen Sie einfach diejenigen vorinstallierten Widgets, welche Sie nicht benötigen und legen an deren Stelle von Ihnen gewünschte an.

Wir empfehlen, den Startbildschirm erst einmal unverändert zu lassen. Wenn Sie in einigen Tagen die Handy-Oberfläche genauer kennen, können Sie den Startbildschirm immer noch an Ihre Wünsche anpassen.

4.10.1 Schnellzugriffe verwalten

Die Anordnung der Verknüpfungen auf dem Startbildschirm können Sie frei nach Ihnen Anforderungen anpassen. Idealerweise sorgen Sie dafür, dass die am häufigsten genutzten Anwendungen auf der ersten Startbildschirmseite erscheinen.

❶ Führen Sie eine Kneifgeste durch, indem Sie zwei Finger gleichzeitig auf das Display legen und diese dann auseinander ziehen. Sie befinden sich dann im Bearbeitungsmodus.

❷❸ Danach halten Sie den Finger auf einer Verknüpfung und ziehen sie unten in eines der Vorschaubilder.

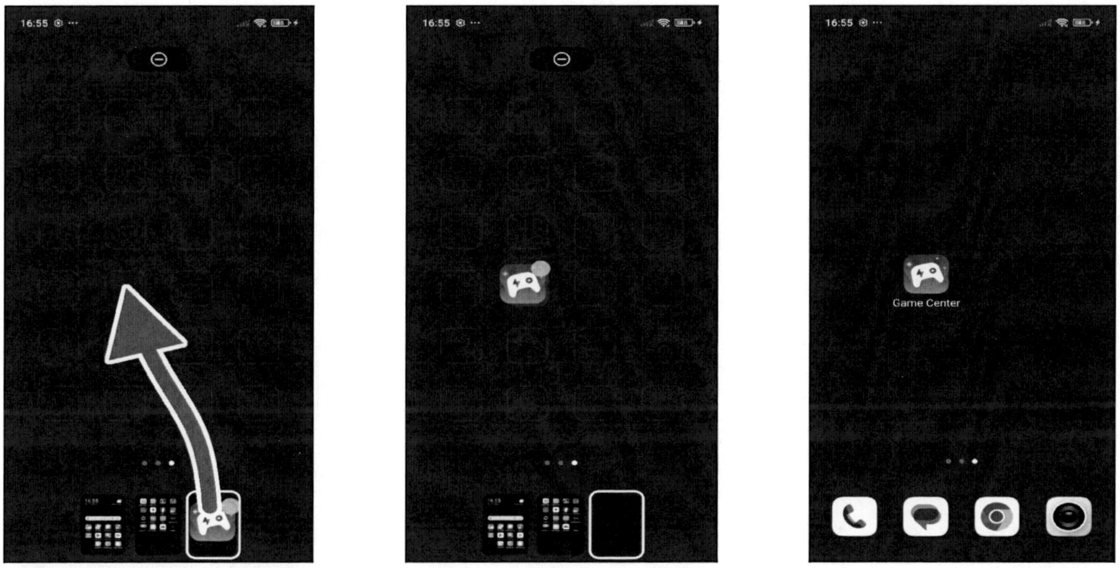

❶❷ Ziehen Sie die Verknüpfung an die gewünschte Position und lassen Sie dann den Finger los.

❸ Kurzes Betätigen der ◉-Taste schließt den Bearbeitungsmodus wieder.

4.10.2 Widgets

Widgets sind Anwendungen, die in einem kleinen Fenster auf dem Startbildschirm Informationen anzeigen, beziehungsweise den Zugriff auf Daten oder Funktionen des Handys ermöglichen.

Einige der vorinstallierten Anwendungen bringen eigene Startbildschirm-Widgets mit.

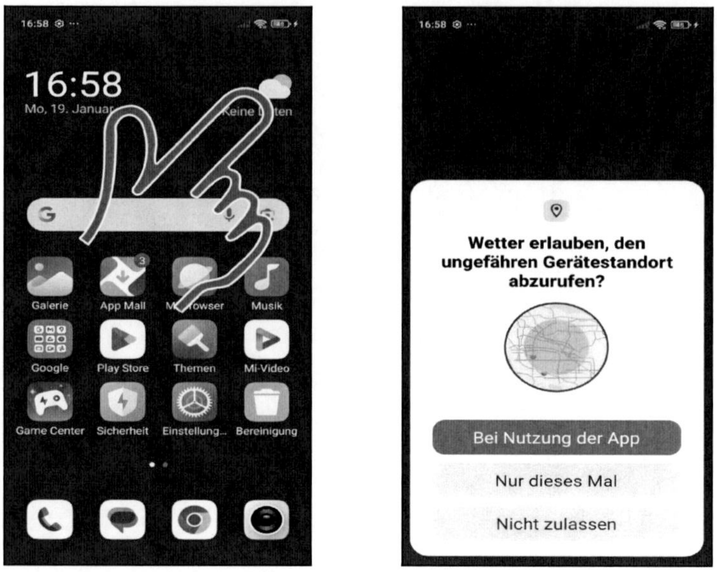

➊ Im Startbildschirm sind bereits zwei Widgets vorhanden: *Uhr und Wetter* und die *Google-*Suchleiste. Meist sind direkt in den Widgets bereits viele wichtige Funktionen über Schaltflächen erreichbar, je nach Widget kann man auch über eine Schaltfläche oder einfach Tippen ins Fenster eine dahinter stehende Anwendung starten.

Wir möchten im Startbildschirm gerne die aktuelle Wettervorhersage sehen. Tippen Sie daher jetzt kurz auf das Wetter-Symbol (Pfeil).

➋ Schließen Sie das einmalig angezeigte Popup mit *Bei Nutzung der App.*

➊ Damit Sie immer das aktuelle Wetter erhalten, müssen Sie einmalig im Popup auf *Einstellungen* gehen.

➋ Aktivieren Sie *Immer zulassen* und verlassen Sie den Bildschirm mit der ●-Taste unterhalb des Bildschirms.

➌ Rufen Sie *Wetter* erneut auf.

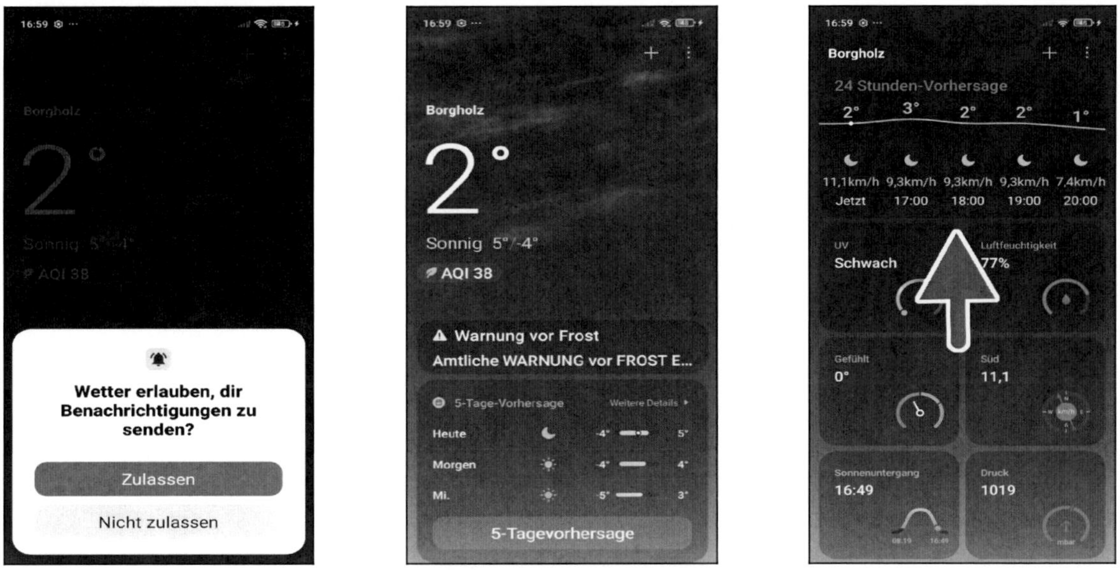

❶ Im folgenden Popup betätigen Sie *Zulassen.*

❷ Das Wetter wird angezeigt.

❸ Vergessen Sie nicht, dass eine Wischgeste weitere Infos anzeigt.

Mit der ◉-Taste unterhalb des Displays kehren Sie wieder auf den Startbildschirm zurück.

4.10.2.a Widget hinzufügen

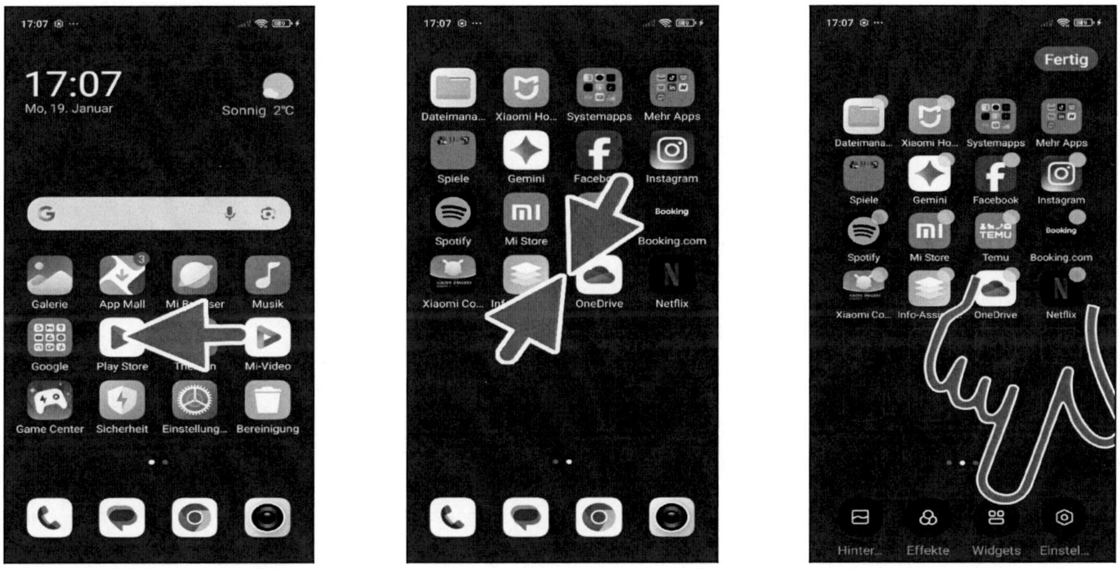

❶ Wichtig: Die von Ihnen neu angelegten Widgets benötigen Platz, der Ihnen auf der ersten Seite des Startbildschirms nicht zur Verfügung steht. Wir wechseln daher mit einer Wischgeste zur zweiten Bildschirmseite.

❷ Führen Sie nun dem Bildschirm eine Kneifgeste durch. Dazu halten Sie zwei Finger (beispielsweise Zeigefinger und Daumen) gleichzeitig auf den Bildschirm und ziehen beide zusammen. Das Handy blendet am unteren Bildschirmrand drei Schaltflächen ein. Falls dies nicht geschieht, heben Sie einfach die Finger noch einmal an und versuchen es erneut.

❷ Am unteren Bildschirmrand wählen Sie *Widgets* (Pfeil).

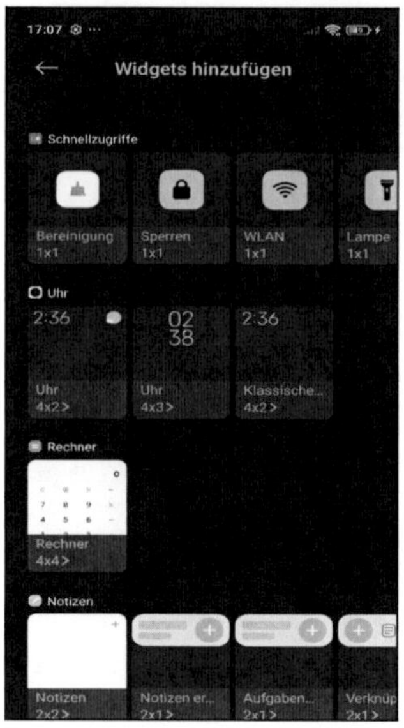

Wichtiger Hinweis: Xiaomi stellt den seit mehreren Handy-Generationen verwendeten Widget-Bildschirm um:

❶ Dies ist der alte Widget-Bildschirm.

❷ Der neue Widget-Bildschirm.

Die Umstellung auf den neuen Widget-Bildschirm erfolgt im Rahmen eines Updates. Wir gehen daher in diesem Buch auf beide ein.

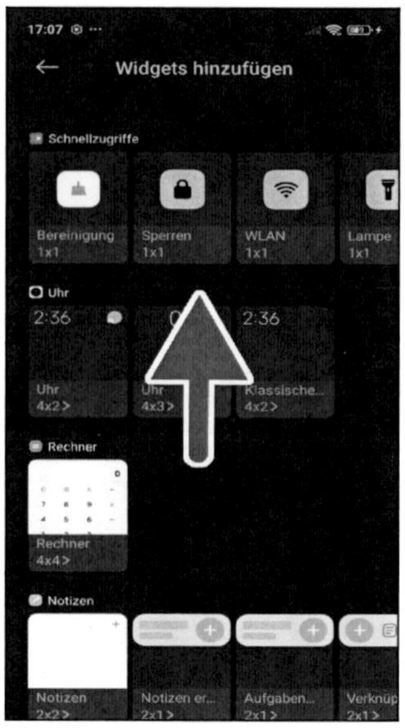

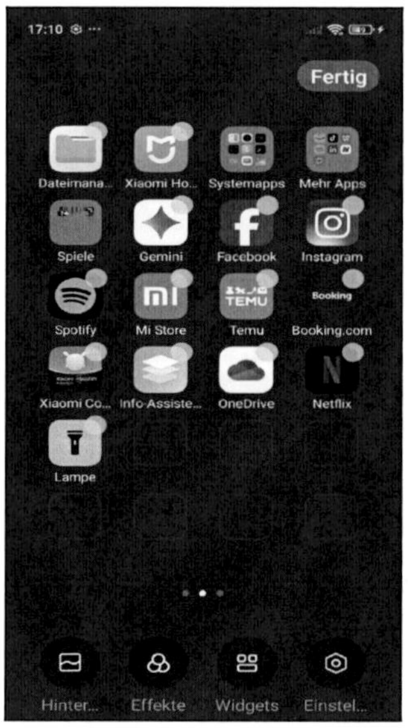

Alter Widget-Bildschirm:

❶ Wischen Sie durch die Widget-Auflistung.

❷❸ Gleichartige Widgets sind unter einem Oberbegriff zusammengefasst. Tippen Sie nun auf das gewünschte Widget, worauf das Handy zum Startbildschirm wechselt und dort das Widget platziert.

Schließen Sie nun den Widget-Bildschirm mit der ◀-Taste (unterhalb des Bildschirms).

Neuer Widget-Bildschirm:

Xiaomi hat die Widget-Funktion für Drittanbieter freigegeben, wodurch das Angebot mit zahlreichen überflüssigen Widgets überschwemmt wird. Erschwerend kommt hinzu, dass sich weder die Herkunft noch der Zweck der meisten Widgets auf den ersten Blick erkennen lässt.

❶ Wischen Sie durch die Auswahl.

❷ Einige Anwendungen bieten mehrere Widgets an. Tippen Sie dazu auf 🔍.

❸ Wählen Sie ein Widget-Typ aus, im Beispiel *Uhr.*

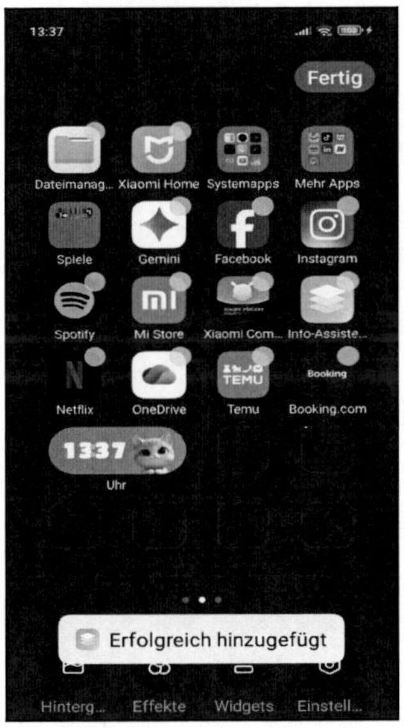

❶ Mit einer Wischgeste blättern Sie durch die angebotenen Widgets.

❷ Betätigen Sie *Zum Startbildschirm hinzufügen.*

❸ Das Widget wurde angelegt. Schließen Sie den Vorgang mit der ◀-Taste (unterhalb des Bildschirms) ab.

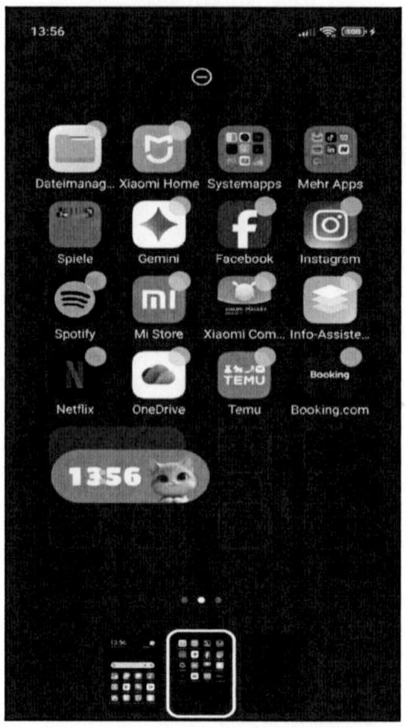

❶❷ Sie können das Widget auch frei positionieren: Halten Sie mit dem Finger auf dem Widget, bis auf den Startbildschirm umgeschaltet wird und ziehen Sie es dann an die Endposition.

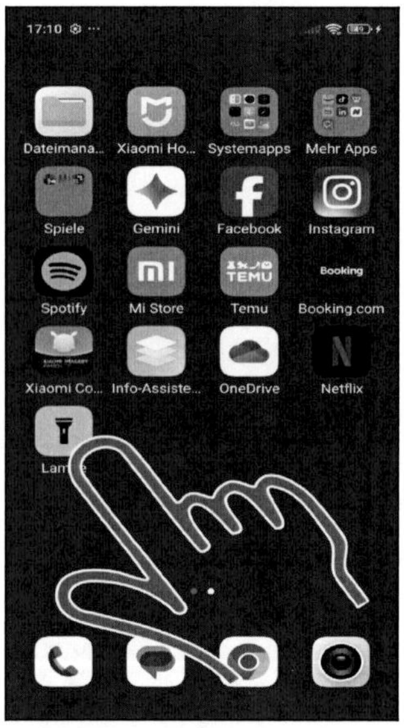

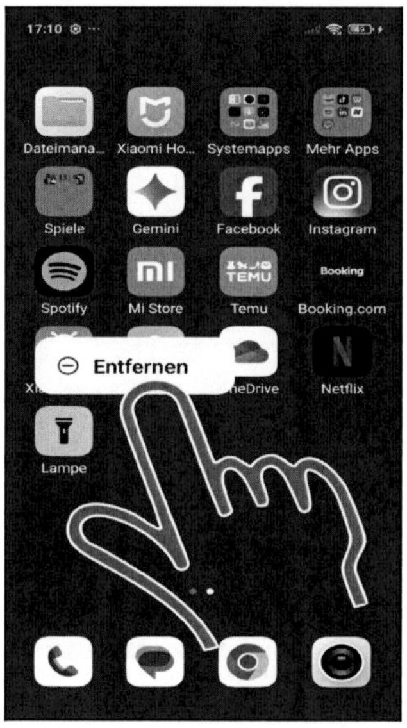

❶❷ Das Widget ist damit angelegt. Sie löschen das Widget, indem Sie den Finger für zwei Sekunden darauf halten, worauf ein Popup erscheint, in dem Sie auf *Entfernen* gehen.

So verschieben Sie ein Widget auf eine andere Bildschirmseite im Startbildschirm:

➊ Aktivieren Sie zunächst den Bearbeitungsmodus, indem Sie die bereits vorgestellte Kneifgeste durchführen (zwei Finger gleichzeitig auf den Bildschirm halten und zusammenziehen).

➋➌ Halten und ziehen Sie nun das Widget auf eines der Vorschaubilder am unteren Bildschirmrand und lassen Sie los. In unserem Beispiel wählen wir das leere Vorschaubild, worauf das Handy eine neue Bildschirmseite im Startbildschirm anlegt. Vergessen Sie nicht, zum Schluss den Bearbeitungsbildschirm mit der ◀-Taste zu schließen.

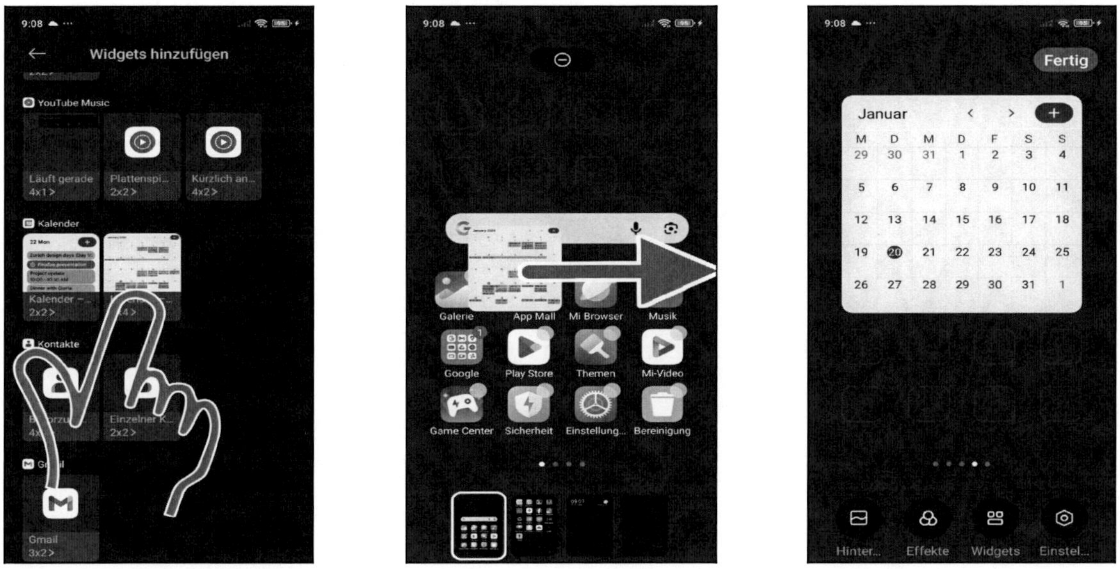

➊ Bei einigen Widgets wie den *Kalender* erhalten Sie die Meldung »*Kein Platz mehr*«, wenn Sie sie im Widget-Menü auswählen.

➋ Sie müssen dann das Widget mit dem Finger halten, worauf das Handy auf den Startbildschirm umschaltet. Lassen Sie das Widget aber noch nicht los, sondern ziehen Sie es bis zum Rand, worauf auf die nächste Bildschirmseite umgeschaltet wird. Dies können Sie auch mehrmals bei Bedarf wiederholen.

➌ Sobald Sie den Finger anheben, wird das Widget platziert.

> Unser Tipp: Wischen Sie vor dem Anlegen des Widgets auf eine Startbildschirmseite, auf der noch genügend Platz für das Widget ist und gehen Sie dann wie oben gezeigt vor.

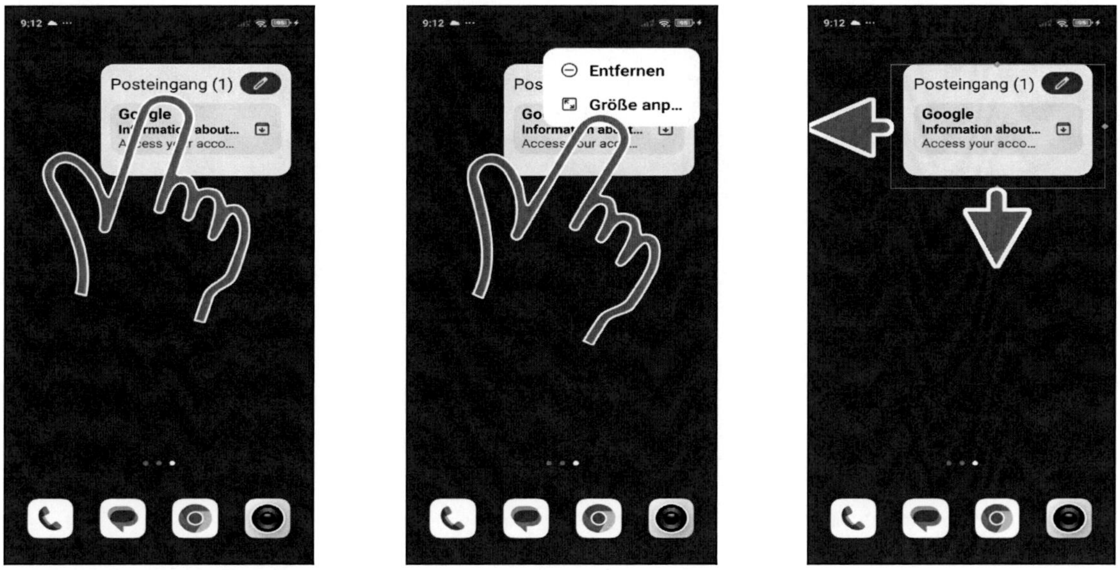

➊ Einige Widgets wie *Gmail* lassen sich in der Größe ändern. Dazu tippen und halten Sie den Finger für einige Sekunden darauf.

➋ Im Popup gehen Sie auf *Größe anpassen.*

❸ Ziehen Sie mit dem angedrückten Finger an den Seitenbegrenzungen. Danach betätigen Sie die ◀-Taste oder tippen mit dem Finger auf einen Bereich außerhalb des Widgets.

4.10.2.b Widget entfernen

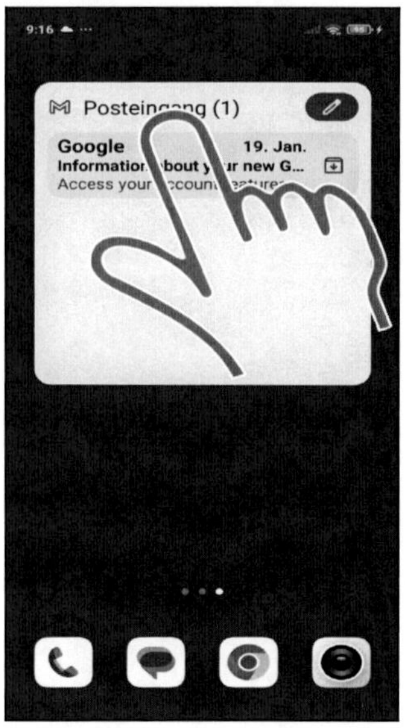

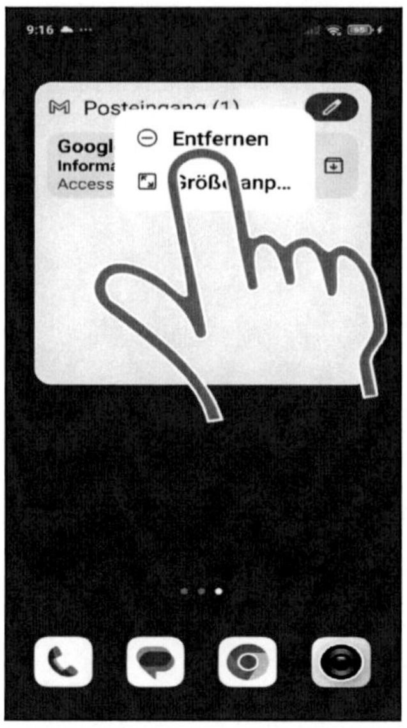

❶❷ Tippen und halten Sie den Finger über dem Widget, dann gehen Sie auf *Entfernen.*

4.10.3 Ordner

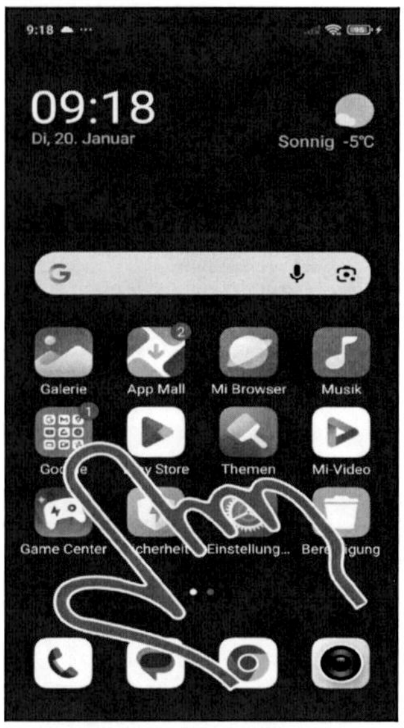

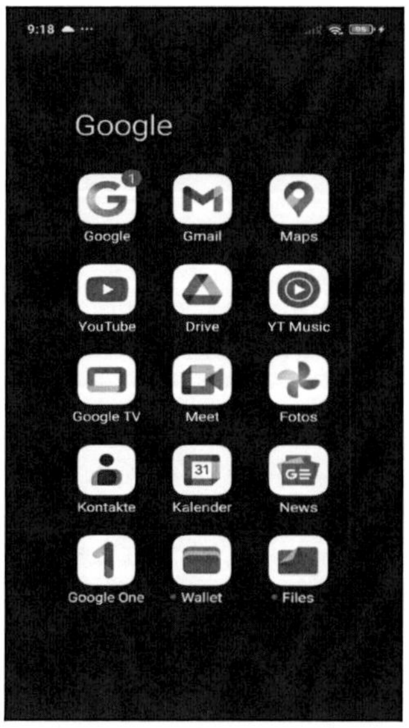

❶❷ Im Startbildschirm sind einige Programme in den Ordnern *Google und Tools* zusammengefasst. Tippen Sie einen Ordner an, um die enthaltenen Programme anzuzeigen, die Sie dann durch Antippen aufrufen.

Zum Schließen des Ordners betätigen Sie die ◀-Taste oder tippen in einen Bildschirmbereich außerhalb des Ordners.

4.10.4 Hintergrundbild

Das Hintergrundbild in Startbildschirm und Displaysperre können Sie frei einstellen. Wählen Sie eines der vorgegebenen Designs oder stellen Sie ein Foto ein, das Sie mit der Kamera-Anwendung erstellt haben.

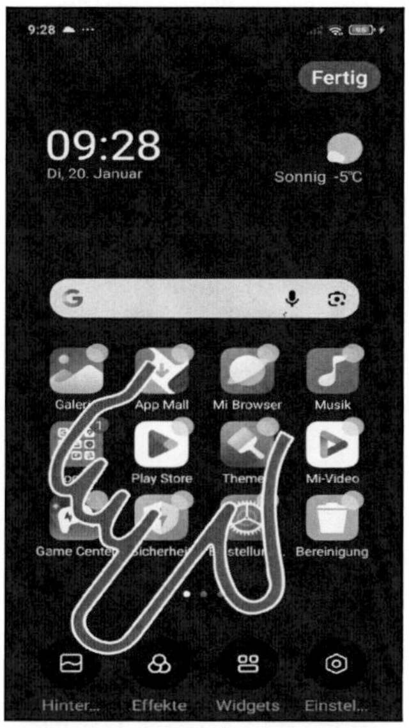

❶ Führen Sie die Kneifgeste im Startbildschirm durch (zwei Finger auf das Display legen und sofort auseinander ziehen), worauf am unteren Bildschirmrand das Menü erscheint. Eventuell benötigen Sie dazu mehrere Versuche.

❷ Gehen Sie auf ⊟.

❸ Beim ersten Mal müssen Sie einmalig mit *Einwilligen* die Geschäftsbedingungen bestätigen.

Leider zeigt Xiaomi häufig zwischendurch Werbung an. Bei Video-Werbung warten Sie, bis die *Überspringen*-Schaltfläche erscheint, die Sie antippen (❶) beziehungsweise betätigen Sie ✕ (❷). Falls Sie keine der beschriebenen Schaltflächen sichtbar ist, können Sie es auch mit der ◀-Taste unterhalb des Bildschirms versuchen.

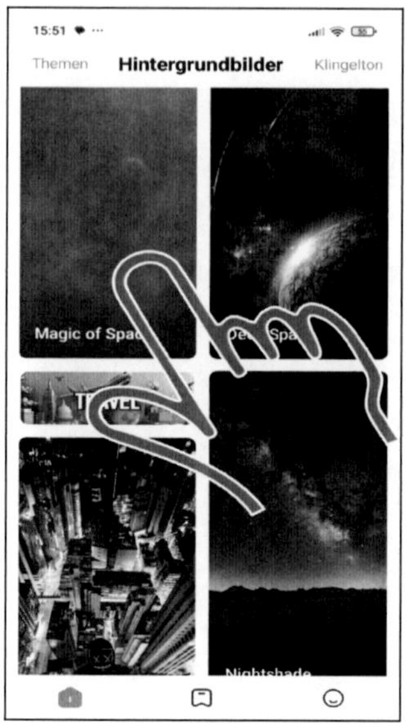

Die Hintergrundbilder werden als Themenpakete aufgelistet, beispielsweise zu Katzen, Autos, Reisen usw.

❶ Blättern Sie in den Themenvorschlägen.

❷ Danach wählen Sie ein Themenpaket, im Beispiel *Beautiful Sky,* aus.

❸ Tippen Sie ein vorgeschlagenes Bild an, das Sie als Hintergrundbild wünschen.

❶ Betätigen Sie *Anwenden.*

❷ Wählen Sie über das Popup die Verwendung aus:

- *Für Sperrbildschirm festlegen*: Die Displaysperre, auf die das Handy sich nach einiger Zeit der Inaktivität umschaltet.
- *Als Startbildschirm festlegen*
- *Für beide festlegen*: Startbildschirm und Displaysperre ändern.

Danach betätigen Sie die ◉-Taste, damit die Einrichtung abgeschlossen wird.

❸ Der neue Startbildschirmhintergrund ist aktiv.

Wie Sie mit der Kamera-Anwendung erstellte Fotos als Hintergrundbild einstellen, erfahren Sie im Kapitel *18.2 Galerie-Anwendung in der Praxis.*

Je nach Hintergrundbild werden die Schriften im Startbildschirm zur besseren Lesbarkeit invertiert.

4.11 Längs- und Querdarstellung

In manchen Situationen ist es sinnvoll, die Displaydarstellung zu drehen, beispielsweise, wenn Sie den Webbrowser nutzen. Dazu brauchen Sie nur das Gerät in Ihrer Hand zu drehen, denn über den Bewegungssensor weiß das Handy jederzeit, in welcher Position Sie das Gerät halten. In manchen Anwendungen stehen nach dem Drehen zusätzliche Bedienelemente zur Verfügung.

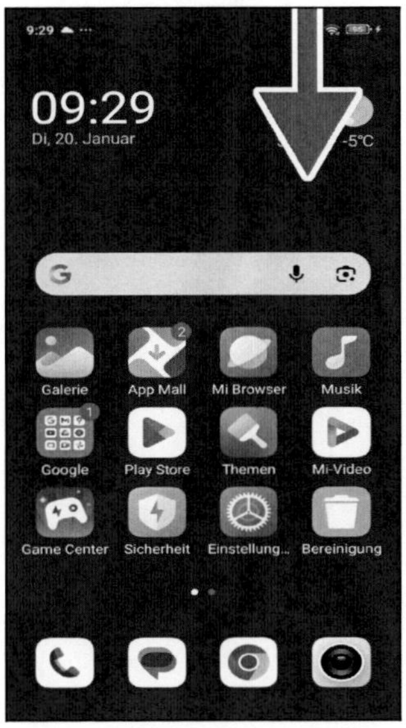

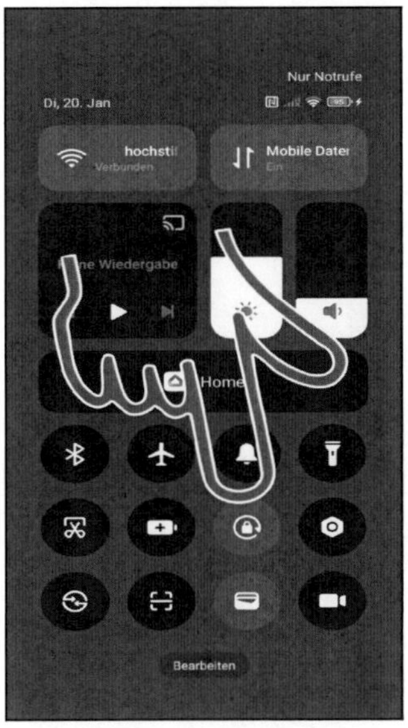

❶ So aktivieren Sie das automatische Drehen: Öffnen Sie mit einer Wischgeste oben rechts das Kontrollzentrum.

❷ Aktivieren/deaktivieren Sie 🔒 (Sperre der Ausrichtung).

❶❷ Beispiel: Galerie-Anwendung im Hochformat und wenn man das Gerät um 90 Grad dreht.

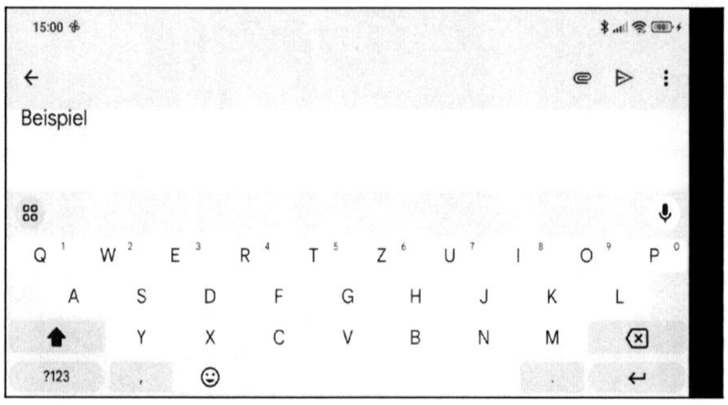

Auch für Eingaben über das Tastenfeld ist es mitunter sinnvoll, das Display zu drehen.

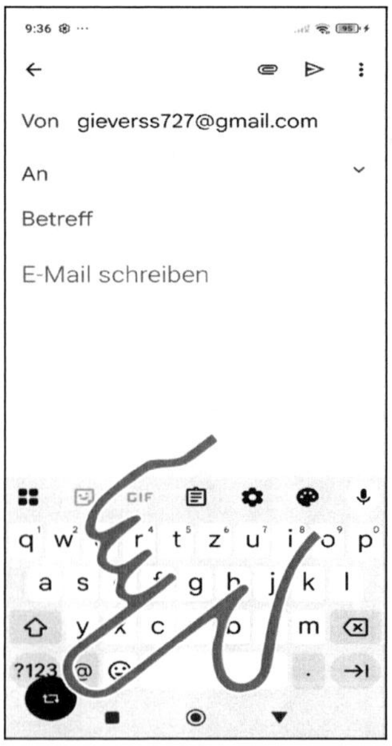

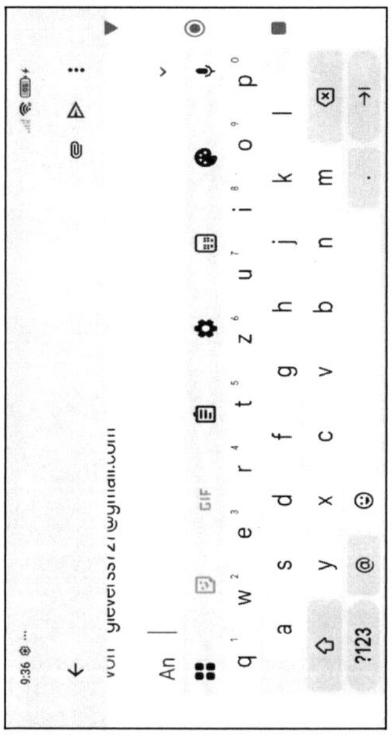

Tipp: Auch wenn die automatische Bildschirmausrichtung gesperrt ist, lässt sich die Ausrichtung ändern:

❶❷ Halten Sie das Handy in der gewünschten Ausrichtung und tippen Sie auf die schwarze Schaltfläche, worauf sich der Bildschirm dreht.

4.12 Menü

❶❷ In vielen Anwendungen – hier der Webbrowser – finden Sie zusätzliche Funktionen in einem Menü, das Sie über ein ⋮-Symbol aufrufen.

❸ Einige Menüs sind so umfangreich, dass Sie darin mit einer Wischgeste blättern können.

In diesem Buch finden Sie sehr häufig genaue Anweisungen, welchen Menüs Sie folgen müssen. ⋮*/Einstellungen/Anzeige* heißt zum Beispiel, dass Sie erst mit ⋮ das Menü aufrufen, dann auf *Einstellungen*, anschließend auf *Anzeige* usw. gehen.

4.13 Die Einstellungen

Die *Einstellungen,* worin Sie alle wichtigen Parameter für die Bildschirmanzeige, die Signaltöne, Internetverbindungen usw. konfigurieren, spielen eine wichtige Rolle in diesem Buch.

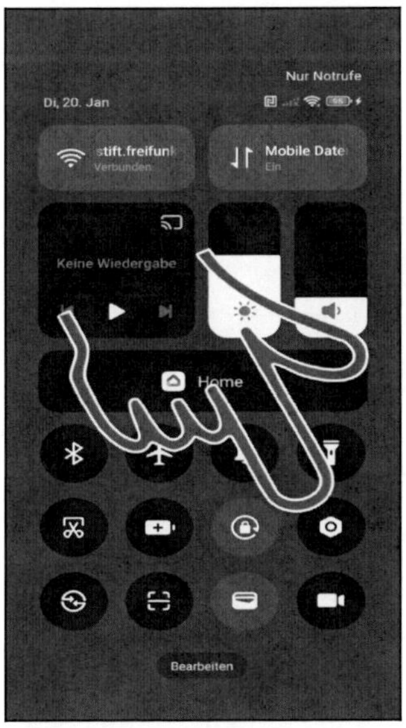

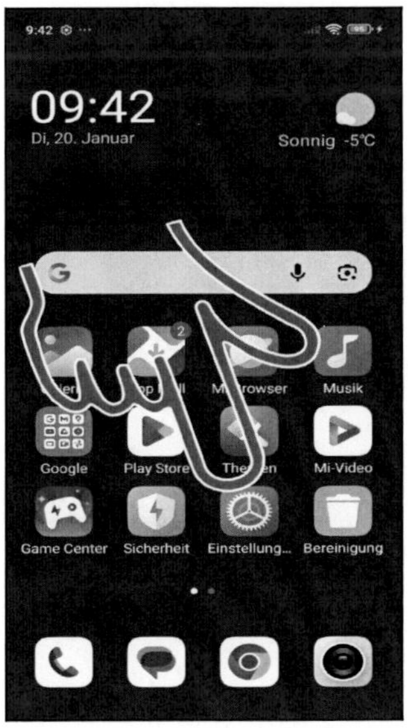

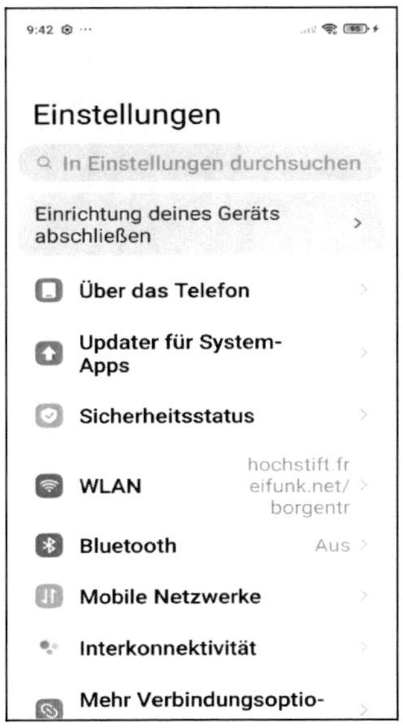

❶❷ Die *Einstellungen* finden Sie im Kontrollzentrum unter ⚙ (Pfeil) und im Startbildschirm unter *Einstellungen.*

❸ In diesem Buch gehen jeweils die einzelnen Kapitel bei Bedarf auf die Menüs in den *Einstellungen* ein.

4.14 Zuletzt genutzte Anwendungen

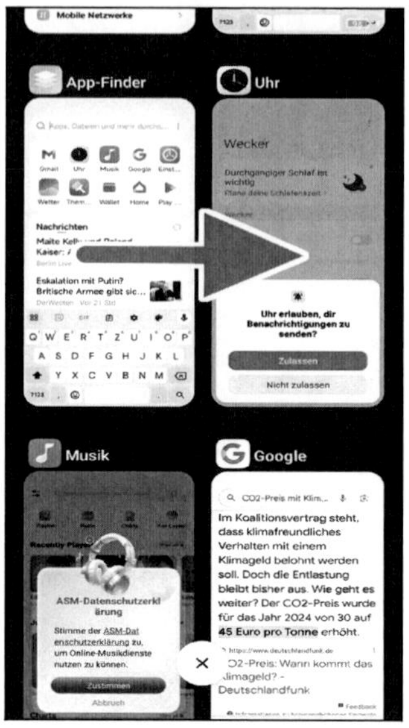

❶ Die Liste der zuletzt genutzten Programme rufen Sie mit der ■-Taste auf. In der Liste »blättern« Sie durch Wischen nach oben/unten. Tippen Sie ein Programm an, das Sie aufrufen möchten.

❷ Wischen nach links oder rechts entfernt ein Programm aus der Liste.

Wie bereits erwähnt, bringt Sie ein kurzer Druck auf die ◉-Taste wieder auf den Startbildschirm zurück, wenn Sie sich gerade in einer anderen Anwendung befinden.

4.15 Google-Suche

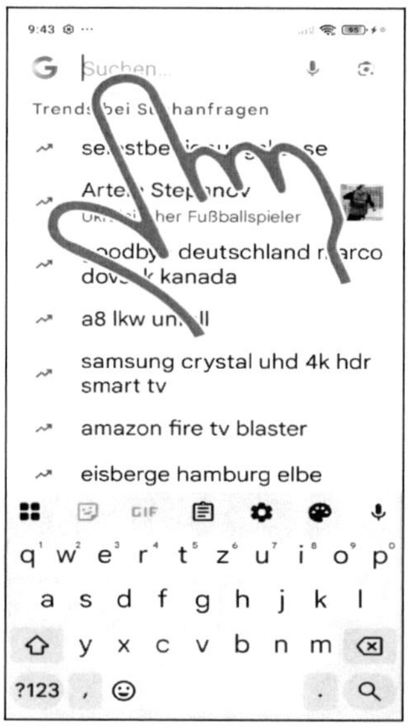

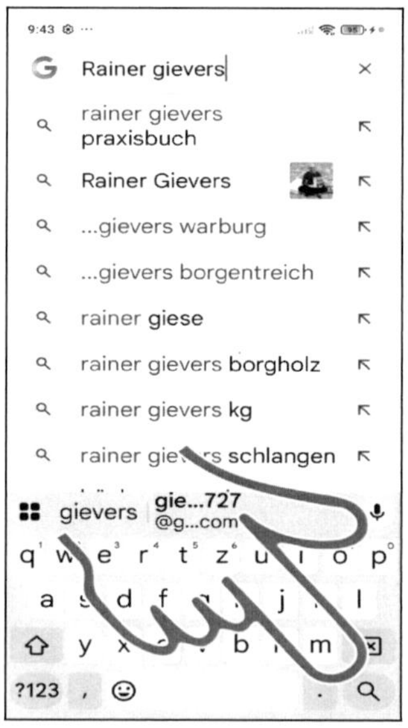

❶ Über die *Google*-Schaltfläche (Pfeil) starten Sie die globale Suche, mit der Sie alle Anwendungen, Termine, Kontakte usw. durchsuchen.

❷❸ Tippen Sie gegebenenfalls oben ins Eingabefeld. Schon während der Eingabe eines Suchbegriffs werden passende Fundstellen, beispielsweise Wortvorschläge aus der Google-Suchmaschine und Kontakteinträge aus dem Telefonbuch, aufgelistet. Die eigentliche Suche starten Sie mit 🔍 auf dem Tastenfeld (Pfeil).

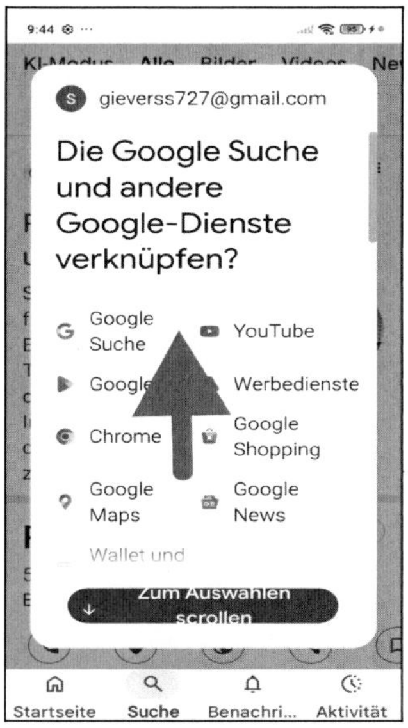

➊ An dieser Stelle erscheint normalerweise ein Popup. Der Grund: EU-Vorschriften verbieten es Google, mehrere eigene Dienste ohne ausdrückliche Zustimmung der Nutzer miteinander zu verknüpfen. Betätigen Sie *Jetzt starten.*

➋➌ Blättern Sie mit einer Wischgeste durch die Anzeige und betätigen Sie *Ja, verknüpfen.*

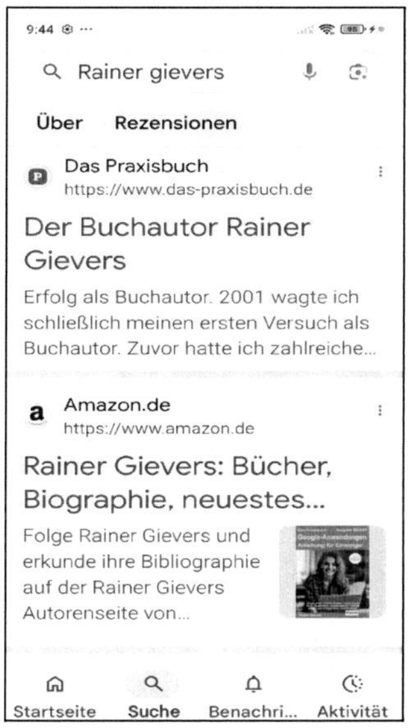

➊➋ Blättern Sie mit einer Wischgeste durch die Suchergebnisse und tippen Sie eine Fundstelle an, um sie anzuzeigen.

❶❷❸ Eine Besonderheit verbirgt sich hinter der 🎤-Schaltfläche (Pfeil): Sie können dann einfach einen oder mehrere Begriffe sprechen, nach denen Google anschließend im Internet sucht.

> Weitere Spracheingabefunktionen stellt Kapitel *19 Gemini-Sprachsteuerung* vor.
>
> Neben 🎤 befindet sich die Google-Lens-Schaltfläche, worauf noch Kapitel *17.5 Google Lens* eingeht.

4.16 Medienlautstärke und Signaltöne

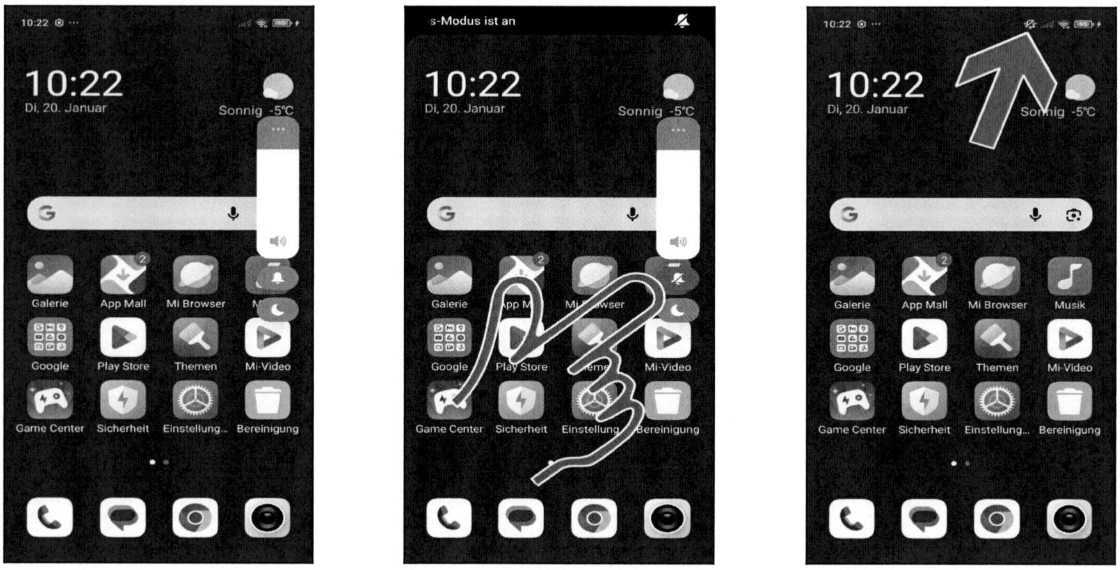

❶ Über die Lautstärketasten auf der rechten Geräteseite beeinflussen Sie die Medienlautstärke (beispielsweise von YouTube, YouTube Music oder der Audiowiedergabe im Webbrowser).

❷ Antippen der 🔔-Schaltfläche unter der Lautstärkeanzeige beeinflusst den Klingelton. Sie schalten damit um zwischen Standard (Klingelton aktiv) und Lautlos.

❸ Ein Symbol (Pfeil) in der Titelleiste informiert über den aktiven Lautlosmodus.

Der Wecker (siehe Kapitel *23.2 Wecker und Uhr*) ist im Lautlosmodus weiterhin aktiv.

❶❷ ☾ aktiviert die im Kapitel *14.3 Ruhemodus (Nicht stören)* beschriebene Funktion.

❶ Um die Lautstärke für den Klingelton, Benachrichtigungstöne usw. zu ändern, tippen Sie ••• (Pfeil) an.

❷ Sie ändern hiermit:

- 🔊 (Medienlautstärke): Stellt die Lautstärke bei Multimedia-Anwendungen, beispielsweise von YouTube oder Spielen ein.
- 🔔 (Klingeltonlautstärke): Der Klingelton bei eingehenden Anrufen.
- ⏰ (Weckerlautstärke): Signalton des Weckers (siehe Kapitel *23.2 Wecker und Uhr*).

Die weiteren Optionen:

- 🔔: Stumm (bereits oben erläutert)
- ☾: Auf diese Funktion, welche zu bestimmten Zeiten alle Benachrichtigungen deaktiviert, geht Kapitel *14.3 Ruhemodus (Nicht stören)* ein.

➊ Sie können den Stumm- und »Bitte nicht stören«-Modus auch mit Zeitsteuerung nutzen. Dazu wischen Sie jeweils über die *Wischen…*-Schaltfläche.

➋ In unserem Beispiel wird sich der Stumm-Modus nach 1 Stunde automatisch deaktivieren.

➌ Falls nötig, können Sie die Zeitsteuerung jederzeit durch Antippen der blauen 🔔- oder ☾-Schaltfläche deaktivieren.

4.17 Die Seitenleiste

Ähnlich wie auf einem Windows PC haben auch auf dem Handy praktisch alle Programme damit zu kämpfen, die verfügbaren Funktionen in einer übersichtlichen Form bereitzustellen. Unter Windows hat sich dafür die Menüleiste eingebürgert. Weil auf dem Handy dagegen nur extrem wenig Bildschirmfläche verfügbar ist, nutzen die Anwendungen hier häufig ein **Ausklappmenü**. Alternativ wird dafür die Bezeichnung **Seitenleiste** verwendet.

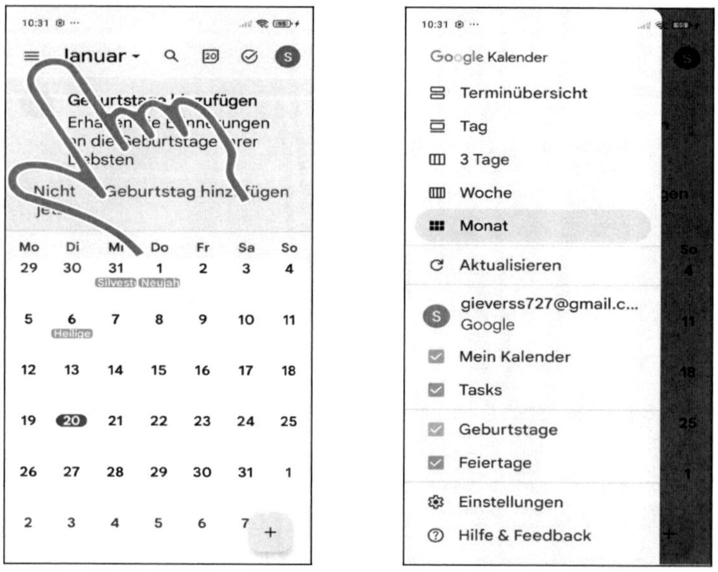

➊ Das Ausklappmenü (Seitenleiste) rufen Sie beispielsweise im Kalender (siehe Kapitel *20 Kalender*) mit einem Antippen der ≡-Schaltfläche oben rechts (Pfeil) auf.

➋ Sie schließen das Ausklappmenü, indem Sie entweder darin eine Funktion auswählen oder die ◀-Taste unterhalb des Displays betätigen.

❶❷ Es gibt auch Anwendungen mit Menüs, die Sie über das runde Kontosymbol oben rechts aufrufen.

4.18 Aktionen zulassen

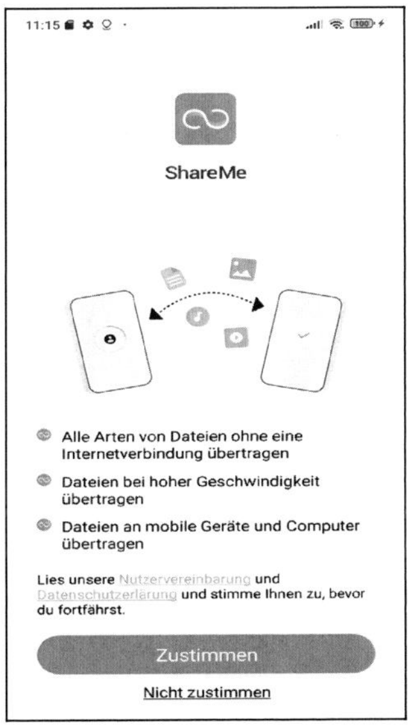

Bei vielen der vorinstallierten Anwendungen auf dem Handy erscheint früher oder später ein Dialog, der Sie nach Ihrer Genehmigung fragt, eine Aktion durchführen zu dürfen.

❶ Im Beispiel benötigt ein Programm die Erlaubnis, auf Ihren GPS-Standort zuzugreifen.

❷ Diese Anwendung verarbeitet Ihre Daten und bittet deshalb um Ihre Erlaubnis.

Bitte antworten Sie **immer** mit *Bei Nutzung der App, Zustimmen, OK* oder ähnlich. Andernfalls steht die betreffende Funktion im Programm nicht zur Verfügung. Manche Anwendungen beenden sich auch einfach, wenn Sie die Genehmigung verweigern.

Die Berechtigungen der installierten Anwendungen verwalten Sie in einem Menü, das Kapitel *28.2 Benachrichtigungen aktivieren* vorstellt.

4.19 Handy ausschalten oder neu starten

Auch wenn viele Anwender Ihr Handy über Nacht ausschalten, ist dies in der Praxis nicht sinnvoll. Im ausgeschalteten Zustand informiert Sie das Handy nicht über anstehende Kalendertermine und der Wecker ist ebenfalls deaktiviert.

Ein eingeschaltetes Handy benötigt nachts nur wenig Strom, weil das Display – die Hauptbelastung für den Akku – abgeschaltet ist. Auch für die Akkulebensdauer spielt es kaum eine Rolle, ob Sie das Handy zwischendurch ausschalten.

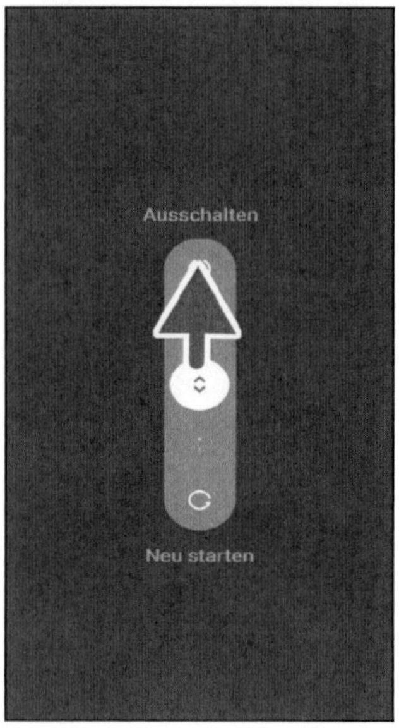

Wenn Sie Nachts nicht durch Anrufe oder Benachrichtigungen gestört werden möchten, dann empfehlen wir die im Kapitel *14.3 Ruhemodus (Nicht stören)* beschriebene Funktion.

So schalten Sie das Handy aus: Drücken Sie die Lautstärke-hoch-Taste und den Ein-/Ausschalter, worauf dieser Bildschirm erscheint. Ziehen Sie dann den weißen Knopf mit dem Finger nach oben zum Ausschalten. Ziehen Sie nach unten für einen Neustart des Handys.

Später schaltet langes Drücken des Ein-/Ausschalters das Handy wieder ein.

5. Telefonie

Die Bedienungsführung des Handys ist so aufgebaut, dass Sie mit wenig Aufwand einen Kontakt anrufen können.

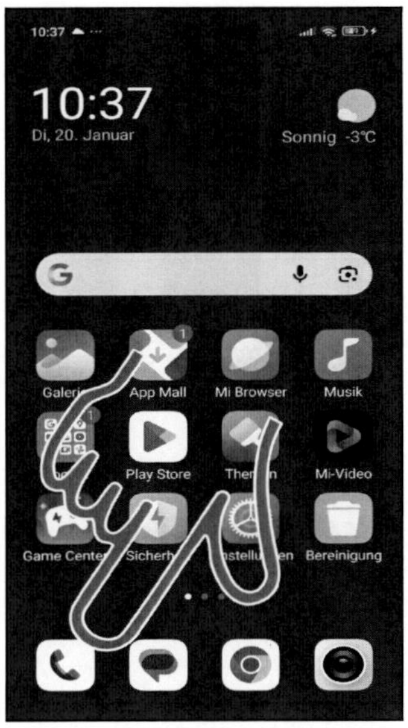

➊ Die Telefonoberfläche öffnen Sie im Startbildschirm mit der *Telefon*-Schaltfläche am unteren Bildschirmrand (Pfeil).

➋ Schließen Sie den einmaligen Hinweis mit ✕.

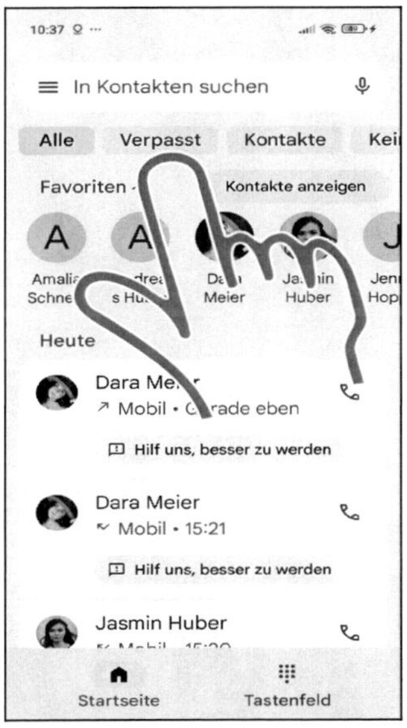

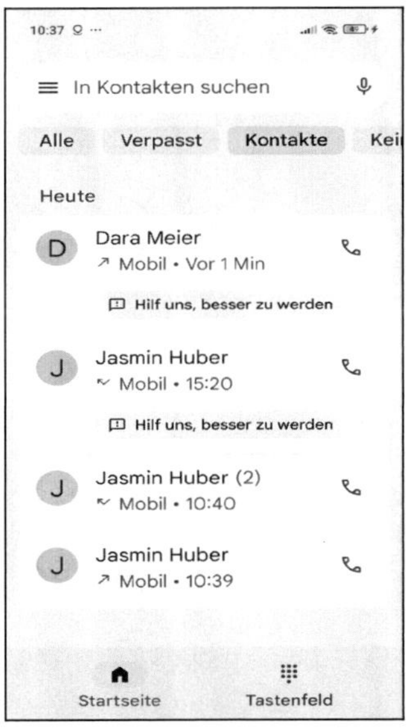

➊➋ Über die Schaltflächen am oberen Bildschirmrand schalten Sie die Anruferanzeige um zwischen:

- *Alle*
- *Verpasst*: Verpasste oder von Ihnen geblockte Anrufe.
- *Kontakte*: Anrufe von/mit Kontakten aus dem Telefonbuch (siehe Kapitel *7 Telefonbuch*).
- *Kein Spam; Spam*: Sie können Rufnummern als unerwünscht markieren, die dann unter *Spam* erscheinen.

❶ Wenn Sie Rufnummern direkt eingeben möchten, schalten Sie auf *Tastenfeld* (Pfeil) um.

❷ *Startseite* aktiviert dagegen die Anzeige der Anrufliste.

5.1 Anruf durchführen

❶❷ Aktivieren Sie zunächst über die *Tastenfeld*-Schaltfläche das Tastenfeld (die ◀-Taste an der Displayunterseite blendet das Tastenfeld wieder aus).

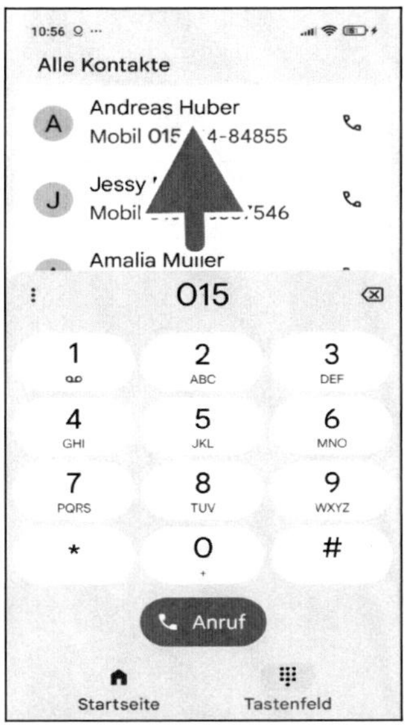

➊ Tippen Sie die gewünschte Telefonnummer über das Tastenfeld auf dem Display ein. Starten Sie den Anruf, indem Sie die *Anruf*-Schaltfläche antippen. Falls im Telefonbuch bereits Kontakte vorhanden sind, die zur eingegebenen Nummer passen, werden diese automatisch oberhalb des Eingabefelds angezeigt.

➋ In den Fundstellen blättern Sie mit einer Wischgeste. Das Handy schaltet dann das Tastenfeld aus.

5.1.1 Suche

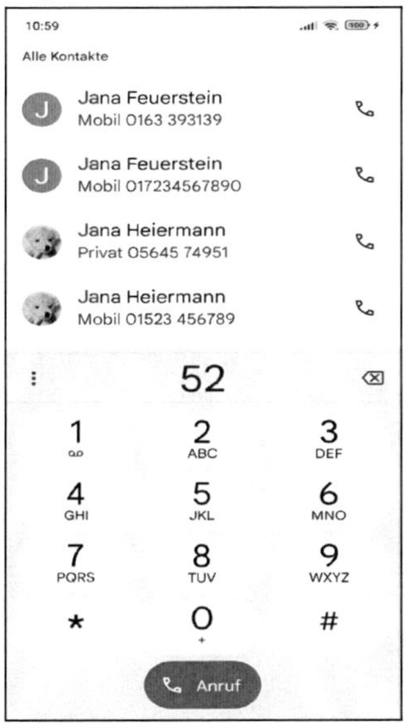

Auch eine direkte Namenssuche ist möglich. Tippen Sie dafür die Nummern ein, die den Buchstaben entsprechen (»2«=a, b, c; »3«=d, e, f; usw.). Betätigen Sie ⌫ neben dem Eingabefeld, um eine Fehleingabe zu löschen.

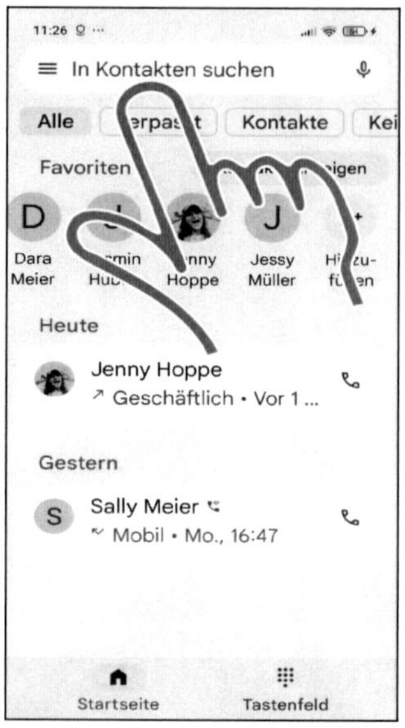

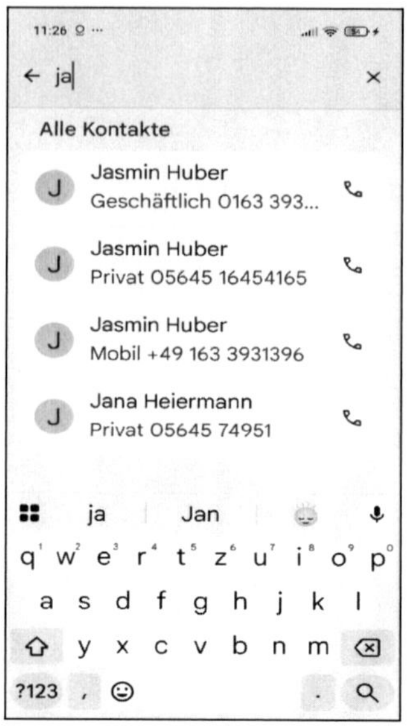

❶❷ Auch in der *Startseite* ist die Suche möglich: Dort tippen Sie oben ins Eingabfeld und geben die gesuchten Namen ein.

5.1.2 Letzte Rufnummer wählen

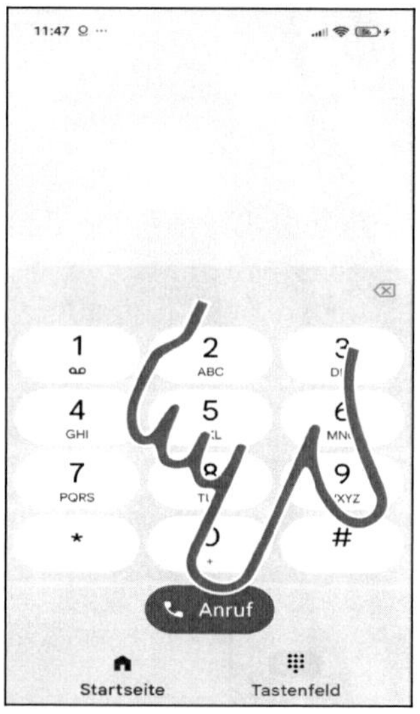

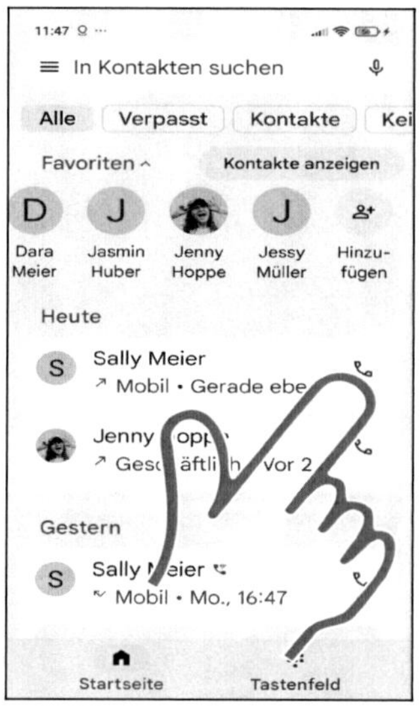

❶❷ Betätigen Sie die *Anruf*-Schaltfläche, um die zuletzt gewählte Nummer in das Rufnummernfeld zu übernehmen.

❸ Alternativ tippen Sie einfach 📞 hinter einem Eintrag im Anrufprotokoll an.

5.1.3 Funktionen während eines Gesprächs

❶❷ Während des Gesprächs zeigt das Handy die angewählte Rufnummer beziehungsweise den Kontakt an. Betätigen Sie die ⠿-Schaltfläche (Pfeil), um das Tastenfeld zu aktivieren, was sinnvoll ist, wenn Sie DTMF (Tonwahl)-Töne benötigen, zum Beispiel für die Bedienung eines Anrufbeantworters oder einer Tonwahl-gesteuerten Service-Hotline. Betätigen der ✕-Schaltfläche oben links schließt das Tastenfeld später wieder.

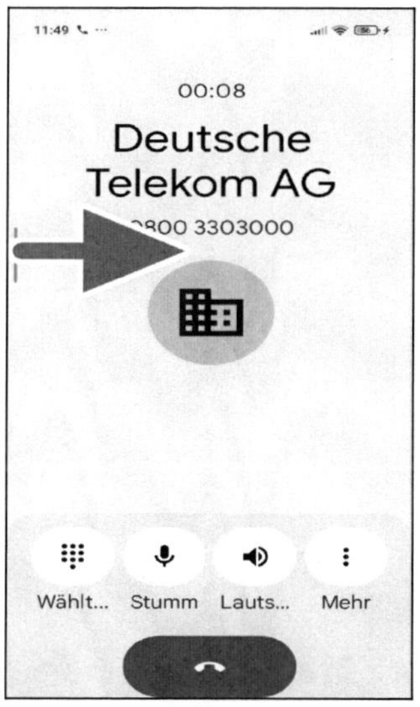

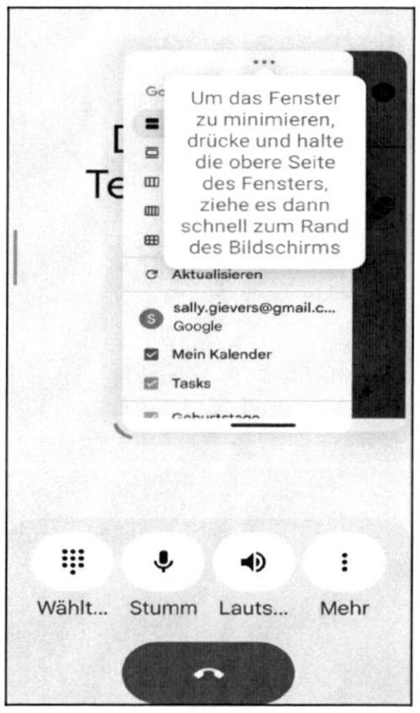

❶ Während eines Gesprächs können Sie mit einer Wischgeste über dem Strich auf der linken Seite die Anruftoolbox aktivieren.

❷❸ Dort rufen Sie die Anwendungen, im Beispiel *Kalender* auf, die dann in einem kleinen Fenster ablaufen.

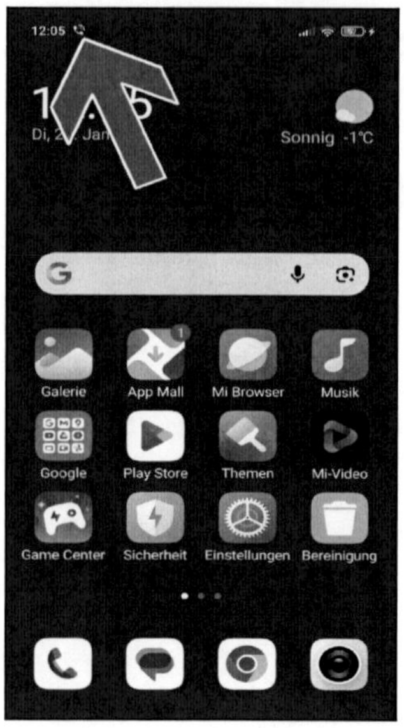

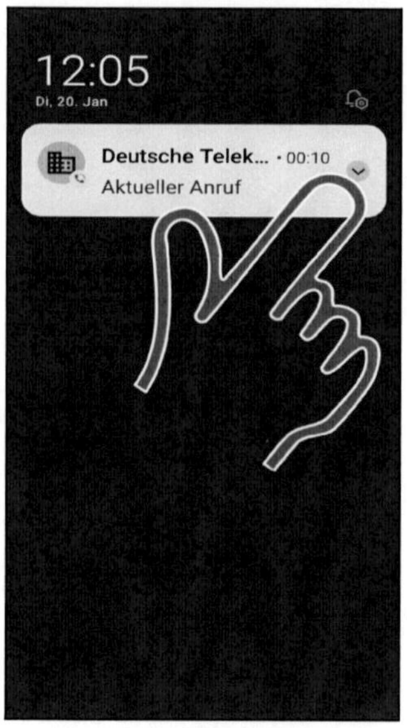

❶ Interessant ist die Möglichkeit, jederzeit während eines aktiven Gesprächs eine andere Anwendung zu nutzen. Dazu betätigen Sie die ◉-Taste für den Startbildschirm. Sie können dann, wie gewohnt, diverse Anwendungen auf dem Handy starten, während das Gespräch im Hintergrund weiterläuft. Ein Symbol (Pfeil) weist in der Titelleiste auf den aktiven Anruf hin.

❷❸ Sie steuern den aktiven Anruf über das Benachrichtigungsfeld (siehe Kapitel *4.8 Titelleiste und Benachrichtigungsfeld*). Tippen Sie auf die ∨-Schaltfläche für die Anzeige der Bedienelemente. Alternativ öffnet Antippen des Anrufernamens beziehungsweise der Rufnummer die Telefonoberfläche.

❶ Weitere Funktionen während eines Gesprächs:

- *Wähltasten:* Tastenfeld einschalten.
- *Stumm*: Deaktiviert/aktiviert das Mikrofon, wobei man weiter hört, was der Gesprächsteilnehmer von sich gibt.
- *Lautsprecher*: Aktiviert/Deaktiviert die Freisprecheinrichtung.
- *Mehr* (❷):
  - *Hinzufügen*: Dem Gespräch einen weiteren Teilnehmer hinzufügen, was aber nur funktioniert, wenn Ihr Handyvertrag Telefonkonferenzen beinhaltet.
  - *Halten*: Schickt den Anrufer in eine Warteschleife.
  - *Videoanruf*: Videoanruf per Google Meet durchführen. Nur möglich, wenn der Gesprächspartner ebenfalls ein Android-Handy verwendet. Siehe Kapitel *9.5 Meet*.

5.1.3.a Hörerlautstärke

Während eines Gesprächs können Sie die Hörerlautstärke an Ihre Bedürfnisse anpassen. Drücken Sie einfach auf der rechten Geräteseite die Tasten Lautstärke-hoch/runter.

5.1.4 Anruf aus dem Telefonbuch

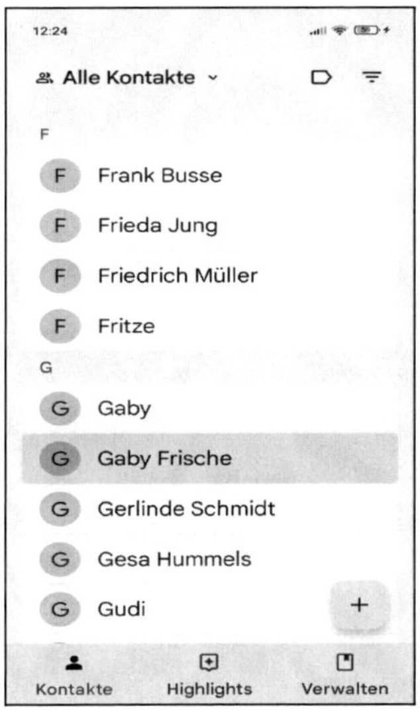

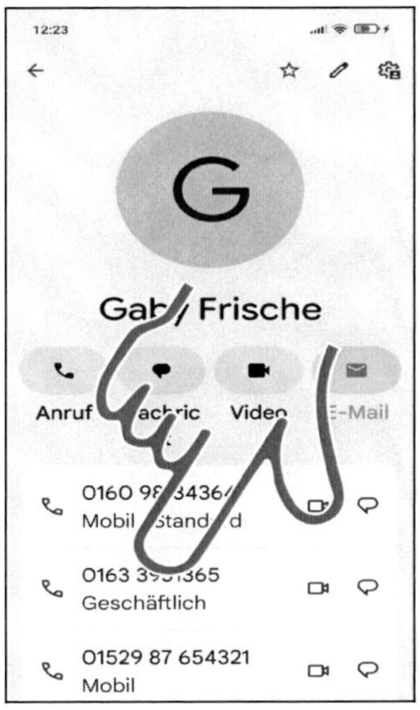

➊ Zum Anwählen eines Kontakts direkt in der Kontaktauflistung des Telefonbuchs (siehe Kapitel *7 Telefonbuch*) tippen Sie den Kontakt an.

➋ Tippen Sie auf die anzuwählende Nummer.

5.2 Mobilbox abrufen

Die Mobilnetzbetreiber bieten jedem Kunden eine »Mailbox« an, in der Anrufer wie auf einem Anrufbeantworter ihre Nachrichten hinterlassen können. Zum Abruf der Nachrichten wählen Sie entweder auf der Telefonoberfläche die Mailboxnummer, oder Sie nutzen die vom Handy angebotene Abruffunktion.

Zum Abruf der Mailbox tippen und halten Sie die »1«-Taste auf dem Telefontastenfeld, bis die Anwahl erfolgt.

> Die Mailbox ist auf der Kurzwahl »1« vordefiniert. Normalerweise wird die Mailbox-Rufnummer korrekt eingerichtet, wenn Sie eine neue SIM-Karte einlegen und die automatisch erscheinende Konfigurationsaufforderung bestätigen. Falls Sie dennoch eine andere Mailboxrufnummer eintragen möchten, lesen Sie bitte im Kapitel 5.9 *Anrufeinstellungen* weiter.

5.3 Anruf annehmen

Auf eingehende Anrufe macht ein Popup aufmerksam. Es gibt dann zwei mögliche Anzeigen:

- Rufnummer ist nicht im Telefonbuch vorhanden: Das Handy zeigt nur die Rufnummer an (❶).
- Rufnummer ist im Telefonbuch vorhanden: Das Handy zeigt den Kontaktnamen an (❷).

❸ Tippen Sie auf *Ablehnen* (der Anrufer hört ein »besetzt« oder wird auf Ihre Mailbox weitergeleitet) beziehungsweise auf *Annehmen*, wenn Sie mit dem Anrufer sprechen möchten.

> Betätigen der Lautstärke-leiser-Taste auf der rechten Geräteseite schaltet einen eingehenden Anruf stumm.

❶❷ Antippen des Popups (nicht der Schaltflächen!) öffnet die Vollbildansicht mit weiteren Optionen, auf die wir als Nächstes eingehen.

Wenn Sie bei ausgeschaltetem Display angerufen werden, erscheint sofort die Vollbildansicht.

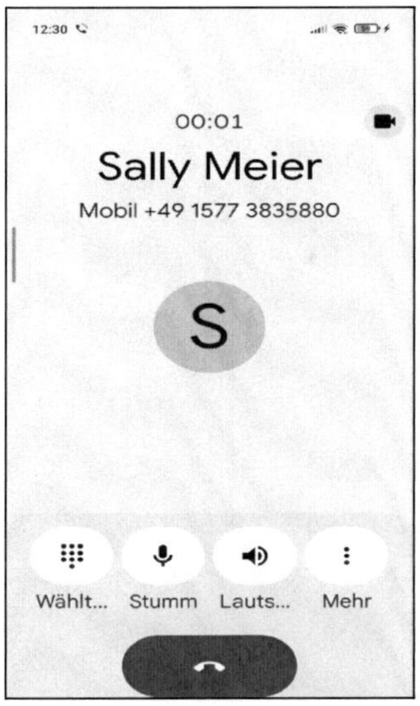

❶❷ Zum Annehmen eines Gesprächs »schieben« Sie die grüne Schaltfläche mit einer Wischgeste nach rechts. Während des Gesprächs stehen dann die gleichen Funktionen zur Verfügung, welche bereits im Kapitel *5.1.3 Funktionen während eines Gesprächs* vorgestellt wurden.

❸ Umgekehrt »schieben« Sie die grüne Schaltfläche nach links, um einen Anruf zu blocken. Der geblockte Anruf landet trotzdem im Anrufprotokoll, sodass sie später zurückrufen können.

Betätigen Sie *Nachricht,* um einen vorgegebenen Text an den Anrufer zu senden.

❶❷❸ Weitere Infos zum verpassten Anruf erhalten Sie, indem Sie das Benachrichtigungsfeld öffnen (Siehe Kapitel *4.8 Titelleiste und Benachrichtigungsfeld*). Tippen Sie den Listeneintrag an, um die Telefonoberfläche anzuzeigen.

5.3.1 Mit SMS antworten

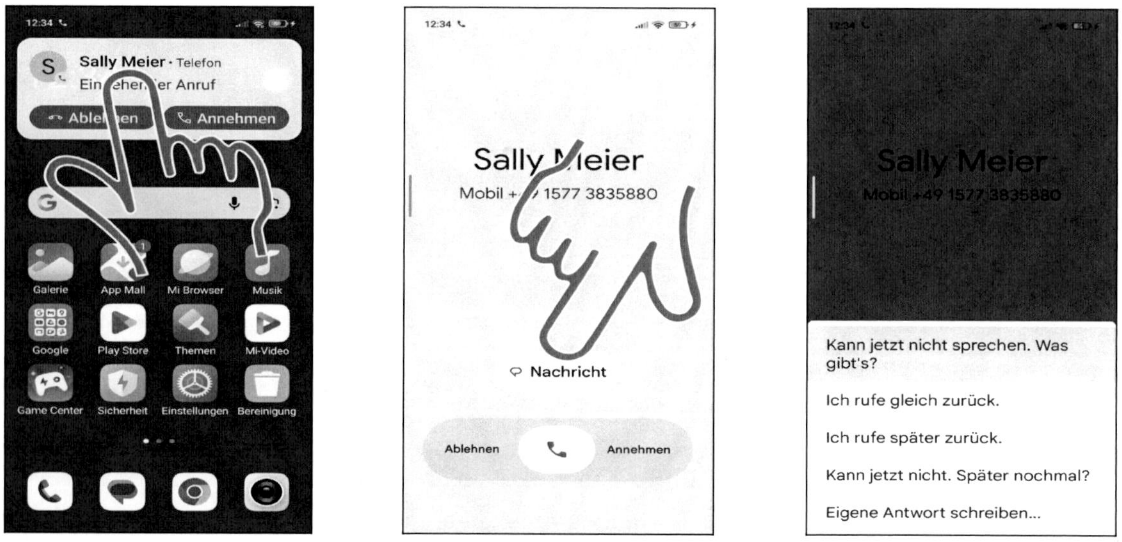

❶ Falls Sie gerade nicht sprechen können, tippen Sie auf den Anrufernamen beziehungsweise dessen Rufnummer, was den Anruferbildschirm öffnet…

❷ Betätigen Sie die *Nachricht*-Schaltfläche.

❸ Wählen Sie dann eine Nachricht aus, die per SMS verschickt wird.

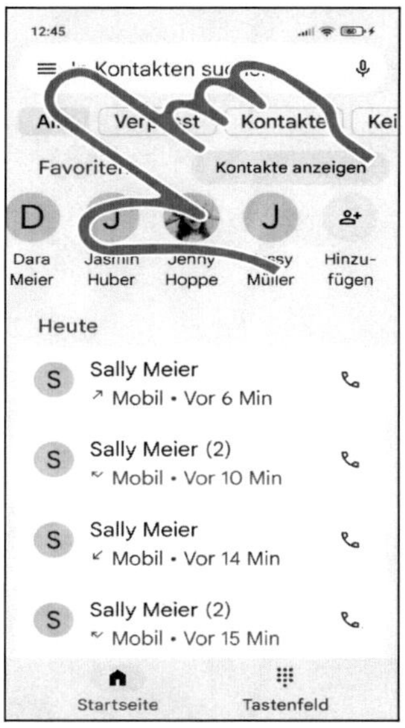

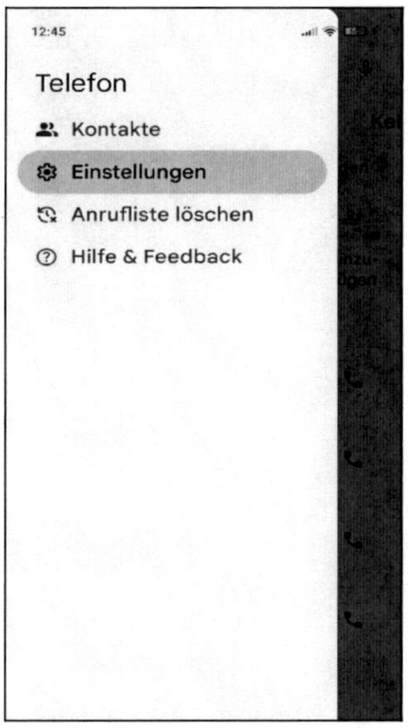

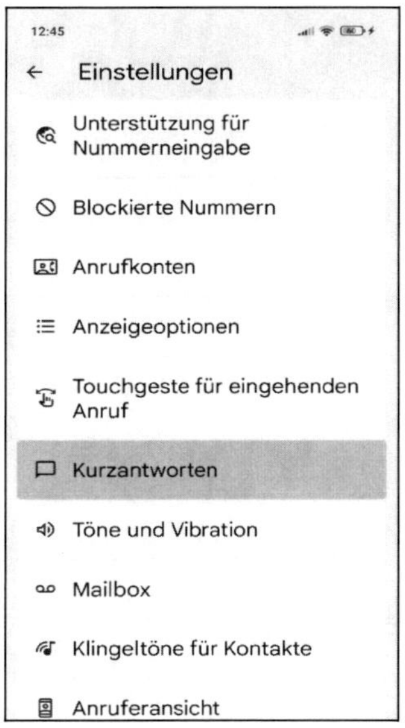

❶ Die vorgefertigten Nachrichten lassen sich anpassen. In der Telefon-Anwendung rufen Sie dazu die Seitenleiste auf (Pfeil).

❷❸ Gehen Sie auf *Einstellungen* und dann *Kurzantworten.*

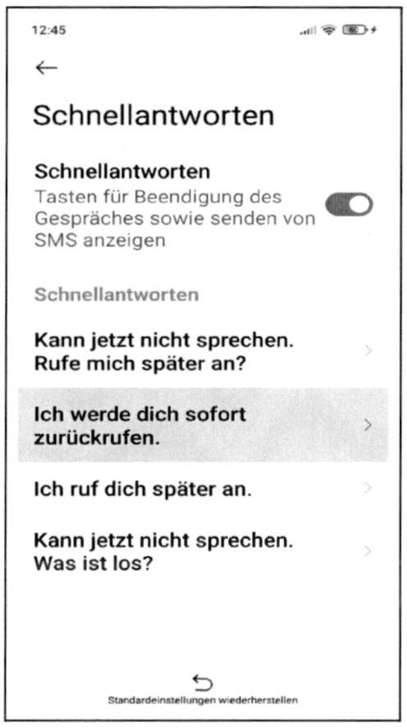

❶❷ Tippen Sie einfach einen der vorgefertigten Texte an, den Sie ändern möchten.

5.3.2 Klingelton und Klingeltonlautstärke

❶ So ändern Sie die Klingeltonlautstärke: Betätigen Sie eine der Lautstärketasten auf der rechten Geräteseite. Dann tippen Sie ••• (Pfeil) an.

❶ Um die Lautstärke für den Klingelton, Benachrichtigungstöne usw. zu ändern, tippen Sie ••• (Pfeil) an.

❸ Sie ändern hiermit:

- 🔊 (Medienlautstärke): Stellt die Lautstärke bei Multimedia-Anwendungen, beispielsweise von YouTube oder Spielen ein.
- 🔔 (Klingeltonlautstärke): Der Klingelton bei eingehenden Anrufen.
- ⏰ (Weckerlautstärke): Signalton des Weckers (siehe Kapitel *23.2 Wecker und Uhr*).

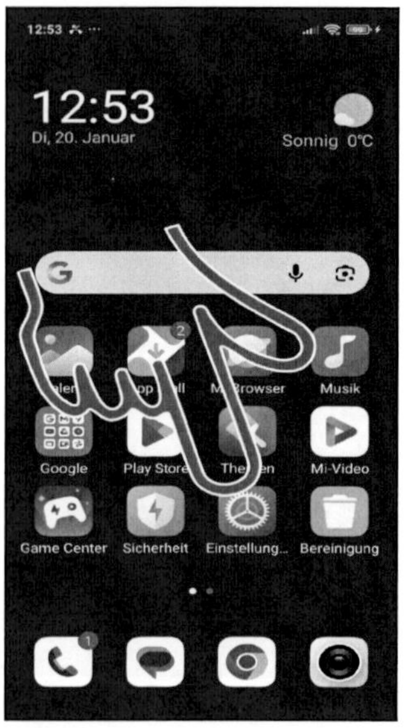

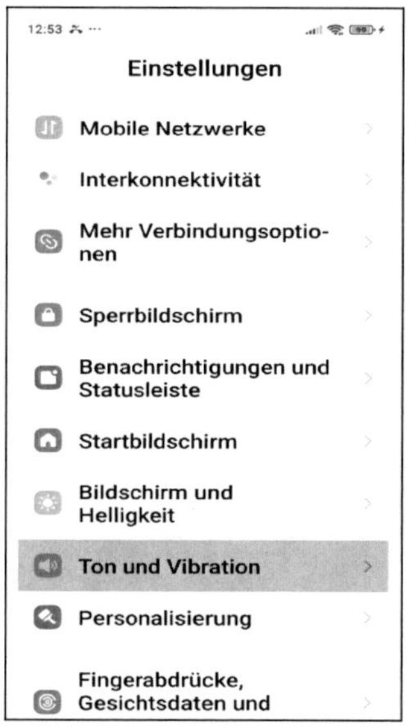

❶❷ Zum Ändern des verwendeten Klingeltons rufen Sie im Startbildschirm die *Einstellungen* auf.

❸ Gehen Sie auf *Ton und Vibration.*

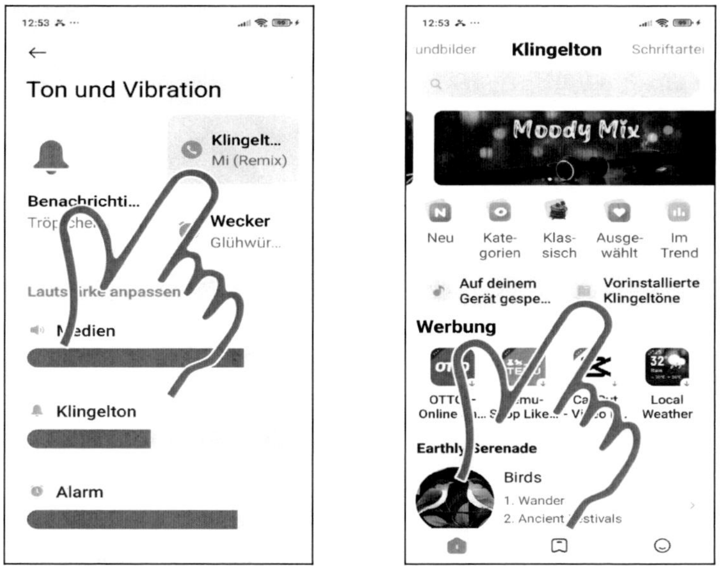

❶❷ Wählen Sie *Klingelton* und dann *Vorinstallierte Klingeltöne.*

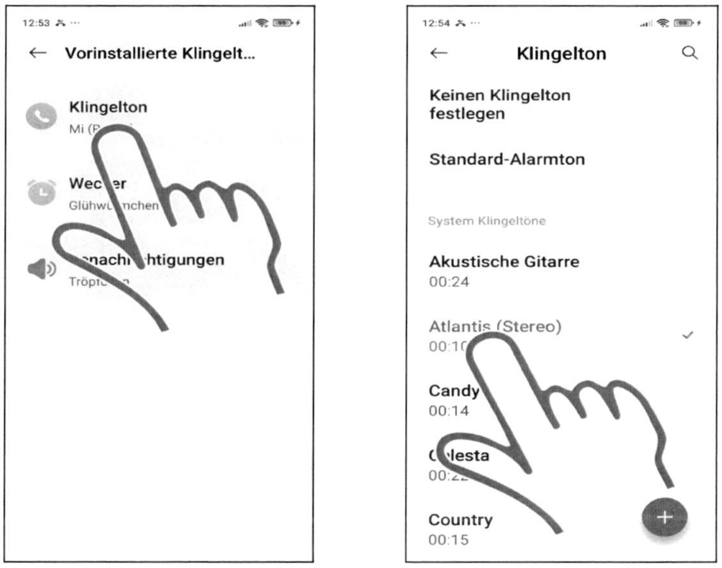

❶ Gehen Sie auf *Klingelton.*

❷ Antippen einer Melodie setzt sie als Standardklingelton. Schließen Sie den Bildschirm mit ◀.

Sie können auch jedem Kontakt einen eigenen Klingelton zuweisen, der dann statt dem Standard-Klingelton vom Handy verwendet wird. Siehe dazu Kapitel *7.7 Klingelton für Kontakt*.

5.4 Anrufliste (Protokoll)

In der Anrufliste legt das Handy alle ein- und ausgegangenen Anrufe, auch die nicht entgegengenommenen, ab.

5.4.1 Anrufliste in der Telefonoberfläche

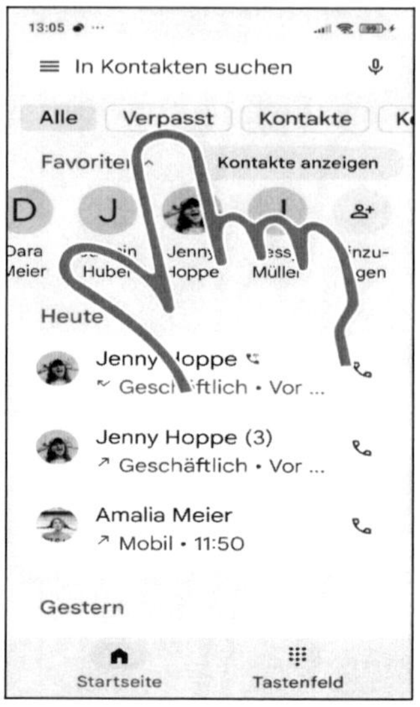

❶ In der Startseite listet die Telefonie-Anwendung alle Ein- und ausgegangenen Anrufe auf. Dabei fasst das Handy Anrufe von und zu einer Rufnummer jeweils in einem Eintrag zusammen. Am Symbol (Pfeil) erkennen Sie jeweils die letzte Aktion:

- ↙: Angenommener Anruf
- ↗: Ausgehender Anruf
- ↖↗: Verpasster Anruf

❷❸ Wohl nur für Nutzer mit extrem vielen Anrufen sind die Schaltflächen am oberen Bildschirmrand interessant, mit denen man die Auflistung zum Beispiel auf verpasste Anrufe (*Verpasst*) oder Anrufen von Kontakten (*Kontakte*) eingrenzen kann.

5.4.2 Anzeige verpasster Anrufe

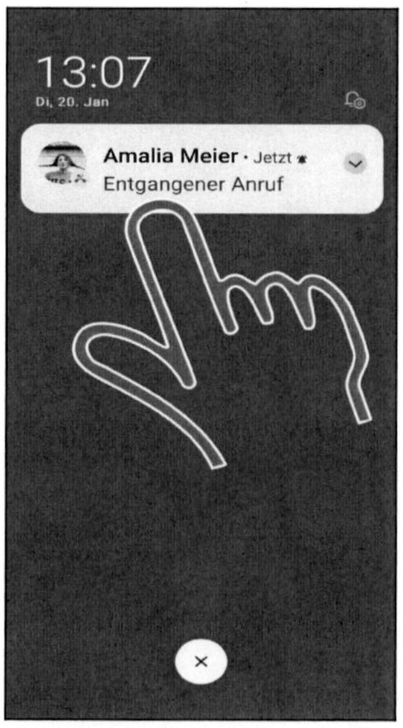

❶❷ Infos über den verpassten Anrufer erhalten Sie, indem Sie das Benachrichtigungsfeld öffnen (siehe Kapitel *4.8 Titelleiste und Benachrichtigungsfeld*). Tippen Sie auf den Hinweis, um die Anrufliste in der Telefonoberfläche anzuzeigen.

5.4.3 Funktionen in der Anrufliste

❶❷ Tippen Sie hinter einem Eintrag im Anrufprotokoll an, worauf der Anruf erfolgt.

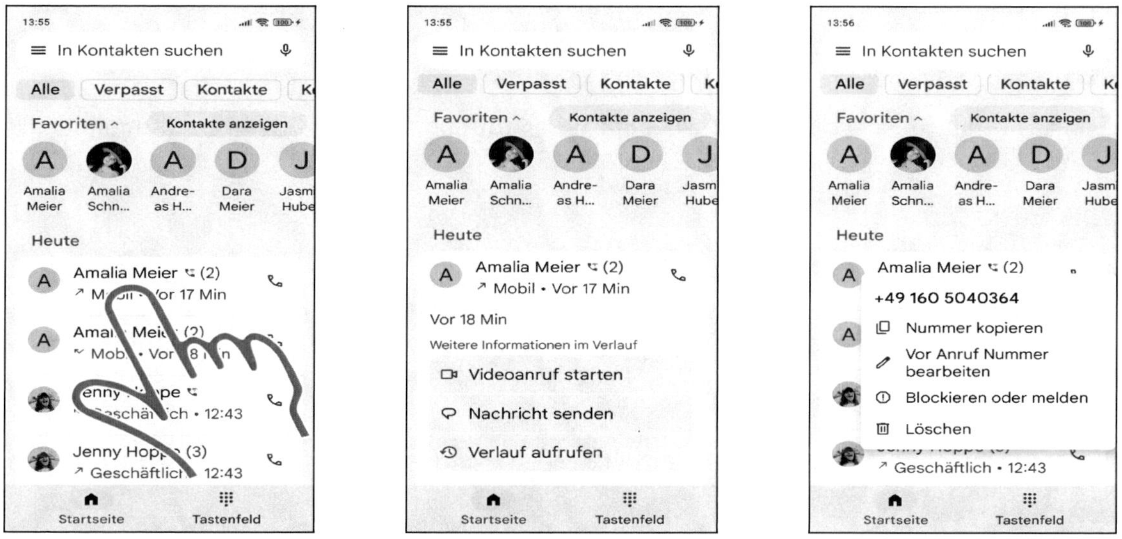

❶❷ Weitere Funktionen erhalten Sie, wenn Sie kurz mit dem Finger auf einen Eintrag tippen:

- *Hinzufügen*: Dieser Menüeintrag erscheint nur bei Rufnummern, die sich noch nicht im Telefonbuch befinden. Erstellt mit der Rufnummer einen neuen Kontakt im Telefonbuch oder fügt die Nummer dort einem Kontakt hinzu (siehe Kapitel *7 Telefonbuch*).
- *Nachricht senden*: Erstellt eine SMS (siehe Kapitel *6 SMS mit Messages*).
- *Verlauf aufrufen*: Listet alle ein- und ausgegangenen Anrufe zu einer Rufnummer auf.
- *Suchen*: Wenn sich die Rufnummer nicht im Telefonbuch befindet, können Sie sie über Google im Internet suchen. Auf diesem Wege finden Sie schnell heraus, ob eine Rufnummer seriös ist oder nicht, denn es gibt spezielle Webseiten, die betrügerische Anrufer sammeln.

❸ Halten Sie dagegen den Finger auf einem Eintrag gedrückt, so erscheint das Popup:

- *Nummer kopieren*: Kopiert die Rufnummer in die Zwischenablage, von der Sie sie später in einer anderen Anwendung wieder einfügen können. Siehe auch Kapitel *27.3 Texte kopieren, ausschneiden und einfügen*.
- *Vor Anruf Nummer bearbeiten*: Übernimmt die Rufnummer in die Telefonoberfläche, wo Sie sie noch bearbeiten können. Nützlich, wenn beispielsweise jemand in einer Firma unter einer Durchwahl nicht erreichbar ist und Sie dann die Zentrale anrufen möchten.

- *Blockieren oder melden*: Die Rufnummer landet in einer Sperrliste, worauf der Anrufer bei einem erneuten Anruf nur ein Besetztzeichen erhält. Siehe Kapitel *5.6 Filter gegen Belästigung (Sperrliste).*
- *Löschen*: Eintrag aus der Anrufliste entfernen.

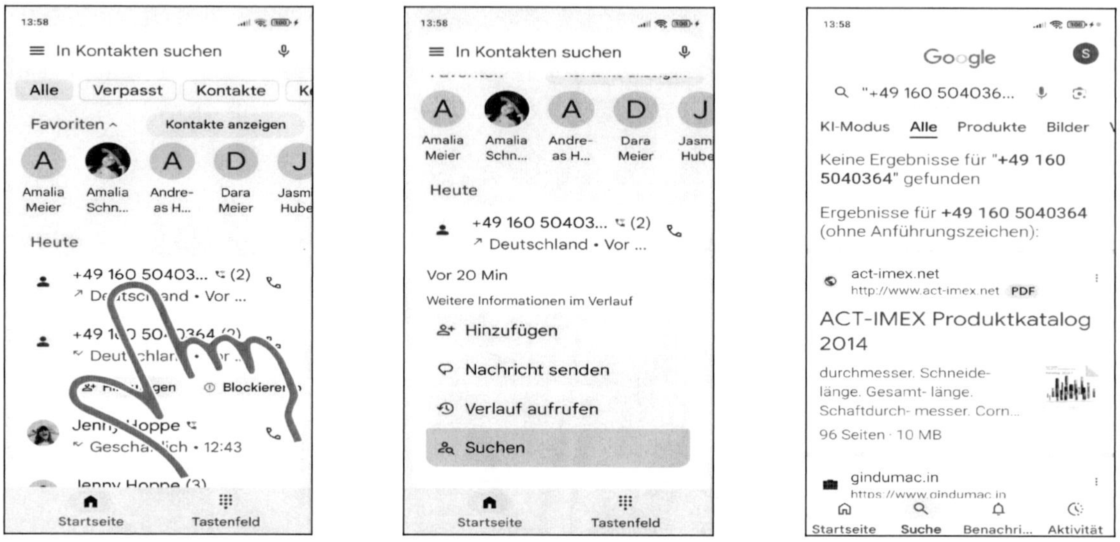

❶❷ Eine praktische Funktion: Wenn Sie bei über eine unbekannte Rufnummer mehr wissen möchten, tippen Sie sie kurz an und gehen auf *Suchen.*

❸ Daraufhin führt Google eine Websuche nach der Rufnummer aus. Sollte die Rufnummer für Spam-Anrufe genutzt werden, werden Ihnen zahlreiche Warnhinweise aufgelistet.

5.5 Flugmodus (Offline-Modus)

In manchen Umgebungen, zum Beispiel Flugzeugen und Krankenhäusern, ist der Einsatz eines Handys untersagt. Für diesen Fall können Sie die Telefon-Funktionalität deaktivieren. Im Flugmodus sind neben dem Telefon auch WLAN und Bluetooth abgeschaltet.

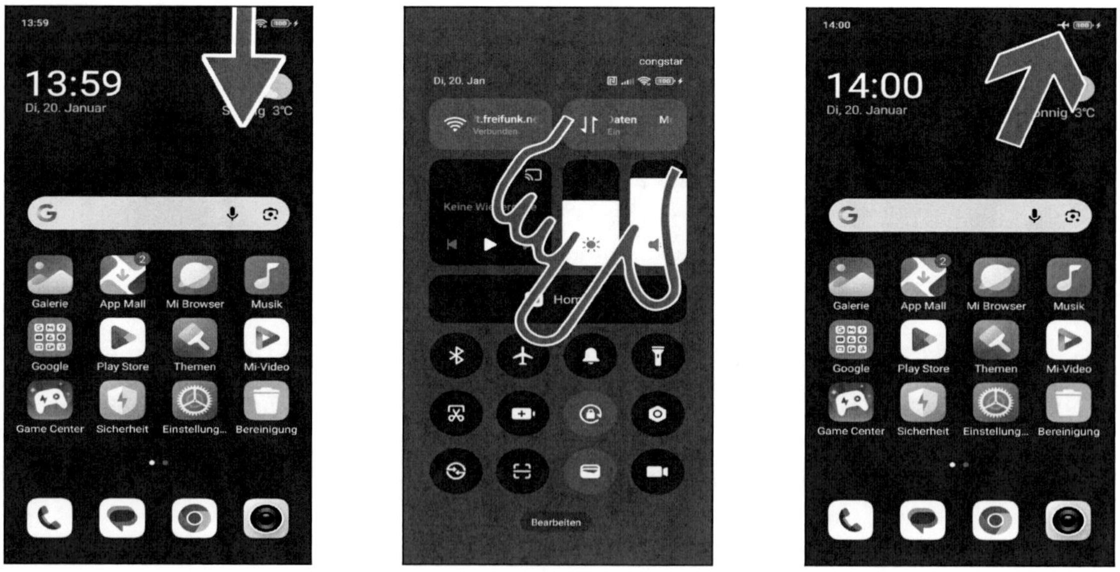

❶ Öffnen Sie das Kontrollzentrum.

❷ Tippen Sie auf ✈. Erneutes Antippen beendet den Flugmodus wieder.

❸ Ein ✈-Symbol macht auf den aktiven Flugzeugmodus in der Titelleiste aufmerksam (Pfeil).

> Für den Netzbetreiber erscheint der Flugmodus technisch so, als ob Sie Ihr Handy ausgeschaltet haben.

5.6 Filter gegen Belästigung (Sperrliste)

Wer kennt es nicht? Immer wieder stören gewisse Leute mit ihren Anrufen... Damit Sie dauerhafte Ruhe finden, unterstützt das Handy eine Anrufer-Sperrliste (»Blacklist«). Neben den Anrufen werden dabei auch eingehende SMS herausgefiltert.

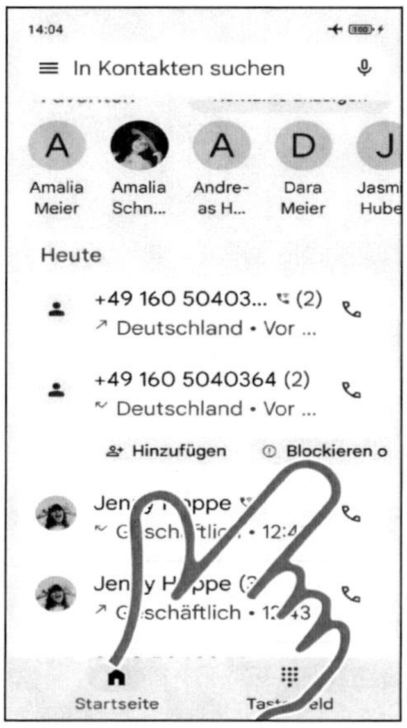

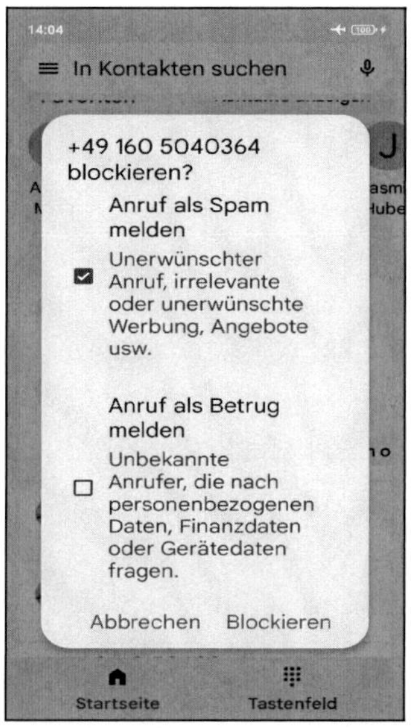

➊➋ Bei unbekannten Rufnummern können Sie einfach mit *Blockieren oder melden* die Blockierung aktivieren. Schließen Sie das Popup mit *Blockieren oder melden.*

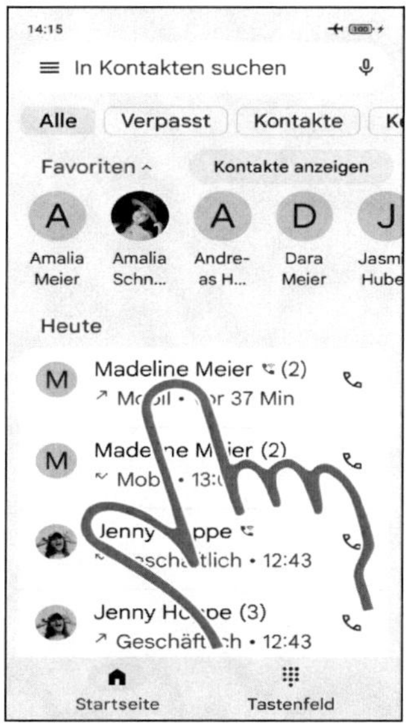

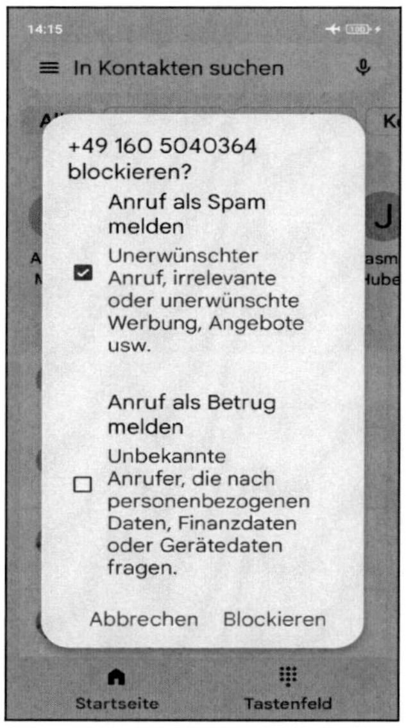

➊ Befindet sich die zu blockierende Rufnummer im Telefonbuch, dann müssen Sie anders vorgehen: Tippen und halten Sie den Finger auf einem Eintrag in der Anrufliste, bis das Popup erscheint.

➋➌ Gehen Sie auf *Blockieren oder Spam melden* und schließen Sie das Popup mit *Blockieren.*

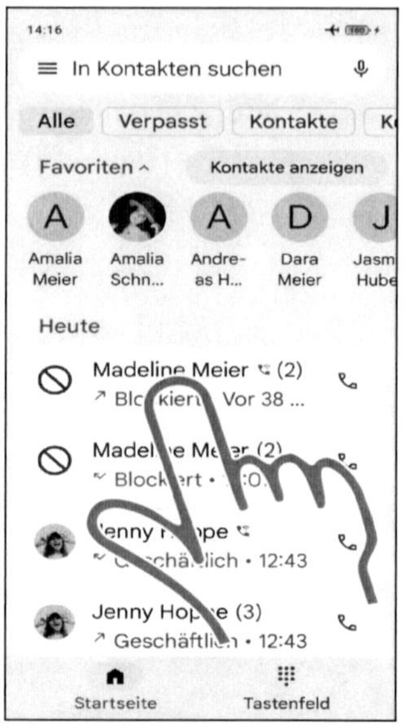

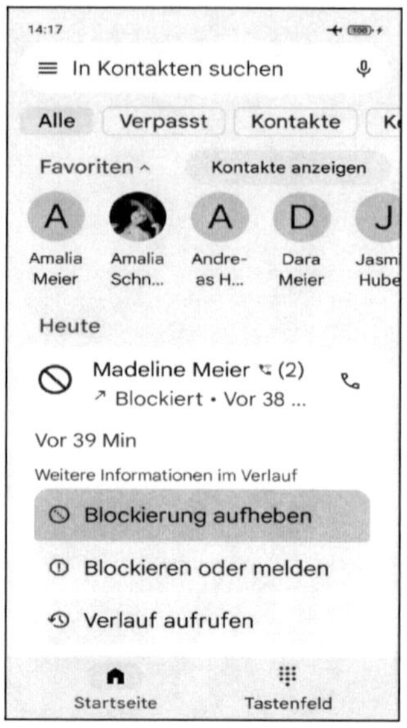

❶ Sie möchten die Blockierung wieder rückgängig machen? Dann tippen Sie den Rufnummerneintrag kurz an.

❷❸ Wählen Sie *Blockierung aufheben* und schließen Sie das Popup mit *Blockierung aufheben.*

Geblockte Anrufe erscheinen nicht im Anrufprotokoll und ähnliches gilt auch für SMS, die ebenfalls geblockt werden und nicht in der SMS-Anwendung angezeigt werden.

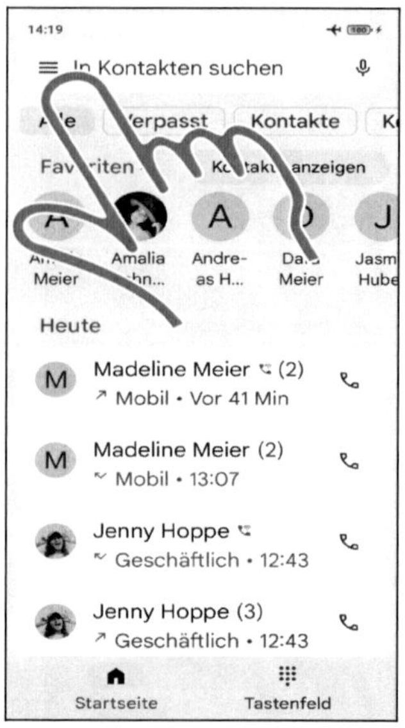

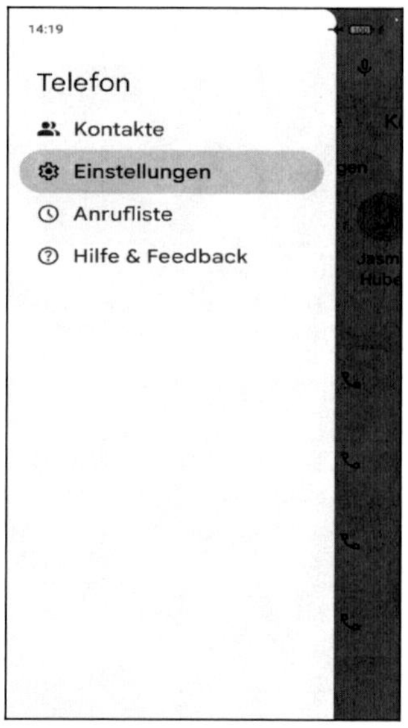

❶❷ Die geblockten Rufnummern verwalten Sie über ein Menü. Aktivieren Sie dafür die Seitenleiste und rufen Sie *Einstellungen auf.*

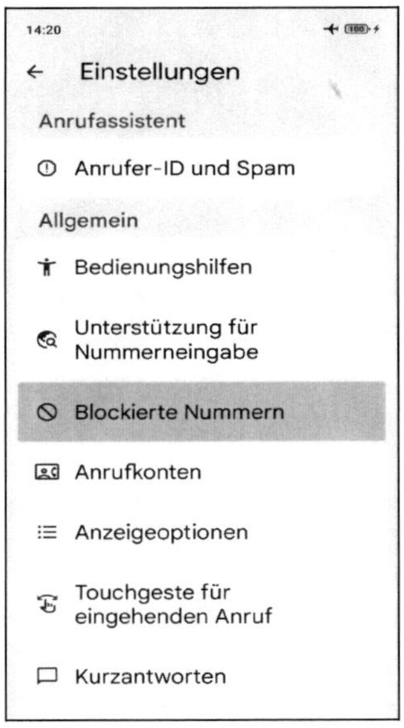

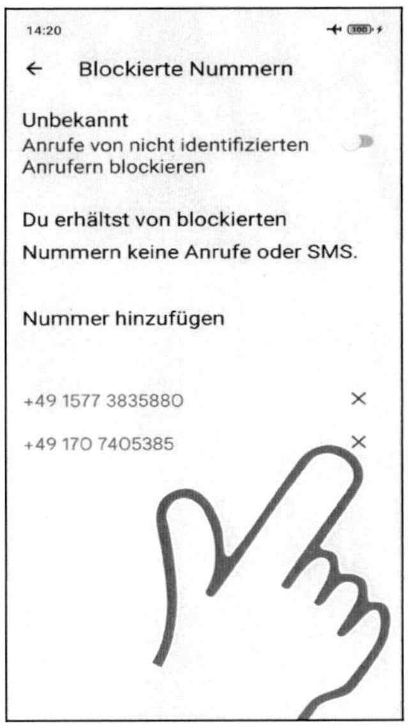

❶ Wählen Sie *Blockierte Nummern.*

❷ Über die ✕-Schaltfläche geben Sie eine blockierte Rufnummer wieder frei.

5.7 Favoriten

Die sogenannten Favoriten sind häufig angerufene Kontakte, die Sie deshalb im schnellen Zugriff haben möchten.

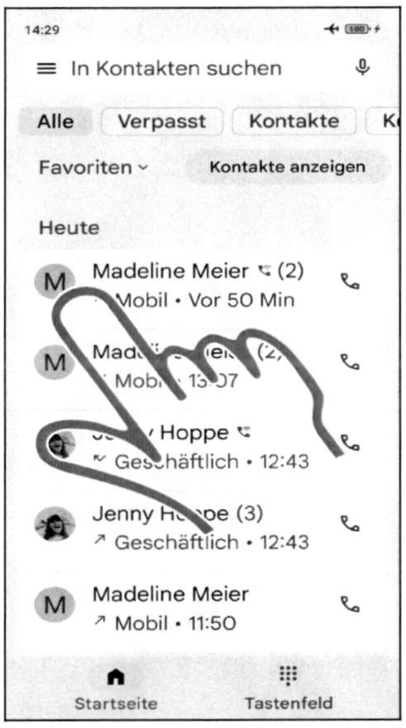

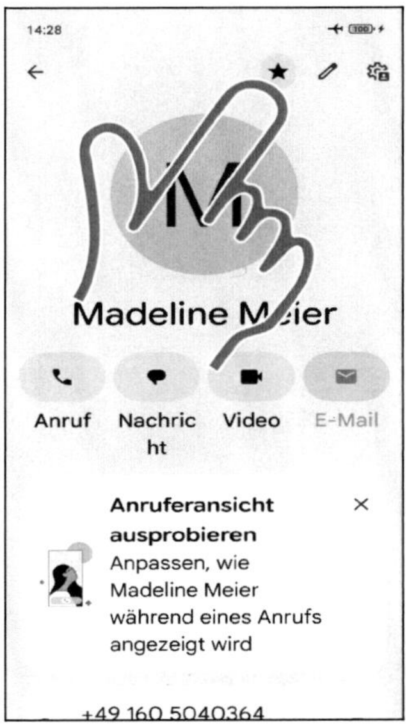

❶ So weisen Sie einen Kontakt den Favoriten zu: Tippen Sie auf das runde Kontaktsymbol.

❷ Aktivieren Sie ★ oben rechts. Sie können dann die Ansicht verlassen.

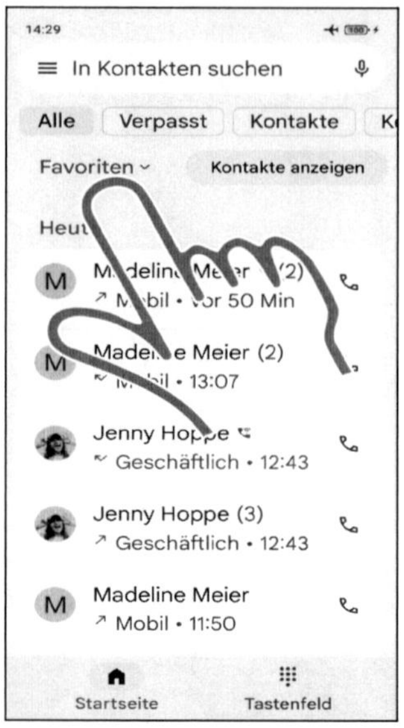

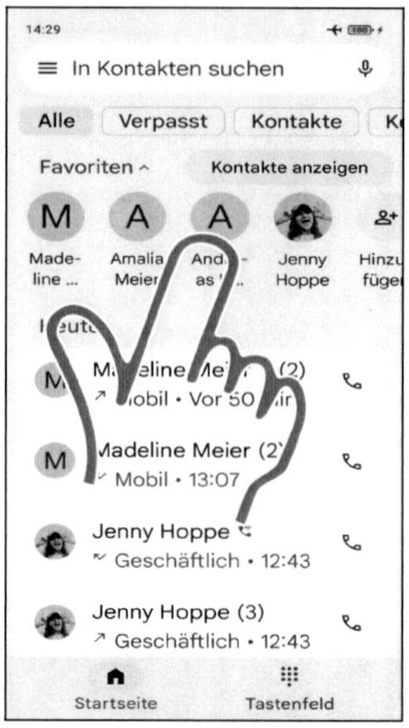

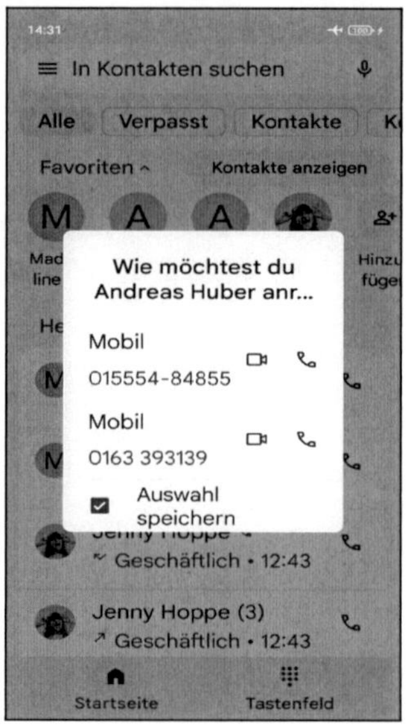

❶ Aktivieren Sie *Favoriten* für eine Auflistung aller Favoriten.

❷ Zum Anrufen tippen Sie auf einen Favoriten.

❸ Sofern der Kontakt mehrere Rufnummern hat, müssen Sie die Gewünschte auswählen. Aktivieren Sie vorher *Auswahl speichern,* damit das Popup nicht mehr erneut erscheint.

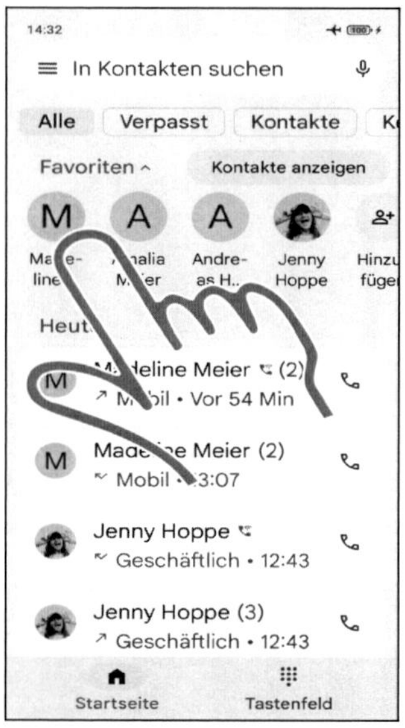

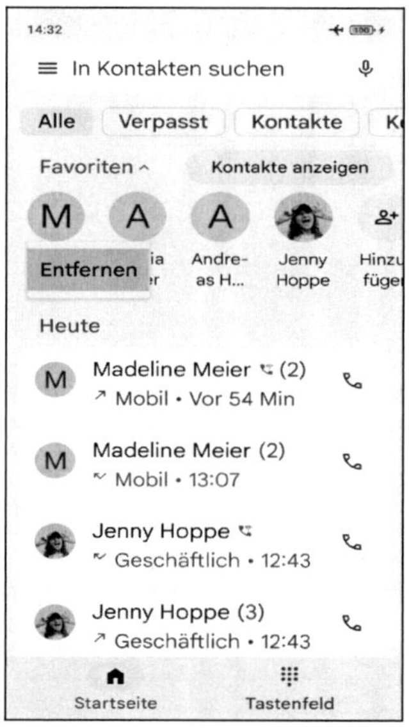

❶❷ Tippen und halten Sie den Finger über einem Favoriten für das Popup. *Entfernen* wirft einen Kontakt wieder aus den Favoriten (der Kontakt wird aber nicht aus dem Telefonbuch gelöscht und lässt sich später jederzeit wieder einfügen).

5.8 Anrufhintergrund

Der Anrufhintergrund ist eine mehr oder weniger sinnvolle Dekoration, mit der Sie Anrufe individualisieren.

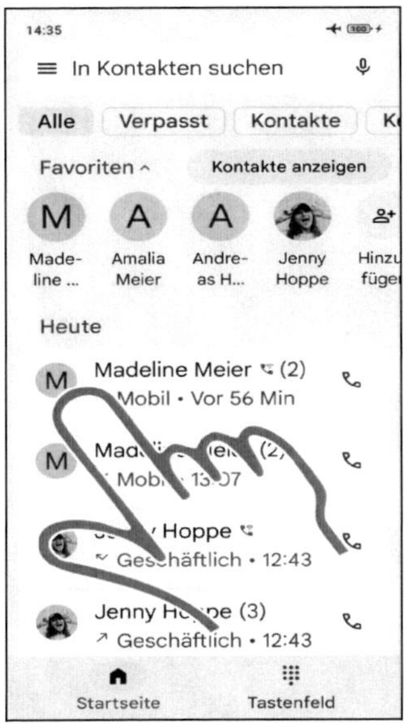

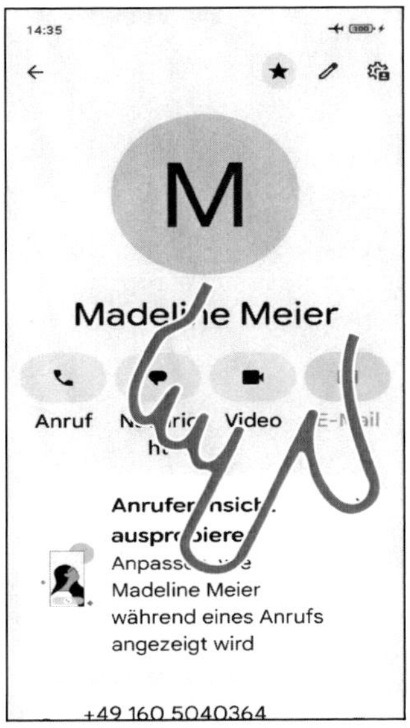

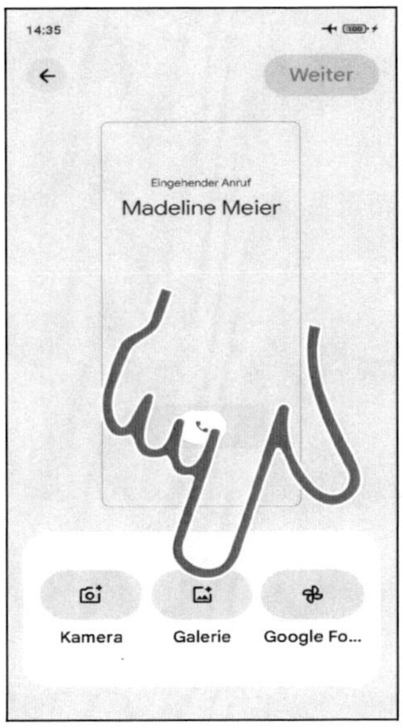

❶ Tippen Sie in der Anrufliste auf ein Kontaktsymbol.

❷ Gehen Sie auf *Anrufansicht ausprobieren.*

❸ In unserem Beispiel möchten wir ein mit der Kamera (siehe *17 Kamera*) erstelltes Foto verwenden und wählen daher *Galerie.*

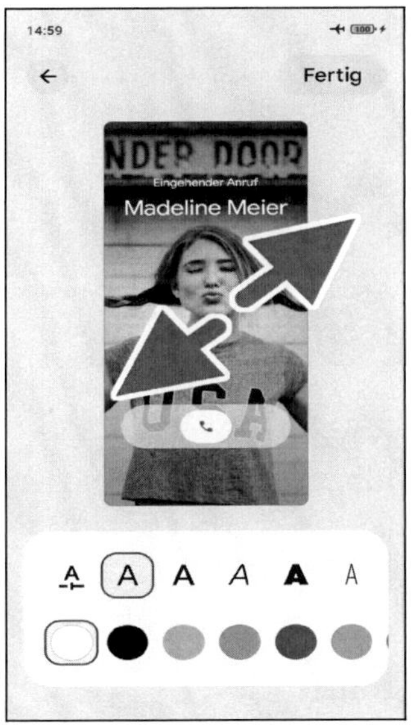

❶❷ Wählen Sie das Foto aus, welches Sie dann mit einer Kneif/Wischgeste passend zuschneiden. Betätigen Sie zum Schluss *Fertig.*

❸ Bei dieser Gelegenheit weisen Sie das Bild auch gleich als Kontaktfoto zu (darauf gehen wir im Kapitel *7.6 Kontaktfoto* noch ein). Falls Ihnen das zu kompliziert erscheint, gehen Sie hier auf *Überspringen.*

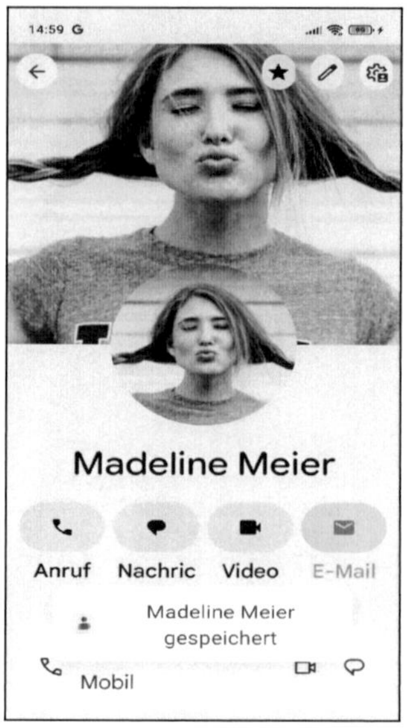

➊ Stellen Sie mit einer Kneif/Wischgeste den Bildausschnitt ein und betätigen Sie *Als Kontaktbild festlegen.*

➋➌ Betätigen Sie *Speichern* und verlassen Sie den Bildschirm.

➊➋ Künftig zeigt das Handy im Anrufbildschirm das Foto an.

5.9 Anrufeinstellungen

In den Anrufeinstellungen finden Sie viele Funktionen, die meist nur selten benötigt werden, trotzdem aber sehr nützlich sein können.

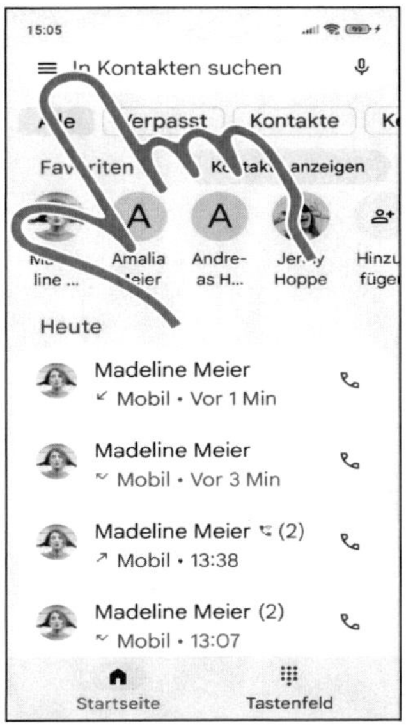

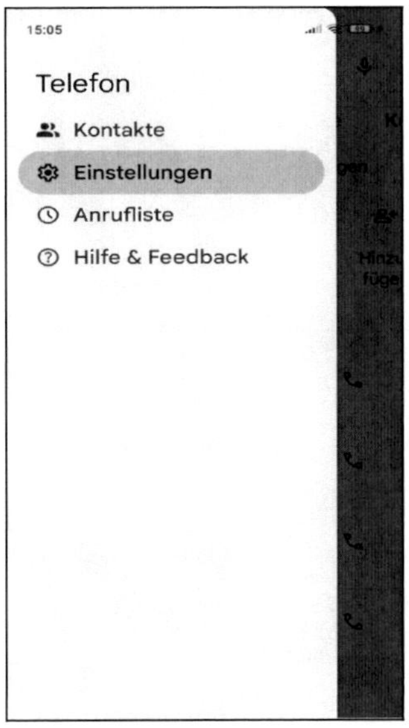

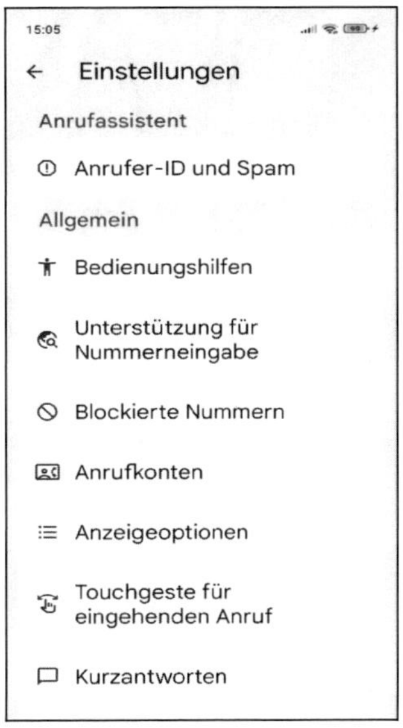

❶❷ Aktivieren Sie das Ausklappmenü und gehen Sie auf *Einstellungen.*

❸ Die Optionen:

Unter *Anrufassistent*:

- *Anrufer-ID und Spam*: Über einen von Google betriebenen Dienst erfahren Sie, zu welcher Firma eine unbekannte Rufnummer gehört. Bei Anrufen von betrügerischen Rufnummern erhalten Sie zudem eine Warnung.

Unter *Allgemein*:

- *Bedienungshilfen*: Der *TTY-Modus* ist für Blinde mit separater Hardware gedacht.
- *Unterstützung für Nummerneingabe*: Die Telefonoberfläche fügt bei der Anwahl automatisch die Ländervorwahl hinzu, wenn Sie im Ausland telefonieren.
- *Blockierte Nummern*: Darauf geht Kapitel *5.6 Filter gegen Belästigung (Sperrliste)* ein.
- *Anrufkonten*: Verwaltet das sogenannte SIP-Konto und einige Anrufsignale.
- *Anzeigeoptionen*:
  - *Sortieren nach*: Die Sortierung ist nach Vor- oder Nachnamen möglich.
  - *Namensformat*: zur Auswahl stehen *Vorname zuerst* und *Nachname zuerst.*
  - *Dunkles Design*: Sie können die Bildschirmanzeige verdunkeln.
- *Touchgeste für eingehenden Anruf*: Wenn Sie in der Vollbildanrufanzeige einen Anruf entgegen nehmen möchten, müssen Sie auf dem Bildschirm einen Schalter nach rechts ziehen. Falls Sie das stört, können Sie hiermit auf eine Schaltfläche umschalten, die mit Antippen den Anruf entgegen nimmt.
- *Kurzantworten*: Darauf geht Kapitel *5.3.1 Mit SMS antworten* ein.
- *Töne und Vibration*: Verzweigt auf das bereits im Kapitel *4.16 Medienlautstärke und Signaltöne* vorgestellte Menü.
- *Mailbox*: Konfiguriert die Mobilboxnummer sowie einige Benachrichtigungseinstellungen über neu vorliegende Sprachnachrichten.
- *Audio-Emoji*: Sie können damit während eines Telefonats über extra Schaltflächen sechs verschiedene Geräusche (Applaus, Lachen, Party, Weinen, Furzen, Trommelwirbel) abspielen.

- *Klingeltöne für Kontakte*: Sie weisen über das Menü einzelnen Kontakten einen individuellen Klingelton zu. Wenn Ihr Telefon klingelt wissen Sie sofort, wer dran ist, ohne auf das Display schauen zu müssen.
- *Anruferansicht*: Sie können bei den Kontakten ein Bild hinterlegen, das bei Anrufannahme als Hintergrund angezeigt wird.

Unter *Erweitert*:

- *Ansage der Anrufer-ID*: Bei eingehenden Anrufen erfahren Sie Namen beziehungsweise Rufnummer des Anrufers. Diese Funktion ist für Nutzer eines Headsets interessant, die sich damit den Blick auf das Handydisplay ersparen.
- *Phone umdrehen, um „Pssst" zu aktivieren*: Legen Sie das klingelnde Handy umgedreht auf einen Tisch, um es stumm zu schalten.

5.9.1 Anrufkonten

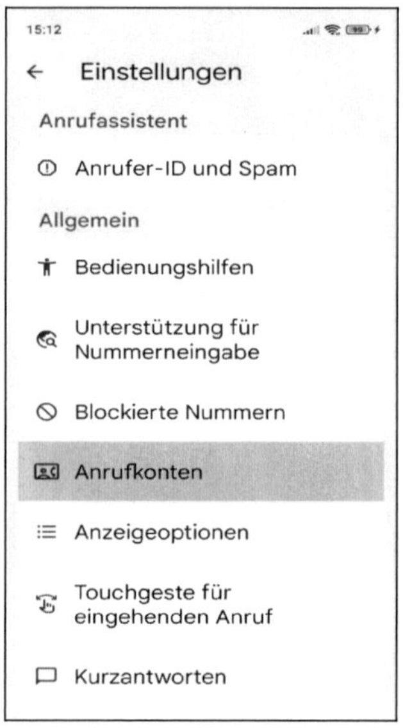

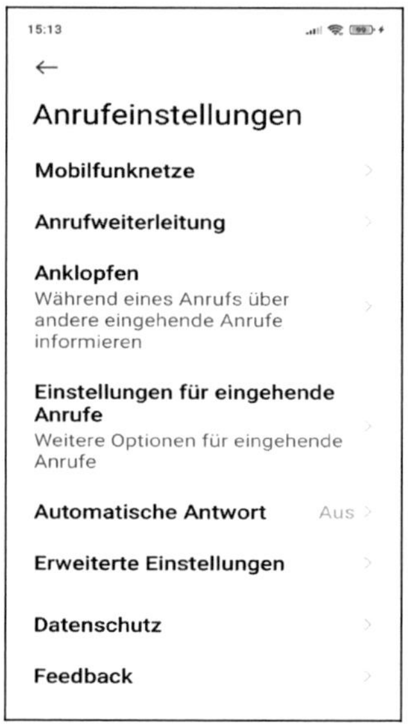

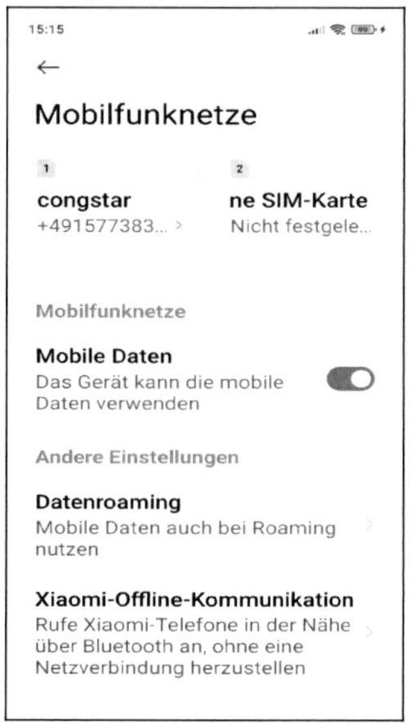

❶❷ *Anrufkonten* konfiguriert:

- *Mobilfunknetze*: Die Einstellungen in diesem Menü haben nichts mit der Telefonie zu tun und deshalb hier nicht weiter erläutert.
- *Anrufweiterleitung*: Meistens nutzt man die Rufweiterleitung, um eingehende Anrufe auf die Mobilbox des Netzbetreibers umzuleiten. Sie können natürlich beispielsweise auch Ihre Festnetznummer eingeben. Beachten Sie aber, dass der Anrufer nur die Kosten für den Anruf zu Ihrer Mobilnetznummer, Sie dagegen die Weiterleitung bezahlen müssen. Weiterleitungen auf die Mailbox sind dagegen für Sie kostenlos.
- *Anklopfen*: Damit Sie während eines Gesprächs über einen weiteren eingehenden Ruf informiert werden, gibt es das Anklopfen-Merkmal: Geht, während Sie gerade ein Gespräch führen, ein weiterer Anruf ein, erscheint ein Hinweisdialog. Viele Handyverträge unterstützen leider kein Anklopfen.
- *Einstellungen für eingehende Anrufe*:
  - *Klingeltonlautstärke bei Anheben verringern*
  - *Klingeltonlautstärke langsam erhöhen*: Wenn Sie den Anruf schnell entgegen nehmen, stören Sie niemanden in Ihrer Umgebung.
  - *Blitzlicht bei Anruf*: Die LED auf der Rückseite blinkt bei eingehenden Anrufen – deshalb sollten Sie das Handy mit dem Display auf den Tisch legen, wenn Sie die Funktion nutzen.
- *Automatische Antwort*: Das Handy nimmt jeden Anruf nach kurzer Verzögerung automatisch an.

- *Erweiterte Einstellungen*:
    - *Erinnerungen bei verpassten Anrufen*: Das Handy informiert Sie nach 5 Minuten über verpassten Anrufe.
- *Vibration bei Anrufannahme*: Wenn Sie einen Anruf durchführen und der Angerufene abnimmt, vibriert das Handy kurz.
- *Anklopfbenachrichtigung*: Während eines Gesprächs erhalten Sie ein Signal, falls ein weitere Anruf eingeht.
- *Schnellantworten*: Darauf geht Kapitel *5.3.1 Mit SMS antworten* ein.
- *Anrufsperre*: Sie können alle ein- und/oder ausgehenden Anrufe blockieren. Davon raten wir aber ab.
- *Telefonnummer*: Stellt ein, ob von Ihnen Angerufene Ihre Rufnummer sehen (»Rufnummernübermittlung«). Zur Auswahl stehen *Netzwerkstandard* (vorgegebene Einstellung des Mobilnetzbetreibers), *Nummer unterdrücken* und *Nummer anzeigen*.
- *Rufnummernbeschränkung*: Sie können festlegen, dass nur bestimmte Nummern angerufen werden können. Die vorgenommenen Einstellungen werden auf der SIM-Karte abgelegt; es wird die PIN2 benötigt, die für einige Mobilfunkverträge nicht bekannt ist.
- *DTMF-Töne*: Viele Mailbox- und Telefonanalagen werden mit Tonwahlfolgen gesteuert. Die länge der Töne lässt sich hier einstellen.

6. SMS mit Messages

In der Messages-Anwendung (Messages = engl. »Nachrichten«) verwalten Sie Ihre SMS.

Dass WhatsApp (siehe Kapitel *11 WhatsApp*) die Nutzung von SMS erfolgreich ablösen konnte, hat auch mit der Geldgier und Behäbigkeit der Mobilnetzbetreiber zu tun. Während WhatsApp kostenlos ist, wird jede SMS – je nach Vertrag – mit 9 Cent oder mehr berechnet. Trotzdem sollte man die SMS nicht völlig abschreiben, denn inzwischen wurde die SMS um RCS erweitert, das den Versand über das Internet vorsieht. Dabei fallen keine weitere Kosten an. Im Kapitel *6.3 RCS* gehen wir darauf noch näher ein. SMS haben auch weiterhin den Vorteil, dass jedes noch so einfache Handy dessen Empfang unterstützt.

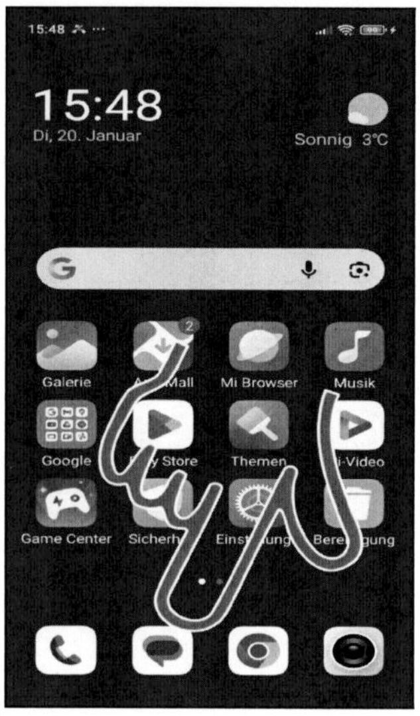

❶ Sie rufen die *Messages*-Anwendung aus dem Startbildschirm auf (Pfeil).

❷ Schließen Sie das Popup mit *Weiter als xxx.*

❸ Eventuell weist Sie das Programm zwischendurch auf einige neue Funktionen hin – betätigen Sie dann einfach *Nicht jetzt*, *Ok* oder *Jetzt nicht*, bis die Benutzeroberfläche erscheint.

6.1 Nachrichtenanzeige

Die von älteren Handys gewohnte Aufteilung nach den Ordnern »Posteingang« und »Postausgang« gibt es hier nicht. Stattdessen werden alle Nachrichten nach Kontakt sortiert abgelegt.

❶❷ Bereits im Hauptbildschirm zeigt die Messages-Anwendung alle Kontakte an, mit denen man geschrieben hat. Wählt man einen Kontakt aus, so zeigt das Handy alle empfangenen und gesendeten Nachrichten des Kontakts als Verlauf an.

Im weiteren Verlauf der nächsten Kapitel erfahren Sie, wie man die Nachrichten verwaltet.

Kontakte beziehungsweise Rufnummern mit noch ungelesenen Nachrichten sind in Fettschrift hervorgehoben.

❶❷ Tipp: Sie können die Anzeige mit einer Kneifgeste verkleinern/vergrößern. Dazu halten Sie zwei Finger auf das Display und ziehen diese zusammen oder auseinander.

6.2 Nachricht senden

SMS lassen sich beispielsweise aus dem Telefonbuch oder aus der Anrufliste senden.

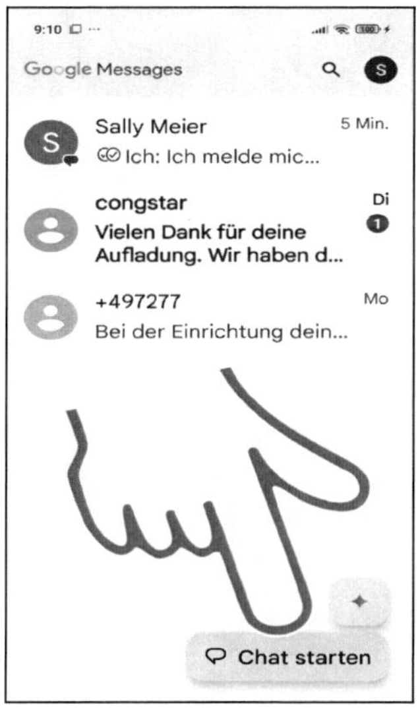

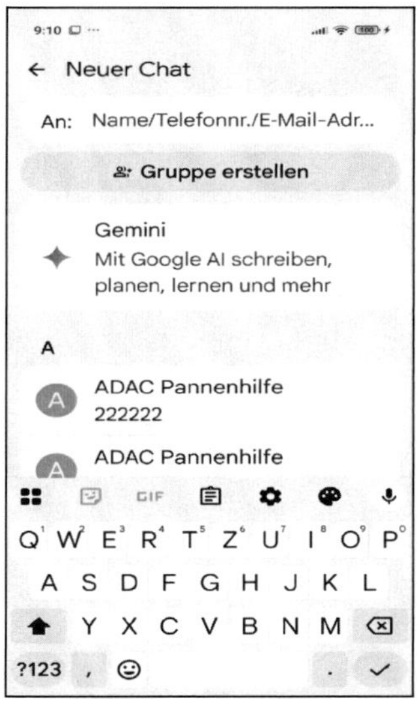

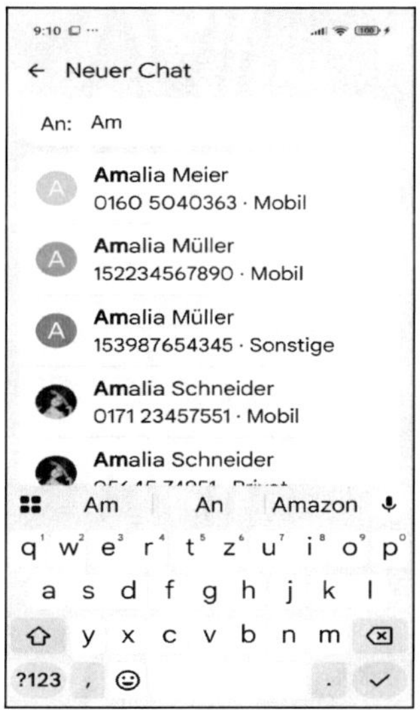

❶ Gehen Sie in der Messages-Anwendung auf *Chat starten*.

❷ Der Eingabebildschirm erscheint, wobei das Handy Rufnummern/Kontakte vorschlägt, mit denen Sie bereits geschrieben haben. Tippen Sie gegebenenfalls einen davon an.

❸ Alternativ tippen Sie in das *An*-Feld und geben Sie dort den Empfängernamen ein. Während der Eingabe listet das Handy alle Kontakte auf, in denen der Name vorkommt. Wählen Sie einen davon aus.

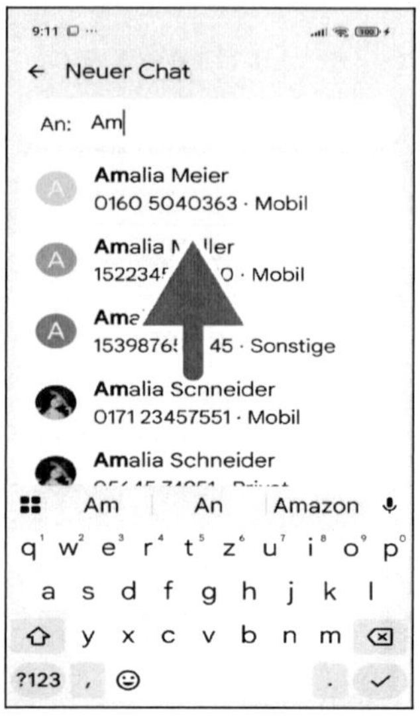

❶ Manchmal ist die Fundstellenliste sehr lang. In solchen Fällen tippen und halten Sie den Finger auf der Liste, danach ziehen Sie den Finger nach oben oder unten zum Durchrollen.

❷ Der von Ihnen in der Liste angetippte Kontakt erscheint im *An*-Feld.

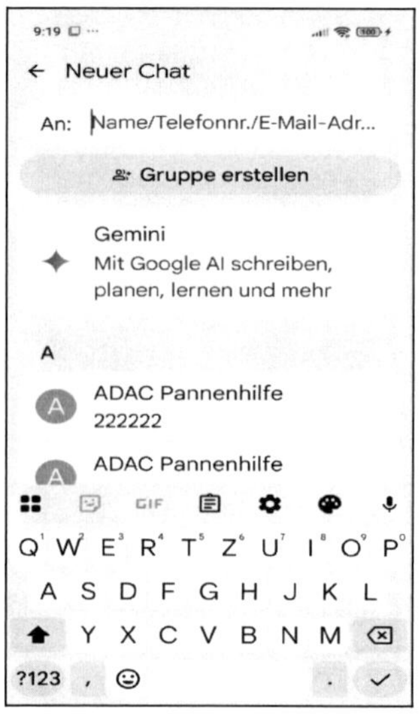

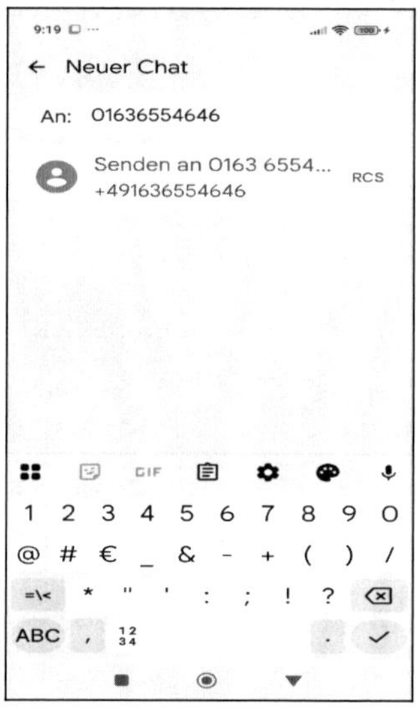

❶❷ Sie möchten eine Rufnummer eingeben, die sich noch nicht im Telefonbuch befindet? Dann aktivieren Sie mit der ?123-Taste die Zahlentasten und tippen die Rufnummer damit ein.

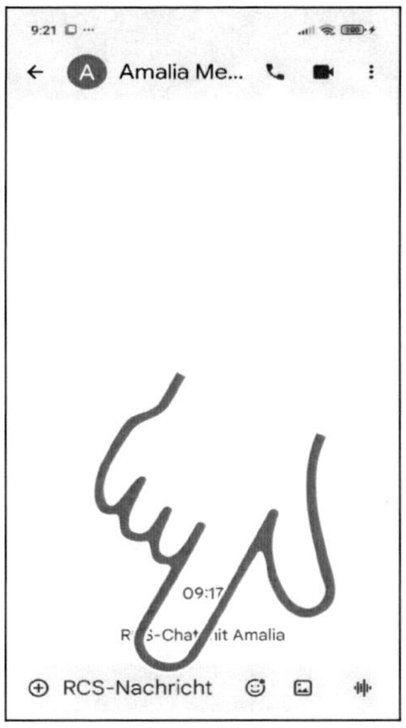

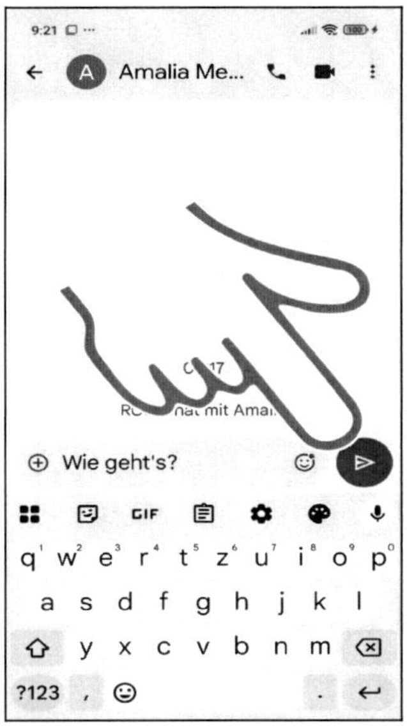

❶❷ Um den Nachrichtentext zu erfassen, müssen Sie zunächst in das Eingabefeld tippen. Nach Betätigen der ⊳ -Schaltfläche (Pfeil) erfolgt der Versand und die Messages-Anwendung schaltet auf den Nachrichtenverlauf um.

❸ Zweimaliges Antippen der ▼- beziehungsweise ◀-Taste unterhalb des Bildschirms (beim ersten Antippen schließt sich das Tastenfeld) bringt Sie wieder in den Hauptbildschirm zurück.

6.2.1 Mehrere Empfänger eingeben

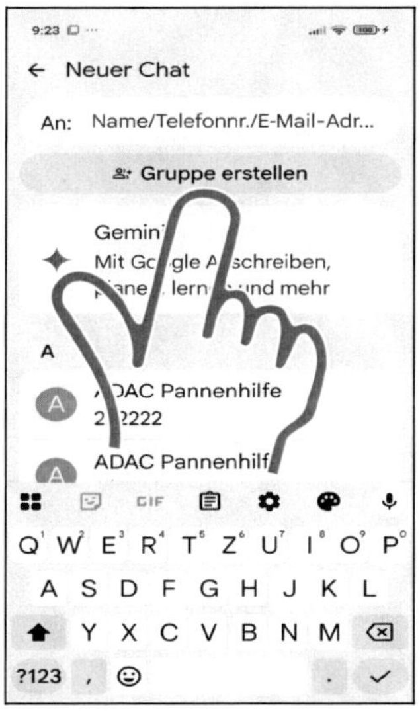

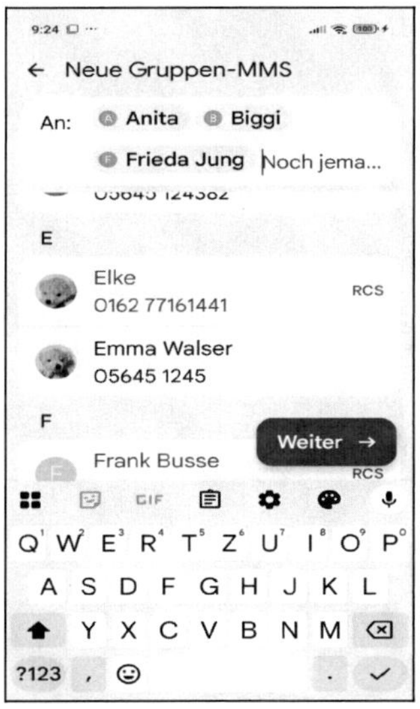

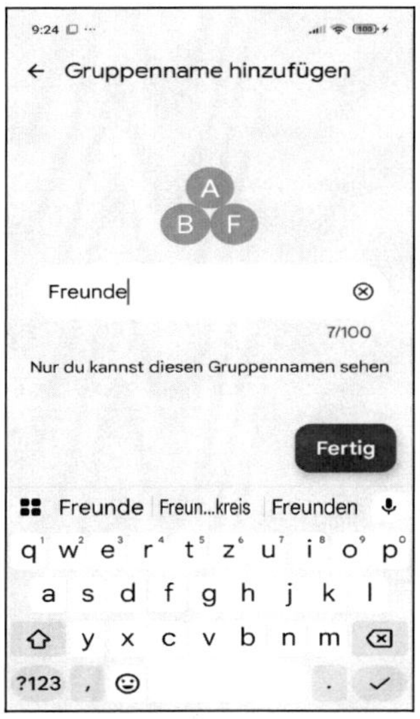

❶ Manchmal kommt es vor, dass eine Nachricht an mehrere Empfänger gehen soll. In diesem Fall tippen Sie auf *Gruppe erstellen* (Pfeil).

❷ Markieren Sie alle gewünschten Empfänger und gehen Sie auf *Weiter.*

❸ Zum Schluss vergeben Sie der Gruppe noch einen Namen und betätigen *Fertig.*

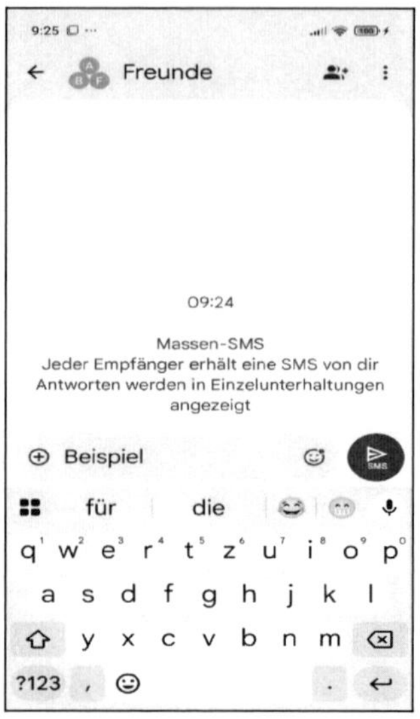

➊ Sie können nun die Nachricht erstellen und an alle Gruppenmitglieder versenden.

➋ In der Nachrichtenauflistung erscheint die Gruppe. Beachten Sie, dass Antworten auf Ihre Gruppen-SMS als einzelne Nachricht in der Auflistung erscheinen.

6.2.2 Kontakt aus Telefonbuch

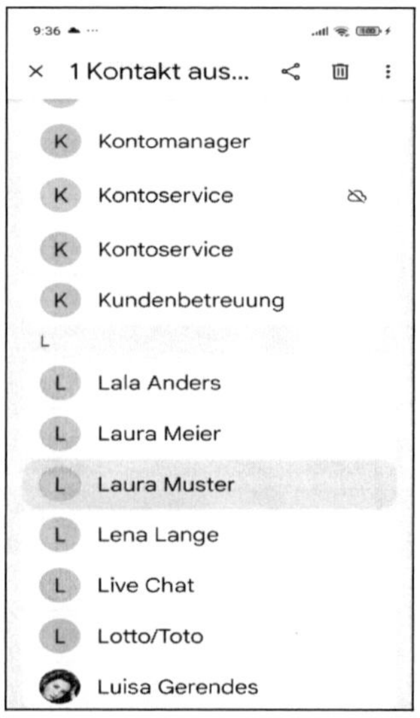

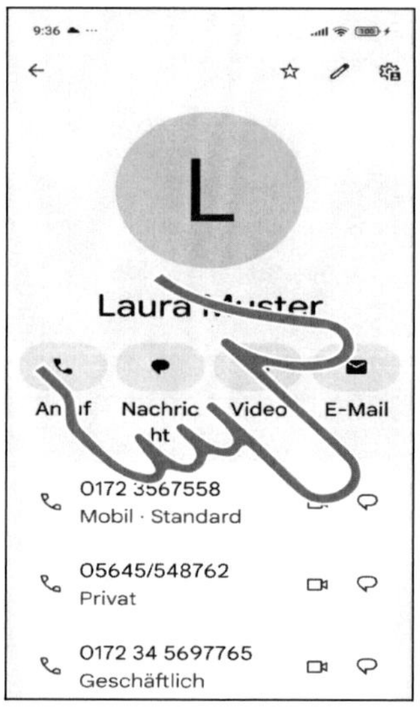

➊➋ Im einfachsten Fall tippen Sie im Telefonbuch (siehe Kapitel *7 Telefonbuch*) auf einen Kontakt, worauf die Kontaktdetails erscheinen. Tippen Sie auf .

6.2.3 Nachricht aus Nachrichtenverlauf

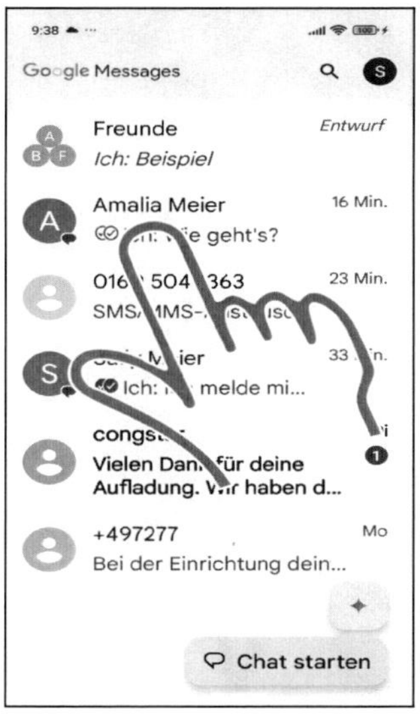

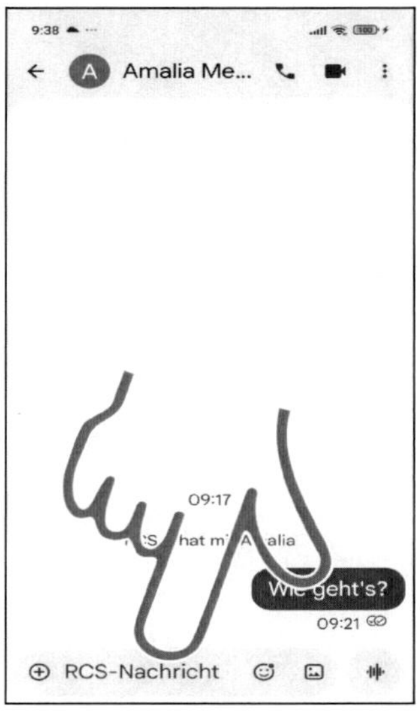

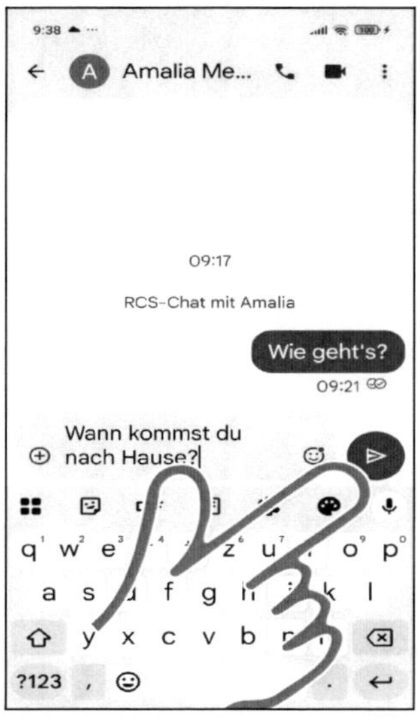

❶ Auch im Nachrichtenverlauf können Sie direkt eine Nachricht eingeben. Dazu tippen Sie den Verlauf an.

❷❸ Tippen Sie in das Eingabefeld und erfassen Sie Ihre Nachricht. Betätigen Sie nun ⊳. Damit ist Ihre SMS verschickt.

Ihre SMS sollte nicht länger als 160 Zeichen sein. Wenn Sie dennoch einen längeren Text eingeben, erzeugt das Handy beim Versand automatisch mehrere Nachrichten, die beim Empfänger wieder zusammengesetzt werden. Der Netzbetreiber berechnet davon aber jede SMS einzeln, was zu sehr hohen Kosten führen kann.

6.2.4 Nachricht aus Anrufliste

In der Anrufliste der Telefonieoberfläche (siehe Kapitel 5 *Telefonie*) ist ebenfalls der SMS-Versand möglich.

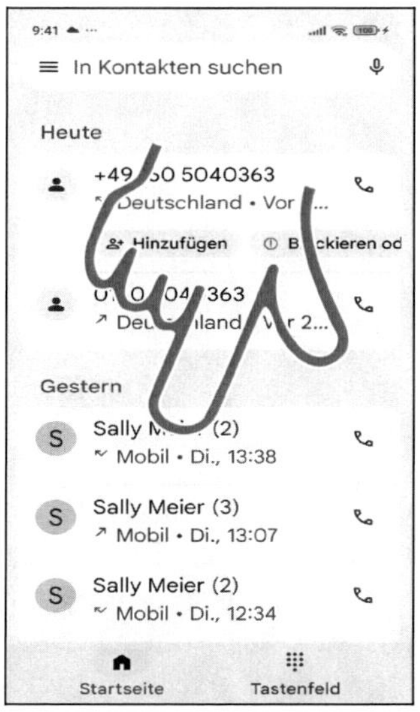

❶ Tippen Sie einen Eintrag an.

❷ Wählen Sie dann im Popup *Nachricht senden* aus.

SMS sind nicht nur ins Mobilnetz, sondern auch an Festnetznummern möglich. Wenn ein Festnetzanschluss mit SMS-fähigen Endgeräten (in der Regel DECT-Telefone) ausgestattet ist, lassen sich die Kurznachrichten dort abrufen und beantworten. Bei Festnetzanschlüssen ohne SMS-Unterstützung ruft eine Mailbox des Netzbetreibers an und liest die Kurznachricht vor.

6.2.5 Senden planen

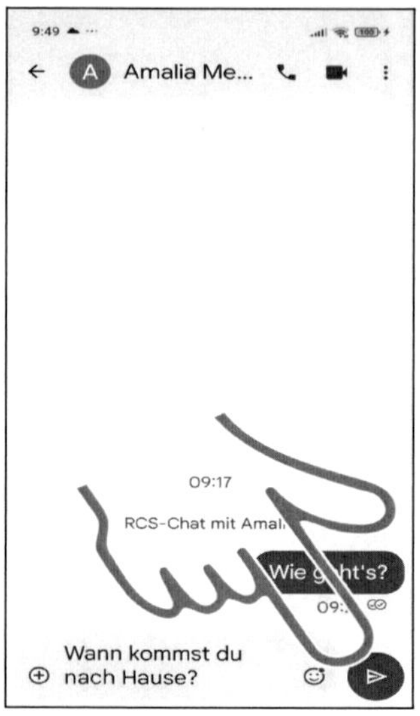

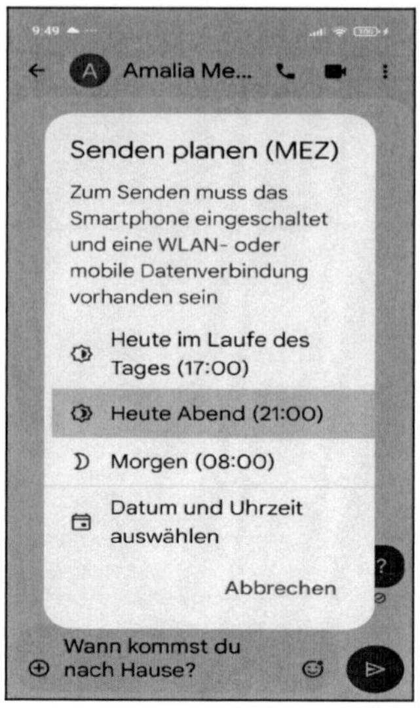

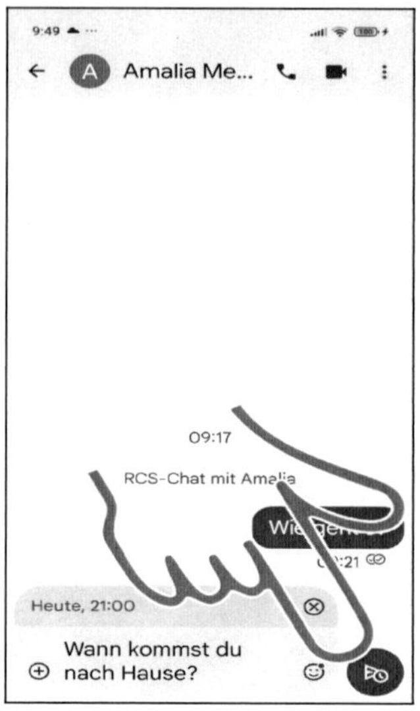

➊ Für das zeitverzögerte Senden tippen und halten Sie ▷.

➋ Wählen Sie dann einen der angebotenen Zeitpunkte aus.

➌ Betätigen Sie ▷.

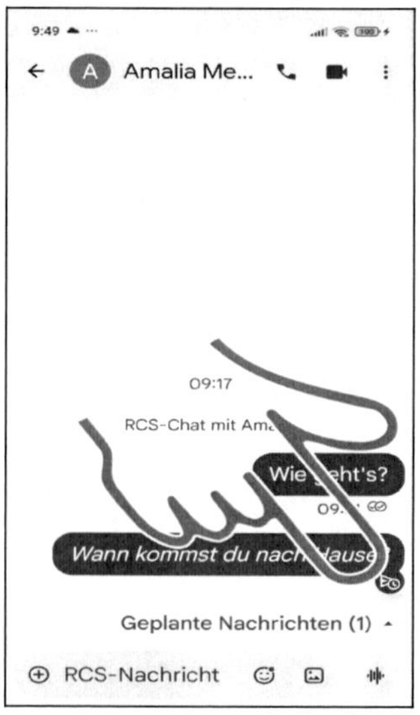

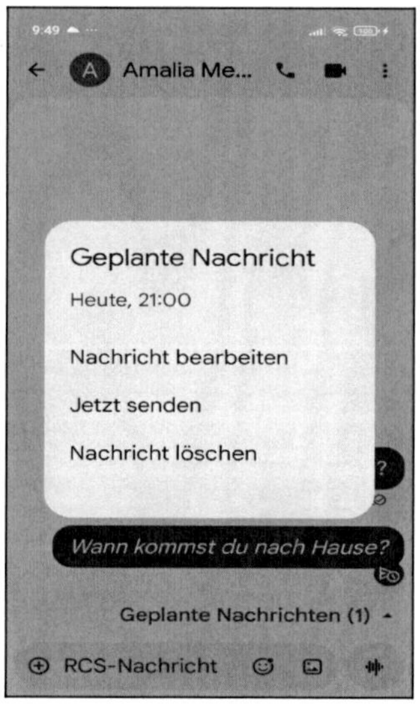

Mit der -Schaltfläche bearbeiten Sie die Nachricht beziehungsweise löschen sie (falls Sie die geplante Nachricht nicht sehen, müssen Sie erst die Schaltfläche *Geplante Nachrichten* antippen).

6.3 RCS

Bis vor etwa fünf Jahren schien es unwahrscheinlich, dass die SMS ernsthafte Konkurrenz durch Messenger-Dienste wie WhatsApp, Telegram oder Signal bekommen würde. Um ihre Gewinne zu maximieren, führten Mobilfunkanbieter sogar die SMS-Erweiterung MMS ein. Diese ermöglichte den Versand von Fotos, kurzen Videos und Dateien, war jedoch mit Kosten von mindestens 0,39 Euro pro Nachricht verbunden. Aufgrund dieser hohen Gebühren konnte sich die MMS nie wirklich durchsetzen – insbesondere, da der Dateiversand über Dienste wie WhatsApp oder E-Mail nahezu kostenlos ist. Mittlerweile haben alle deutschen Netzbetreiber die MMS-Unterstützung eingestellt. Im Ausland könnte MMS teilweise noch unterstützt werden.

Als Reaktion auf WhatsApp & Co wurde deshalb **RCS (Rich Communication Services)** entwickelt. Sobald Sie mit jemandem SMS austauschen, dessen Endgerät ebenfalls RCS unterstützt, schaltet Ihr Handy automatisch in den RCS-Modus. Sie dürfen dann auch Fotos und andere Dateien dem Gesprächspartner senden beziehungsweise empfangen. Im Gegensatz zur SMS beziehungsweise MMS erfolgt die Kommunikation nicht über einen separaten Datenkanal, sondern über das Internet. Die übertragenen Daten rechnet Ihr Netzbetreiber daher auf Ihr im Mobilfunkvertrag inkludiertes Datenvolumen an.

RCS hat im Vergleich zur SMS den Nachteil, dass eine Internetverbindung vorhanden sein muss, was in vielen Gegenden nicht der Fall ist. SMS können Sie dagegen fast immer empfangen, sofern eine halbwegs stabile Mobilfunkverbindung besteht. Uns liegen leider keine Erfahrungen vor, ob bei Empfangsschwierigkeiten eine automatische Umschaltung von RCS auf SMS erfolgt, Sie können RCS allerdings in den Einstellungen deaktivieren (siehe Kapitel *6.9 Konfiguration*).

Für WhatsApp und die anderen Messenger-Dienste spricht im Vergleich zur RCS der größere Bedienkomfort. So lassen sich beispielsweise Fotos vor dem Senden noch bearbeiten. Auf jedem Handy sieht zudem die WhatsApp-Benutzeroberfläche gleich aus, während Sie sich beim Wechsel des Handyherstellers eventuell an eine neue SMS/RCS-Anwendung gewöhnen müssen.

❶ Ob Ihr Handy gerade RCS nutzt, lässt sich am Hinweis *RCS-Chat mit xxx* (Pfeil) erkennen.

❷ Unterstützt das Handy eine Kommunikationspartners dagegen nur SMS, so finden Sie den Hinweis *SMS/MMS-Austausch mit xxx (Pfeil).*

❶❷ Die Dateifunktionen rufen Sie im Nachrichteneditor über ⊕ beziehungsweise 🖼 (Pfeil) auf.

❶ Sie können Nachrichten auch mit einem sogenannten Emoticon beantworten. Dazu tippen und halten Sie mit dem Finger auf einer Nachricht, bis das Popup erscheint.

❷❸ Wählen Sie ein Emoticon aus, das dann unter der Nachricht angezeigt wird.

6.4 Entwürfe

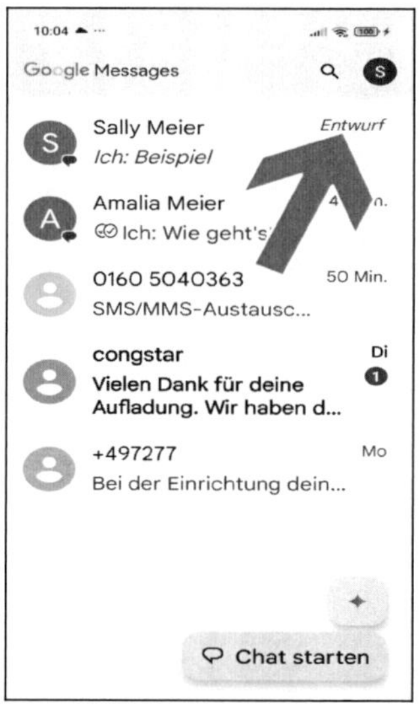

❶ Manchmal ist es notwendig, eine Nachricht, die man erst später absenden möchte, als Entwurf zwischenzuspeichern. In diesem Fall geben Sie die Nachricht wie gewohnt ein, betätigen dann aber die ◀-Taste (sofern das Tastenfeld eingeblendet ist, müssen Sie erst die ▼-Taste betätigen).

❷ Die Nachrichtenanwendung wechselt nun in den Hauptbildschirm zurück. Die zuvor erstellte SMS wurde nicht gesendet und *Entwurf* (Pfeil) weist auf den Entwurfsstatus hin. Zum Versenden tippen Sie den Nachrichtenverlauf erneut an und betätigen dann ➤ zum Senden.

6.5 Empfangsbestätigung (Zustellungsbericht)

Nicht immer stellen die Netzbetreiber die SMS sofort zu. Wir haben schon häufig erlebt, dass eine SMS erst einen Tag später ankam, obwohl wir sie nicht zu »Stoßzeiten« wie beispielsweise Silvester versandt hatten. Deshalb bieten die Netzbetreiber eine kostenlose Empfangsbestätigung an, die auch als »Zustellungsbericht« oder »Übermittlungsbestätigung« bezeichnet wird. Zu beachten ist allerdings, dass damit noch nicht sicher ist, dass der Empfänger Ihre SMS auch liest und versteht!

Beachten Sie bitte, dass die Zustellungsbestätigung nur einen Effekt bei der Kommunikation mit einfachen Handys hat. Bei vielen Smartphones kommt inzwischen der Chat über RCS zum Einsatz, bei dem standardmäßig der Empfang automatisch bestätigt wird. Siehe Kapitel *6.3 RCS*.

❶ So aktivieren Sie die Empfangsbestätigung: Tippen Sie auf das runde Kontosymbol.

❷ Wählen Sie *Messages-Einstellungen.*

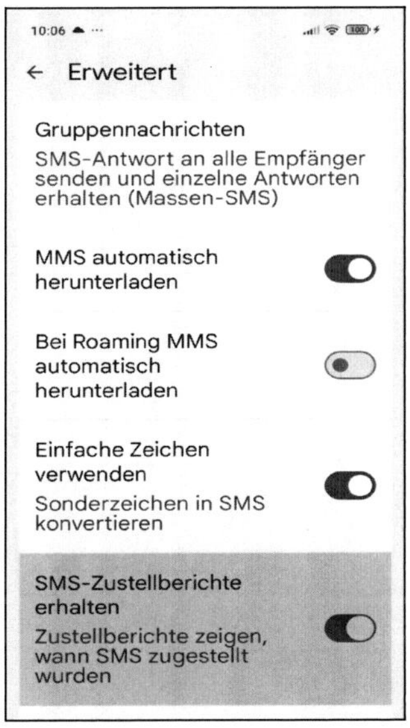

❶ Gehen Sie auf *Erweitert.*

❷ Aktivieren Sie *SMS-Zustellberichte erhalten.* Sie können danach den Bildschirm schließen.

❸ ✓✓ erscheint, sobald Ihre Nachricht den Empfänger erreicht hat. Es ändert sich zu ✓✓, sobald der Empfänger die Nachricht liest.

6.6 Alte Nachrichten löschen

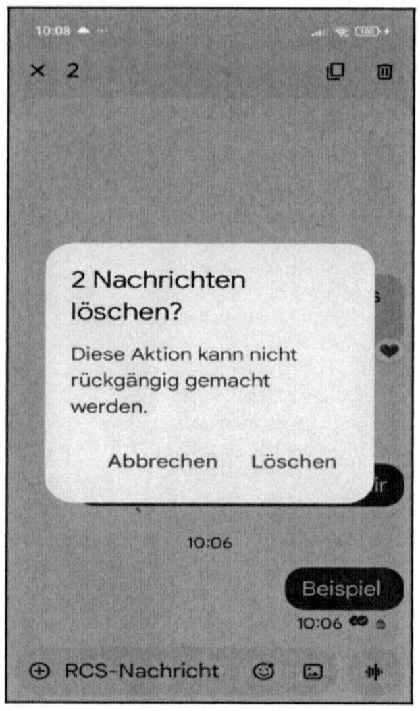

❶ Markieren Sie eine SMS zum Löschen, indem Sie den Finger darauf gedrückt halten, bis sie markiert ist (das Popup mit den sogenannten Emoticons können Sie ignorieren).

❷ Gehen Sie dann auf 🗑.

❸ Den Vorgang bestätigen Sie mit *Löschen.*

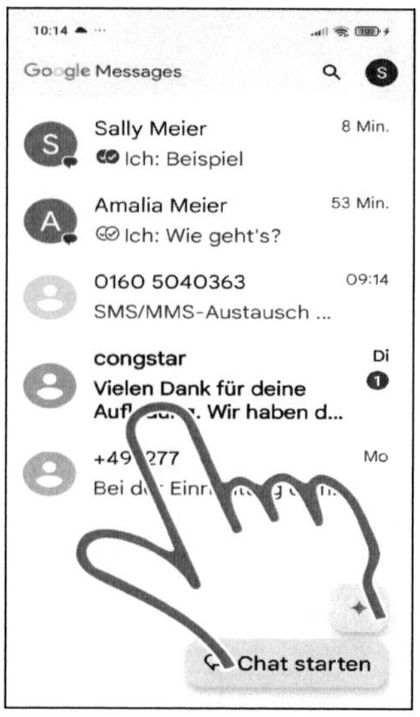

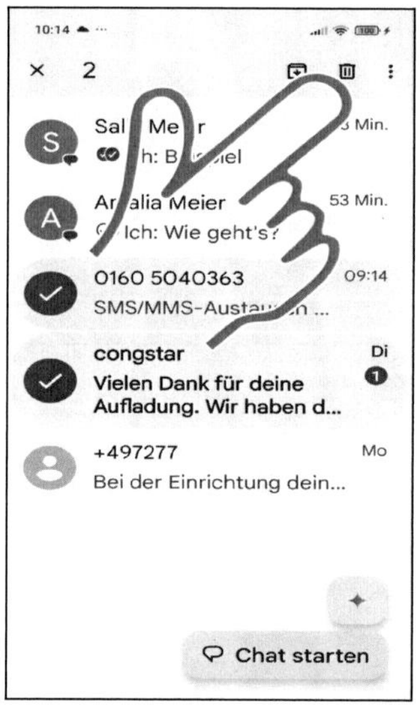

❶❷ Im Hauptmenü lassen sich einzelne oder mehrere Nachrichtenverläufe durch Tippen und Halten markieren und dann über 🗑 löschen.

6.7 Weitere Funktionen

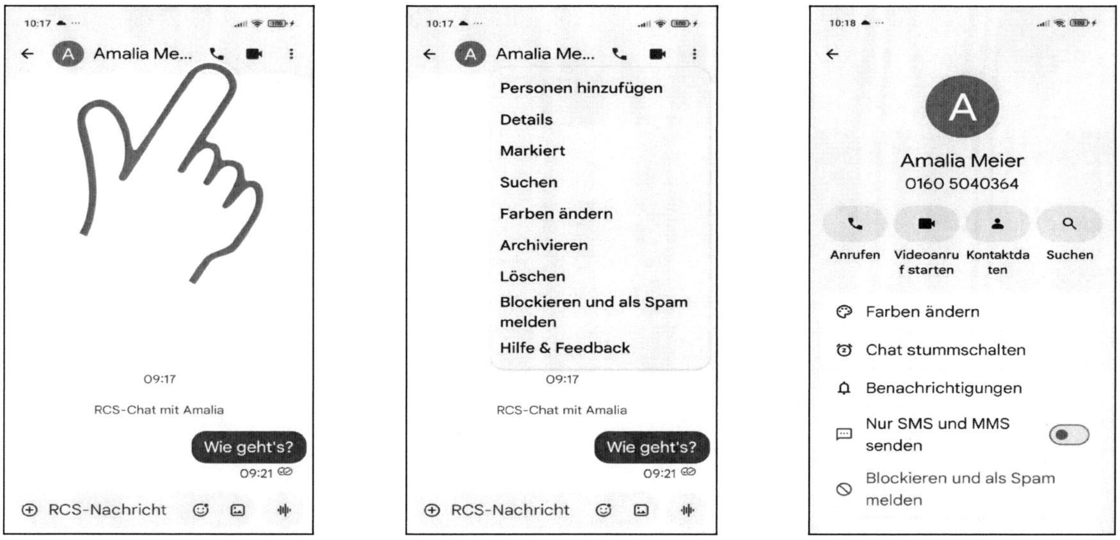

❶ Die Bedeutung der Schaltflächen am oberen Bildschirmrand:

- : Telefongespräch durchführen.
- : Videotelefonie über Google Meet starten (siehe Kapitel *9.5 Meet*). Diese Schaltfläche wird nur angezeigt, wenn der Kontakt ebenfalls ein Android-Handy nutzt.

❷ Das ⋮-Menü:

- *Personen hinzufügen*: Weitere Person der Konversation hinzufügen.
- *Details* (❸):
  - *Farben ändern*: Hintergrund- und Schriftfarbe für diesen Chat anpassen.
  - *Chat stummschalten*: Sie erhalten für den eingestellten Zeitraum keine Benachrichtigungen, wenn die Person Ihnen geschrieben hat.
  - *Benachrichtigungen*: Stellen Sie die Benachrichtigungsform ein. Wir raten von Änderungen ab, weil Sie sonst keine Infos zu neu vorliegenden SMS erhalten.
  - *Nur SMS und MMS senden*: Wie im Kapitel *6.3 RCS* erläutert, schaltet das Handy automatisch auf die RCS-Funktion um, wenn Ihr Kommunikationspartner diesen Standard unterstützt. Möchten Sie weiterhin nur SMS senden, dann aktivieren Sie hier *Nur SMS und MMS senden*. Wir raten allerdings davon ab.
  - *Blockieren und als Spam melden*: Sie erhalten keine Anrufe und SMS mehr von der jeweiligen Person. (siehe Kapitel *6.8.1 Schwarze Liste*).
  - *Ende-zu-Ende-Verschlüsselung; Verschlüsselung prüfen*: Die Kommunikation über RCS erfolgt verschlüsselt, das heißt kein Dritter hat Zugriff auf die ausgetauschten Nachrichten. Vor dem Austausch wichtiger Nachrichten können Sie über die mit *Verschlüsselung prüfen* angezeigten Zahlenfolge die Sicherheit überprüfen. Bei Ihrem Gesprächspartner müssen dazu die gleichen Zahlen angezeigt werden.
  - *Gruppe erstellen*: Der Konversation weitere Teilnehmer hinzufügen.
- *Suchen:* In den ausgetauschten Nachrichten nach einem Text suchen.
- *Farben ändern: Hintergrund- und Schriftfarbe für diesen Chat anpassen.*
- *Archivieren*: Den Nachrichtenverlauf ins Archiv übernehmen. Wir gehen darauf nicht ein, weil Sie alte Nachrichten in der Regel löschen werden.
- *Löschen*: Nachrichtenverlauf entfernen.
- *Blockieren und als Spam melden*: Künftig erhalten Sie keine Nachrichten mehr vom Absender.

- *Hilfe & Feedback*

Abhängig vom Gesprächspartner, mit dem Sie Nachrichten austauschen, sieht das Menü etwas anders aus.

6.8 SMS empfangen

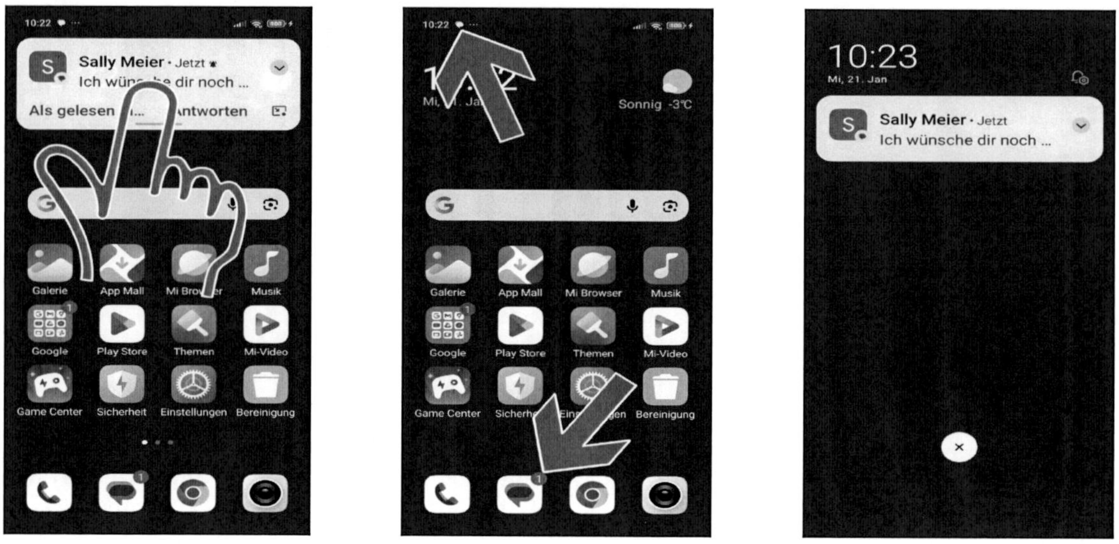

➊ Wenn Sie eine neue SMS erhalten haben, erscheint für einige Sekunden ein Popup, das Sie Antippen, um die Nachricht zu beantworten.

➋ In der Titelleiste zeigt das Handy ein 💬-Symbol an (Pfeil) und bei der Messaging-Anwendung erscheint ebenfalls eine Markierung (Pfeil).

➌ Alternativ erhalten Sie auch über das Benachrichtigungsfeld Infos zu den empfangenen Nachrichten. Das Benachrichtigungsfeld erscheint, wenn Sie den Finger auf die Titelleiste setzen und dann herunterziehen. Tippen Sie nun auf die Nachricht, was den zugehörigen Nachrichtenverlauf anzeigt.

6.8.1 Schwarze Liste

Sofern Sie Ihre Handynummer an viele Kontakte weitergeben, wird früher oder später der Zeitpunkt kommen, ab dem Sie SMS von einigen Leuten erhalten, die nur nerven. Solche Personen setzen Sie einfach auf die »schwarze Liste«.

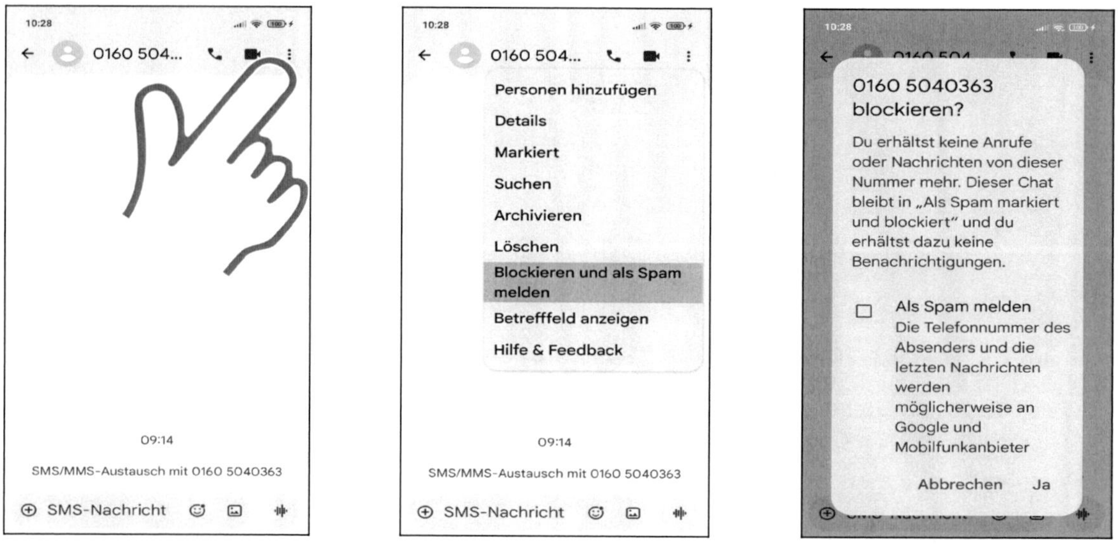

➊ Rufen Sie im Chat das ⋮-Menü auf.

❷ Wählen Sie *Details.*

❸ Nach Betätigen von *xxx blockieren und als Spam melden* landen künftig alle SMS des Absenders nicht mehr in der Messaging-Anwendung, sondern in der schwarzen Liste. Den folgenden Spam-Hinweis schließen Sie mit *OK.*

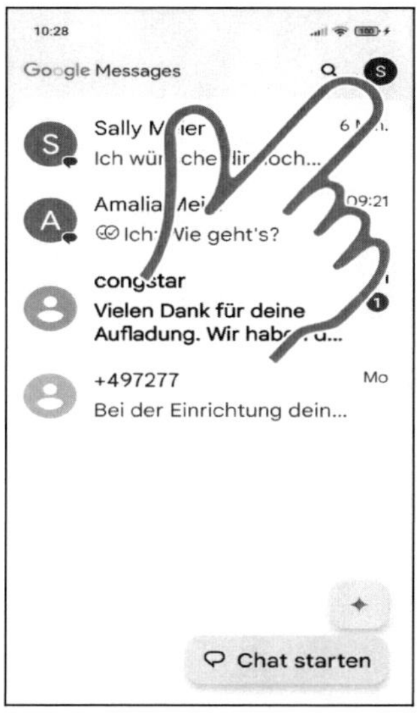

❶❷❸ Die schwarze Liste verwalten Sie, indem Sie durch Antippen des Kontosymbols das Ausklappmenü aktivieren und dort auf *Als Spam markiert* gehen.

❶ Sie möchten wissen, was ein blockierter Kontakt geschrieben hat? Dann wählen Sie den zugehörigen Eintrag aus.

❷ Über *Blockierung aufheben* heben Sie die Filterung wieder auf.

6.9 Konfiguration

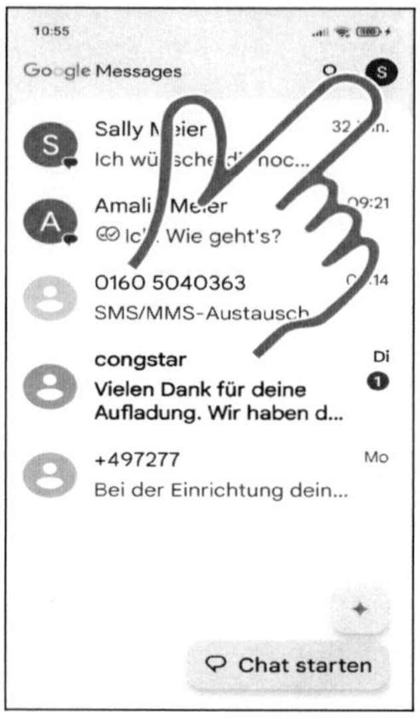

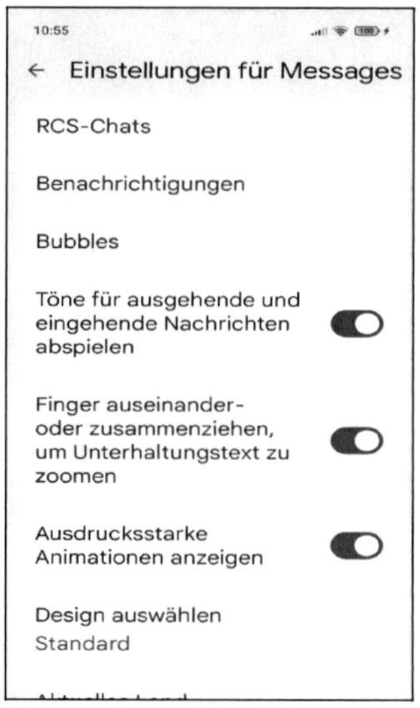

❶ Tippen Sie auf das runde Kontosymbol.

❷❸ Wählen Sie *Messages-Einstellungen.* Die Optionen:

- *RCS-Chats*: Auf die Chatfunktion geht Kapitel *6.3 RCS* ein. Lassen Sie sie aktiviert.
- *Benachrichtigungen*: Legt fest, in welcher Form Sie über neue SMS informiert werden. Wir empfehlen, nichts zu ändern.
- *Bubbles*: In den sogenannten Blasen informiert das Handy über neue SMS. Hier sollten Sie nichts ändern.
- *Töne für ausgehende und eingehende Nachrichten abspielen*: Ein Signal weist auf erfolgreichen SMS-Versand hin.
- *Finger auseinander- oder zusammenziehen, um Unterhaltungstext zu zoomen*: Über die im Kapitel *6.1 Nachrichtenanzeige* beschriebene Kneifgeste können Sie die Anzeige verkleinern/vergrößern.
- *Ausdrucksstarke Animationen anzeigen*: Standardmäßig werden diese Emoticons nach dem Einfügen automatisch animiert: ❤Daumen hoch; – Rotes Herz; – Gesicht mit Freudentränen; – Gesicht mit offenem Mund; – Wütendes Gesicht; – Daumen runter; – Pile of Poo; – Party-Popper; – Wütendes Gesicht; – Weinendes Gesicht.
- *Design auswählen*: Sie können zwischen der hellen und invertierten Bildschirmdarstellung wählen.
- *Aktuelles Land*: Die Messaging-Anwendung verwendet im Ausland automatisch ein geeignetes Mobilfunknetz.
- *Transkript von Sprachnachrichten*: Google stellt automatisch zu Sprachnachrichten eine Transkription bereit.
- *Gemini in Messages*: Sie können die Gemini-Schaltfläche (der Stern) im Hauptmenü deaktivieren, falls Sie ihn nicht nutzen. Auf dem Redmi Note 15 wird diese Funktion nicht unterstützt.
- *Vorschläge*: Die Messages-Anwendung schlägt automatisch bei der Eingabe mögliche Antworten vor. Deaktivieren Sie *Intelligente Antwort* beziehungsweise *Vorschläge für Aktionen*, wenn Sie das stört.
- *Automatische Vorschau*: Ihnen zugesandte Webseitenlinks zeigt die Messages-Anwendung als Vorschaubild.
- *Sicherheit und Datenschutz*: Filtert unerwünschte SMS, beispielsweise Werbung. In Deutschland spielen allerdings Werbe-SMS kaum eine Rolle.

- *Aktionen beim Wischen*: Wischen Sie auf einer Nachricht im Hauptmenü nach rechts oder links, um sie zu löschen oder zu archivieren.
- *Erweitert*:
  - *Gruppennachrichten*: Sofern Sie mehrere Empfänger in einer SMS angegebenen haben, erhalten alle Gruppenmitglieder Ihre Nachrichten. Bitte beachten Sie, dass für jedes Mitglied der übliche SMS-Versandtarif anfällt, was sehr teuer werden kann.
  - *MMS automatisch herunterladen; Bei Roaming MMS automatisch herunterladen*: Auf die MMS geht dieses Buch nicht ein, da dieser Dienst von den Mobilnetzen inzwischen weitgehend eingestellt wurde.
  - *Einfache Zeichen verwenden*: Lassen Sie die Voreinstellung deaktiviert. Diese Einstellung ist nur für fremdsprachliche Nachrichten eventuell nötig.
  - *SMS-Zustellberichte verwenden*: Sie bekommen, sobald Ihre SMS beim Empfänger eingetroffen ist, einen Zustellhinweis.
  - *Servicenachrichten*: Der Netzbetreiber sendet gegebenenfalls eine Konfigurationsnachricht, wenn Sie die SIM-Karte wechseln.
  - *iPhone-Reaktionen als Emoji anzeigen*: Passt die Anzeige der von iPhones empfangenen Nachrichten an.
  - *Notfallbenachrichtigungen für Mobilgeräte*: Die Behörden senden über den sogenannten Cell-Broadcast Katastrophenhinweise.
  - *Nachrichten auf SIM-Karte*: Falls Sie ein alte SIM-Karte nutzen, finden Sie hier vielleicht noch einige dort gespeicherte SMS. Android unterstützt das Speichern von SMS auf SIM-Karte dagegen nicht.
  - *Telefonnummer*
  - *SMSC*: Hier sollten Sie nichts ändern, weil die Voreinstellungen zum Senden/Empfangen automatisch anhand der eingelegten SIM-Karte vorgenommen werden.

7. Telefonbuch

Das Telefonbuch speichert, wie der Name schon sagt, alle Kontakte und deren Rufnummern, E-Mail-Adressen und Adressen. Andere Anwendungen, beispielsweise die SMS-Anwendung und die Telefonoberfläche, greifen auf diese Daten zurück.

Ihre angelegten Kontakte werden im Google-Konto gesichert und lassen sich nach einem Zurücksetzen beziehungsweise Datenverlust jederzeit wieder herstellen.

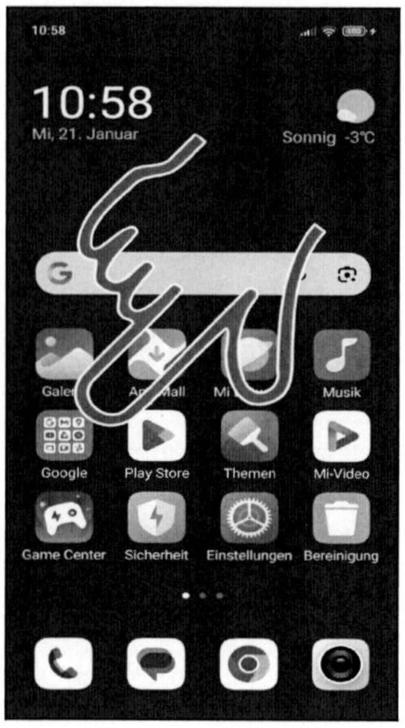

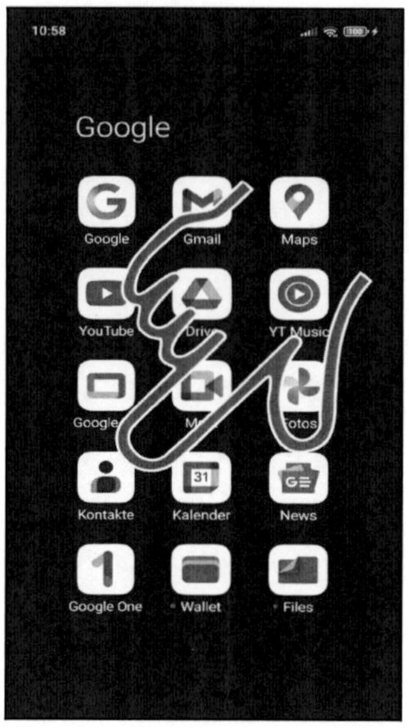

❶❷ Das Telefonbuch finden Sie im *Google*-Ordner des Startbildschirms. Öffnen Sie den *Google*-Ordner durch kurzes Antippen und gehen Sie dann auf *Kontakte*.

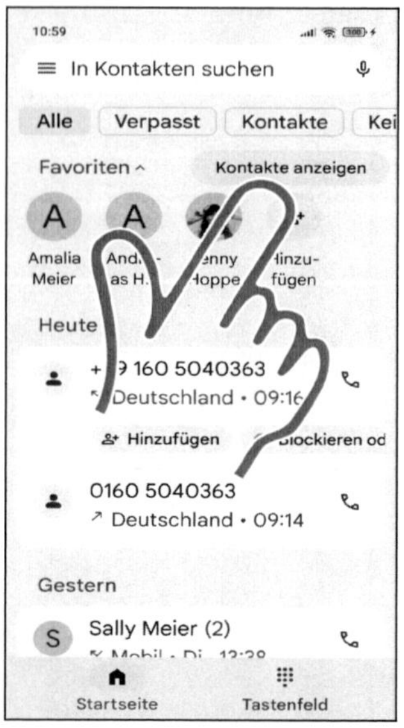

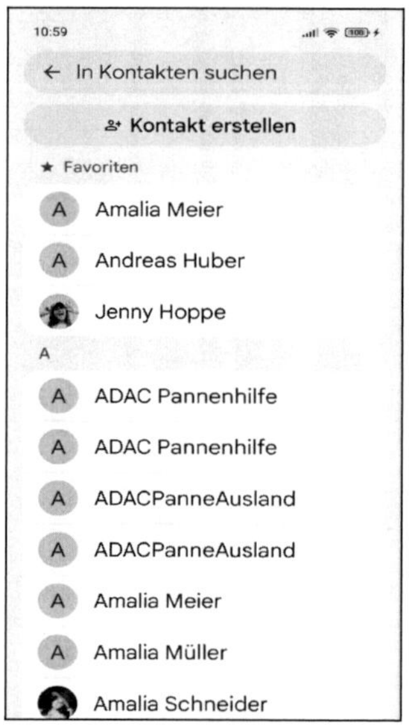

❶❷ Alternativ betätigen Sie in der Telefonoberfläche (siehe Kapitel 5Telefonie) die Kontakte anzeigen-Schaltfläche (Pfeil). **Bitte beachten Sie aber, dass dann nicht alle in diesem Kapitel beschriebenen Funktionen zur Verfügung stehen.**

7.1 Kontaktarten

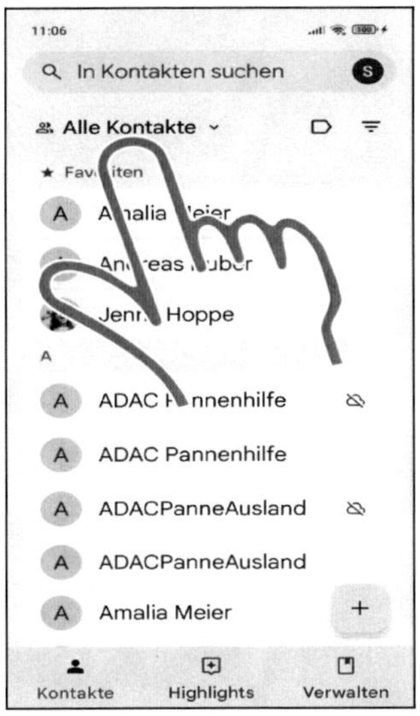

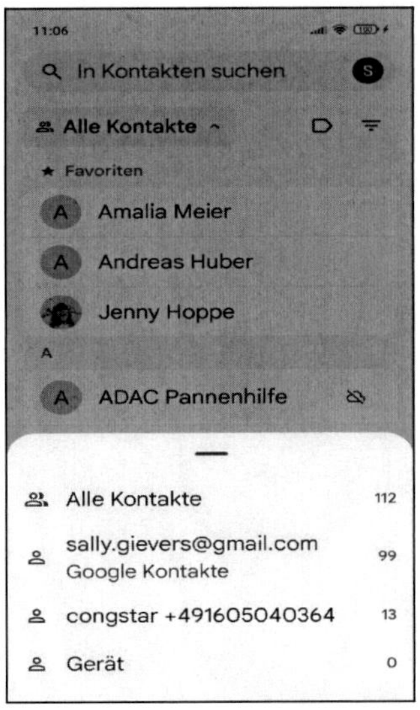

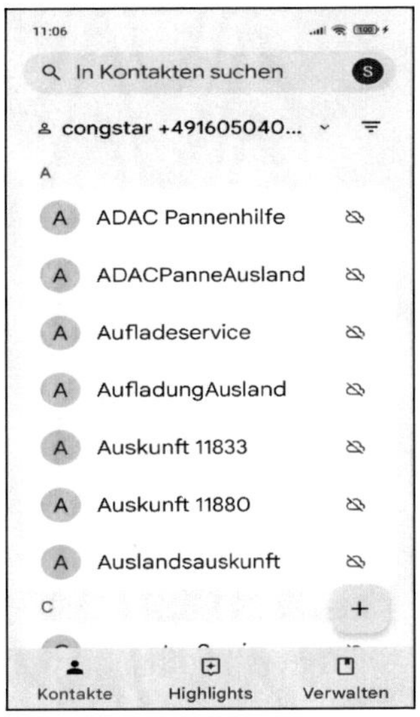

❶❷ Über diese Schaltfläche schränken Sie die Anzeige auf bestimmte Kontakte ein:

- *Alle Kontakte*: Alle vorhandenen Kontakt auflisten.
- *sally.gievers@gmail.com*: Beschränkt die Anzeige auf Ihr Google-Konto.
- *congstar +491604050364*: Rufnummern auf der eingelegten SIM-Karte (SIM-Kontakte). Nutzen Sie eine eSIM so steht diese Option nicht zur Verfügung.
- *Gerät*: Nur lokal auf dem Gerät gespeicherte Kontakte.

❸ Anzeige der SIM-Kontakte

Die SIM- und Gerätekontakte sind inzwischen überholt, denn Sie verwalten standardmäßig Ihre Kontakte im Google-Konto.

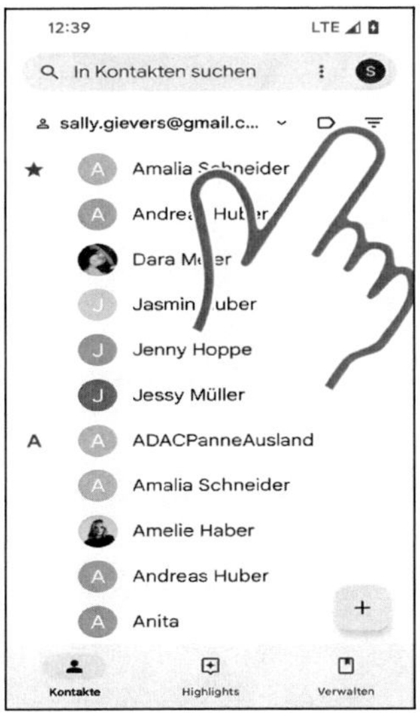

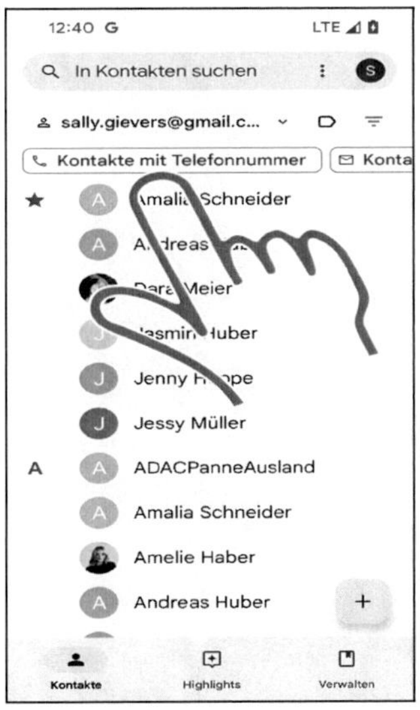

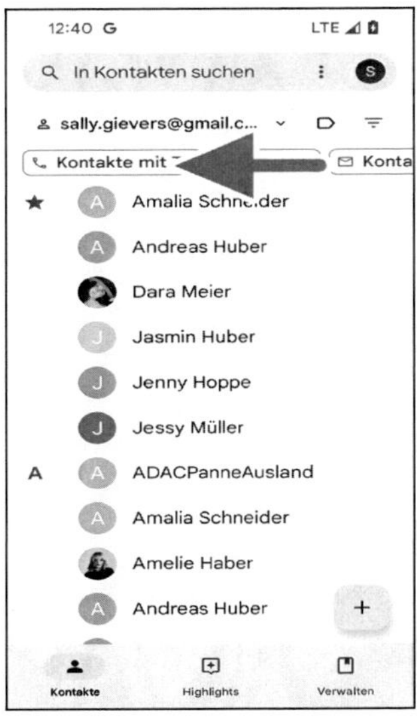

❶ Bei Bedarf beschränken Sie die Anzeige auf bestimmte Kontakte: Betätigen Sie dazu die ≡-Taste.

❷ Betätigen Sie dann beispielsweise *Kontakte mit Rufnummer.* Tippen Sie die jeweilige Schaltfläche erneut an, um wieder alle Kontakte anzuzeigen.

❸ Weitere Schaltflächen erreichen Sie mit einer Wischgeste.

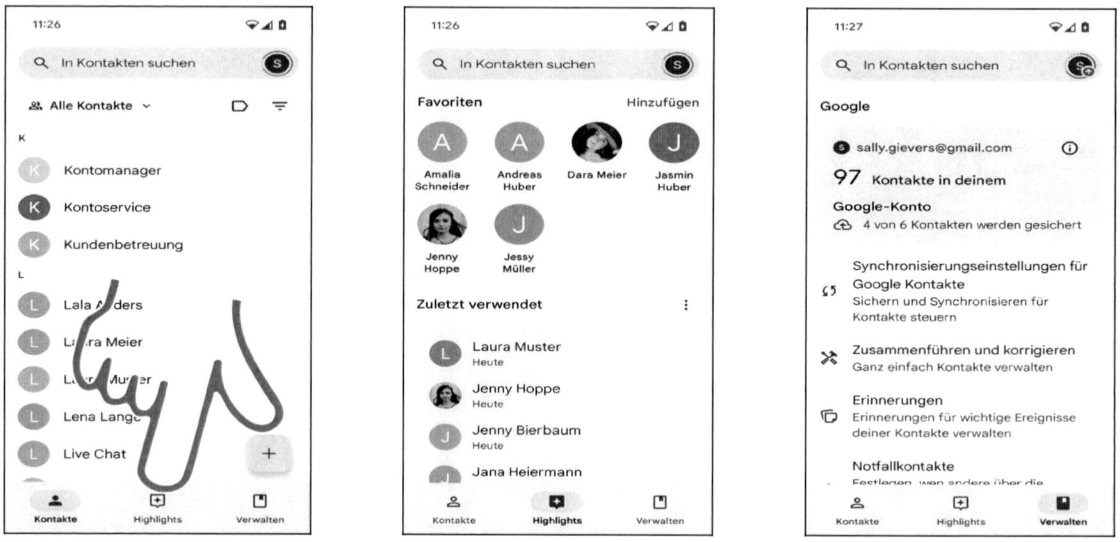

➊ Am unteren Bildschirmrand schalten Sie über die Register um zwischen:

- *Kontakte*: Auflistung aller Kontakte.
- *Highlights* (➋): Kontakte, die als Favoriten markiert beziehungsweise zuletzt angezeigt wurden, sowie deren Geburtstage.
- *Verwalten* (➌): Damit importieren Sie beispielsweise Kontakte von einer eingelegten SIM-Karte oder führen doppelte Kontakte zu einem zusammen.

7.2 Kontakterfassung

Im Folgenden erfahren Sie, wie Sie Rufnummern im Telefonbuch speichern. Wie Sie dagegen Rufnummern auf der SIM-Karte ablegen, erfahren Sie im Kapitel *7.5 Die SIM-Karte*.

7.2.1 Kontakt im Telefonbuch eingeben

➊ Neue Kontakte werden über + (Pfeil) angelegt.

➋ Falls das Handy nach dem Standardkonto fragt, wählen Sie Ihr Google-Konto.

➌ Füllen Sie nun die Eingabefelder aus.

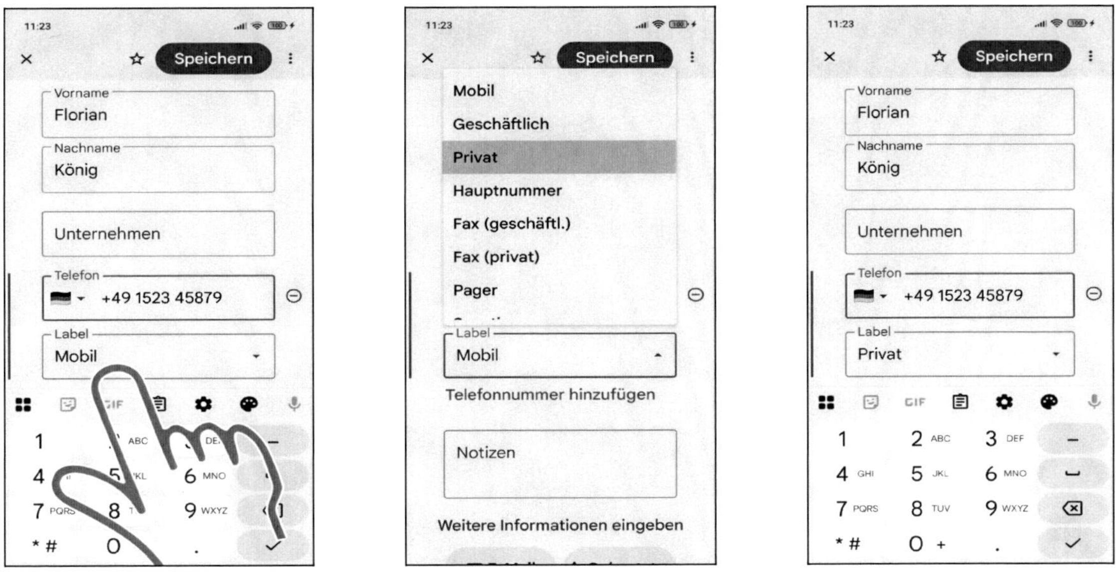

❶ Nachdem Sie eine Rufnummer eingegeben haben, tippen Sie auf den Rufnummerntyp (Pfeil).

❷ Stellen Sie die Art der Rufnummer ein, zum Beispiel *Privat*.

❸ Danach geben Sie die Nummer ein. Um das automatisch aufklappende Tastenfeld wieder zu schließen, betätigen Sie die ◀-Taste unterhalb des Bildschirms.

Betätigen Sie *Speichern* am oberen rechten Bildschirmrand, was den Kontakt ins Telefonbuch übernimmt.

Sie können beliebig viele Telefonnummern und E-Mail-Adressen erfassen. Sobald Sie eines dieser Eingabefelder ausgefüllt haben, blendet das Telefonbuch ein weiteres ein.

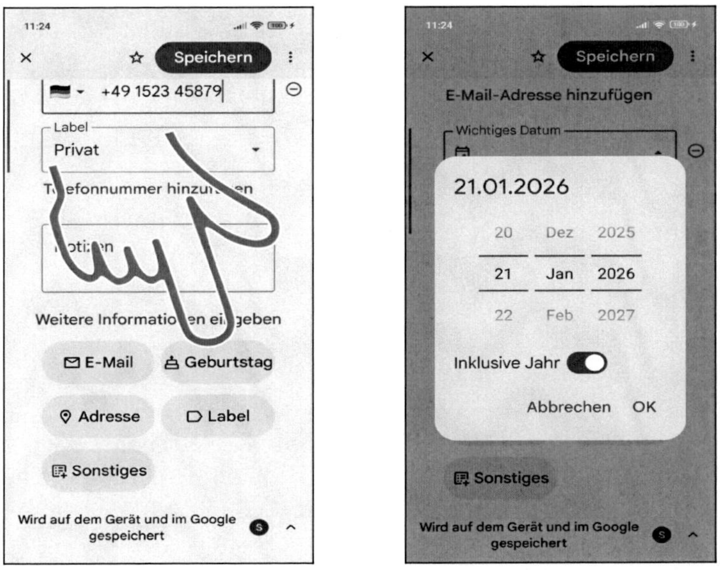

❶❷ Über die Schaltflächen stehen bei Bedarf zusätzliche Datenfelder zur Verfügung.

7.2.2 Kontakt aus Telefonoberfläche übernehmen

➊ Sie können in der Telefonoberfläche eine von Ihnen eingegebene Rufnummer über die *Neuen Kontakt erstellen* beziehungsweise *Zu Kontakt hinzufügen*-Schaltfläche (Pfeil) ins Telefonbuch übernehmen.

➋ Erfassen Sie die Kontaktdaten.

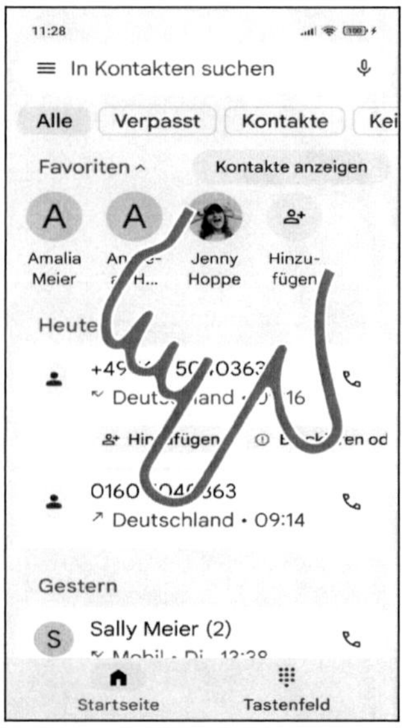

➊ Über die Anrufliste (siehe Kapitel *5.4 Anrufliste (Protokoll)*) der Telefonoberfläche ist es ebenfalls möglich, Rufnummern in die Kontaktverwaltung zu übernehmen. Tippen Sie dafür auf einen Rufnummerneintrag.

➋ Wählen Sie *Hinzufügen* aus.

➌ Häufig steht auch die *Hinzufügen*-Schaltfläche direkt unter dem Nummerneintrag zur Verfügung (bei eingegangenen Anrufen).

7.3 Kontakt bearbeiten

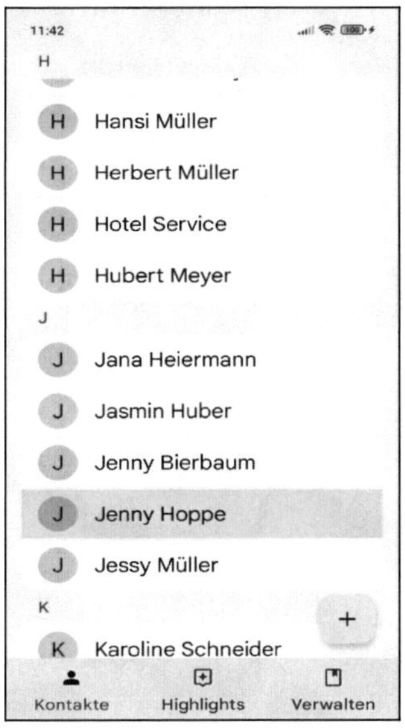

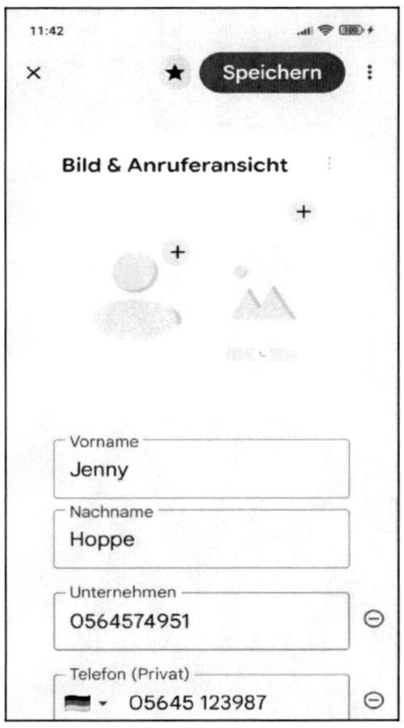

❶ Tippen Sie kurz einen Kontakt für die Kontaktdetails an.

❷❸ Betätigen Sie , um den Kontakt zu ändern.

7.4 Listen- und Detailanzeige

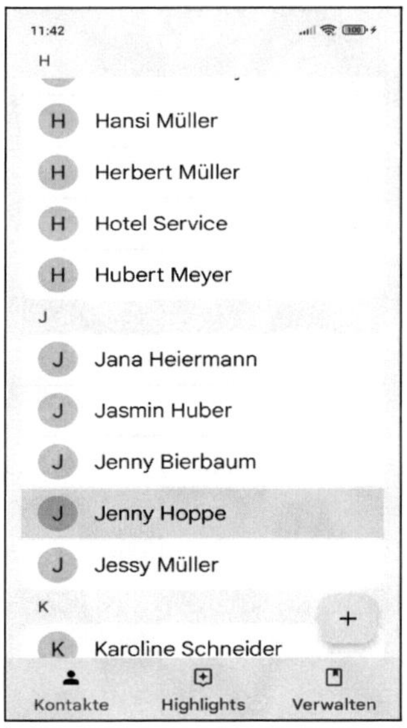

❶ Die Kontakte werden standardmäßig in einer alphabetisch sortierten Liste, nach Namen sortiert, angezeigt. Tippen Sie einen Eintrag an.

❷❸ Es erscheinen nun die Kontaktdetails. Das -Menü:

- *Standardeinstellungen festlegen*: Legen Sie fest, welche Rufnummer beispielsweise in der Suche der Telefonoberfläche angezeigt wird (siehe Kapitel *5.1.1 Suche*). Dieser Menüeintrag ist nur sichtbar, wenn ein Kontakt mehrere Rufnummern besitzt.
- *Klingelton für den Kontakt*: Weist dem Kontakt einen eigenen Klingelton zu. Siehe Kapitel *7.7 Klingelton für Kontakt*.
- *Erinnerungen*: Fügen Sie Termine wie den Geburtstag des Kontakts hinzu, an die Sie erinnert werden möchten.
- *Schlüssel bestätigen*: Nicht von Google dokumentiert.
- *Kontakt teilen*: Kontakt per SMS (siehe Kapitel *6 SMS mit Messages*), E-Mail (siehe Kapitel *9 Gmail*) oder Bluetooth versenden oder in Google Drive als Datei ablegen

(siehe Kapitel *23.3 Google Drive*).

- *Zum Startbildschirm hinzufügen*: Legt einen Schnellzugriff auf den Kontakt im Startbildschirm an.
- *An Mailbox weiterleiten*: Anrufe des Kontakts landen grundsätzlich in der Mailbox Ihres Netzbetreibers. Bitte denken Sie daran, dass dies nicht für Anrufe mit unterdrückter Rufnummer gilt.
- *Nummern blockieren*: Anrufe und SMS des Kontakts werden nicht angenommen.
- *Löschen*

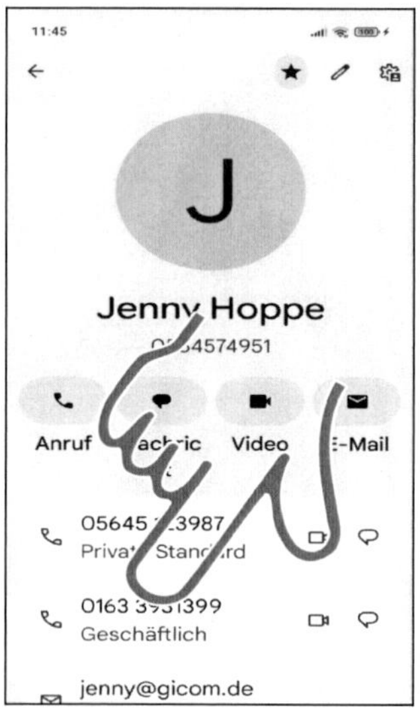

❶❷ Antippen einer Rufnummer (Pfeil) ruft den Kontakt an. E-Mails verschicken Sie durch Betätigen der E-Mail-Adresse. sendet eine SMS (siehe Kapitel *6 SMS mit Messages*) beziehungsweise führt ein Videochat über Google Meet (siehe Kapitel *9.5 Meet*) durch.

7.4.1 Verknüpfung auf dem Startbildschirm

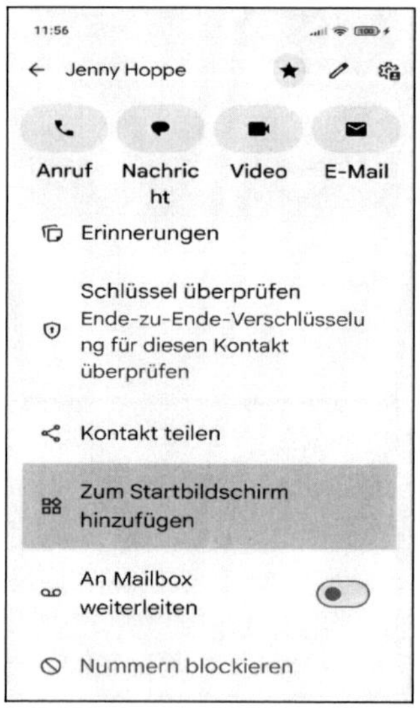

❶ Betätigen Sie .

❷ Wählen Sie *Zum Startbildschirm hinzufügen* aus.

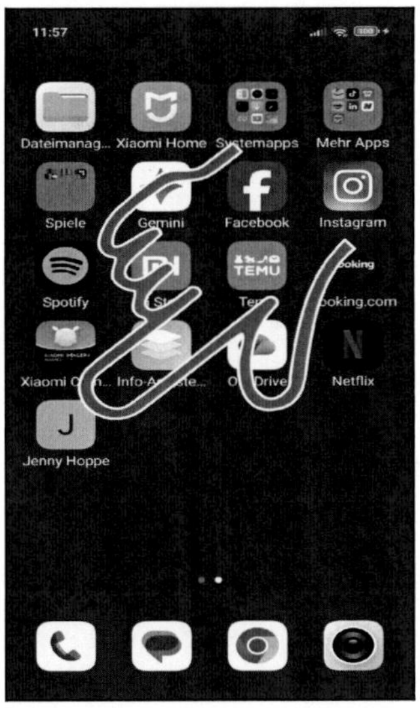

➊➋ Sie finden den Schnellzugriff auf der zweiten Seite des Startbildschirms. Wischen Sie dazu einmal von rechts nach links. Tippen Sie den Schnellzugriff für die Kontaktdetails an.

7.5 Die SIM-Karte

Im Telefonbuch werden die Telefonnummern auf der SIM-Karte (»SIM-Kontakte«) **nicht** angezeigt. Sie können die SIM-Kontakte allerdings ins Telefonbuch übernehmen.

eSIMs speichern keine Kontakte, weshalb diese Funktion dafür nicht unterstützt wird.

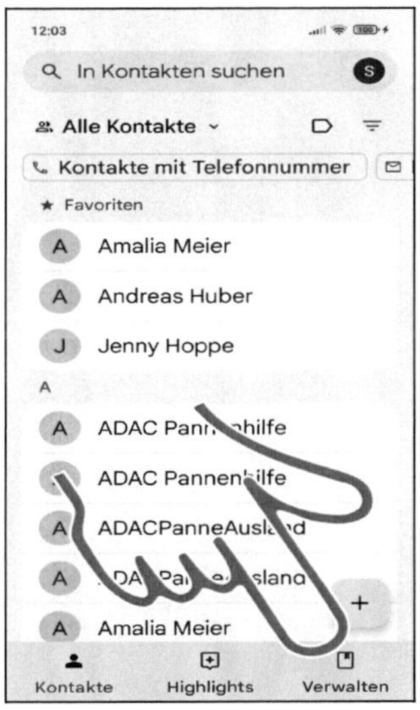

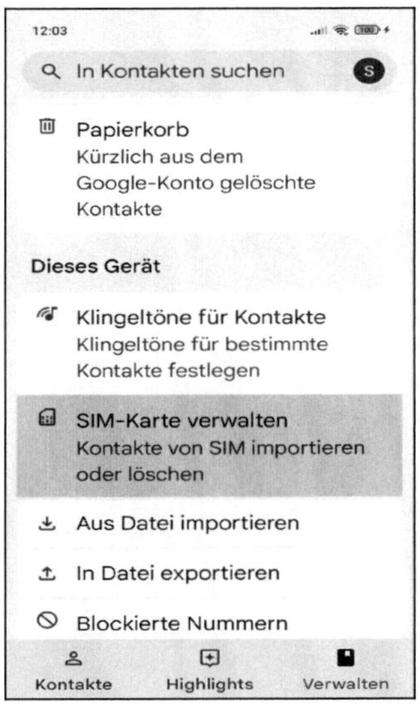

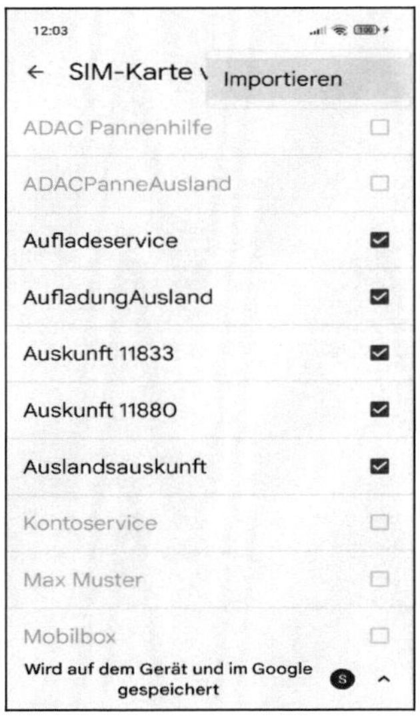

➊ Aktivieren Sie das *Verwalten*-Register am unteren Bildschirmrand.

➋ Gehen Sie auf *SIM-Karte verwalten.*

➌ Standardmäßig sind alle noch nicht ins Google-Konto übernommenen SIM-Kontakte markiert. Sie brauchen nur ⁝/*Importieren* aufzurufen. Bitte beachten Sie, dass Sie in der Regel die importierten Kontakte noch einzeln bearbeiten müssen, beispielsweise weil Namen in die falschen Eingabefelder übernommen werden.

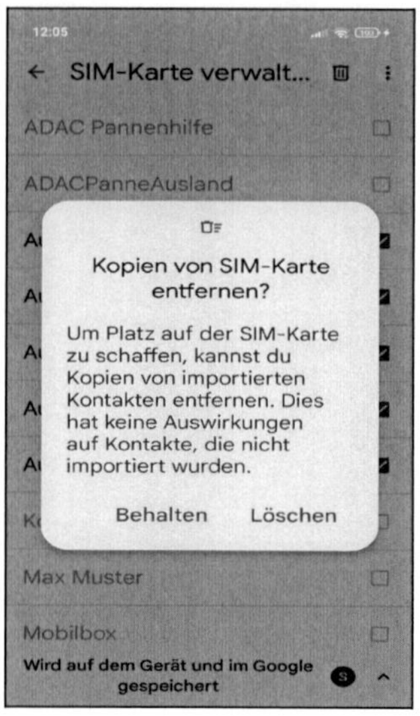

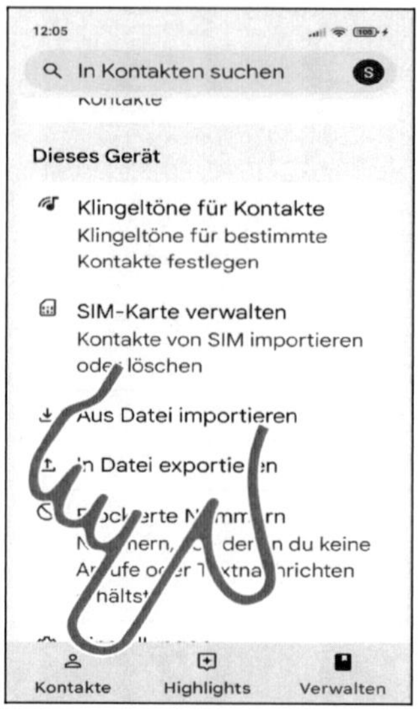

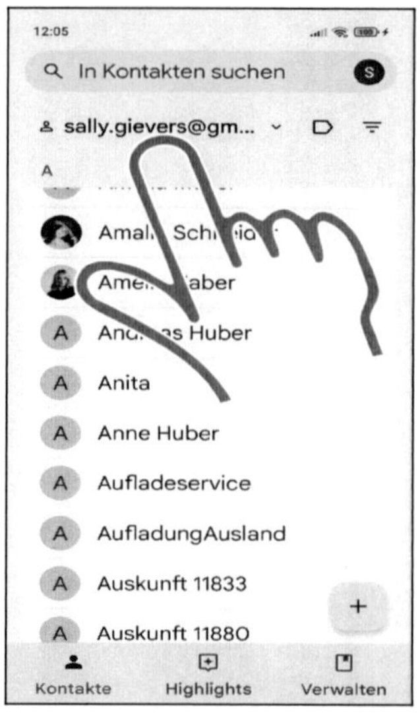

➊ Wählen Sie nun aus, ob die importierten SIM-Kontakte gelöscht werden sollen. Wir empfehlen *Behalten.*

➋ Anschließend bringt Sie *Kontakte* wieder in die standardmäßige Kontaktauflistung.

➌ Achten Sie darauf, dass im Auswahlmenü Ihr Google-Konto und nicht *Alle Kontakte* eingestellt ist – die SIM-Kontakte erscheinen sonst doppelt in der Auflistung.

7.6 Kontaktfoto

Jedem Kontakt können Sie ein Kontaktfoto zuordnen, was insbesondere bei Personen interessant ist, mit denen Sie nur selten zu tun haben.

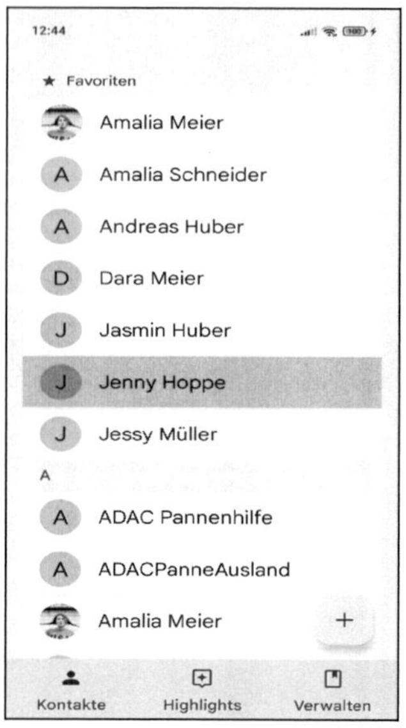

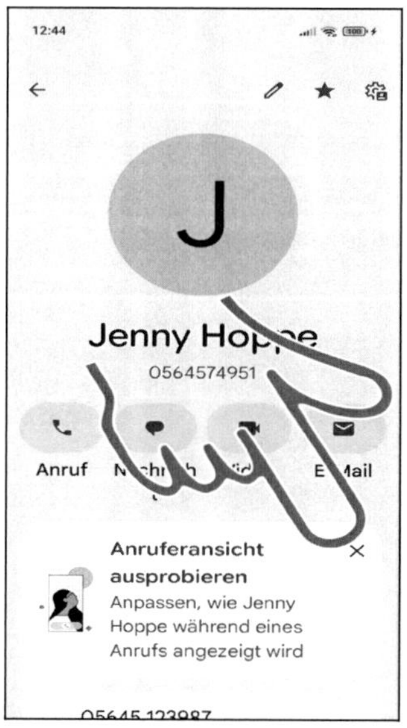

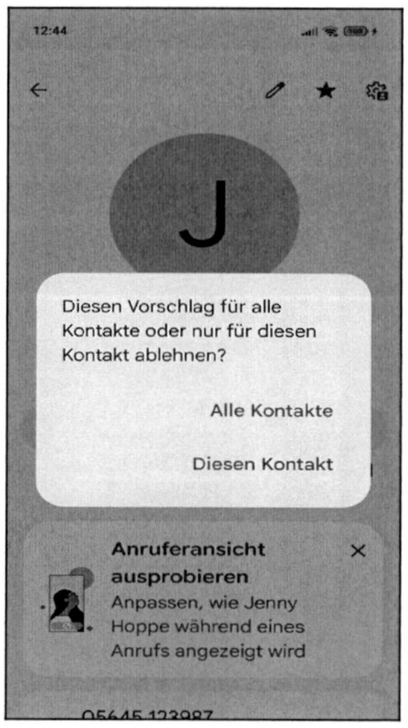

➊ Rufen Sie in der Kontaktauflistung einen Kontakt auf.

➋➌ Den Hinweis auf die Anruferansicht – die wir gleich noch vorstellen – können Sie mit ✕ schließen. Betätigen Sie im Popup dann *Alle Kontakte.*

➊ Betätigen Sie in der Kontaktanzeige die ✎-Schaltfläche.

➋ Tippen Sie auf das **rechte** Symbol.

➌ Hier wählen Sie zwischen *Kamera* (Foto von der Person erstellen), *Galerie* und *Google Fotos*. Wir wählen *Galerie*.

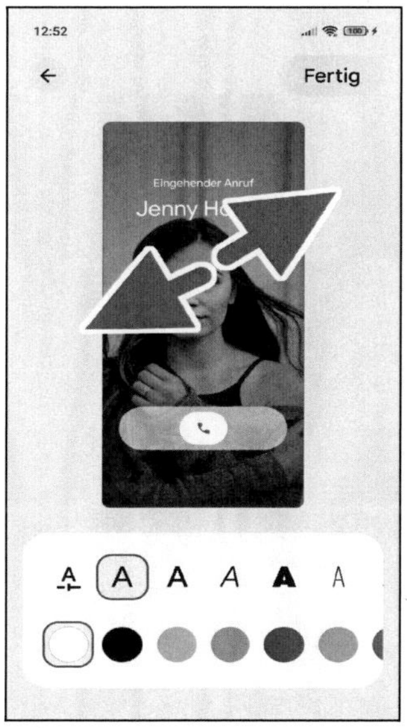

➊➋ Wischen Sie durch die Liste und wählen Sie ein Foto aus.

➌ Mit dem Finger können Sie nun den Bildausschnitt verschieben, oder falls nötig, mit einer Kneifgeste (zwei Finger auf den Bildschirm setzen und auseinander/zusammenziehen) den Bildausschnitt anpassen. Schließen Sie den Bildschirm mit *Fertig*.

➊ Betätigen Sie nun *Bestätigen und Zuschneiden.*

➋ Mit dem Finger können Sie nun den Bildausschnitt verschieben, oder falls nötig, mit einer Kneifgeste (zwei Finger auf den Bildschirm setzen und auseinander/zusammenziehen) den Bildausschnitt anpassen. Schließen Sie den Bildschirm mit *Als Kontaktbild auswählen.*

➌ Vergessen Sie bitte nicht, dann die Kontaktänderung mit *Speichern* zu bestätigen.

➊ In den Kontaktdetails und der Kontaktauflistung erscheint das Kontaktfoto.

➋ Das Bild wird auch bei Anrufen angezeigt.

7.7 Klingelton für Kontakt

Wichtigen Kontakten sollten Sie einen individuellen Klingelton zuweisen. Wenn dann das Telefon klingelt, brauchen Sie noch nicht mal auf das Handy zu schauen, um zu wissen, wer Sie anruft.

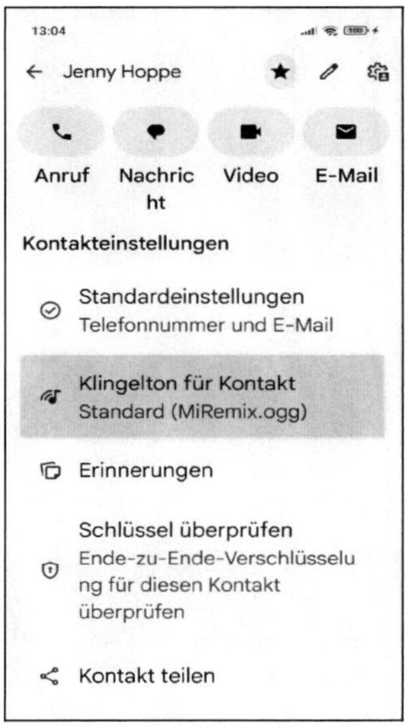

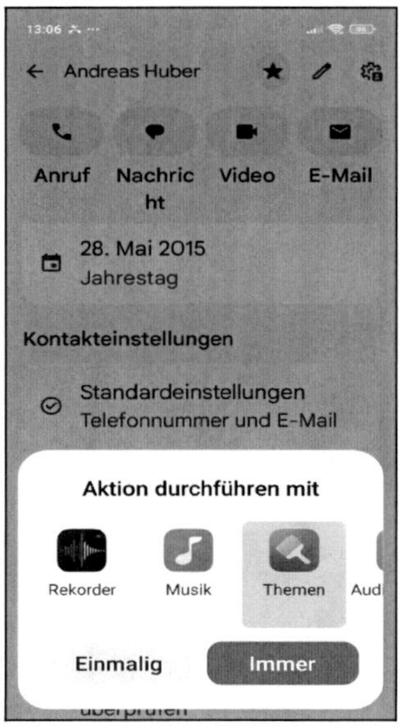

❶❷ Gehen Sie auf und dann auf *Klingelton für Kontakt.*

❸ Stellen Sie *Themen* ein (die anderen Optionen benötigen von Ihnen selbst erstellte Audiodateien) und betätigen Sie *Immer.*

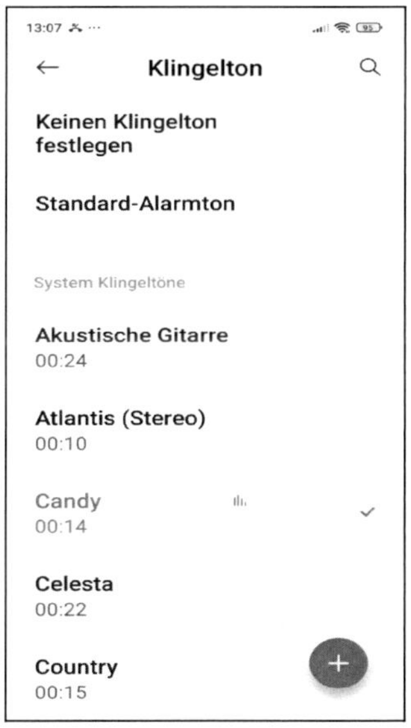

❶ Gehen Sie auf *Vorinstallierte Klingeltöne.*

❷ Stellen Sie einen Klingelton ein und verlassen Sie das Menü mit der ◀-Taste.

Der kontaktabhängige Klingelton funktioniert natürlich nur, wenn der Anrufer seine Rufnummer nicht unterdrückt.

7.8 Suchen

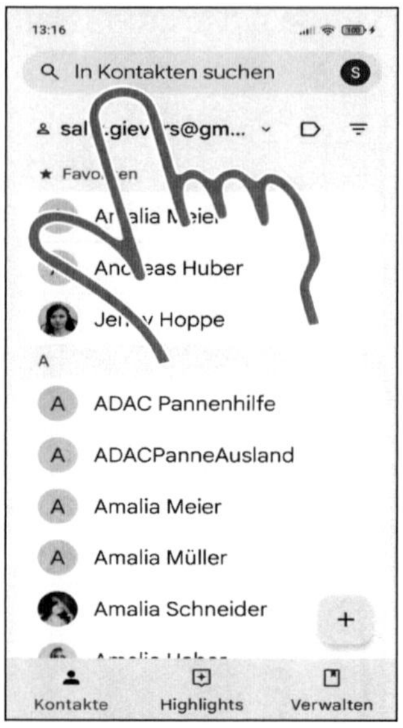

❶ Es ist nicht unbedingt notwendig, umständlich durch Halten und Ziehen des Fingers in der Kontaktauflistung zu blättern. Tippen Sie oben auf 🔍 (Pfeil) und geben Sie den aufzufindenden Namen ein.

❷ Zu den eingegebenen Buchstaben beziehungsweise Namen zeigt das Handy die passenden Kontakte an. Dabei werden Nach- und Vorname der Kontakte durchsucht. Tippen Sie eine der Fundstellen an, um dessen Details anzuzeigen. Die Suche beenden Sie mit der X-Schaltfläche neben dem Suchfeld.

7.9 Favoriten

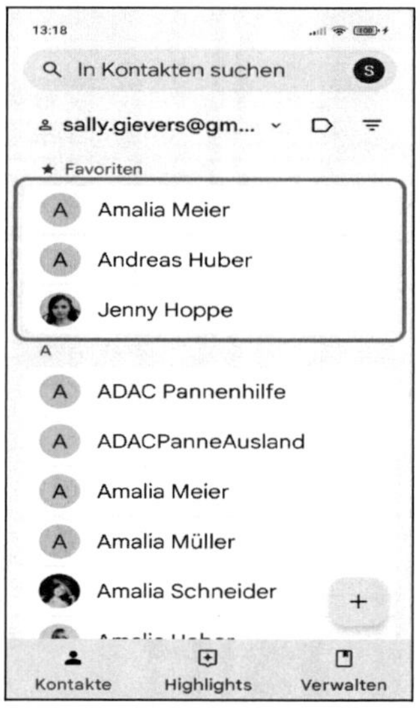

❶ Über ★ in den Kontaktdetails markieren Sie einen Kontakt als Favoriten. Durch erneutes Antippen lässt sich der Kontakt wieder aus der Favoritenliste nehmen.

❷ Alle Favoriten listet das Telefonbuch vor den eigentlichen Kontakten.

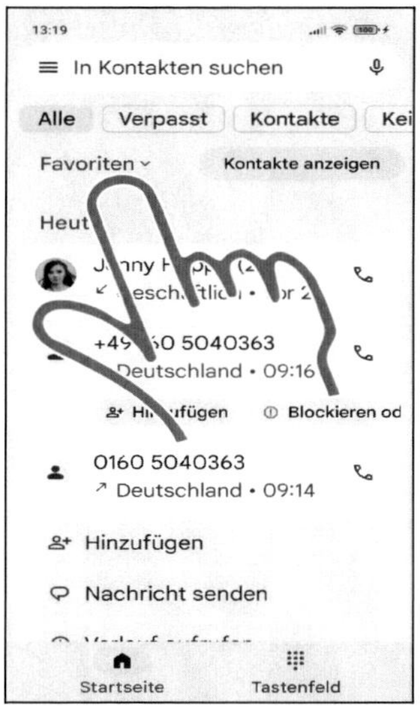

❶❷ Auch in der Telefonoberfläche haben Sie direkten Zugriff auf die *Favoriten*.

7.10 Weitere Funktionen

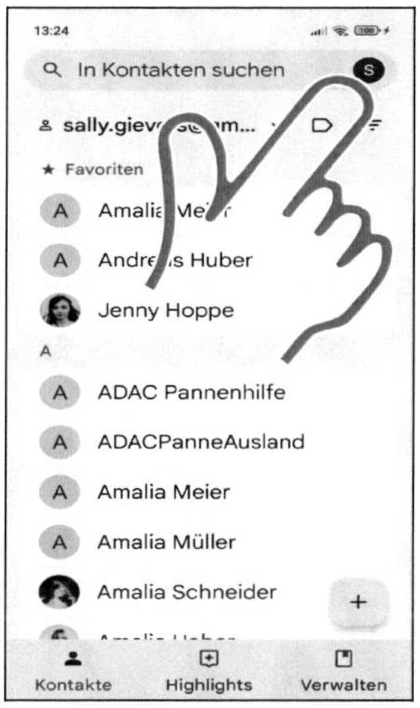

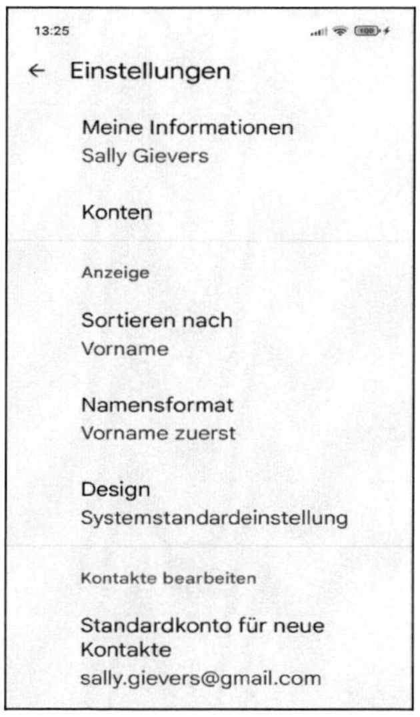

❶❷❸ Für die Einstellungen tippen Sie auf das runde Symbol (Pfeil) und gehen dann auf *Kontakte-Einstellungen*:

- *Meine Informationen*: Legen Sie hier Ihre Kontaktdaten an, die Sie später anderen Personen senden können.
- *Konten*: Listet die verwendeten Google-Konten auf.

Unter *Anzeige*:

- *Sortieren nach*: Kontakte nach Vor- oder Nachname sortieren.
- *Namensformat*: Zur Auswahl stehen *Vorname zuerst* und *Nachname zuerst.*
- *Design*: Wählen Sie zwischen der normalen Anzeige oder einem dunklen Design, das Akkustrom spart. Standardmäßig wird das dunkle Design bei fast leerem Akku aktiviert. Siehe dazu auch Kapitel *28.11 Dunkelmodus*.

Unter *Kontakte bearbeiten*:

- *Standardkonto für neue Kontakte*: Sofern Sie mehrere Google-Konten auf Ihrem Handy verwenden, wählen Sie hier aus, welche das Telefonbuch standardmäßig nutzt.
- *Phonetischer Name*: In einigen, insbesondere asiatischen, Ländern entspricht der geschriebene Name nicht dem Gesprochenen. Bei Bedarf blenden Sie den phonetischen Namen ein.

- *Änderungen rückgängig machen*: Falls Sie mal aus Versehen Kontakte geändert oder gelöscht haben, machen Sie dies hier wieder rückgängig.

Unter *Berechtigungen*:

- *Anrufliste; SMS*: Die hiermit verwalteten Zugriffsberechtigungen sollten Sie nicht ändern.

Unter *Erweitert*:

- *Nicht bearbeitbare Kontakte aus verbundenen Apps*: Einige Anwendungen nutzen möglicherweise das Telefonbuch für die Kontaktverwaltung, erlauben aber nicht die Bearbeitung in der Kontakte-Anwendung. Die betroffenen Kontakte werden deshalb standardmäßig ausgeblendet.

8. Internet einrichten und nutzen

Ihr Xiaomi-Handy ist ein wahres Kommunikationsgenie. Sie können damit im Web surfen, E-Mails, SMS und MMS verarbeiten. Um die Konfiguration des Internetzugangs brauchen Sie sich in der Regel nicht zu kümmern, da dies vom Xiaomi-Handy automatisch erledigt wird.

Sie brauchen dieses Kapitel nicht durchzuarbeiten, um Internet über Ihren Mobilnetzbetreiber zu nutzen. Lesen Sie aber mindestens Kapitel *8.2 Umschaltung WLAN und Mobilfunk-Internet* durch, wo erklärt wird, wie Sie zwischen WLAN- und Mobilfunk-Internet umschalten.

8.1 Internetzugang einrichten

Sie können das Internet über WLAN oder das Mobilnetzwerk nutzen.

8.1.1 WLAN

Heutzutage gibt es an vielen Orten beispielsweise Flughäfen, Hotels oder Bars, WLAN-Hotspots, über die Sie kostenlos online gehen können. Auch in Innenstädten findet man häufig »offene« WLANs, die kostenlos nutzbar sind, weil einige ihr WLAN absichtlich oder unabsichtlich unverschlüsselt zur Verfügung stellen.

Sobald Sie Ihr Handy manuell mit einem WLAN-Zugangspunkt verbunden haben, stellt es künftig automatisch eine Verbindung her, sobald Sie sich erneut in dessen Reichweite befinden. Weitere Einstellungen sind dafür nicht erforderlich.

8.1.2 Datenflatrate des Netzbetreibers

Das Xiaomi-Handy ist wegen seiner Kommunikationsfunktionen auf eine dauerhafte Internetverbindung über das Mobilfunkinternet angewiesen. Sofern Sie ihr Gerät im Handy-Shop erworben haben, wird Sie der Verkäufer mit Sicherheit darauf aufmerksam gemacht haben, eine ausreichende Datenflatrate mitzubuchen. Für die meisten Nutzer reichen unserer Ansicht nach übrigens 2 GB/Monat an inkludiertem Übertragungsvolumen aus.

Sobald das im Paket enthaltene Datenvolumen überschritten wird, reduzieren die Netzbetreiber in der Regel die Übertragungsgeschwindigkeit auf ein niedrigeres Niveau. Dies macht sich im Webbrowser beispielsweise durch einen sehr langsamen Seitenaufbau bemerkbar.

Damit Sie den Datenverbrauch nachverfolgen können, empfehlen wir Ihnen, die von Ihrem Netzbetreiber bereitgestellte Anwendung aus dem Play Store (siehe Kapitel *16 Play Store*) zu installieren, welche den monatlichen Datenverbrauch anzeigt.

Zwar ist es möglich, die Option »*Mobile Daten*« zu deaktivieren (siehe Kapitel *8.2.4 Mobilfunk-Internet aktivieren/deaktivieren*), damit kein Mobilfunk-Internet genutzt wird, damit geht aber ein großer Teil des Charmes vom Xiaomi-Handy verloren.

8.1.3 Automatische Einrichtung

Sobald Sie das Handy nach dem Einlegen einer neuen SIM-Karte einschalten, werden alle Mobilnetz-abhängigen Einstellungen, darunter Mailbox, SMS-Konfiguration und mobiles Internet automatisch konfiguriert.

8.1.4 Weitere Konfigurationsparameter

Die folgenden Menüs rund um den Internetzugang werden Sie selten benötigen, da bereits vom Handy die optimalen Einstellungen vorgenommen wurden.

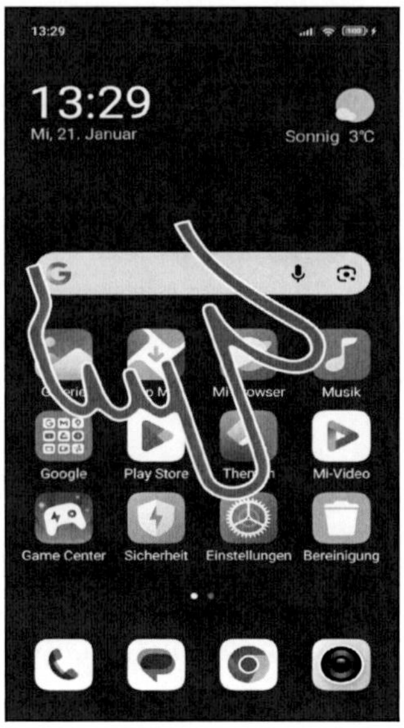

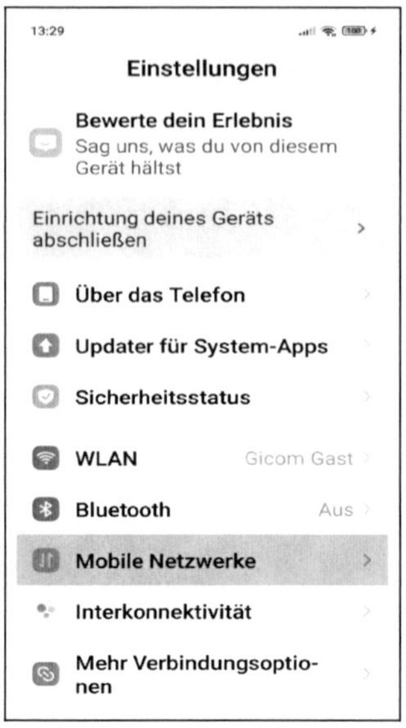

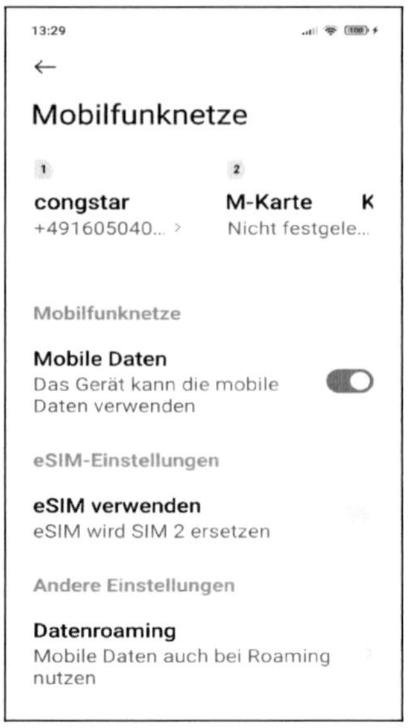

❶ Gehen Sie im Startbildschirm auf *Einstellungen.*

❷ Rufen Sie *Mobile Netzwerke* auf.

❸ Hier stellen Sie ein:

Unter *Mobilfunknetze*:

- *Mobile Daten*: Deaktivieren Sie *Mobile Daten,* damit das Handy keine Internetverbindung über das Mobilfunknetz aufbaut. Dies kann nötig sein, wenn Sie keinen Mobilfunkvertrag mit Internetflatrate nutzen (sogenannter Datenvertrag). Internetverbindungen finden dann über das WLAN statt. Siehe auch Kapitel *8.2.4 Mobilfunk-Internet aktivieren/deaktivieren*.

Unter *eSIM-Einstellungen* (nur 5G-Modelle):

- *eSIM einschalten*: Schaltet die eSIM ein/aus.

Unter *Andere Einstellungen*:

- *Datenroaming*: Falls Sie das Handy im Nicht-EU-Ausland nutzen, können Sie das Roaming aktivieren. Wir raten wegen unabsehbarer Kosten davon ab. Es ist besser im Ausland eine passende eSIM/SIM-Karte zu kaufen!

Die eSIM ist in Form eines Chips im Handy integriert und wird durch Software aktiviert und verwaltet. Statt eine physikalische SIM-Karte einzulegen, muss man einfach einen vom Mobilnetzbetreiber zur Verfügung gestellten Code zur Aktivierung der eSIM eingeben oder die eSIM online aktivieren. Eine eSIM ist nur bei den Modellen Redmi Note 15 Pro+ 5G und Redmi Note 15 Pro 5G vorhanden.

8.2 Umschaltung WLAN und Mobilfunk-Internet

Sie können einstellen, dass alle Internetverbindungen über WLAN oder eine Mobilfunkverbindung ablaufen. Beachten Sie aber, dass Sie unterwegs nur bei einer Mobilfunkverbindung immer das Internet nutzen können, da WLAN nur an bestimmten Orten, beispielsweise in Hotels, Bars, Flughäfen usw. zur Verfügung steht. Meist finden Sie an den mit WLAN ausgestatteten Orten auch entsprechende Hinweisschilder.

8.2.1 WLAN aktivieren/deaktivieren

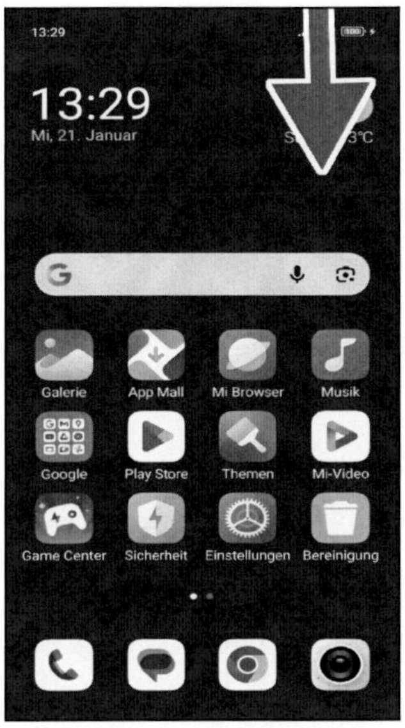

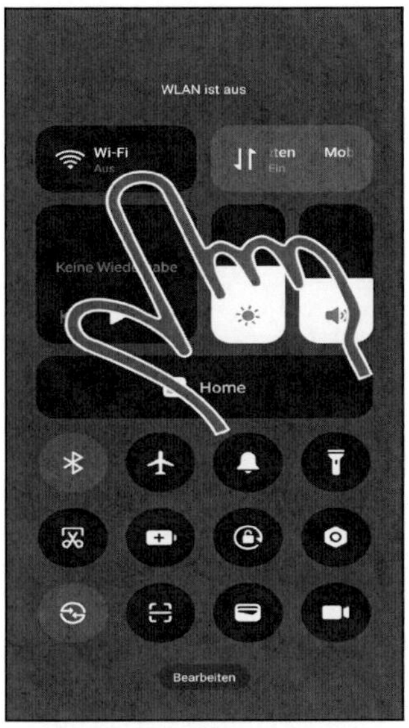

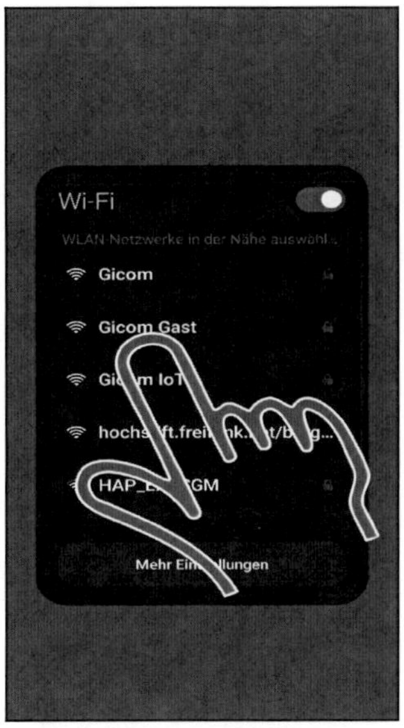

➊ Öffnen Sie mit einer Wischgeste das Kontrollzentrum.

➋ Tippen und halten Sie die *Wi-Fi*-Schaltfläche, bis das Popup erscheint.

➌ WLAN wird automatisch eingeschaltet, sofern es zuvor deaktiviert war. Wählen Sie einen der gefundenen WLAN-Zugangspunkte aus.

➊ Sofern der Zugangspunkt verschlüsselt ist, fragt Sie das Xiaomi-Handy nach dem Passwort, das Sie eventuell vom WLAN-Betreiber erfragen müssen. Betätigen Sie *Verbinden*.

➋ Der verbundene WLAN-Zugangspunkt erscheint nach einigen Sekunden blau hervorgehoben. Über die ◉-Taste verlassen Sie den WLAN-Bildschirm.

➌ Auf eine genutzte WLAN-Verbindung weist das WLAN-Symbol-Symbol in der Titelleiste hin (Pfeil).

Wenn Sie WLAN am Xiaomi deaktivieren und dann nochmals eine Verbindung zu einem verschlüsselten WLAN aufbauen, wird das benötigte Passwort nicht erneut abgefragt.

Falls Sie sich bei der Passworteingabe vertan haben, erscheint eine Fehlermeldung. Geben Sie das korrekte Passwort ein.

8.2.2 Andere WLAN-Zugangspunkt auswählen

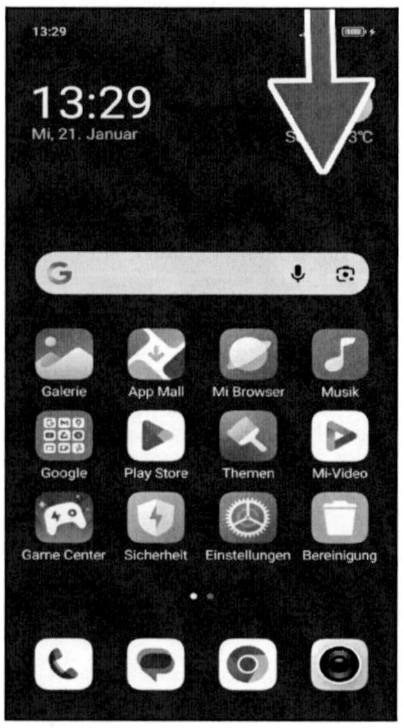

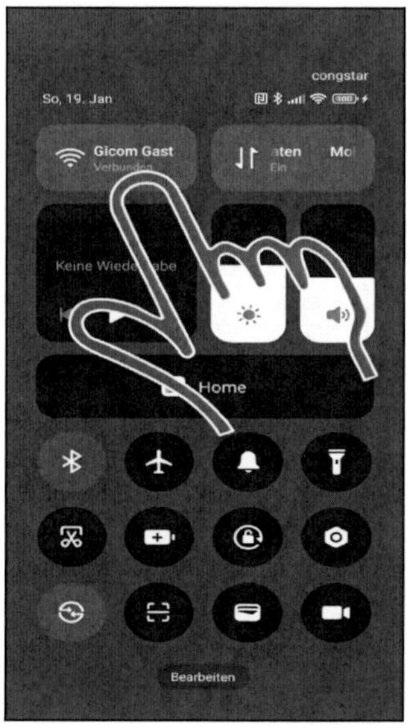

➊ Rufen Sie mit einer Wischgeste das Kontrollzentrum auf.

➋ Tippen und halten Sie den Finger auf der Wi-Fi-Schaltfläche (diese zeigt den Namen des gerade genutzten WLAN-Zugangspunkts an), bis das Popup erscheint.

➌ Tippen Sie einen anderen WLAN-Zugangspunkt an.

8.2.3 WLAN über QR-Code einrichten

Einige kommerzielle WLAN-Betreiber ersparen dem Nutzer das umständliche Eintippen des Passworts.

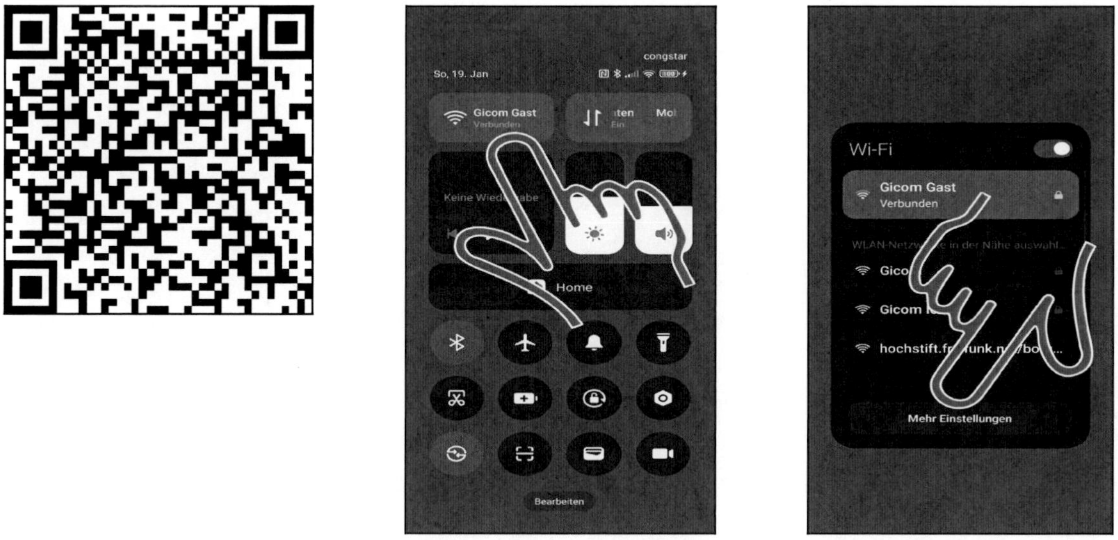

➊ Beispiel für einen WLAN-QR-Code, wie Sie ihn an manchen Orten auf Flyern oder Plakaten vorfinden.

➋ Rufen Sie, wie zuvor gezeigt, das Kontrollzentrum auf, dann tippen und halten Sie den Finger auf der Wi-Fi-Schaltfläche, bis das Popup erscheint.

➌ Tippen Sie auf *Mehr Einstellungen.*

➊➋➌ Tippen Sie auf ⛶ und halten Sie die Kamera auf den QR-Code. Die WLAN-Verbindung wird hergestellt.

8.2.4 Mobilfunk-Internet aktivieren/deaktivieren

Haben Sie keinen Mobilfunkvertrag mit Datenflatrate, dann sollten Sie das Mobilfunk-Internet am Xiaomi-Handy ausschalten.

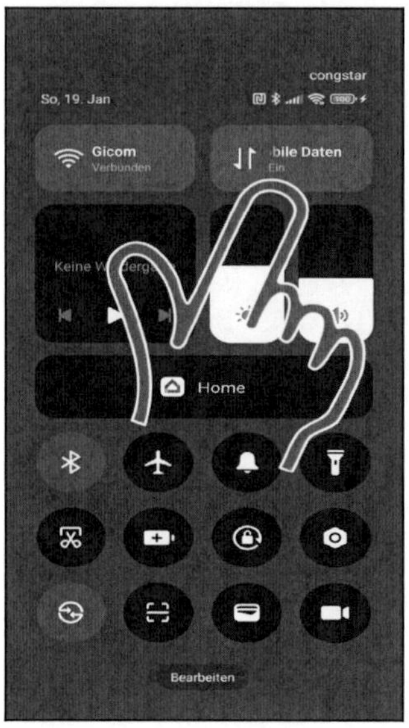

❶❷❸ Aktivieren Sie das Kontrollzentrum. Darin betätigen Sie die *Mobile Daten*-Schaltfläche, worauf alle Internetverbindungen über WLAN stattfinden. Erneutes Betätigen der *Mobile Daten*-Schaltfläche aktiviert das Mobilfunk-Internet übrigens wieder.

8.3 Empfangsstärke Mobilfunk und WLAN

Für eine gute und unterbrechungsfreie Datenübertragung über WLAN oder Mobilfunknetz ist eine hohe Signalstärke jeweils Voraussetzung.

Die Signalstärke erkennen Sie an den Symbolen .ıll (für Mobilfunknetz) und (für WLAN) in der Titelleiste (Pfeil). Wenn die Symbole nicht voll ausgefüllt sind, besteht kein optimaler Empfang, das heißt, Sie befinden sich etwas weiter vom WLAN-Zugangspunkt/Mobilfunkmast entfernt oder ein Hindernis wie Berge oder Häuser stehen zwischen Ihnen und dem nächsten Mobilfunkmast. Die Balkenangaben sind naturgemäß recht ungenau, was aber meistens keinen Beinbruch darstellt.

9. Gmail

Wie bereits im Kapitel *2.1 Das ist bei Android anders* erläutert, dient das von Ihnen angelegte Google-Konto – im Format *(Ihr Name)@gmail.com* auch als E-Mail-Adresse. Mit der in diesem Kapitel vorgestellten Gmail-Anwendung können Sie E-Mails senden, empfangen und verwalten.

Falls Sie bereits eine eigene E-Mail-Adresse (beispielsweise von Ihrem Arbeitgeber, oder ein E-Mailkonto bei GMX, T-Online usw.) besitzen, verwenden Sie am besten die vom jeweiligen Anbieter im Google Play Store (siehe Kapitel *16 Play Store*) bereitgestellte Anwendung. Suchen Sie dort beispielsweise nach »*GMX*«, um die »GMX-Mail & Cloud«-Anwendung zu installieren.

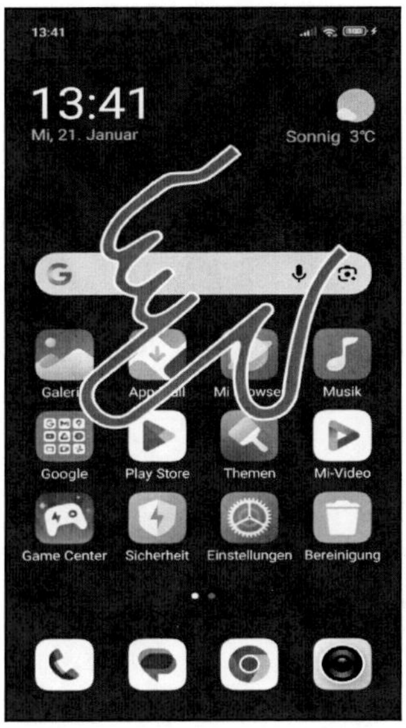

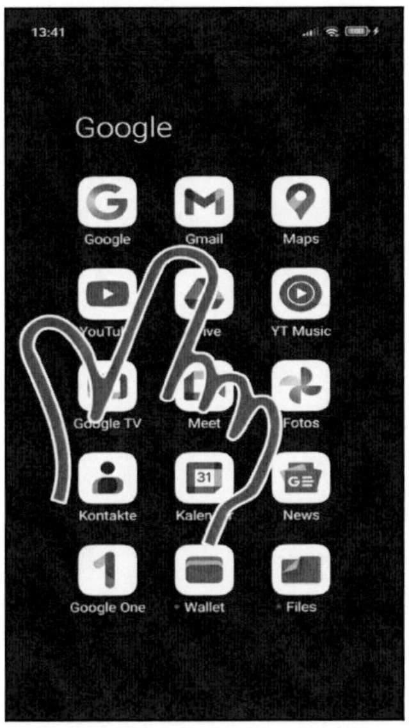

❶❷ Gehen Sie im Startbildschirm in den *Google*-Ordner und dann auf *Gmail.*

❶❷ Betätigen Sie beim ersten Start *OK* und dann *WEITER ZU GMAIL.*

➊ Schließen Sie den einmalig anzeigten Dialog mit *Zulassen.*

➋➌ Zwischendurch – wenn Sie die Gmail-Anwendung bereits einige Zeit nutzen – *werden Sie* gefragt, ob Sie die Automatiken nutzen möchten. *Betätigen Sie dann Weiter* und *Speichern.*

Google wertet künftig die E-Mail-Inhalte aus und ordnet beispielsweise E-Mails den Kategorien *Werbung* oder *Soziale Netzwerke* zu.

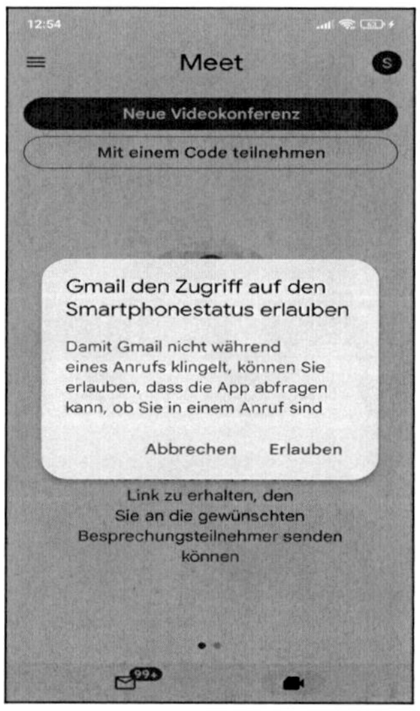

➊ Schließen Sie den einmaligen Hinweis auf Google Meet mit *OK.*

➋➌ Am unteren Bildschirmrand sind zwei Register vorhanden, mit denen Sie zwischen *E-Mail* und der Videokonferenzfunktion *Meet* umschalten. Wir gehen auf Letzteres noch im Kapitel 9.5 *Meet* ein.

9.1 Gmail in der Praxis

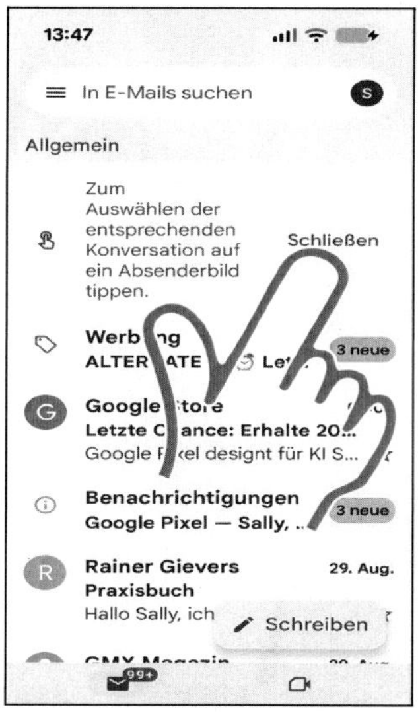

❶ Ab und zu erscheinen Hinweise, bei denen Sie einfach *Schließen* oder *Nein danke* betätigen.

❷ Die großen bunten Symbole vor den einzelnen Nachrichten enthalten jeweils den ersten Buchstaben des Absenders, im Beispiel also »G« für Google usw.

Bitten Sie Bekannte, Ihnen E-Mails an Ihr Gmail-E-Mail-Adresse (= Ihr Google-Konto) zu senden. Auf diesem Wege können Sie die folgenden Anweisungen direkt nachvollziehen.

9.1.1 E-Mails abrufen

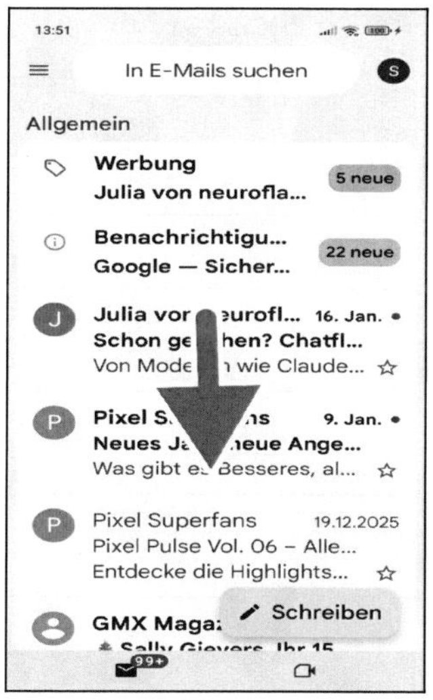

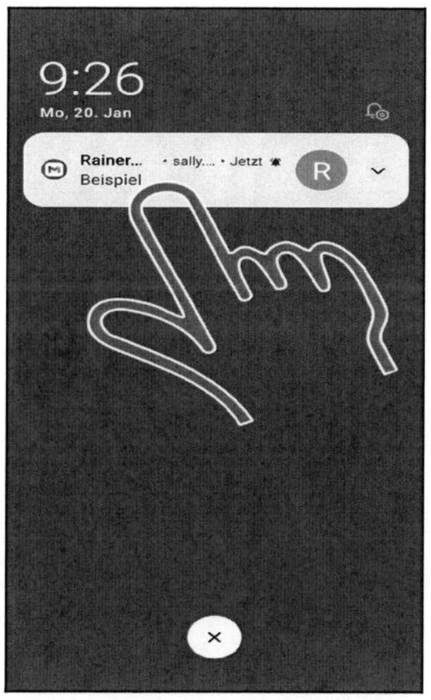

❶ Für die Synchronisierung der E-Mails in der Gmail-Anwendung mit dem E-Mail-Konto führen Sie eine Wischgeste von oben nach unten in der E-Mail-Oberfläche durch (dies ist in der Regel aber nicht nötig, weil neue Nachrichten automatisch abgerufen werden).

❷❸ Alternativ können Sie sich die neuen E-Mails auch auf einem weiteren Wege anzeigen: Wenn neue Nachrichten vorliegen, erscheint in der Titelleiste ein M-Symbol (Pfeil). Öffnen Sie das Benachrichtigungsfeld (siehe Kapitel *4.8 Titelleiste und Benachrichtigungsfeld*) und tippen Sie auf *x neue Nachrichten*, worauf der Gmail-Posteingang angezeigt wird. Sofern nur eine neue Nachricht empfangen wurde, zeigt Gmail diese statt des Posteingangs an.

Die Gmail-Anwendung arbeitet speicheroptimiert, das heißt beim Blättern in der Nachrichtenauflistung lädt sie automatisch die als nächstes anzuzeigenden Mails nach. Dies kann bei einer langsamen Mobilfunkverbindung manchmal einige Sekunden dauern. Sie sehen dann »*Konversationen werden geladen*«.

➊ Alle noch ungelesenen Nachrichten erscheinen in Fettschrift. Tippen Sie nun eine Nachricht an, die Sie lesen möchten.

➋ Die Bedeutung der Schaltflächen am oberen Bildschirmrand:

- ⊡ (Archivieren): Entfernt eine Nachricht aus dem Posteingang, ohne sie zu löschen. Siehe auch Kapitel *9.2.3 Archivieren*.
- 🗑: Nachricht löschen.
- ✉ (Ungelesen): Setzt den Nachrichtenstatus auf »ungelesen« und schaltet wieder auf den Posteingang um.

➌ Über eine Kneifgeste (zwei Finger, beispielsweise Daumen und Zeigefinger, gleichzeitig auf das Display drücken), können Sie die Ansicht vergrößern/verkleinern. Verschieben Sie bei Bedarf dann mit dem Finger den angezeigten Bildschirmausschnitt. Alternativ tippen Sie zweimal schnell hintereinander auf den Nachrichtentext.

➊ Ziehen Sie mit angedrücktem Finger nach links/rechts, um zur nächsten älteren/neueren Nachricht zu blättern.

➋ Die ↰-Schaltfläche erstellt eine Antwort-Nachricht an den Absender.

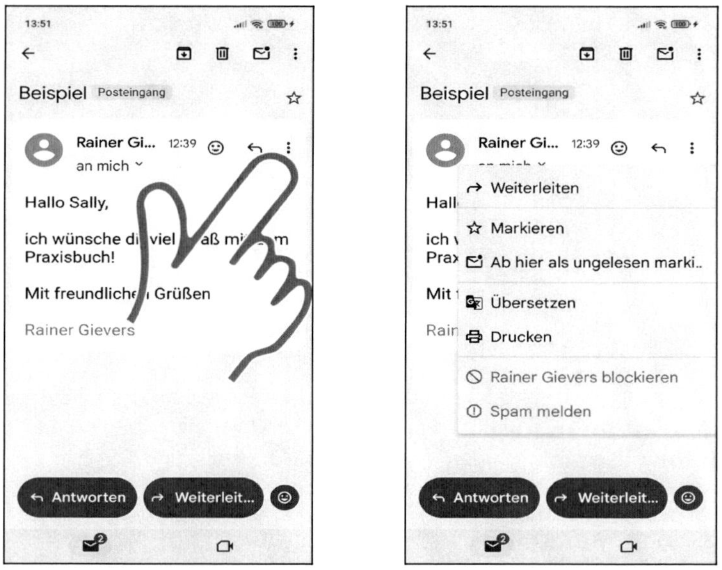

❶❷ Das ⋮-Menü:

- *Allen antworten*: Sofern die E-Mail mehrere Empfänger enthält, können Sie Ihre Antwort-Nachricht an alle Empfänger senden. Wir raten davon aber ab, weil dies unter Umständen zu peinlichen Situationen führen kann, beispielsweise, wenn ein Kunde die interne Kommunikation eines Unternehmens zugesandt bekommt.
- *Weiterleiten*: Erstellt eine neue Nachricht mit dem Nachrichtentext.
- *Markieren; Markierung entfernen*: Markiert eine Nachricht als Favoriten beziehungsweise entfernt die Markierung wieder. Siehe Kapitel *9.2.6 Markierungen*.
- *Ab hier als ungelesen markieren*: Setzt den »Gelesen«-Status für diese und alle früher empfangenen Nachrichten wieder zurück.
- *Übersetzen*: Fremdsprachlichen E-Mail-Text nach Deutsch übersetzen.
- *Drucken*: Auf die Druckausgabe geht dieses Buch nicht ein.
- *xxx blockieren*: Künftig landen alle E-Mails des Absenders im *Spam*-Ordner.
- *Spam melden*: Blockieren und bei Google als Spam melden.

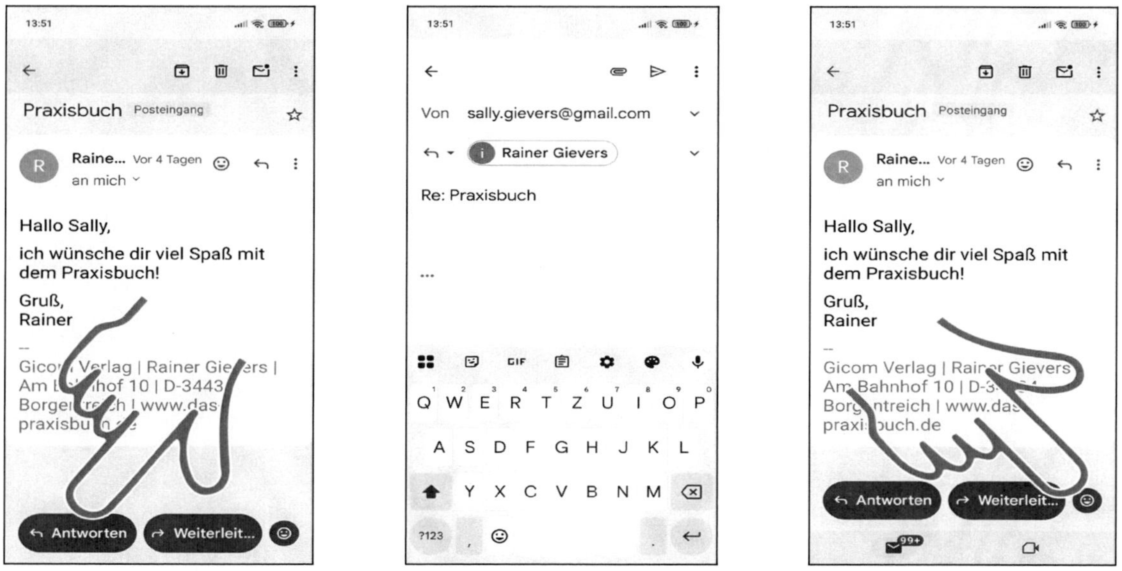

❶❷ Weitere wichtige Funktionen finden Sie am Ende der E-Mail: Mit den Schaltflächen können Sie die Nachricht beantworten oder weiterleiten.

❸ Die ☺-Schaltfläche fügt der Nachricht eine Reaktion hinzu, die dann beim Absenders erscheint, zum Beispiel ein »Daumen hoch«. Falls der Absender kein Gmail nutzt, erhält er eine separate Nachricht mit dem Hinweis auf Ihre Reaktion (»*xxx hat über Gmail reagiert*«).

9.1.2 Dateianlagen

❶❷ Nachrichten mit Dateianlagen erhalten einen Hinweis (Pfeil) in der Nachrichtenauflistung. Tippen Sie sie an für die Anzeige.

❸ Alternativ tippen Sie einen Dateianhang in der Nachrichtenanzeige an.

Heruntergeladene Dateianlagen landen im Verzeichnis *Download* auf dem Handy.

9.1.3 Labels

Labels haben bei Gmail die gleiche Funktion wie Ordner. Deshalb werden auch die klassischen E-Mail-Ordner *Postausgang*, *Entwürfe*, *Gesendet* usw. bei Gmail als »Label« bezeichnet. Man darf einer Mail mehrere Labels gleichzeitig zuweisen.

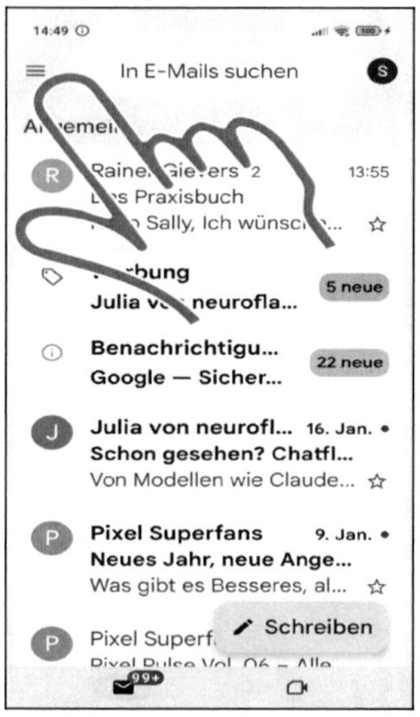

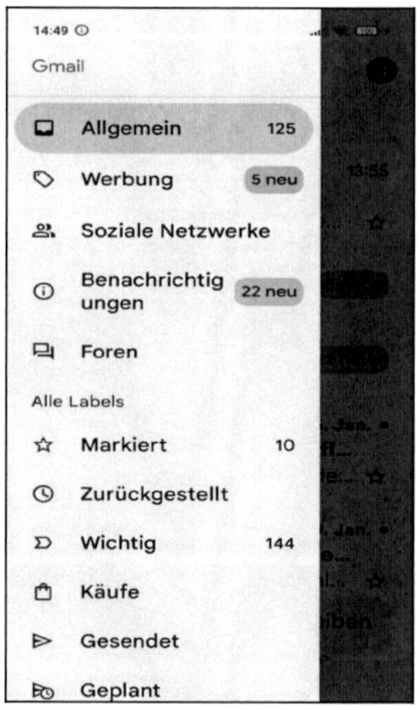

❶❷ Zur Anzeige der E-Mails eines Labels tippen Sie oben links (Pfeil) für die Seitenleiste:

Die Nachrichten sind eingeteilt nach:

- *Alle Posteingänge*: Falls Sie mehrere Google-Konten nutzen, zeigen Sie diese alle zusammen an.
- *Allgemein:* Nachrichten von Freunden und Verwandten sowie sonstige Nachrichten, die nicht in einem der anderen Labels angezeigt werden.

- *Werbung*: Werbeaktionen, Angebote und sonstige Werbe-E-Mails.
- *Soziale Netzwerke*: E-Mails aus sozialen Netzwerken, Plattformen zum Teilen von Inhalten, Online-Partnervermittlungen, Spieleplattformen oder anderen sozialen Websites.
- *Benachrichtigungen:* Benachrichtigungen wie Bestätigungen, Belege, Rechnungen und Kontoauszüge.
- *Foren:* E-Mails aus Online-Gruppen, Diskussionsforen und Mailinglisten.

Unter *Alle Labels* finden Sie:

- *Markiert*: Der »Markiert«-Status kann Nachrichten oder Konversationen zugewiesen werden. Siehe dazu auch Kapitel *9.2.6 Markierungen*.
- *Zurückgestellt*: Sie können sich an Nachrichten, die Sie erst später bearbeiten wollen, erinnern lassen. Siehe Kapitel *9.2.2 Zurückstellen*.
- *Wichtig*: Gmail erkennt automatisch Nachrichten, die für Sie interessant oder wichtig sind und ordnet sie unter *Wichtig* ein. Siehe auch Kapitel *9.2.5 Wichtig-Ordner*.
- *Gesendet*: Versandte Nachrichten.
- *Postausgang*: Zum Versand bereitstehende Nachrichten.
- *Entwürfe*: Nachrichten, die bereits vorbereitet, aber noch nicht versandt wurden.
- *Alle E-Mails*: Zeigt alle Mails sortiert als sogenannte Konversationen an.
- *Spam*: Als Spam erkannte Mails.
- *Papierkorb*: Von Ihnen gelöschte Mails.

Tippen Sie ein Label, deren zugeordneten E-Mails Sie ansehen möchten, an.

❸ Am oberen Bildschirmrand (Pfeil) sehen Sie, in welchem Ordner Sie sich gerade befinden.

> Auf die Funktion der einzelnen Label gehen die folgenden Kapitel ein.
>
> Befinden Sie sich in einem anderen Ordner als *Allgemein*, dann kehren Sie mit der ◀-Taste wieder zu *Allgemein* zurück.

❶❷ Im Beispiel wurden E-Mails von Gmail automatisch dem Label *Benachrichtigungen* zugewiesen. Tippen Sie ein Label an, um dessen Inhalt aufzulisten.

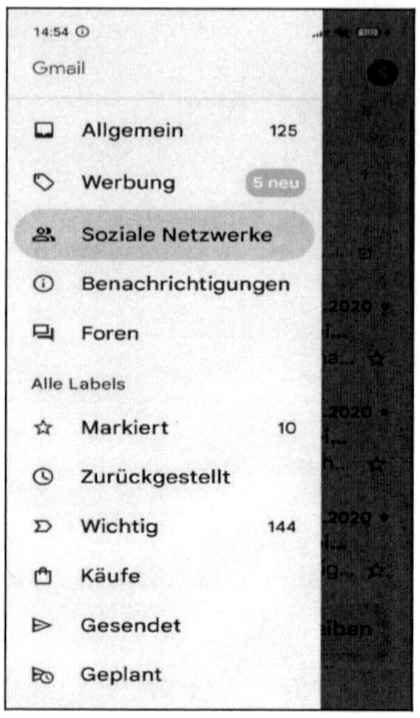

❶❷ Alternativ gehen Sie im Ausklappmenü (Seitenleiste) auf das Label.

Die ◀-Taste bringt Sie wieder in die E-Mail-Gesamtansicht zurück.

9.1.4 E-Mails beantworten

❶ Zum Beantworten einer gerade angezeigten E-Mail betätigen Sie einfach die ↰-Schaltfläche (Pfeil). Alternativ gehen Sie auf *Antworten* am Ende des E-Mail-Textes.

❷ Geben Sie nun den Nachrichtentext ein und betätigen Sie ▷. Es erscheint dann für einige Sekunden der Hinweis »*Nachricht wird gesendet*«, während die Nachricht verschickt wird.

❸ Die von Ihnen verschickte E-Mail erscheint unter dem Nachrichtentext der beantworteten. Verlassen Sie den Bildschirm mit der ◀-Taste.

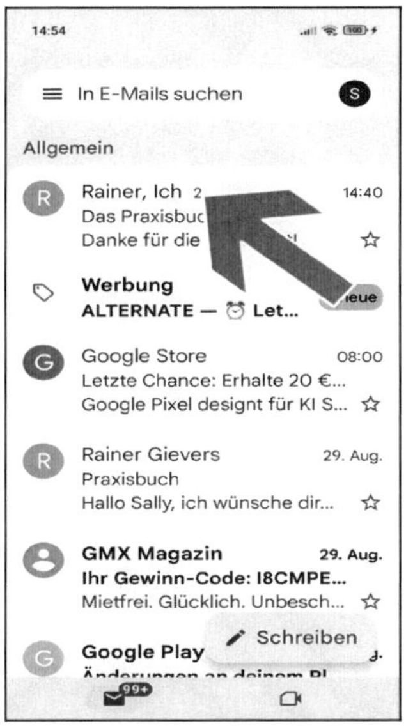

➊ Gmail verwaltet die Nachrichten als »Konversationen«, das heißt, alle Nachrichten, die Sie mit einem Kommunikationspartner austauschen, werden unter einem Eintrag zusammengefasst. Sie erkennen die Konversationen daran, dass beim Betreff ein »*ich*« und die Zahl der ausgetauschten Nachrichten erscheint. Tippen Sie den Betreff an, um die Konversation anzuzeigen.

➋➌ Es erscheinen Karteireiter mit den Nachrichten, die Sie mit dem Kommunikationspartner ausgetauscht haben. Tippen Sie einen Karteireiter an, um die zugehörige Nachricht auszufalten. Erneutes Antippen eines Karteireiters blendet die Nachricht wieder aus. Mit einer vertikalen Wischgeste können Sie zudem durch die aufgeklappten Nachrichten rollen.

9.1.5 E-Mail neu schreiben

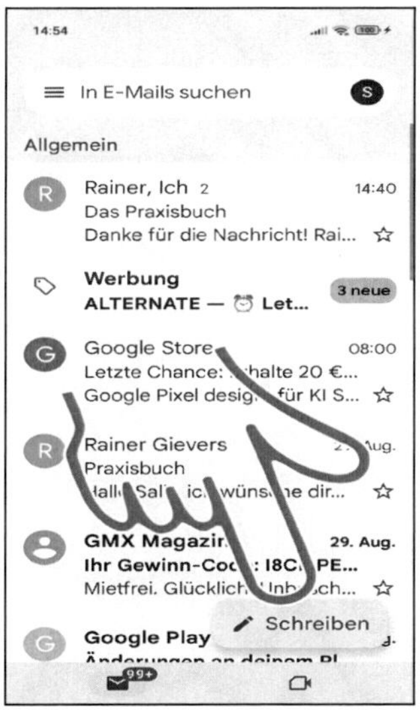

➊ Betätigen Sie die bunte *Schreiben*-Schaltfläche (Pfeil).

➋ Im *An*-Feld erfassen Sie nun den Empfänger.

❶ Gmail sucht bereits bei der Eingabe des Kontaktnamens passende E-Mail-Adressen und listet diese auf. Tippen Sie einfach die Gewünschte an.

❷ Die E-Mail-Adresse landet im Empfängerfeld. Falls Sie einen weiteren Empfänger hinzufügen möchten, geben Sie diesen einfach dahinter ein. Geben Sie nun Betreff und Nachrichtentext ein und betätigen Sie ⊳ (oben rechts) zum Senden.

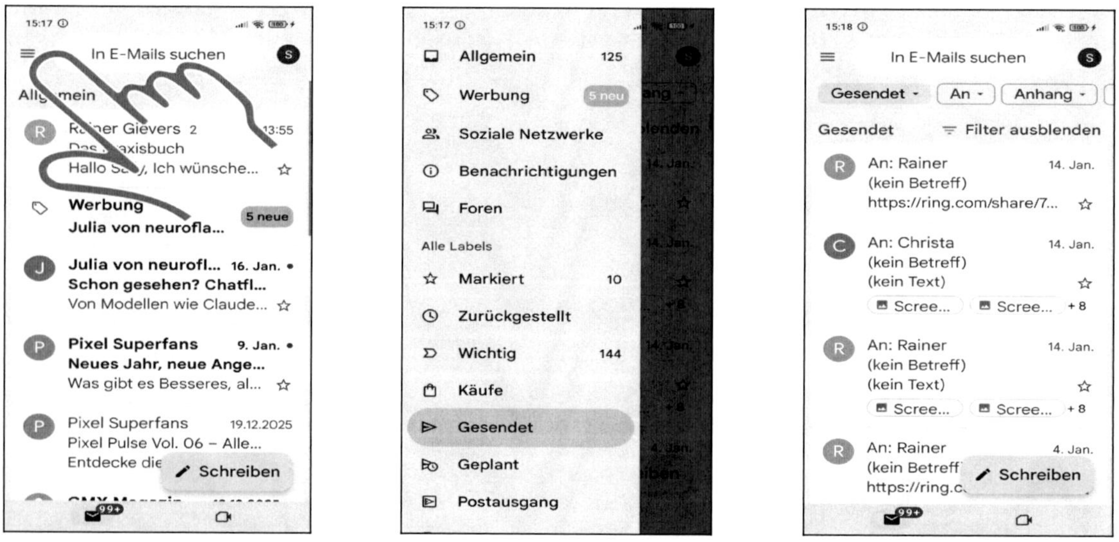

❶ Die versandte Mail finden Sie im *Gesendet*-Ordner. Aktivieren Sie dafür die Seitenleiste (Pfeil).

❷❸ Wählen Sie *Gesendet* aus, worauf die versandten Nachrichten aufgelistet werden.

9.1.6 Weitere Funktionen bei der E-Mail-Erstellung

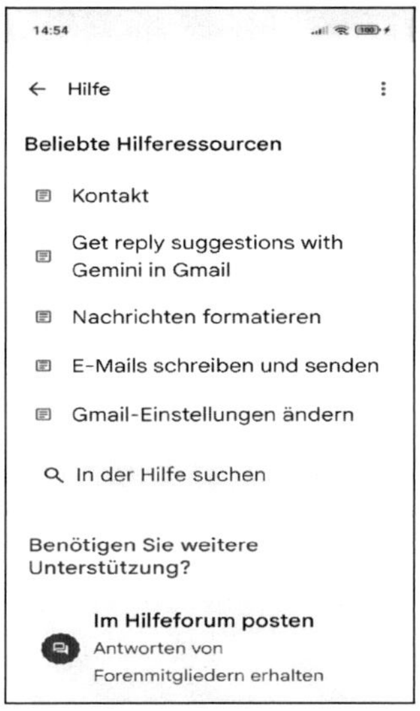

❶ Im E-Mail-Editor finden im ⋮-Menü folgende Optionen:

- *Senden planen*: E-Mail nicht sofort versenden, sondern zu einem anderen Zeitpunkt.
- *Aus Kontakten hinzufügen*: Weiteren Empfänger hinzufügen (nur wenn Sie sich gerade im Empfänger-Eingabefeld befinden).
- *Modus "Vertraulich"*: Damit schränken Sie den Handlungsspielraum des Empfängers ein. Dies kann die E-Mail nicht weiterleiten und benötigt zum Öffnen gegebenenfalls einen Sicherheitscode. Hat der Empfänger keine Gmail-Adresse, so erhält er einen Link, über den er die E-Mail auf der Gmail-Webseite öffnet.
- *Entwurf speichern*: Speichert die E-Mail als Entwurf. Siehe Kapitel *9.1.7 Entwürfe*.
- *Verwerfen*: Nachricht ohne zu senden verwerfen.
- *Einstellungen*: Die Einstellungen beschreibt bereits Kapitel *9.3 Einstellungen*.
- *Hilfe & Feedback* (❷): Ausführliche Hilfeseiten. Falls Ihnen etwas an Gmail auffällt, das Ihnen nicht gefällt können Sie es außerdem an Google senden.

9.1.6.a Cc/Bcc

❶❷ Über ✓ (Pfeil) hinter dem *An*-Eingabefeld aktivieren Sie zusätzliche Eingabefelder. Deren Bedeutung:

- *Cc*: Der Begriff Cc steht für »Carbon Copy«, zu deutsch »Fotokopie«. Der ursprüngliche Adressat (im *An*-Eingabefeld) sieht später die unter *Cc* eingetragenen weiteren

Empfänger. Die *Cc*-Funktion ist beispielsweise interessant, wenn Sie ein Problem mit jemandem per E-Mail abklären, gleichzeitig aber auch eine zweite Person von Ihrer Nachricht Kenntnis erhalten soll.

- *Bcc*: Im *Bcc* (»Blind Carbon Copy«)-Eingabefeld erfassen Sie weitere Empfänger, wobei der ursprüngliche Adressat im *An*-Feld nicht mitbekommt, dass auch noch andere Personen die Nachricht erhalten.

9.1.6.b Dateianlage

❶ Mit (Pfeil) fügen Sie Ihrer E-Mail eine Datei als Anhang hinzu.

❷ Wählen Sie dann aus:

- *Foto*: Ein mit der Kamera erstelltes Foto verwenden.
- *Kamera*: Foto mit der Kamera erstellen und einfügen.
- *Dateien*: Eine beliebige Datei (zum Beispiel ein Word-Dokument).
- *Drive*: Eine Datei aus dem Online-Speicherdienst Google Drive (siehe Kapitel *23.3 Google Drive*) übernehmen.

In unserem Beispiel gehen wir auf Dateien.

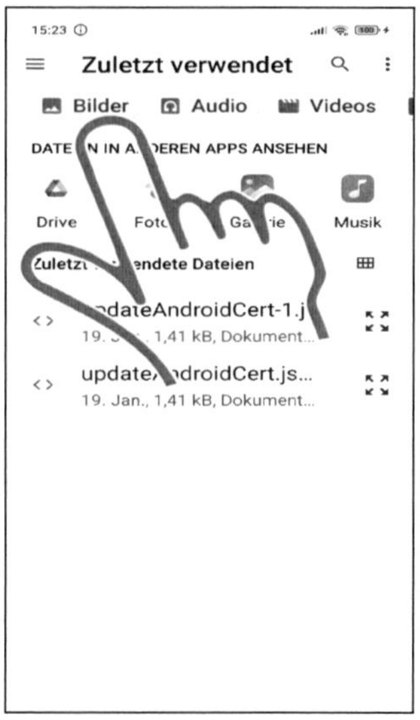

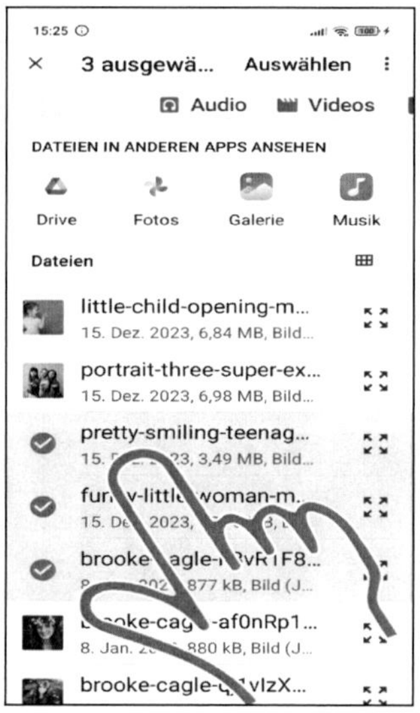

❶ Gmail listet die zuletzt auf das Gerät kopierten beziehungsweise genutzten Dateien auf, wovon Sie die gewünschte antippen. Alternativ wählen Sie einen Dateityp aus, in unserem Beispiel *Bilder*.

❷ Tippen und halten Sie den Finger über der ersten Datei, bis diese markiert ist, danach markieren Sie weitere Dateien durch kurzes Antippen. Betätigen Sie dann oben rechts im Bildschirm *Auswählen.*

❸ Zum Entfernen der Bilddatei tippen Sie auf die ✕-Schaltfläche (Pfeil).

9.1.7 Entwürfe

Manchmal kommt es vor, dass man eine fertige Nachricht erst später verschicken möchte. Dafür bietet sich die Entwürfe-Funktion an.

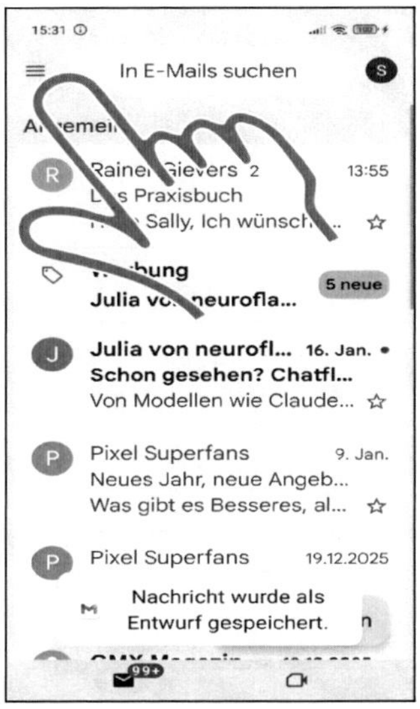

❶ Geben Sie die Nachricht wie gewohnt ein. Danach betätigen Sie zweimal die ▼- beziehungsweise ◀-Taste, worauf die Meldung »*Nachricht als Entwurf gespeichert*« erscheint und Gmail zur Nachrichtenübersicht zurückkehrt.

❷❸ Aktivieren Sie die Seitenleiste und rufen Sie darin *Entwürfe* auf.

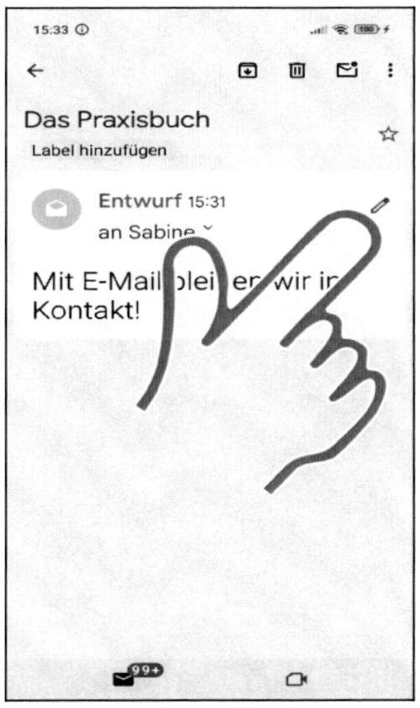

❶ Tippen Sie in der Auflistung des *Entwürfe*-Ordners eine Nachricht an, die Sie bearbeiten und später verschicken möchten.

❷ Zum Bearbeiten und späteren Senden des Entwurfs tippen Sie ✎ an.

❸ Eine Besonderheit gibt es bei Nachrichten, die man als Antwort geschrieben hat und dann als Entwurf speichert: In diesem Fall wird der Entwurf in die Konversation eingebettet und es erscheint dort der Hinweis »*Entwurf*«.

9.1.8 E-Mails löschen

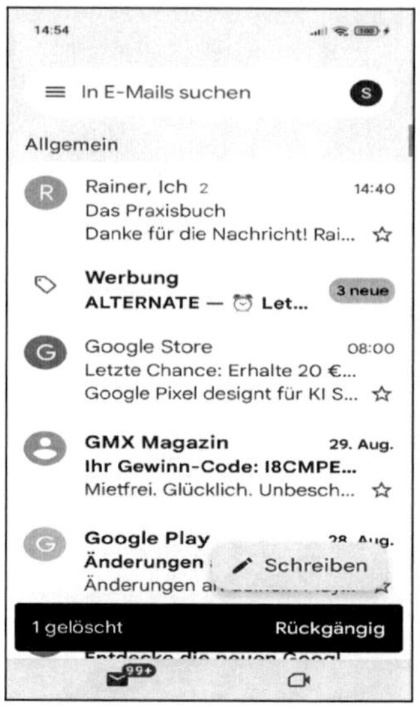

❶ Zum Entfernen einer E-Mail oder Konversation verwenden Sie in der E-Mail-Detailansicht 🗑.

❷ Die Nachricht ist dann entfernt und Gmail schaltet in den Posteingang um. Falls Sie sich mit dem Löschen vertan haben, ist es noch möglich, den Löschvorgang durch Antippen von *Rückgängig machen* am unteren Bildschirmrand rückgängig zu machen. Dieser Hinweis verschwindet allerdings, wenn Sie im E-Mail-Programm weiterarbeiten, also beispielsweise eine Nachricht öffnen oder den E-Mail-Ordner wechseln.

Wenn Sie zum ersten Mal eine Nachricht löschen, fragt Sie das Handy, wie nach dem Löschen verfahren werden soll. Tippen Sie *Konversationsliste* an, damit Gmail dann in die Nachrichtenansicht zurückkehrt.

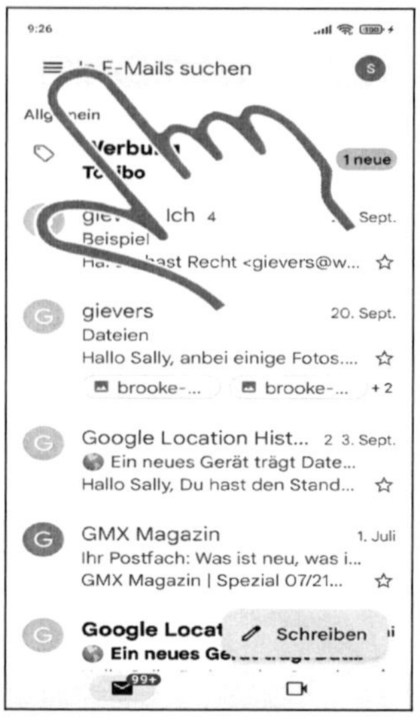

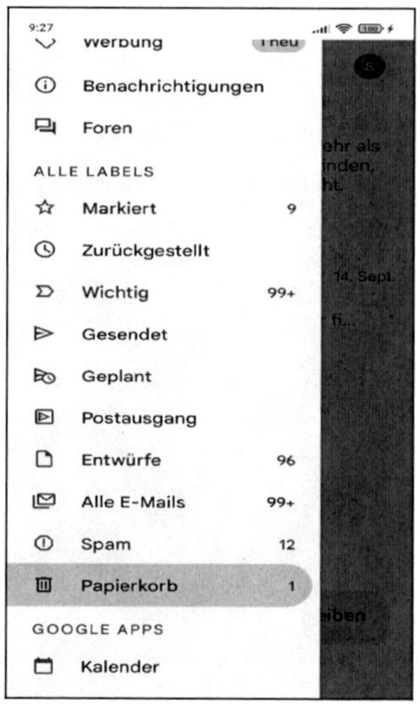

❶❷ Die gelöschten Mails sind aber noch nicht verloren, sondern werden im *Papierkorb*-Ordner zwischengespeichert. Diesen erreichen Sie, indem Sie ins Ausklappmenü gehen (Pfeil), dann das *Papierkorb*-Label auswählen.

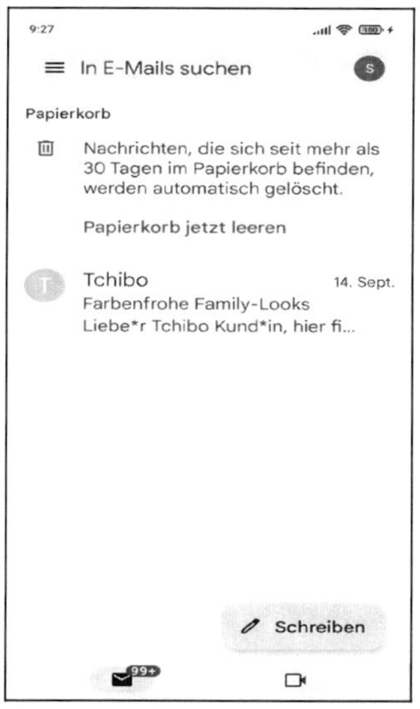

❶ Im Prinzip verhält sich der *Papierkorb*-Ordner ähnlich wie der *Posteingang*, das heißt sie können hier die Nachrichten noch einmal ansehen. Die gelöschten Nachrichten werden im Papierkorb für 30 Tage vorgehalten.

❷❸ Zum »Retten« einer Nachricht aus dem Papierkorb verschieben Sie sie einfach wieder in den Posteingang. Gehen Sie in der Nachrichtenansicht auf ⋮/*Verschieben nach* und wählen Sie *Allgemein* aus.

9.2 Weitere Funktionen

9.2.1 Nachrichten durchsuchen

❶ Tippen Sie in das Eingabefeld am oberen Bildschirmrand, wenn Sie die Nachrichten eines Ordners durchsuchen möchten.

❷ Die 🔍-Taste (Pfeil) im Tastenfeld führt dann die Suche durch. Alternativ wählen Sie einen der Suchvorschläge aus.

❸ Tippen Sie eine Nachricht an, die Sie lesen möchten. Die ◀-Taste bringt Sie wieder in die Nachrichtenauflistung zurück.

9.2.2 Zurückstellen

Sie kennen das Szenario, dass Sie häufig Nachrichten erhalten, die zum aktuellen Zeitpunkt nicht relevant sind. Damit Sie nicht den Überblick verlieren, können Sie sie zurückstellen. Die jeweilige Nachricht verschwindet dann für einen einstellbaren Zeitraum aus dem Posteingang.

❶❷ In der Nachricht gehen Sie auf ⁝/*Zurückstellen.*

❸ Wählen Sie den Zeitraum aus. Die Nachricht verschwindet aus dem Posteingang und wird nach einiger Zeit wieder eingeblendet.

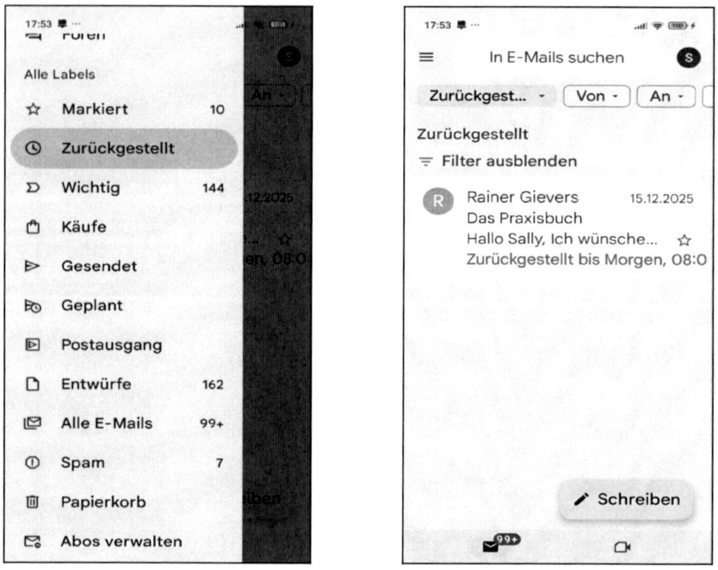

❶❷ Die zurückgestellten Nachrichten finden Sie im Ausklappmenü unter *Zurückgestellt.* Dort können Sie sie auch bearbeiten beziehungsweise beantworten.

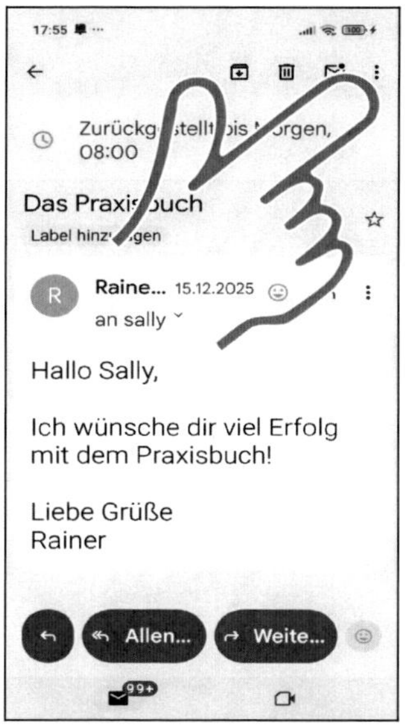

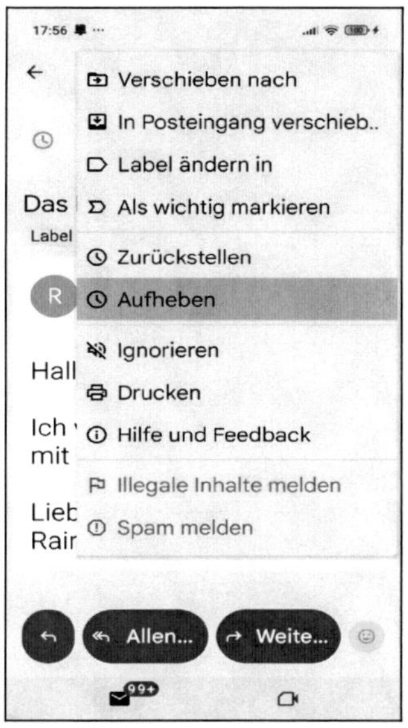

❶❷ Eine zurückgestellte Nachricht können Sie über ⁝/*Aufheben* vorzeitig wieder in den Posteingang zurückbefördern. Alternativ ändern Sie mit ⁝/*Zurückstellen* den Zurückstellungszeitpunkt.

9.2.3 Archivieren

Obwohl Gmail Nachrichten, die mit dem gleichen Empfänger ausgetauscht wurden als »Konversationen« in einem Eintrag zusammenfasst, kann der Posteingang unübersichtlich werden. Unwichtige Nachrichten/Konversationen lassen sich deshalb im Posteingang ausblenden, was mit der Archivieren-Funktion geschieht.

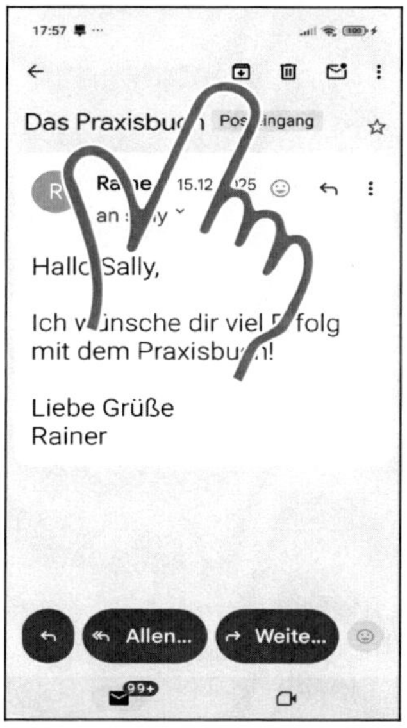

❶ Betätigen Sie in der E-Mail-Detailansicht ⊡ (Pfeil). Die Nachricht ist nun »archiviert« und Gmail schaltet wieder auf den Posteingang um.

❷ Zum Anzeigen der archivierten Nachrichten aktivieren Sie das Ausklappmenü.

❸ Wählen Sie *Alle E-Mails* aus.

Gmail zeigt nun alle Nachrichten, das heißt, neben den archivierten auch die aus *Entwürfe, Gesendet* usw. an.

Alle Nachrichten, die im Posteingang vorhanden sind, sind mit einem »*Posteingang*« (Pfeil) markiert.

> Über Betätigen der ◀-Taste oder erneutes Aktivieren des Ausklappmenüs und Auswahl von *Allgemein* bringt Sie wieder in den Posteingang zurück.
>
> Antwortet jemand auf eine archivierte Nachricht/Konversation, so verschiebt Gmail diese automatisch wieder in den Posteingang.

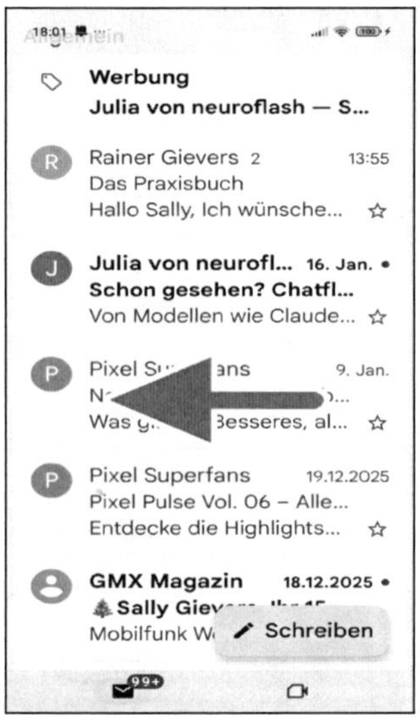

❶❷ Das Archivieren ist auch über eine Wischgeste in der Nachrichtenauflistung möglich. Wischen Sie dort einfach über einem E-Mail-Eintrag von rechts nach links beziehungsweise umgekehrt.

9.2.4 Unterdrücken

Die zuvor erwähnte Archivieren-Funktion mag zwar sehr praktisch sein, wenn Sie aber laufend Nachrichten einer Konversation (beispielsweise auf einer Mailing-Liste) erhalten, die Sie überhaupt nicht interessieren, ist es sehr lästig, immer wieder erneut die einzelnen Nachrichten zu archivieren.

Mit der Unterdrücken-Funktion lassen sich dagegen alle Nachrichten einer Konversation automatisch archivieren, das heißt, wenn neue Nachrichten in einer unterdrückten Konversation eingehen, werden diese automatisch ebenfalls archiviert. Sie sollten die Unterdrücken-Funktion aber vorsichtig einsetzen, weil Sie ja von neuen Nachrichten einer unterdrückten Konversation nichts mitbekommen. Dies ist aber meist nicht weiter schlimm, denn ist Ihre E-Mail-Adresse im Feld »*An*« oder »*Cc*« enthalten, wird die Konversation wieder in Ihren Posteingang eingeordnet. Sie verpassen also keine Nachrichten, die direkt an Sie adressiert sind.

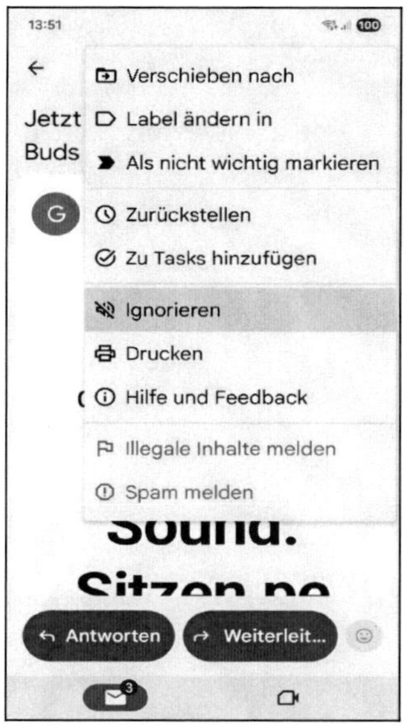

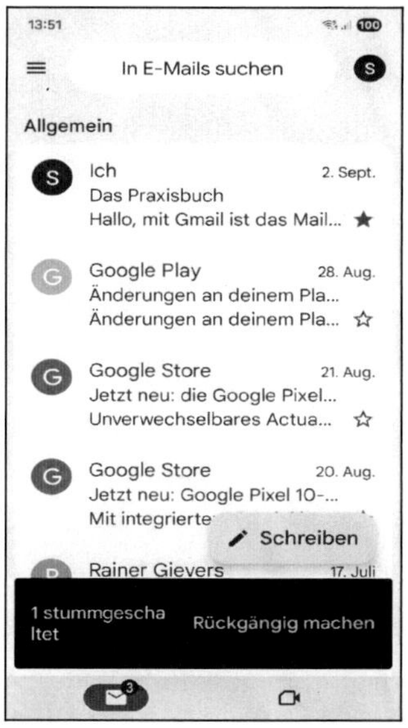

❶❷ In der Nachrichtenansicht rufen Sie ⁝/*Ignorieren* auf. Die Nachricht/Konversation verschwindet aus dem Posteingang.

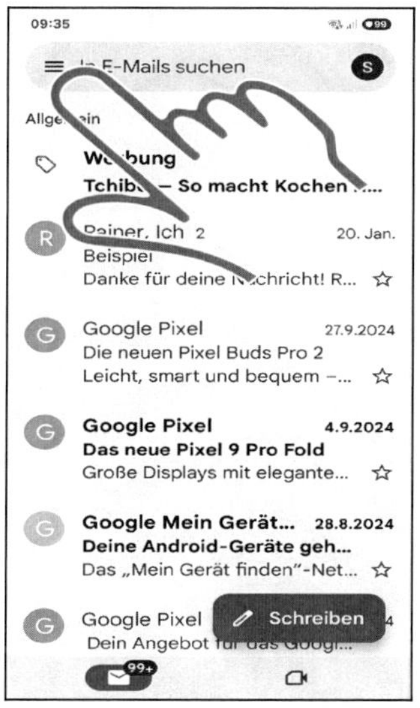

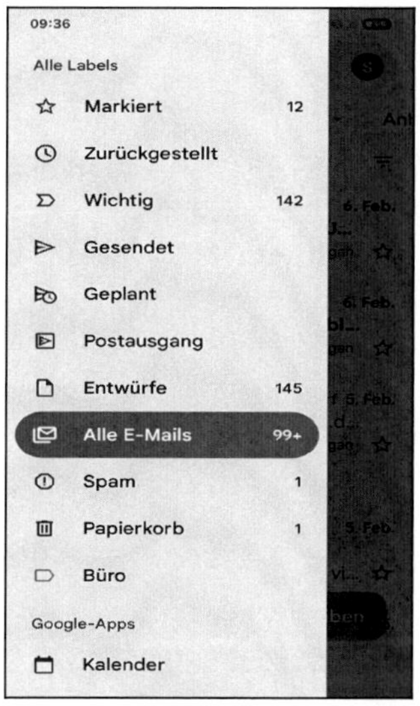

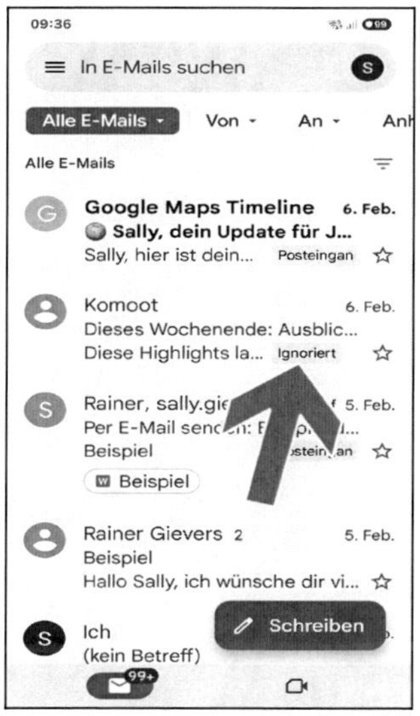

❶ Zum Anzeigen der ignorierten Nachrichten aktivieren Sie das Ausklappmenü (Pfeil).

❷ Wählen Sie *Alle E-Mails* aus.

❸ Unterdrückte Nachrichten sind mit dem Label *Ignoriert* markiert (Pfeil).

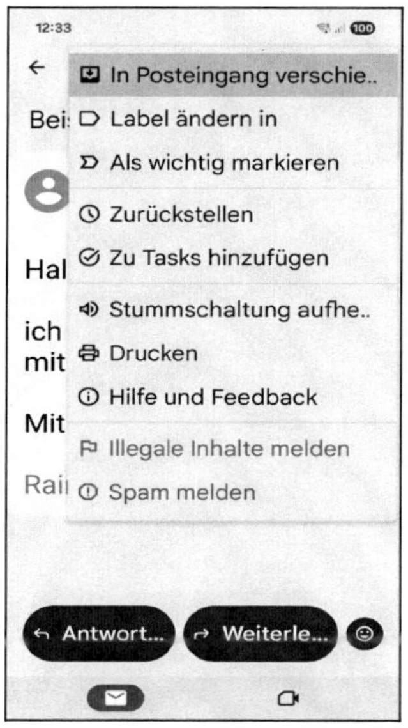

So verschieben Sie unterdrückte Nachrichten wieder in den Posteingang: Gehen Sie in die Nachrichtenansicht und rufen Sie ⁝/*In den Posteingang verschieben* auf.

9.2.5 Wichtig-Ordner

Erhalten Sie extrem viele Nachrichten, unterstützt Sie Gmail dabei, die lesenswerten von den weniger lesenswerten Nachrichten zu unterscheiden. Die Lesenswerten landen dann im *Wichtig*-Ordner. Gmail berücksichtigt automatisch eine Reihe von Signalen, um festzustellen, welche eingehenden Nachrichten wichtig sind, unter anderem:

- An wen Sie E-Mails senden: Falls Sie viele E-Mails an Thomas senden, sind E-Mails von Thomas höchstwahrscheinlich wichtig.
- Welche Nachrichten Sie öffnen: Nachrichten, die Sie öffnen, sind höchstwahrscheinlich wichtiger als ungeöffnete Nachrichten.
- Welche Themen Ihre Aufmerksamkeit wecken: Falls Sie Nachrichten über Fußball immer lesen, ist eine E-Mail zum Thema Fußball höchstwahrscheinlich wichtig.
- Welche E-Mails Sie beantworten: Falls Sie Nachrichten von Ihrer Mutter immer beantworten, sind ihre Nachrichten an Sie höchstwahrscheinlich wichtig.
- Wie Sie die Funktionen "Markieren", "Archivieren" und "Löschen" verwenden: Nachrichten, die Sie markieren, sind höchstwahrscheinlich wichtiger als Nachrichten, die Sie ungeöffnet archivieren.

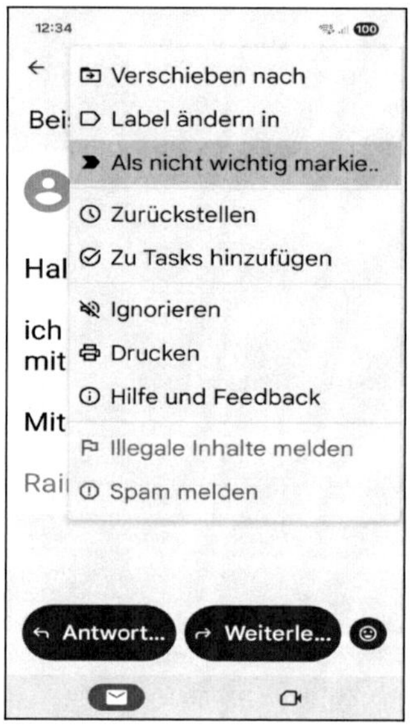

❶❷ Über ⁝/*Als wichtig markieren*, beziehungsweise ⁝/*Als nicht wichtig markieren* in der Nachrichtenansicht nehmen Sie Einfluss auf die automatische Einordnung weiterer E-Mails vom gleichen Absender.

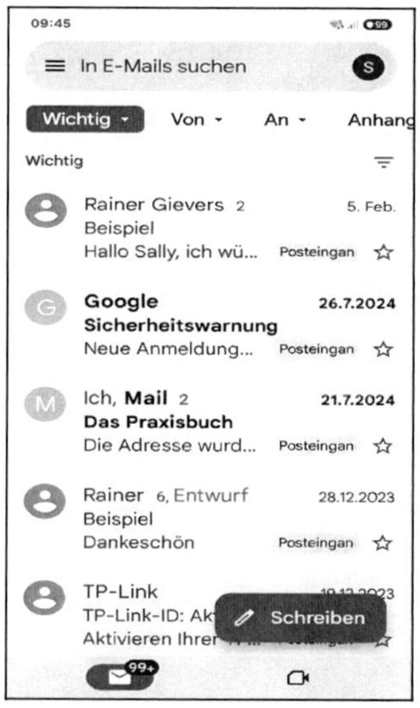

❶❷❸ Möchten Sie, dass Gmail nur die als wichtig eingestuften Nachrichten auflistet, dann rufen Sie das Ausklappmenü auf und wählen *Wichtig*. Umgekehrt zeigen Sie mit *Allgemein* wieder alle Nachrichten an.

9.2.6 Markierungen

Nachrichten, die für Sie wichtig sind, heben Sie einfach durch Markierung mit einem »Stern« hervor.

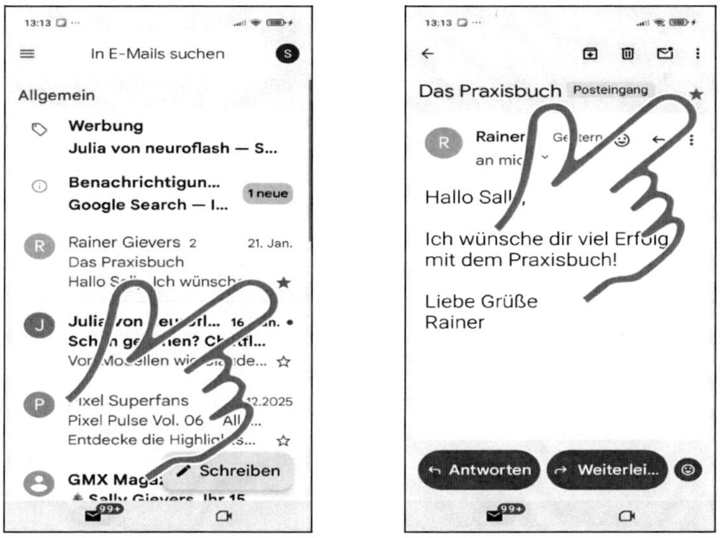

❶ Um einen Stern zu setzen, tippen Sie einfach den ausgeblendeten Stern hinter einer Nachricht an. Ein zweites Antippen deaktiviert den Stern wieder.

❷ Auch in der Nachrichtenanzeige können Sie den Stern setzen/entfernen (Pfeil).

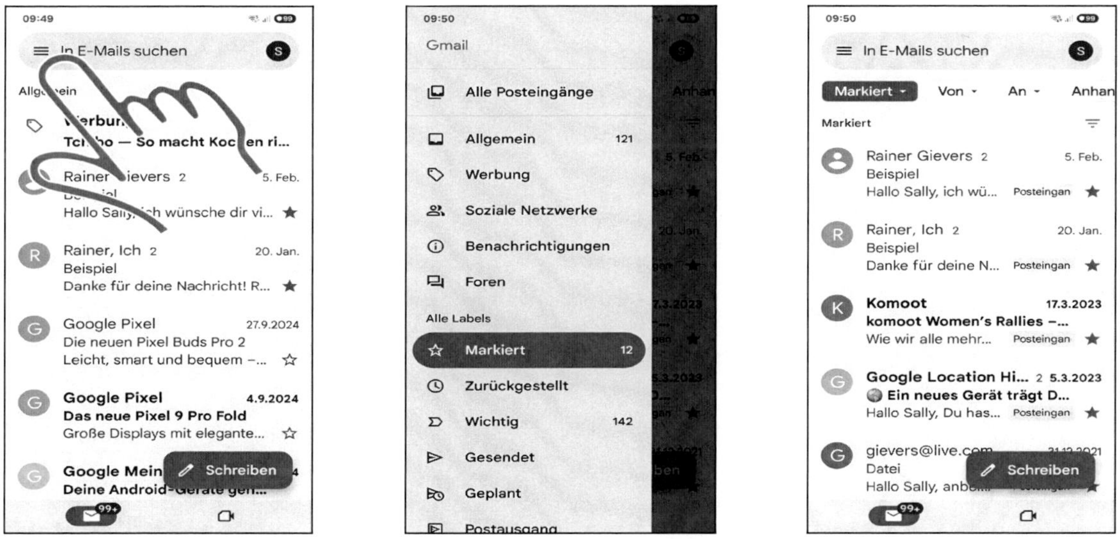

❶❷❸ Die Anzeige beschränken Sie mit *Markiert* im Label-Ausklappmenü auf die markierten Nachrichten.

9.2.7 Spam

Unter Spam versteht man unerwünschte Werbemails. Abhängig davon, ob Sie Ihre E-Mail-Adresse irgendwo mal auf einer Website hinterlassen haben oder durch Zufall ein Spam-Versender Ihre Gmail-Adresse mit Ausprobieren erraten hat, können pro Tag einige dutzend oder hundert Werbemails in Ihrem E-Mail-Konto auflaufen. Damit Ihre wichtige Kommunikation nicht im ganzen Spam untergeht, verfügt Ihr Gmail-Konto über einen automatischen Spam-Filter. Alle Spam-Mails landen dabei im *Spam*-Ordner.

Damit Google weiß, was für Sie Spam ist, müssen sie die unerwünschten Mails einzeln als Spam markieren.

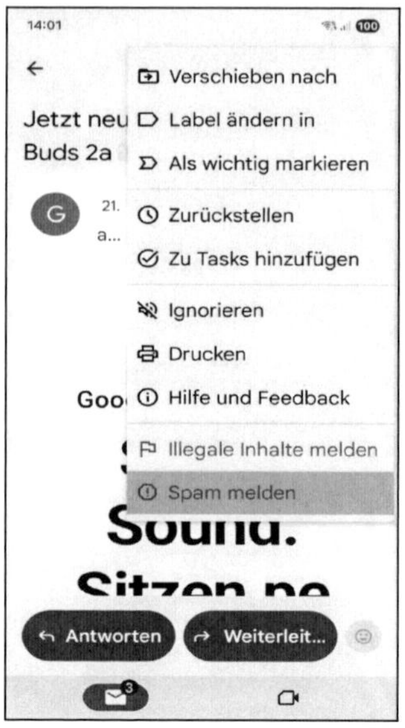

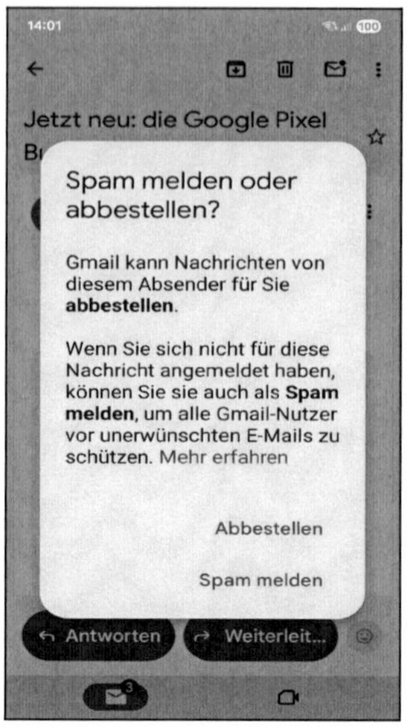

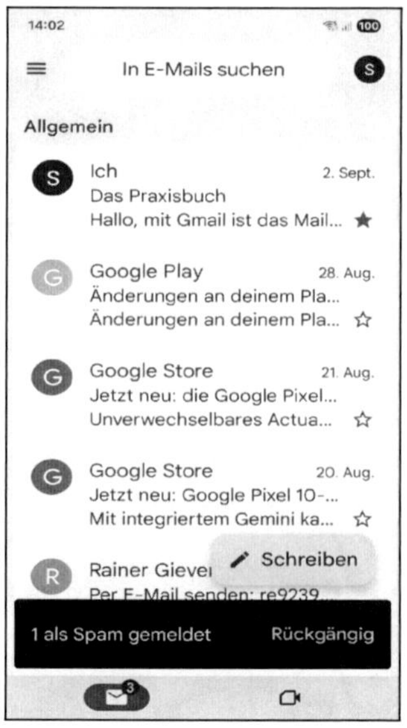

❶ Rufen Sie in der Nachrichtenansicht ⋮/*Spam melden* auf.

❷ Beim ersten Mal werden Sie in einem Popup gefragt, ob Sie *Spam melden und Nachrichten löschen* oder nur *Spam melden möchten*. Wir empfehlen Letzteres, weil sonst nie mehr E-Mails des jeweiligen Absenders erhalten.

❸ Die betreffende Nachricht wird aus dem *Posteingang* entfernt und landet im *Spam*-Ordner.

Nutzen Sie ⋮/*Illegale Inhalte melden* bei Nachrichten, die ganz offenbar auf Ihre Daten aus sind. Beliebt sind unter anderem vorgeschobene Warnungen vor Kontosperrungen, weshalb man seine Kontodaten eingeben müsse.

❶❷❸ So zeigen Sie den *Spam*-Ordner an: Aktivieren Sie das Label-Ausklappmenü, worin Sie *Spam* auswählen.

Wenn Sie meinen, dass eine Nachricht doch kein Spam ist, dann rufen gehen Sie in die Nachricht und betätigen die *Kein Spam*-Schaltfläche.

Es ist sehr **wichtig**, dass im *Spam*-Ordner wirklich nur unerwünschte Mails enthalten sind. Gmail vergleicht nämlich eingehende Nachrichten mit denen im Spam-Ordner und ordnet sie als Spam ein, wenn eine große Ähnlichkeit besteht. Schauen Sie deshalb ab und zu mal in Ihren *Spam*-Ordner, um falsche Einordnungen wieder rückgängig zu machen.

9.2.8 Stapelvorgänge

Wenn eine Aktion, wie Label ändern, Löschen, Markierung hinzufügen usw. auf mehrere Nachrichten anzuwenden ist, verwenden Sie die Stapelvorgänge.

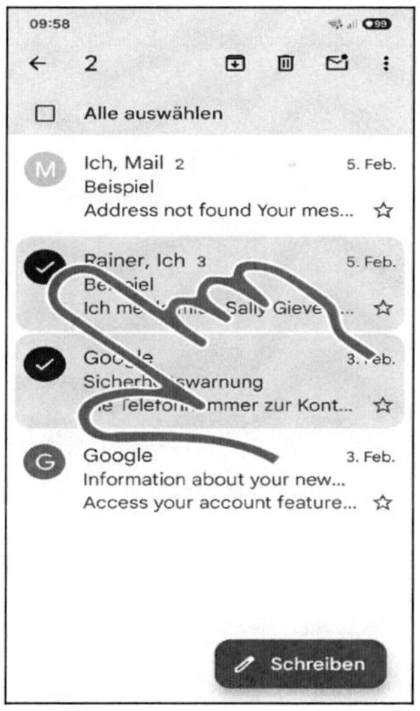

❶ Zum Markieren tippen Sie auf die bunten Symbole vor den Nachrichten. Über die Schaltflächen am oberen Bildschirmrand können Sie dann die Nachrichten archivieren, löschen, einem Label zuweisen, auf gelesen/ungelesen setzen oder als Favoriten markieren.

❷ Den Markierungsmodus verlassen Sie gegebenenfalls mit der ←-Schaltfläche (Pfeil). Alternativ betätigen Sie die ◀-Taste.

Die Funktion »Stapelvorgänge« können Sie in den Einstellungen über *Kontrollkästchen ausblenden* deaktivieren, siehe Kapitel *9.3 Einstellungen*.

9.2.9 Wischgeste zum Archivieren

❶ Mit einer Wischgeste nach links oder rechts über einer Nachricht archivieren Sie diese.

❷ Über die *Rückgängig*-Schaltfläche können Sie den Vorgang wieder zurücksetzen.

Welche Aktion die Wischgeste durchführt, legen Sie in ⁝/*Einstellungen/Allgemeine Einstellungen* fest. Gehen Sie dort auf *Gmail-Standardaktion,* bei der Sie die Wahl zwischen *Löschen* und *Archivieren* haben.

9.3 Einstellungen

9.3.1 Allgemeine Einstellungen

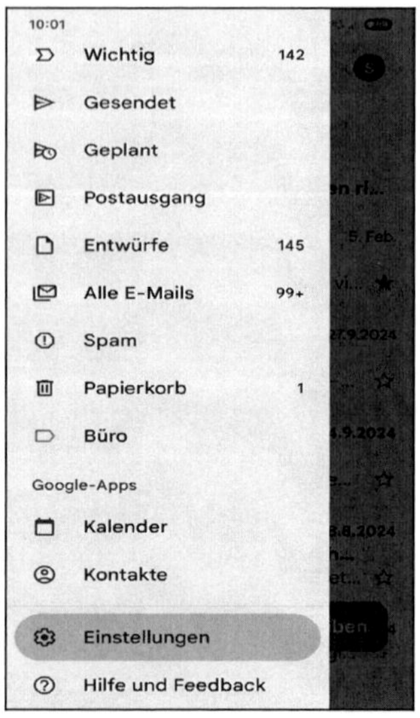

❶❷❸ Rufen Sie zunächst *Einstellungen* im Ausklappmenü auf und gehen dann auf *Allgemeine Einstellungen.*

- *Design*: Schaltet die Bildschirmanzeige um zwischen heller und invertierter Darstellung. Letzteres ist sinnvoll, wenn Sie das Handy in einer dunklen Umgebung nutzen, um nicht geblendet zu werden. Siehe auch Kapitel *28.11 Dunkelmodus.*
- *Standardaktion für Benachrichtigungen:* Nicht von Google dokumentiert.
- *Benachrichtigungen verwalten*: Hier können Sie einstellen, ob bei eingegangenen Nachrichten ein Signalton ertönt und ein Hinweis in der Titelleiste erscheint. Wir raten davon ab, Änderungen an den Voreinstellungen vorzunehmen.

- *Konversationsansicht*: Wenn Sie E-Mails beantworten beziehungsweise jemand auf Ihre E-Mails antwortet, so fasst Gmail diese in einer sogenannten Konversation zusammen.
- *Kompaktheitsgrad der Konversationsliste*: Wählen Sie die Auflistung im Posteingang aus:
  - *Standard*: Zeigt die Kontaktsymbole vor den Nachrichten und enthaltene Dateianhänge an.
  - *Normal*: Dateianhänge werden nicht in der Auflistung angezeigt.
  - *Schmal*: Verzichtet auf die Kontaktsymbole in der Auflistung.
- *Aktionen beim Wischen*: Konfiguriert die Wischgeste (siehe Kapitel *9.2.9 Wischgeste zum Archivieren*). Wählen Sie aus, was passiert, wenn Sie in der Nachrichtenauflistung auf einem Eintrag nach links oder rechts wischen. Standardmäßig ist *Archivieren* aktiv.
- *Navigation am unteren Rand beim Scrollen ausblenden*: Beim Durchrollen der Nachrichtenauflistung erscheinen Schaltflächen für die einfachere Navigation.
- *Standardaktion beim Antworten*: Sofern in einer beantworteten Nachricht mehrere weitere Empfänger enthalten sind, können Sie diesen mit der *Allen-Antworten*-Option neben dem ursprünglichen Empfänger ebenfalls Ihre Antwort-Mail zukommen lassen. Wir raten allerdings davon ab, *Allen Antworten* zu aktivieren, da sonst Außenstehende Ihre E-Mails erhalten könnten, die nicht für sie bestimmt sind.
- *Nachrichten automatisch anpassen*: Normalerweise zeigt die Gmail-Anwendung alle Nachrichten in Originalgröße an, sodass Sie im Nachrichtentext mit dem Finger rollen müssen. Aktivieren Sie *Nachrichten autom. anpassen*, wenn stattdessen die Nachrichten auf Bildschirmbreite verkleinert werden sollen.
- *Automatisch fortfahren*: Konfiguriert, wie sich Gmail verhält, wenn Sie eine Nachricht archivieren oder löschen. Standardmäßig landen Sie dann wieder in der Nachrichtenauflistung (*Konversationsliste*).
- *Weblinks in Gmail öffnen*: Die Anzeige von angetippten Links erfolgt nicht in einem Webbrowser, sondern direkt in der Gmail-Anwendung.

Unter *Aktionsbestätigungen:*

- *Vor dem Löschen bestätigen; Vor dem Archivieren bestätigen; Vor dem Senden bestätigen*: Die Aktionen Archivieren, Löschen und Senden erfolgen bei Gmail ohne Rückfrage. Falls Sie das stört, aktivieren Sie hierüber die Sicherheitsabfrage.

9.3.1.a Kompaktheitsgrad der Konversationsliste

Die Unterschiede zwischen *Standard* (❶) und *Schmal* (❷) bei der Option *Kompaktheitsgrad der Konversationsliste.*

9.3.2 Konto-Einstellungen

❶ Aktivieren Sie das Ausklappmenü und wählen Sie *Einstellungen*.

❷❸ Über *(Ihr Google-Konto)* konfigurieren Sie:

Unter *Konto*:

- *Google-Konto verwalten*: Diverse Sicherheitseinstellungen, die nichts mit der Gmail-Anwendung zu tun haben.

Unter *Posteingang:*

- *Art des Posteingangs*: Wählen Sie darin *Sortierter Eingang*, dann zeigt Gmail nicht mehr alle erhaltenen Nachrichten an, sondern nur solche, die als *Wichtig* markiert sind (siehe dazu Kapitel *9.2.5 Wichtig-Ordner*).
- *Posteingangskategorien:* Gmail sortiert Werbung, Nachrichten sozialer Netzwerke usw. automatisch unter bestimmte Label ein. Siehe auch Kapitel *9.3.2.b Automatisch zugewiesene Labels*.

Unter *Benachrichtigungen*:

- *Benachrichtigungen*: Wenn neue Nachrichten empfangen wurden, meldet Gmail dies in der Titelleiste an. Deaktivieren Sie *E-Mail-Benachrichtigung*, um diese Benachrichtigungen auszuschalten.
- *Posteingangsbenachrichtigungen*: Benachrichtigungseinstellungen für Gmail.
  - *Labelbenachrichtigungen*: Muss aktiv sein, damit Sie Gmail über neue Nachrichten informiert.
  - *Bei jeder E-Mail benachrichtigen*: Nicht von Google dokumentiert.
- *Labels verwalten*: Legen Sie fest, welche Label mit Ihrem Gmail-Konto synchronisiert werden. Normalerweise brauchen Sie hier nichts zu ändern.
- *Benachrichtigungstöne*: Wählen Sie aus, auf welche Art Sie über neue E-Mails benachrichtigt werden.
- *Benachrichtigungen verwalten*: Hier können Sie einstellen, ob bei eingegangenen Nachrichten ein Signalton ertönt und ein Hinweis in der Titelleiste erscheint. Wir raten davon ab, Änderungen an den Voreinstellungen vorzunehmen.

Unter *Allgemein*:

- *Chat*: Die Chat (engl. Gespräch)-Funktion dient dem Austausch von Textnachrichten, ähnlich WhatsApp.
- *Standardaktion beim Antworten*: Die Voreinstellung *Antworten* sollten Sie nicht ändern. In E-Mails können mehrere Empfänger enthalten sein, die Ihre Antwort, ebenfalls erhalten,

wenn Sie *Allen antworten* einstellen. Dies kann den unerwünschten Effekt haben, dass Außenstehende Ihre Nachricht erhalten.

- *Mobile Signatur*: Die Signatur ist ein Text, den Gmail automatisch beim Erstellen einer neuen Nachricht einfügt. Nutzen Sie sie, um den Empfängern Ihrer E-Mails auf weitere Kontaktmöglichkeiten per Telefon, oder Ähnlichem hinzuweisen.
- *Konversationsansicht*: Wenn Sie E-Mails beantworten beziehungsweise jemand auf Ihre E-Mails antwortet, so fasst Gmail diese in einer sogenannten Konversation zusammen.
- *Smarte Funktionen*: Nutzt die Daten aus Ihren E-Mails in anderen Google-Anwendungen. Beispielsweise werden Restaurant-Reservierungen in Google Maps (siehe Kapitel *12 Google Maps*) angezeigt oder Sie werden auf die Fälligkeit von Rechnungen hingewiesen.
- *Smarte Funktionen in Google Workspace*: Aktivieren Sie in diesem Menü *Smarte Funktionen in Google Workspace aktiviert lassen*, damit die einzelnen Google-Anwendungen Daten untereinander austauschen dürfen.
- *Paketverfolgung*: Falls Sie im Google Store einen Artikel bestellt haben, erhalten Sie Infos zur Sendungsverfolgung.
- *Intelligentes Schreiben*: Gmail lernt von Ihren Eingaben und macht Ihnen nach einiger Zeit Textvorschläge, die Sie übernehmen können.
- *Intelligente Antwort*: Wenn Sie eine Nachricht anzeigen, schlägt Gmail automatisch drei mögliche Antworten vor. Diese sind vom Nachrichtenkontext abhängig. Derzeit funktioniert diese Funktion nur in englischer Sprache.
- *Abwesenheitsnotiz*: Ein sehr nützliches Feature, wenn Sie mal nicht erreichbar sind und Personen, die Ihnen geschrieben haben, automatisch über Ihre Abwesenheit informieren möchten.

Unter *Meet*:

- *Google Meet-Tab für Videoanrufe anzeigen*: damit deaktivieren Sie die zwei Register *E-Mail* und *Meet* am unteren Bildschirmrand in der Benutzeroberfläche.
- *Weitere Diagnoseinformationen senden*: Sendet Meet-Nutzungsdaten an Google.
- *Datennutzung beschränken*: Reduziert die übertragenen Daten, falls Ihr Mobilfunkvertrag die monatliche Datenmenge begrenzt.
- *Anrufe ohne Teilnehmer verlassen*: Anrufe ohne Teilnehmer werden nach einiger Zeit automatisch beendet.
- *Unterwegs-Modus automatisch*: Nicht von Google dokumentiert.
- *Klingelton*: Klingelton, wenn Sie über Google Meet zu einem Gespräch eingeladen werden.

Unter *Automatische Erinnerungen*:

- *Antworten und abklären*: Gmail erkennt den Nachrichtenkontext und macht Ihnen Beantwortungsvorschläge. Zur Zeit wird diese Funktion nur im englischen Sprachraum unterstützt.

Unter *Tipps im Posteingang:*

- *Einstellungen für Inbox-Tipps*: Bei einigen Massen-E-Mail-Sendungen blendet Gmail eine Schaltfläche ein, über die Sie sich aus dem E-Mail-Verteiler abmelden.

Unter *Datenverbrauch:*

- *Gmail synchronisieren*: Diese Schaltfläche führt Sie in die Kontenverwaltung, welche Kapitel *13.2 Google-Konto entfernen* beschreibt, worin Sie unter anderem den Datenabgleich mit dem Google-Konto steuern. Für die meisten Nutzer dürfte es aber keinen Sinn machen, dort den E-Mail-Abruf vom Google-Mail-Konto zu deaktivieren.
- *E-Mails: Zu synchronisierende Tage*: Legt fest, wie lange empfangene Nachrichten von der Gmail-Anwendung aufbewahrt werden. Ältere Nachrichten werden natürlich nicht

gelöscht, sondern sind weiterhin über die Weboberfläche von Gmail (*mail.google.com*) im Webbrowser anzeigbar.

- *Anhänge herunterladen*: Dateianhänge sind häufig mehrere Megabyte groß, weshalb diese nur automatisch heruntergeladen werden, wenn eine WLAN-Verbindung besteht. Lassen Sie diese Option am Besten aktiviert, da sonst beim Öffnen von Dateianhängen längere Wartezeiten entstehen.
- *Bilder*: Standardmäßig lädt Gmail immer alle eingebetteten Bilder aus dem Posteingang herunter und zeigt diese an. Dies betrifft vor allem Werbe-E-Mails von Unternehmen (Newsletter, u.ä.). Sie können aber auch diese Einstellung auf *Vor dem Anzeigen erst fragen* stellen, sodass Sie die Bilderanzeige in jeder betroffenen E-Mail erst bestätigen müssen.
- *Dynamische E-Mails aktivieren*: Der Absender kann interaktive Inhalte in einer E-Mail bereitstellen, beispielsweise Kataloge, die man durchblättern kann oder editierbare Dokumente. In der Praxis machen nach unseren Informationen nur einige wenige werbetreibende Unternehmen davon Gebrauch.

9.3.2.a Abwesenheitsnotiz

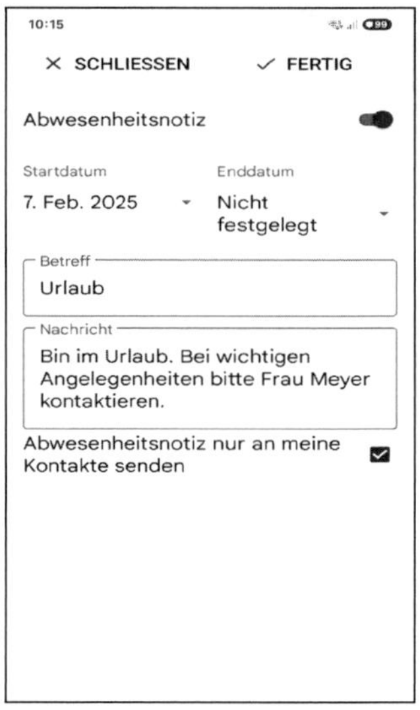

❶❷ Unter *Abwesenheitsnotiz* geben Sie einen Text ein, der während des eingestellten Zeitraums an alle E-Mail-Sender geschickt wird. Aktivieren *Sie Abwesenheitsnotiz nur an meine Kontakte senden*, damit nur Ihnen bekannte (im Telefonbuch gespeicherte) Kontakte die Abwesenheitsnotiz erhalten. Vergessen Sie nicht, zum Schluss die Abwesenheitsnotiz über den Schalter oben rechts zu aktivieren!

9.3.2.b Automatisch zugewiesene Labels

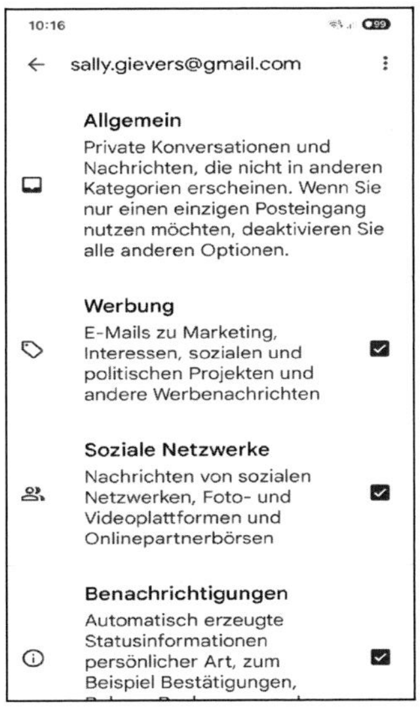

❶❷ Gmail weist Nachrichten, die von einem bestimmten Typ sind, automatisch Labeln zu. Dazu zählen laut Google:

- *Allgemein*: Nachrichten von Freunden und Verwandten sowie sonstige Nachrichten, die nicht in einem der anderen Tabs angezeigt werden
- *Werbung*: Werbeaktionen, Angebote und sonstige Werbe-E-Mails
- *Soziale Netzwerke*: E-Mails aus sozialen Netzwerken, Plattformen zum Teilen von Inhalten, Online-Partnervermittlungen, Spieleplattformen oder anderen sozialen Websites
- *Benachrichtigungen*: Benachrichtigungen wie Bestätigungen, Belege, Rechnungen und Kontoauszüge
- *Foren*: E-Mails aus Online-Gruppen, Diskussionsforen und Mailinglisten.

Die automatisch zugewiesenen Labels listet Gmail als erstes im Ausklappmenü auf. Labels, die keine Nachrichten enthalten, werden ausgeblendet.

Haben Sie dagegen alle automatisch zugewiesenen Labels deaktiviert, ordnet Gmail die empfangenen Nachrichten dem Label *Posteingang* zu.

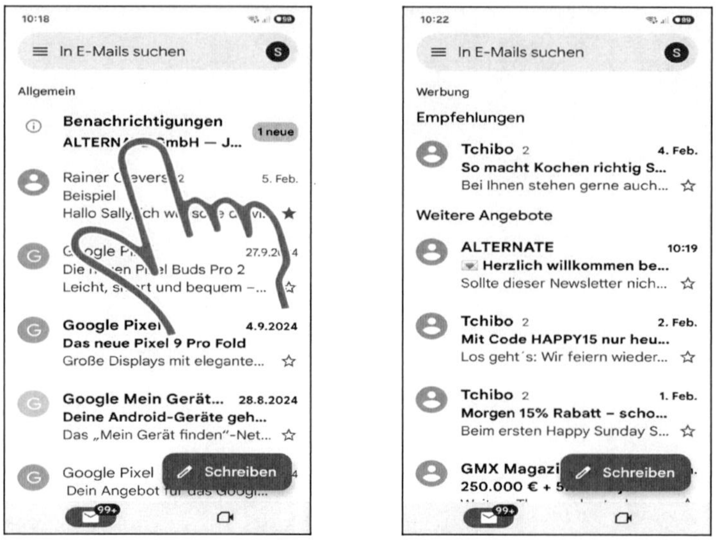

❶❷ Der *Allgemein*-Ordner erscheint sehr aufgeräumt, wenn die automatisch zugewiesenen Label aktiv sind. Schaltflächen weisen dann im Allgemein-Ordner auf neu vorhandene Nachrichten in den Labels hin. Wählen Sie ein Label aus, um die zugewiesenen Nachrichten anzuzeigen.

9.4 Zugriff auf Gmail vom Startbildschirm

Es lässt sich ein direkter Zugriff auf die Gmail-Ordner/Labels vom Startbildschirm aus einrichten.

> Beachten Sie zu den Widgets auch Kapitel *4.10.2 Widgets*.

❶ Führen Sie im Startbidlschirm eine Kneifgeste durch (zwei Finger auf Display setzen und zusammenziehen), worauf das Handy am unteren Bildschirmrand drei Schaltflächen einblendet.

❷ Hier wählen Sie *Widgets* (Pfeil).

❸ Tippen Sie 🔍 an.

> Xiaomi stellt derzeit den Widget-Bildschirm um. Wenn er bei Ihnen noch anders aussieht, suchen Sie bitte *Gmail* und tippen darauf.

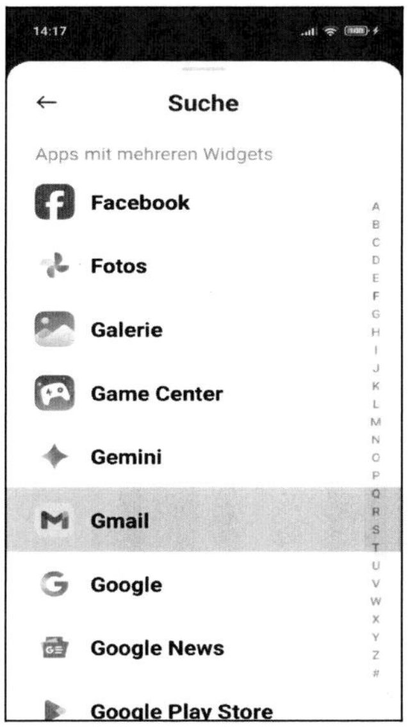

❶ Gehen Sie in der Liste auf *Gmail.*

❷ Betätigen Sie *Zum Startbildschirm hinzufügen.*

❸ Wählen Sie einen Ordner, idealerweise *Allgemein,* aus.

❶❷ Schließen Sie den Vorgang mit *Fertig* ab. Das Widget ist damit angelegt.

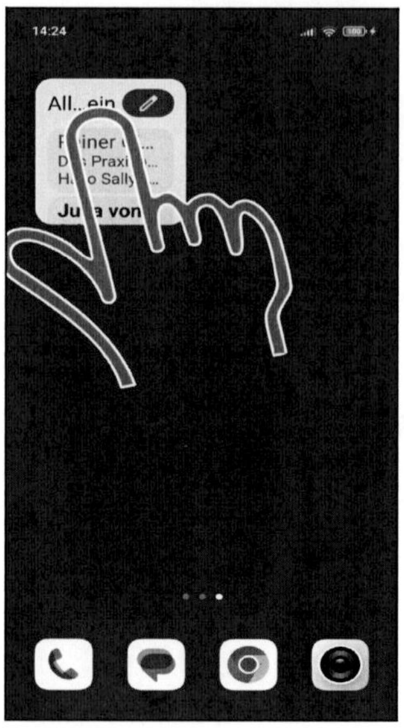

❶ Anschließend soll die Widget-Größe angepasst werden. Deshalb tippen und halten Sie den Finger auf dem Widget.

❷ Gehen Sie auf *Größe anpassen* im Popup.

❸ Ziehen Sie an den Seiten die Ränder nach außen. Schließen Sie mit der ◀-Taste den Vorgang ab.

Auch nachträglich ist jederzeit eine Größenänderung des Gmail-Widgets möglich, indem Sie den Finger auf dem Widget halten, bis es hervorgehoben ist und dann loslassen.

❶❷ Zur Anzeige der Bildschirmseite mit dem Gmail-Widget wischen Sie im Startbildschirm einfach mehrfach nach links.

9.5 Meet

Meet (engl. »Treffen«) ist eine Videotelefonielösung für bis zu 100 Teilnehmer (in der Profiversion werden bis zu 250 Teilnehmer unterstützt). Videotelefonie hat gegenüber normalen Telefonaten den Vorteil größerer Initimität, da man sich ja von Angesicht zu Angesicht sieht. Kosten fallen übrigens keine an, denn die Übertragung erfolgt über das Internet.

Damit andere mit Ihnen über Meet kommunizieren können, müssen sie Gmail auf Ihrem Handy installiert haben. Die ist bei Android immer der Fall; auf dem iPhone muss Gmail aus dem App Store installiert werden. Alternativ nutzt man Meet im Webbrowser, wobei der jeweilige PC mit Kamera und Mikrofon ausgestattet sein muss. Ideal sind dafür deshalb Notebooks, die bereits entsprechende Hardware besitzen.

➊➋➌ Wenn Sie *Meet* das erste Mal aufrufen, erscheint ein Popup, in dem Sie *Erlauben* und dann *Zulassen* auswählen. Sie sorgen damit dafür, dass eingehende Telefonanrufe während der Meet-Nutzung automatisch stumm geschaltet werden.

9.5.1 Videokonferenz einleiten

➊ Aktivieren Sie das *Meet*-Register.

➋ In unserem Fall möchten wir selbst ein Videotelefonat beginnen und gehen daher auf *Neue Videokonferenz.*

➌ Wählen Sie *Sofortbesprechung starten.* Schließen Sie die einmaligen Popups mit *Bei Nutzung der App.*

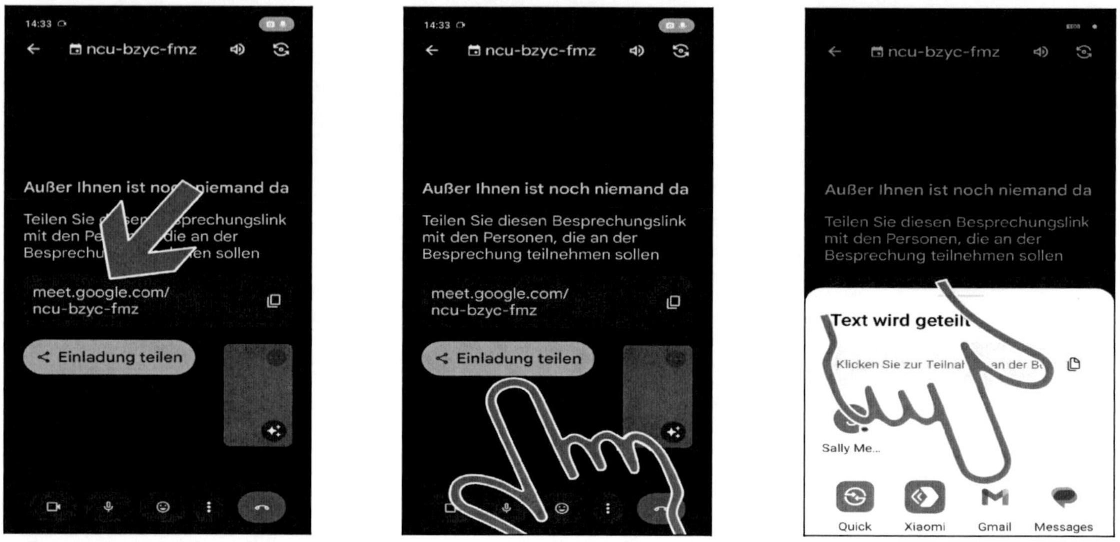

❶ Sie erhalten eine Webadresse angezeigt, über die andere Personen teilnehmen können (Pfeil).

❷❸ Wenn Sie möchten, geben Sie die Webadresse über *Einladung teilen* beispielsweise per E-Mail weiter.

Die angezeigte Webadresse *meet.google.com/ncu-bzyc-fmz* enthält übrigens den Freigabecode, in unserem Beispiel *rhn-oirq-tkb*. Darauf kommen wir noch zurück.

❶ Sobald jemand anders sich an Ihrer Videokonferenz anmeldet, müssen Sie ihn erst mit *Zulassen* freigeben.

❷ Über die vier Schaltflächen am unteren Bildschirmrand steuern Sie das Telefonat:

- Eigenes Kamerabild ein/ausschalten
- Mikro ein/ausschalten
- Hand heben – für Konferenzen mit vielen Teilnehmern
- Auflegen (Videokonferenz beenden)

Achtung: Machen Sie die anderen Teilnehmer darauf aufmerksam, dass sie ihr Mikro immer ausgeschaltet lassen und es erst aktivieren, wenn sie sprechen möchten. Danach sollten sie es wieder ausschalten. Es kommt sonst zu sehr unangenehmen Rückkopplungen.

9.5.2 An Videokonferenz teilnehmen

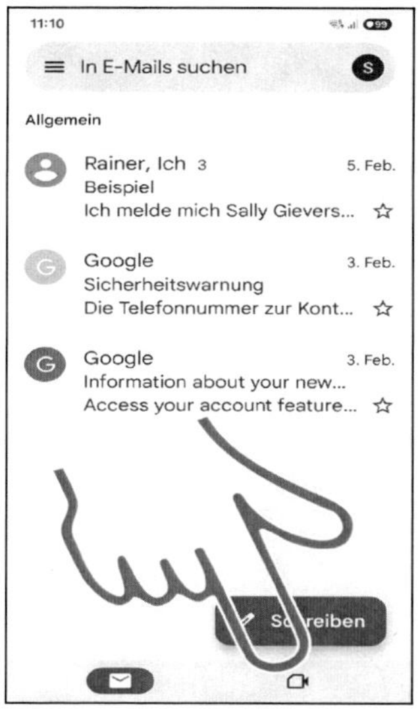

❶❷ So nimmt jemand Ihre Videokonferenz an: Nach dem Gmail-Aufruf aktiviert er das *Meet*-Register und betätigt *Mit einem Code teilnehmen.*

❶ Nun ist der oben erwähnte Code einzugeben und *Teilnehmen* zu betätigen. Sie können die »-« weglassen.

❷❸ *Teilnahme erbitten* aktiviert die Videokonferenz.

10. Chrome-Webbrowser

Den Chrome-Browser werden Sie vermutlich bereits auf dem PC nutzen.

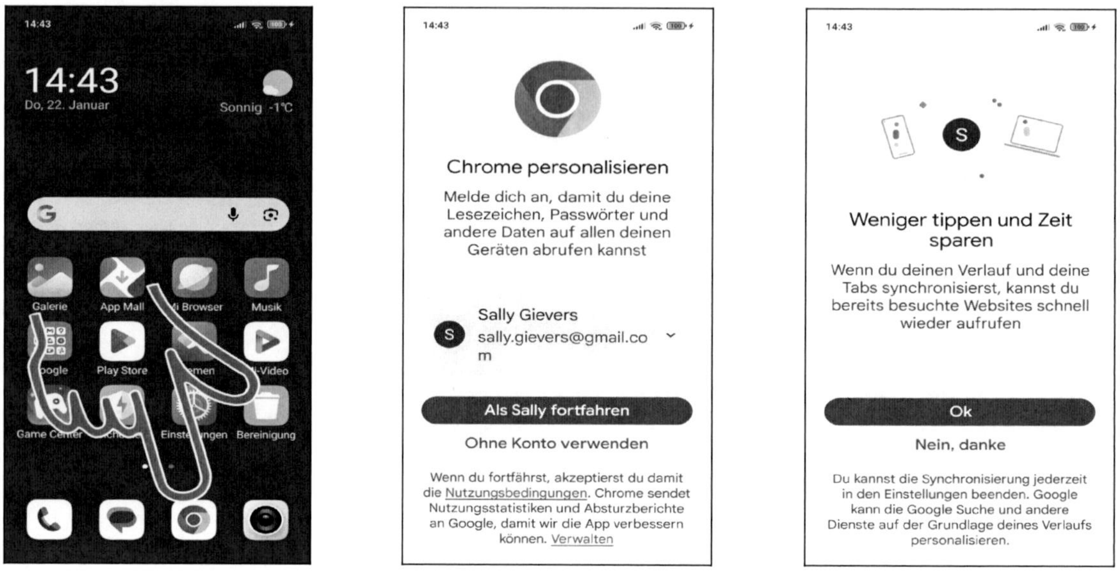

➊ Rufen Sie im Startbildschirm *Chrome* auf.

➋ Beim ersten Aufruf gehen Sie auf *Als xxx fortfahren.*

➌ Betätigen Sie *Ok* und *Weiter.* Schließen Sie das Popup mit *Zulassen.*

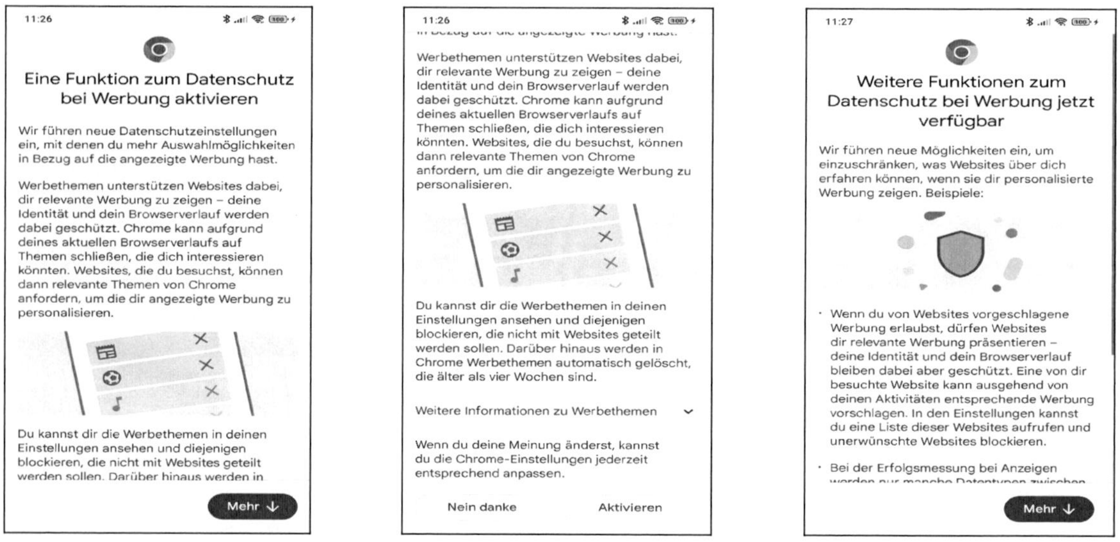

➊➋ Zwischendurch fragt der Chrome-Browser, ob Sie Datenschutzfunktionen aktivieren möchten. Betätigen Sie *Mehr* und dann *Aktivieren.*

➌ Die folgenden Hinweise schließen Sie mit *Mehr* und *Ok.*

10.1 Erster Start

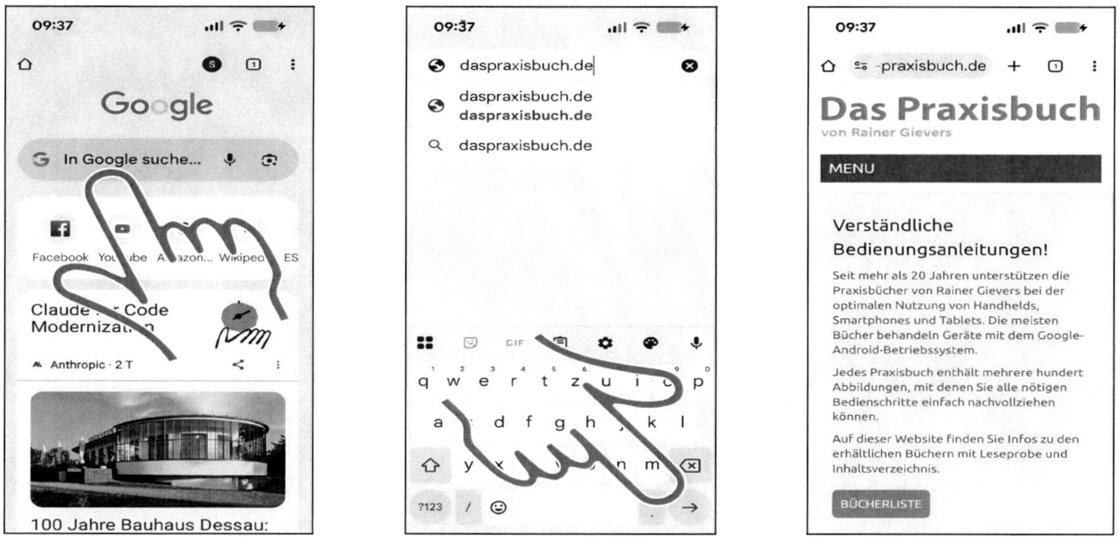

➊ Tippen Sie ins das Eingabefeld in der Bildschirmmitte.

➋➌ Geben Sie einen Suchbegriff oder eine Webadresse ein und betätigen Sie die blaue →-Taste auf dem Tastenfeld.

10.2 Weitere Nutzung

➊ Das Adressfeld steht Ihnen immer am oberen Bildschirmrand zur Verfügung. Tippen Sie einfach dort hinein, wenn Sie eine andere Webseite aufrufen möchten.

➋➌ Wird eine umfangreichere Webseite angezeigt, müssen Sie später eventuell erst mit dem Finger auf dem Bildschirm nach unten ziehen (Wischgeste), um die Adressleiste anzuzeigen. Tippen Sie dann in das Eingabefeld.

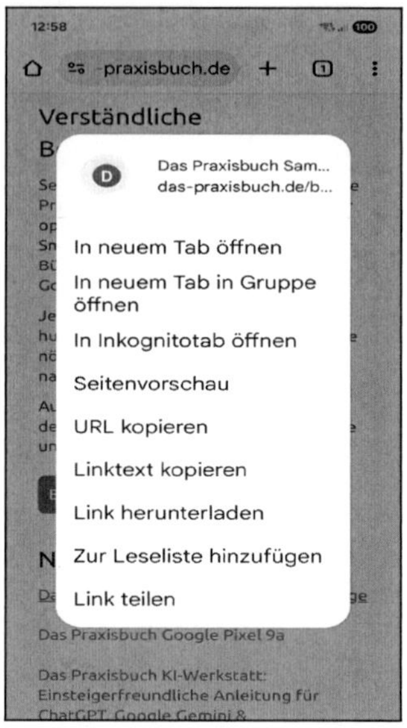

❶ Durch »Kneifen« ändern Sie die Anzeige: Tippen und halten Sie Mittelfinger und Daumen gleichzeitig auf dem Bildschirm und ziehen Sie beide auseinander, was in die Webseite hereinzoomt. Ziehen Sie dagegen die beiden Finger zusammen, zoomen Sie wieder heraus. Es ist egal, ob Sie nun vertikal oder waagerecht »kneifen«.

❷ Einem Link folgen Sie, indem Sie ihn antippen.

❷ Tippen und halten Sie den Finger über einem Link für weitere Funktionen:

- *In neuem Tab in Gruppe öffnen*: Öffnet den Link in einem neuen Browser-Tab als Gruppe. Diese werden separat von den »normalen« Browser-Tabs verwaltet. Siehe Kapitel *10.4 Gruppen-Tabs.*
- *In neuem Tab öffnen*: *Öffnet den Link in einem neuen Browser-Tab.*
- *In Inkognito-Tab öffnen*: Öffnet den Link im privaten Modus, bei der alle Cookies oder andere Daten wieder gelöscht werden, wenn man den Tab später schließt.
- *Seitenvorschau*: Verlinkte Seite in einem Vorschaufenster anzeigen.
- *URL kopieren; Linktext kopieren*: Kopiert die Webadresse beziehungsweise den Linktext in die Zwischenablage, von wo man sie später in andere Anwendungen wieder einfügt.
- *Link herunterladen*: Speichert die Webseite auf dem Gerät im Verzeichnis *download.*
- *Zur Leseliste hinzufügen*: Der Chrome-Browser fügt die Webseite den Lesezeichen hinzu, sodass Sie sie später noch aufrufen können. Siehe Kapitel *10.7 Leseliste.*
- *Link teilen*: Webadresse an jemand anders per E-Mail, Bluetooth usw. senden.

Verwenden Sie die ◀-Taste, um zur letzten angezeigten Seite zurückzukehren. Beachten Sie aber, dass der Browser verlassen wird, wenn Sie die ◀-Taste drücken, während die zuerst aufgerufene Seite angezeigt wird.

➊ Viele Websites werten den verwendeten Browser aus und optimieren dann die Webseiten für die Handy- oder PC-Anzeige.

➋➌ Eine vollwertige Anzeige erhalten Sie im Browser, wenn Sie ⋮/*Desktopwebsite* aktivieren. Beachten Sie, dass sich dann die Ladezeiten erhöhen.

10.3 Tabs

Jeder PC-Webbrowser bietet die Möglichkeit, mehrere Webseiten gleichzeitig anzuzeigen, wobei die sogenannten Tabs zum Einsatz kommen. Dies ist auch mit dem Chrome-Browser möglich.

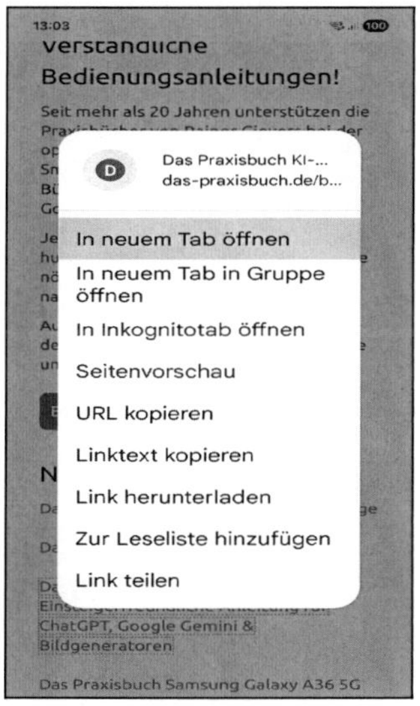

➊ Im einfachsten Fall öffnen Sie einen neuen Tab, indem Sie den Finger auf einem Link gedrückt halten, bis das Popup erscheint.

➋ Wählen Sie darin *In neuem Tab öffnen.*

❶ Alternativ tippen Sie auf +, was einen leeren Tab öffnet.

❷ Im Eingabefeld erfassen Sie dann eine Webadresse oder Suchbegriffe.

❶ Die geöffneten Tabs zeigt dann die 2-Schaltfläche (Pfeil) an.

❷ Tippen Sie einen Tab an, den Sie wieder im Browser anzeigen möchten.

❸ Die ×-Schaltflächen löschen Tabs.

❶❷ Auch mit einer Wischgeste über die Adressleiste ist der Wechsel zwischen den Tabs möglich.

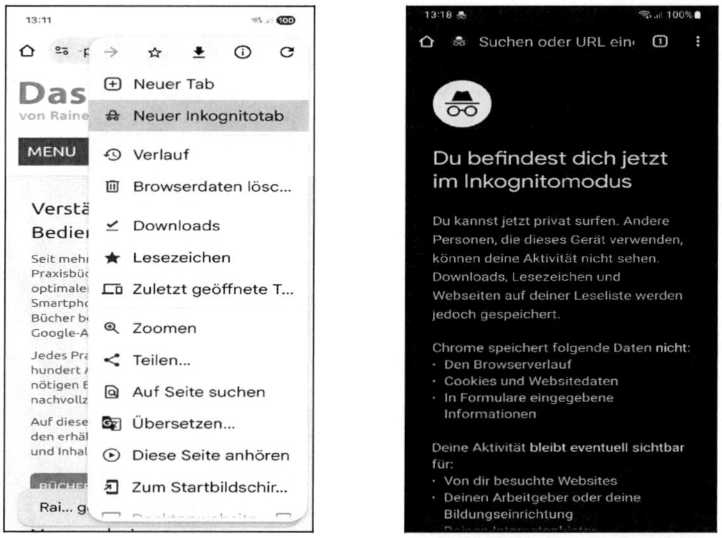

❶❷ Eine Besonderheit ist der Inkognito-Modus, den Sie über ⋮/*Neuer Inkognito-Tab* aktivieren: In diesem Tab surfen Sie anonym, das heißt, der Browser speichert nach Verlassen des Inkognito-Tabs keine Daten und löscht von Websites angelegte Cookies.

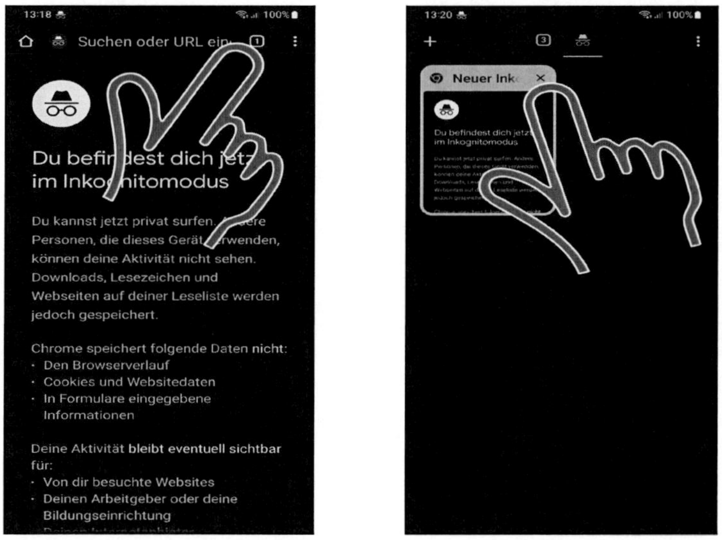

❶❷ Den Inkognito-Modus verlässt man, indem Sie die 2-Schaltfläche (Pfeil) antippen und dann die ✕-Schaltfläche betätigen.

10.4 Gruppen-Tabs

Die Gruppen-Tabs verwaltet der Chrome-Browser separat von den im vorherigen Kapitel vorgestellten Tabs.

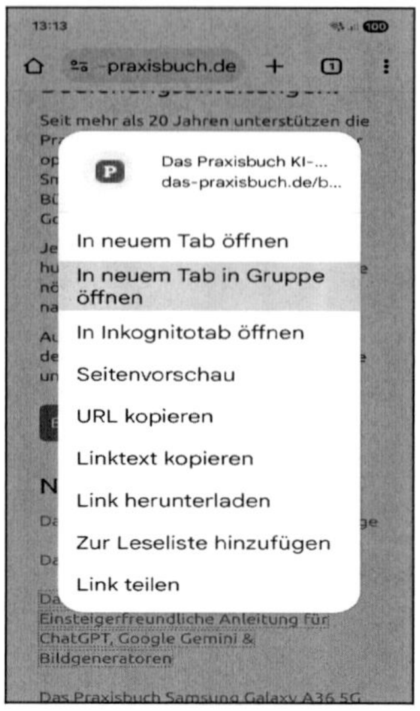

❶❷ Tippen und halten Sie einen Finger über dem Link, bis das Popup-Menü erscheint. Wählen Sie dann *In neuem Tab in Gruppe öffnen*. Der Browser-Tab wird im Hintergrund geöffnet.

Einen leeren Tab öffnen Sie mit ⋮/*Neuer Tab*.

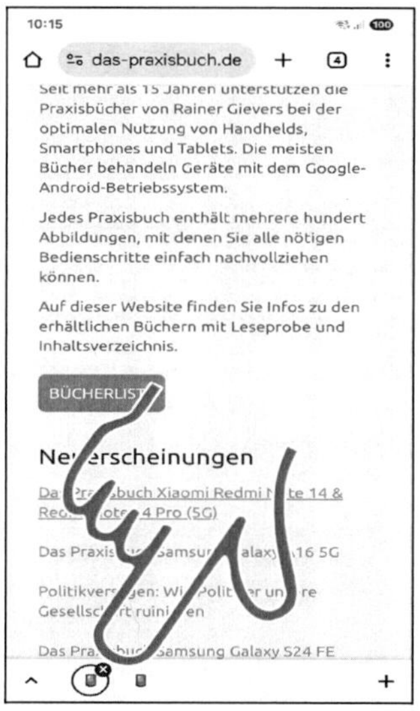

❶ Zwischen den Tabs wechseln Sie über die Schaltflächen am unteren Bildschirmrand.

❷ Den jeweils aktiven (gerade angezeigten) Tab löschen Sie mit der blauen ✕-Schaltfläche.

❸ Einen leeren Tab fügt + hinzu.

10.5 Lesezeichen

Häufig besuchte Webseiten werden Sie als sogenanntes Lesezeichen abspeichern, damit Sie die entsprechende Webadresse nicht immer neu eingeben müssen. Stattdessen rufen Sie einfach das Lesezeichen auf.

❶ So speichern sie ein Lesezeichen: Aktivieren Sie das ⁝-Menü und tippen Sie darin ★ an. Das Lesezeichen wird angelegt.

❷❸ Falls Sie es noch bearbeiten möchten (zum Beispiel einen anderen Namen geben) dann betätigen Sie *Bearbeiten.* Schließen Sie den Bildschirm über die ←-Schaltfläche oben links.

❶ Mit ⁝/*Lesezeichen* öffnen Sie die Lesezeichenverwaltung.

❷ Gehen Sie auf *Mobile Lesezeichen,* sofern Sie sich noch nicht darin befinden.

❶ Tippen Sie in der Lesezeichenverwaltung ein Lesezeichen an, damit die zugehörige Webadresse im Browser geladen wird.

❷ Halten Sie den Finger über einem Lesezeichen für den Markierungsmodus gedrückt. Bei Bedarf können Sie nun weitere Lesezeichen durch kurzes Antippen markieren. Die Bedeutung der Schaltflächen:

- ✎: Lesezeichen bearbeiten (es darf nur ein Lesezeichen markiert sein).
- ⮊: Lesezeichen in einen anderen Ordner verschieben. Auf die Ordner-Funktion geht dieses Buch nicht ein.
- 🗑: Lesezeichen löschen.

Die ◀-Taste beendet den Markierungsmodus.

10.6 Dateien herunterladen

❶❷ Wenn Sie einen Link antippen, der auf eine Datei verweist, lädt der Browser diese automatisch herunter. PDF-Dateien werden sofort angezeigt.

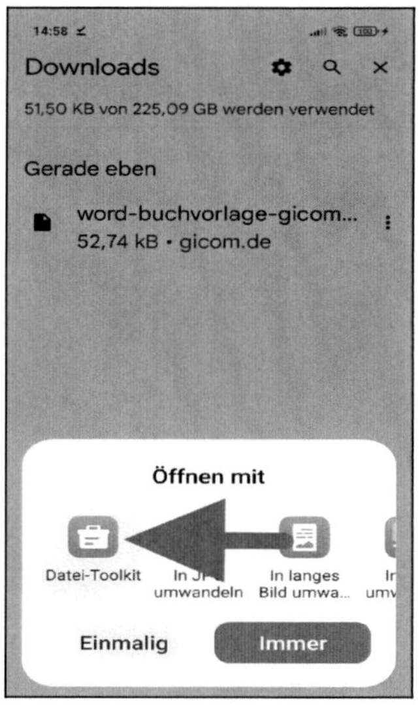

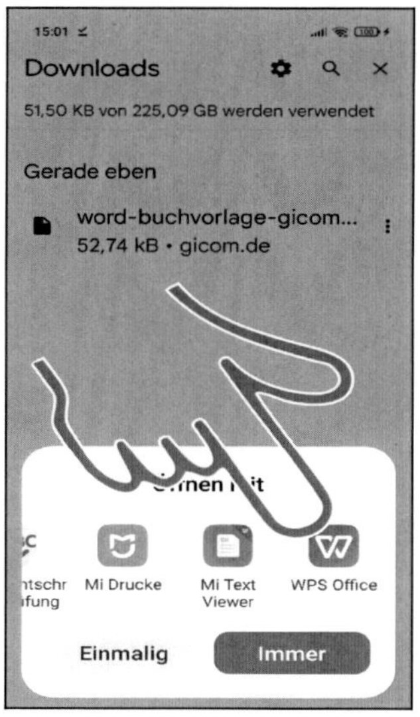

❶ Sie haben eine Office-Datei heruntergeladen? Dann Tippen Sie im angezeigten Popup auf *Öffnen.*

❷ Für eine Office-Datei wischen Sie auf den Symbolen nach links und betätigen WPS-Office. Gehen Sie dann auf *Immer.* Die Datei wird angezeigt.

10.7 Leseliste

Sie stoßen häufig auf interessante Webseiten, die Sie später einmal genauer durchlesen möchten, weil Sie gerade keine Zeit haben. Webseiten, die Sie ohnehin nur einmal ansehen und dann nie wieder benötigen, werden Sie nicht dauerhaft als Lesezeichen speichern wollen. In diesem Kapitel stellen wir mit der Leseliste eine Alternative dazu vor.

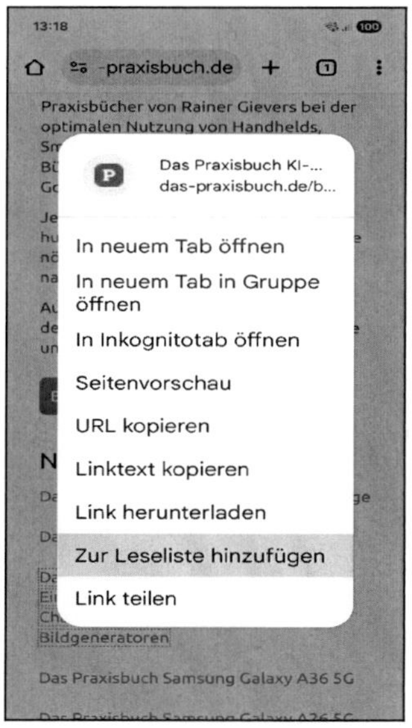

❶❷ Halten Sie den Finger über einem Link gedrückt, dessen zugehörige Webseite Sie speichern möchten. Im Popup wählen Sie *Zur Leseliste hinzufügen.*

❶❷ Mit ⋮/*Lesezeichen* öffnen Sie die Lesezeichenverwaltung.

❸ Falls nicht die Lesezeichenübersicht angezeigt wird, gehen Sie auf ←.

❶ Gehen Sie auf *Leseliste*.

❷ Wählen Sie eine Webseite in der Liste aus, die Sie ansehen möchten.

10.8 Zum Suchen tippen

Die »Zum Suchen tippen«-Funktion liefert zu von Ihnen in Webseiten markierten Wörtern Suchergebnisse.

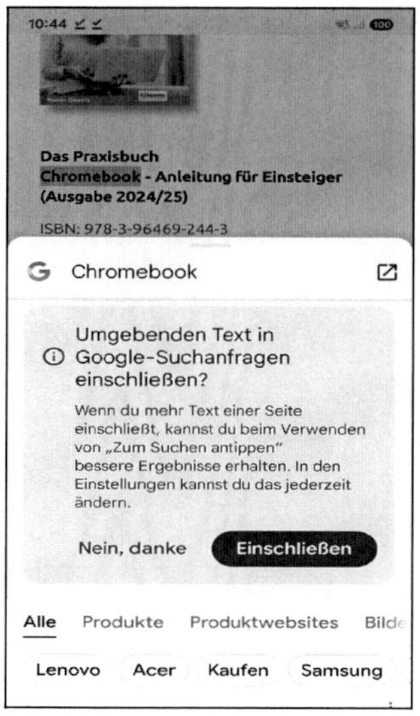

❶ Tippen und halten Sie den Finger auf einer Webseite über einem Wort, zu dem Sie mehr wissen möchten.

❷ Am unteren Bildschirmrand gehen Sie dann auf den Begriff.

❸ Betätigen Sie die *Einschließen*-Schaltfläche.

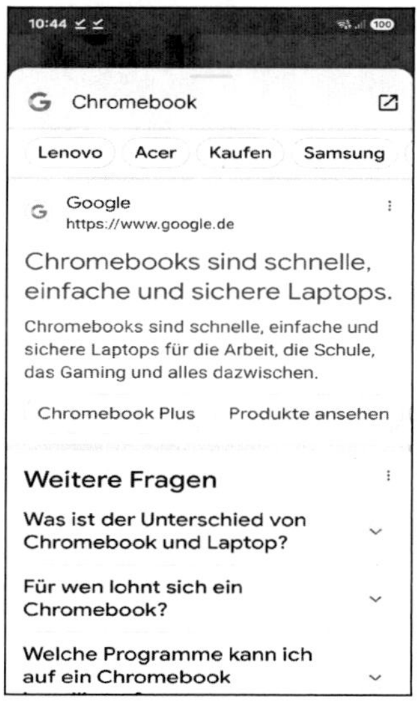

❶❷ Der Webbrowser zeigt die Google-Suchergebnisse an. Ziehen Sie diese mit einer Wischgeste nach unten, um sie zu schließen, oder nach oben, was sie im Vollbildschirm anzeigt.

10.9 Einstellungen

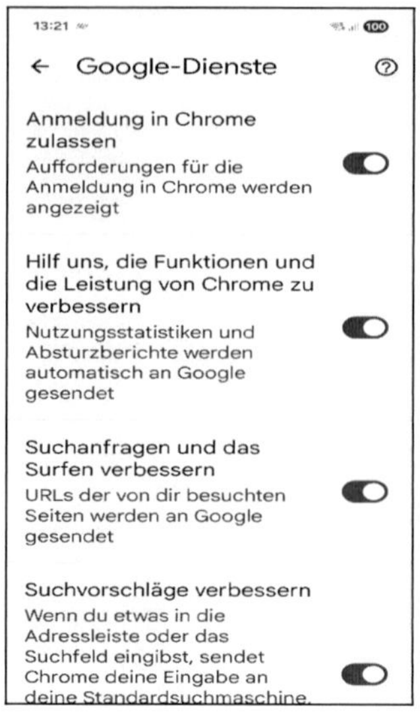

❶ Für die Browserkonfiguration gehen Sie auf ⁝/*Einstellungen.*

❷ Die hier angebotenen Optionen:

- *(Ihr Konto)@gmail.com*: Verwaltet die Synchronisation der Lesezeichen mit Ihrem Google-Konto.
- *Synchronisierung*: Hier können Sie festlegen, welche Daten im Google-Konto abgelegt werden. Die Option *Alles synchronisieren* sollten Sie nicht ändern.
- *Google-Dienste* (❸):
  - *Anmeldung in Chrome zulassen*: Muss aktiv sein, damit Lesezeichen und Einstellungen des Chrome-Browsers in Ihrem Google-Konto gesichert werden.
  - *Hilf uns, die Funktionen und die Leistung von Chrome zu verbessern:* Legt fest, ob der Chrome-Browser anonyme Nutzungsberichte an Google senden darf, die Google dann für Optimierungen verwendet.
  - *Suchanfragen und das Surfen verbessern*: Überträgt alle Ihre besuchten Webseiten an Google.
  - *Suchvorschläge verbessern*: Google macht anhand Ihrer Eingaben in der Adressleiste Vorschläge für möglicherweise passende Webseiten.
  - *Zum Suchen antippen*: Infos zu einem angetippten Begriff anzeigen. Siehe Kapitel *10.8 Zum Suchen tippen.*

Unter *Grundeinstellungen*:

- *Suchmaschine*: Stellt die zu verwendende Suchmaschine ein (die Suche erfolgt automatisch, wenn Sie einen Begriff in der Browser-Adresszeile eingeben).
- *Datenschutz und Sicherheit*: Löschen Sie hier vom Chrome-Browser gespeicherte Daten und stellen Sie ein, ob der Browser bei der Adresseingabe Vorschläge macht.
- *Sicherheitscheck*: Überprüft, ob der Chrome-Browser aktuell ist und ob Ihre Passwörter sicher sind.

Unter *Passwörter und Autofill*:

- *Google Passwortmanager*: Verwaltet alle Passwörter, die zwischengespeichert und das nächste Mal automatisch eingefügt werden. Sofern das Handy von mehreren Personen genutzt wird, sollten Sie diese Option deaktivieren.
- *Zahlungsmethoden*: Wenn Sie online einkaufen, füllt Ihnen der Chrome-Browser automatisch Eingabefelder aus, in denen nach Ihrer Kreditkarte gefragt wird. Da in Europa meistens per Überweisung oder PayPal bezahlt wird, ist dieses Menü überflüssig.

- Adressen und andere Daten: Die hier erfassten Texte mit Ihren Adressdaten schlägt der Browser automatisch vor, wenn Sie in ein passendes Eingabefeld tippen (zum Beispiel Adressfelder in einem Online-Shop).
- *Adressen und andere Daten*: Die hier erfassten Texte mit Ihren Adressdaten schlägt der Browser automatisch vor, wenn Sie in ein passendes Eingabefeld tippen (zum Beispiel Adressfelder in einem Online-Shop).
- *Autofill-Services*: Sie können externen Anwendungen die Verwaltung der Logins und Passwörter übertragen. Wir raten aus Sicherheitsgründen davon ab.

Unter *Erweitert:*

- *Tabs*: Der Browser öffnet beim Start automatisch Tabs, die in einem Chrome-Browser auf einem anderen Gerät geöffnet sind. Dazu müssen Sie in allen Browsern mit dem gleichen Google-Konto angemeldet sein.
- *Verknüpfung in Symbolleiste*: Der Browser zeigt oben in der Symbolleiste kontextabhängig bestimmte Schaltflächen an. Sie können allerdings stattdessen auch eine immer angezeigte Schaltfläche auswählen. Nützlich sind beispielsweise die Favoriten- oder Übersetzungfunktion.
- *Benachrichtigungen*: Die Benachrichtigungen sollten Sie nicht ändern, zumal sie ohnehin nur selten stattfinden.
- *Design*: Anzeige zwischen dunkel und hell umschalten. Standardmäßig verwendet der Browser die Systemeinstellung.
- *Bedienungshilfen*: Standardschriftgröße bei den angezeigten Webseiten.
- *Website-Einstellungen*: Cookies, Übermittlung des Standorts, JavaScript usw. zulassen.
- *Sprachen*: Bei jedem Abruf einer Webseite übermittelt der Chrome-Browser die gewünschte Sprachversion, in der Regel *Deutsch*. Einige Websites werten dies aus und stellen dann die deutsche Sprachversion zur Verfügung.
- *Downloads*: Legen Sie fest, in welchem Verzeichnis heruntergeladene Dateien (siehe Kapitel *10.6 Dateien herunterladen*) abgelegt werden.
- *Über Google Chrome*

10.9.1 Datenschutz und Sicherheit

❶❷ Das *Datenschutz und Sicherheit*-Menü konfiguriert:

- *Browserdaten löschen*: Darauf gehen wir unten ein.
- *Datenschutz-Leitfaden*: Ein Assistent unterstützt Sie bei der Konfiguration des Browsers.

- *Drittanbieter-Cookies*: Webseiten können im Inkognito-Modus aus Datenschutzgründen keine Cookies speichern. Auf den Inkognito-Modus geht Kapitel *10.3 Tabs* (am Ende des Kapitels) ein.
- *Datenschutz bei Anzeigen*: Google plant eine umstrittene Umstellung bei Werbung auf Webseiten. Künftig können Sie selbst festlegen, welche Daten für Werbezwecke verwendet werden.
- *"Do Not Track'-Anfrage senden"*: Der Browser sendet an aufgerufene Webseiten einen Befehl, dass diese keine Benutzerdaten auswerten darf (beispielsweise für Werbung). In der Praxis hat dies aber keine Auswirkungen, weil sich kein Webseitenbetreiber daran hält.
- *Seiten vorab laden*: Der Browser lädt alle verlinkten Webseiten vorab, die Sie vermutlich als nächstes durch Antippen öffnen.
- *Inkognito-Tabs beim Verlassen von Chrome sperren*: Wenn Sie den Chrome-Browser verlassen, werden Inkognito-Tabs automatisch gesperrt und erst nach Eingabe einer PIN oder per Fingerabdruck wieder freigegeben. Dazu muss die Gerätesperre des Handys aktiviert sein.

Unter *Sicherheit*:

- *Safe Browsing*: Schützt Sie vor Angriffen durch bösartige Webseiten. Die Voreinstellung sollten Sie nicht ändern.
- *Warnen, wenn ein Passwort nach einer Datenpanne nicht mehr sicher ist*: Google führt eine Liste mit von Hackern veröffentlichten Passwörtern. Wenn Sie sich auf einer Website mit einem Passwort anmelden, das in Googles Passwortliste enthalten ist, erhalten Sie einen Warnhinweis. Sie sollten dann überlegen, das Passwort zu ändern.
- *Immer sichere Verbindungen verwenden*: Der Aufruf Websites ohne Unterstützung von verschlüsselten Verbindungen wird mit einem Warnhinweis quittiert. Wir raten von der Aktivierung dieser Option ab, da sie keine zusätzliche Sicherheit bietet, denn fast alle Websites, die Verschlüsselung unterstützen, schalten automatisch beim ersten Aufruf darauf um.
- *Sicheres DNS verwenden*: Das DNS-Protokoll wird verwendet, um Websites im Internet zu finden und anzuzeigen (Umsetzung von Website-Namen in IP-Adressen). Sie sollten die Voreinstellung nicht ändern.
- V8-Sicherheit verwalten: Vereinfacht erklärt, optimiert der Browser automatisch auf den Webseiten ablaufende Skripte. Sie sollten die Voreinstellung nicht ändern.
- *Auf Zahlungsmethoden zugreifen*: Nicht von Google dokumentiert.

❸ Rufen Sie *Browserdaten löschen* auf für das Auswahlmenü:

- *Browserverlauf*: Die Adressen einmal besuchter Seiten speichert der Browser zwischen und zeigt sie dann als Auswahl an, wenn Sie eine ähnliche Webadresse in der Adresszeile angeben.
- *Cookies und Websitedaten*: Cookies sind Daten, die von Webseiten auf Ihrem Gerät abgelegt werden, um Sie bei einem späteren Besuch wiedererkennen zu können. Es dürfte nur sehr selten Sinn machen, die vom Browser angelegten Cookies zu löschen.
- *Bilder und Dateien im Cache*: Zwischengespeicherte Dateien.
- *Tabs*: Schließt alle weiteren geöffneten Tabs.
- *Gespeicherte Passwörter*: Der Chrome-Browser »merkt« sich von Ihnen eingegebene Logins, damit Sie sich beim nächsten Besuch einer Website schneller anmelden können.
- *Autofill-Formulardaten*: Chrome erkennt wiederkehrende Eingaben in Formularen und füllt diese dann automatisch aus.
- *Website-Einstellungen*: Dies betrifft Funktionen wie die Erlaubnis, dass eine Website Sie mit Popups über Aktualisierungen informieren darf.

Nachdem Sie die gewünschten Optionen eingestellt haben, betätigen Sie *Daten löschen*. Beachten Sie, dass standardmäßig nur die letzte Stunde Ihrer Aktivitäten gelöscht werden. Sie können aber einen anderen Zeitraum einstellen (Pfeil).

10.9.2 Bedienungshilfen

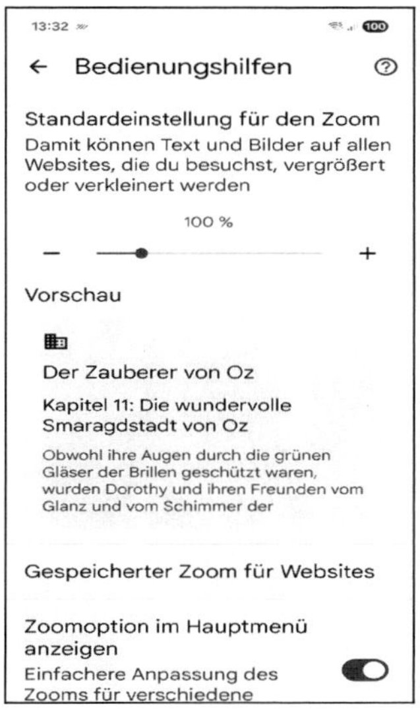

❶❷ Das *Bedienungshilfen*-Menü *ist* für Personen mit eingeschränkter Sehkraft gedacht:

- *Standardeinstellung für den Zoom*: Vergrößert die Textdarstellung.
- *Gespeicherter Zoom für Websites*: Nicht von Google dokumentiert.
- *Zoomoption im Hauptmenü anzeigen*: Im ⋮-Menü finden Sie die Option *Zoomen*.
- *Zoom zwingend aktivieren*: Manche für Handys optimierte Webseiten lassen sich nicht durch Doppeltippen oder eine Kneifgeste vergrößern. Wenn Sie das stört, aktivieren Sie diese Option.
- *Vereinfachte Ansicht für Webseiten*: Sofern eine Webseite bestimmte Merkmale aufweist, können Sie über eine Schaltfläche neben der Adressleiste auf eine reine Textansicht umschalten.
- *Untertitel*

10.9.3 Website-Einstellungen

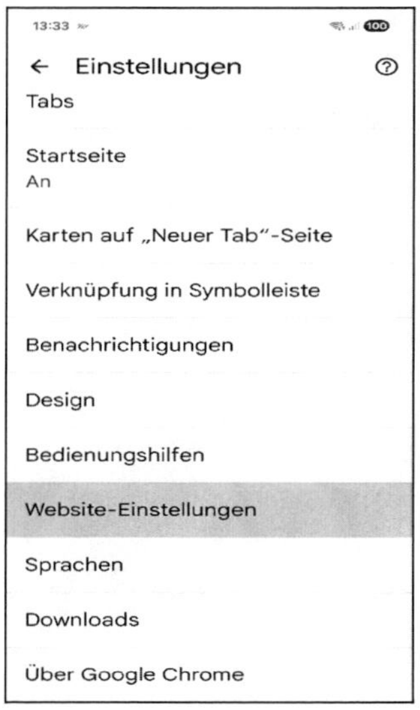

❶❷ In den *Website-Einstellungen* legen Sie fest, welche Daten oder Funktionen von Ihnen besuchte Websites nutzen dürfen. Sie sollten die Voreinstellungen nicht verändern.

10.10 Lesezeichen auf dem Startbildschirm

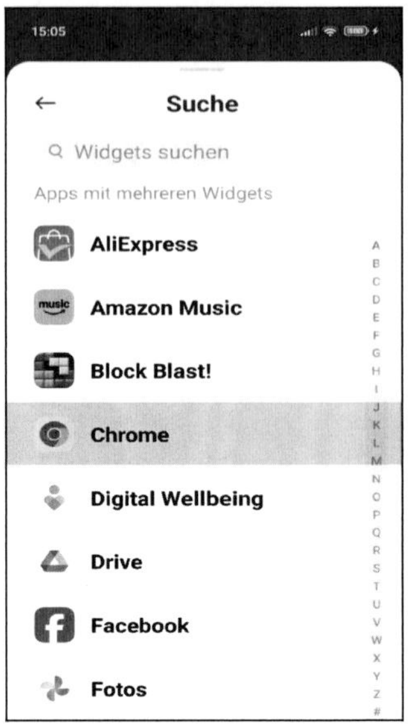

❶ Der schnelle Aufruf von Lesezeichen aus dem Startbildschirm ist über das *Chrome-Lesezeichen*-Widget möglich. Im Widget-Bildschirm gehen Sie auf 🔍 (Pfeil).

❷ Wählen Sie *Chrome.*

❸ Mit einer Wischgeste blättern Sie in den angebotenen Widgets.

Wie Sie Widgets auf dem Startbildschirm anlegen, erfahren Sie im Kapitel *4.10.2 Widgets.*

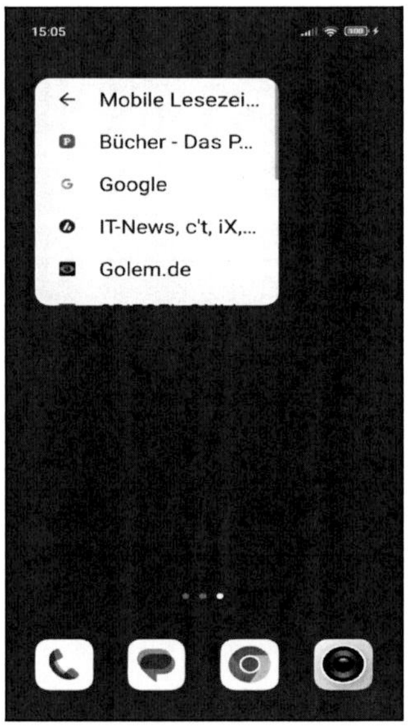

❶ Dieses Widget verwenden wir: Betätigen Sie *Zum Startbildschirm hinzufügen.*

❷ Das Chrome-Widget ist aktiv.

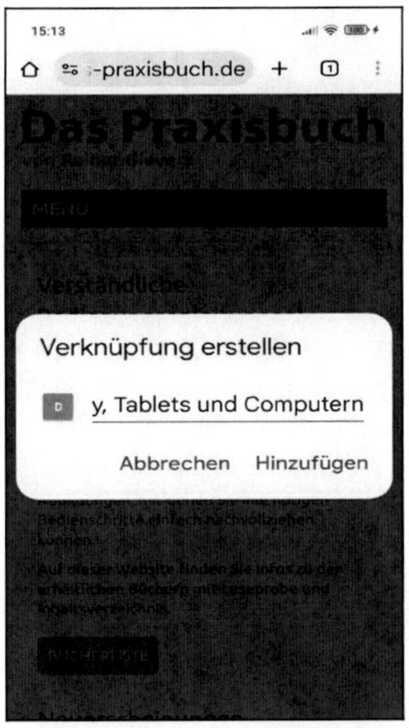

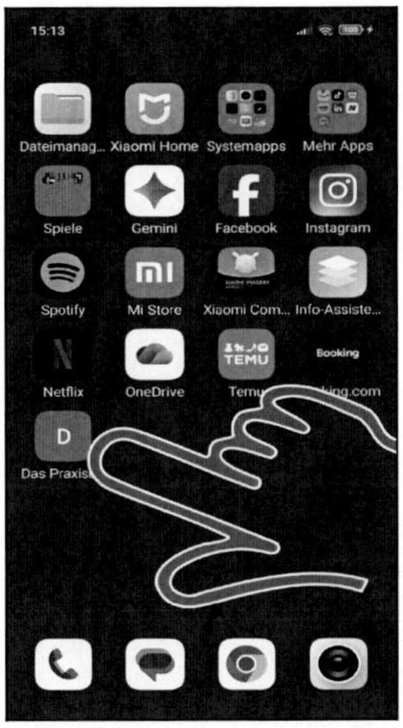

❶❷ Alternativ rufen Sie ⋮/*Zum Startbildschirm hinzufügen* auf, während eine Webseite angezeigt wird. Ändern Sie gegebenenfalls den Namen und betätigen Sie *Hinzufügen* und dann *Automatisch hinzufügen.*

❸ Die Webseite können Sie nun direkt über den Schnellzugriff im Startbildschirm aufrufen.

11. WhatsApp

WhatsApp ist ein sogenannter Messenger (engl. »Botschafter«), über den Sie Nachrichten an andere Personen senden und von diesen empfangen können. Im Prinzip ähnelt die WhatsApp-Funktionsweise dem SMS-Versand, wobei allerdings für die Kommunikation eine Internetverbindung benötigt wird und keine zusätzlichen Kosten anfallen.

Nutzer von WhatsApp müssen sich nicht mit einem Login und Passwort bei WhatsApp anmelden, sondern identifizieren sich durch ihre Handynummer. Dies bringt leider den Nachteil mit sich, dass eine Nutzung nur über Handys und Tablets mit SIM-Karte möglich ist.

11.1 Erster Start

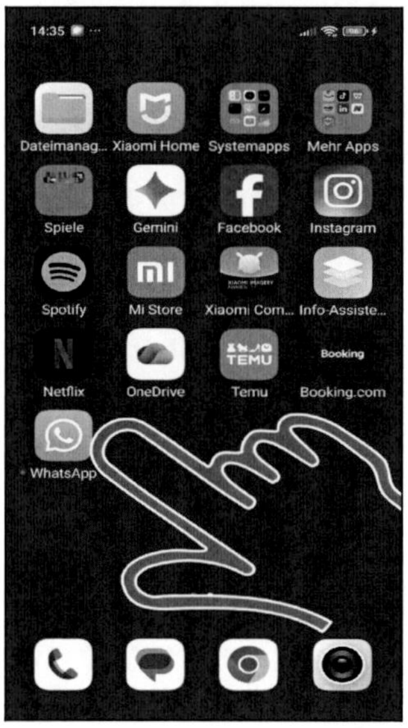

➊ Suchen und installieren Sie *WhatsApp Messenger* aus dem Google Play Store (siehe Kapitel *16 Play Store*).

➋ Sie finden das installierte Programm im Startbildschirm. Dort starten Sie dann *WhatsApp*.

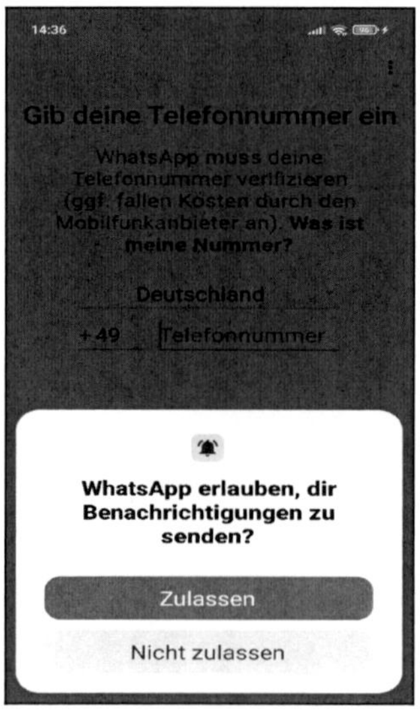

➊ Gehen Sie auf *Zustimmen und fortfahren.*

➋ Schließen Sie das Popup mit *Zulassen.*

➊ Dann müssen Sie sich erst beim WhatsApp-Netzwerk identifizieren, was über eine SMS geschieht. Geben Sie Ihre Handynummer ein und schließen Sie den Vorgang mit der *Weiter*-Schaltfläche ab.

➋ Betätigen Sie die Sicherheitsabfrage mit *OK.*

➌ Die Bestätigung Ihrer Handynummer kann unterschiedlich erfolgen. Bei neuen Nutzern erfolgt in der Regel der Versand einer SMS oder ein Anruf im Hintergrund. Folgen Sie einfach den Anweisungen!

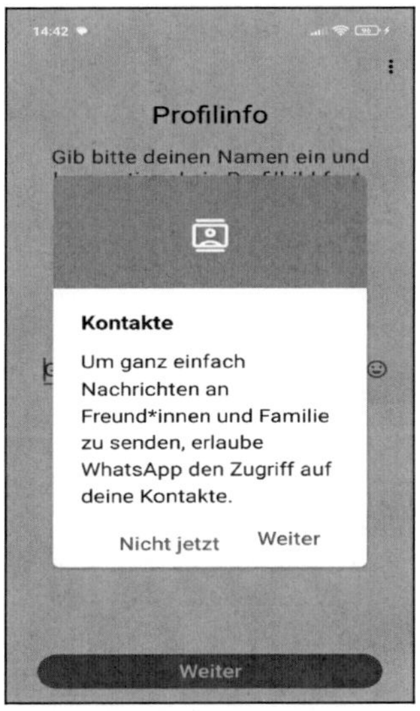

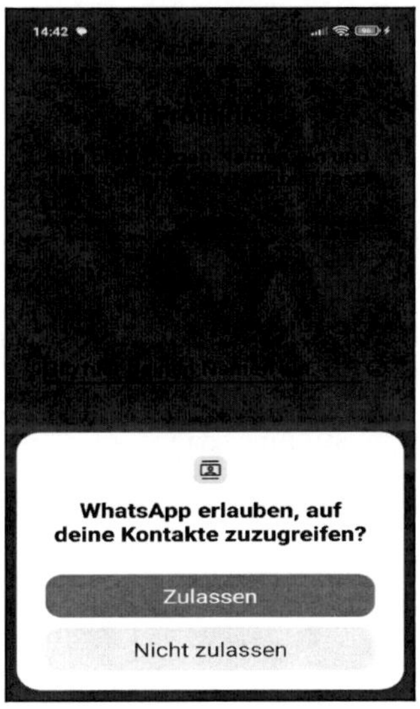

➊ Betätigen Sie *Weiter.*

➋ Schließen Sie die folgenden Popups mit *Zulassen* beziehungsweise *Vollen Zugriff zulassen.*

➌ Falls Sie bisher noch kein WhatsApp genutzt hatten, betätigen Sie hier *Überspringen,* sonst *Berechtigung gewähren.*

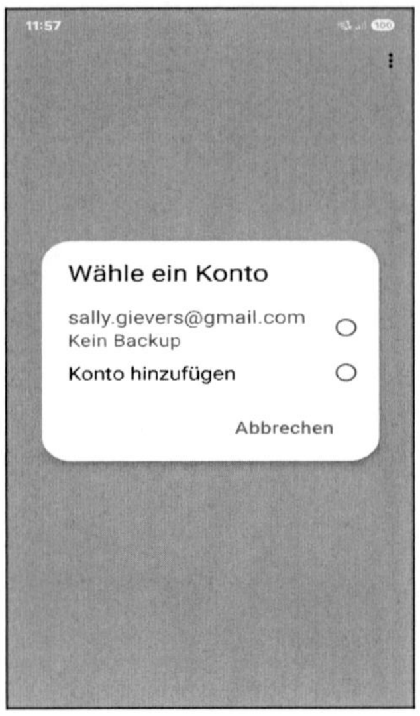

Sofern Sie zuvor *Berechtigung gewähren* gewählt hatten, erscheint ein Popup, in dem Sie das Google-Konto auswählen, wo die Datensicherung hinterlegt ist. Folgen Sie dann den Anweisungen.

In diesem Fall wurde keine Datensicherung gefunden, weshalb Sie auf *Abbrechen* gehen (worauf Sie wieder im vorherigen Dialog landen, den Sie nun mit *Überspringen* schließen).

➊ Erfassen Sie Ihren Namen und tippen Sie auf *Weiter*.

➋ Das Angebot, eine E-Mail-Adresse zu hinterlegen, können Sie mit *Überspringen* ablehnen.

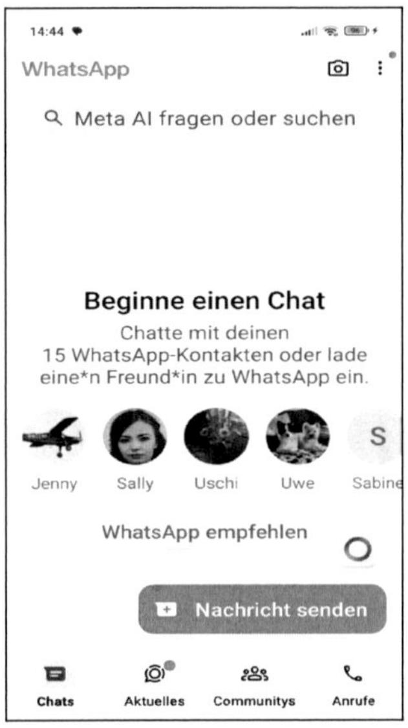

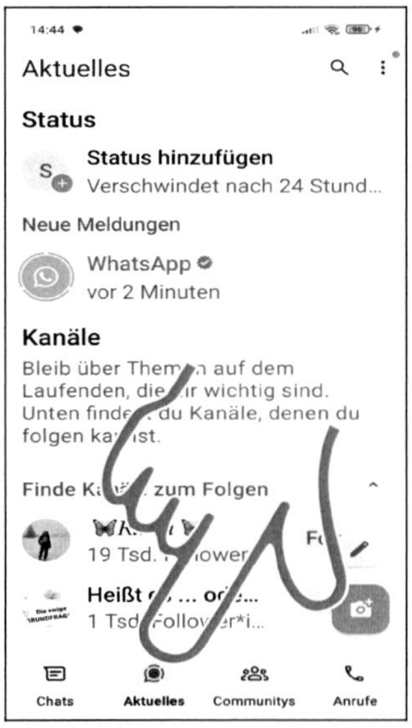

➊ Sie können nun das Programm nutzen!

➋ Die Register am unteren Bildschirmrand schalten um zwischen:

- *Chats*: Schreiben Sie mit anderen WhatsApp-Nutzern. Dabei ist es auch möglich, Sprachaufnahmen und Dateien zu versenden.
- *Aktuelles*: WhatsApp-Nutzer haben die Option, Fotos, Videos und Texte einzustellen, die dann für alle ihrer Kontakte für 24 Stunden angezeigt werden.
- *Communitys*: Verwaltet Gruppen, in denen sich mehrere WhatsApp-Nutzer austauschen können.
- *Anrufe*: Sie können mit anderen WhatsApp-Nutzern telefonieren. Dabei baut das Handy keine Sprachverbindung über das Mobilfunknetz auf, sondern die Sprachübertragung erfolgt über das Internet. Deshalb fallen keine Telefonkosten an.

11.2 Datensicherung wiederherstellen

Falls Sie WhatsApp zuvor auf einem anderen Handy genutzt haben, können Sie dessen Chatverläufe sehr einfach auf dem neuen Handy wiederherstellen. Kontrollieren Sie bitte vorher, ob Sie nicht die Chatverläufe bereits wiederhergestellt haben, als Sie WhatsApp auf dem neuen Handy eingerichtet haben. Das erkennen Sie ganz einfach daran, dass die Benutzeroberfläche alle zuletzt durchgeführten Chats inklusive Bildern auflistet.

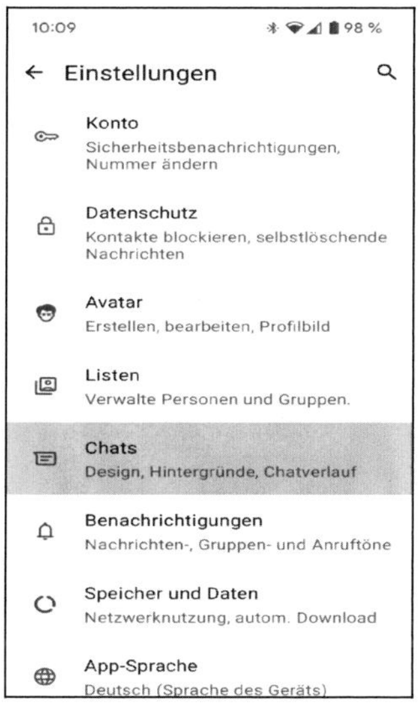

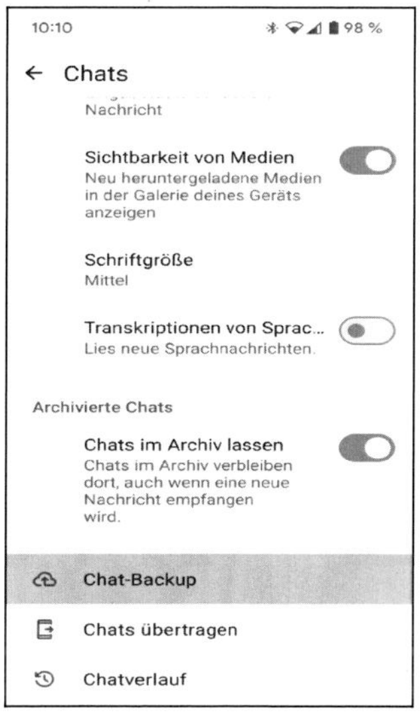

Kontrollieren Sie zunächst, ob auf Ihrem alten Handy die Datensicherung im Google-Konto durchgeführt wurde. Dazu müssen Sie gegebenenfalls noch mal die SIM-Karte aus dem neuen Handy herausnehmen und im alten Handy einlegen.

❶ Rufen Sie auf Ihrem alten Handy WhatsApp auf und gehen Sie auf ⋮/*Einstellungen*.

❷ Wählen Sie *Chats* und dann *Chat-Backup*.

Deaktivieren Sie auf jeden Fall die Option *Inklusive Videos*! Diese benötigen viel Speicherplatz und können dazu führen, dass die Datensicherung misslingt. Fotos sichert WhatsApp natürlich weiterhin. Danach betätigen Sie *Sichern* und warten, bis das Backup durchgelaufen ist.

Danach können Sie die SIM-Karte aus dem alten Handy entfernen und wieder in das neue Handy einstecken.

Tipp: Sie finden Ihre mit WhatsApp empfangenen und gesendeten Dateien auf dem alten (und neuen) Handy im Verzeichnis *media\com.whatsapp\WhatsAppMedia*. Sie können sie von dort auf Ihren PC kopieren (siehe Kapitel *15 Gerätespeicher*).

So geht es auf dem neuen Handy weiter: Deinstallieren Sie WhatsApp, falls Sie es bereits installiert hatten und installieren Sie es erneut. Beim erneuten Aufruf gehen Sie die oben beschriebenen Einrichtungsschritte durch und bekommen dann die Option zur Wiederherstellung angeboten.

11.3 Nachrichten schreiben

Damit Sie einer anderen Person per WhatsApp schreiben können, muss er sich mit seiner Handynummer in Ihrem Telefonbuch (siehe Kapitel *7 Telefonbuch*) befinden. Außerdem ist es notwendig, auf seinem Handy oder Tablet ebenfalls WhatsApp zu installieren.

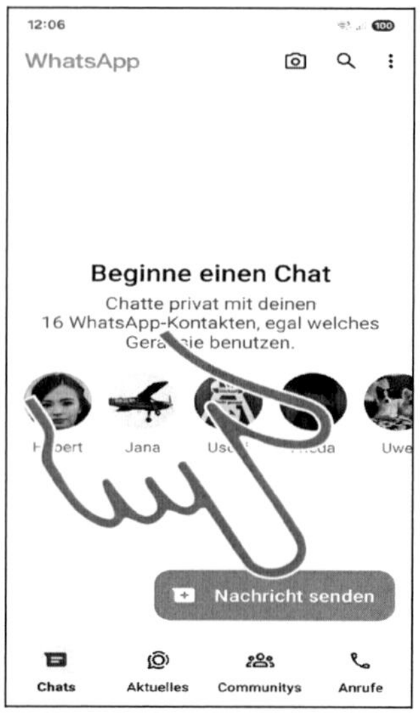

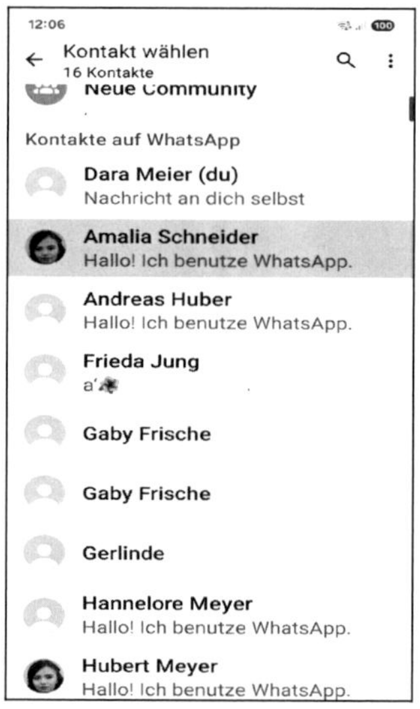

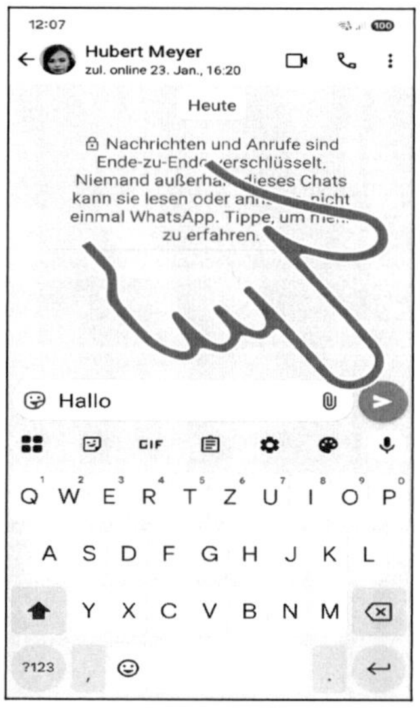

❶ Betätigen Sie .

❷ WhatsApp listet alle Kontakte auf, die das soziale Netzwerk nutzen, aus denen Sie einen auswählen.

❸ Nach Eingabe eines Textes versenden Sie ihn mit ➤.

❶ Ein Haken hinter jeder Ihrer Nachrichten informiert über den Versandstatus:

- ✓: Nachricht wurde erfolgreich versandt, aber noch nicht dem Empfänger zugestellt (beispielsweise weil er sich gerade in einem Funkloch befindet oder sein Handy ausgeschaltet hat).
- ✓✓: Der Doppelhaken erscheint zunächst grau, sobald die Nachricht den Empfänger erreicht. Hat der Empfänger sie gelesen, wird der Doppelhaken blau eingefärbt.

❷ Der Hinweis »online« beziehungsweise die Uhrzeit (Pfeil) informiert am oberen Bildschirmrand darüber, ob und wann der Empfänger zuletzt online war.

Wenn die Häkchen bei Ihnen grau bleiben, kann das folgende Gründe haben:

- Lesebestätigungen deaktiviert: Sowohl Sie als auch der Empfänger können in den Einstellungen von WhatsApp die Lesebestätigungen deaktivieren. Prüfen Sie bitte unter *Einstellungen/Datenschutz/Lesebestätigungen*, ob die Funktion bei Ihnen aktiviert ist. Wichtig: Wenn Sie die Lesebestätigungen deaktivieren, können Sie auch nicht sehen, ob andere Ihre Nachrichten gelesen haben.
- Der Empfänger hat die Lesebestätigungen deaktiviert: Auch wenn Ihre Einstellungen korrekt sind, werden die Häkchen grau bleiben, wenn der Empfänger die Funktion deaktiviert hat.
- Der Empfänger hat WhatsApp nicht geöffnet: Blaue Häkchen erscheinen erst, wenn der Empfänger WhatsApp öffnet und die Nachricht ansieht. Falls er die App längere Zeit nicht benutzt, bleiben die Häkchen grau.
- Gruppenchats: In Gruppenchats erscheinen blaue Häkchen erst, wenn alle Teilnehmer die Nachricht gelesen haben. Solange nicht alle die Nachricht angesehen haben, bleiben die Häkchen grau.

11.4 Nachrichten empfangen

❶ Sie müssen die WhatsApp-Anwendung nicht permanent geöffnet haben, denn auch wenn Sie gerade nicht damit arbeiten, informiert Sie das Xiaomi mit akustischem Signal und Popup über neu vorliegende Nachrichten.

❷❸ Starten Sie dann entweder die WhatsApp-Anwendung oder gehen Sie im Benachrichtigungsfeld auf den WhatsApp-Eintrag.

11.5 Weitere Funktionen

❶❷ Auf die Konversationen mit Ihren Kontakten greifen Sie über die Auflistung im Hauptmenü zu.

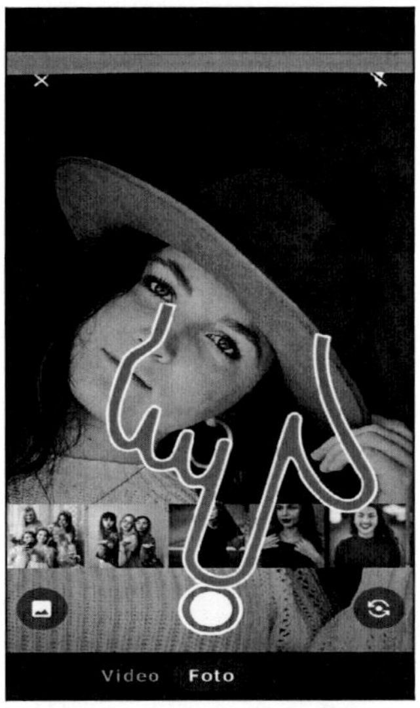

❶ Besonders beliebt ist die Option, Fotos oder Sprachaufnahmen zu verschicken, was über die Schaltflächen am unteren Bildschirmrand (Pfeil) erfolgt.

❷❸ Beim Fotoversand knipsen Sie zunächst mit der runden Schaltfläche (Pfeil) ein Bild, danach erfolgt mit ➤ der Versand.

❶❷ Andere Dateien, darunter auch bereits auf dem Handy vorhandene Fotos, verschicken Sie dagegen über die 📎-Schaltfläche.

11.6 Telefonie mit WhatsApp

Wie bereits erwähnt, bietet WhatsApp eine Telefonie-Funktion, welche über das Internet statt über eine Mobilfunk-Sprachverbindung erfolgt und deshalb kostenlos ist.

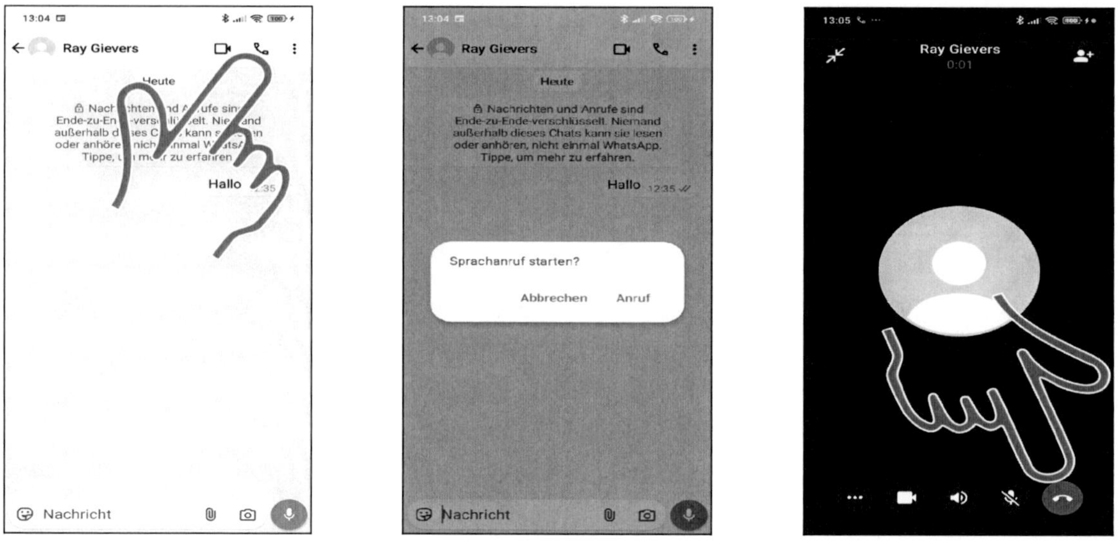

❶❷ Anrufe führen Sie jederzeit in einem Chat über die 📞-Schaltfläche (Pfeil) durch (die Schaltfläche daneben dient Videoanrufen). Schließen Sie die folgenden Popups mit *Anruf* beziehungsweise *Weiter* und *Bei Nutzung der App*.

❸ Die rote Schaltfläche im unteren Bildschirmdrittel beendet später das Gespräch.

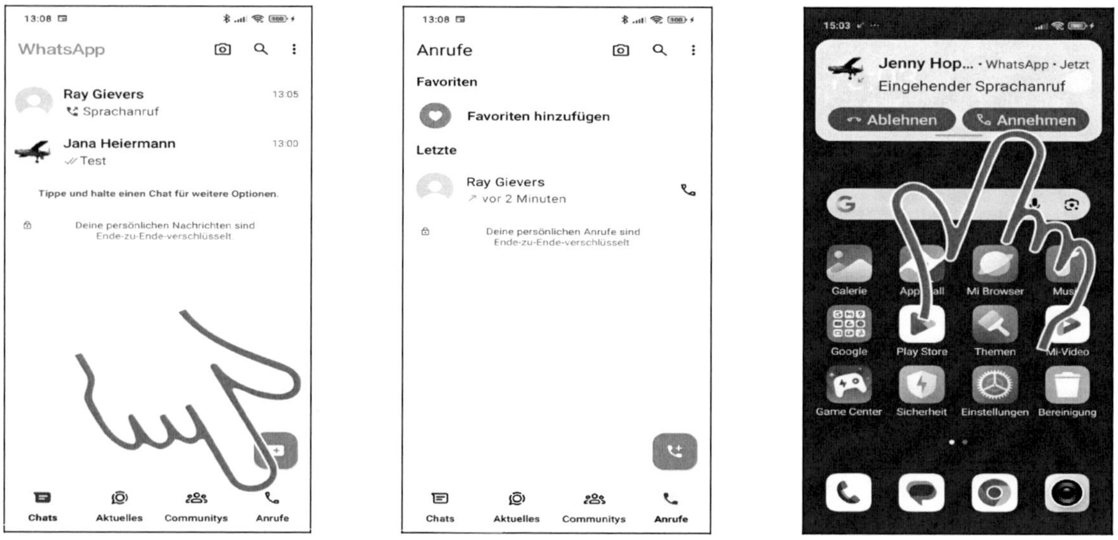

❶❷ Die durchgeführten Anrufe listet das *Anrufe*-Register (Pfeil) auf.

❸ Nehmen Sie eingehende Anrufe über *Annehmen* im Popup am oberen Bildschirmrand an.

11.7 Videotelefonie mit WhatsApp

Die Videotelefonie ähnelt der oben vorgestellten Telefonie, allerdings sehen Sie die beiden Kommunikationspartner. Dadurch wird das Gespräch persönlicher.

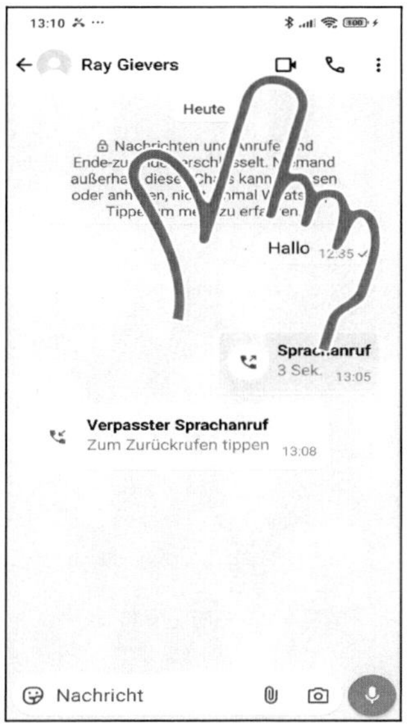

❶❷ Betätigen Sie die -Schaltfläche und bestätigen Sie mit *Anruf.* Die folgenden Abfragen beantworten Sie mit *Weiter* beziehungsweise *Bei Nutzung der App.*

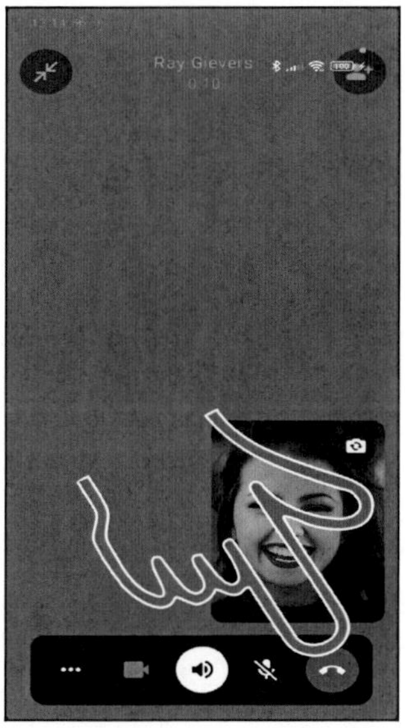

❶ Während Sie warten, dass der Angerufene annimmt, sehen Sie bereits Ihr eigenes Videobild.

❷ Antippen Ihres Videobilds bringt Ihr eigenes Bild in den Vordergrund, während das Bild Ihres Gegenübers als »Briefmarke« erscheint.

Die Schaltflächen am unteren Bildschirmrand:

- : Videoanzeige umschalten
- : Eigenes Videobild ausschalten
- : Eigenes Video stumm schalten

❸ Die rote Schaltfläche beendet das Gespräch.

Das Handy informiert über eingehende Videoanrufe mit einem Popup. Betätigen Sie dort *Video*.

11.8 Eigene Kontaktinfos

Sie haben die Möglichkeit, Ihr eigenes WhatsApp-Konto zu personalisieren.

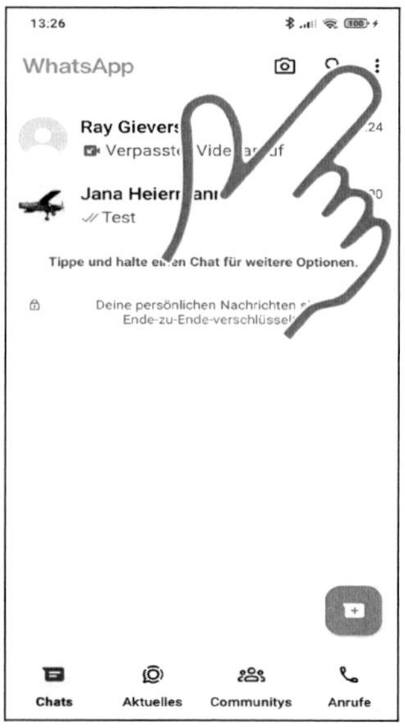

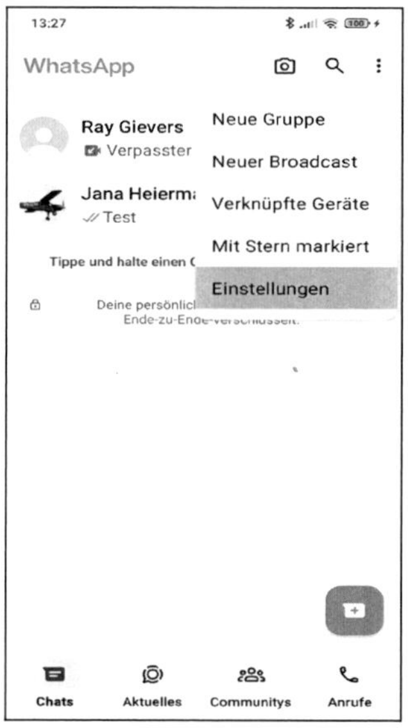

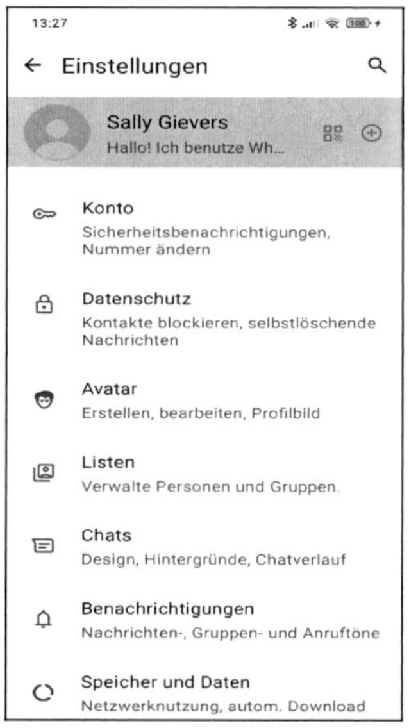

❶❷ Rufen Sie ⋮/*Einstellungen* auf.

❸ Hier gehen Sie auf das erste Menü.

❶ In diesem Bildschirm können Sie bei Bedarf Ihren Namen (den Sie bei der Ersteinrichtung von WhatsApp eingegeben hatten) ändern. Unter *Info* erfassen Sie weitere Infos, beispielsweise Hinweise zur Erreichbarkeit oder über Ihre Person.

❷ Sie möchten Ihr Foto bei WhatsApp hinterlegen, damit Gesprächspartner sofort wissen, wer Sie sind? Dann tippen Sie oben ins runde Kontaktsymbol.

❸ Folgende Optionen stehen zur Auswahl:

- *Kamera*: Foto mit der Kamera erstellen.
- *Galerie*: Ein bereits zuvor geknippstes Foto verwenden.
- *Avatar*: Eine Art Comicfigur erstellen.

In unserem Beispiel verwenden wir *Kamera.*

❶ Halten Sie die Kamera auf das Motiv und betätigen Sie die weiße Schaltfläche.

❷ Falls Sie mit dem Foto nicht zufrieden sind, tippen Sie auf **X**, sonst erneut auf die weiße Schatleiste.

➊ Verschieben Sie die Begrenzungen auf den gewünschten Bildausschnitt und gehen Sie auf *Fertig.*

➋ Das Profilfoto ist nun bei allen Ihren Gesprächspartnern sichtbar.

12. Google Maps

Google Maps zeigt nicht nur Straßenkarten, sondern auch Satellitenansichten an und dient als mobiles Navigationsgerät. Beachten Sie, dass Google Maps die Kartenausschnitte jeweils aus dem Internet lädt, also eine WLAN- oder Mobilfunkverbindung bestehen muss.

Google Maps können Sie auch auf dem Desktop-PC im Webbrowser nutzen: Geben Sie dort *maps.google.de* als Webadresse ein.

12.1 Google Maps nutzen

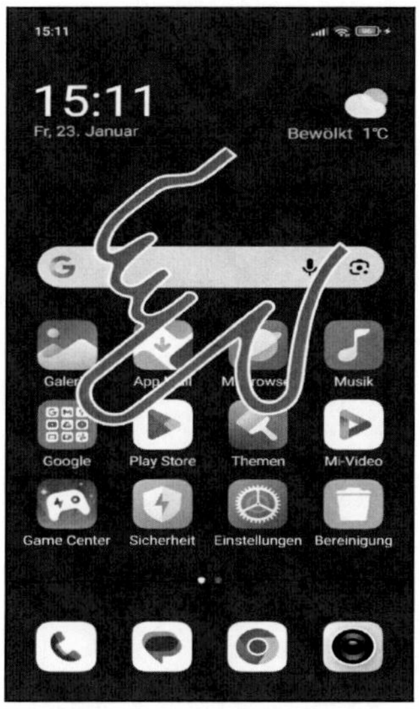

❶❷ Gehen Sie in den *Google*-Ordner und dann auf *Maps* im Startbildschirm.

❶❷ Damit Google Maps Ihre Position auswerten kann, müssen Sie dies erst gestatten. Dazu tippen Sie auf ⌖ und wählen *Bei Nutzung der App*.

❶❷ Falls die Abfrage *Zeitachse aktivieren* erscheint, blättern Sie mit einer Wischgeste durch die Hinweise und gehen auf *Aktivieren.*

> Die Google Maps Zeitachse ist eine Art digitales Tagebuch Ihrer Bewegungen. Wenn die Funktion aktiviert ist, zeichnet sie die Orte, die Sie besuchen, und Routen, die Sie zurücklegen, auf.

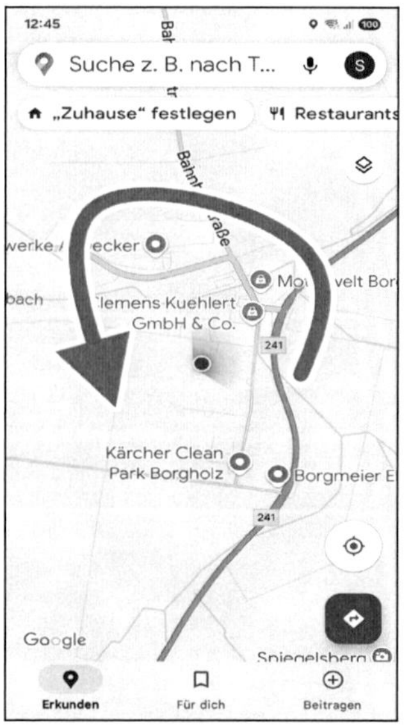

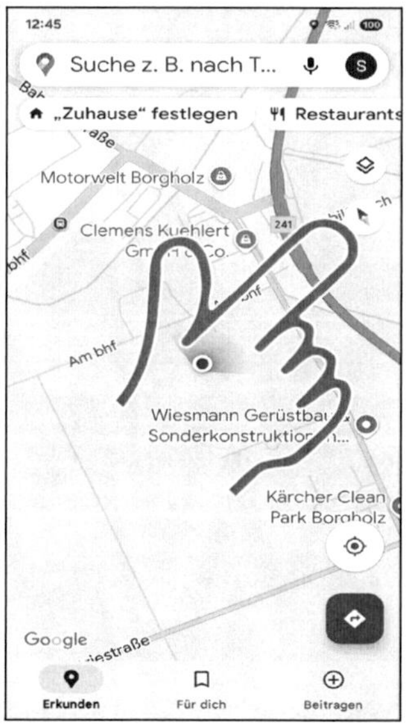

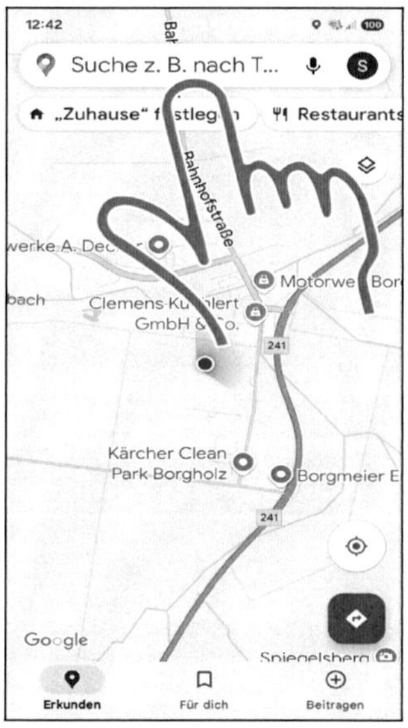

❶ Bei Google Maps ist Norden standardmäßig oben. Fußgänger dürfen deshalb die Drehfunktion begrüßen: Tippen Sie mit zwei Fingern, zum Beispiel Daumen und Zeigefinger, auf das Display und drehen Sie beide Finger dann um sich selbst. Der Kartenausschnitt dreht sich mit. Als Fußgänger richten Sie so den Kartenausschnitt genau in Gehrichtung aus.

❷ Eine Kompassnadel oben rechts zeigt nun die Nord/Süd-Achse an. Tippen Sie darauf, richtet sich der Kartenausschnitt wieder nach Norden aus.

❸ Die Bedienelemente:

- Suchfeld (Pfeil): Nach Orten, Firmen, Adressen oder Sehenswürdigkeiten suchen.
- 🎤 (im Suchfeld): Sprechen Sie einen Ort oder einen Point of Interest, nach dem Google Maps suchen soll.
- ⊙ (»Mein Standort«, unten rechts im Bildschirm): Zeigt nach Antippen Ihre vom GPS-Empfänger ermittelte Position auf der Karte an. Dazu muss allerdings der GPS-Empfang (siehe nächstes Kapitel) aktiviert sein.
- ◈ (»*Los*«): Plant eine Route und gibt Ihnen eine Wegbeschreibung.

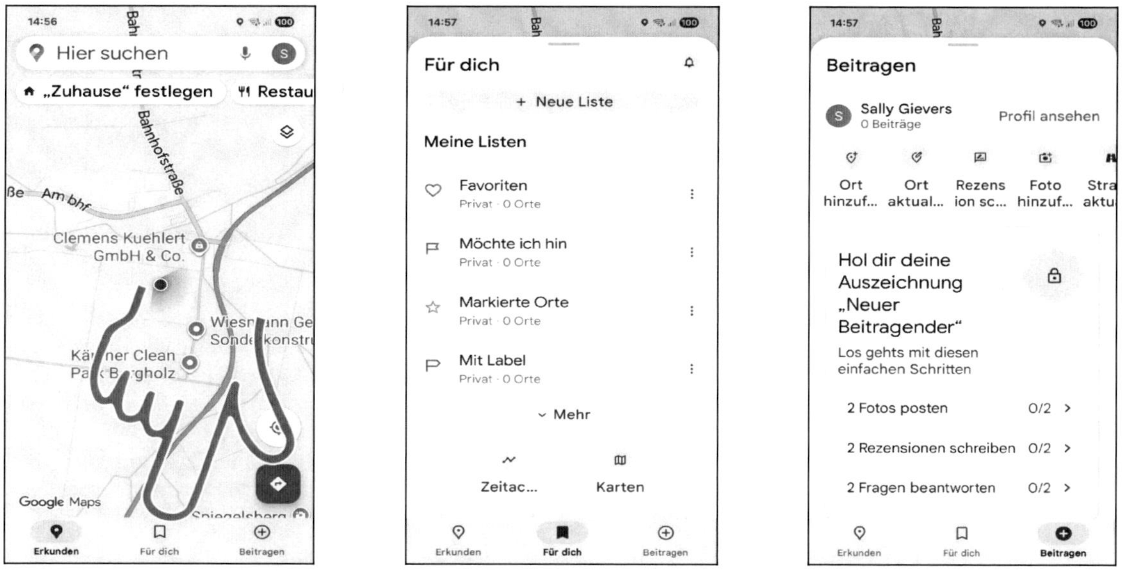

❶ Die Register am unteren Bildschirmrand:

- *Erkunden*: Die standardmäßige Kartenanzeige.
- *Für dich* (❷): Verwaltet die von Ihnen als Favoriten markierten Points of Interest, worauf Kapitel *12.8.1 Markierungen* noch eingeht.
- *Beitragen* (❸): Google legt großen Wert auf Nutzerbeteiligung. Beispielsweise dürfen Sie fehlerhafte Daten melden und Rezensionen zu Restaurants, Läden usw. schreiben.

Für die in diesem Buch beschriebene Kartennutzung aktivieren Sie das *Erkunden*-Register.

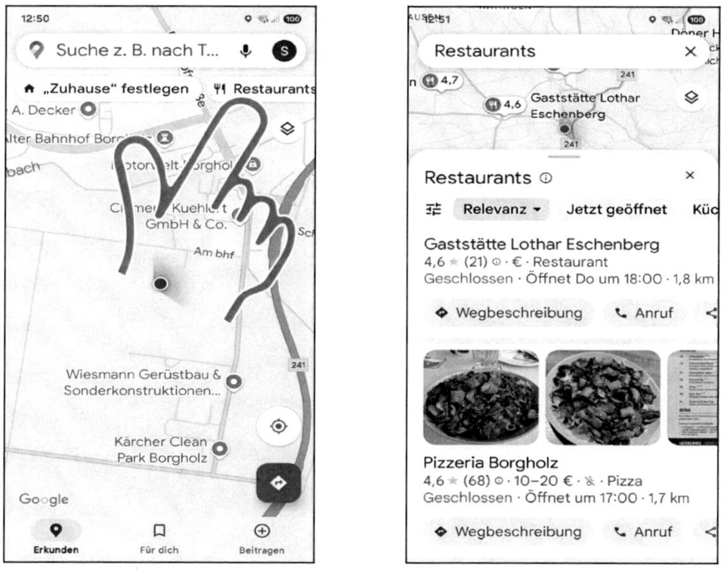

❶❷ Google Maps kennt fast alle Firmen, Geschäfte und Gastronomiebetriebe. Die Schaltflächen am oberen Bildschirmrand listen diese auf – aber darauf kommen wir noch später (Kapitel *12.8 Google Local*).

12.2 Eigene Position

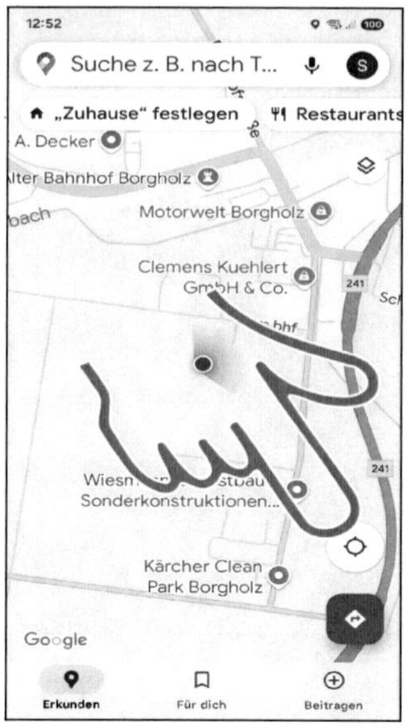

❶ Vielleicht ist Ihnen schon der kleine blaue Punkt aufgefallen, der Ihren aktuellen Standort anzeigt. Der vom blauen Punkt ausgehende Schweif zeigt Ihre ungefähre Blickrichtung (genauer: die Richtung, in die Sie das Handy halten) an.

❷ Sie haben mit Wischgesten die Kartenansicht geändert? Dann bringt Sie einmaliges Antippen von ⊙ wieder zum aktuellen Standort zurück.

❸ Beim ersten Mal wird Sie das Handy zur Kompasskalibrierung auffordern, dem Sie nachkommen sollten. Betätigen Sie dann *Fertig*.

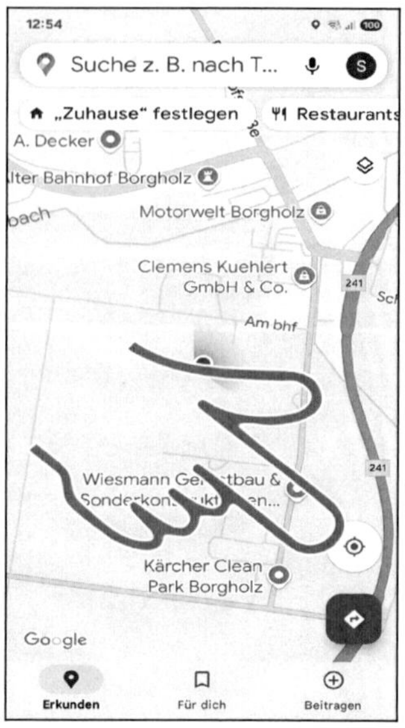

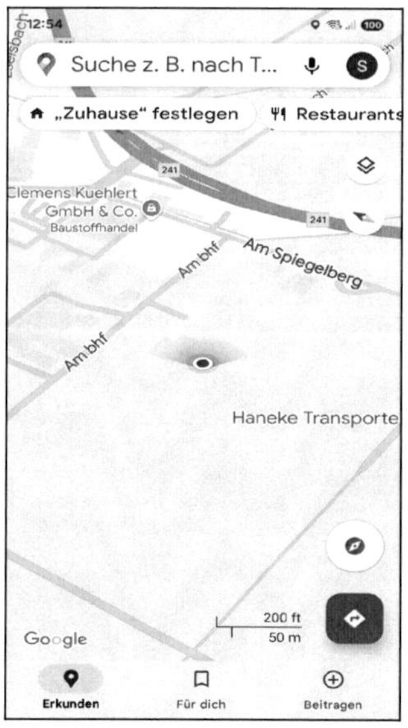

❶❷ Falls Sie zu Fuß unterwegs sind, dürfte die sogenannte isometrische Ansicht für Sie interessant sein: Tippen Sie auf ⊙, worauf sich die Bildschirmanzeige an die Richtung orientiert, in die Sie das Handy halten. Betätigen von ⊘ schaltet wieder auf die Standardansicht um.

12.3 Parken

Falls Sie häufiger an verschiedenen Orten mit Ihrem Auto parken müssen, dürften Sie manchmal nach Ihrem Gefährt später länger gesucht haben. Abhilfe schafft die Parken-Funktion von Google Maps.

❶ Tippen Sie kurz auf die blaue Standortanzeige.

❷❸ Wischen Sie auf den Schaltflächen nach links und gehen Sie auf *Parkplatz speichern.*

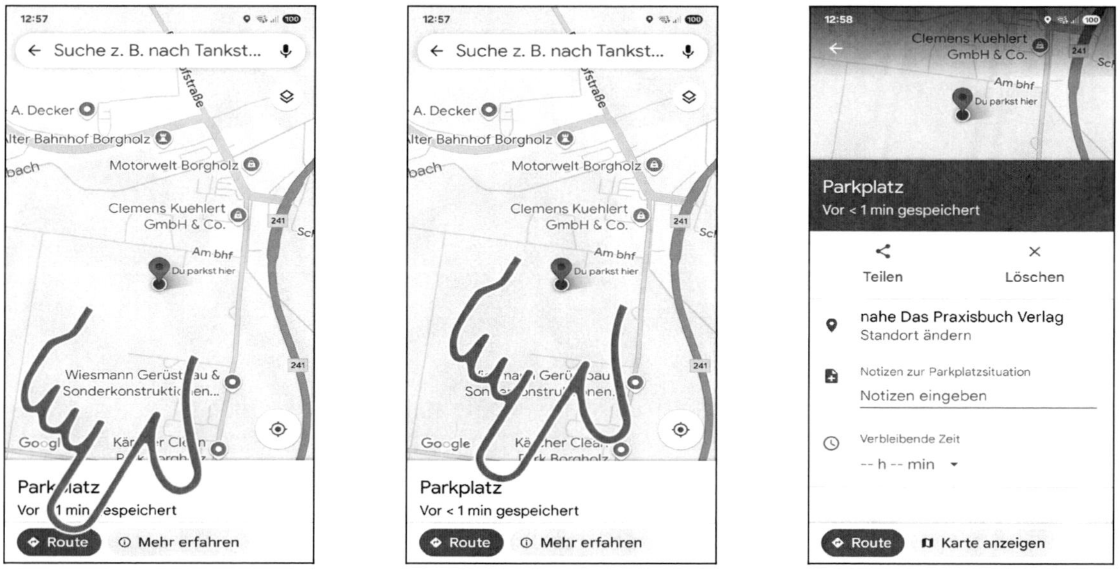

❶ Google Maps informiert mit einer Markierung in der Karte über Ihren Parkplatz. *ROUTE* am unteren rechten Bildschirmrand führt Sie später wieder zu Ihrem Gefährt zurück.

❷❸ Antippen von *Parkplatz* öffnet das Menü, in dem Sie unter *Verbleibende Zeit* einen nützlichen »Wecker« einstellen, damit Sie kein Strafticket erhalten. *Löschen* beendet die Parkplatz-Funktion.

12.4 Kartenausschnitt auf dem Gerät speichern

Google Maps hat gegenüber normalen Navis den Vorteil, immer tagesaktuelle Karten bereitzustellen, welche aus dem Internet nachgeladen werden. Problematisch wird es nur, wenn man das Handy unterwegs nutzt, da dann ja das Fehlen des WLAN-Empfangs die Kartenaktualisierung verlangsamt, denn häufig steht dann nur eine langsame Mobilfunkverbindung zur Verfügung, mit der Google Maps kaum Spaß macht. Deshalb unterstützt Google Maps die lokale Speicherung der Kartendaten auf dem Gerät.

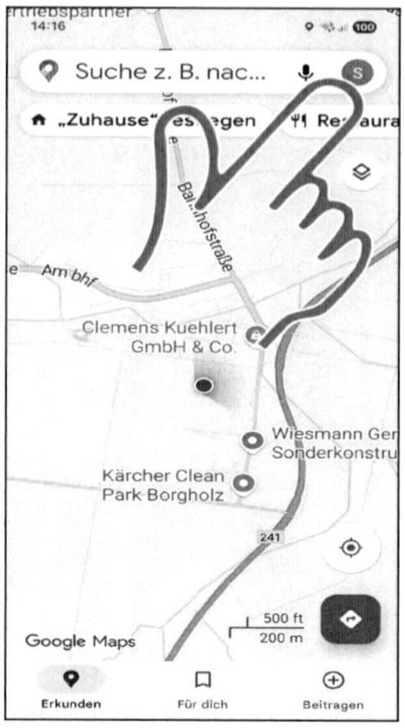

❶ Tippen Sie auf das runde Kontosymbol.

❷ Rufen Sie *Offlinekarten* auf.

❸ Tippen Sie auf *Eigene Karte auswählen.*

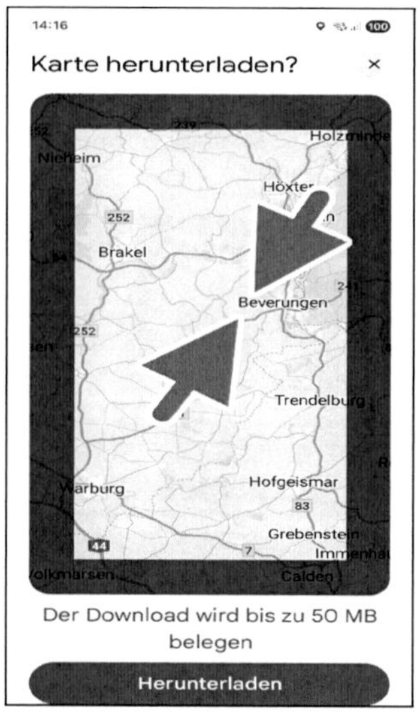

❶❷ Die Größe des lokal gespeicherten Kartenausschnitts stellen Sie ein, indem Sie den Kartenausschnitt vergrößern, beziehungsweise verkleinern (mit zwei Fingern auf das Display halten und dann beide auseinander-/zusammenziehen). Betätigen Sie dann *Herunterladen.* Schließen Sie den Bildschirm mit der ◀-Taste. Während des Herunterladens können Sie ganz normal mit Ihrem Handy weiterarbeiten.

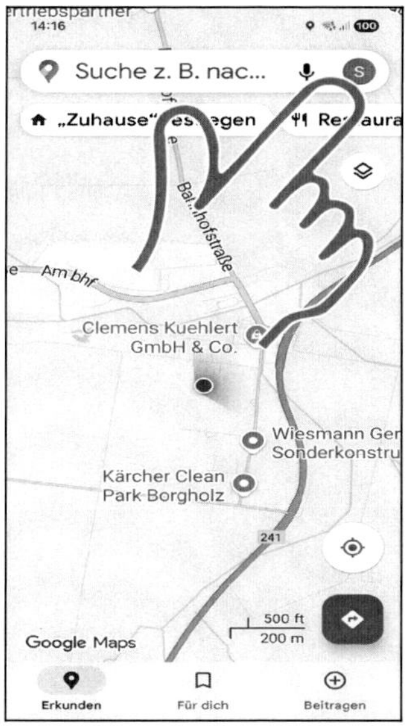

❶ So aktualisieren beziehungsweise löschen Sie die Kartendaten: Tippen Sie auf das runde Kontosymbol.

❷ Rufen Sie *Offlinekarten* auf.

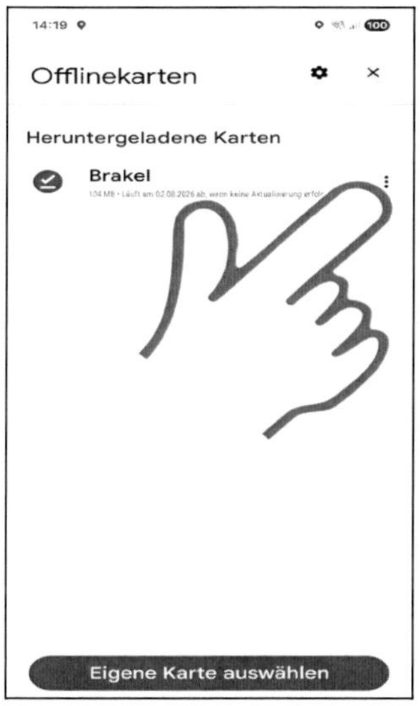

❶❷ Öffnen Sie das ⋮-Menü. Sie können die Kartendaten nun löschen oder aktualisieren.

12.5 Suche

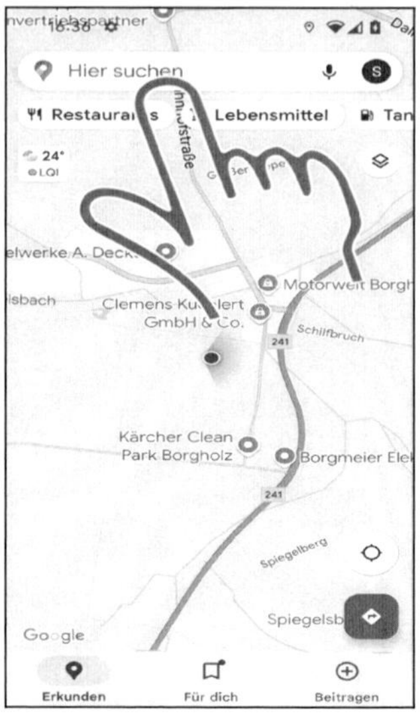

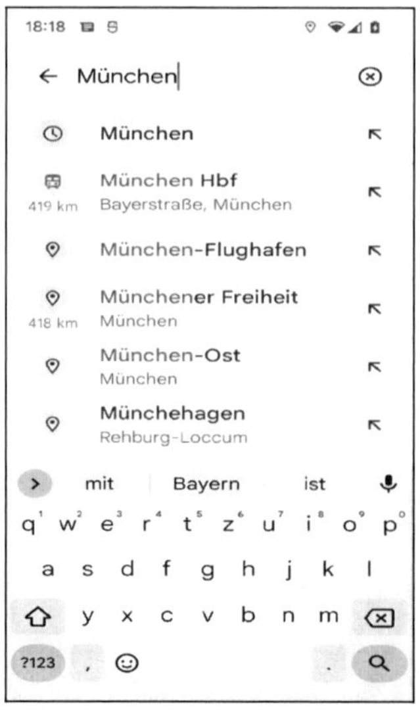

❶ Gehen Sie ins Suchfeld (Pfeil), um Adressen oder Sehenswürdigkeiten (Points of Interest) aufzufinden.

❷ Geben Sie eine Adresse ein und bestätigen Sie mit 🔍 im Tastenfeld. Google Maps macht hier während der Eingabe auch Vorschläge, die Sie direkt auswählen können.

❶ Google Maps zeigt die Adresse mit einer Markierung in der Karte an. Am unteren Bildschirmrand erscheint ein Ortshinweis, daneben die Fahrtzeit mit dem Auto. Tippen Sie auf den Ortshinweis (Pfeil).

❷ Es öffnet sich ein Dialog mit weiteren Bedienelementen:

- *Route*: Fahrtrouten vorschlagen.
- *Starten:* Zum Ort navigieren (siehe Kapitel *12.6 Navigation*).
- *Speichern*: Den Ort als Favorit speichern. Siehe Kapitel *12.8.1 Markierungen.*
- *Teilen*: GPS-Position als Web-Link per Bluetooth, SMS oder E-Mail versenden.

❶ Häufig findet Google Maps auch mehrere Orte oder Points of Interest, die dann aufgelistet werden. Führen Sie in der Liste eine Wischgeste von unten nach oben durch, um die Listeneinträge zu durchblättern. Tippen Sie einen Eintrag für weitere Infos an.

❷❸ Umgekehrt schließen Sie die Liste, indem Sie (gegebenenfalls mehrfach) von oben nach unten wischen, worauf Sie wieder zur Kartenansicht gelangen. Hier stellt Google Maps alle Fundstellen mit Symbolen dar. Wenn Sie weitere Infos über einen Point of Interest haben möchten, tippen Sie ihn an. Zum Löschen der Suchergebnisse in der Karte tippen Sie oben rechts neben dem Suchfeld die ✕-Schaltfläche an.

> Möchten Sie beispielsweise wissen, welche Sehenswürdigkeiten es in einer bestimmten Region/Stadt gibt, dann wechseln Sie zuerst den entsprechenden Kartenausschnitt (Sie können auch die Stadt suchen) und geben im Suchfeld einen allgemeinen Begriff wie »Museum« ein.

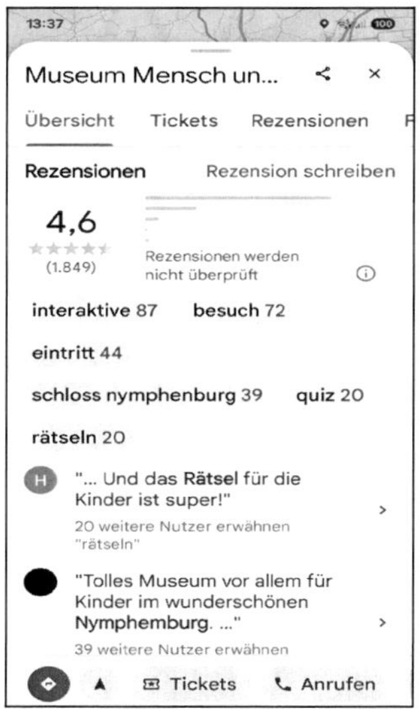

❶ Tippen Sie in der Auflistung am unteren Bildschirmrand für weitere Infos zum Standort, Öffnungszeiten, Bewertungen usw..

❷❸ Weitere Infos stehen Ihnen mit einer Wischgeste von unten nach oben zur Verfügung.

✕ (Pfeil) beendet die Suche.

12.5.1 Suche über Schaltflächen

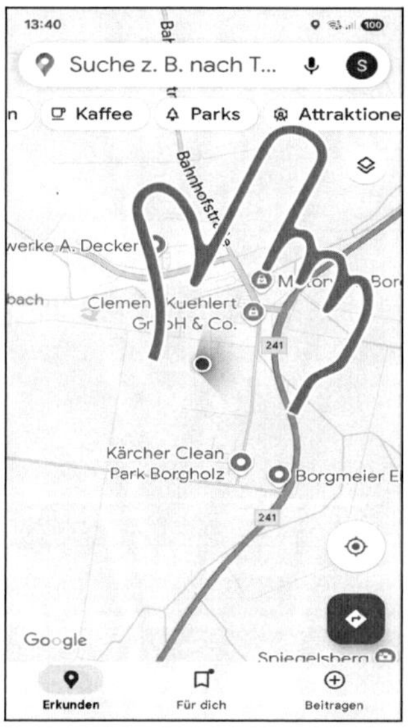

❶ Häufig gesuchte Handels- und Gastronomiebetriebe zeigen die Schaltflächen am oberen Bildschirmrand an. Mit einer Wischgeste nach links/rechts blättern Sie darin.

❷❸ Tippen Sie den gesuchten Begriff, im Beispiel *Attraktionen*, für die Auflistung aller touristischen Aktivitäten an.

12.6 Navigation

Google Maps Navigation stellt eine vollwertige Alternative zu Autonavigationsgeräten dar, wobei man allerdings den Nachteil in Kauf nehmen muss, dass laufend Kartenmaterial aus dem Internet nachgeladen wird. Für den Praxiseinsatz empfiehlt sich der Kauf einer Universal-Halterung für das Auto.

Beachten Sie, dass die Routenführung von Google Maps manchmal extrem schlecht ist. Achten Sie deshalb immer auf die Beschilderung, damit Sie sich nicht verirren oder in Sackgassen landen.

12.6.1 Routenplaner

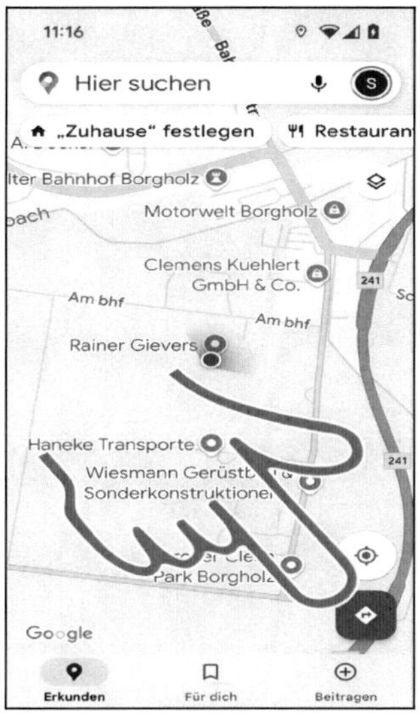

❶ (Pfeil) berechnet den optimalen Fahrtweg zwischen zwei Orten.

❷ Tippen Sie auf *Ziel auswählen.*

❸ Geben Sie auch hier eine Adresse beziehungsweise eine Stadt ein und schließen mit auf dem Tastenfeld ab.

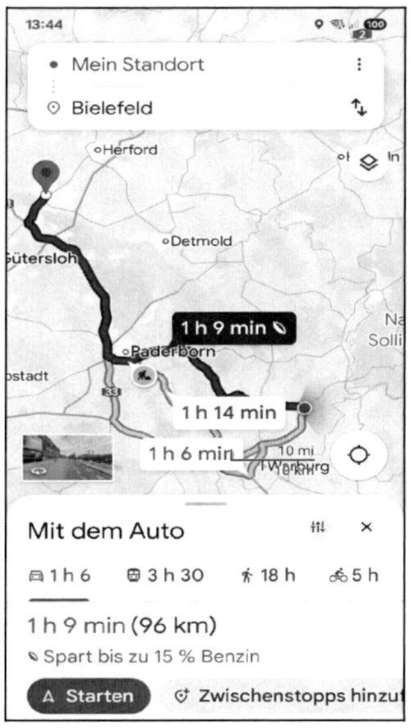

❶❷ Die Route wird berechnet und angezeigt. Bei längeren Strecken existieren häufig Alternativrouten, die Sie durch Antippen in der Kartenansicht auswählen.

Hinweis: Die farbigen Strecken (rot oder orangefarbig) weisen auf die aktuelle Verkehrslage hin. Die Daten stammen von anderen Android-Handys, welche in anonymer Form ihre Position und Geschwindigkeit an Google-Server übermitteln, woraus Google den Verkehrsfluss berechnet.

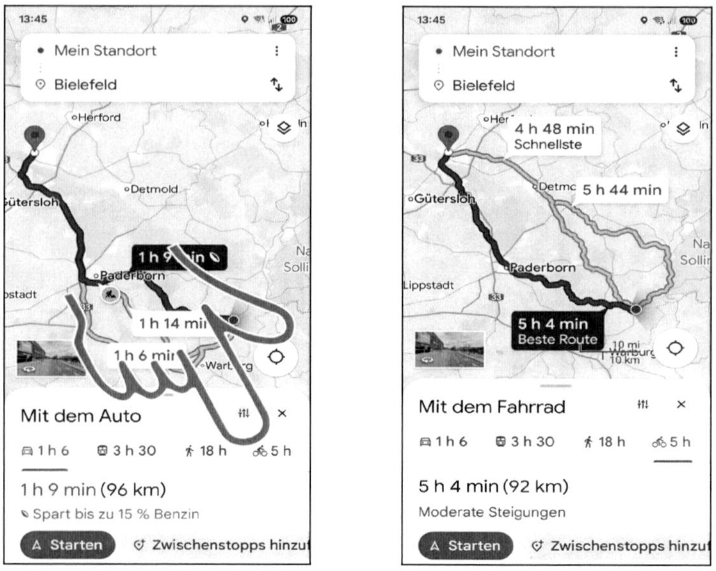

❶❷ Über die Piktogramme am oberen Bildschirmrand (Pfeil) wählen Sie die Art Ihres Fahrzeugs (Auto, öffentliche Verkehrsmittel, Fußgänger oder Fahrrad), was direkte Auswirkungen auf die empfohlene Route hat.

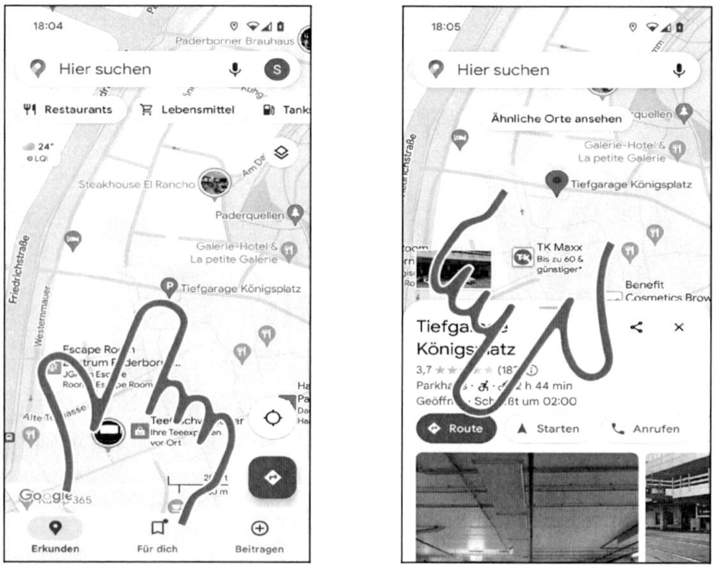

❶ Alternativ tippen und halten Sie den Finger auf einem Point of Interest beziehungsweise Kartenbereich, bis am unteren Bildschirmrand das Popup erscheint.

❷ Danach gehen Sie auf *Route*, worauf der zuvor im Popup angezeigte Ort als Zielort übernommen wird. Wählen Sie, falls nötig wie zuvor bereits beschrieben, einen der Routenvorschläge aus.

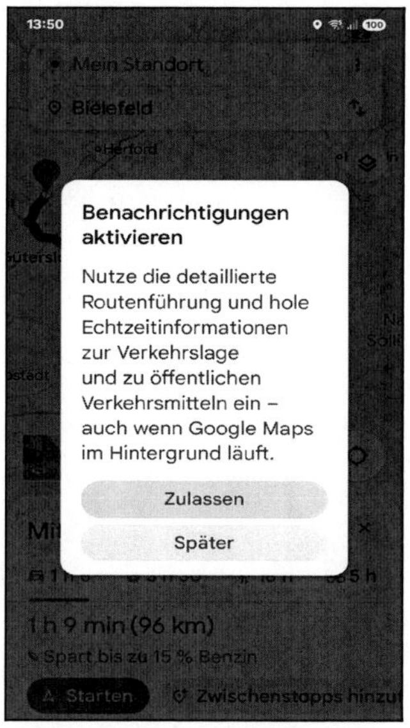

❶ Betätigen Sie *Starten*, worauf Google Maps in den Navigationsmodus wechselt.

❷ Beim ersten Aufruf der Navigationsfunktion schlägt Google vor, die Benachrichtigungen zu aktivieren. Bestätigen Sie mit *Zulassen* und betätigen Sie auch *Zulassen* im Popup.

Da die Navigation innerhalb von Google Maps abläuft, stehen dort viele der bereits ab Kapitel *12.1 Google Maps nutzen* beschriebenen Funktionen zur Verfügung. Zum Beispiel können Sie mit angedrücktem Finger den Kartenausschnitt verschieben, oder durch »Kneifen« mit zwei Fingern im Kartenmaterial heraus- und hineinzoomen.

Praktisch: Ist ein Unternehmen, Restaurant oder eine Freizeitattraktion zur Ankunftszeit bereits geschlossen, erfolgt ein entsprechender Hinweis.

Eine Streckenänderung während der Navigation ist nicht möglich. Sie müssen für diesen Fall den Navigationsmodus mit der X-Taste unten links beenden und dann die Routenplanung erneut aufrufen.

12.6.2 Navigation in der Praxis

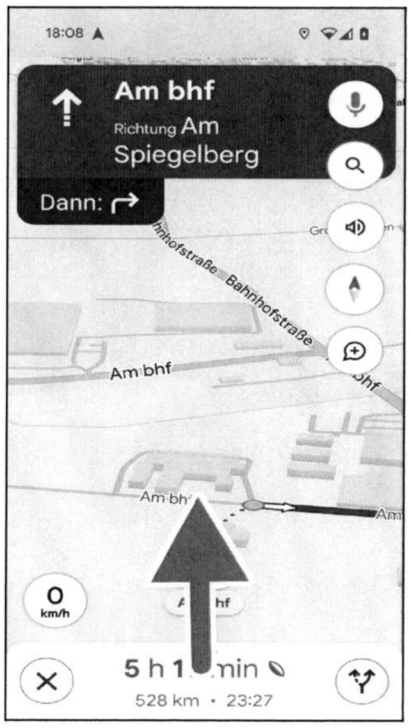

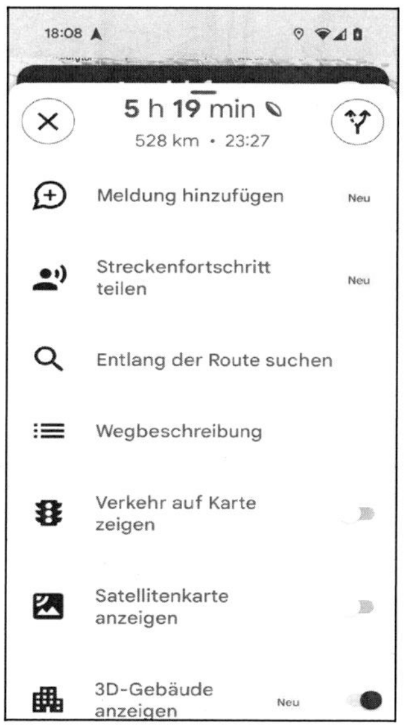

❶ X (unten links) beendet die Navigation.

❷❸ Wischen Sie auf der Fahrtzeitanzeige nach oben für weitere Optionen (alternativ tippen Sie einmal auf die Fahrzeit):

- *Meldung hinzufügen*: Google wertet für die Routenplanung die Fließgeschwindigkeit des Verkehrs sowie offizielle Quellen aus. Falls Sie auf eine Verkehrsbehinderung stoßen, die nicht auf Google Maps hinterlegt ist, können Sie Google davon in Kenntnis setzen.

- *Streckenfortschritt teilen*: Ausgewählte Personen sehen Ihre aktuelle Position.
- *Entlang der Route suchen*: Lassen Sie sich Tankstellen, Restaurants usw. in Routennähe auf der Karte anzeigen.
- *Wegbeschreibung*: Auflistung der Fahrtanweisungen
- *Verkehr auf Karte anzeigen*: Google Maps informiert in der Karte mit Symbolen über das Verkehrsgeschehen.
- *Satellitenkarte anzeigen*: Satellitenbild einblenden. Beachten Sie, dass dabei das aus dem Internet übertragene Datenvolumen stark ansteigt!
- *3D-Gebäude anzeigen*: Die eingeblendeten Gebäude erleichtern die Orientierung.
- *Einstellungen*: Darauf gehen wir unten ein.

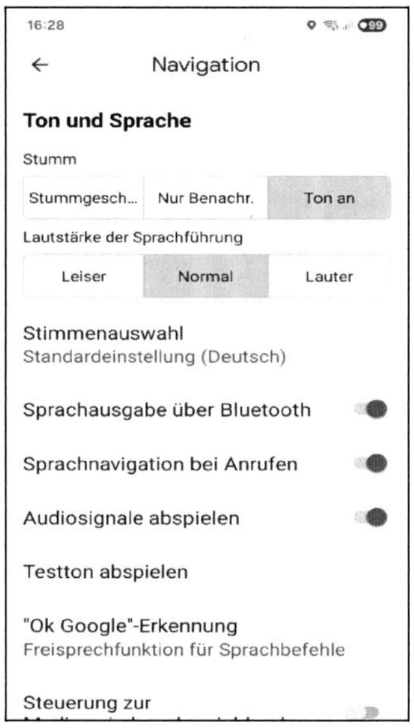

❶❷ Die *Einstellungen*:

Unter *Ton und Sprache*:

- *Stumm*: Wählen Sie aus, wie gesprächig die Navigation abläuft.
- *Lautstärke der Sprachführung*: Die Lautstärke lässt sich in drei Stufen einstellen.
- *Stimmenauswahl*: Stellt die verwendete Sprache ein.
- *Sprachausgabe über Bluetooth*: Die Navigationsanweisungen werden über ein Bluetooth-Gerät abgespielt (siehe Kapitel *25.2 Bluetooth-Headset/Freisprecheinrichtung verwenden*).
- *Sprachnavigation bei Anrufen*: Auch während Sie Telefonieren erfolgen Sprachanweisungen durch Google Maps.
- *Audiosignale abspielen*: Nicht von Google dokumentiert.
- *Testton abspielen*: Prüfen Sie die Lautstärke der Sprachanweisungen.
- *"Ok Google"-Erkennung*: Legen Sie fest, ob und die Sprachsteuerung während der Navigation aktiv ist.
- *Steuerung zur Medienwiedergabe einblenden; Standardmedienanbieter für Assistant*: Wählen Sie eine Musikanwendung aus, die während der Navigation aktiv ist.

Unter *Benachrichtigungsoptionen*: Sie erhalten Hinweise, wenn auf Ihrer geplanten Route Verkehrsbehinderungen zu erwarten sind.

Unter *Routenoptionen* können Sie bestimmte Strecken von der Navigation ausschließen:

- *Autobahnen vermeiden*

- *Mautstraßen vermeiden*
- *Fähren vermeiden*
- *Kraftstoffsparende Routen bevorzugen*: Es werden Routen bevorzugt, die aufgrund der nötigen Fahrweise Sprit sparen. Dazu werden beispielsweise Strecken mit vielen Ampeln und zähflüssigem Verkehr gemieden.
- *Meine Fahrzeuge*: Wählen Sie einen Motortyp Ihres Autos aus, für den die Routenvorschläge optimiert werden.

Unter *Kartendarstellung*:

- *Farbschema*: Google Maps schaltet automatisch – abhängig von der Uhrzeit – zwischen Tag- und Nachtansicht um. Letztere verwendet eine dunkle Farbgebung, um Blendung im dunklen Auto zu vermeiden.
- *Entfernungseinheiten:* Entfernungsangaben in der Sprachausgabe beziehungsweise in den Bildschirmanzeigen richten sich nach dem Land, in dem Sie sich befinden. Bei Bedarf können Sie aber auch *Kilometer* oder *Meilen* fest einstellen.
- *Norden immer oben*: Kartenansicht folgt nicht Richtungsänderungen. Wir raten von dieser Einstellung ab.
- *3D-Gebäude anzeigen*: Die eingeblendeten Gebäude erleichtern die Orientierung.

Unter *Optionen für Kraftfahrzeuge:*

- *Tachometer*: Blendet die aktuelle – per GPS ermittelte – Geschwindigkeit ein.
- *Benachrichtigungen beim Fahren*: Nicht von Google dokumentiert.
- *Bluetooth-Beacons für Tunnel*: Einige Tunnelbetreiber betreiben spezielle Bluetooth-Sender für GPS-Signale.

Unter *Fußwegoptionen*:

- *Live View*: Im Fußgängermodus zeigt Google Maps Fotos von Straßenansichten an.
- *Detailierte Sprachführung*: Diese Funktion ist nur bei der Fußgängernavigation aktiv.

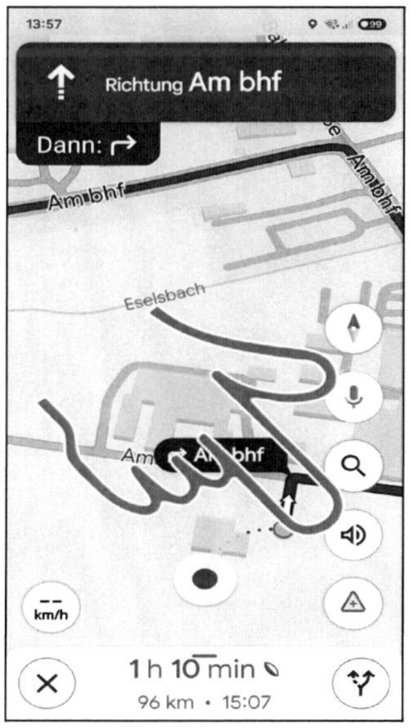

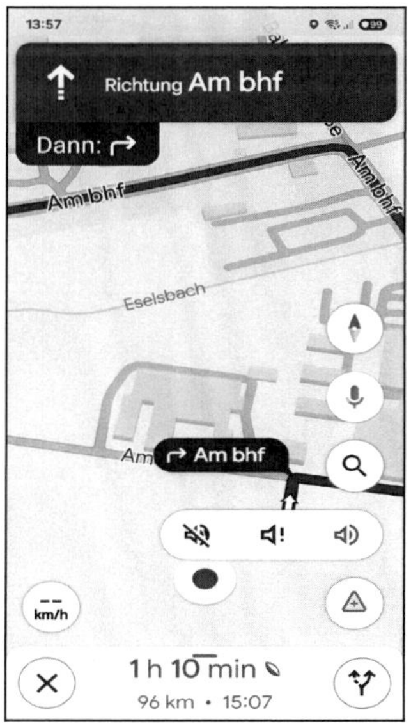

❶❷ 🔊 (Pfeil) klappt zwei Schaltflächen aus, mit denen Sie die Sprachausgabe abschalten oder nur Benachrichtigungen zulassen (beispielsweise »*Kein Empfang*«) oder alle Ansagen wieder erlauben.

12.6.3 Schnelle Navigation

Die Strecke zwischen Wohnort und Arbeit dürften die meisten Anwender am häufigsten fahren. Während Pendler, die nur wenige Kilometer zur Arbeitsstelle zurücklegen, dafür kein Navi brauchen, sieht es für längere Strecken anders aus. Häufig lohnt es sich dann die Navigation über Google Maps, weil es das aktuelle Verkehrsgeschehen berücksichtigt.

12.6.3.a Ersteinrichtung der Pendelstrecke

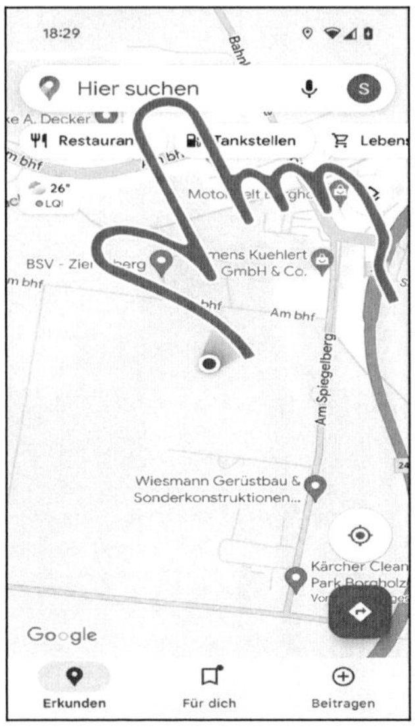

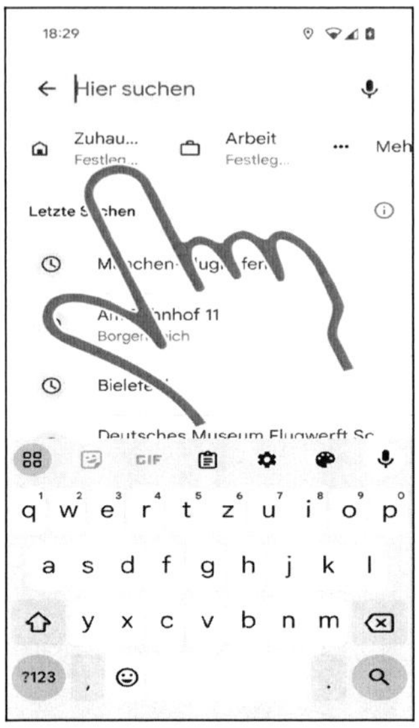

❶ Tippen Sie ins Suchfeld.

❷❸ Hier gehen Sie auf *Zuhause* und erfassen Ihre Privatadresse im Format »Straße Hausnummer PLZ Ort«. Google Maps schlägt unter dem Eingabefeld passende Adressen vor, von denen Sie eine auswählen können.

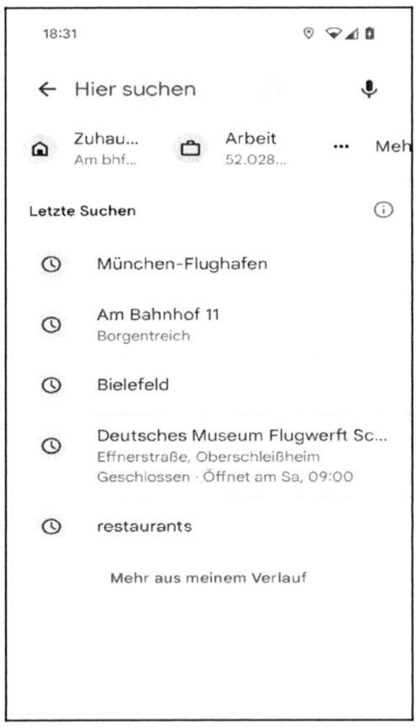

❶ Schließen Sie den Bildschirm mit *Fertig*.

❷ Sie befinden sich wieder im Suchbildschirm, wo Sie auf *Arbeit* gehen und die Adresse Ihres Arbeitsplatzes erfassen.

❸ Verlassen Sie den Bildschirm mit der ◀-Taste.

Wenn Sie später mal die bei *Arbeitsplatz* hinterlegte Adresse ändern möchten, dann tippen Sie einfach darauf und geben Sie die neue Adresse ein.

12.6.3.b Praxiseinsatz

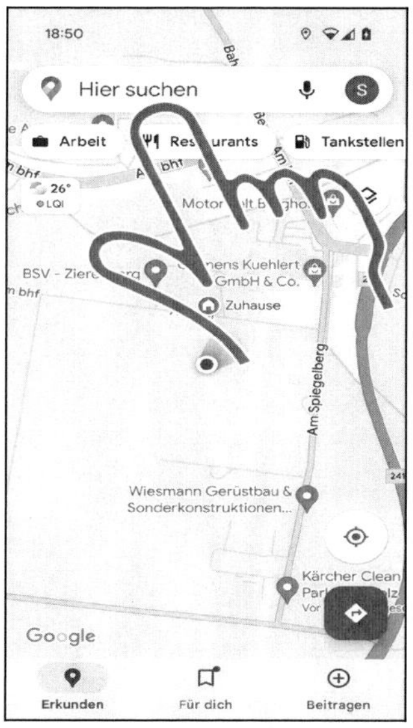

❶❷ Zum Navigieren gehen Sie ins Suchfeld und tippen auf *Zuhause* beziehungsweise *Arbeit.*

❸ Betätigen Sie *Starten*, worauf die Navigation startet.

12.7 Ansichten

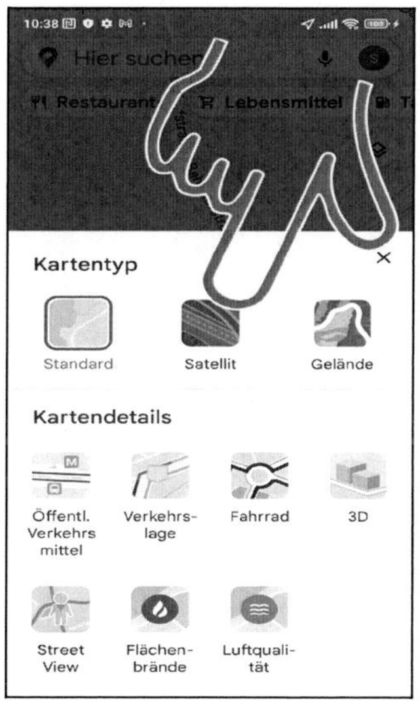

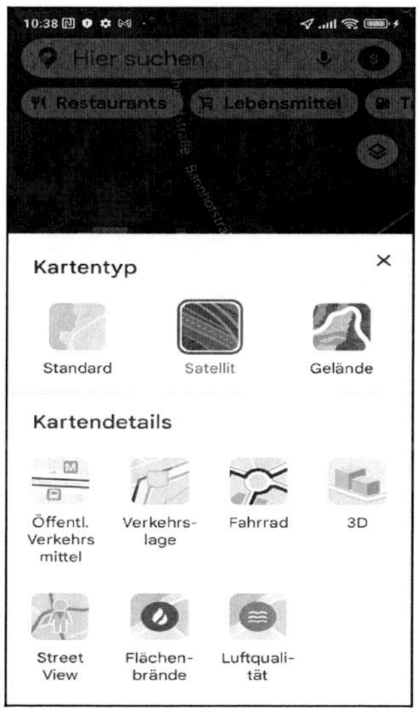

❶❷ Aktivieren Sie über ◈ (Pfeil) das Menü, worin Sie auf *Satellit* gehen. Die Satellitenansicht ist insbesondere dann praktisch, wenn man sich genau orientieren will, weil die normale Kartenansicht kaum Hinweise auf die Bebauung und markante Geländemerkmale gibt.

❸ Das Popup-Menü schließen Sie mit der ◀-Taste – alternativ tippen Sie auf einen Kartenbereich neben dem Popup.

> Um die eingestellten Ansichten wieder auszuschalten, tippen Sie einfach im Popup erneut darauf.
>
> Die Optionen *Flächenbrände* und *Luftqualität* werden in Deutschland nicht unterstützt.
>
> Beachten Sie, dass die Satellitenansicht auf einige Jahre alten Luftbildern basiert. Sensible Zonen und Gebäude, darunter Militär- und Regierungsgebäude, sind teilweise digital verfälscht, damit potenzielle Angreifer keine Planungsgrundlage erhalten.

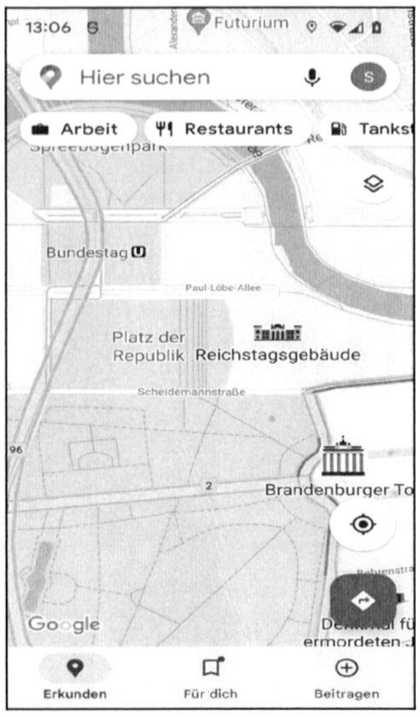

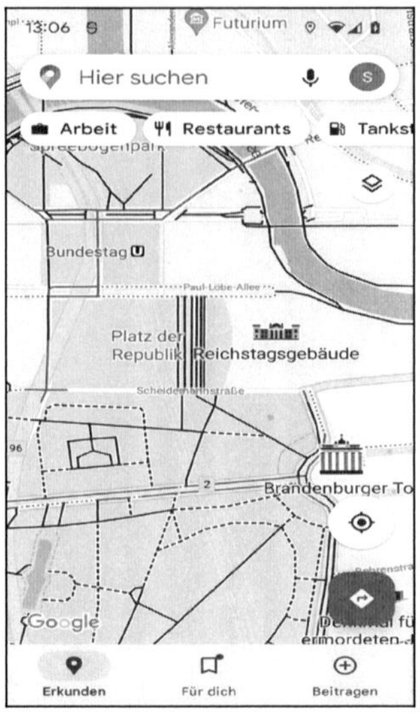

❶ *Verkehrslage* aus dem Dialog blendet die aktuelle Straßenlage in der Kartenanzeige ein, wobei das Verkehrsgeschehen mit orange/rot (zähflüssig/Stau) oder grün (freie Fahrt) bewertet wird. Für die Staudaten, welche Google Maps im Minutentakt aktualisiert, wertet Google das Bewegungsprofil von Android-Handys aus. Jedes Android-Gerät sendet ja in anonymisierter Form im Minutenabstand seine aktuelle, per GPS ermittelte Position an die Google-Server, woraus sich dann ein Bewegungsmuster errechnen lässt.

❷ Verwenden Sie *Fahrrad* aus dem Dialog, um Fahrradtouren anhand der ausgewiesenen Fahrradwege zu planen.

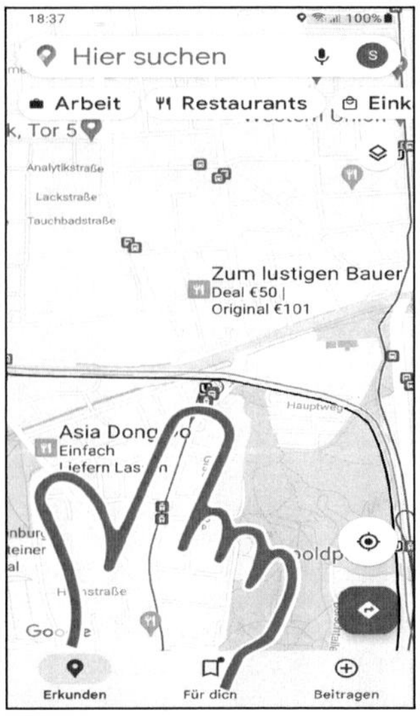

❶ Ebenfalls praktisch ist die Ansicht *Öffentl. Verkehrsmittel*. Google Maps zeichnet dann alle Routen und Haltestellen öffentlicher Verkehrsmittel ein. Tippen Sie auf eine Haltestelle in der Kartenansicht.

❷❸ Tippen Sie eine Linie an, zu der Sie die Route erfahren möchten.

12.8 Google Local

Der Suchmaschinenbetreiber Google führt eine riesige Datenbank mit den Standorten von »Points of Interest« (POIs), darunter Unternehmen, Sehenswürdigkeiten, Restaurants usw. Wenn Sie eine Suche, beispielsweise nach »Restaurant«, in Google Maps durchführen, greift Google Maps auf diese Datenbank zurück und listet die Fundstellen auf. Mit einem Fingerdruck kann man sich dann die Position eines Restaurants in der Karte, sowie weitere Infos, darunter auch Kundenbewertungen, Öffnungszeiten und Telefonnummern anzeigen. Diese Suche beschreibt bereits Kapitel *12.5 Suche*. Google Local vereinfacht die Suche und arbeitet mit Google Maps zusammen, um die Kartenposition anzuzeigen.

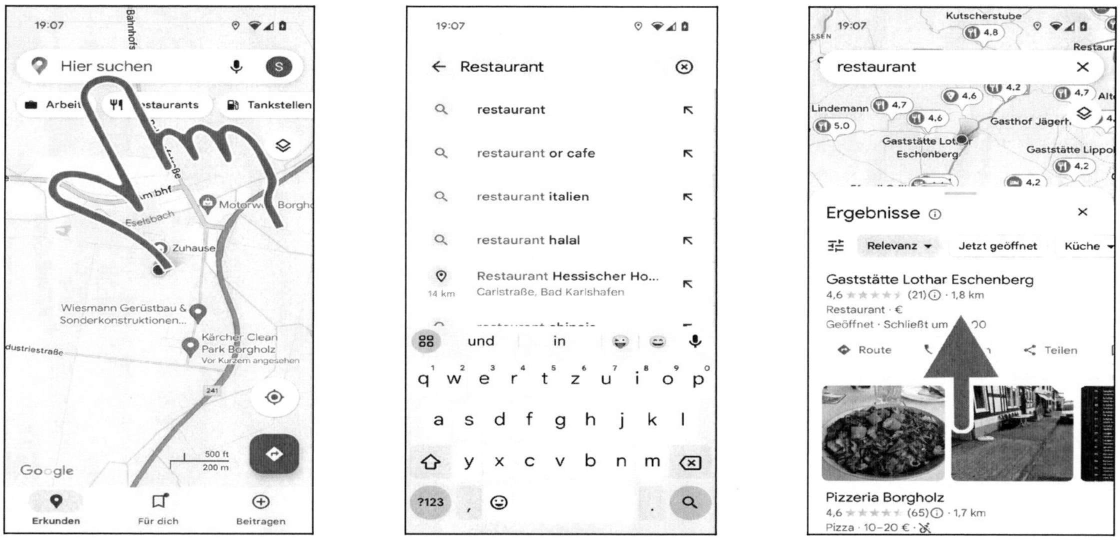

➊ Die Funktionen von Google Local stehen automatisch nach Antippen der Suchleiste zur Verfügung.

➋ Sie haben nun zwei Möglichkeiten; Entweder geben Sie einen Suchbegriff ein oder Sie wählen Sie eine der vorgegebenen Kategorien unterhalb des Suchfelds aus.

➌ Blättern Sie mit einer Wischgeste und wählen Sie einen Eintrag aus, zu dem Sie mehr Infos wünschen. Alternativ beschränken Sie über die Filter am oberen Bildschirmrand jeweils die Anzeige auf eine bestimmte Kategorie, beispielsweise *Jetzt geöffnet* oder *Top bewertet*.

Etwas simpler ist die Option, einfach in den Kartenbereich zu wechseln, für den Sie Points of Interest suchen (zum Beispiel mit der im Kapitel *12.5 Suche* beschriebenen Suchfunktion), die Suche mit ✕ beenden, die Suchleiste erneut antippen und dann eine der Schaltflächen, beispielsweise für Restaurants zu betätigen.

Alle Point of Interest erscheinen zudem direkt in der Karte, wenn Sie tief genug hereinzoomen.

➊ Alternativ nutzen Sie die Vorschläge unter dem Eingabefeld: Mit einer Wischgeste »blättern« Sie in den Schaltflächen.

➋➌ Tippen Sie dann eine Schaltfläche an, beispielsweise *Tankstellen*, wenn Ihnen mal unterwegs der Sprit ausgeht.

12.8.1 Markierungen

Points of Interest, die Sie häufiger benötigen, können Sie für spätere Verwendung markieren. Die Markierungen werden dann in Ihrem Google-Konto und nicht nur lokal auf Ihrem Galaxy gespeichert.Points of Interest, die Sie häufiger benötigen, können Sie für spätere Verwendung markieren. Die Markierungen werden dann in Ihrem Google-Konto gespeichert und nicht nur lokal auf Ihrem Handy.

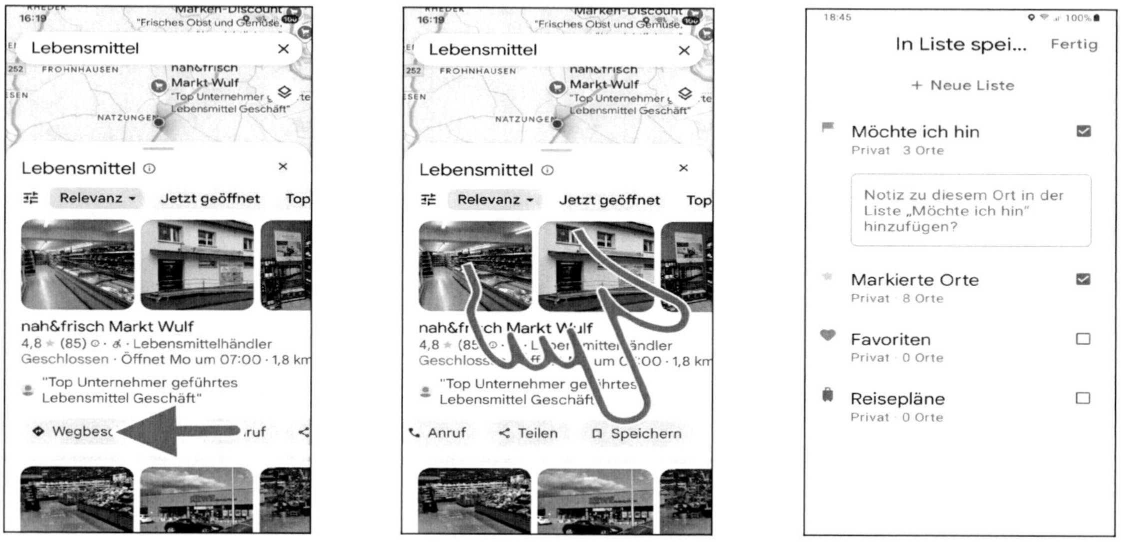

❶❷ In der Auflistung wischen Sie auf den Schaltflächen nach links und betätigen Sie *Speichern.*

❸ Anschließend wählen Sie die Favoriten-Art aus.

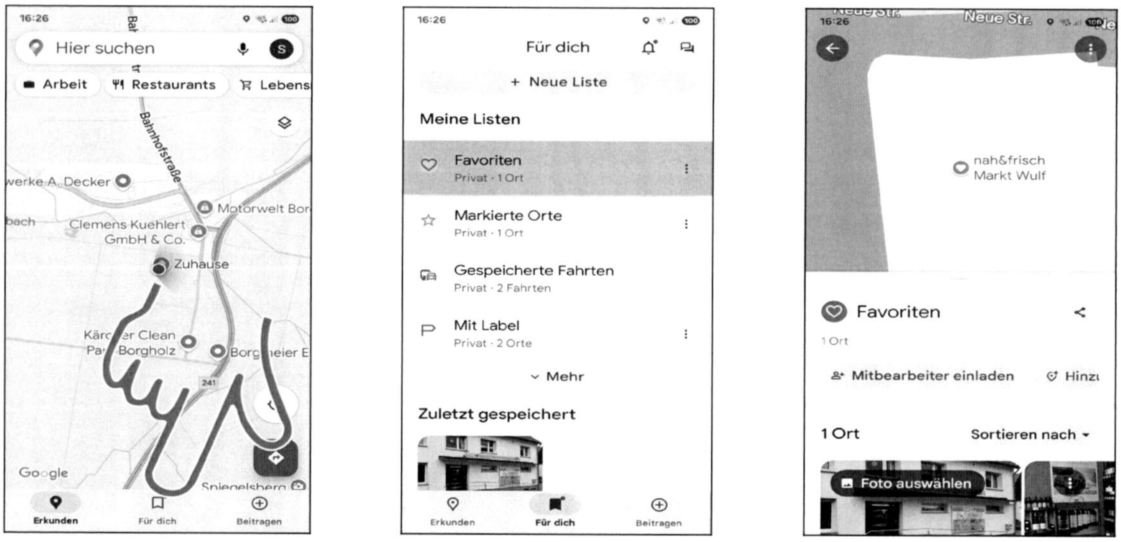

❶ Die von Ihnen gespeicherten Orte finden Sie im *Für dich*-Register.

❷❸ Wählen Sie einen Favoritentyp aus, worauf Sie die Favoritenauflistung erhalten.

12.9 Adressen aus dem Telefonbuch

Google verknüpft alle von Ihnen auf dem Handy verarbeiteten Daten. Dies trifft auch auf Ihre Kontakte zu, die in Google Maps angezeigt werden.

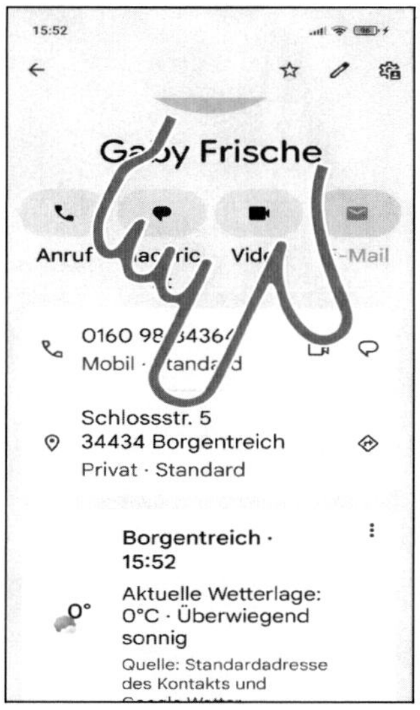

➊➋ Haben Sie zu einem Kontakt im Telefonbuch eine Adresse hinterlegt, dann können Sie direkt dort hin navigieren, indem Sie diese antippen.

12.10 Einstellungen

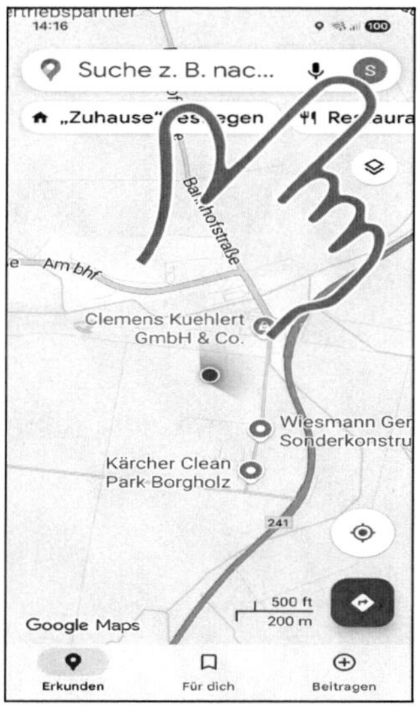

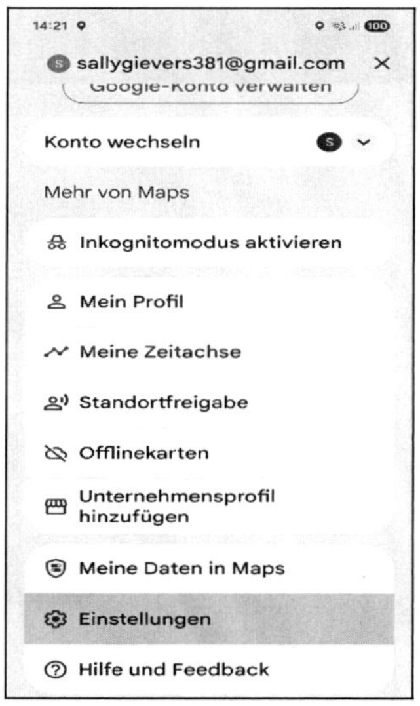

➊ Tippen Sie auf das runde Profilsymbol.

➋ Gehen Sie auf *Einstellungen*.

➌ Die verfügbaren Optionen:

- *App-Sprache*: Anwender, die des Deutschen nicht mächtig sind, können die Benutzeroberfläche inklusive Sprachausgabe auf eine andere Sprache umstellen.
- *Einstellungen für Offlinekarten*: Google Maps hält sein Kartenmaterial nicht auf dem Handyspeicher vor, sondern lädt es aus dem Internet herunter. Damit das Kartenmaterial auch zur Verfügung steht, wenn Sie mal keinen Internetzugang haben (zum Beispiel bei der Navigation wichtig), sollten Sie die Offline-Einstellungen aktiviert haben.
  - *Offlinekarten automatisch aktualisieren*: Durch die Aktualisierung berücksichtigt Google auch das aktuelle Verkehrsgeschehen und gesperrte Straßen in der Navigation.
  - *Offline-Karten automatisch herunterladen*: Lädt Kartendaten automatisch bei Bedarf

herunter. Dies geschieht, sobald Sie sich einen Kartenausschnitt ansehen oder die Navigationsfunktion verwenden.

- ○ *Downloadeinstellungen*: Falls dies Ihr Mobilfunkvertrag hergibt, können Sie Aktualisierung von Offline-Karten (siehe Kapitel *12.4 Kartenausschnitt auf dem Gerät speichern*) nicht nur über WLAN, sondern auch über Mobilfunkinternet durchführen lassen.
- ○ *Über Offlinekarten*: Weitere Informationen anzeigen.

- *Nur WLAN*: Hiermit reduzieren Sie die über eine Mobilfunkverbindung heruntergeladene Datenmenge. Beachten Sie, dass dann unterwegs keine Kartenanzeige erfolgt. Sie sollten die Option deshalb nicht aktivieren.
- *Design*: Das Aussehen der Benutzeroberfläche lässt sich zwischen einem hellen und dunklen Design umschalten. Siehe auch Kapitel *28.11 Dunkelmodus*.
- *Adressen bearbeiten*: Legen Sie für die einfachere Routenberechnung (siehe Kapitel *12.6 Navigation*) Heim- und Arbeitsadresse fest. Diese werden dann bei der Routeneingabe vorgeschlagen.
- *Videoeinstellungen*: Nicht von Google dokumentiert.
- *Einstellungen für gespeicherte Fahrten*: Nicht von Google dokumentiert.
- *Google-Standorteinstellungen*: Diverse Einstellungen für Google Local, auf die Kapitel *12.8 Google Local* eingeht.
- *Persönliche Inhalte*: Darauf gehen wir weiter unten ein.
- *Bedienungshilfe-Einstellungen*: Liefert Infos über die Zugänglichkeit von gesuchten oder angezeigten Orten für Menschen mit Behinderung.
- *Tipps zur Standortgenauigkeit*: Sofern das Handy Ihre Position nicht exakt orten kann, gibt das Gerät hier Hinweise.
- *Google Maps-Verlauf:* Listet alle Orte auf, nach denen Sie gesucht beziehungsweise zu denen Sie navigiert haben. Auch als Favoriten markierte Orte (siehe Kapitel *12.8.1 Markierungen*) werden hier aufgelistet.
- *Meine Fahrzeuge*: Die hier vorgenommene Auswahl des Ladesteckers wird derzeit nicht von Google Maps ausgewertet.
- *Benachrichtigungen*: Informiert über Veranstaltungen (zum Beispiel Sportereignisse), welche die Verkehrssituation in Ihrer Nähe beeinflussen.
- *Chat*: Nicht von Google dokumentiert.
- *Entfernungseinheiten*: Anzeige zwischen Meilen und Kilometer umschalten.
- *Maps in Satellitenansicht starten*: Die Satellitenansicht benötigt eine schnelle Internetverbindung und verbraucht in kurzer Zeit ein hohes Datenvolumen, weshalb wir von deren Nutzung abraten.
- *Maßstab auf der Karte anzeigen*: Informiert beim Zoomen in der Karte über den gerade aktiven Kartenmaßstab.
- *Navigation*: Auf diese Einstellungen geht Kapitel *12.6 Navigation* ein.
- *Einstellungen verwalten*: Legen Sie Themen fest, die Sie besonders interessieren oder nicht interessieren, sodass Google Maps dies bei den Navigationsvorschlägen berücksichtigen kann.
- *Schütteln, um Feedback zu senden*: Falls Sie Verbesserungsvorschläge haben oder auf einen Programmfehler stoßen, können Sie diesen den Entwicklern melden.
- *Infos, Datenschutz & Bedingungen*
- *Aus Google Maps abmelden*: Über das Menü wechseln Sie das Google-Konto, in dem Google Maps Ihre Nutzungsdaten ablegt.

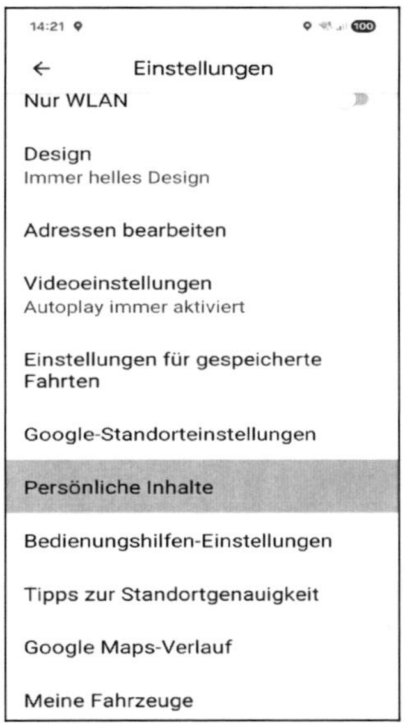

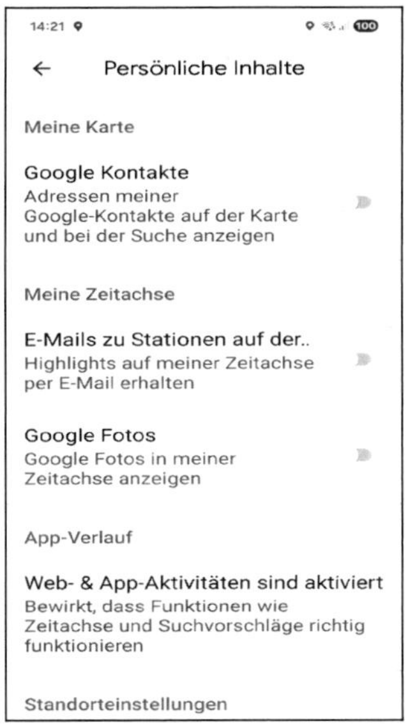

❶❷ Die Optionen in *Persönliche Inhalte* beziehen sich zum großen Teil auf die sogenannte Zeitachse. Dies ist eine Funktion, die genau auflistet, wo Sie sich zu bestimmten Zeitpunkten befunden haben. Wegen des damit verbundenen Eingriffs in Ihre Privatsphäre müssen Sie die Zeitachse erst im Ausklappmenü unter *Meine Zeitachse* aktivieren, bevor Sie sie nutzen können.

Unter *Meine Karte*:

- *Google-Kontakte*: Sofern Sie bei Ihren Kontakten im Telefonbuch (siehe Kapitel *7 Telefonbuch*) eine Adresse eingegeben haben, erscheinen diese in Google Maps.

Unter *Meine Zeitachse:*

- *E-Mails zu Stationen auf der Zeitachse*: Falls es neues zu Standorten gibt, die Sie mal besucht haben, erhalten Sie eine E-Mail.
- *Google Fotos*: Fotos, die Sie mit der Kamera erstellt haben, werden in der Zeitachse eingeblendet.

Unter *App-Verlauf:*

- *Web- & App-Aktivitäten sind aktiviert*: Steuert, welche Aktivitäten in der Zeitachse verzeichnet werden.

Unter *Standorteinstellungen:*

- *Standorterfassung ist aktiviert; Zeitachse ist aktiviert*: Erlaubt die Speicherung Ihrer Standortdaten in der Zeitachse.
- *Alle Zeitachsendaten löschen; Teil der Zeitachsendaten löschen*: Verwaltet Ihren Standortverlauf, der in der Zeitachse erscheint.
- *Zeitachse automatisch löschen*: Nach Verstreichen des von Ihnen ausgewählten Zeitraums (3 Monate, 18 Monate oder nie) löscht Google automatisch die aufgezeichneten Standortdaten.

Unter *Profileinstellungen*:

- *Eingeschränktes Profil*: Google erlaubt die Bewertung von Geschäften und Institutionen. Von Ihnen geschriebene Bewertungen erscheinen in der Karte.

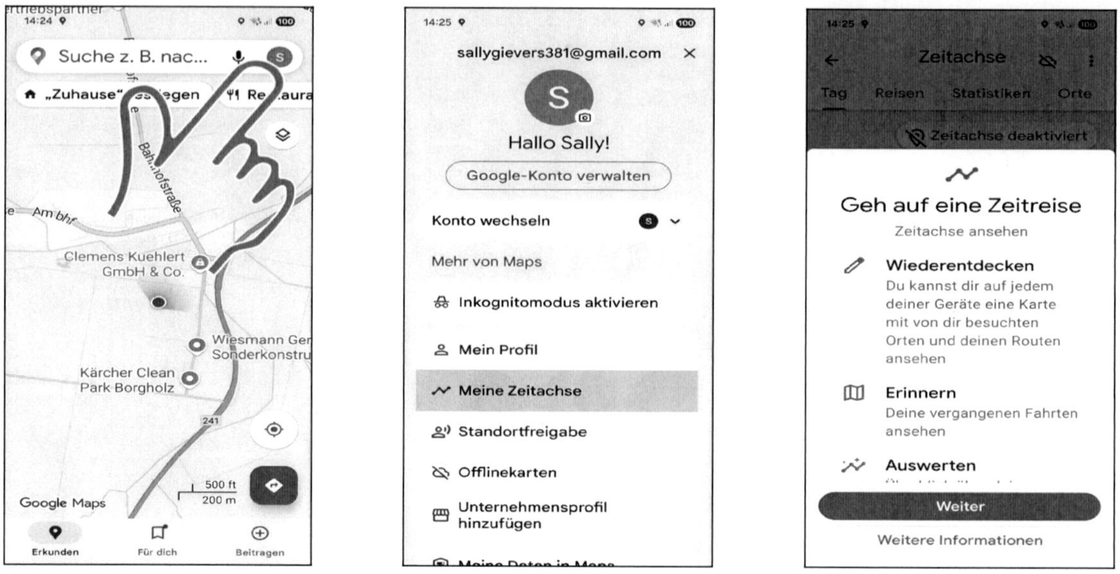

❶❷❸ Die oben erwähnte Zeitachse finden Sie im Ausklappmenü unter *Meine Zeitachse.*

13. Das Google-Konto

Google betreibt im Internet zahlreiche kostenlose Online-Dienste, wovon natürlich die Google-Suchmaschine die bekannteste ist. Weitere Web-Anwendungen sind unter anderem Gmail (E-Mail), Google Maps (Karten und Navigation), YouTube (Videos) und Google Fotos (Bilder und Videos). Android bietet mit den gleichnamigen Anwendungen die Möglichkeit, Googles Web-Anwendungen direkt auf dem Handy zu nutzen.

Damit Sie Fotos, Dokumente, Kontakte, Termine usw. auf verschiedenen Geräten (PC-Webbrowser, Chromebook, Android-Handy und Android-Tablet) nutzen können, hat Google das sogenannte **Google-Konto** ersonnen: Sie sind dabei permanent mit Ihrem Google-Konto auf dem Tablet/Handy angemeldet. Legen Sie beispielsweise auf dem Handy einen neuen Kontakt oder einen neuen Termin an, so wird dieser im Google-Konto gespeichert und steht auch auf allen anderen Android-Geräten und dem PC-Webbrowser zur Verfügung. Der dazu nötige Datenabgleich erfolgt automatisch über Googles Internetserver im Hintergrund. Einzige Voraussetzung ist, dass Sie auf den anderen Geräten ebenfalls mit Ihrem Google-Konto angemeldet sind.

Ein anderes Beispiel: Sie können tagsüber während der Arbeit auf dem Handy E-Mails mit der Gmail-Anwendung verarbeiten, am Abend loggen Sie sich auf dem Desktop-PC-Webbrowser in die Gmail-Oberfläche ein und sehen den gleichen Nachrichtenstand wie auf dem Handy.

Auch wenn Sie kein Fan von Google sind, kommen Sie nicht darum herum, ein Google-Konto zu eröffnen, denn Sie benötigen es spätestens, wenn Sie über den Google Play Store (siehe Kapitel *16 Play Store*) weitere Spiele oder Anwendungen auf dem Gerät installieren wollen.

Wichtiger Hinweis: Aufgrund von Datenschutzauflagen darf Google die in seinen Anwendungen anfallenden Daten nicht miteinander verknüpfen. Dadurch gehen einige praktische Funktionen verloren. Wie Sie diese Limitierung aufheben, erfahren Sie im Kapitel *28.14 Datenschutzeinstellungen*.

13.1 Einrichtung in einer Google-Anwendung

Wenn Sie eine Google-Anwendung wie Gmail, Play Store usw. starten, werden Sie aufgefordert, sich mit Ihrem Google-E-Mail-Konto anzumelden, sofern Sie dies nicht schon vorher getan hatten. Die Anmeldung mit der Gmail-Adresse ist nur einmalig notwendig. Danach können sie Gmail, Google Play Store usw. ohne erneute Anmeldung nutzen.

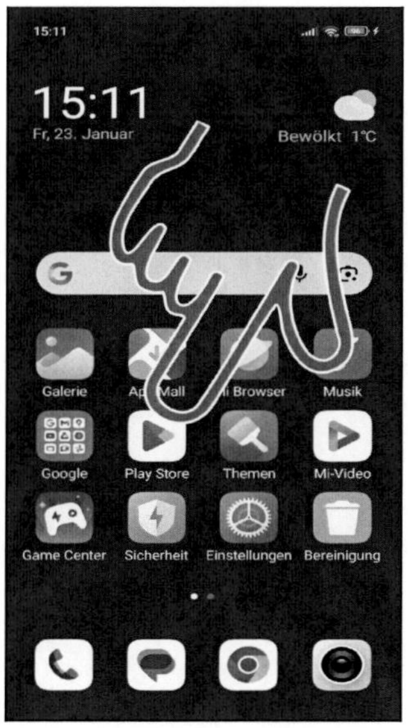

❶ Starten Sie jetzt eine Anwendung, die ein Google-Konto benötigt, im Beispiel *Play Store*, aus dem Startbildschirm.

❷ Betätigen Sie *Anmelden.*

Falls direkt die Benutzeroberfläche des Programms angezeigt wird, ohne dass Ihre Kontodaten abgefragt werden, dann haben Sie bereits die nur einmalig notwendige Anmeldung durchgeführt, beispielsweise bei der Inbetriebnahme (siehe Kapitel 3 *Erster Start*).

❶❷ Nach Antippen des entsprechenden Eingabefelds erfassen Sie Ihr Google-Konto und betätigen Sie *Weiter.*

❸ Gehen Sie genauso mit dem nächsten Eingabefeld vor, in dem Sie das Passwort Ihres Google-Kontos eingeben.

Sie brauchen nur den ersten Teil Ihrer Google-Mail-Adresse vor dem »@« einzugeben, denn »@gmail.com« wird automatisch ergänzt, wenn Sie ins Passwortfeld wechseln.

Die Anmeldung mit der Gmail-Adresse ist nur einmalig notwendig. Danach können sie Gmail, Google Play Store usw. ohne erneute Anmeldung nutzen.

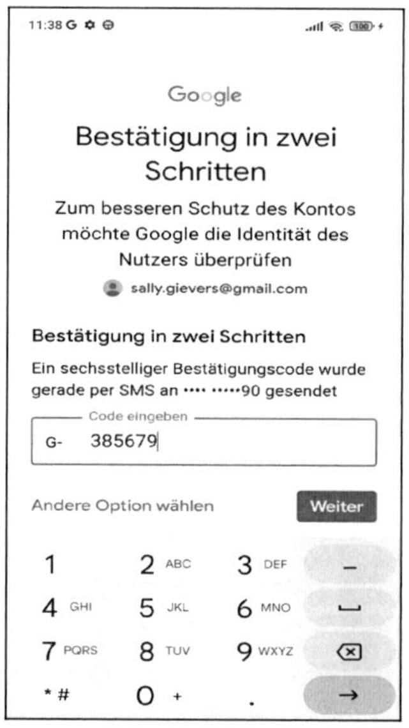

Google möchte sicherstellen, dass kein Unbefugter Ihr Google-Konto nutzt. Deshalb wird eine Authentifizierung verlangt.

❶ Das Google-Konto haben Sie ja bereits auf Ihrem alten Handy genutzt. Dort können Sie es mit *Ja, das bin ich* freigeben. Falls Sie das alte Handy nicht zur Verfügung haben und deshalb eine andere Authenfizierung nötig ist, gehen Sie auf *Andere Option wählen* (Pfeil).

❷ In unserem Beispiel haben wir uns für die dritte Option entschieden: Der Code wird per SMS an unsere Handynummer gesendet. Die Handynummer hat Google bei der Erstanmeldung Ihres

Google-Kontos erfahren.

❸ Den empfangenen Code geben Sie ein und betätigen Öffnen (auf dem Tastenfeld) beziehungsweise *Weiter.*

❶ Betätigen Sie *Ich stimme zu.*

❷ Falls dieser Hinweis erscheint, haben Sie bereits Daten auf dem Gerät eingegeben, die noch nicht im Google-Konto gesichert werden. *Sicherung aktivieren* behebt das Problem.

❸ Betätigen Sie *Nicht jetzt.*

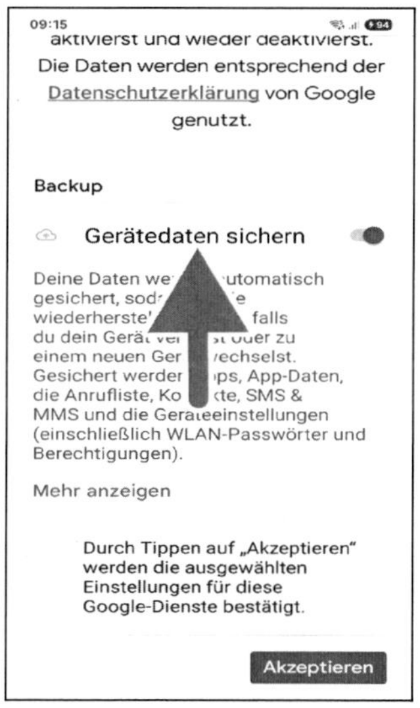

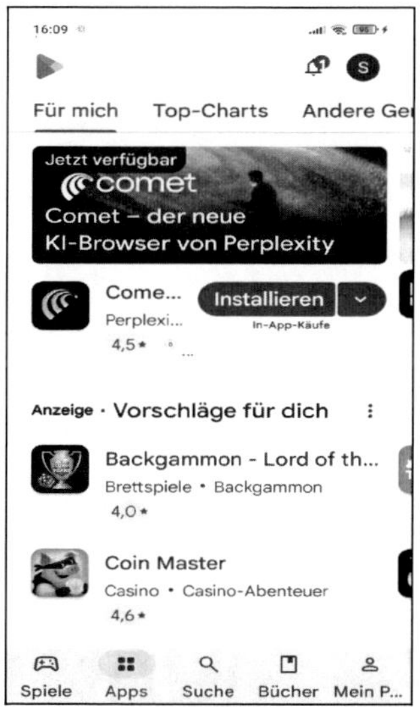

❶ Im nächsten Bildschirm wischen Sie einmal nach oben und gehen auf *Akzeptieren.*

❷ Der Google Play Store schützt Sie vor Betrug, indem Sie Käufe jedes Mal mit dem Passwort freigeben müssen. Betätigen Sie *Passwort verwenden* und bestätigen Sie mit Ihrem Ihres Google-Konto-Passwort.

❸ Sie befinden sich im Play Store.

13.2 Google-Konto entfernen

Es dürfte nur sehr selten nötig sein, das eigene Google-Konto zu entfernen. Alle in Ihrem Google-Konto im Internet hochgeladenen Daten bleiben erhalten und werden auf einem anderen Gerät wieder hergestellt, wenn Sie sich dort erneut mit dem gleichen Google-Konto anmelden.

Falls Sie vorhaben, Ihr Handy an einen Dritten abzugeben, dann sollten Sie nicht Ihr Google-Konto vom Gerät entfernen, weil sich dann noch alle Daten im Gerätespeicher befinden, sondern, das Handy, wie im Kapitel *28.8 Handy zurücksetzen* beschrieben, komplett auf den Werkszustand zurücksetzen.

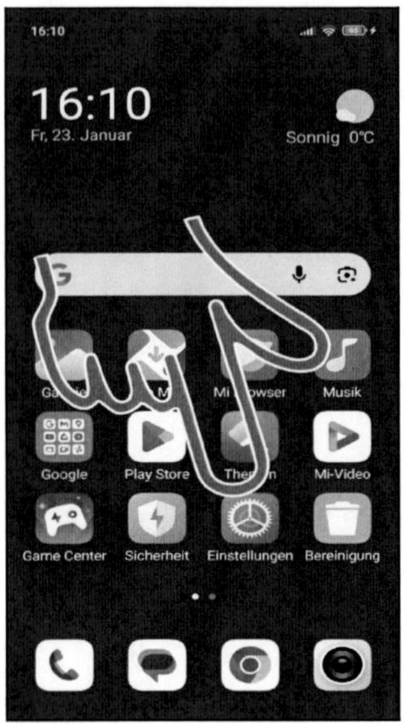

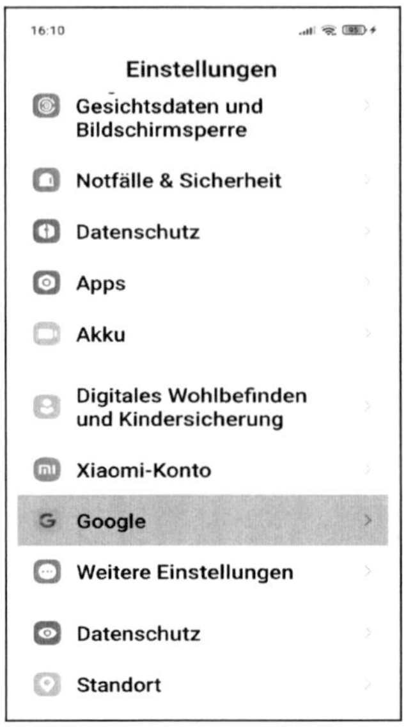

❶ Rufen Sie *Einstellungen* im Startbildschirm auf.

❷ Rollen Sie mit einer Wischgeste durch die Menüauflistung und gehen Sie auf Google.

❸ Tippen Sie das Google-Konto an.

❶ Im Popup gehen Sie auf *Konten auf diesem Gerät verwalten.*

❷ Tippen Sie auf *Google.*

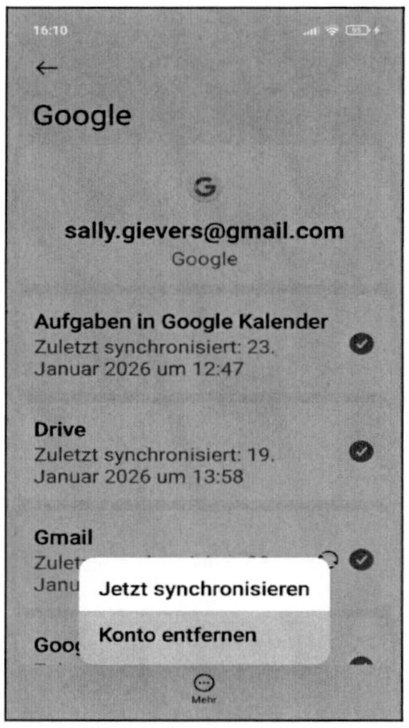

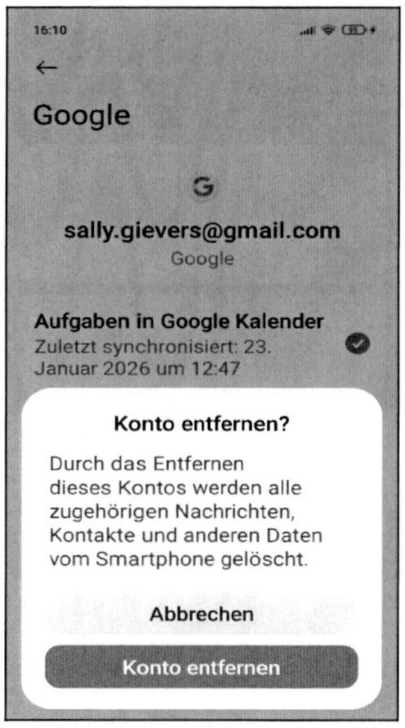

❶❷ Betätigen Sie *Mehr* und im Popup erneut *Konto entfernen.*

❸ Die Sicherheitsabfrage schließen Sie mit *Konto entfernen.*

14. Benutzeroberfläche optimal nutzen

In diesem Kapitel werfen wir einen Blick auf die zahlreichen Optionen, mit denen Sie das Xiaomi-Handy an Ihre Bedürfnisse anpassen.

14.1 Bildschirmanzeige anpassen

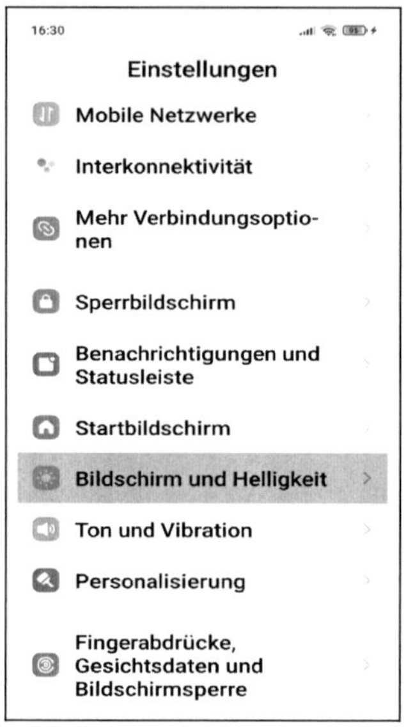

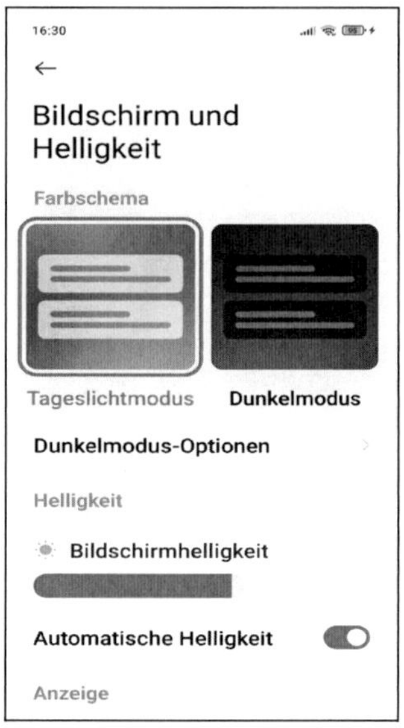

❶❷❸ In *Einstellungen/Bildschirm und Helligkeit* konfigurieren Sie die Bildschirmanzeige:

Unter *Farbschema*:

- *Tageslichtmodus; Dunkelmodus*: Bei Dunkelheit stört das helle Display. Zwar können Sie die Displayhelligkeit über den Regler im Kontrollzentrum reduzieren, nur dann ist der Bildschirm nicht mehr so gut ablesbar. Deshalb unterstützt das Xiaomi den Dark Mode (engl. Dunkelmodus), bei dem die Bildschirmdarstellung invertiert wird. Siehe dazu auch Kapitel *28.11 Dunkelmodus*.
- *Dunkelmodus-Optionen*: Legen Sie die Zeitpunkte fest, an denen das Handy automatisch zwischen Tageslichtmodus und Dunkelmodus umschaltet. Außerdem können Sie hier die Anwendungen auswählen, die den Dunkelmodus verwenden.

Unter *Helligkeit*:

- *Bildschirmhelligkeit*: Diese können Sie einfacher über den Helligkeitsregler im Kontrollzentrum anpassen.
- *Auto-Helligkeit*: Passt die Helligkeit an die Umgebung an, sodass Sie Abends nicht geblendet werden.
- *Farbschema*: Legen Sie die Farbdarstellung fest. Darauf gehen wir unten noch ein.
- *Lesemodus*: Blaues Licht wird von vielen Personen als unangenehm empfunden, weshalb man das Handy veranlassen kann, einen Teil des blauen Farbspektrums herauszufiltern. Das Display hat dann einen leichten Gelbstich. Die Filterung lässt sich ebenso frei einstellen wie auch eine Zeitsteuerung, falls Sie nur Abends ein gelbliches Display bevorzugen.
- *Bildwiederholrate*: Das Handy passt die Bildwiederholrate standardmäßig automatisch an das Nutzungsverhalten und den Akkuladestand an. Sie können die Bildwiederholrate auch mit *Anpassen* fest auf 60 oder 120 Hz einstellen.

Unter *Schriftart*:

- *Schriftart*: Die von den Anwendungen genutzte Schriftart. Beachten Sie bitte, dass einige der angebotenen Schriften nur schlecht lesbar sind.
- *Schrifteinstellungen*: Wählen Sie zwischen sechs verschiedenen Schriftgrößen, die in den

Menüs und Anwendungen zum Einsatz kommen.

14.1.1 Kontrast und Farben

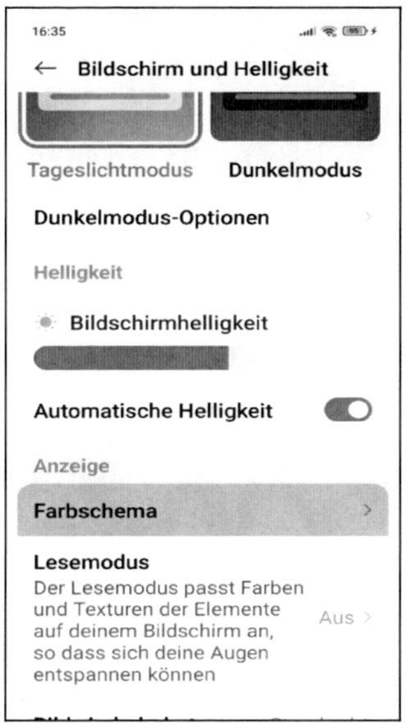

❶❷ Die Farbdarstellung lässt sich im *Farbschema*-Menü zwischen *Lebhaft, Gesättigt* und *Standard* umschalten. Beim Redmi Note 15 Pro steht zusätzlich *Erweiterte Einstellungen* zur Verfügung, über das Sie den Farbraum anpassen.

14.2 Kontrollzentrum und Benachrichtigungsleiste

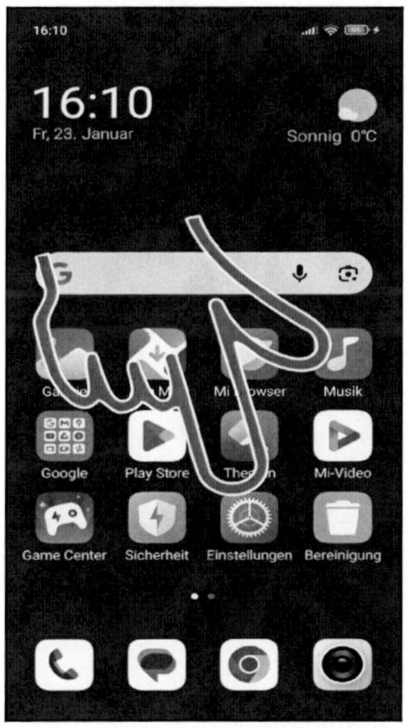

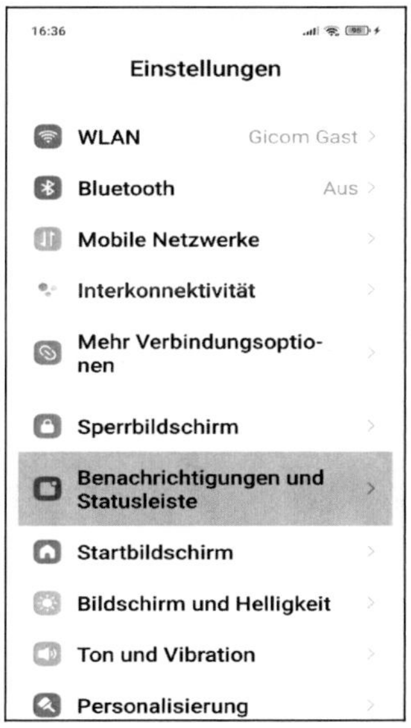

❶ Rufen Sie im Startbildschirm die *Einstellungen* auf.

❷❸ Wählen Sie *Benachrichtigungen und Statusleiste.*

Unter *Benachrichtigungen*:

- *Sperrbildschirm*: Wählen Sie aus, welche Benachrichtigungen in der Displaysperre angezeigt werden.
- *Popup-Benachrichtigungen*: Viele Anwendungen laufen im Hintergrund und machen bei Bedarf mit Popups auf Ereignisse aufmerksam, beispielsweise neu empfangene E-Mails. In *Popup-Benachrichtigungen* deaktivieren Sie Popups die Sie stören.
- *Plaketten*: Alle Anwendungen machen mit einem kleinen Punkt an ihrem Programm-Symbol im Startbildschirm auf neue Benachrichtigungen aufmerksam. Dies lässt sich deaktivieren, was aber keinen Sinn macht.

- *App-Benachrichtigungen*: Alle Benachrichtigungen von Programmen systemweit deaktivieren. Wir raten davon ab.
- *Benachrichtigungsstil*: Das Handy bringt zwei verschiedene Bedienkonzepte für das Benachrichtigungsfeld mit.

Unter *Statusleiste*:

- *Anzahl der angezeigten Benachrichtigungssymbole*: Das Handy zeigt – im Gegensatz zu anderen Handys – nur ein Benachrichtigungssymbol in der Titelleiste an. Sie können diese Voreinstellung aber ändern.
- *Verbindungsgeschwindigkeit anzeigen*: Blendet die aktuelle Internetübertragungsgeschwindigkeit in der Titelleiste ein.
- *Anbietername ändern*: Legen Sie fest, unter welchen Namen die eingelegte(n) SIM-Karte(n) erscheinen.
- *Akkuanzeige*: Wählen Sie aus, ob rechts in der Titelleiste der Akkuladezustand in Prozent oder grafisch angezeigt wird.
- *Notch ausblenden*: Der sogenannte Notch (engl. »Einkerbung«) auf der Displayoberseite, der die Kamera aufnimmt, lässt sich natürlich nicht ausblenden. Stattdessen wird einfach die Titelleiste schwarz gefärbt, sodass der Notch nicht weiter auffällt.
- *Notch in einzelnen Apps*: Wählen Sie aus, in welchen einzelnen Anwendungen der Notch ausgeblendet wird. Wir empfehlen, nichts zu ändern.
- *Elemente, die auf dem Startbildschirm nach dem Herunterwischen angezeigt werden* steuert die im Kontrollzentrum angezeigten Infos und Bedienelemente. Hier sollten Sie nichts ändern.

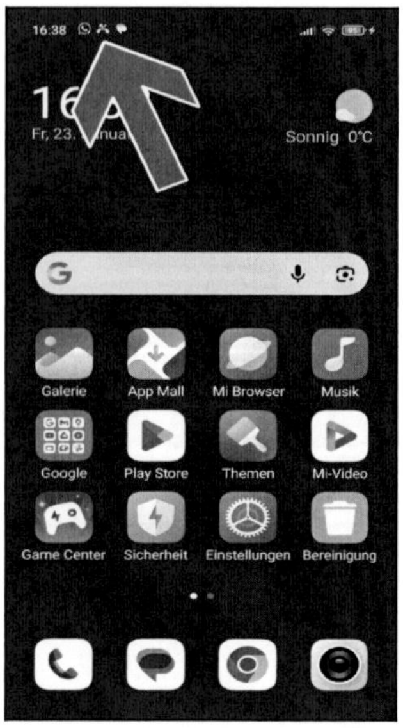

❶ Die Option *Anzahl der angezeigten Benachrichtigungssymbole* in der Titelleiste lässt sich zwischen 1 und 3 umschalten.

❷ *Verbindungsgeschwindigkeit anzeigen* blendet die Internetübertragungsrate in der Titelleiste ein (Pfeil).

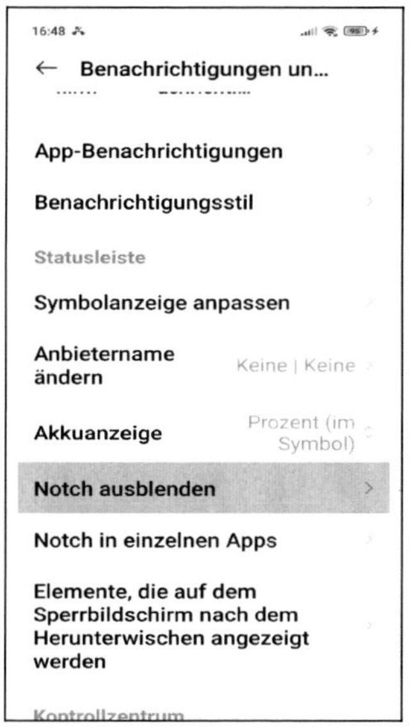

❶❷ Im *Notch ausblenden*-Menü haben Sie die Wahl zwischen:

- *Nicht ausblenden*: Standardeinstellung.
- *Ausblenden ohne die Statusleist zu bewegen*: Verbirgt die Kameralinse mit einem schwarzen Balken (❸).

14.2.1 Inaktivitätsdisplay

Das Inaktivitätsdisplay zeigt auch bei ausgeschaltetem Display die Uhrzeit, den Akkuladestatus und Benachrichtigungen (als Symbole) an. Von Nachteil ist der damit verbundene geringfügig höhere Akkuverbrauch, den Sie aber über eine Zeitsteuerung reduzieren.

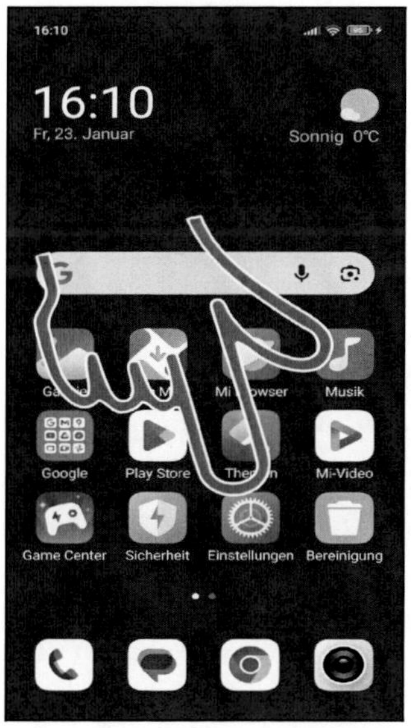

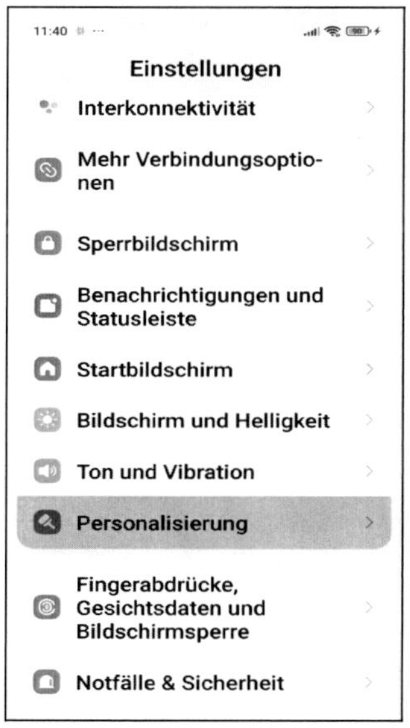

❶ Das Inaktivitätsdisplay ist standardmäßig ausgeschaltet und muss deshalb erst aktiviert werden. Dazu gehen Sie in die *Einstellungen.*

❷❸ Gehen Sie in *Personalisierung* und dann auf *Immer eingeschaltetes Display.*

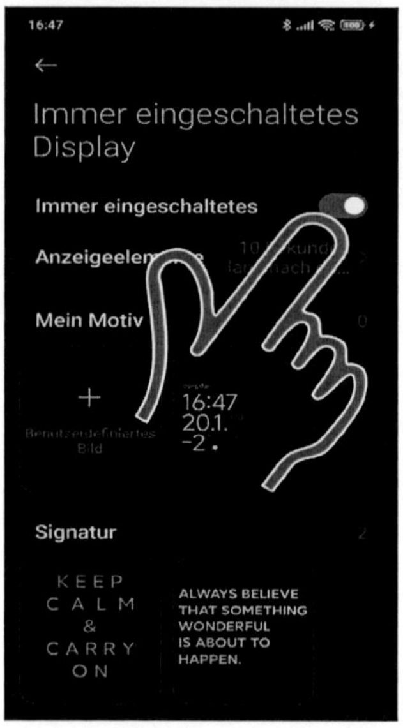

➊ Aktivieren Sie *Immer eingeschaltetes Display.*

➋ Schalten Sie jetzt einmal das Display aus, indem Sie den Ein-/Ausschalter betätigen oder warten Sie einfach, bis sich das Display automatisch abschaltet. Nach einiger Zeit erscheinen neben Uhrzeit, Wochentag und Datum auch Symbole über vorliegende Benachrichtigungen.

➊ Die Einstellungen, die Sie im *Immer eingeschaltetes Display*-Menü vornehmen können:

- *Immer eingeschaltetes Display*: Muss aktiviert sein, damit das Inaktivitätsdisplay vom Handy angezeigt wird.
- Anzeigeelemente (➋):
  - *10 Sekunden lang nach dem Tippen*: Tippen Sie einmal kurz auf den ausgeschalteten Bildschirm, um das Inaktivitätsdisplay anzuzeigen.
  - *Ausgeschaltet, wenn der Energiesparmodus an ist*: Bei einem niedrigen Akkustand wechselt das Handy automatisch in einen Energiesparmodus, bis es wieder an eine Stromquelle angeschlossen wird. Damit einhergehend wird das Inaktivitätsdisplay deaktiviert.

14.3 Ruhemodus (Nicht stören)

In bestimmten Fällen, beispielsweise, wenn man außerhalb seiner Arbeitszeit keine Anrufe annimmt, ist es sinnvoll, die Signaltöne des Handys zu deaktivieren. Damit Sie nicht am nächsten Morgen vergessen, die Signaltöne wieder einzuschalten, besitzt das Handy dafür eine Zeitsteuerung.

In diesem Zusammenhang verstehen wir unter »Benachrichtigungen« alle eingehenden Anrufe, empfangenen SMS und E-Mails, WhatsApp-Nachrichten usw. Der Wecker ist davon nicht betroffen.

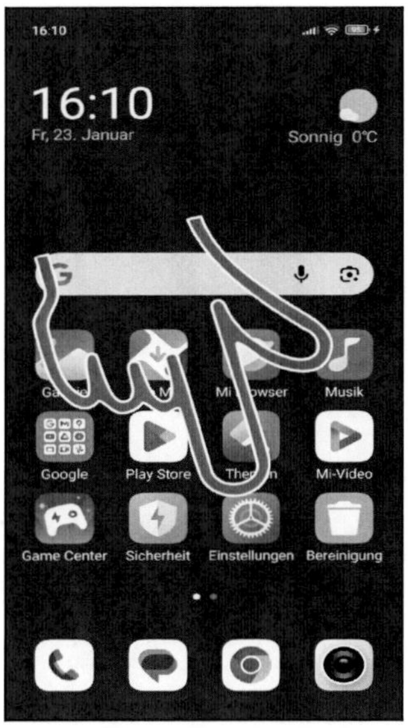

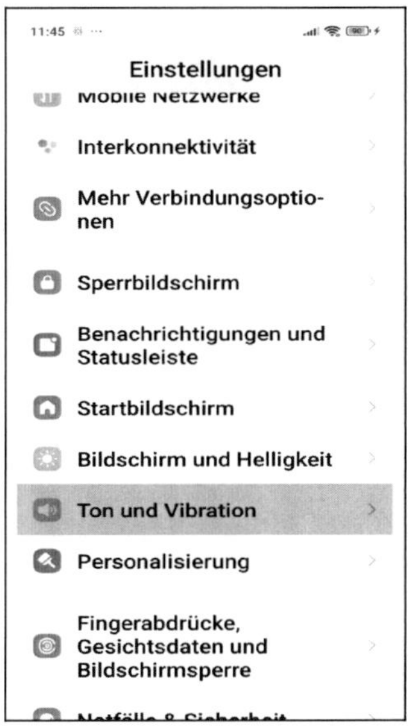

➊ Im Startbildschirm gehen Sie auf *Einstellungen.*

➋➌ Rufen Sie *Ton und Vibration/Nicht stören* auf.

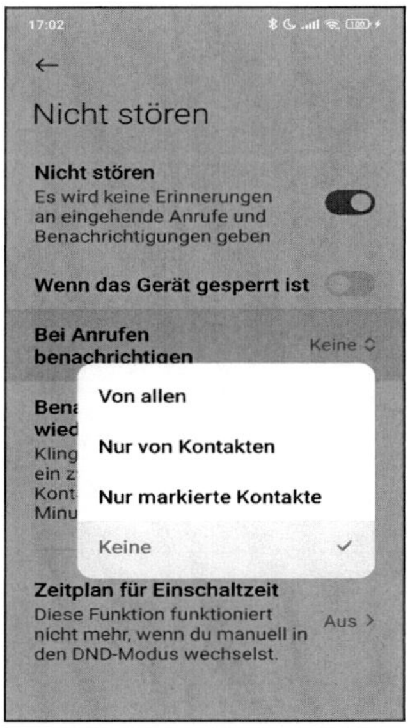

➊ Über die erste Schaltfläche (Pfeil) aktivieren/deaktivieren Sie den Nicht stören-Modus.

Die weiteren Optionen (markiert):

- *Wenn das Gerät gesperrt ist*: Sie möchten trotz eingeschaltetem Nicht stören-Modus über Benachrichtigungen informiert werden, wenn Sie gerade mit dem Gerät arbeiten? Dann aktivieren Sie *Wenn das Gerät gesperrt ist.*
- *Bei Anrufen benachrichtigen* (➋): Alle Anrufe durchlassen, nur Anrufe von Kontakten oder von (als Favorit) markierten Kontakten.
- *Benachrichtigungen über wiederholte Anrufe*: Ruft eine Person mehrmals innerhalb 15

Minuten an, dann erhalten Sie einen Hinweis.

- *Zeitplan für Einschaltzeit*: Legen Sie Zeiten fest, zu denen sich der Nicht stören-Modus automatisch aktiviert.

14.3.1 Nicht stören-Funktion ein- und ausschalten

Nachdem Sie die nötigen Einstellungen der Nicht stören-Funktion vorgenommen haben, soll jetzt gezeigt werden, wie Sie sie nutzen (sofern Sie nicht die automatische Zeitschaltung aktiviert haben).

❶❷ Betätigen Sie eine der Lautstärketasten auf der rechten Geräteseite und betätigen dann die ☾-Schaltfläche (Pfeil).

14.4 Schnellaufruf

Nur die von Google bereitgestellten Anwendungen unterstützen ein Menü, über das Sie sehr einfach häufig benötigte Funktionen erreichen. Probieren Sie einfach, wie unten beschrieben, aus, ob die von Ihnen verwendeten Anwendungen das Menü besitzen.

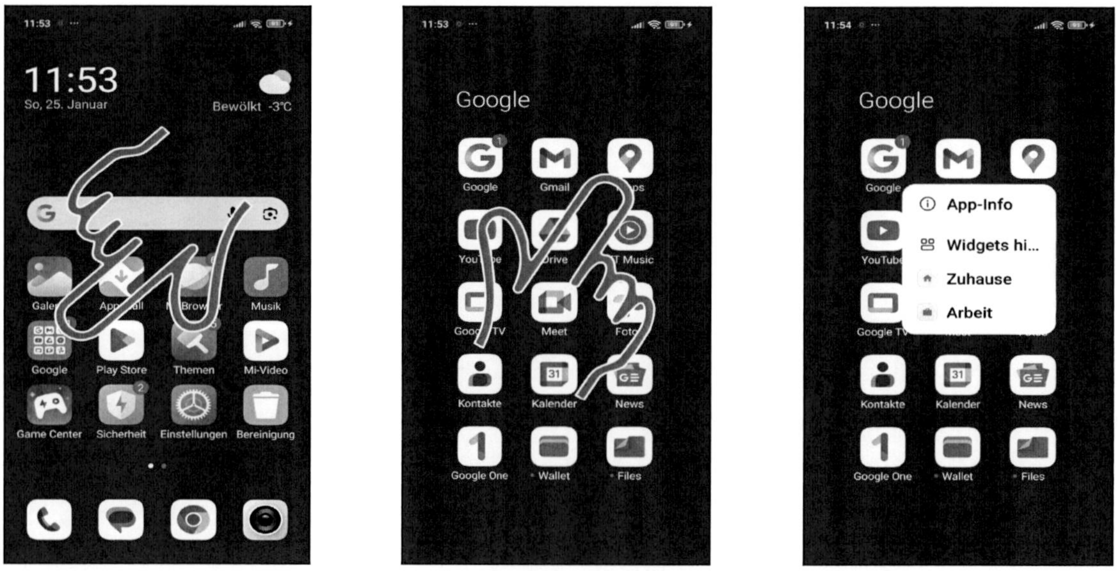

❶ Öffnen Sie mit kurzem Antippen den *Google*-Ordner im Startbildschirm.

❷❸ Beispiel *Gmail*-Anwendung: Tippen und halten Sie den Finger auf dem Programmsymbol, worauf das Schnellmenü erscheint.

14.5 Circle to Search

Ihr Handy bietet bereits eine Suchfunktion, die den Inhalt von Fotos (siehe Kapitel 17.5 Google Lens auswertet, sowie eine Kontextsuche für Webseitentexte (*10.8 Zum Suchen tippen*). Die Funktion »Circle to Search« (engl. »umkreisen für Suche« geht noch einen Schritt weiter, da sie zu jedem beliebigen Bildschirmausschnitt eine Suche oder Übersetzung durchführen kann.

❶❷ Tippen und halten Sie die ●-Taste unterhalb des Bildschirms, bis der Circle to Search-Hinweis erscheint, den Sie mit ✕ schließen.

❸ Sie haben nun zwei Möglichkeiten: Entweder tippen Sie einfach ein Objekt auf dem Bildschirm an oder Sie markieren es, indem Sie es mit dem angedrückten Finger umkreisen.

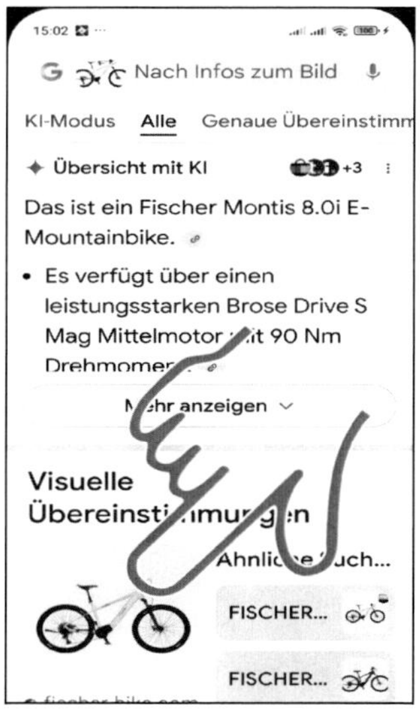

❶❷ In diesem Fall listet Google das baugleiche E-Bike direkt im ersten Suchergebnis auf. Tippen Sie es an für weitere Infos.

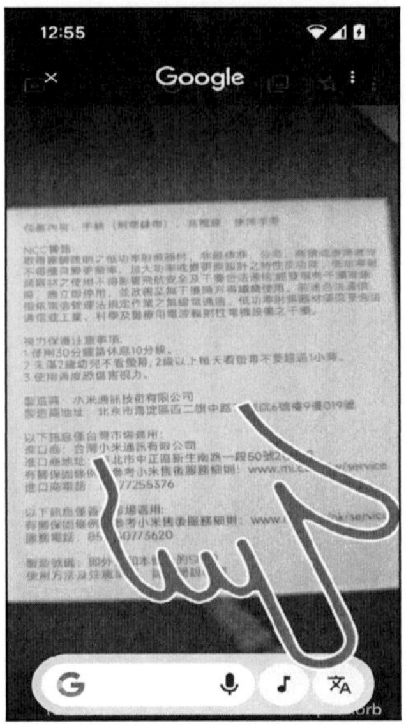

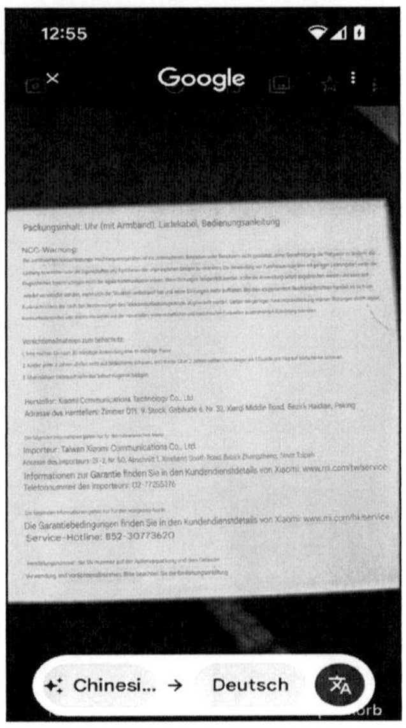

❶ Ein weiteres Beispiel: Sie haben einen fremdsprachlichen Text, beispielsweise ein Schild oder eine Verpackung, fotografiert, den Sie sich (siehe Kapitel *18 Galerie*) anzeigen.

❷❸ Betätigen Sie die 文A-Schaltfläche, worauf automatisch die Übersetzung erscheint.

14.6 Gestensteuerung

Der Bewegungssensor, das berührungsempfindliche Display und die ausgeklügelte Software ermöglichen es dem Handy, bestimmte Gesten in Aktionen umzuwandeln. Viele der unterstützten Bewegungssteuerungen werden Sie jedoch vermutlich kaum nutzen, da sie entweder zu umständlich sind oder vertraute Abläufe stören.

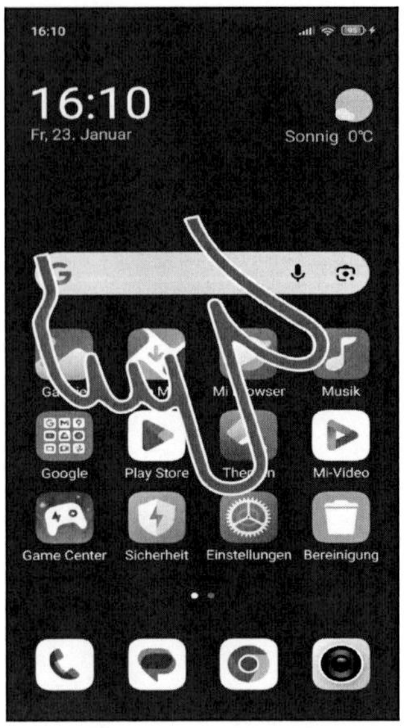

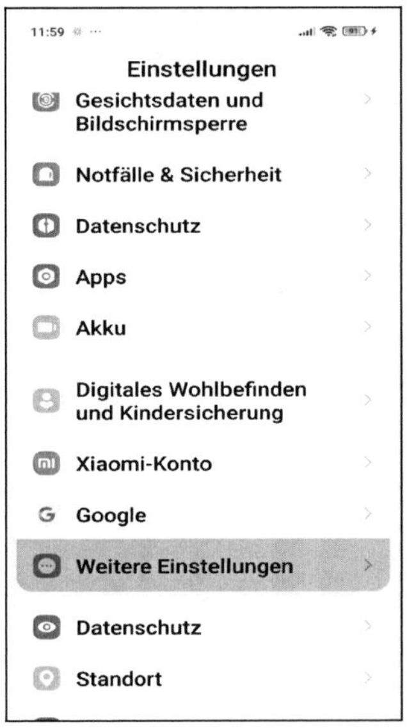

❶ Rufen Sie die *Einstellungen* aus dem Startbildschirm auf.

❷❸ Gehen Sie in *Weitere Einstellungen/Gesten-Kurzbefehle.*

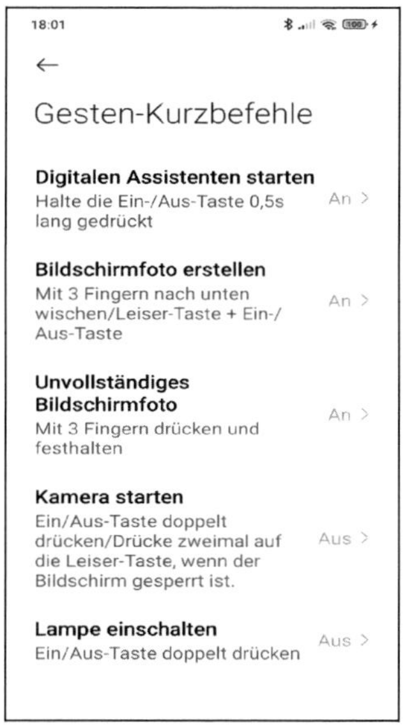

➊ Die Gesten auf dem Xiaomi:

- *Digitalen Assistenten starten*: Auf die Sprachsteuerung geht Kapitel *19 Gemini-Sprachsteuerung* ein. Wählen Sie hier aus, wie Sie ihn alternativ aufrufen.
- *Bildschirmfoto erstellen*: Siehe Kapitel *28.7 Screenshots (Bildschirmkopien)*.
- *Unvollständiges Bildschirmfoto*: Halten Sie drei Finger gleichzeitig auf dem Bildschirm angedrückt, worauf Sie einen Bildschirmausschnitt für den Screenshot auswählen können.
- *Kamera starten* (➋): Siehe Kapitel *17 Kamera*.
- *Lampe einschalten:* Kamera-LED ein/ausschalten auf der Vorderseite.

15. Gerätespeicher

Der Speicher des Xiaomi-Handys ist in mehrere Bereiche unterteilt:

- Telefonspeicher: Hier speichert das Gerät beispielsweise Kontaktdaten, Termine, Programme und sonstige Verwaltungsinformationen.
- Gerätespeicher: Freier Speicherbereich von – je nach Modell – 128, 256 oder 512 Gigabyte (GB) für Fotos, Programme usw. Dieser Speicher ist fest im Gerät enthalten und lässt sich nicht austauschen.
- Speicherkarte: Nur beim Redmi Note 15 und Redmi Note 15 5G.

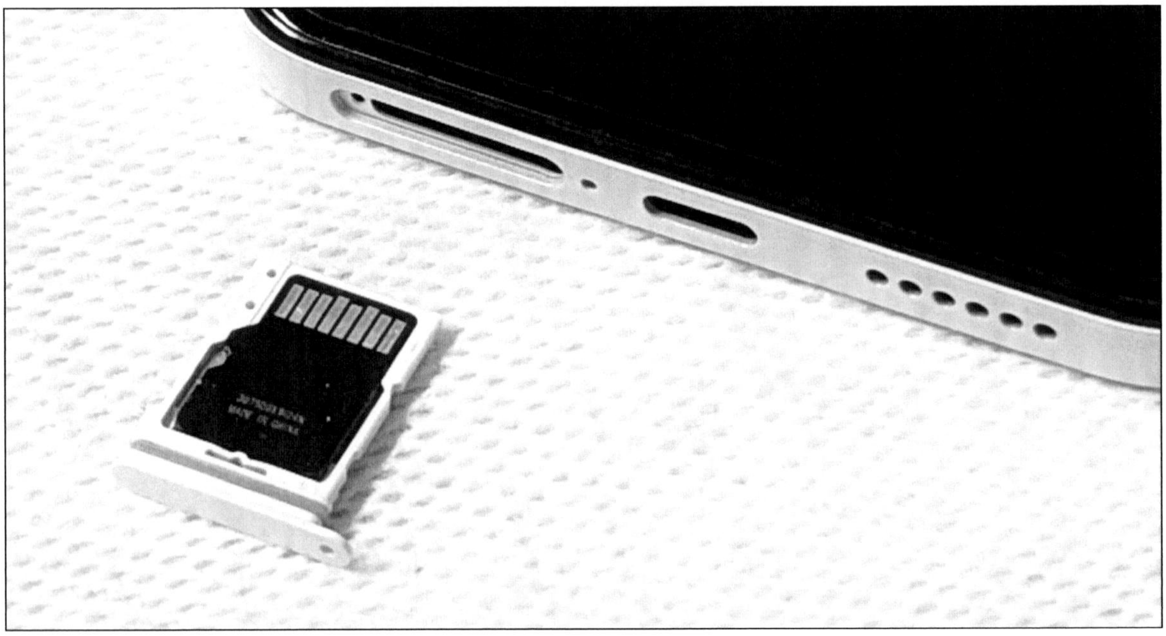

Das Redmi Note 15 und das Redmi Note 15 5G unterstützen Micro-SD-Karten zur Speichererweiterung. Beide Modelle verfügen über einen Hybrid-SIM-Slot, der entweder Platz für eine zweite SIM-Karte oder eine Micro-SD-Karte bietet.

Die Pro-Modelle (Redmi Note 15 Pro und das Redmi Note 15 Pro 5G), bieten hingegen keinen Micro-SD-Kartensteckplatz. Diese Modelle setzen ausschließlich auf den integrierten Speicher ohne Erweiterungsmöglichkeiten.

15.1 PC-Anschluss

Dem Handy liegt ein USB-C-auf-USB-B-Kabel bei. Sollte an Ihrem PC oder Notebook lediglich ein freier USB-C-Anschluss verfügbar sein, können Sie ein entsprechendes USB-C-auf-USB-C-Kabel im Handel erwerben.

Nach dem Anschluss gibt das Handy ein Signalton aus und zeigt den Ladevorgang mit einer Animation an. Für den Zugriff auf die Dateien auf dem Handy müssen Sie aber erst eine Freigabe erteilen.

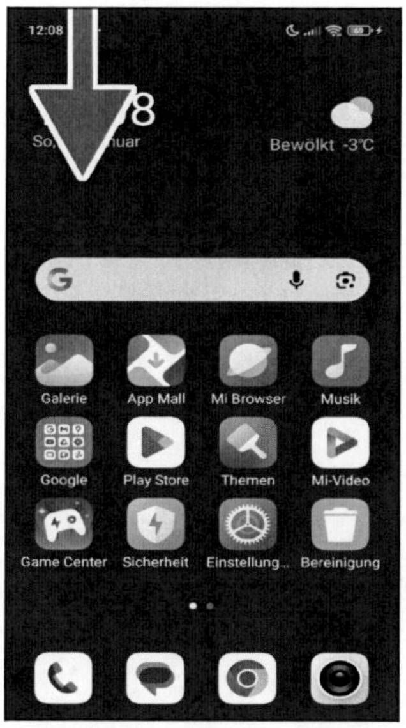

❶ Öffnen Sie mit einer Wischgeste das Benachrichtigungsfeld.

❷ Gehen Sie auf *Gerät wird über USB aufgeladen.*

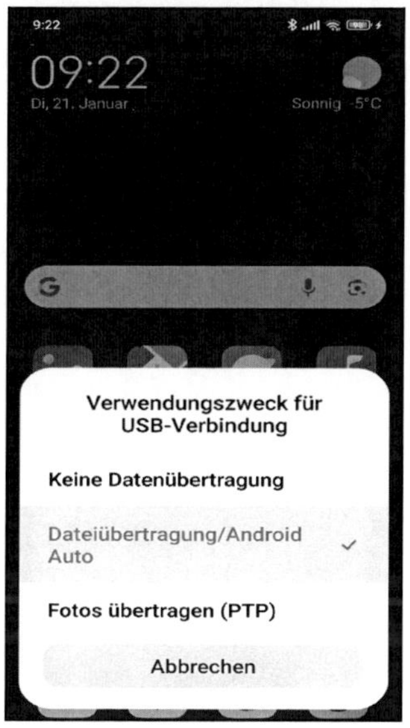

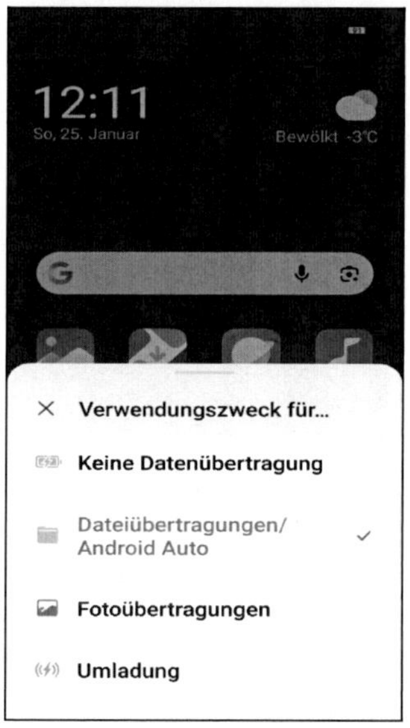

❶ Anzeige auf einem Redmi Note 15.

❷ Anzeige auf einem Redmi Note 15 Pro.

Im Popup wählen Sie aus:

- *Keine Datenübertragung*: Das Handy wird nur geladen.
- *Dateiübertragung/Android Auto*: Sie haben Zugriff auf alle Dateien, die sich auf dem Handy befinden.
- *Fotos übertragen (PTP)*: Meldet das Handy als Digitalkamera am PC an. Sie haben vom PC aus nur Zugriff auf die Fotos/Videos, die Sie mit der Kamera-Anwendung des Handys erstellt hatten.
- *Umladung* (nur Redmi Note 15 Pro*)*: Lädt ein per USB-C-auf-USB-C-Kabel angeschlossenes Handy oder anderes Gerät.

Damit Sie auf alle Dateien im Gerätespeicher des Handys zugreifen können, müssen Sie die Option *Dateiübertragung* aktiviert haben!

15.2 Speicherzugriff unter Windows

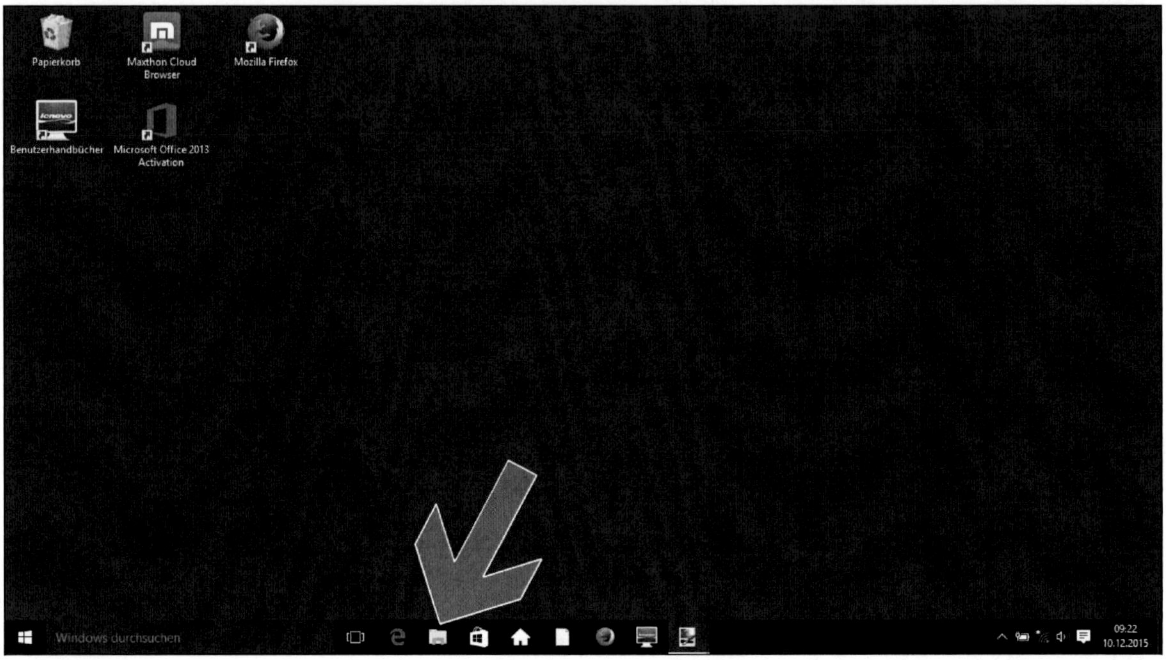

Im Desktop von Windows klicken Sie auf die Ordner-Schaltfläche am unteren Bildschirmrand. Bei Ihnen wird der Bildschirm natürlich etwas anders aussehen.

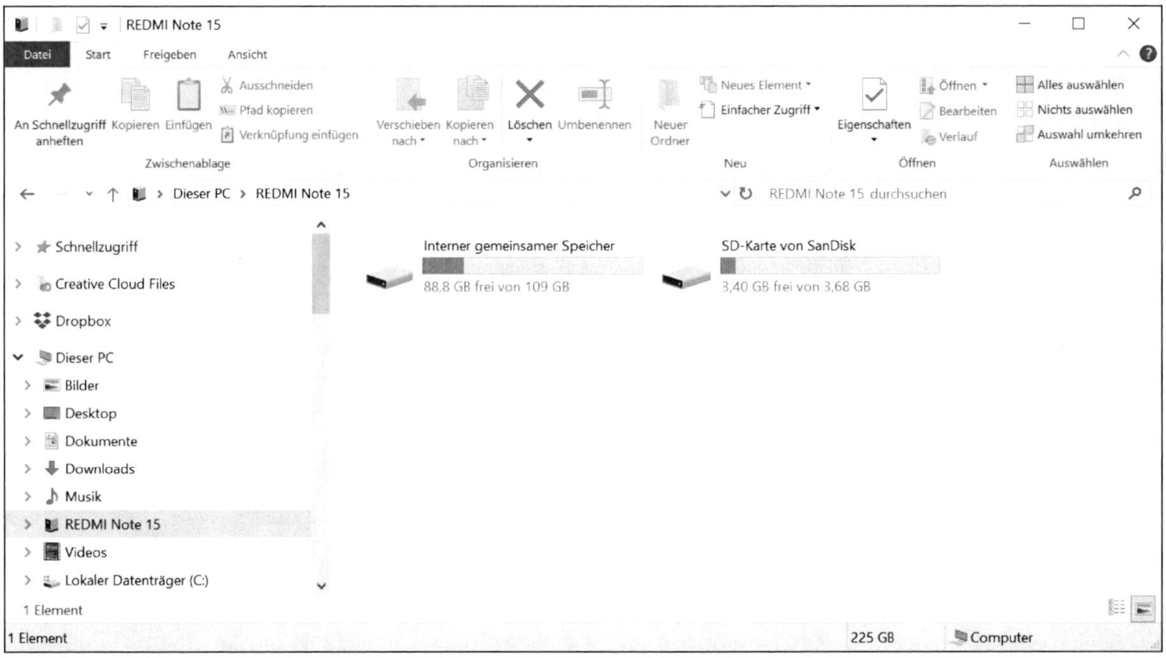

Gehen Sie dort links im Verzeichnisbaum unter *Dieser PC* auf den Gerätenamen des Xiaomi-Handys. Der Gerätespeicher erscheint unter *Interner gemeinsamer Speicher.* Eine eingelegte Speicherkarte erscheint als eigenes Verzeichnis (nur Redmi Note 15).

Falls zwar das Xiaomi-Handy im Verzeichnisbaum auftaucht, aber nur ein leeres Verzeichnis enthält, dann haben Sie vergessen, den PC auf dem Handy freizugeben. Wie die PC-Freigabe funktioniert, haben wir bereits zu Kapitelanfang beschrieben.

15.3 Allgemeine Hinweise

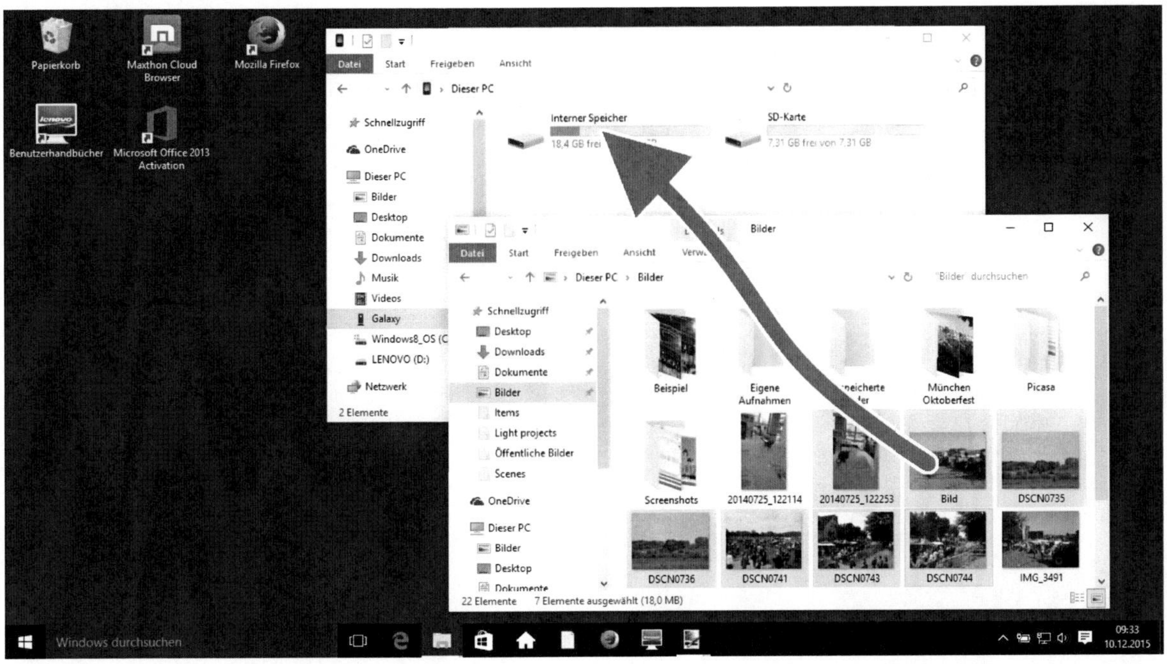

Tipp: Ziehen Sie auf dem PC einfach die markierten Dateien mit der Maus aus dem Fenster auf das Xiaomi. Die Dateien landen im Hauptverzeichnis des Handys.

15.4 Speicherbereinigung

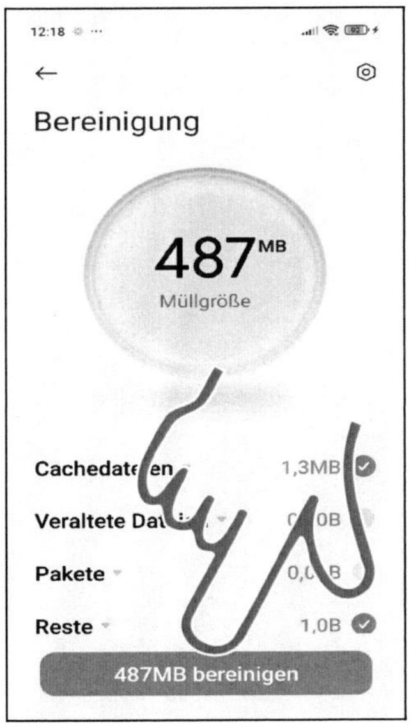

❶ Rufen Sie *Bereinigung* aus dem Startbildschirm auf.

❷ Betätigen Sie *xx,xxMB bereinigen*.

❸ Nach dem »Aufräumen« erhalten Sie Gelegenheit, weiteren Speicher freizugeben. Beachten Sie, dass die davon betroffenen Anwendungen anschließend möglicherweise nicht mehr korrekt funktionieren, weshalb wir davon abraten.

Das Handy zeigt häufig Werbeanzeigen an, die Sie mit einer Schaltfläche oben links oder rechts beenden.

16. Play Store

Die mitgelieferten Programme auf Ihrem Handy decken bereits die wichtigsten Anwendungsfälle ab. Weitere Anwendungen und natürlich Spiele können Sie bei Bedarf über den sogenannten Play Store nachinstallieren, der mehr als 3,5 Millionen Programme enthält. Sie finden wirklich zu jedem noch so exotischen Anwendungsfall ein passendes Programm. Neudeutsch spricht man statt von Programmen auch von **Apps**, es ist damit aber das selbe gemeint.

Etwa Zweidrittel aller Programme sind kostenlos oder finanzieren sich über eingeblendete Werbung. Im Vergleich zu PC-Software sind die kostenpflichtigen Android-Programme mit Preisen von häufig unter 5 Euro recht günstig.

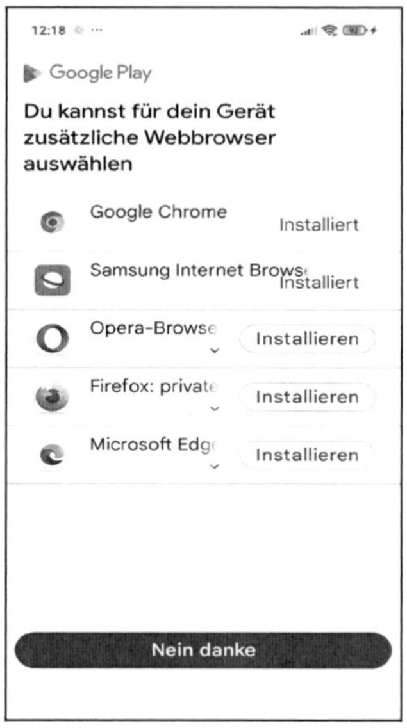

➊ Sie finden den *Play Store* im Startbildschirm.

➋ Beim ersten Aufruf müssen Sie den Nutzungsbedingungen zustimmen.

➌)Falls Sie Google Sie auf zusätzliche Funktionen hinweist, gehen Sie jeweils auf *Nein danke* oder *Jetzt nicht.*

➊ Sofern Sie sich mit einem bereits auf einem alten Handy verwendeten Google-Konto angemeldet hatten, fragt der Google Store, ob die zuvor genutzten Programme auf diesem Handy ebenfalls zu installieren sind.

➋ Sie müssen eventuell einmalig festlegen, ob Sie später Käufe im Play Store per Biometrie (Fingerabdruck) oder per Passwort schützen möchten. Weil Sie zu diesem Zeitpunkt vermutlich noch nicht die Gerätesperre mit Fingerabdruck eingestellt haben, wählen Sie *Passwort verwenden* und geben anschließend das Passwort Ihres Google-Kontos ein – dieses haben Sie bei der ersten Einrichtung des Handys festgelegt. Eine Änderung auf Biometrie ist jederzeit später noch über die Play Store-Einstellungen möglich.

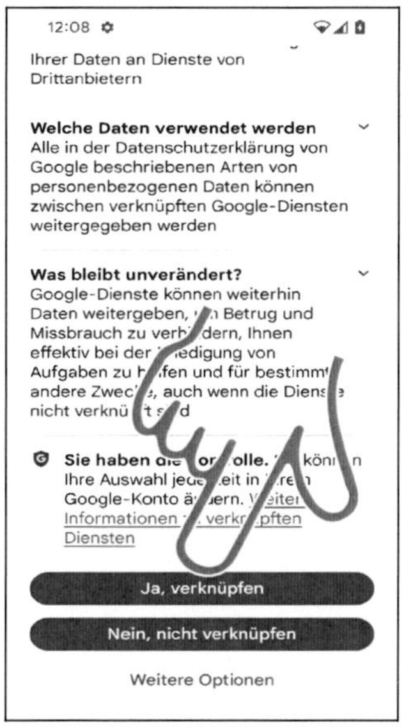

❶ Google unterliegt als marktberrschendes Unternehmen strikten EU-Regeln bezüglich Datenschutz und Wettbewerbsbedingungen. Betätigen Sie, wenn das Popup *Einige Google-Dienste sind nicht verknüpft* erscheint, die *Jetzt starten*-Schaltfläche.

❷❸ Blättern Sie mit einer Wischgeste durch die Hinweise und betätigen Sie Ja verknüpfen.

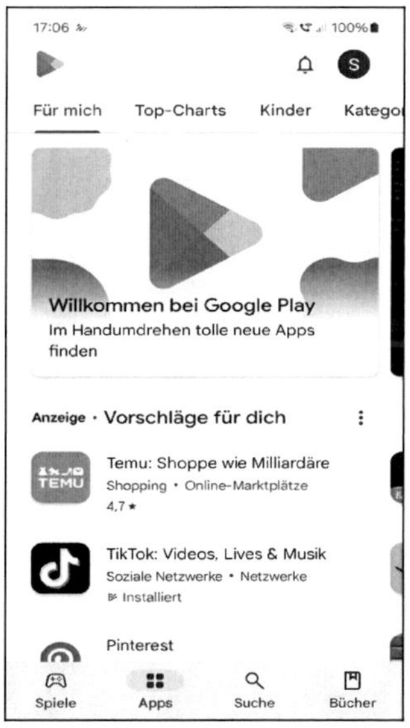

❶❷ Das allgemeine Softwareangebot wird standardmäßig im Hauptbildschirm aufgelistet. Zunächst sollten Sie am unteren Bildschirmrand auswählen, ob Sie *Spiele* oder *Apps* (Anwendungen) suchen. Auf die ebenfalls angebotenen *Bücher* (Ebooks) gehen wir hier nicht ein.

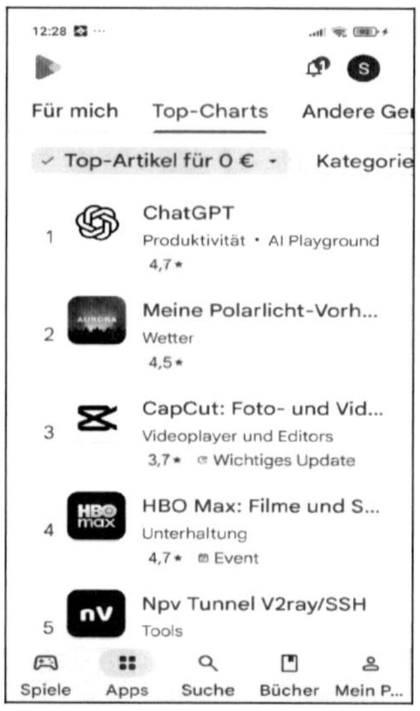

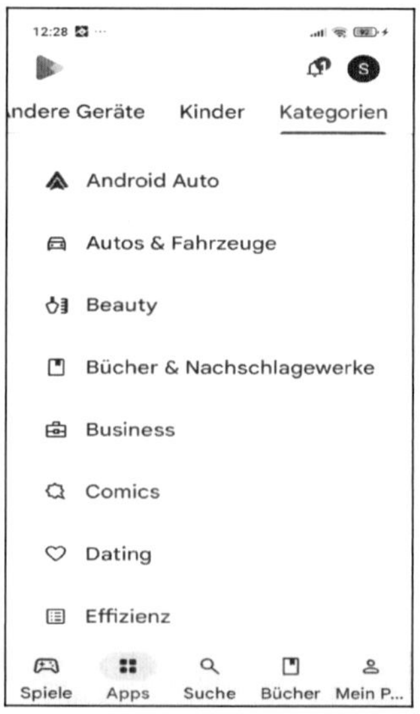

➊ Die Benutzeroberfläche besitzt mehrere Register, über die Sie mit den Schaltflächen (Pfeil) wechseln:

- *Für mich*: Von Google zusammengestellte Empfehlungen.
- *Top-Charts* (➋)
- *Andere Geräte*: Apps für Android-Smartwatch, XR-Headset, Tablet, Fernseher, Chromebook oder Auto.
- *Kinder*: Wählen Sie die zu installierenden Anwendungen und Spiele nach empfohlener Altersstufe aus.
- *Kategorien* (➌): Alle Programme sind im Play Store nach Kategorien sortiert, die Sie einfach nach interessanten Anwendungen oder Spielen durchblättern können. Bitte beachten Sie, dass in den Kategorien auch viele Programme zu finden sind, welche keinerlei Nutzwert haben.

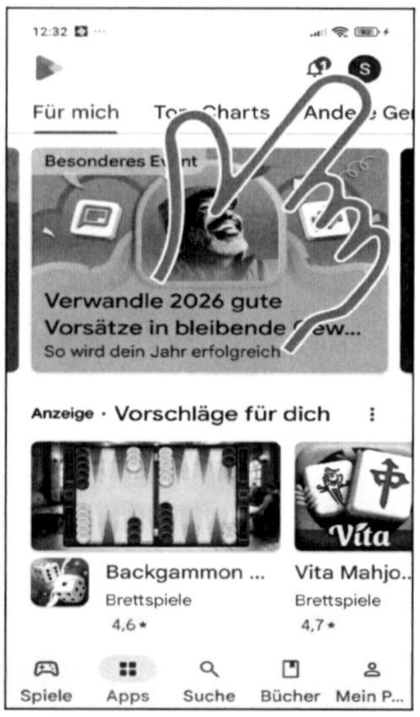

➊➋ Betätigen Sie im Hauptmenü (S) oben rechts für das Menü:

- *(Ihr Konto)@gmail.com*: Das Google-Konto, mit dem Sie angemeldet sind.
- *Apps und Gerät verwalten*: Zeigt die von Ihnen installierten Programme an und ermöglicht diese wieder zu deinstallieren. Außerdem sehen Sie hier, ob Updates zu installierten Programmen im Play Store vorliegen (➌).
- *Benachrichtigungen und Angebote*: Hier finden Sie Hinweise auf Sonderangebote im Play Store.
- *Zahlungen und Abos*: Einige Programme, beispielsweise aus dem Lernbereich, können

»abonniert« werden, das heißt man muss regelmäßige Zahlungen leisten. Die Abos verwalten Sie in diesem Menü.

- *Play Protect*: Google überprüft Ihre installierten Programme auch nach der Installation auf Schadfunktionen. So wird beispielsweise verhindert, dass teure Telefonnummern angerufen oder Ihre persönlichen Daten ausgelesen werden. Sie sollten Play Protect deshalb nie deaktivieren.
- *Mediathek*: Die von Ihnen im Play Store erworbenen Ebooks.
- *Play Pass*: Google bietet ein kostenpflichtiges Abo für 4,99 Euro/Monat an, in dessen Rahmen Sie einige Anwendungen und Spiele kostenlos nutzen dürfen.
- *Play Points*: Die Play Points sind ein Kundenbindungsprogramm, für das Sie sich anmelden müssen. Für jeden Kauf im Play Store erhalten Sie Punkte, die Sie später für Rabatte nutzen.
- *Personalisierung in Spielen*: Legen Sie fest, ob Google Ihre Nutzungsdaten auswerten darf, um Ihnen bessere Empfehlungen für Spiele zu geben.
- *Einstellungen*: Auf die Einstellungen geht Kapitel *16.5 Einstellungen* ein.

16.1 Programme installieren

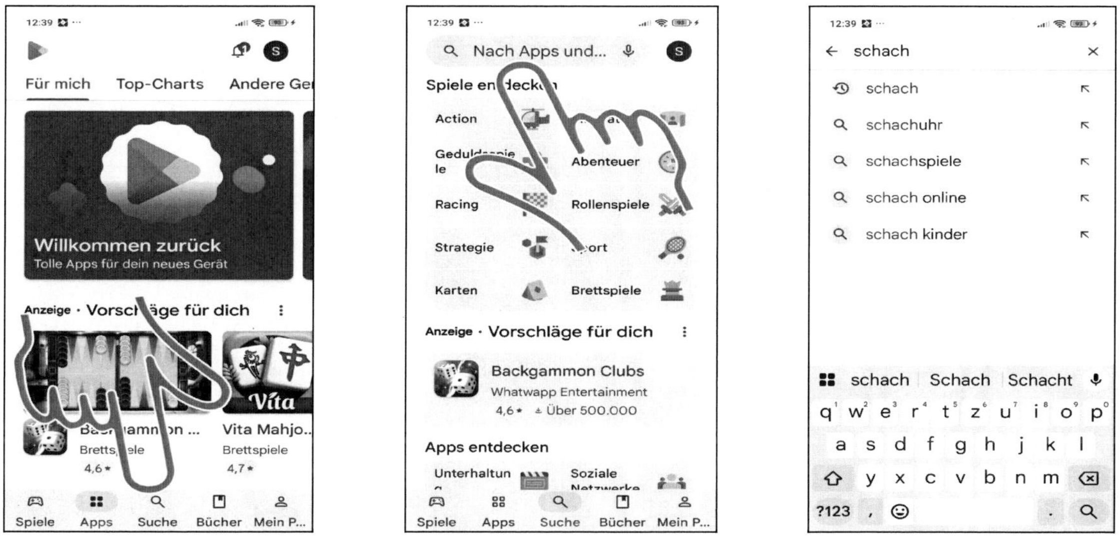

❶❷ Gehen Sie auf Suche und tippen Sie in die Suchzeile.

❸ Geben Sie den Suchbegriff ein. Es werden der Name und die Beschreibung aller Programme durchsucht. Bereits während der Eingabe listet der Play Store einige Fundstellen auf, Sie können alternativ aber auch mit 🔍 im Tastenfeld eine Volltextsuche durchführen.

❶ Die Fundstellen werden mit Namen, Bewertung und Preis aufgelistet. Tippen Sie eines der angebotenen Programme an.

❷ Neben einer ausführlichen Beschreibung finden Sie hier die Bewertungen von anderen Benutzern, Infos zum Entwickler mit der Möglichkeit, seine weiteren Programme im Play Store anzuzeigen, sowie Kontaktmöglichkeiten zum Entwickler. Betätigen Sie *Installieren,* um das Programm auf dem Handy zu installieren. Dies erfolgt im Hintergrund.

> Manche Programme tauchen unter fast gleichem Namen mehrfach im Play Store auf. Es handelt sich dann um verschiedene Versionen, beispielsweise einmal kostenlos mit Werbung und einmal ohne Werbung, aber kostenpflichtig.

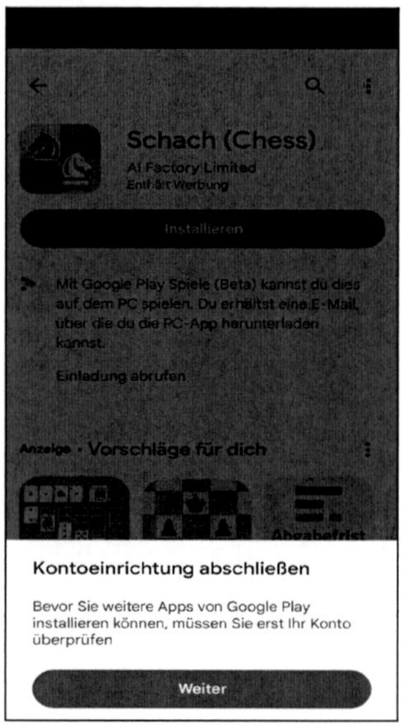

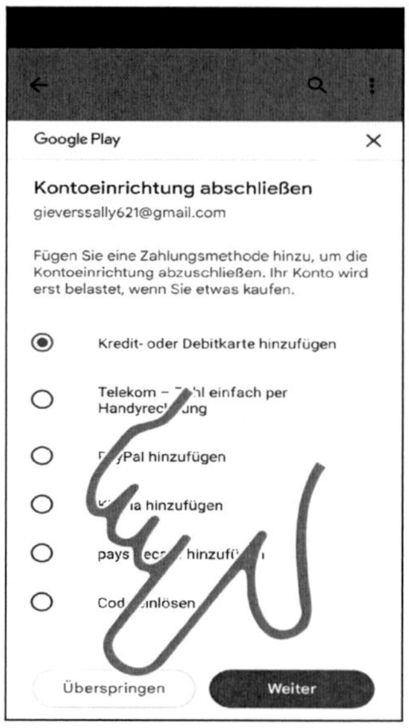

❶❷ Wenn Sie das erste Mal ein Programm installieren, erscheint einmalig der Hinweis *Kontoeinrichtung abschließen.* Betätigen Sie dann *Weiter* und *Überspringen.* Wie Sie kostenpflichtige Programme installieren, erläutert noch Kapitel *16.6 Softwarekauf im Google Play Store.*

Die Installation erfolgt im Hintergrund. Wenn Sie anderweitig das Handy nutzen möchten, dürfen Sie also die Play Store-Anwendung verlassen.

❸ Alternativ warten Sie, bis die Installation abgeschlossen ist und starten dann das Programm über die grüne Schaltfläche *Spielen* beziehungsweise *Öffnen.*

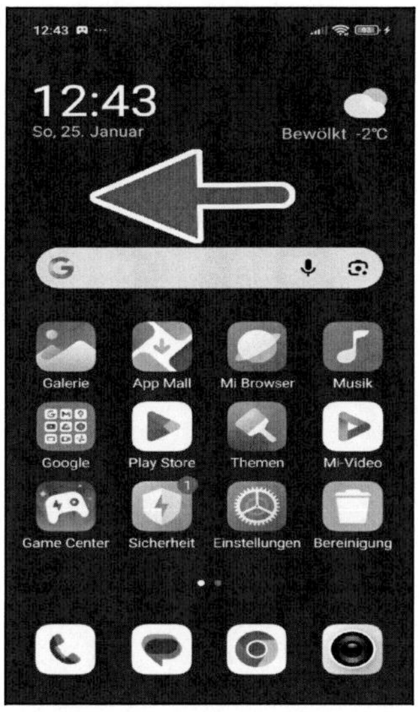

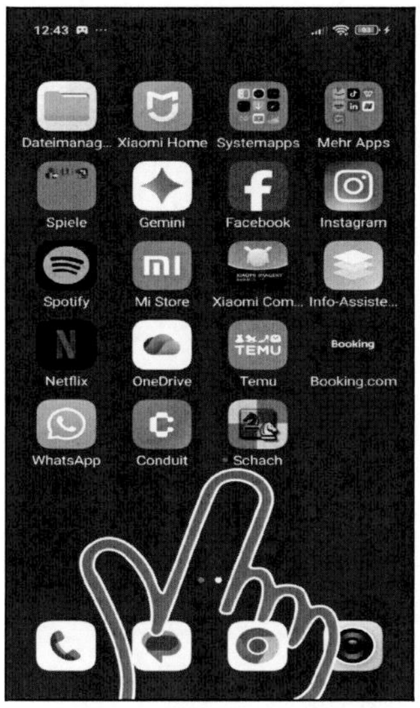

❶❷ Sie finden das neu installierte Programm auf der zweiten oder dritten Seite des Startbildschirms.

16.2 Navigationstasten einblenden

❶❷ Einige Programme, insbesondere Spiele, blenden die Navigationstasten am unteren Bildschirmrand aus. Über eine Wischgeste von außerhalb des Bildschirms nach oben blenden Sie sie wieder ein.

16.3 Programme deinstallieren

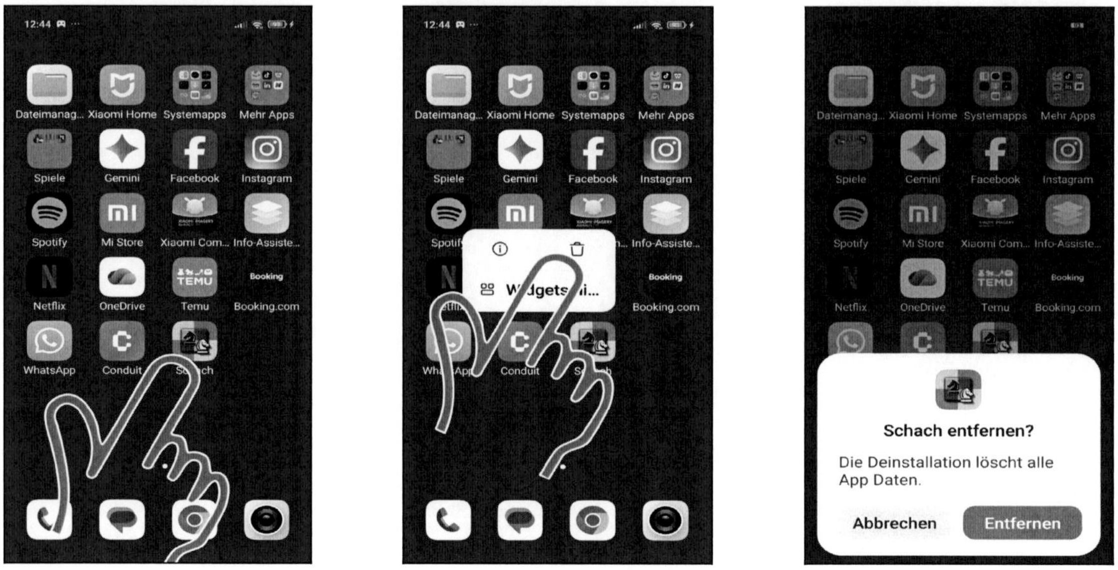

❶❷ Tippen und halten Sie den Finger auf einem Programm-Symbol im Startbildschirm gedrückt, bis das Popup erscheint. Dann gehen Sie auf 🗑.

❸ Bestätigen Sie die Sicherheitsabfrage mit *Entfernen.*

16.4 Gute von schlechter Software unterscheiden

- Häufig geladene (und damit meist gute) Software findet in den Kategorien *Top-Charts Empfehlungen* usw. Eingang.
- Auch wenn Sie die Suchfunktion nutzen, erscheinen in der Auflistung zuerst die am häufigsten heruntergeladenen Programme.
- Zusätzlich finden Sie bei jedem Programm eine Sterne-Bewertung sowie Kommentare der Nutzer. Insbesondere bei Kaufprogrammen (die Sie ja nicht vorab testen können) sollten Sie sich die Nutzerbewertungen durchlesen.
- Manche Kaufprogramme sind auch in funktionsbeschränkter Form kostenlos (als sogenannte »Freeware«) im Play Store erhältlich, sodass man zumindest einen groben Überblick über deren Tauglichkeit erhält. Es gibt übrigens häufig auch Programme, die sowohl kostenlos, als auch als Kaufversion erhältlich sind. Die kostenlose Version finanziert sich dann meistens durch Werbebanner. Werbebanner haben allerdings den Nachteil, häufig aus dem Internet Daten nachzuladen (irgendwoher müssen die Werbebanner ja kommen) und teilweise den GPS-Empfänger zu aktivieren. Letzteres dient dazu, dem Nutzer für sein Land optimierte Werbung anzuzeigen. Leider reduziert sich dadurch die Handy-Akkulaufzeit...
- Die Softwareentwickler bestimmen selbst, ob ihre Programme für bestimmte Handys und Handys geeignet sind. Programme, die nicht auf Ihrem Handy funktionieren, werden erst gar nicht im Play Store anzeigt. Trotzdem werden Sie ab und zu auf Programme, insbesondere Spiele stoßen, die nicht gut angepasst sind, was sich u.a. in pixeliger Darstellung, verschobenen Schaltflächen, überstehenden Texten usw. bemerkbar macht. Falls Ihnen ein Programm trotzdem gefällt, sollten Sie einfach das Programm installiert lassen. Der Play Store meldet zu jeder installierten Software automatisch im Benachrichtigungsfeld, wenn ein Update vorliegt, das vielleicht die Probleme beseitigt.

❶ Tippen Sie in einer Auflistung oder einem Suchergebnis auf einen Programmnamen.

❷❸ Die Bewertungen erhalten Sie dann nach einer Wischgeste angezeigt.

Hohe Stern-Bewertungen und große Downloadzahlen führen manchmal auch in die Irre: Der Play Store fasst die weltweit auflaufenden Nutzerbewertungen zusammen. Beispielsweise wird ein Buchhaltungsprogramm, das in den USA entwickelt wurde, dort von den Anwendern hochgelobt und entsprechend bewertet werden, während es für deutsche Anwender nicht geeignet ist.

Einige Programme werden zudem nicht weiterentwickelt, weshalb unter Umständen eine hohe Bewertung heute nicht mehr gerechtfertigt wäre.

Der Play Store zeigt nur deutsche Bewertungstexte an. Deshalb kann es vorkommen, dass Sie bei einem international angebotenen Programm zwar viele Bewertungen, aber kaum Bewertungstexte sehen

> Tipp: Bei vielen höherwertigen Programmen wird im Play Store eine kostenlose Version mit eingeschränktem Funktionsumfang angeboten. Sie können so das jeweilige Programm schon vorab auf Herz und Nieren testen und anschließend die Vollversion erwerben.

16.5 Einstellungen

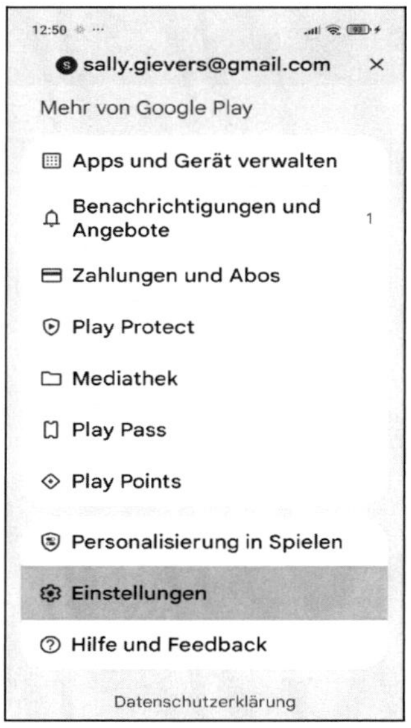

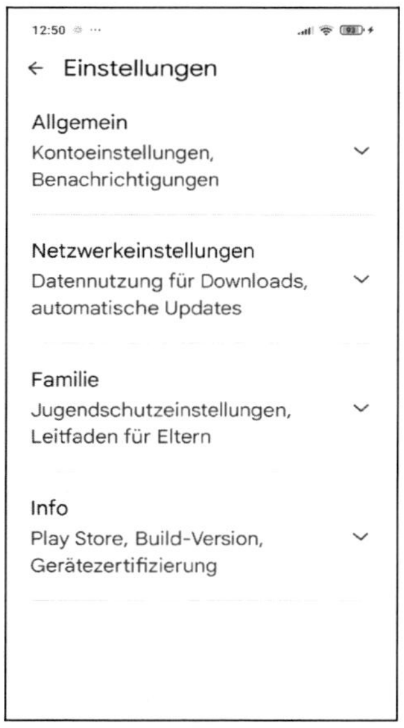

❶❷❸ Tippen Sie auf das runde Kontosymbol und gehen Sie auf *Einstellungen*:

Unter *Allgemein*:

- *Kontoeinstellungen*: Ihre E-Mail-Adresse und Herkunftsland.

- *Konto und Geräteeinstellungen*: Verwaltet die Zahlungsmethoden, die Sie für Käufe von Spielen und Anwendungen benötigen.
- *Benachrichtigungen*:
  - *Konto*: Über anstehende Abo-Abbuchungen oder Zahlungsprobleme werden Sie informiert.
  - *Updates verfügbar*: Wenn zu einem aus dem Play Store installiertem Programm Updates vorliegen, erhalten Sie eine Benachrichtigung.
  - *Updates abgeschlossen*: Sie erhalten einen Benachrichtigung, sobald ein Update im Hintergrund installiert wurde.
  - *Vorregistrierung; Deals und Werbeaktionen*: Sie erhalten eine Benachrichtigung, wenn Entwickler neue Programme auf den Markt bringen, die für Sie interessant sein könnten.
- *Bevorzugte Downloadvariante für Apps*: Legen Sie fest, wie die Installation erfolgt:
  - *Über beliebiges Netzwerk*: Downloads erfolgen über Mobilfunkinternet, wenn kein WLAN zur Verfügung steht.
  - *Nur über WLAN*
  - *Jedes Mal fragen*: Wählen Sie aus, ob der Download über WLAN oder Mobilfunkinternet erfolgt.
- *Design*: Die Anzeige lässt sich zwischen *Hell* und *Dunkel* umschalten. Darauf geht bereits Kapitel *28.11 Dunkelmodus* ein.
- *Google Play Instant*: Legen Sie fest, welchem Google-Konto die sogenannten Instant Apps zugeordnet werden. Instant Apps sind auf dem Handy installierte Programme, die sich auch über einem Link im Webbrowser aufrufen lassen. Derzeit haben Instant Apps noch keine große Bedeutung, zumal sie nicht alle Handys unterstützen.
- *Google Play Store-Feedback*
- *Apps automatisch archivieren*: Bei vollem Speicher entfernt das Handy automatisch wenig genutzte Programme. Google weist darauf hin, dass diese Funktion eventuell auf Handys mit angepasstem Betriebssystem wie das von Xiaomi nicht korrekt funktioniert.
- *Optimierung der App-Installation*: Liefert eine Nutzungsstatistik an Google, von der andere Nutzer in Form einer schnelleren Installation profitieren.
- *Interessen*: Nicht von Google dokumentiert.

Unter *Netzwerkeinstellungen*:

- *Bevorzugte Downloadvariante für Apps*: Wählen Sie aus, ob das Herunterladen von neu zu installierenden Programmen über WLAN oder das Mobilfunkinternet zu erfolgen hat.
- *Apps automatisch aktualisieren*: Installierte Programme werden automatisch im Hintergrund aktualisiert.
- *Videos automatisch wiedergeben*: In der Produktvorschau sind ab und zu Videos eingebunden. Sie können hier festlegen, ob diese auch über Mobilfunkverbindungen wiedergegeben werden. Die Voreinstellung *Automatische Wiedergabe von Videos nur über WLAN zulassen* sollten Sie aber nicht ändern.

Unter *Familie*:

- *Für Familienmediathek registrieren*: Die Familienmediathek ermöglicht es, Apps, Spiele, Ebooks, Filme und Serien mit bis zu 5 weiteren Personen zu teilen. In diesem Buch gehen wir nicht weiter darauf ein.
- *Jugendschutzeinstellungen*: Legen Sie fest, welche Programme und Medien der Play Store für jugendliche Nutzer ausblendet.
- *Leitfaden für Eltern*: Infos zur kinder- und jugendsicheren Nutzung des Play Stores.

- Unter *Info*: Diverse technische Informationen zum Play Store.

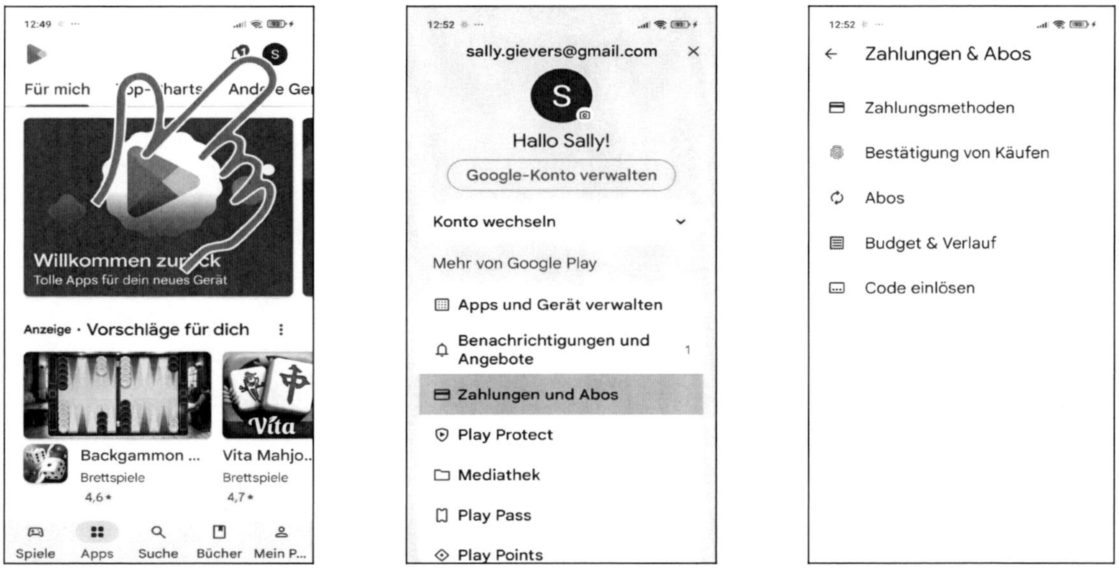

❶❷❸ Für weitere Einstellungen tippen Sie auf das runde Kontosymbol und wählen *Zahlungen und Abos*:

- *Zahlungsmethoden*: Verwaltet die von Ihnen für die Zahlung von Apps, Spielen und anderen Abos genutzte Zahlungsmittel.
- *Bestätigung von Käufen*:
  - *Biometrische Bestätigung*: Aktivieren Sie diese Option, damit Sie Käufe im Play Store einfach per Fingerabdruck durchführen können – beachten Sie, dass Sie dazu die Fingerabdrucksperre (siehe Kapitel *26.4 Fingerabdrucksperre*) aktiviert haben müssen. Standardmäßig müssen Sie für Käufe das Passwort Ihres Google-Kontos angeben.
  - *Bestätigungshäufigkeit*: Wählen Sie aus, ob Sie *Immer* oder *Nie* die Kaufbestätigung per Passwort beziehungsweise Biometrie durchführen möchten. Alternativ stellen Sie *Alle 30 Minuten* ein.
- *Abos*: Von Ihnen genutzte Abos. Siehe Kapitel *28.12.2 Google One*.
- *Budget & Verlauf*: Falls Sie häufiger Käufe tätigen, können Sie sich hier ein monatliches Budget einstellen.
- *Code einlösen*: Im Handel werden Google-Gutscheine verkauft, die Sie hier einlösen. Dies ist für Nutzer interessant, die keine online-Überweisungen durchführen möchten.

16.6 Softwarekauf im Google Play Store

Viele Programme im Play Store sind kostenpflichtig, wobei als Zahlungsmethode neben einer Kreditkarte auch PayPal (ein Zahlungsdienstleister), die Handyrechnung (nicht bei allen Netzbetreibern möglich) und Gutscheine akzeptiert werden (auf Letztere geht Kapitel *16.7 Google-Gutscheine* noch genauer ein). Damit Sie nicht die »Katze im Sack« kaufen, lassen sich Käufe innerhalb von 2 Stunden rückgängig machen. Eine Rückgabe ist beim erneuten Kauf dann aber nicht mehr möglich. Die erworbenen Programme werden mit Ihrem Google-Konto verknüpft und lassen sich beim Gerätewechsel ohne erneuten Kauf herunterladen und installieren.

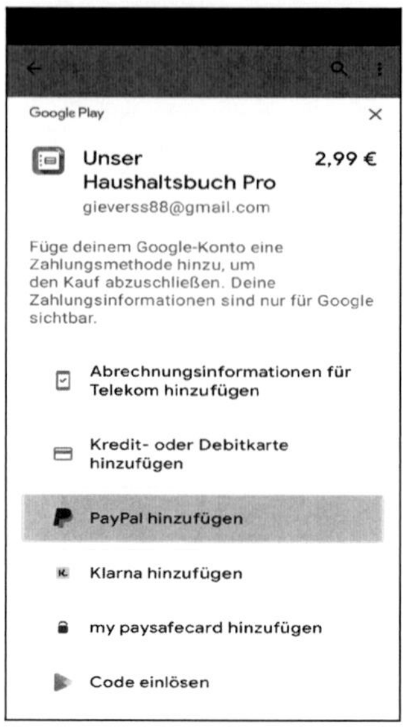

❶ Betätigen Sie bei einem Kaufprogramm die Preisschaltfläche (Pfeil).

❷ Wählen Sie nun eine der Zahlungsmethoden aus:

- *Abrechnungsinformationen für xxx hinzufügen*: Die Zahlung erfolgt über Ihren Mobilnetzbetreiber und taucht dann auf Ihrer nächsten Mobilfunkrechnung auf. Beachten Sie bitte, dass nicht jeder Netzbetreiber mobile Zahlungen akzeptiert. Haben Sie beim Netzbetreiber »Inkasso von Dritten« deaktivieren lassen, ist ebenfalls kein Kauf über die Mobilfunkrechnung möglich.
- *Kredit- oder Debitkarte hinzufügen*: Zahlung über Ihre Kreditkarte.
- *Klarna hinzufügen*: Klarna ist ein unabhängiger Zahlungsabwickler, der verschiedene Bezahlmethoden unterstützt.
- *my paysafecard hinzufügen*: Nutzung eines aufladbaren Gutscheinkontos.
- *PayPal hinzufügen*: Zahlungsabwicklung über PayPal. Dieser Zahlungsabwickler wird bucht Rechnungen von Ihrem Bankkonto oder Ihrer Kreditkarte ab oder nutzt ein auf PayPal überwiesenes Guthaben. Siehe auch die PayPal-Website unter *www.paypal.com.*

In diesem Beispiel wählen wir *PayPal hinzufügen.*

❸ Bei PayPal müssen Sie sich beispielsweise mit dem PayPal-Konto anmelden. Folgen Sie den weiteren Anweisungen.

Gekaufte Software lässt sich immer nur auf einem Gerät gleichzeitig nutzen.

Beachten Sie bitte, dass manche Software nur für bestimmte Geräte angeboten wird. Insbesondere Spiele unterstützten nicht alle Android-Handys und Tablets. Problematisch sind auch Programme, deren Entwicklung eingestellt wurde und daher nicht für neue Geräte freigegebenen wurden, obwohl sie darauf laufen könnten.

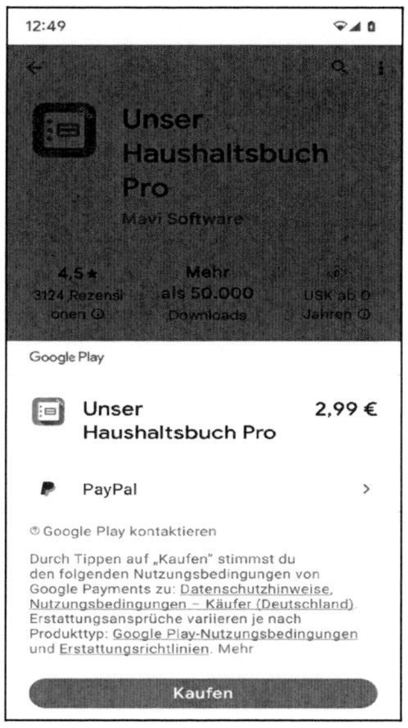

❶ Betätigen Sie *Kaufen*.

❷ Geben Sie das Passwort Ihres Google-Kontos ein und schließen Sie mit *Bestätigen* ab. Dies ist dann auch bei künftigen Käufen nötig.

❸ Einmalig erfolgt die Nachfrage, ob Sie jeden Kauf im Play Store mit Ihrem Passwort bestätigen möchten. Wir empfehlen aus Sicherheitsgründen *Ja, immer.* Schließen Sie das Popup mit *OK*. Gleiches gilt auch für das abschließende Popup.

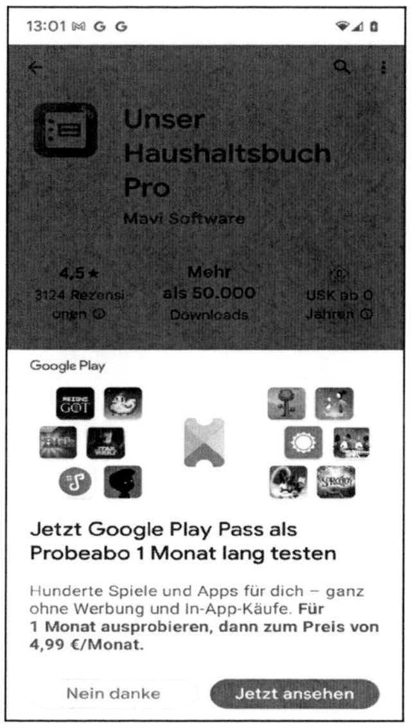

Schließen Sie den Hinweis auf das kostenpflichtige Google Play Pass-Abo mit *Nein danke.*

16.6.1 Kauf rückgängig machen

Wie bereits erwähnt, können Sie einen Kauf noch bis zu 15 Minuten später wieder stornieren. Dies kann beispielsweise sinnvoll sein, wenn ein Programm nicht wie angegeben funktioniert.

➊➋ Damit Sie die Erstattung erhalten, müssen Sie das betreffende Programm im Play Store suchen und anzeigen.

➌ Betätigen Sie *Erstatten.*

16.7 Google-Gutscheine

Es sind Gutscheine für den Google Play Store bei Tankstellen, in Supermärkten und Elektronikketten erhältlich.

➊➋ Tippen Sie auf das runde Kontosymbol oben rechts und gehen Sie auf *Zahlungen und Abos.*

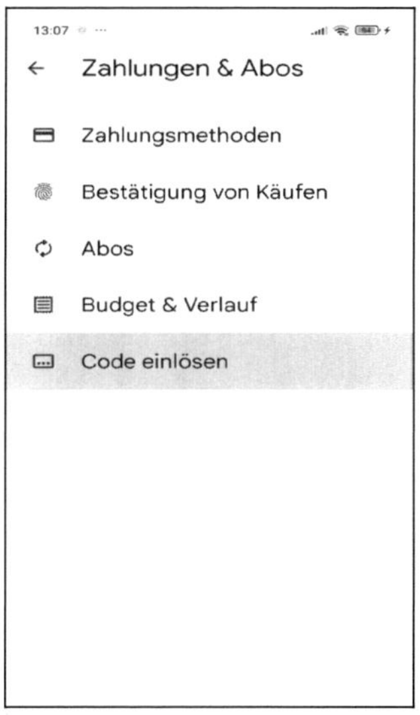

➊➋ Wählen Sie *Code einlösen.* Geben Sie dann den Code von der Karte ein.

➌ Wählen Sie gegebenenfalls während des Kaufvorgangs über *Zahlungsoptionen* das *Google Play*-Guthaben aus.

16.8 In-App-Käufe

Programmentwickler können sich grundsätzlich auf drei Arten finanzieren: Durch den Verkauf ihrer Programme, die Einblendung von Werbung oder durch ein Freemium-Modell (Wortspiel aus engl. Free = Frei und engl. Premium = kostenpflichtig). Freemium-Modelle kommen vorwiegend bei Computerspielen vor. Freemium heißt, dass das Programm kostenlos ist, Sie aber zusätzliche Inhalte oder Funktionen jederzeit erwerben dürfen. Dies können in einem Ballerspiel beispielsweise leistungsfähigere Waffen sein oder bei einem Fitness-Programm weitere Trainings. Für Kinder sind solche Programme ungeeignet, da sie die dadurch entstehenden Kosten nicht einschätzen können. Grundsätzlich sind Freemium-Programme nicht immer schlecht, denn insbesondere bei Spielen leidet der Spaß nur geringfügig, wenn man auf In-App-Käufe verzichtet.

Gegenüber dem »normalen« Kauf im Play Store haben In-App-Käufe einige Nachteile (wörtlich übernommen von *support.google.com/googleplay/answer/1061913*):

- Es gibt kein zweistündiges Erstattungsfenster.
- Erstattungen werden im Allgemeinen nach dem Ermessen des App-Entwicklers gewährt.

Für die Bereitstellung von In-App-Käufen sind die Entwickler zuständig.

Im Play Store erkennen Sie In-App-Käufe anhand der Berechtigungen, die **vor** der Installation aufgelistet werden (siehe Kapitel *16.1 Programme installieren*).

Bei jedem In-App-Kauf müssen Sie zur Sicherheit das Passwort zu Ihrem Google-Konto eingeben.

17. Kamera

Die Kamera-Anwendung unterstützt Sie mit einigen Filter- und Effektfunktionen beim Fotografieren.

> Für dieses Buch standen uns die Modelle Redmi Note 15 und Redmi Note 15 Pro zur Verfügung. Das Redmi Note 15 Pro+ besitzt weitere Funktionen, auf die dieses Buch nicht eingehen kann. Die grundsätzliche Bedienung der Kamera-Anwendung ist aber auf allen Handys gleich.

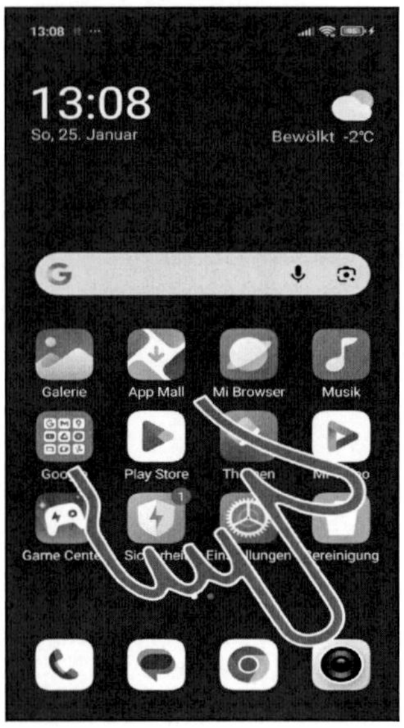

❶ Sie rufen die *Kamera*-Anwendung aus dem Startbildschirm auf.

❷ Auch aus dem Sperrbildschirm ist ein Kamera-Aufruf möglich. Ziehen Sie einfach mit dem Finger vom -Symbol nach oben.

❸ Eventuelle Sicherheitsabfragen und Hinweise schließen Sie mit *Bei Nutzung der App.*

Die danach angezeigten Hinweise schließen Sie einfach, indem Sie auf das Sucherbild tippen.

> Die Kamera legt die Fotos und Videos auf dem Gerät im Verzeichnis *DCIM\Camera* ab.
>
> Beim Fotografieren gibt es angesichts der vollautomatischen Aufnahmesteuerung moderner Digitalkameras eigentlich nicht viel zu beachten. Trotzdem ruinieren viele Anwender ihre Aufnahmen. Unsere Tipps: Wischen Sie vor jedem Fotografieren die Kameralinse mit einem fuselfreien Tuch ab, damit Ihre Aufnahmen nicht durch »Nebel« entstellt werden. Zum Zweiten sollten Sie nach Möglichkeit Ihre Motive immer so fotografieren, dass die Sonne in Ihrem Rücken steht. Sie überfordern sonst die Belichtungssteuerung.

Die Schaltflächen links:

- : Dynamische Schnappschüsse: Bei der Aufnahme nimmt das Smartphone kurz vor und nach dem eigentlichen Foto automatisch mehrere Bilder auf, die in einer Datei gespeichert werden. In der Galerie-Anwendung können Sie dann das Bild »abspielen«. Beachten Sie bitte, dass die so erstellten »Fotos« sehr viel Speicher wegnehmen und nur auf Xiaomi-Handys abgespielt werden. Andere Geräte zeigen nur ein statisches Foto an.

- >: Öffnet das Menü mit weiteren Funktionen, auf die wir unten eingehen.
- : Darauf geht Kapitel *17.5 Google Lens* ein.
- : Bewegungserfassung (nur Redmi Note 15 Pro): Die Kamera löst selbstständig aus, wenn sie eine relevante Bewegung erkennt (Kind läuft ins Bild, Haustier springt usw.). Ideal für freihändige Fotos oder Situationen, in denen man den Moment sonst verpasst. Bewegte Objekte werden priorisiert scharfgestellt.
- : Fotolicht (LED-Blitz) aus/einschalten, automatisches Fotolicht.

Die Schaltflächen rechts:

- : Zwischen Haupt- und Frontkamera umschalten.
- : Foto aufnehmen.
- (Vorschaufoto): Tippen Sie das Vorschaufoto an, um die letzte Aufnahme im Bildanzeiger zu öffnen.

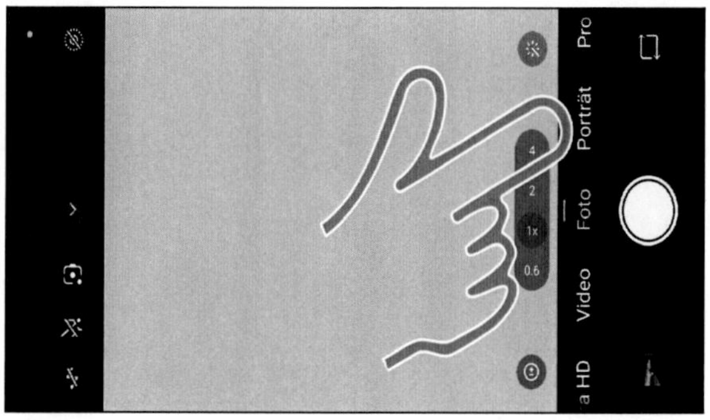

Die Fotomodi sind größtenteils selbsterklärend, weshalb wir nur auf einige wichtige in diesem Buch eingehen. Zur Modusauswahl wischen Sie in den Registern einfach nach oben/unten oder wählen dort direkt einen Modus aus.

- *Pro*: Wählen Sie die wichtigsten Bildparameter wie ISO und Belichtung selbst aus.
- *Portrait*: Personenfotografie.
- *Foto*: Standard-Fotomodus in der die Kamera selbsttätig die optimalen Bildparameter auswählt.
- *Video*: Videos aufnehmen.
- *Ultra-HD*: Dieser Modus benötigt eine gute Umgebungshelligkeit, weil Fotos mit der maximalen Sensorgröße aufgenommen werden (200 Megapixel beim Redmi Note Pro), wobei Sie auf den Zoom verzichten müssen. Ideal für Anwender, die Fotos nachträglich zuschneiden möchten. Die Fotodateien sind mit ca. 20-30 MB allerdings mehr als 10 Mal so groß wie normale Fotos.

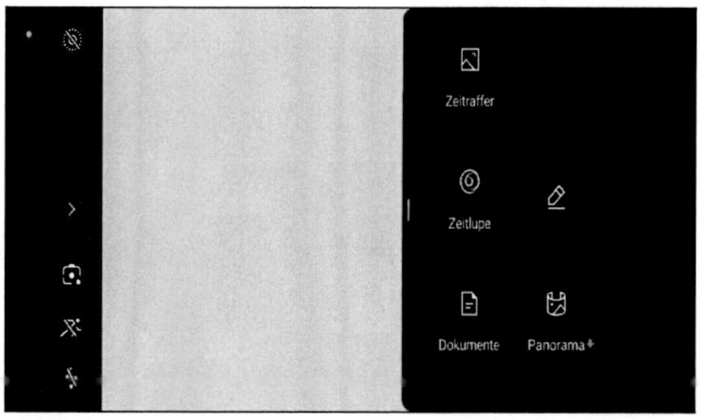

❶❷ Mit einer Wischgeste aktivieren Sie weitere Funktionen:

- *Dokumente*: Buchseiten, Briefe oder ähnliches fotografieren. Legen Sie Einzelseiten am besten vorher auf einen dunkleren Tisch, damit die Kamera automatisch das Foto auf Dokumentgröße beschneidet. Kontrast und Helligkeit werden zudem automatisch angepasst.
- *Zeitlupe*: Videos mit hoher Bildzahl aufnehmen, die dann erheblich langsamer abgespielt werden.
- *Zeitraffer*: Nimmt Videos mit geringer Bildrate als Zeitraffer auf.
- *Panorama*: Aus mehreren Einzelfotos ein Panorama erstellen.
- *Bearbeiten*: Stellt die zur Verfügung gestellten Effekte ein. Sie sollten hier nichts ändern.

17.1 Foto erstellen

❶ Tippen Sie – falls nötig – zuerst auf den scharf zu stellenden Bereich im Sucher.

❷ Anschließend betätigen Sie die ○-Schaltfläche auf der rechten Seite. Die Kamera speichert das Foto und kehrt sofort in den Fotomodus zurück.

❶ Das erstellte Foto erscheint unten rechts als Vorschau. Tippen Sie es für die Vollbildschirmansicht an.

❷ Tippen Sie auf das Foto, um die Bedienelemente zu aktivieren:

- ← (oben links): Schaltet wieder auf die Kamera-Anwendung um. Alternativ betätigen Sie die ◀-Taste.
- 🖼: Zum Fotoanzeiger (siehe Kapitel *18 Galerie*) wechseln.
- ↗: Foto versenden per Bluetooth, als E-Mail usw.
- ✎: Bearbeiten (Filter, zuschneiden, Text oder Zeichnung hinzufügen)
- ♡: Als Favorit markieren.
- 🗑: Bild löschen.
- ⊙: Weitere Funktionen:
  - *Zum Album hinzufügen*
  - *Kopieren*

- *Text erkennen*: Fotografierte Dokumente in Text umwandeln, der sich in anderen Anwendungen einfügen lässt.
- *Anpassen*: Bild optimieren und beschneiden.
- *Mit Wasserzeichen schützen*: Fügt einen Text als Wasserzeichen hinzu. Dies macht die unautorisierte Weiterverwendung durch Dritte uninteressant. Bitte mit Vorsicht einsetzen, denn damit machen Sie genau genommen Ihre eigenen Fotos unbrauchbar.
- *Hintergrund festlegen*: Als Hintergrundbild für den Startbildschirm einstellen (siehe Kapitel *4.10.4 Hintergrundbild*).
- *Google Lens*: Startet eine Bildanalyse, die Kapitel *17.5 Google Lens* beschreibt.
- *Details*: Infos zur Bildauflösung und den verwendeten Kameraparametern.

Ältere/Neuere Fotos zeigen Sie mit einer Wischgeste nach links/rechts an.

❶❷ Die Kamera nimmt Ihnen zwar Aufgaben wie Fokus, Blende, Belichtung usw. ab, in manchen Situationen möchten Sie aber vielleicht selbst eingreifen. Halten Sie den Finger für einige Sekunden auf einen Bereich im Vorschaubild für die AE/AF-Sperre. Wenn Sie anschließend die Kamera vom Objekt weg/zum Objekt bewegen, wird die Schärfe nicht mehr angepasst. Antippen eines anderen Bildschirmbereichs deaktiviert die AE/AF-Sperre wieder.

17.2 Einstellungen

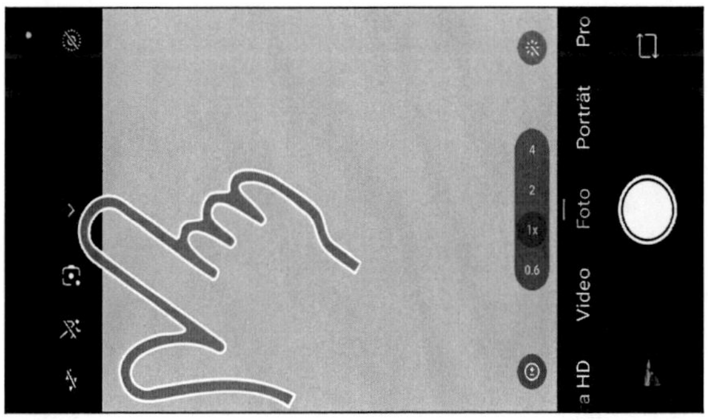

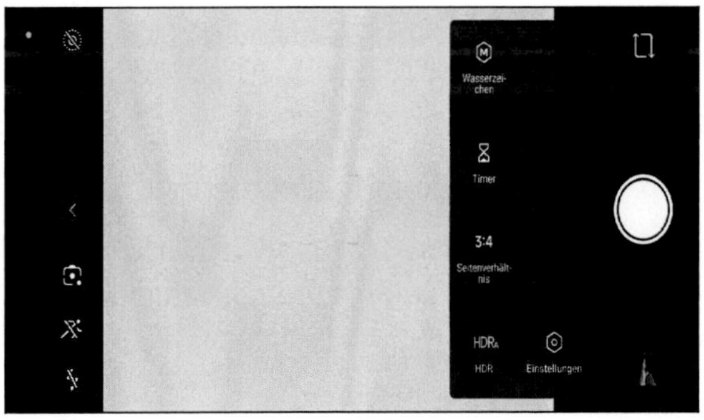

❶❷ Für die Einstellungen betätigen Sie **>**:

- *Wasserzeichen*: Zeitstempel beziehungsweise selbstgewählten Text in die Fotos einfügen. Wir raten davon ab, weil das Wasserzeichen eventuell wichtige Bildbereiche überdeckt und zudem später nicht mehr entfernt werden kann.
- *Timer*: Zeitverzögerte Aufnahme aktivieren. Alternativ betätigen Sie kurz die Lautstärke-runter-Taste auf der rechten Geräteseite für einen 3-Sekunden-Timer.
- *Seitenverhältnis*: Wählt das Bildformat aus, wobei *1:1* ein quadratisches Format ergibt. *Voll* steht für das von sogenannten Vollformatkameras verwendete Bildformat. Für die Weiterverarbeitung – beispielsweise den Ausdruck bei Fotodienstleistern – empfehlen wir die Voreinstellung *3:4* nicht zu ändern.
- *Einstellungen*: Darauf gehen wir unten ein.

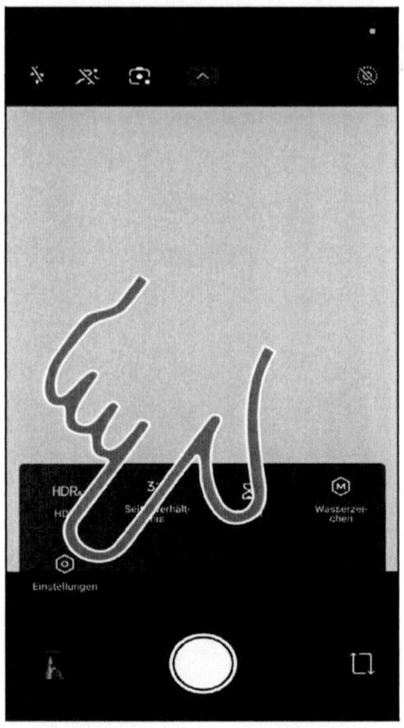

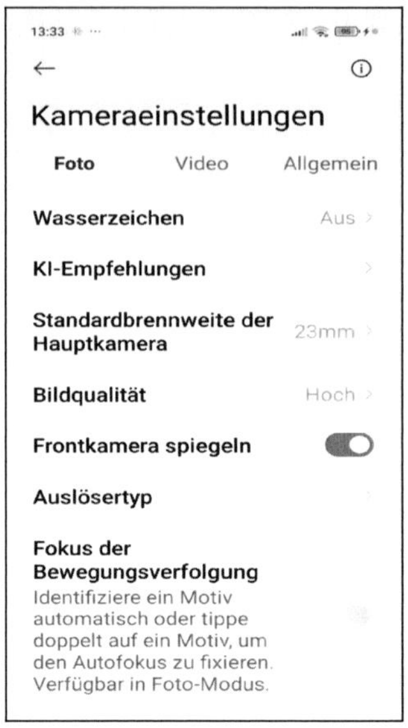

➊ Gehen Sie auf *Einstellungen.*

➋ Im *Foto*-Register:

- *Wasserzeichen*: Zeitstempel beziehungsweise selbstgewählten Text in die Fotos einfügen. Wir raten davon ab, weil das Wasserzeichen eventuell wichtige Bildbereiche überdeckt und zudem später nicht mehr entfernt werden kann.
- *KI-Empfehlungen*:
  - *QR-Codes scannen*: Erkennt im Vorschaubild QR-Codes und zeigt die hinterlegte Webseite an.
  - *Benachrichtigung über Orientierung*: Abhängig davon, ob Sie das Handy aufrecht oder waagerecht halten, erscheint ein entsprechender Hinweis.
- *Standardbrennweite der Kamera*: Die Brennweite legt den Bildwinkel fest, also wie weit oder eng der aufgenommene Bildausschnitt ist. Zur Auswahl stehen 23 mm, 28 mm und 35 mm. Die voreingestellten 23 mm entsprechen der natürlichen Perspektive des menschlichen Sehens und liefern eine ausgewogene, unverzerrte Darstellung. Eine Änderung dieser Einstellung ist nicht empfehlenswert, da die Kamera dann in der Perspektive vom natürlichen Seheindruck abweicht.
- *Auto-Nachtmodus*: Passt automatisch die Bildverarbeitung bei schlechten Lichtverhältnissen für optimale Resultate an.
- *Frontkamera spiegeln*: Selfies mit der Selfie-Kamera (über dem Bildschirm) werden standardmäßig automatisch entspiegelt.
- *Auslösertyp*:
  - *Tippen, um ein Foto zu machen*: Tippen Sie auf die Vorschau, um ein Foto zu machen.
  - *Auslöser per Handfläche*: Halten Sie die Handfläche in die Kamera, worauf der Timer startet. Nur bei aktiver Frontkamera verfügbar.
  - *Zusätzlicher Auslöser*: Ziehen Sie die Auslösertaste einfach mit dem angedrückten Finger auf die gewünschte Position.
- *Fokus der Bewegungsverfolgung* (nur Redmi Note 15 Pro): In der Bewegungserfassung, die Sie mit der -Schaltfläche aktivieren, tippen Sie auf ein bewegtes Objekt. Die Kamera stellt dann darauf scharf.
- *Objektiv-Verzerrung korrigieren* (nur Redmi Note 15 Pro): Beim Zoom kommt es an den Bildrändern technisch bedingt zu Verzerrungen, welche die Kamera wieder herausrechnet.
- *Parameter anzeigen (Foto)*: Diese Funktionen sind nur für erfahrene Anwender geeignet.
  - *Schärfe-Peaking*: Die Kamera markiert bei manuellem Fokus die Schärfeebene.

- ○ *Belichtungsüberprüfung*: Überbelichtete Bereiche werden blau und unterbelichtete rot markiert.
- ○ *Histogramm*: Echtzeit-Anzeige der Belichtung.

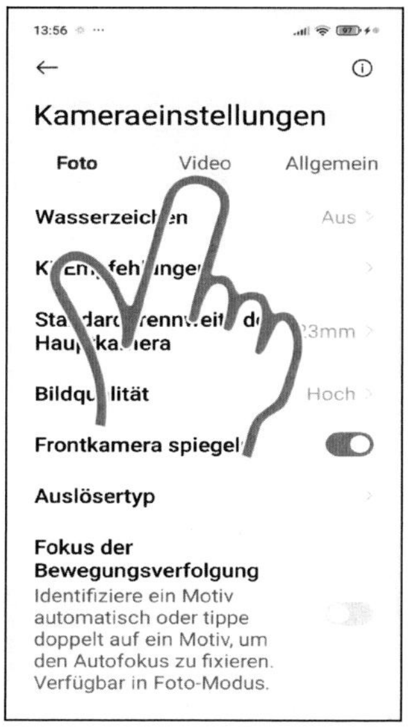

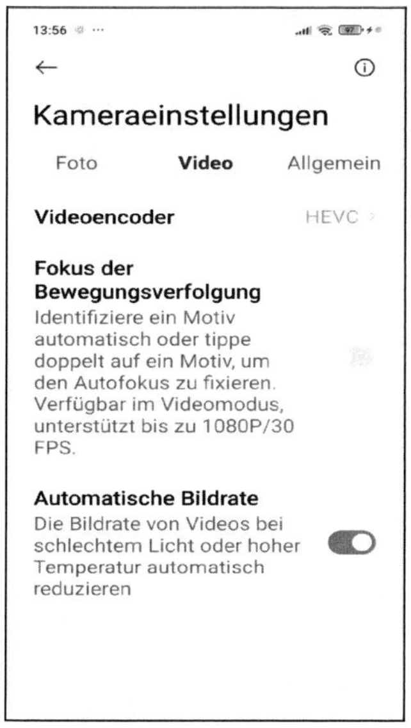

❶❷ Das *Video*-Register:

- *Videoencoder*: Sie dürfen zwischen zwei Videokodiersystemen wählen.
- *Fokus der Bewegungsverfolgung* (nur Redmi Note 15 Pro): In der Bewegungserfassung, die Sie mit der -Schaltfläche aktivieren, tippen Sie auf ein bewegtes Objekt. Die Kamera stellt dann darauf scharf.
- *Automatische Bildrate*: Reduziert die Bildrate bei ungünstigen Lichtverhältnissen, sodass mehr Licht in den Sensor einfällt.

❸ Das *Allgemein*-Register:

- *Gitterlinien*: Blendet ein Raster in der Vorschau ein, das die Kameraausrichtung erleichtert.
- *Bei ausgeschaltetem Bildschirm aufnehmen*: Sofern Sie längere Videos aufnehmen schaltet sich der Bildschirm nach 3 Minuten automatisch aus, um Energie zu sparen. Dieses Menü ist nur im Video-Modus aktiv.
- *Einstellungen beibehalten*: Die Kamera merkt sich die aktuellen Einstellungen und stellt sie bei erneutem Aufruf wieder her.
- *Funktionslayout; Kameramodi*: Anordnung der Schaltflächen in der Kamera-Anwendung.
- *Farbe der Kamera-UI*: Farbe der Schaltflächen.
- *Auslöseton*: Zur Auswahl stehen verschiedene Knippsgeräusche.
- *Funktion der Lautstärketasten*: Konfiguriert die Lautstärketasten auf der rechten Geräteseite:
  - ○ *Blende*: Foto erstellen.
  - ○ *Timer*: Mit 2 Sekunden Verzögerung ein Foto erstellen.
  - ○ *Zoom*: Kamera-Zoom (siehe Kapitel *17.3 Weitere Funktionen*).
  - ○ *Lautstärke*: Klingeltonlautstärke einstellen.

- *Bildqualität*: Diese Einstellung beeinflusst die Fotodateigröße, sollte aber für optimale Bildqualität auf *Hoch* eingestellt bleiben.
- *Standortinfos speichern*: Wenn eingeschaltet, werden in jedem Foto die GPS-Koordinaten Ihres aktuellen Standorts mitgespeichert. Später können Sie sich in der Google Fotos-Anwendung die Aufnahmeorte anzeigen lassen.
- *Andere Einstellungen*:
  - *Flackern beim Fotografieren von Bildschirmen verhindern*: Diese Option macht keinen Sinn, weil sie sich auf das Fotografieren von Röhrenbildschirmen bezieht, die es inzwischen kaum noch gibt.
  - *Nach Updates suchen*: Sucht und installiert Updates der Kamera-Anwendung.
  - *Standardeinstellungen wiederherstellen*: Setzt die Kamera wieder in die Ausgangskonfiguration zurück.

17.3 Weitere Funktionen

❶ Zoomen Sie mit einer Kneifgeste (zwei Finger gleichzeitig auf das Display halten und auseinander/zusammenziehen).

❷ Alternativ schalten Sie mit den Zoom-Schaltflächen (kleine weiße Zahlen) zwischen der Vergrößerung um.

❶❷ ⁘ (Pfeil) aktiviert den Filter. Wischen Sie in der Liste für den gewünschten Effekt.

17.4 Video-Funktion

❶ Aktivieren Sie das *Video*-Register (Pfeil).

❷ Über die ○-Schaltfläche (Pfeil) starten und stoppen Sie die Videoaufnahme. Dagegen bringt Sie das *Foto*-Register wieder in den Foto-Modus zurück.

Über ○ (Pfeil) können Sie jederzeit während der Videoaufnahme ein Foto erstellen.

Viele Funktionen im Videomodus sind identisch zur Kamerafunktion, auf die bereits die vorhergehenden Kapitel eingehen.

17.5 Google Lens

Google Lens analysiert Fotos und wertet Gegenstände, Orte, Barcodes und Texte aus. Je nach vermuteten Kontext schlägt Google Lens anschließend eine Aktion vor, beispielsweise bei Produkten eine Google-Suche nach der Produktbezeichnung. Weil Google Lens selbstlernend ist (»künstliche Intelligenz«), ändern sich mit der Zeit eventuell die Erkennungsergebnisse.

Laut Google werden unter anderem folgende Funktionen unterstützt:

- Visitenkarte: Telefonnummer oder Adresse für einen Kontakt speichern.
- Buch: Rezensionen oder andere Informationen abrufen.
- Sehenswürdigkeit oder Gebäude: Weitere Informationen recherchieren.
- Gemälde in einem Museum: Weitere Informationen recherchieren.
- Pflanze oder Tier: Weitere Informationen recherchieren.
- Flyer oder Plakat für Veranstaltung: Ereignis im Kalender hinzufügen.

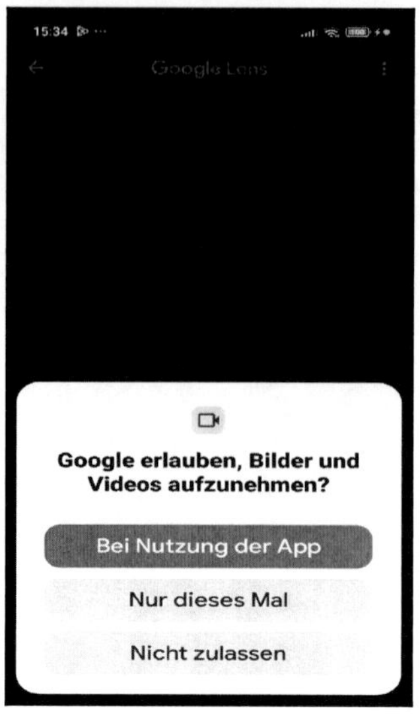

❶ Starten Sie die Google Lens-Funktion mit der -Schaltfläche im Startbildschirm.

❷❸ Betätigen Sie *Bei Nutzung der App* und *Weiter.*

Die ◀-Taste bringt Sie jederzeit in den Google Lens-Hauptbildschirm beziehungsweise in den Startbildschirm zurück.

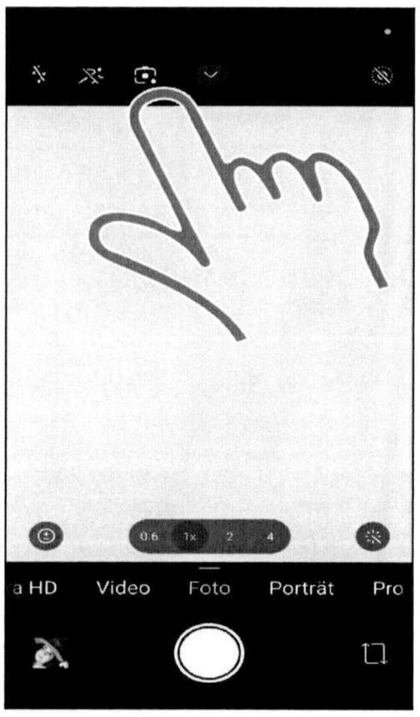

❶ Auch in der Kamera-Anwendung können Sie Google Lens aufrufen. Tippen Sie dort auf .

❷❸ In der Galerie-Anwendung (siehe Kapitel *18 Galerie*) finden Sie *Google Lens* im Menü.

17.5.1 Galerie-Bild untersuchen

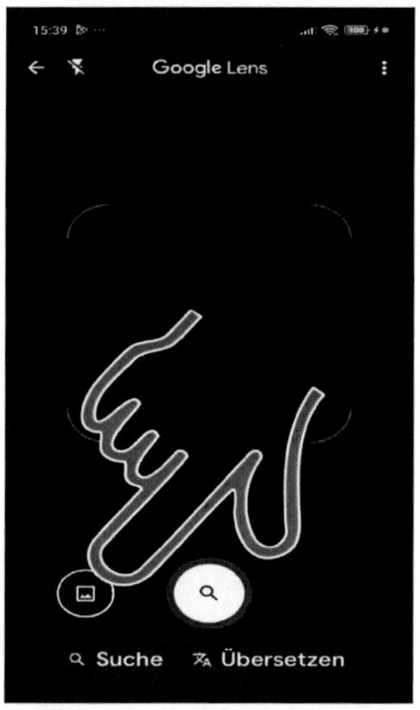

❶❷ Sofern die Galerie-Fotos noch nicht angezeigt werden, betätigen Sie die runde Schaltfläche. Dann gehen Sie auf *Vollen Zugriff zulassen.*

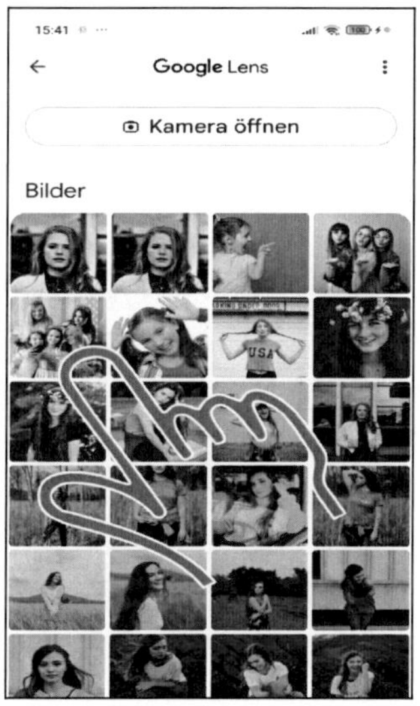

❶ Im Beispiel möchten wir ein bereits vorhandenes Bild, das wir mal mit der Kamera aufgenommen hatten, untersuchen. Tippen Sie es in der Auflistung an.

❷❸ Abhängig vom Bildtyp stehen weitere Bearbeitungsfunktionen am unteren Bildschirmrand bereit. Mit einer Wischgeste blättern Sie durch die Ergebnisse.

17.5.2 Kamera-Bild untersuchen

❶ Für die Auswertung der Liveanzeige von der Kamera gehen Sie auf *Kamera öffnen.*

❷ Halten Sie die Kamera auf einen Gegenstand und tippen Sie auf die weiße Schaltfläche.

❸ In diesem Beispiel wird der Gegenstand identifiziert und das Handy zeigt Fotos aus der Suche an. Eine Wischgeste nach oben listet weitere Fotos auf.

17.5.3 QR-Code scannen

Die QR-Codes als Weiterentwicklung des Barcodes enthalten meistens einen Link auf eine Webseite. Man findet QR-Codes häufig in Zeitungsanzeigen und auf Plakaten.

Falls Sie QR-Codes selbst erstellen möchten, geben Sie einfach mal in einer Suchmaschine »QR Code Generator« ein.

Im QR-Code auf der linken Seite haben wir »www.das-praxisbuch.de« codiert.

❶ So scannen Sie einen QR-Code: Im Startbildschirm betätigen Sie die -Schaltfläche für Google Lens.

❷❸ Halten Sie das Handy auf den QR-Code – der Link erscheint. Tippen Sie unten auf die runde Schaltfläche oder auf den Link, worauf dieser im Chrome-Browser angezeigt wird.

18. Galerie

Die Galerie-Anwendung verwaltet Ihre Fotos und Videos, die Sie mit der Kamera aufgenommen haben.

❶ Sie rufen die *Galerie*-Anwendung aus dem Startbildschirm auf.

❷ Schließen Sie den Hinweis vorerst mit *Nicht jetzt* – wir gehen später noch auf die Datensicherung ein.

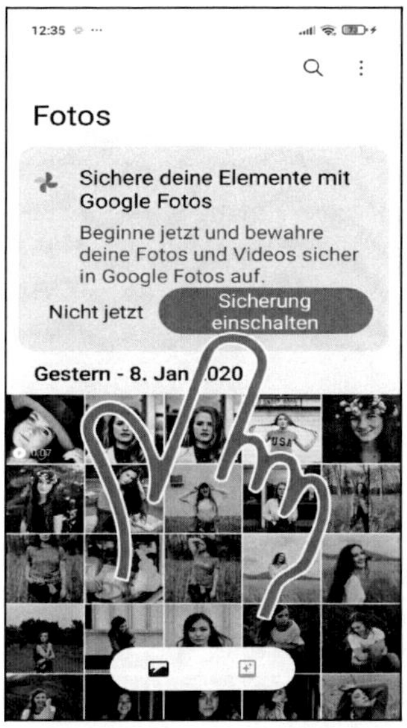

Zwischendurch weist Sie die Galerie-Anwendung auf die Option hin, Ihre Fotos und Videos im Google-Konto zu sichern. Die automatische Sicherung ist für Sie kostenlos und bringt keine Nachteile für Sie mit. Beachten Sie dazu auch Kapitel *28.12 Das Speicherlimit von Google* .

Betätigen Sie *Sicherung einschalten* (❶) beziehungsweise *Erlauben* (❷) und dann *Los gehts* und *Zulassen.* Sie befinden sich anschließend in der Google Fotos-Anwendung, die Sie verlassen.

18.1 Albenansicht

Die Albenansicht werden Sie in der Praxis nur verwenden, falls Sie Fotoverzeichnisse vom PC auf das Handy kopiert haben (siehe Kapitel *15 Gerätespeicher*). Deshalb gehen wir nur kurz darauf ein.

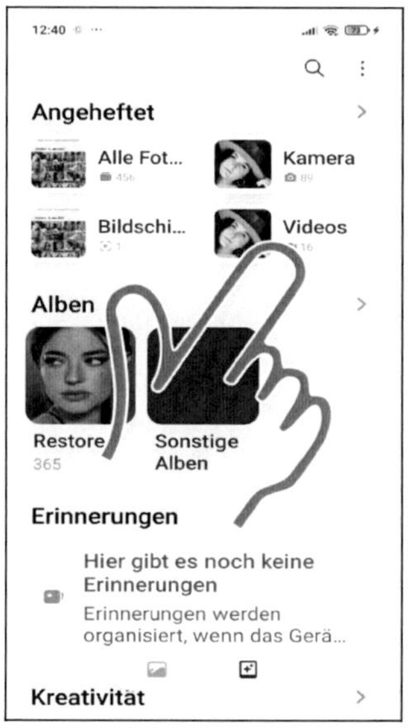

❶ Über das ⊞ (Alben)-Register schalten Sie auf eine Ansicht um, die alle Verzeichnisse auflistet, die Fotos beziehungsweise Videos enthalten.

❷❸ Tippen Sie ein Verzeichnis an, dessen Inhalte Sie anzeigen möchten.

18.2 Galerie-Anwendung in der Praxis

❶ Mit einer Wischgeste blättern Sie durch Ihre Fotos.

❷❸ Mit einer Kneifgeste (zwei Finger auf dem Bildschirm auseinander-/zusammenziehen) ändern Sie die Größe der Vorschaubilder.

❶ Antippen eines Fotos zeigt dieses in der Vollbildschirmansicht.

❷❸ Tippen Sie gegebenenfalls auf das Foto, um die Bedienelemente zu aktivieren:

- ← (oben links): Schaltet wieder auf die Bilderauflistung um. Alternativ betätigen Sie die ◀-Taste.
- ⊡ oder 🔓 (oben rechts): Automatisches Rotieren der Bildschirmanzeige ein/ausschalten. Legt fest, ob sich die Bildschirmanzeige umschaltet, wenn Sie das Handy waagerecht halten.
- ↗: Foto versenden per Bluetooth, als E-Mail usw.
- ✎: Bearbeiten (Filter, zuschneiden, Text oder Zeichnung hinzufügen)
- ♡: Als Favorit markieren.
- 🗑: Bild löschen.
- ⊙: Weitere Funktionen:
  - *Zum Album hinzufügen*
  - *Kopieren*
  - *Text erkennen*: Fotografierte Dokumente in Text umwandeln, der sich in anderen Anwendungen einfügen lässt.
  - *Anpassen*: Bild optimieren und beschneiden.
  - *Mit Wasserzeichen schützen*: Fügt einen Text als Wasserzeichen hinzu. Dies macht die unautorisierte Weiterverwendung durch Dritte uninteressant. Bitte mit Vorsicht einsetzen, denn damit machen Sie genau genommen Ihre eigenen Fotos unbrauchbar.
  - *Hintergrund festlegen*: Als Hintergrundbild für den Startbildschirm einstellen (siehe Kapitel *4.10.4 Hintergrundbild*).
  - *Originaldatei herunterladen*: Die Galerie-Anwendung zeigt auch Fotos/Videos an, die auf einem anderen Handy ins Google-Konto hochgeladen wurden. Diese Funktion lädt die Datei physisch herunter. Sie finden sie dann im *\DCIM\Restored*-Verzeichnis auf dem Handy.
  - *Google Lens*: Startet eine Bildanalyse, die Kapitel *17.5 Google Lens* beschreibt.
  - *Details*: Infos zur Bildauflösung und den verwendeten Kameraparametern.

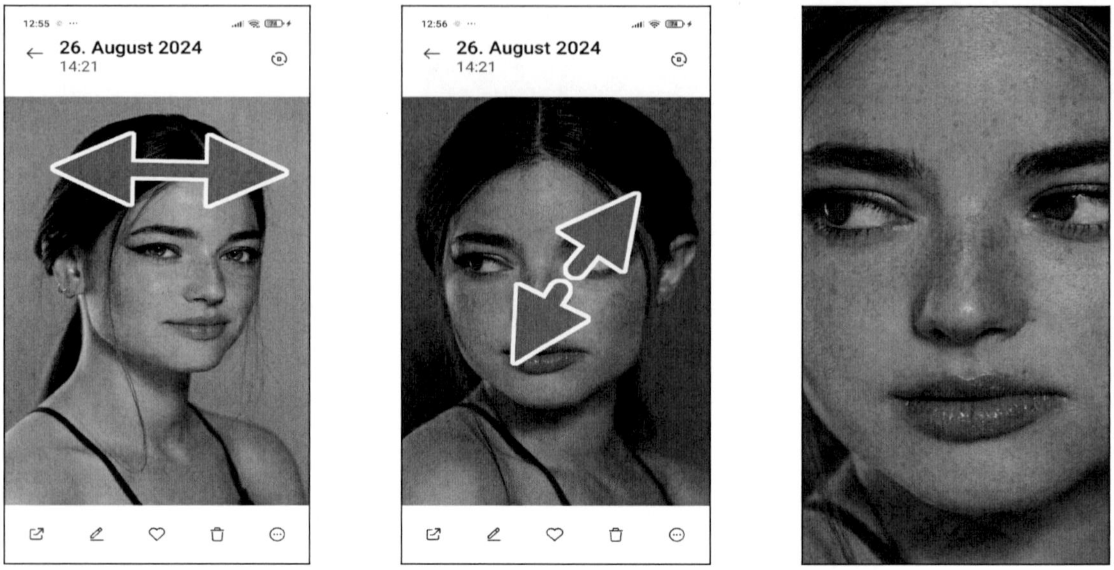

❶ Ältere/Neuere Fotos zeigen Sie mit einer Wischgeste nach links/rechts an.

❷❸ Mit einer Kneifgeste (Daumen und Zeigefinger auf das Display halten und auseinander- oder zusammenziehen vergrößern/verkleinern Sie die Darstellung.

18.2.1 Fotos löschen

❶ In der Vollbildansicht löschen Sie ein Foto mit der 🗑-Schaltfläche (eventuell vorher auf das Foto tippen, damit die Schaltflächen am unteren Bildschirmrand eingeblendet werden).

❷ Es erfolgt eine Sicherheitsabfrage, die Sie mit *Löschen* beantworten.

❶ In der Fotoauflistung halten Sie den Finger auf einem Bild gedrückt, bis dieses markiert ist.

❷❸ Durch Antippen jeweils von ◯ markieren Sie nun weitere Bilder (falls nach dem Antippen stattdessen das Vollbild angezeigt wird, gehen Sie mit der ◀-Taste zurück) und schließen Sie den Vorgang mit *Löschen* ab.

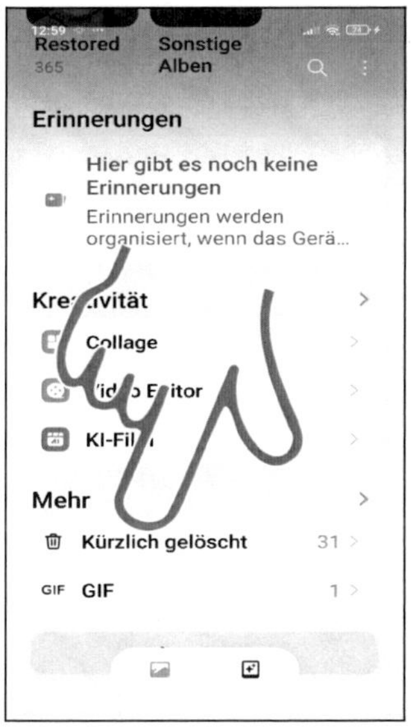

❶ Sie haben sich beim Löschen vertan? Das ist nicht weiter schlimm, denn Sie dürfen gelöschte Bilder wieder herstellen. Gehen Sie dazu in das *Alben*-Register.

❷ Die Fotos finden Sie im *Kürzlich gelöscht*-Ordner.

Die gelöschten Dateien werden im Papierkorb noch für 30 Tage vorgehalten, bevor Sie das Handy automatisch endgültig entfernt.

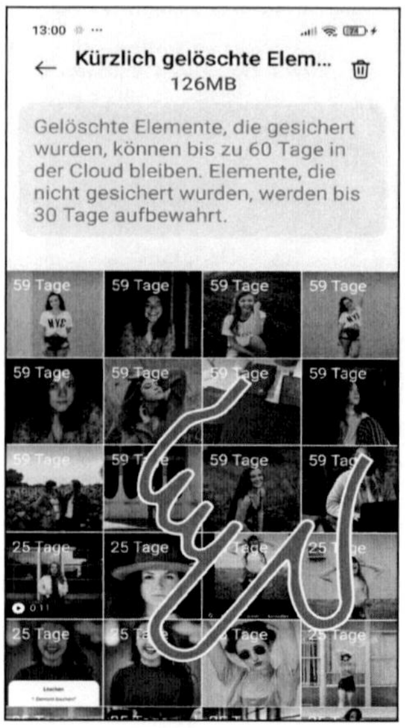

❶❷ Wählen Sie ein Bild aus, das Sie aus dem Papierkorb »retten« möchten. Betätigen Sie dann ⟲.

18.2.2 Bearbeiten

❶ In der Vollbildansicht ist mit ✎ das nachträgliche Bearbeiten möglich.

❷ Abhängig vom Motiv werden Ihnen unter Umständen weitere Optionen angeboten. In unserem Beispiel möchten wir das Foto mit dem *Filter* verschönern.

Bei den Redmi Pro-Modellen sind weitere Funktionen vorhanden.

❶ Nun wählen Sie einen Effektart, im Beispiel *Filter,* aus.

❷ Tippen Sie auf den Effekt, den Sie anwenden möchten.

❸ Bewegen Sie den Regler. Wenn Sie mit dem Ergebnis zufrieden sind, betätigen am oberen rechten Bildschirmrand *Speichern,* sonst ✕ zum Verwerfen.

Ihre Änderungen lassen sich später nicht mehr rückgängig machen, weshalb Sie diese nur vorsichtig durchführen sollten.

❶ Eine Besonderheit sind die Bearbeitungsfunktionen auf KI-Basis. Wischen Sie dazu auf der untersten Schaltflächenreihe.

❷ Betätigen Sie *Erstellen.*

❸ Abhängig vom Motiv stehen zur Verfügung:

- *Erweitern*: Das Bild wird vergrößert, wobei die Ränder per KI inhaltsbasiert gefüllt werden.
- *Löschen*: Objekte, Personen oder Spiegelungen entfernen. Alternativ entfernen Sie mit *Manuell* beliebige Bereiche.
- *Himmel*: Tauscht den Himmel aus. Zur Auswahl stehen neben KI-generierten auch sonnige, bewölkte, warme und dunkle Himmel. Die Helligkeit stellen Sie über einen Regler ein.
- *Bokeh*: Stellt den Hintergrund unscharf.

- *Ausschnitt*: Motiv freistellen mit einfarbigem, texturiertem oder mehrfarbigem Hintergrund.

Beachten Sie, dass Sie die Schaltflächen gegebenenfalls zweimal antippen müssen. Beim ersten Mal wird der KI-Effekt berechnet, beim zweiten Antippen werden die zugehörigen Einstellungen eingeblendet.

Die KI-Funktionen setzen ein sogenanntes Xiaomi-Konto voraus. Dieses ist kostenlos. Richten Sie es vorher, wie im Kapitel *28.1 Das Xiaomi-Konto* beschrieben, ein.

❶ In unserem Beispiel möchten wir eine Person aus dem Foto entfernen. Gehen Sie dafür auf *Löschen*.

❷❸ Betätigen Sie *Menschen entfernen* – die erkannte Person wird hervorgehoben – und dann *Start*.

Schließen Sie den Vorgang mit ✓ ab.

19. Gemini-Sprachsteuerung

Gemini, das auf künstlicher Intelligenz basiert, löst den bisher auf allen Android-Handys vorinstallierten Google Assistant ab. Es kann sowohl per Spracheingabe als auch über Texteingaben bedient werden. Ein Vorteil von Gemini ist, dass es nicht auf bestimmte Schlüsselwörter angewiesen ist, sondern auch den Kontext »versteht«.

Künstliche Intelligenz (KI) bezieht sich auf Systeme oder Maschinen, die in der Lage sind, Aufgaben zu erledigen und Entscheidungen zu treffen, die normalerweise menschlicher Intelligenz vorbehalten waren. Diese Systeme basieren häufig auf Algorithmen und lernen aus Datenmengen. Dabei werden bestimmte Muster erkannt und Verbindungen zwischen Informationen hergestellt.

Ein wichtiges Merkmal von KI ist ihre Fähigkeit zur Selbstoptimierung. Das bedeutet, dass sie in der Lage ist, durch Erfahrungen und Feedback kontinuierlich dazuzulernen und sich weiterzuentwickeln. Dadurch können sie immer bessere Ergebnisse erzielen und auch komplexe Probleme lösen.

Der obige Text wurde tatsächlich von einer KI geschrieben!

Sofern Sie keine Sprachsteuerung auf Ihrem Handy nutzen möchten, dürfen Sie dieses Kapitel übrigens gerne überlesen.

19.1 KI-Warnhinweis

Google Gemini und andere KI-Modelle können gelegentlich falsche oder sogar frei erfundene (halluzinierte) Antworten liefern. Das liegt daran, dass Gemini **probabilistisch** arbeitet – es greift nicht auf eine feste Datenbank zurück, sondern generiert Antworten basierend auf Wahrscheinlichkeiten.

Da die KI auf bereits vorhandenen Daten trainiert wurde, können veraltete oder ungenaue Informationen einfließen. Besonders bei wenig dokumentierten oder spezialisierten Themen besteht die Gefahr, dass Lücken mit plausibel klingenden, aber erfundenen Inhalten gefüllt werden. Auch mehrdeutige oder unklare Fragen können dazu führen, dass die KI den Kontext falsch interpretiert und eine fehlerhafte – häufig auf den ersten Blick zunächst logische – Antwort liefert.

Um Fehlinformationen zu vermeiden, bleiben Sie kritisch und überprüfen Sie KI-generierte Antworten mithilfe vertrauenswürdiger Quellen. Eine klare und präzise Fragestellung hilft zudem, das Risiko von Halluzinationen zu reduzieren.

Trotz der erwähnten Einschränkungen werden Sie Google Gemini schon nach kurzer Zeit bei vielen Alltagsfragestellungen erfolgreich einsetzen. Insbesondere bei textbezogenen Aufgaben wie der Umformulierung oder Rechtschreibprüfung von Texten, spart Gemini dem Nutzer sehr viel Zeit.

19.2 Einrichtung

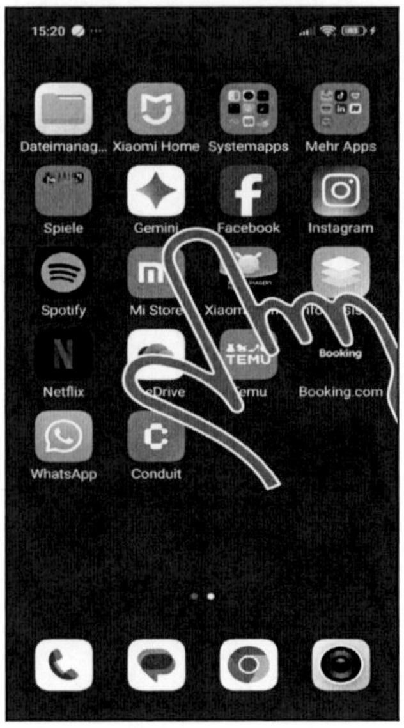

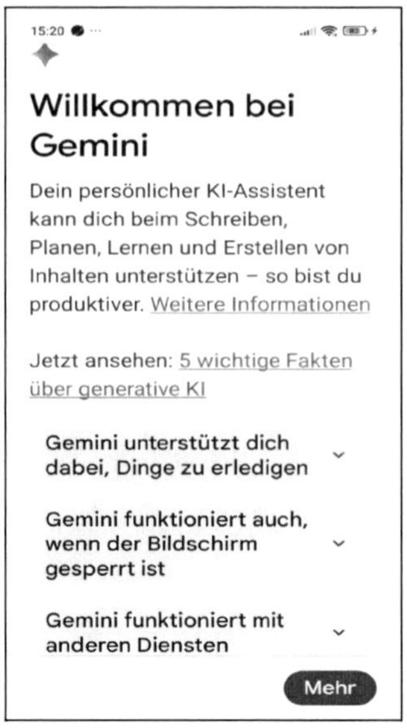

❶ So aktivieren Sie Gemini: Rufen Sie im Hauptmenü *Gemini* auf. Alternativ halten Sie auf der rechten Geräteseite den Ein-/Ausschalter gedrückt, bis Gemini startet.

❷❸ In den folgenden Bildschirmen betätigen Sie jeweils *Mehr* und *Weiter* und schließen den Vorgang mit *Gemini verwenden* ab.

❶ Sie befinden sich in der Gemini-Benutzeroberfläche. Probieren Sie die Spracherkennung doch einfach mal aus! Betätigen Sie 🎙 und sagen Sie »*Kurzes Liebesgedicht für meine Frau*«

❷ Gemini stellt für Sie ein Gedicht zusammen (es wird von der KI selbst erstellt) und liest es Ihnen vor.

19.2.1 Sprachsteuerung aktivieren

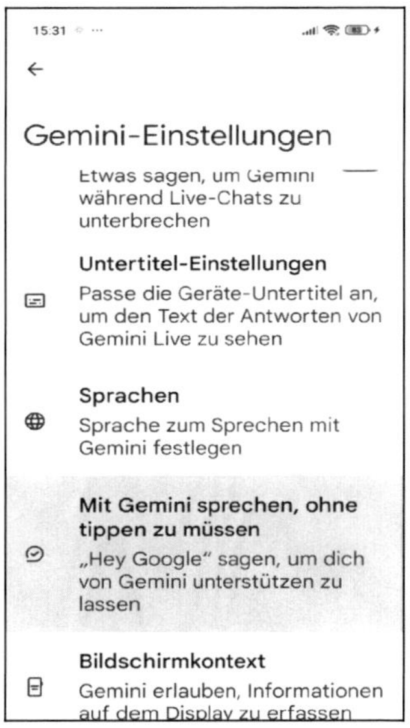

Für die optimale Gemini-Nutzung empfehlen wir, einige Einstellungen vorzunehmen:

➊ Tippen Sie in der Gemini-Anwendung auf das runde Kontosymbol.

➋➌ Rufen Sie *Einstellungen* auf und gehen Sie auf *Mit Gemini sprechen, ohne tippen zu müssen.*

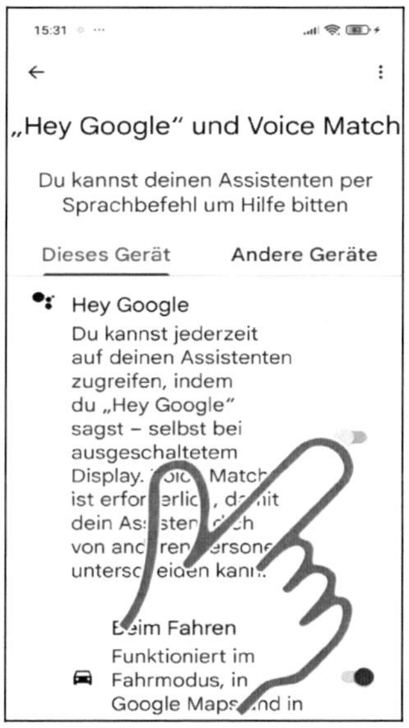

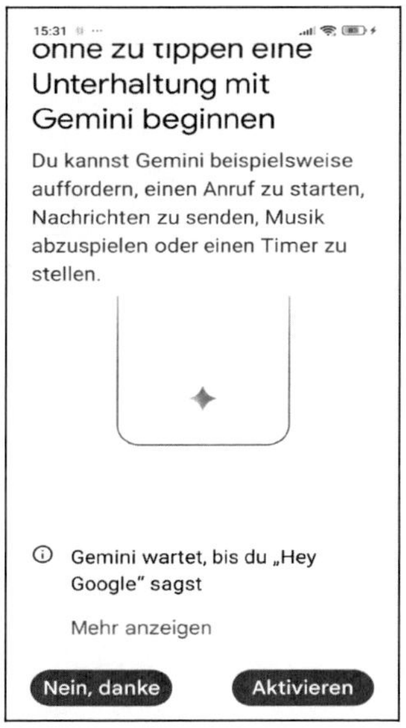

➊ Aktivieren Sie *Hey Google.*

➋ Betätigen Sie in den folgenden Bildschirmen jeweils *Mehr* und *Aktivieren.*

Abhängig davon, ob die Sprachsteuerung von Ihnen bereits auf einem anderen Handy verwendet wurde, überspringt Google möglicherweise einige Konfigurationsbildschirme.

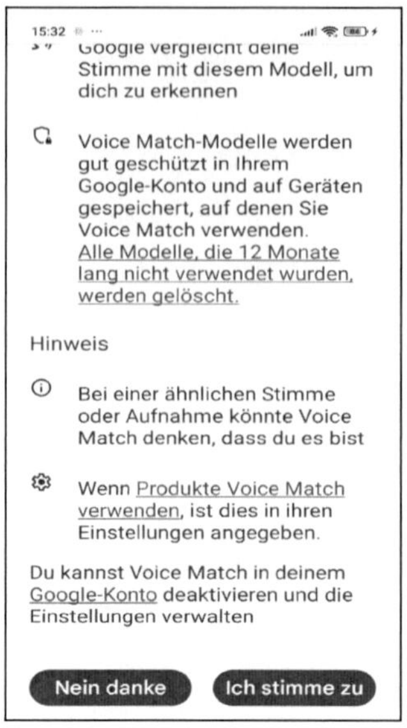

❶❷ Danach gehen Sie auf *Mehr* und *Ich stimme zu.*

❶ Sprechen Sie die angezeigten Befehle nach, damit später die Spracherkennung optimal funktioniert. Den folgenden Bildschirm schließen Sie mit *Weiter.*

❷ Es ist Ihnen überlassen, ob Sie die Speicherung Ihrer Sprachaufnahmen zulassen.

❸ Verlassen Sie das Menü mit *Fertig* und kehren Sie durch mehrmaliges Betätigen der ◀-Taste in die Gemini-Anwendung zurück.

19.2.2 Funktionen freischalten

Standardmäßig darf Gemini auf einige Anwendungen und Datenquellen nicht zugreifen. Für die voll Funktionalität sollten Sie daher eine Datenfreigabe durchführen.

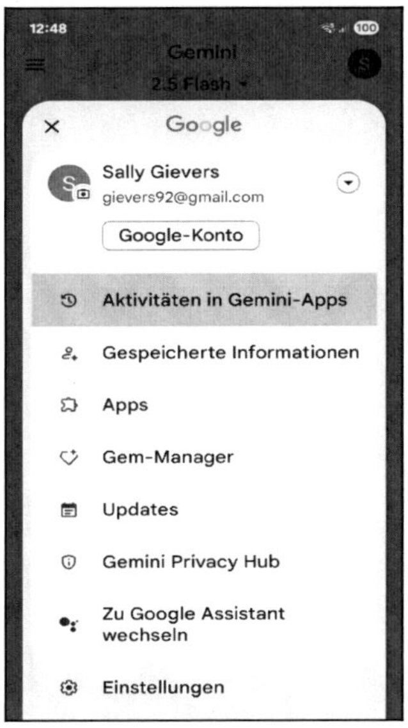

❶❷ Zuerst müssen Sie die von Gemini genutzten Anwendungen »freischalten«. Dazu tippen Sie auf das Kontosymbol und gehen auf *Aktivitäten in Gemini-Apps.*

❸ Melden Sie sich mit bei Ihrem Google-Konto an.

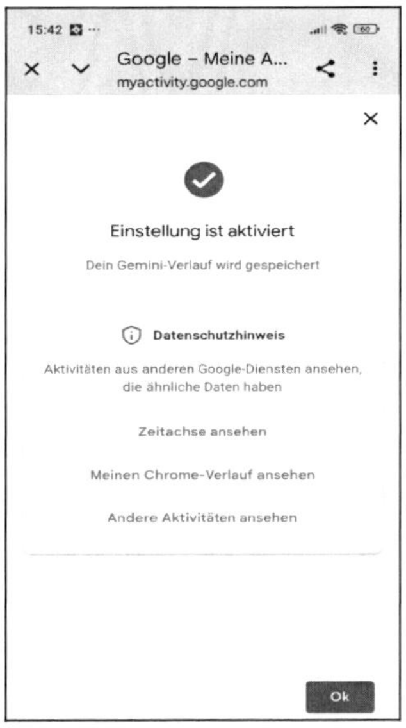

❶❷ In den folgenden zwei Bildschirmen tippen Sie auf *Aus* und betätigen Sie *Aktivieren* (sofern dort *An* steht, brauchen Sie nichts zu tun).

❸ Schließen Sie mit *OK* ab. Sie können dann die Bildschirme verlassen.

➊ Rufen Sie erneut die Gemini-Anwendung auf und tippen Sie auf das Kontosymbol.

➋ Rufen Sie *Verbundenene Apps* auf.

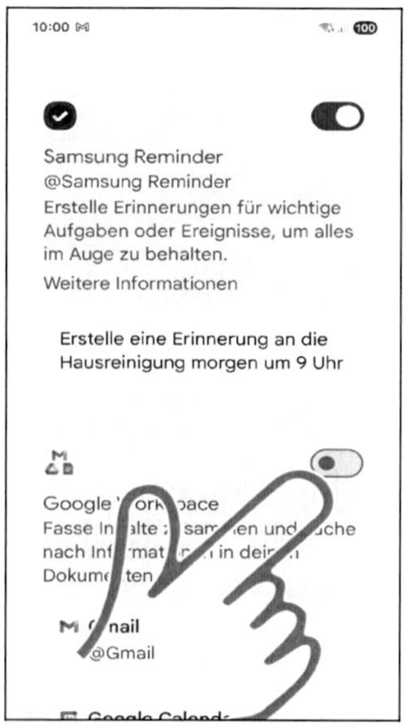

➊➋ Aktivieren Sie *Google Workspace* und gehen Sie auf *Verbinden.*

➌ Das Gleiche machen Sie bei *YouTube Music.*

19.3 Aufruf

Künftig rufen Sie Gemini mit »*Ok Google*« oder »*Hey Google*« auf. Dies funktioniert auch bei ausgeschaltetem Display. Die ◀-Taste beendet den Assistenten.

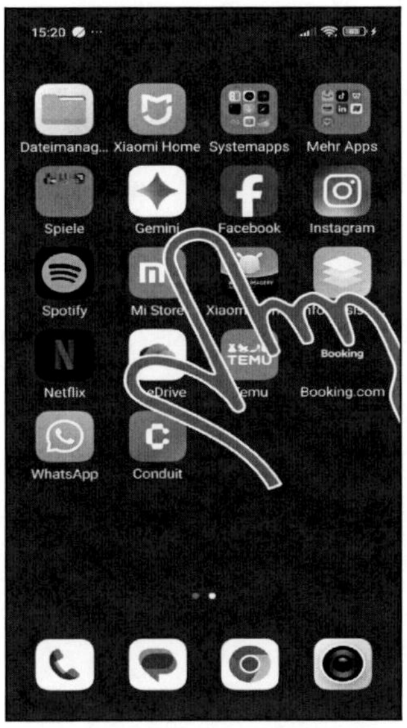

Alternativ rufen Sie *Gemini*, wie gewohnt, über die Verknüpfung im Startbildschirm auf.

19.4 Beispiele für Gemini-Befehle

Über Gemini lassen sich auch Dinge erledigen, für die Sie sonst erst umständlich auf dem Bildschirm eine Anwendung starten müssten. Einige Beispiele sollen die Möglichkeiten verdeutlichen. Rufen Sie mit »*Ok Google*« den Assistenten auf und sprechen Sie einen Befehl (**fett** sind jeweils die Schlüsselwörter):

- »**Ruf** Sally **an**«: *Sally* aus dem Telefonbuch anrufen (❶).
- »Antonia **mobil anrufen**«: Kontakt auf Handynummer aus dem Telefonbuch anrufen.
- »Hamburg **ansteuern**«, »**Weg zu** Hamburg«, »**Weg zu** Brandenburger Tor«: Startet die Navigation in Google Maps, berechnet die Route zum Zielort und startet die Routenführung (❷).
- »**Karte von** Berlin«: Den genannten Ort in Google Maps anzeigen.
- »**Zeige mir** Flughäfen (Restaurants/Tankstellen/Museen/...) **in** Berlin«: Points auf Interest in der Karte auflisten beziehungsweise anzeigen (❸).
- »**Spiele** Beatles«: Musikanwendung starten und dort nach den Interpreten/Song suchen und abspielen.

- »**Zeige** Beatles Yesterday **in YouTube**«: Sucht Songs von Bands/Interpreten in YouTube und listet diese auf.
- **Was steht heute an**: Kalender auswerten.
- **Öffne Kontakte**: Telefonbuch anzeigen.
- Die Spracherkennung beantwortet auch Ihre Fragen: »Wer ist Bundeskanzler in Deutschland?«, »Wetter in Berlin?«, »Wo ist der nächste Burger King?«
- Wecker einstellen: »Wecker auf 7 Uhr einstellen«
- Erinnerung einrichten: »Erinnern an: um 18.00 Uhr Max anrufen« oder »Erinnern an: Eisdiele am Marienplatz testen«
- Termin im Google Kalender erstellen: »Erstelle einen Termin in meinem Kalender: Abendessen in München, Samstag um 19.30 Uhr«
- SMS an einen Freund: »SMS an Stefan: Komme 5 Minuten später«
- E-Mail senden: »E-Mail senden an Kerstin: Betreff: neue Schuhe, Nachricht: Ich muss dir unbedingt meine neuen Schuhe zeigen«
- Routen abrufen: »Navigieren von Berlin nach Köln« oder »Wegbeschreibung von Berlin nach Frankfurt am Main«
- Orte in der Nähe finden: »Wo ist das nächste Café?«
- Nach der Uhrzeit fragen: »Wie spät ist es in London?«
- Nach dem Wetter fragen: »Wie ist das Wetter morgen Früh?«
- Interessante Antworten auf Fragen: »Wo wurde Albert Einstein geboren?« oder »Wie alt ist Beyonce?«
- Worte oder Sätze übersetzen: »Was heißt Gurke auf Spanisch?«
- Wort definieren: »Was bedeutet Adipositas?«
- Einheiten umrechnen: »Was sind 12 Zoll in Zentimeter?«
- Mathematische Gleichungen lösen: »Was ist die Wurzel aus 2209?«

Auch die Systemeinstellungen ändert die Sprachsteuerung:

- »Taschenlampe einschalten«; »Taschenlampe ausschalten«: Die Kamera-LED ein/ausschalten.
- »Bildschirm dunkler«; »Bildschirm heller«: Displayhelligkeit ändern.
- »Musik lauter/leiser«; »Klingelton lauter/leiser«: Lautstärke ändern.

Zusammenhängende Aufgaben:

- »Suche nach dem aktuellen Kinoprogramm und frage Sandra über WhatsApp, ob sie am Wochenende dafür Zeit hat«
- »Vergleiche den Gold- und Silberpreis und gebe mir eine Investitionsempfehlung«

> Beachten Sie, dass Gemini recht neu ist und manches vielleicht nicht so funktioniert, wie es Google vorgesehen hat.

19.5 Die Gemini-Anwendung

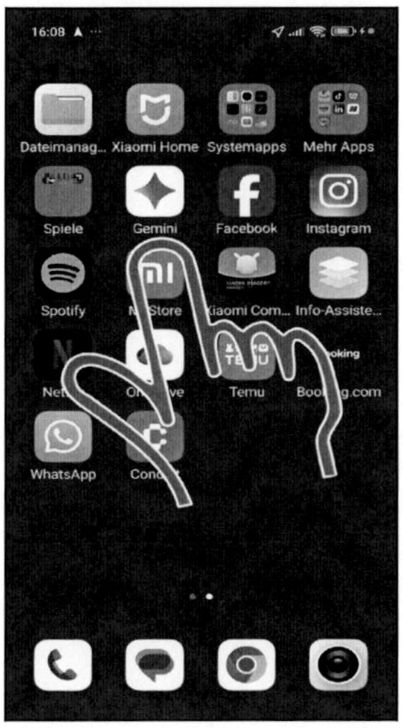

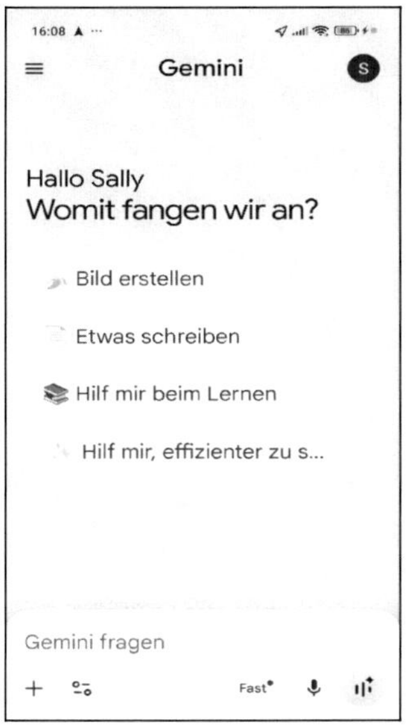

❶❷ Rufen Sie die Gemini-App aus dem Hauptmenü auf. Dies funktioniert auch mit dem Sprachbefehl »*Okay Google, öffne Gemini*«.

❶❷❸ Gemini lässt sich auch per Texteingabe steuern: Tippen Sie dann ins Eingabefeld und erfassen Sie Ihre Anfrage.

Da hierbei keine Sprachausgabe erfolgt, eignet sich diese Methode besonders für Umgebungen, in denen Ruhe erforderlich ist.

19.5.1 Live-Modus

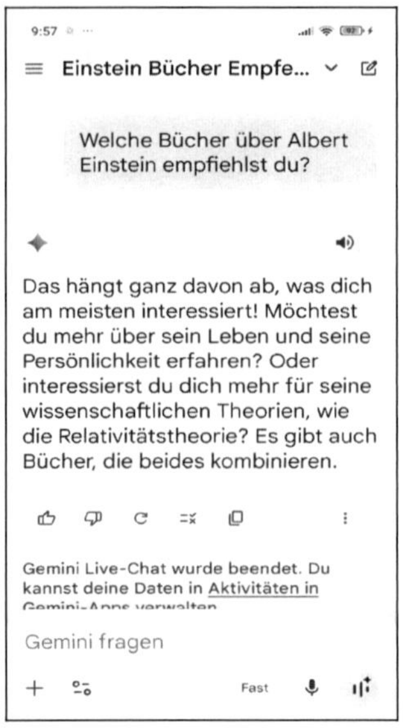

❶ Im Live-Modus, den Sie mit ı⁞ (Pfeil) aktivieren, unterhalten Sie sich mit Gemini. Hierbei wird dann auch der Kontext berücksichtigt. Beim ersten Aufruf können Sie eine Stimme auswählen.

❷ Im Live-Modus arbeitet Gemini interaktiv, das heißt, durch Nachfragen vertiefen Sie ein Thema. Über die ☐-Schaltfläche am unteren Bildschirmrand geben Sie die Kamera für die KI frei, ⇧ teilt den Bildschirm mit der KI.

Nach Betätigen der roten X-Schaltfläche wird Ihnen ein Gesprächsprotokoll (❸) angezeigt.

> Der Live-Modus ist auf dem Redmi Note 15 nicht verfügbar.
>
> Texteingaben sind im Dialogmodus leider nicht möglich, was dessen Nutzen stark einschränkt.

19.5.2 Bildgenerator

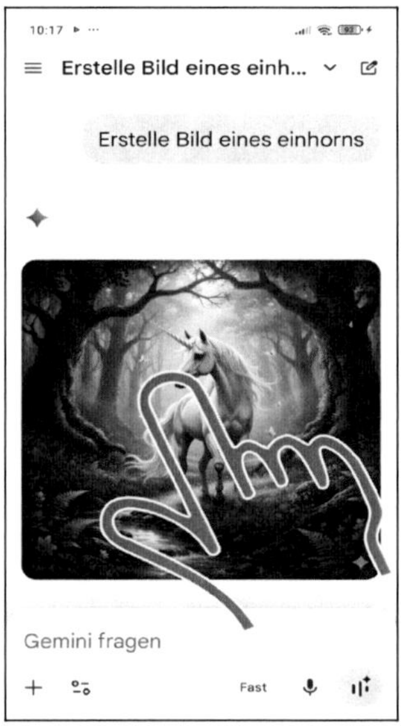

❶ Ein Bild erzeugt Gemini mit dem Befehl »Erstelle Bild«, im Beispiel »*erstelle Bild eines Einhorns*«.

❷❸ Für die Weiterverarbeitung tippen und halten Sie den Finger auf dem Bild, worauf Sie es zum Beispiel mit *Teilen* versenden können.

> Alle Bilder erhalten unten rechts ein sichtbares Wasserzeichen. Es werden immer quadratische Bilder im 1:1-Format erzeugt. Andere Bildformate werden derzeit nicht unterstützt.

19.5.3 Fotos analysieren

Als sehr praktisch im Alltag erweist sich die in Gemini integrierte Bildverarbeitung.

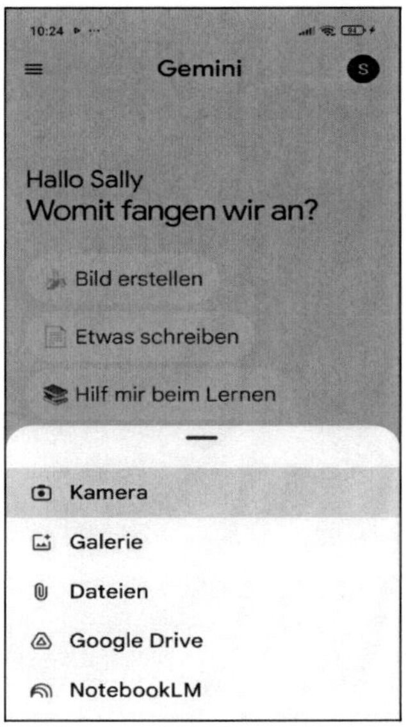

Tippen Sie + an und wählen Sie *Kamera*.

❸ Machen Sie ein Foto von dem Text, den Sie übersetzt haben möchten. Betätigen Sie dann *Anhängen*.

❶ Tippen Sie ins Eingabefeld und geben Sie *Übersetzung* ein. ➤ führt den Vorgang aus.

❷ Die Übersetzung wird angezeigt.

Als Alternative können Sie »Google Übersetzer« aus dem Play Store auf Ihrem Handy installieren, das nicht nur das Live-Kamerabild automatisch übersetzt, sondern auch Konversationsfunktionen anbietet (siehe Kapitel *24.3 Übersetzer*).

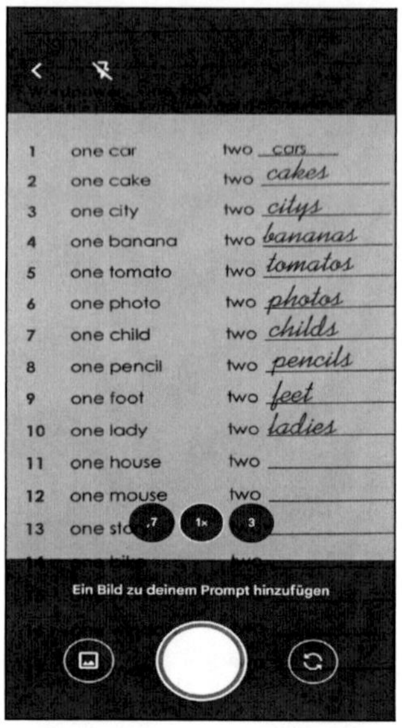

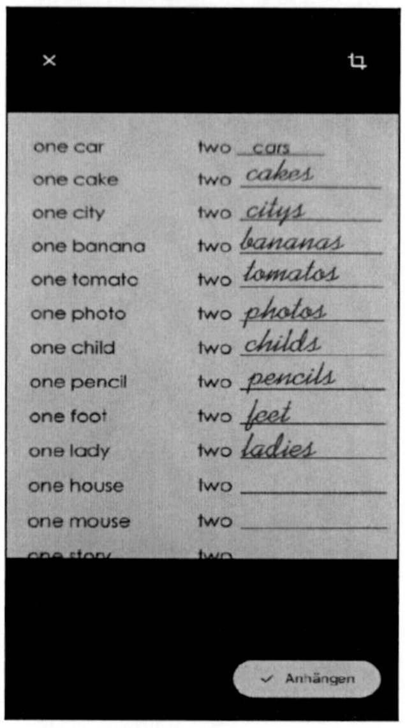

Seine Stärken zeigt Gemini beim Lösen und Überprüfen von Aufgaben. Im Beispiel soll die KI einen Englischtest mit unregelmäßigen Verben korrigieren.

➊➋ Fügen Sie, wie zuvor gezeigt, Gemini ein Foto hinzu.

➌ Geben Sie als Prompt »*überprüfe Richtigkeit*« ein.

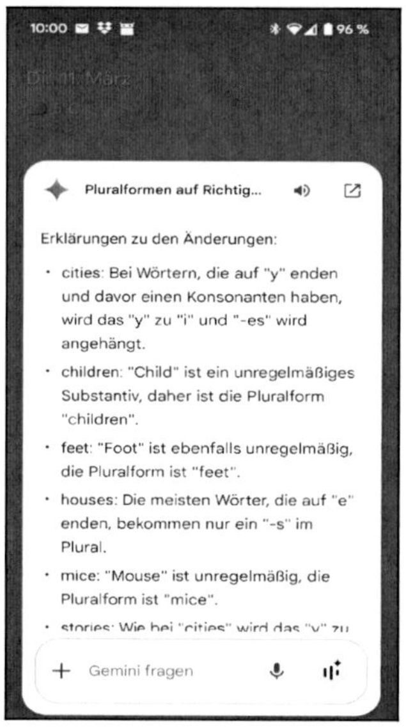

➊ Gemini erkennt den Kontext und löst die Aufgaben. Blättern Sie mit einer Wischgeste durch den Text.

➋ In diesem Fall gibt es sogar noch eine verständliche Erklärung zu den englischen Rechtschreibregeln.

Gemini löst auch die meisten Text- und Rechenaufgaben aus verschiedenen Schulfächern und Fachgebieten. Beachten Sie aber bitte, dass die KI Probleme mit der Unterscheidung von »7« und »1« hat (in vielen Ländern wird die »7« wie eine »1« geschrieben).

19.5.4 Kontext und Chatverlauf

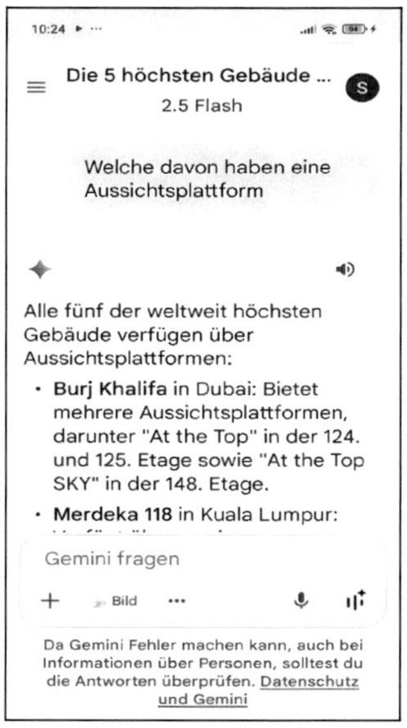

❶❷ Im Gegensatz zur Gemini-Sprachsteuerung bezieht die Gemini-App den Kontext einer vorherigen Antwort mit ein, was ein Beispiel verdeutlichen soll: »*Was sind die fünf höchsten Gebäude der Erde?*« – »*Welche davon haben eine Aussichtsplattform?*«. Auf diesem Wege vertiefen Sie sehr einfach ein Thema.

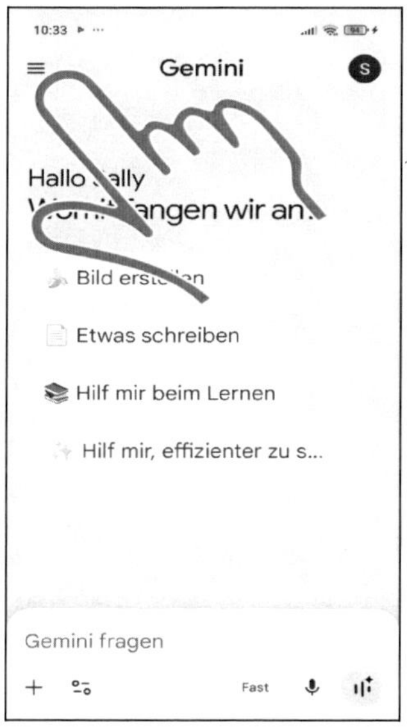

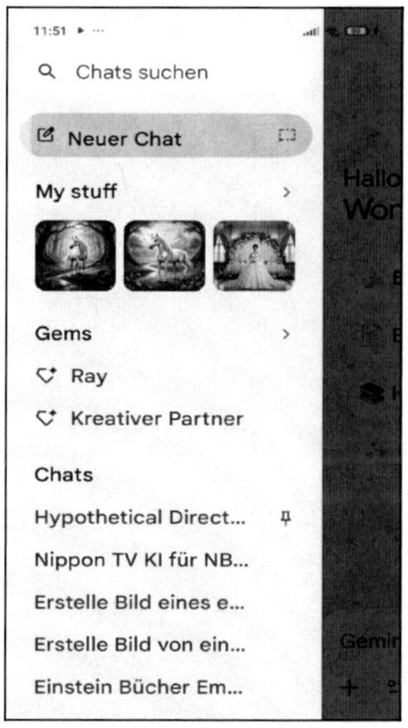

Es ist wichtig, für jedes neue Thema auch einen neuen Chat zu starten, damit die KI nicht ihre bisherigen Ausgaben in seinen Antworten berücksichtigt.

❶❷ Aktivieren Sie dazu das Ausklappmenü und gehen Sie auf *Neuer Chat*.

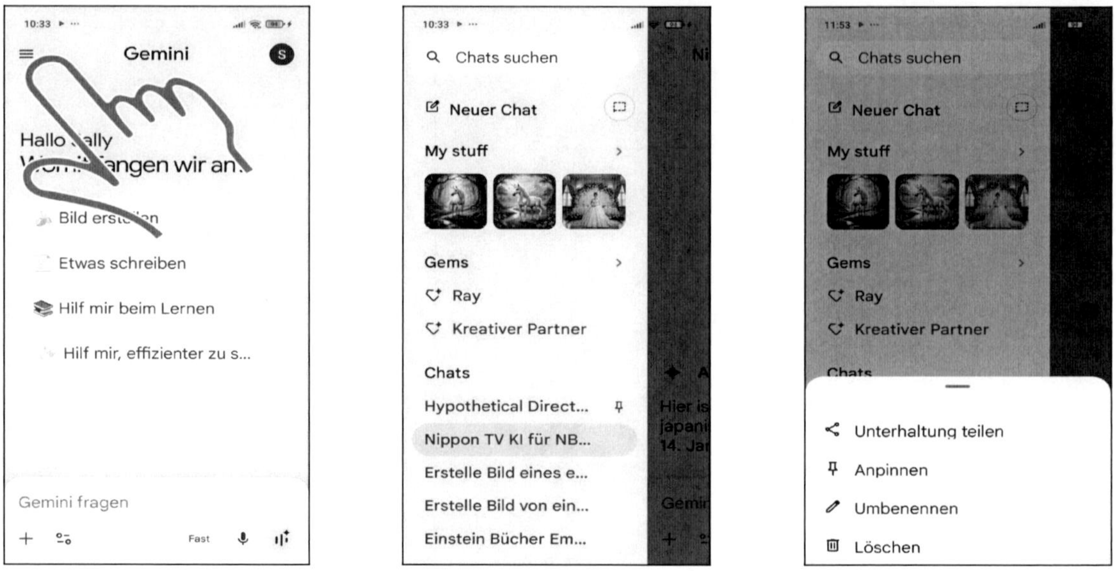

➊ Die durchgeführten Chats (Chatverlauf) zeigt das Ausklappmenü (Pfeil) an.

➋ Tippen einen Chat an, um ihn anzuzeigen.

➌ Tippen und Halten des Fingers auf einem Chat öffnet das Popup:

- *Unterhaltung teilen*: Der Empfänger kann selbst mit dem Chat interagieren.
- *Anpinnen*: Chats, auf die Sie häufig zurückgreifen, »pinnen« Sie damit oben im Chatverlauf an.
- *Umbenennen*: Gemini vergibt jedem Chat automatisch einen Namen, den Sie hier ändern.
- *Löschen*: Chat aus dem Verlauf entfernen.

20. Kalender

Der Kalender verwaltet Ihre Termine, die sich mit dem Google-Kalender synchronisieren lassen.

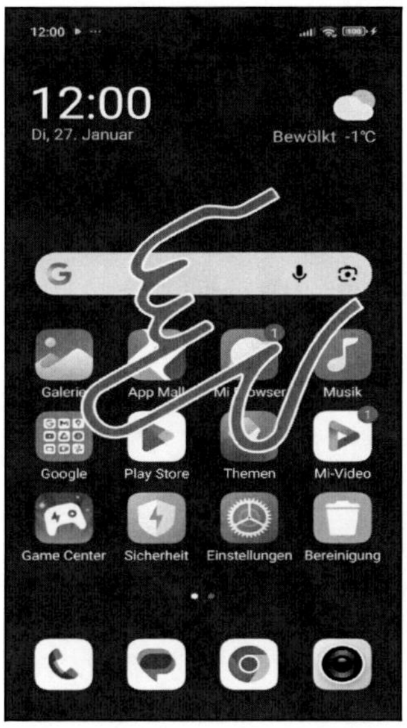

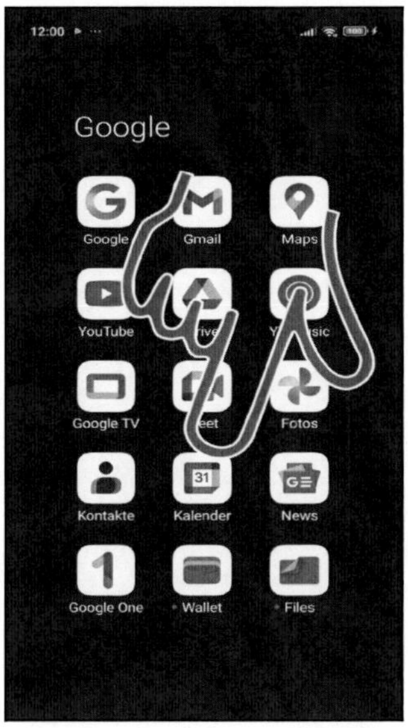

❶❷ Gehen Sie im Startbildschirm auf den *Google*-Ordner und starten Sie *Kalender.*

20.1 Kalenderansichten

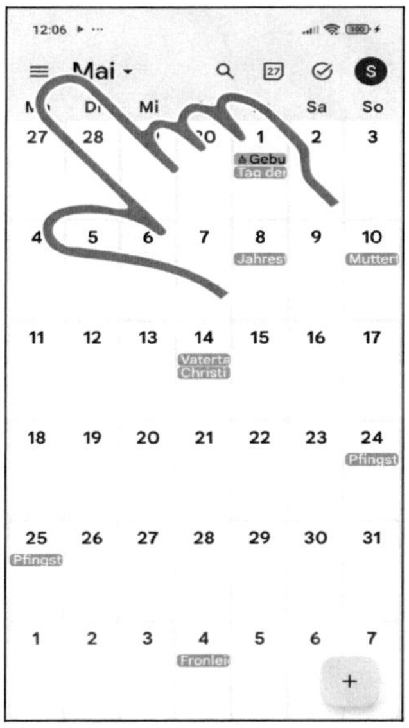

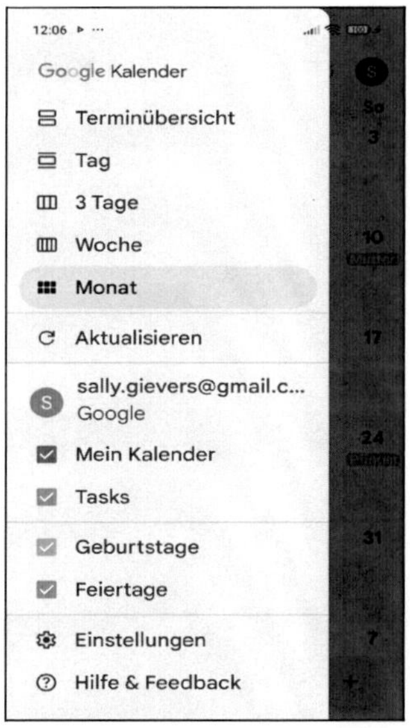

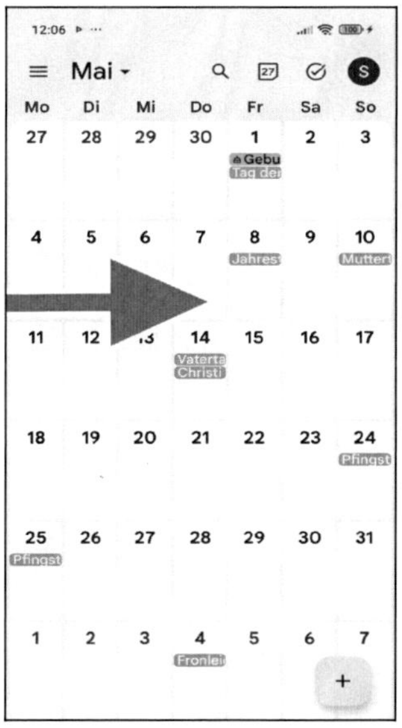

❶❷ Der Kalender zeigt beim Start standardmäßig die zuletzt genutzte Ansicht an. Um auf eine andere Kalenderansicht umzuschalten, aktivieren Sie über die Schaltfläche oben links im Bildschirm das Ausklappmenü und wählen einen der Menüeinträge aus.

❸ Das Ausklappmenü aktivieren/schließen Sie alternativ durch eine Wischgeste außerhalb des Displays nach rechts, beziehungsweise durch Wischen nach links.

20.1.1 Terminübersicht

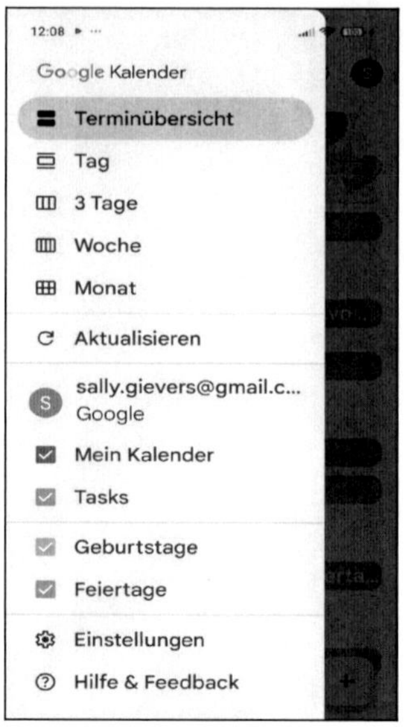

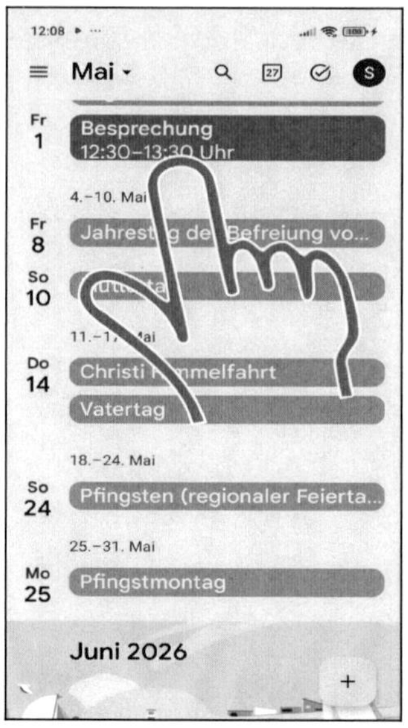

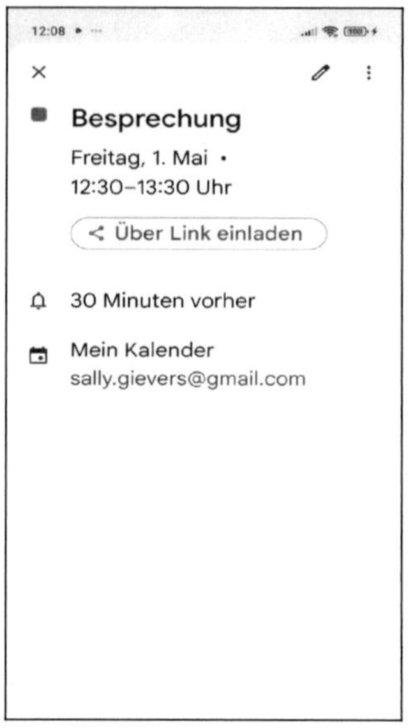

❶ Die Terminübersicht listet übersichtlich alle demnächst anstehenden Termine, sowie die Feiertage auf.

❷❸ Tippen Sie einen Eintrag für die Details an.

20.1.2 Monatsansicht

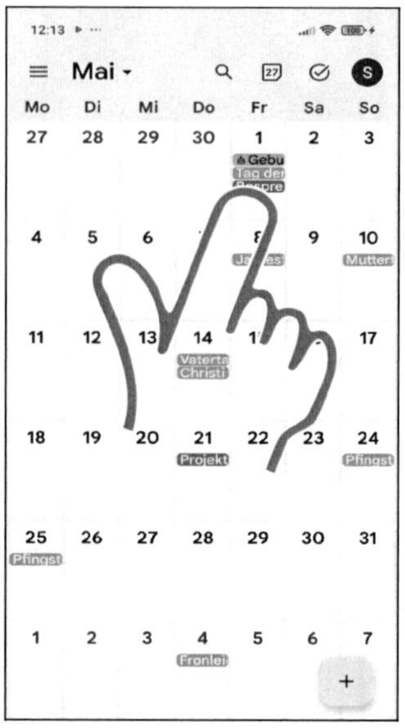

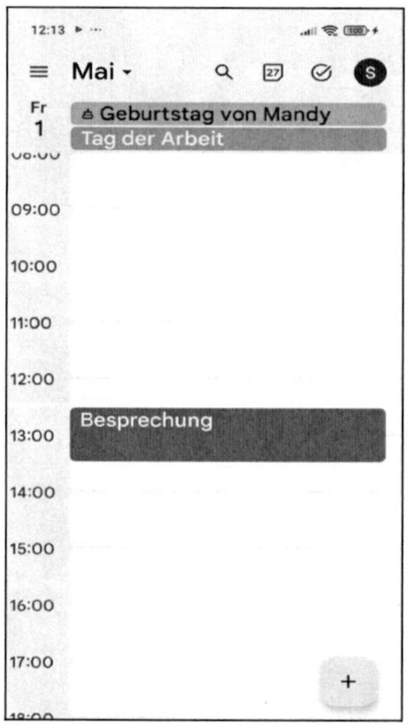

❶❷ Termine werden in den einzelnen Wochentagen angezeigt. Tippen Sie einen Tag an, zu dem Sie die Termine erfahren möchten.

20.1.3 Wochenansicht

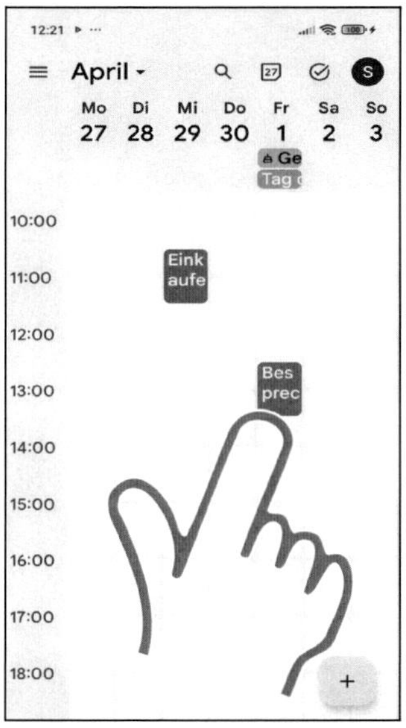

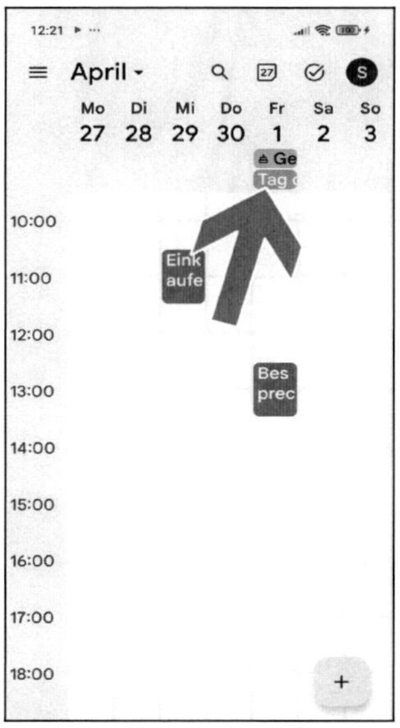

❶❷ In der Wochenansicht sind alle Termine als Balken auf einer Zeitachse angelegt. Man sieht auf diesem Wege sofort, ob und wo noch freie Zeiträume sind. Antippen eines Termins (Pfeil) zeigt diesen wiederum an.

❸ Ganztagstermine blendet der Kalender jeweils am oberen Bildschirmrand ein.

20.1.4 Tagesansicht

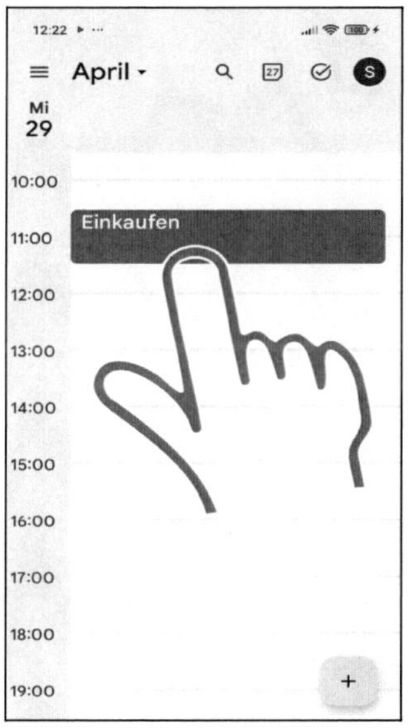

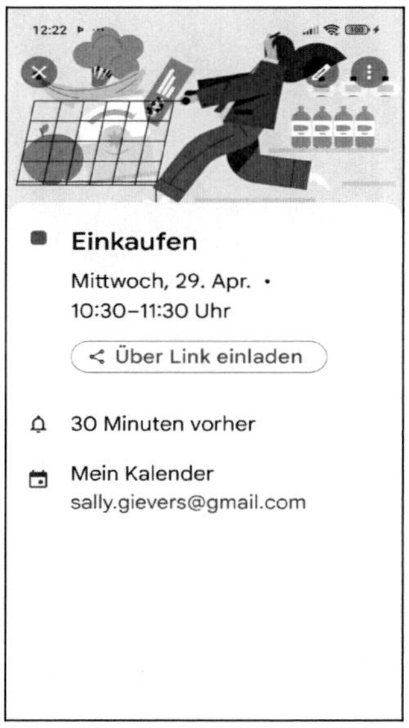

❶❷ Auch die Tagesansichten (*Tage* und *3 Tage*) stellen die Termine in einer Zeitachse dar. Tippen Sie einen Termin (Pfeil) an, worauf die Detailansicht erscheint.

20.2 Navigation im Kalender

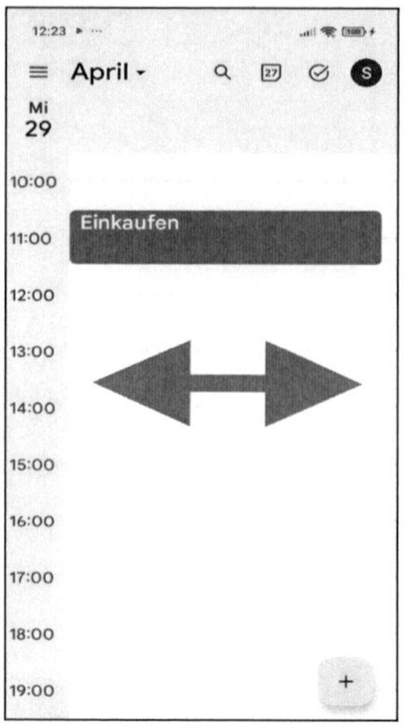

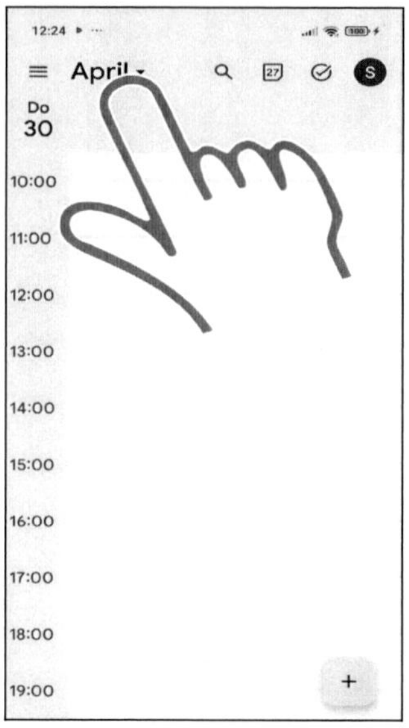

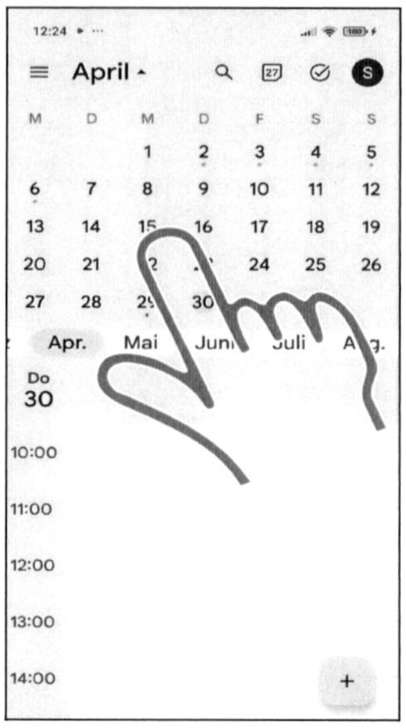

❶ Mit einer Wischgeste nach rechts/links blättern Sie vor oder zurück.

❷❸ Für den schnellen Sprung in ein bestimmtes Kalenderdatum aktivieren Sie das Auswahlmenü und tippen dort ein einen Monat an (nicht in der Monatsansicht möglich). Auch hier können Sie nach links/rechts wischen.

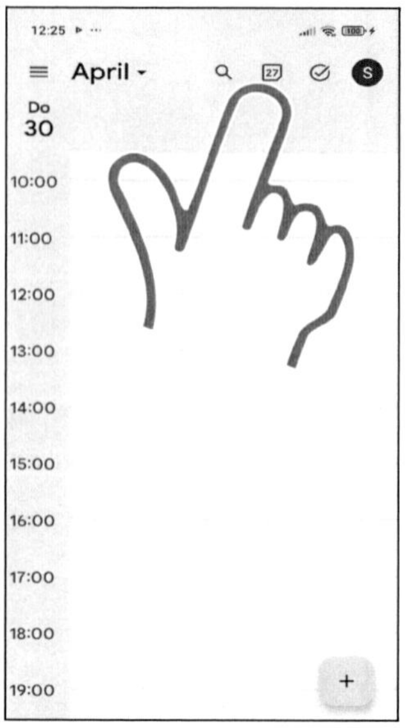

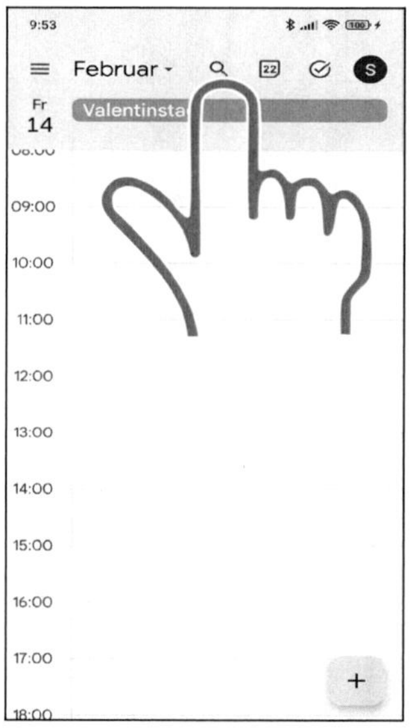

❶ In der Tages- und Wochenansicht schaltet [27] (Pfeil) auf das aktuelle Datum um.

❷❸ 🔍 zeigt zum eingegebenen Suchbegriff alle Fundstellen an, die Sie durch Antippen aufrufen können.

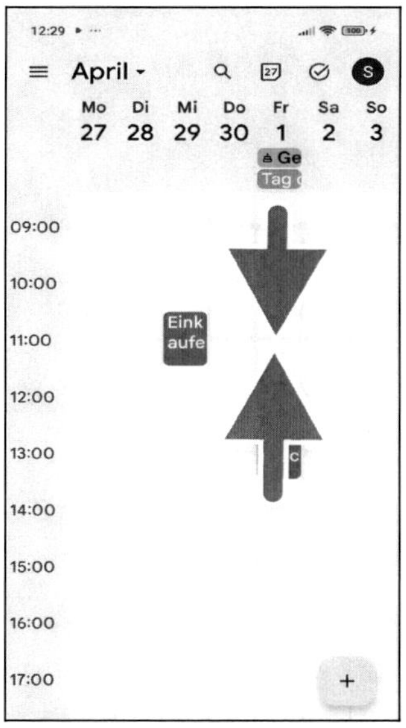

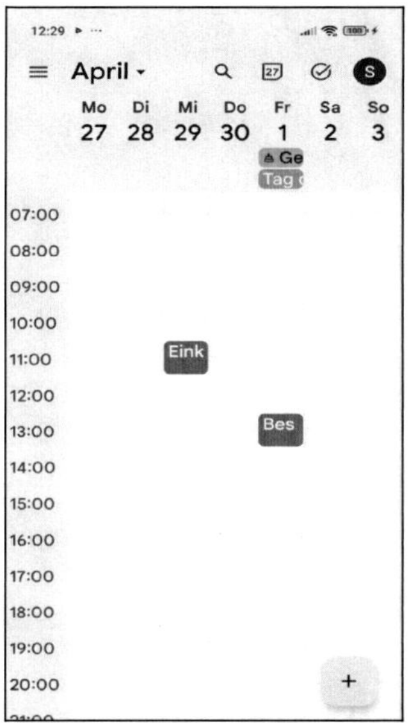

❶❷ In der Tages-, 3-Tage- und Wochenansicht lässt sich mit einer Kneifgeste die Ansicht verkleinern beziehungsweise vergrößern.

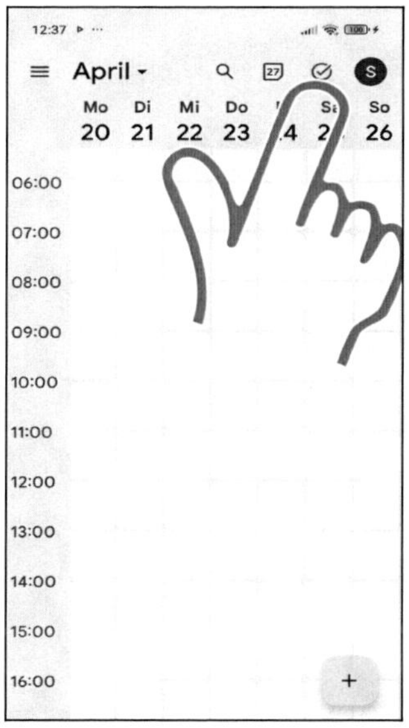

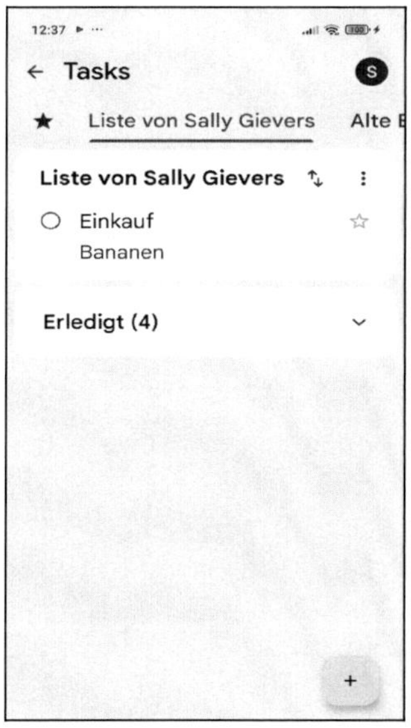

❶❷ ✅ öffnet die Tasks-Aufgabenverwaltung. Die hier verwalteten Einträge sind im Gegensatz zu den »Aufgaben« nicht im Kalender sichtbar.

20.3 Neuen Termin hinzufügen

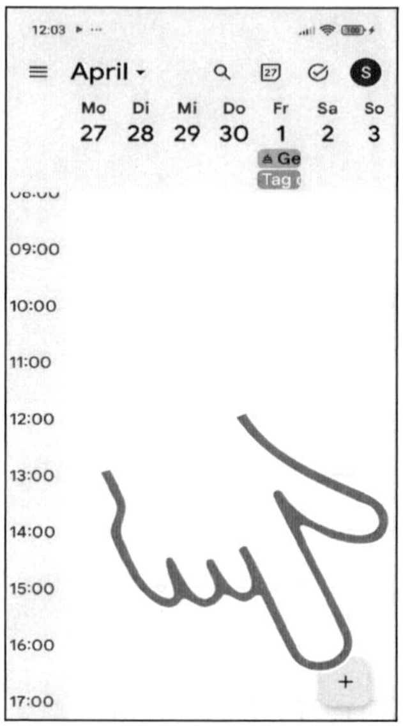

➊ In allen Kalenderansichten erzeugt die +-Schaltfläche einen neuen Termin.

➋ Anschließend wählen Sie aus:

- *Geburtstag*: Ganztagstermin mit Erinnerung eine Woche vorher.
- *Aufgabe*: Aufgaben sind meistens bis zu einem bestimmten Datum zu erledigen.
- *Termin*: Erstellt einen Kalendertermin, worauf wir im Folgenden genauer eingehen.

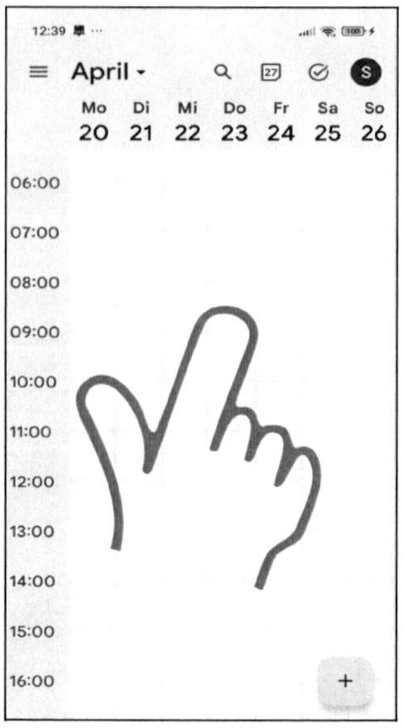

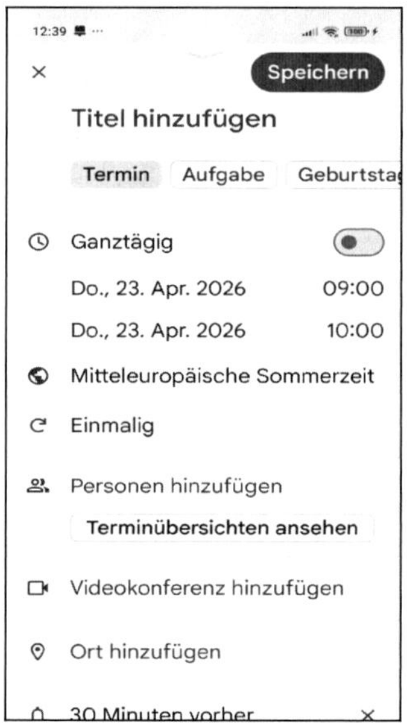

➊ Sie ersparen Sie übrigens etwas Arbeit, indem Sie in der Tages- oder Wochenansicht auf eine Uhrzeit tippen (Pfeil).

➋➌ Tag und Uhrzeit werden als Startzeit in den Termineditor übernommen. Eine Wischgeste öffnet den Eingabebildschirm.

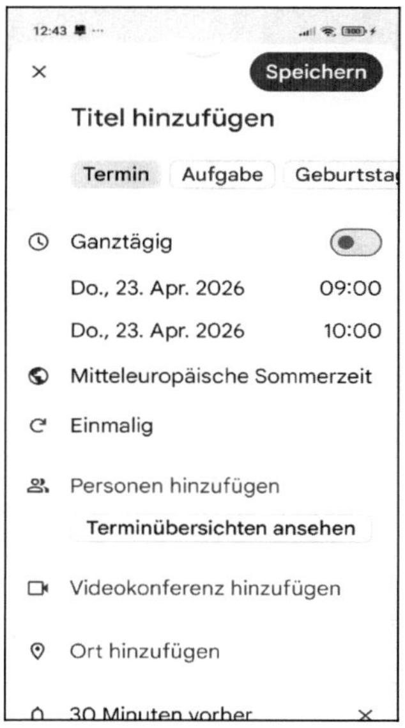

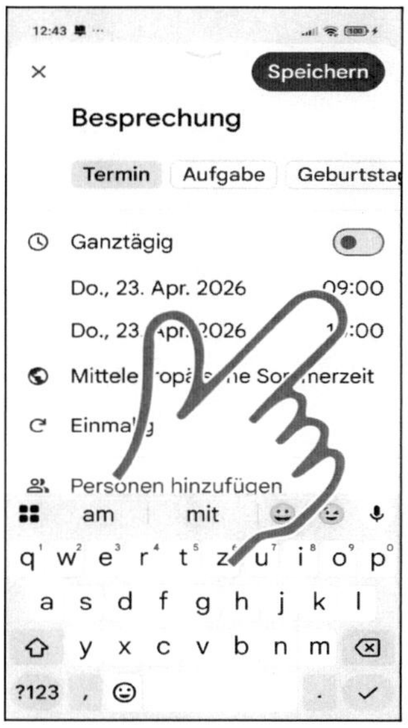

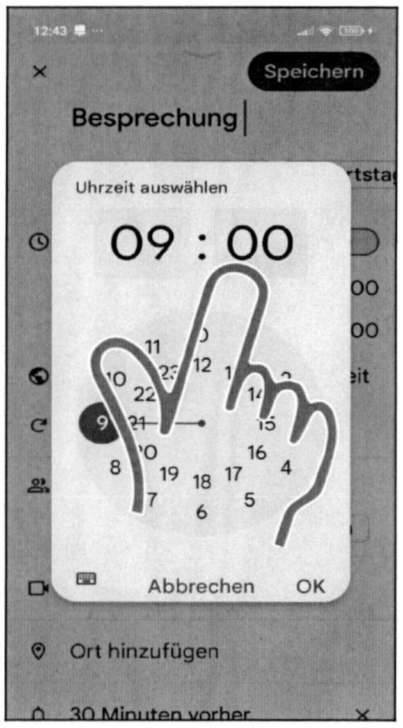

❶ Erfassen Sie im Bearbeitungsbildschirm die Termindaten.

❷ Tippen Sie jeweils Datum und Uhrzeit für den Terminstart und Terminende an.

❸ Nun wählen Sie nacheinander erst die Stunden, dann die Minuten aus und stellen Sie mit einer Wischgeste oder Antippen einer Zahl im Zahlenrad die Zeiten ein. Falls Sie die traditionelle Eingabe über das Tastenfeld bevorzugen, betätigen Sie ⌨.

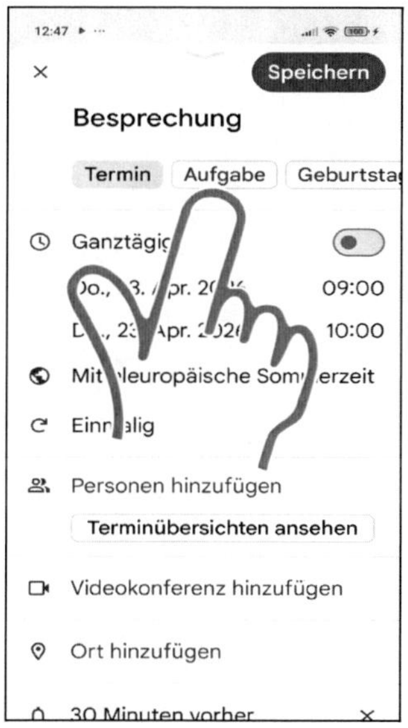

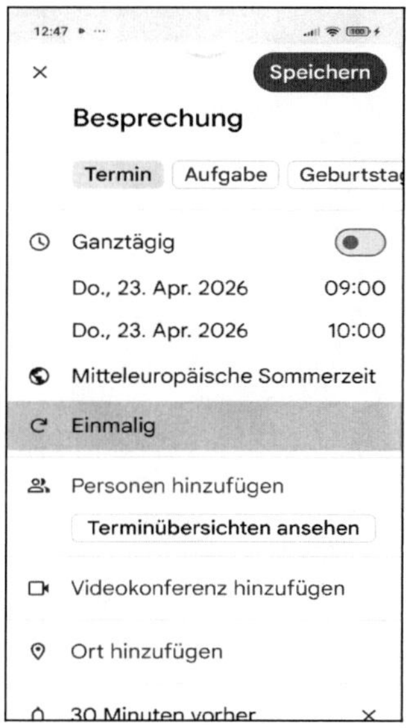

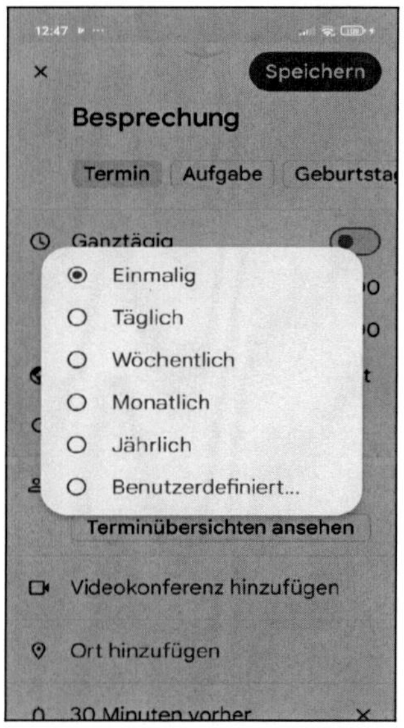

❶ Sofern es sich um einen Termin ohne feste Uhrzeit, beispielsweise einen Geburtstag, handelt, aktivieren Sie *Aufgabe*.

❷ Viele Termine sind keine einmaligen Angelegenheiten, sondern stehen regelmäßig an. Antippen von *Einmalig* öffnet ein Popup, worüber Sie die Wiederholung festlegen.

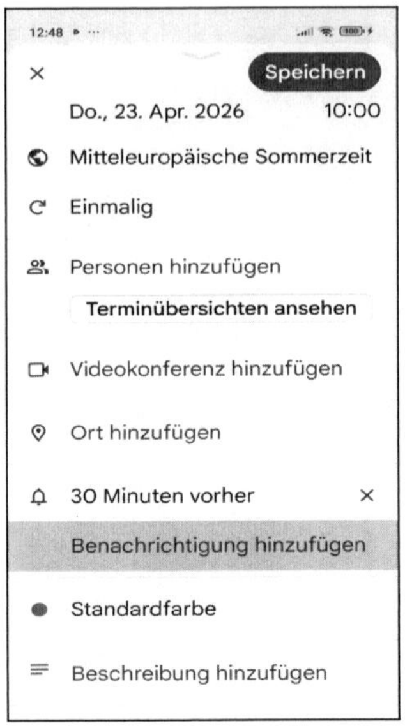

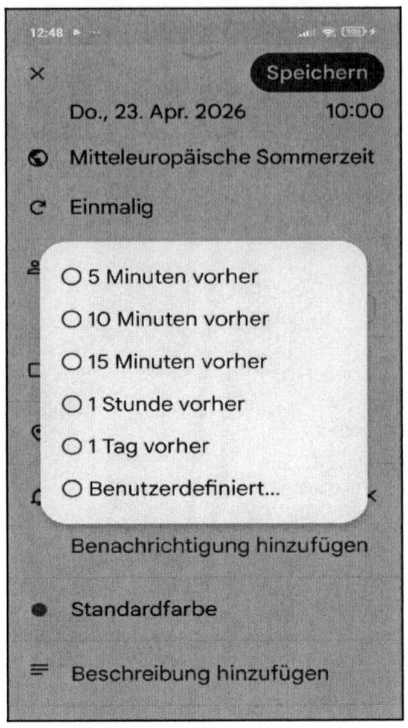

❶❷ Standardmäßig erfolgt die Terminbenachrichtigung 30 Minuten vorher (dies lässt sich pauschal in den Einstellungen festlegen, siehe Kapitel *20.6 Einstellungen*). Über *Benachrichtigung hinzufügen* legen Sie weitere Benachrichtigungen an.

Betätigen Sie anschließend *Speichern*.

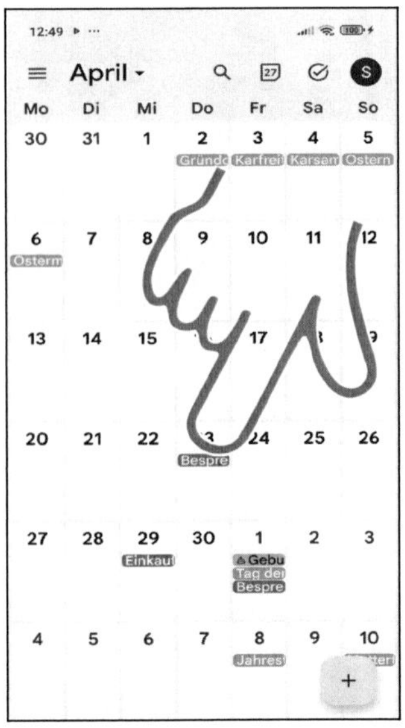

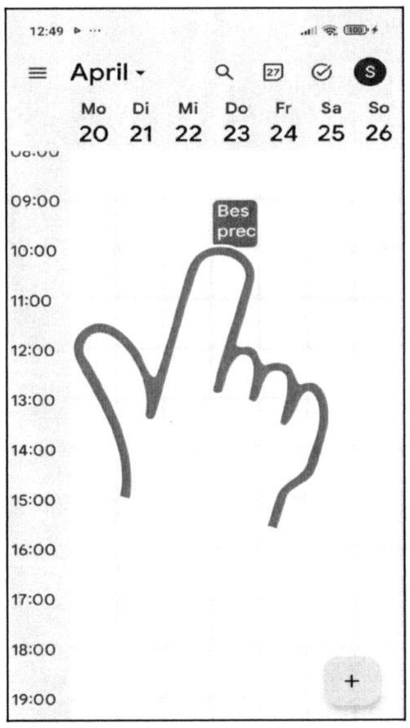

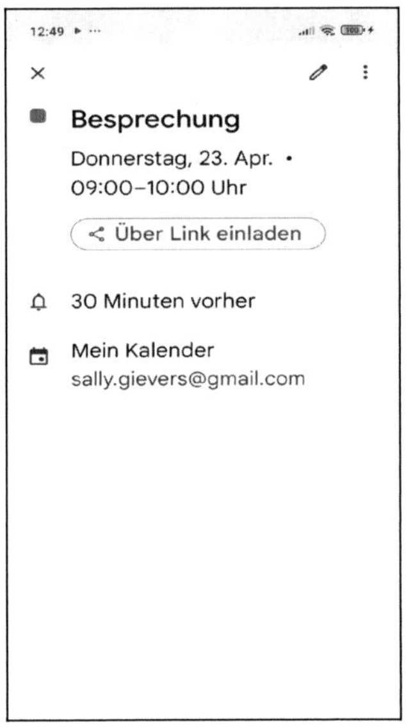

❶❷❸ Der Termin erscheint im Kalender. Im Beispiel der Monatsansicht tippen Sie auf das korrespondierende Datum und danach auf den Termineintrag für die Termindetails. Falls Sie ihn ändern möchten, betätigen Sie ✎.

20.3.1 Termine hervorheben

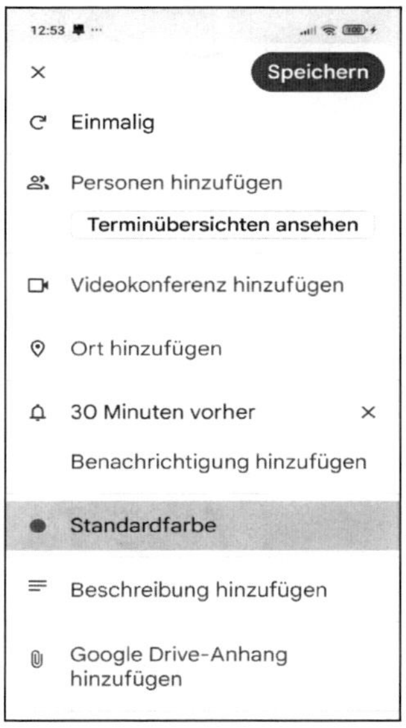

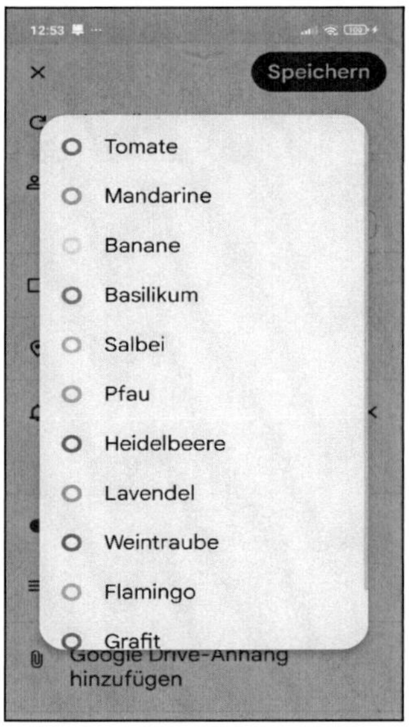

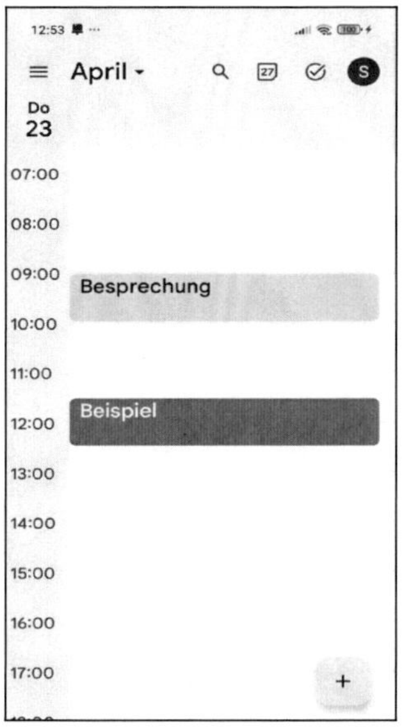

❶❷ Jeder Termin kann mit einer eigenen Farbe während der Terminbearbeitung/Terminerfassung versehen werden.

❸ Durch die verschiedenen Farben lassen sich beispielsweise wichtige Termine leichter von weniger wichtigen unterscheiden.

Die standardmäßig vorgegebene Terminfarbe lässt sich in den Einstellungen (siehe Kapitel *20.6 Einstellungen*) ändern.

20.4 Terminerinnerung

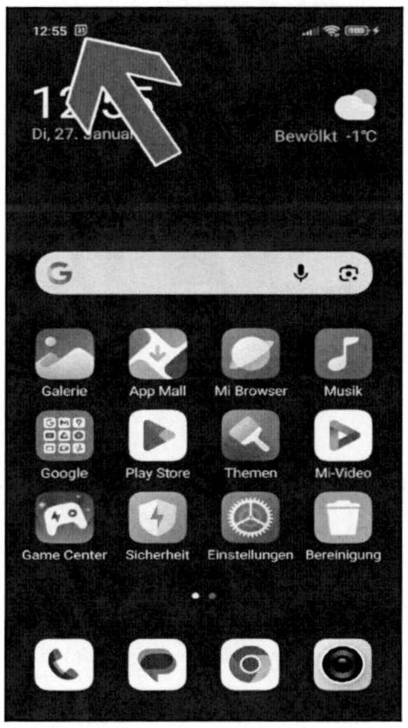

❶ Zum eingestellten Termin ertönt der Erinnerungston und ein Symbol erscheint in der Titelleiste (Pfeil)

❷ Öffnen Sie das Benachrichtigungsfeld und gehen Sie auf den Terminnamen, was die Termindetails anzeigt oder führen Sie auf dem Termineintrag eine Wischgeste nach links oder rechts durch, um den Alarm zu deaktivieren.

Den Alarmton für Kalendertermine stellen Sie, wie im nächsten Kapitel gezeigt, ein.

20.5 Geburts- und Jahrestage

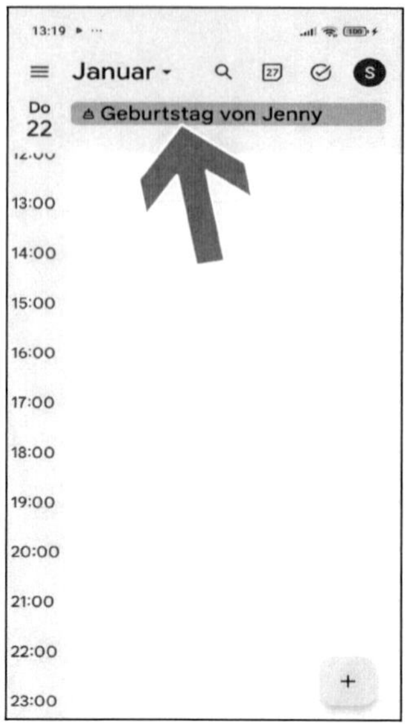

❶ Tipp: Erfassen Sie bei der Kontakterfassung im Telefonbuch auch wichtige Jahrestage, beispielsweise den Geburtstag (siehe Kapitel 7 Telefonbuch).

❷ Das Datum – in unserem Beispiel ein Geburtstag – erscheint automatisch als Ganztagestermin im Kalender.

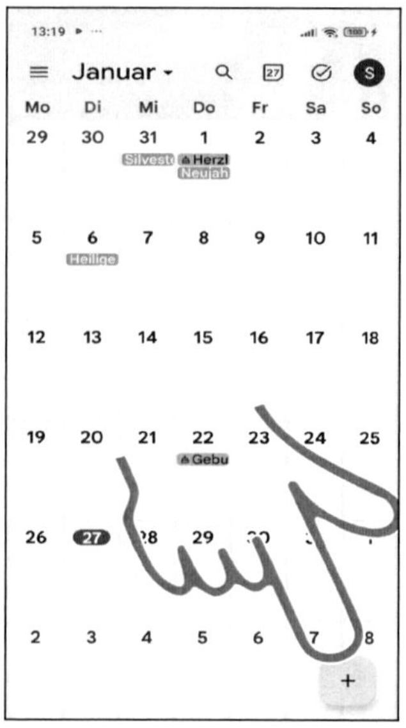

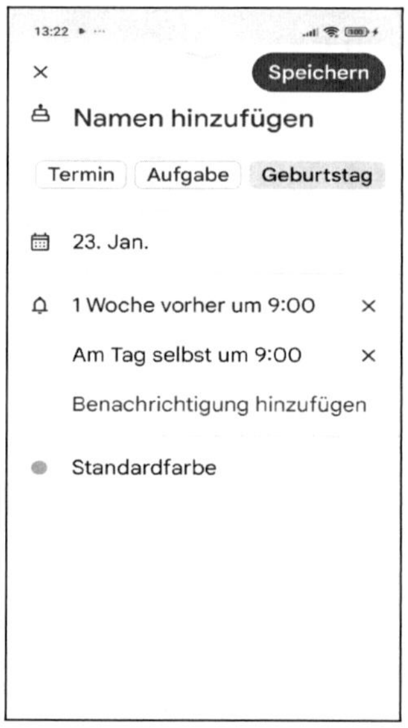

❶ Sie können Geburtstage auch direkt im Kalender anlegen: Betätigen Sie +.

❷ Tippen Sie auf *Geburtstag*.

❸ Erfassen Sie einen Namen und stellen Sie das Datum und die Erinnerungsfunktion ein und betätigen *Speichern*.

20.6 Einstellungen

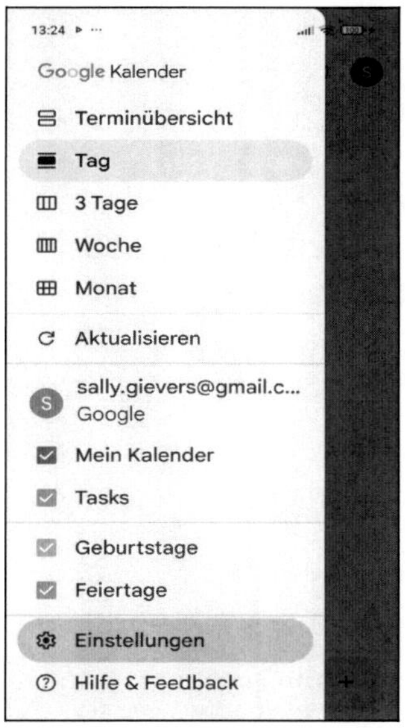

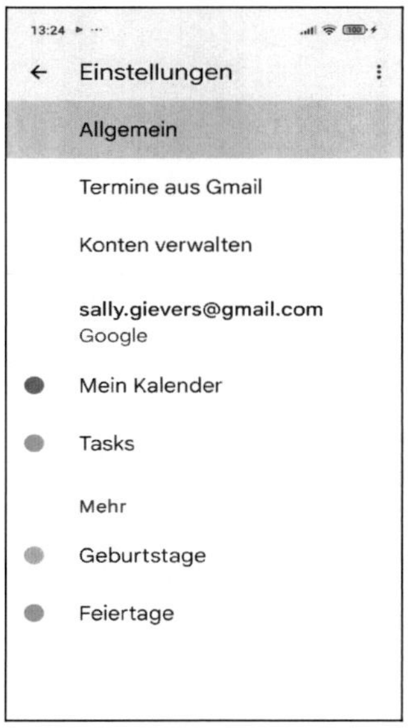

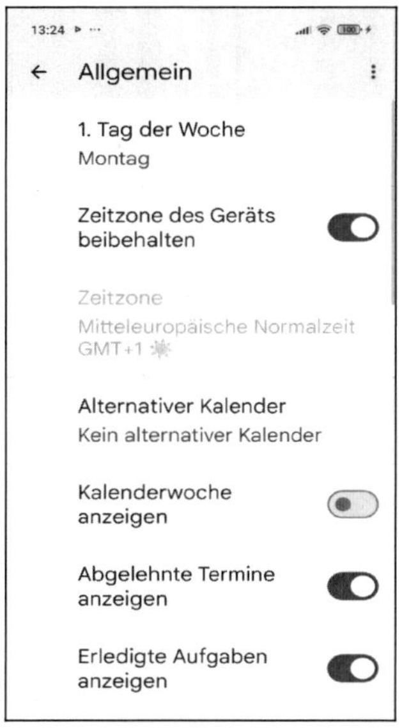

❶❷ Unter *Einstellungen* im Ausklappmenü konfigurieren Sie:

Unter *Allgemein* (❸):

- *1. Tag der Woche*: In manchen Kulturkreisen beginnt die Woche bereits am Samstag oder Sonntag, was Sie hier festlegen.
- *Zeitzone des Geräts beibehalten; Zeitzone*: Befinden Sie sich in einer anderen Zeitzone, so rechnet das Handy automatisch alle Termine von Mitteleuropäischer Zeit auf die besuchte Zeitzone um. Stellen Sie hier dagegen ein, in welcher Zeitzone Sie sich befinden, so erfolgt keine automatische Umrechnung der Terminzeiten.
- *Alternativer Kalender*: Blendet Feiertage von außereuropäischen Kulturen ein.
- *Kalenderwoche anzeigen*: Blendet die Kalenderwoche in der Wochenansicht am oberen linken Bildschirmrand ein.
- *Abgelehnte Termine anzeigen*: Terminanfragen, die Sie ablehnen (in diesem Buch gehen wir nicht weiter darauf ein), blendet der Kalender aus.
- *Erledigte Aufgaben anzeigen*: Auf die Aufgabenverwaltung geht dieses Buch nicht ein.
- *Kürzere Termine als 30-minütiges Intervall anzeigen*: Kürzere Termine werden besonders hervorgehoben, damit man sie besser im Kalender sieht.
- *Terminillustrationen anzeigen*: Einige Ansichten sind im Kalender koloriert.
- *Standardmäßige Termindauer*: Neu von Ihnen erstellte Termine haben automatisch eine Dauer von 60 Minuten. Sie können hier aber auch einen anderen Zeitraum einstellen.
- *Hinzufügen von Einladungen*: Dritte konnten in der Vergangenheit Termine in Ihren Kalender »einschmuggeln«. Dies verhindert Google mit der Voreinstellung bei *Meinem Kalender Einladungen hinzufügen«*. Für Nutzer, die ihren Kalender nicht mit Dritten teilen, ist diese Funktion aber nicht relevant.
- *Videokonferenz hinzufügen*: Von Google nicht dokumentiert.
- *Design*: Sie können wahlweise eine Darstellung mit dunklem oder hellen Hintergrund wählen. Alternativ überlassen Sie dies dem Gerät. Siehe auch Kapitel *28.11 Dunkelmodus*.

Unter *Benachrichtigungen*:

- *Kalenderbenachrichtigungen*:
  - *Benachrichtigungen anzeigen*: Sie sollten diese Option aktiv lassen, weil sonst keine Kalenderbenachrichtigungen erfolgen.

- ○ *Standard; Lautlos; Auf Bildschirm aufpoppen*: Legt fest, ob ein akustisches Signal oder ein Popup bei Terminfälligkeit erscheint.
- ○ *Erweitert*:
  - ■ *Ton*: Wählen Sie einen Erinnerungston selbst aus.
  - ■ *Vibration*: Bei Terminfälligkeit vibrieren.
  - ■ *App-Benachrichtigungspunkt anzeigen*: Blendet ein rundes Symbol bei der *Kalender*-Verknüpfung im Startbildschirm ein, wenn Termine fällig sind.
  - ■ *"Bitte nicht stören" ignorieren*: Auch im Nicht stören-Modus (siehe Kapitel *14.3 Ruhemodus (Nicht stören)*) macht sich der Kalender bei Terminfälligkeit bemerkbar.
  - ■ *Zusätzliche Einstellungen der App*: Darauf sind wir bereits oben eingegangen.

- *Task-Benachrichtigungen*: Diese Einstellungen gelten für von Ihnen erstellte Aufgaben, auf die dieses Buch nicht eingeht.
- *Kurzantworten*: Kurzantworten kommen im Zusammenhang mit den Besprechungsteilnehmern zum Einsatz, die Sie Ihren Terminen hinzufügen können. Dieses Buch geht nicht darauf ein.
- *Google Kalender-Daten mit anderen Apps teilen*: Damit ermöglichen Sie Kalender-Anwendungen von Drittanbietern den Zugriff auf Ihre Termine.

20.6.1 Kalender

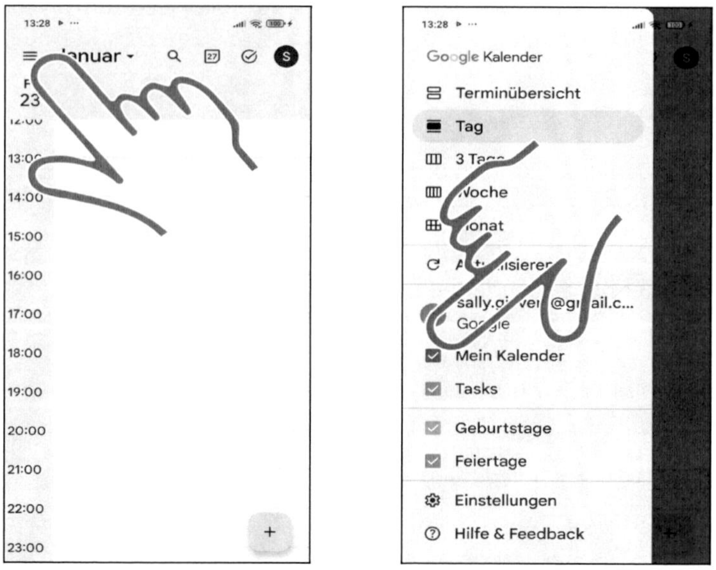

❶❷ Im Ausklappmenü stellen Sie über die Abhakkästchen ein, ob Termine (*Mein Kalender)*, Feiertage oder Geburtstage im Kalender sichtbar sind.

20.7 Kalender im Startbildschirm

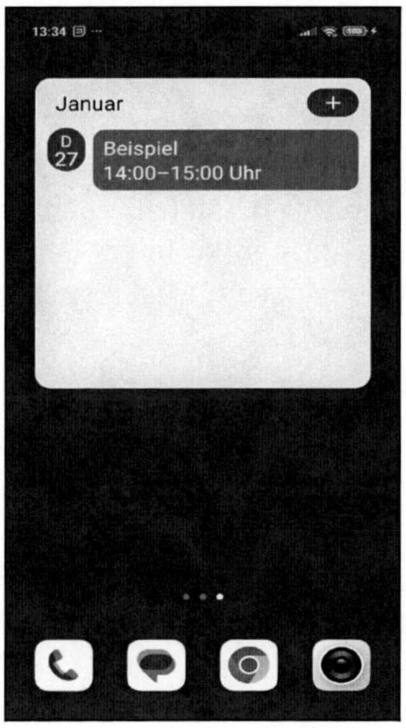

Es sind verschiedene Kalender-Widgets für den Startbildschirm verfügbar.

Die Widgets beschreibt bereits Kapitel *4.10.2 Widgets*.

21. Musik

Der Musikmarkt hat in den letzten Jahrzehnten einen tiefgreifenden Wandel erlebt: In den 1980er-Jahren verdrängte die CD die Schallplatte, ab den 2000er-Jahren wurden Songs verstärkt online gekauft – und seit einiger Zeit dominiert das Streaming die Art, wie wir Musik genießen.

Beim Streaming werden Titel direkt aus dem Netz abgespielt, ohne dass sie lokal gespeichert werden. Der größte Vorteil liegt in der zentralen Archivierung: Auf Servern stehen mehrere Dutzend Millionen Songs bereit, die Sie jederzeit und geräteunabhängig abrufen können – sei es am PC, Smartphone oder per Smart Speaker. Eine Internetverbindung genügt; selbst eine durchschnittliche Bandbreite ist meist ausreichend.

Für eine monatliche Pauschale von etwa 5 bis 15 Euro erhalten Sie uneingeschränkten Zugriff auf das gesamte Angebot. Sie können eigene Playlists anlegen oder aus vorgefertigten Zusammenstellungen wählen, die jeden Musikgeschmack bedienen. Kündigen Sie Ihr Abo, erlöschen allerdings alle selbst erstellten Listen.

Einziges Manko: Die Musik bleibt Eigentum des Anbieters und kann ohne aktives Abo nicht genutzt werden – auch Offline-Downloads setzen ein gültiges Abonnement voraus, da die Dateien verschlüsselt sind. Zudem erlauben viele Tarife nur die gleichzeitige Wiedergabe auf einem Gerät: Beginnt die Musik in der Küche, stoppt sie automatisch im Wohnzimmer.

Zu den großen Streaming-Plattformen zählen Spotify, Apple Music, Deezer, Amazon Music und Google, daneben gibt es diverse kleinere Anbieter. Abspielen lässt sich die Musik flexibel im Webbrowser, über Smart Speaker (Google Home, Apple HomeKit, Amazon Alexa etc.) oder per App wie YouTube Music auf dem Mobilgerät.

21.1 Die Tarife von YouTube Music

- **YouTube Music**: Für diesen Dienst brauchen Sie sich nicht kostenpflichtig anzumelden oder irgendwas bezahlen, denn die Finanzierung erfolgt durch zwischendurch eingeblendete Werbung.
- **YouTube Music Premium**: Der günstigste Tarif kostet 10,99 Euro im Monat. Als Student können Sie bis zu ca. 4 Jahre den Tarif für 5,49 Euro pro Monat buchen. Jedes Jahr erfolgt dann eine Überprüfung.
- **YouTube Premium**: Falls Sie sehr häufig Videos auf YouTube (in der gleichnamigen App oder auf der Website) anschauen, dann dürfte YouTube Premium interessant sein. Auf YouTube gibt es dann keinerlei nervende Werbung und Sie erhalten Zugriff auf einige weitere exklusive Inhalte (»YouTube Originals«). Zur Anmeldung besuchen Sie *www.youtube.com/premium*. Die Kosten betragen 11,99 Euro.

21.2 YouTube Music-App

In diesem Buch können wir leider aus Platzgründen nur auf die wichtigsten Funktionen der YouTube Music-App eingehen. In der Regel werden Sie ausschließlich die Musikvorschläge nutzen, die bereits alle wichtigen Musikgeschmäcker bedienen.

➊ Öffnen Sie den *Google*-Ordner im Startbildschirm

➋ Gehen Sie auf *YT Music*.

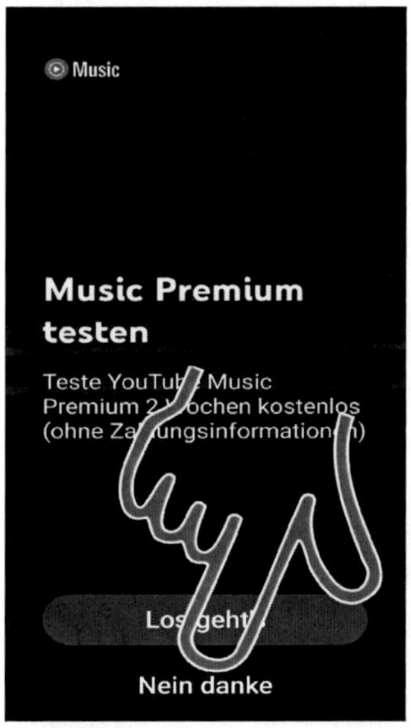

➊ Zunächst sollen Sie die Grundfunktionen der App kennenlernen, weshalb wir im Abo-Bildschirm die ✕-Schaltfläche (Pfeil) antippen.

➋ Schließen Sie die Abo-Frage mit *Nein danke und das Popup mit Zulassen.*

21.2.1 Grundfunktionen von YouTube Music

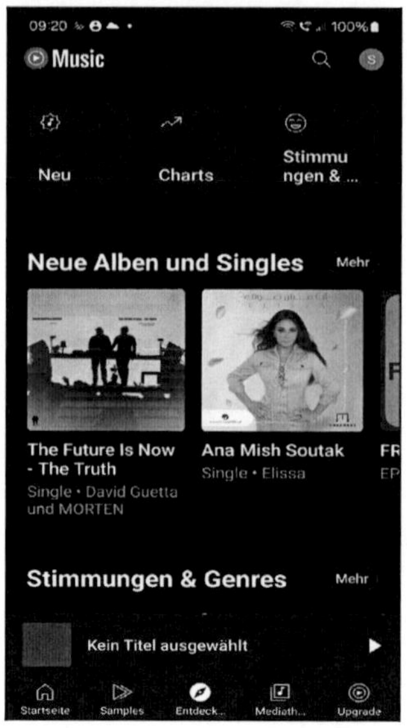

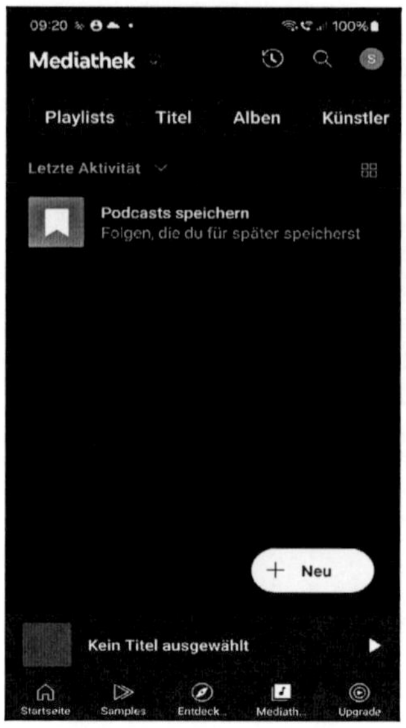

➊ Alle wichtigen Funktion verbergen sich in den Registern (Pfeil):

- *Start*: Schlägt ausgehend von Ihren Interessen und bisher abgespielten Songs passende Playlists und Songs vor.
- *Samples*: Stellt angesagte Musikvideos vor.
- *Entdecken* (➋): Angesagte Alben und Singles.
- *Bibliothek* (➌): Verwaltet Playlists, Alben, einzelne Musiktitel und Künstler, die Sie Ihrer Bibliothek hinzugefügt haben.
- *Upgrade*: Kostenpflichtiges YouTube Music-Abo aktivieren und verwalten. Darauf geht Kapitel *21.4 YouTube Music Premium* noch ein.

➊ In unserem Beispiel möchten wir im *Start*-Register vorgeschlagene Musik abspielen. Wischen Sie durch die Vorschläge.

➋ Tippen Sie auf einen der Interpreten/Bands, Alben oder Abspiellisten.

➌ Wahlweise tippen Sie einen abzuspielenden Titel an oder betätigen die ▶-Schaltfläche (Pfeil).

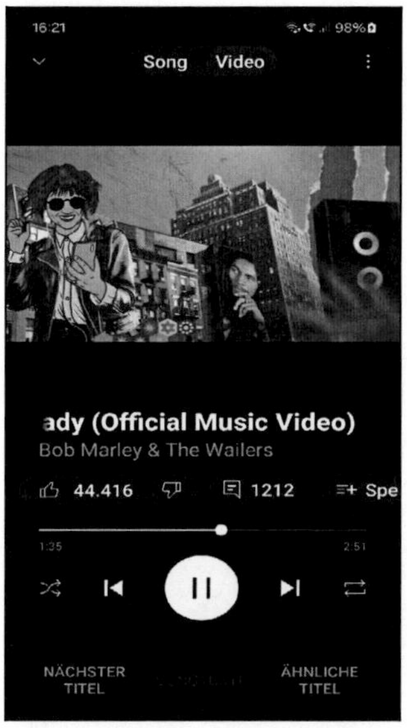

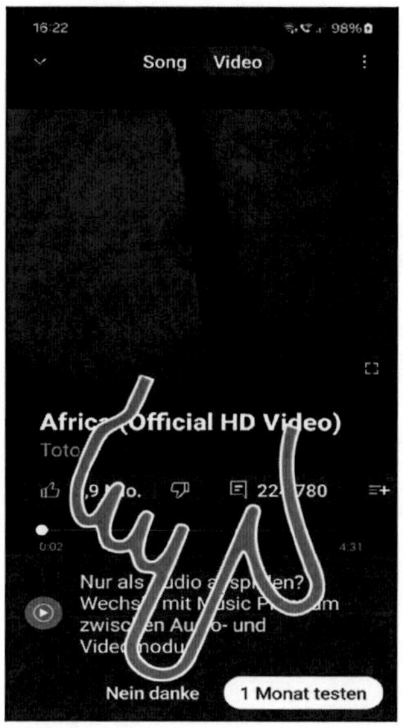

➊ Die Wiedergabe erfolgt.

➋ Tippen Sie in einen beliebigen Bereich des Fortschrittsbalkens (Pfeil), wenn Sie zu einem bestimmten Punkt im abgespielten Song springen möchten.

Weitere Funktionen:

- |◀ / ▶|: Zum vorherigen/nächsten Titel springen (dies ist auch über eine Wischgeste nach links oder rechts möglich).
- ▶ / II : Starten/Pausieren der Wiedergabe.
- ⤨: Zufällige Wiedergabe der Titel in der Wiedergabeliste.
- ⇄: Abgespielten Titel wiederholen.

➌ Schließen Sie gegebenenfalls den Hinweis auf YouTube Music Premium mit *Nein danke*.

Die kostenlose Musiknutzung finanziert Google durch Werbeclips, die zwischendurch vor den Songs abgespielt werden.

➊ Über die Schaltflächen 👎 👍 (»Mag ich/Mag ich nicht«) markieren Sie Songs, die ihnen gefallen oder nicht gefallen. Je mehr Songs Sie auf diese Weise bewerten, desto besser sind die automatischen Musikvorschläge.

➋ Beim ersten Mal weist Sie die App mit einem Popup auf die Vorteile hin. Schließen Sie es mit *OK*.

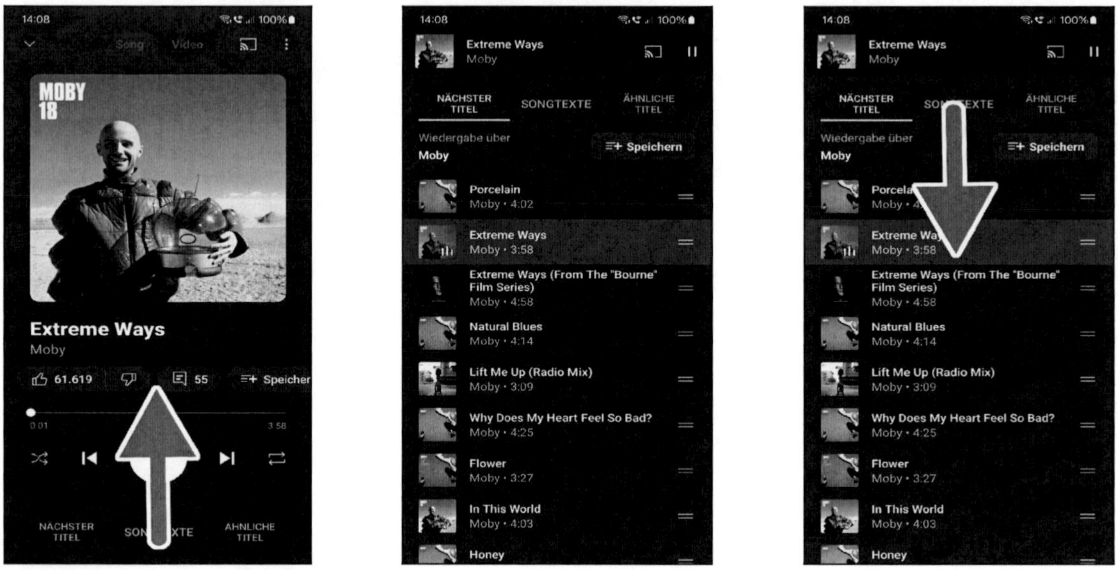

➊ Ihnen gefällt der gerade abgespielte Song eines Radios oder eine Playlist nicht? Dann wischen Sie im unteren Bildschirmrand nach oben.

➋ Antippen eines anderen Titels spielt ihn als Nächstes ab.

➌ Wischen über der »Lasche« nach unten schließt die Titelliste wieder.

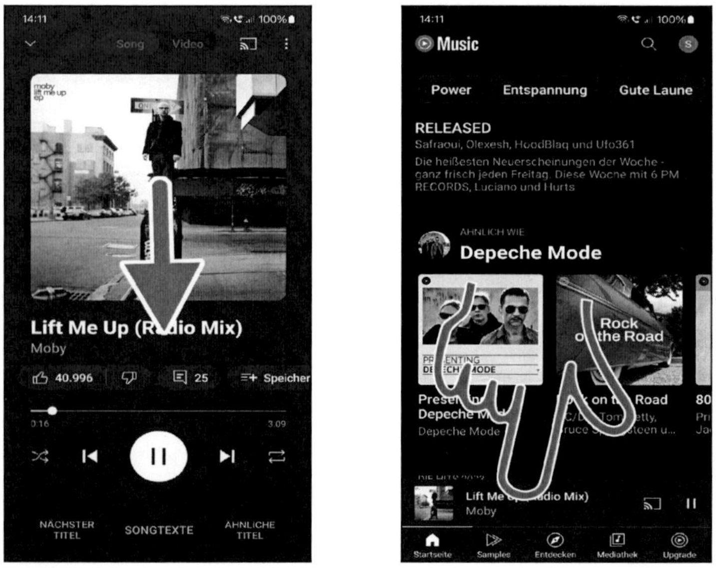

➊➋ Eine Wischgeste nach unten im oberen Bildschirmdrittel minimiert das Wiedergabefenster auf einen kleinen Balken. Antippen des Titels schaltet auf das Wiedergabefenster um, ■ pausiert und X beendet die Wiedergabe.

21.3 Radiosender

Der Begriff »Radiosender« ist etwas verwirrend, denn es handelt sich nicht um Sender, wie man sie vom klassischen Rundfunk kennt. Tatsächlich sind alle YouTube Music-Radiosender dynamische Playlists, welche sich an Ihre Hörgewohnheiten anpassen. Songs, die Sie überspringen, werden künftig nicht mehr so häufig oder überhaupt nicht mehr gespielt. Nach einiger Zeit spielt der jeweilige Radiosender nur noch Ihre Lieblingsmusik.

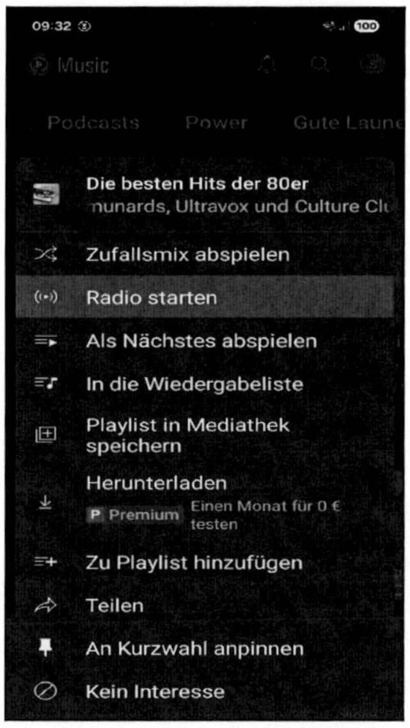

➊➋ Zu jeder Playlist existiert auch ein entsprechender Sender. Halten Sie einfach den Finger auf einer Playlist gedrückt, bis das Popup erscheint, in dem Sie auf *Radio starten* gehen.

➌ Die Wiedergabe startet.

Im Abspielbildschirm sind alle Funktionen verfügbar, die auch bereits Kapitel *21.2.1 Grundfunktionen von YouTube Music* vorstellt.

21.3.1 Favorisierte Songs

Jeder hat einen anderen Musikgeschmack. Damit Google Ihnen passende Songs/Alben/Interpreten vorschlagen kann und die angebotenen Radiosender nur Ihre Lieblingsmusik spielen, wertet Google einige »Signale« aus, wozu beispielsweise die abgespielten und übersprungenen Titel gehören.

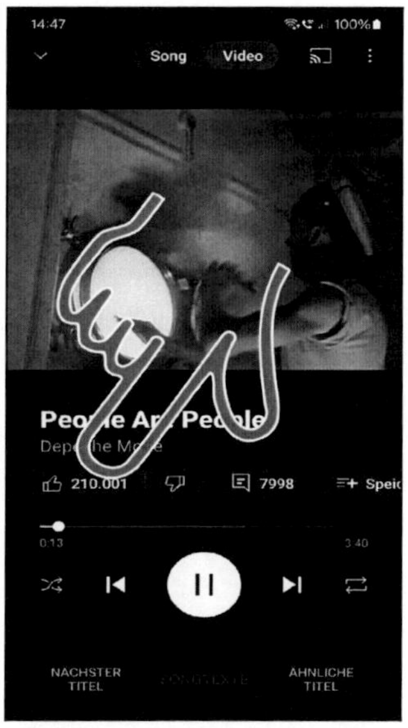

➊➋ Sie favorisieren einen Song mit 👍. Die 👎-Schaltfläche markiert dagegen einen Titel, der Ihnen nicht gefällt.

Je nach Nutzungsmuster wird YouTube Music schon nach einigen Tagen in den Radiosendern ausschließlich Ihre Lieblingsmusik spielen.

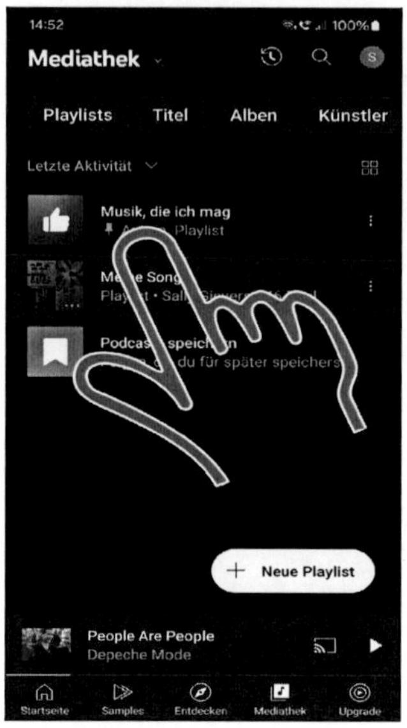

❶ Die favorisierten Songs finden Sie im *Mediathek*-Register, das Sie aktivieren.

❷ Gehen Sie auf *Musik, die ich mag.*

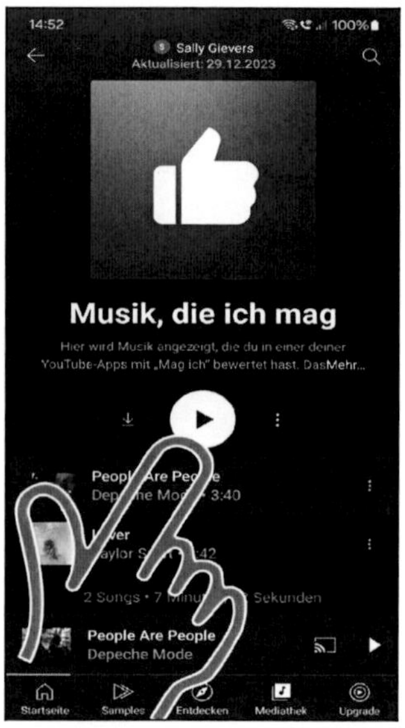

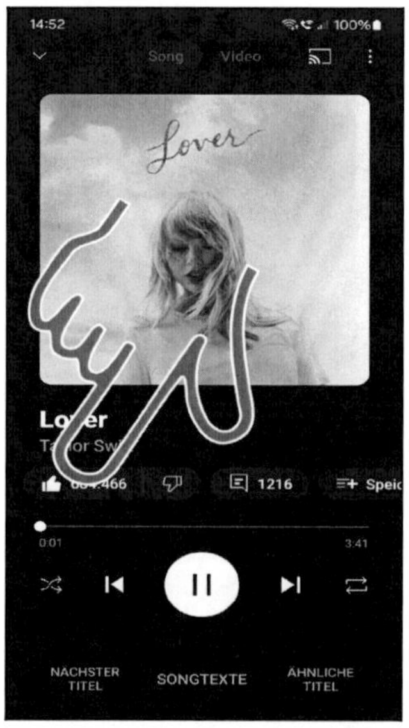

❶ Tippen Sie einen Titel an oder starten Sie die Wiedergabe über die weiße Schaltfläche.

❷ Ihnen gefällt ein Song nicht mehr? Dann gehen Sie auf 👍.

21.3.2 Suche

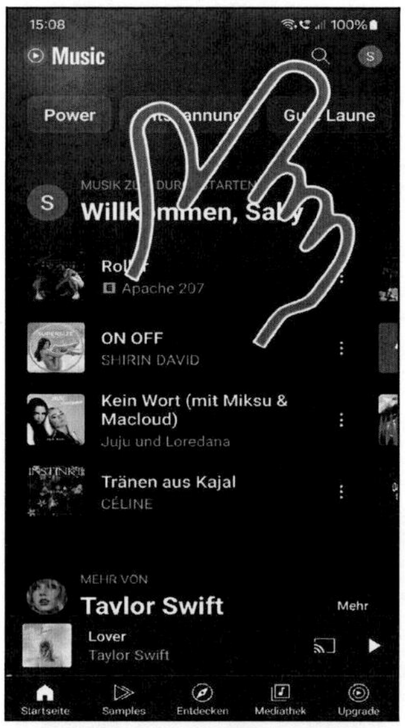

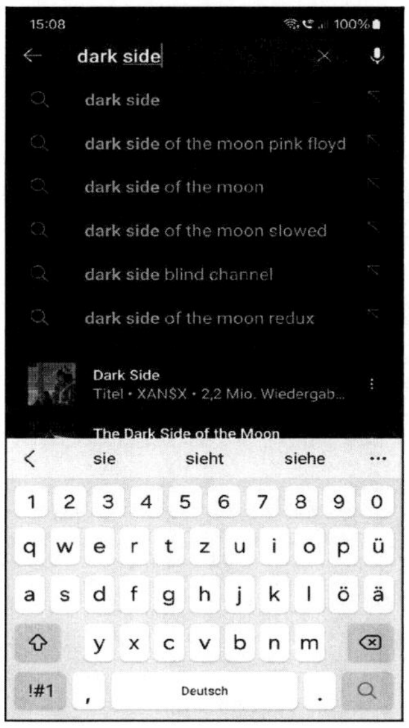

❶ Die Suchfunktion aktivieren Sie über 🔍.

❷ Bereits während der Eingabe erhalten Sie passende Vorschläge, wovon Sie einen auswählen.

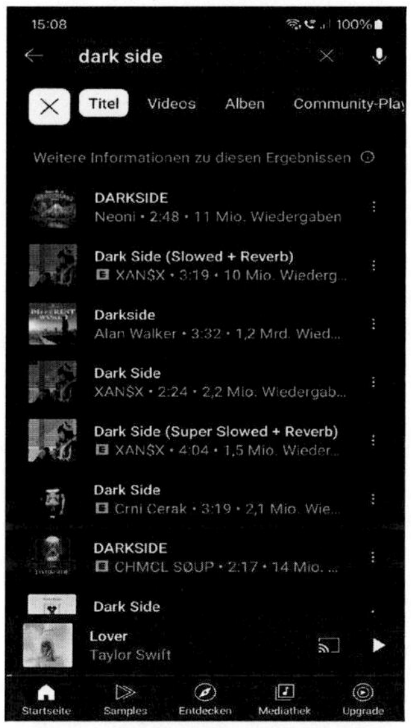

❶❷ Je nach Suchbegriff listet die App mehrere Tausend Ergebnisse auf. Mit den Schaltflächen (Pfeil) am oberen Bildschirmrand grenzen Sie die Suche ein. Wählen Sie dann einen Song, ein Album, Video oder Playlist aus, die dann abgespielt wird.

❸ In der Ergebnisliste wird bei einigen Alben und Songs ein »E« als »explicit« (Pfeil) angezeigt. Damit markiert Google Songs mit jugendgefährdenden Inhalten, beispielsweise Gewalt, Alkohol oder Sex.

21.4 YouTube Music Premium

Wie bereits erwähnt, kostet das Musikabo »YouTube Music Premium« standardmäßig 10,99 Euro im Monat. Dafür erhalten Sie folgende zusätzliche Funktionen:

- Keine lästige Werbung mehr.
- Wiedergabe im Hintergrund: Wenn Sie die App verlassen, läuft die Musik weiter.
- Musik herunterladen: Sie können Ihre Lieblingsmusik herunterladen, um Sie auch ohne Internetverbindung abzuspielen.
- Audiomodus: Die App spielt auch – sofern vorhanden – Musikvideos ab. Im Audiomodus

wird davon nur die Audiospur abgespielt, was bei schlechter Internetverbindung vorteilhaft ist.

21.4.1 YouTube Music Premium-Abo aktivieren

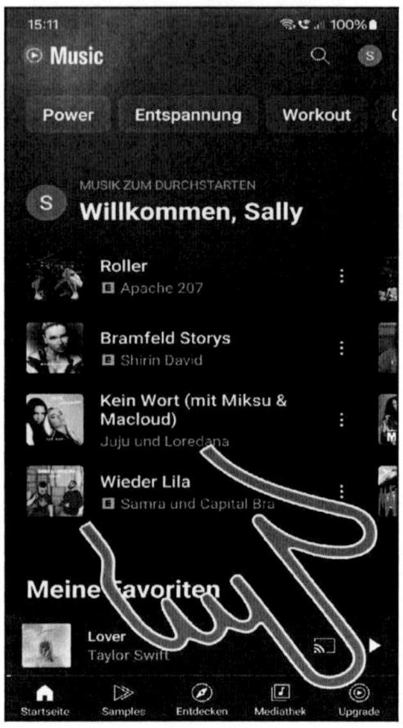

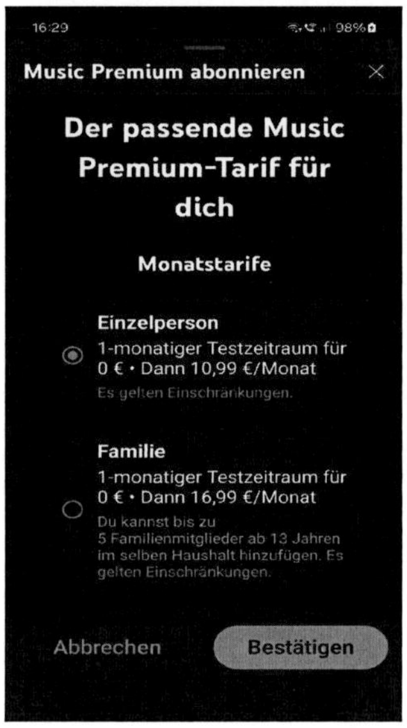

➊ Tippen Sie auf *Upgrade.*

➋ Gehen Sie auf *Testzeitraum beginnen.*

➌ Wählen Sie den Musiktarif aus. Falls Sie nur Musik auf dem Handy hören möchten, dürfte *Einzelperson* ausreichen. Sie können jederzeit später noch den Tarif wechseln beziehungsweise beenden. Betätigen Sie dann *Bestätigen.*

21.4.2 YouTube Music Premium-Abo verwalten

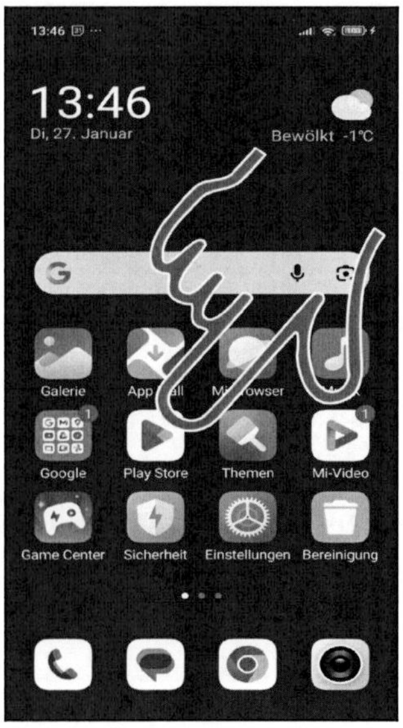

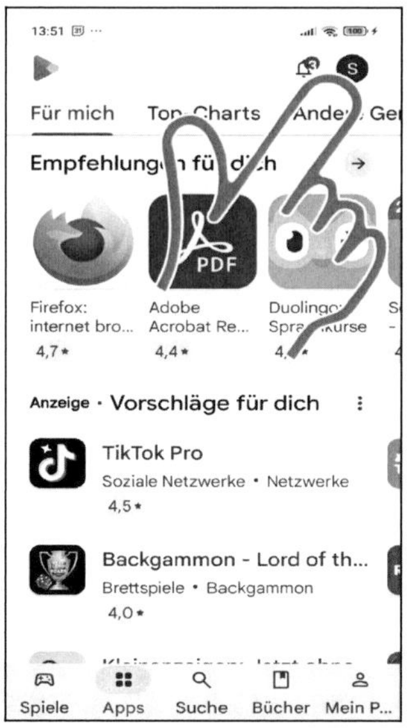

➊ Wir empfehlen, die zentrale Aboverwaltung des Play Stores zu nutzen. Rufen Sie dafür im Startbildschirm oder Hauptmenü den *Play Store* auf.

➋ Tippen Sie oben rechts auf das runde Konto-Symbol.

➌ Wählen Sie *Zahlungen und Abos.*

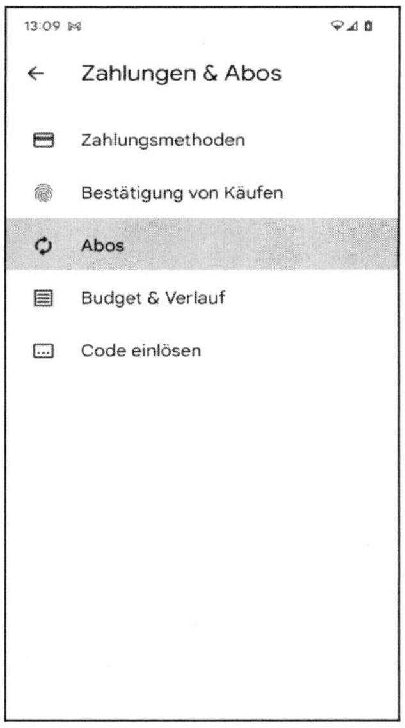

➊ Gehen Sie auf *Abos.*

➋ Hier werden alle aktiven Abos aufgelistet, in unserem Beispiel nur *YouTube Music.*

➌ *Abbrechen* kündigt das Abo (Sie dürfen es jederzeit später erneut abschließen, haben dann aber keinen kostenlosen Probemonat). Betätigen Sie hier *Weiter.*

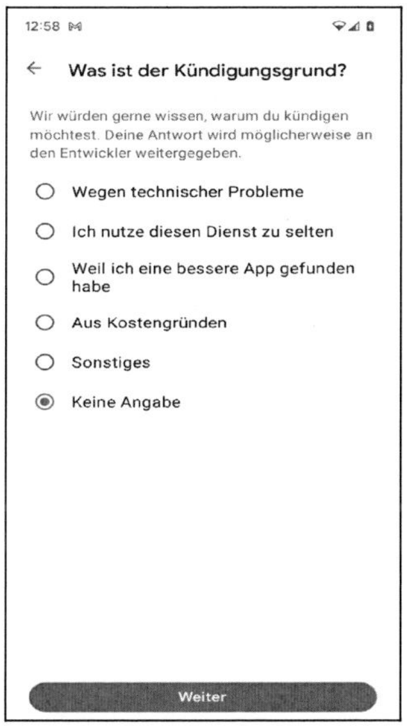

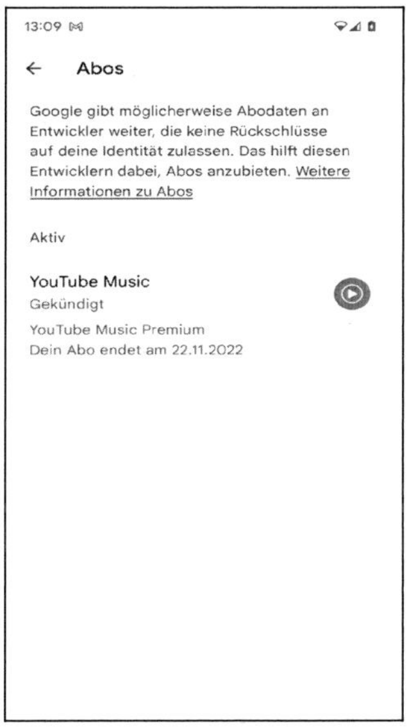

➊➋ Als Grund wählen sie einfach *Keine Angabe* und gehen auf *Weiter.* Damit ist das *YouTube Music*-Abo beendet. Wie oben erwähnt, haben Sie innerhalb des Probemonats keine weiteren Kosten.

21.5 Welcher Song ist das?

Sie kennen sicher das Problem, ab und zu im Radio, TV, Kaufhaus oder Club einen unbekannten Song zu hören, der Ihnen gefällt. Den Songtitel herauszufinden gestaltete sich dann schwierig. Als Problemlösung bietet sich eine Automatik an, die anhand eines mitgehörten Ausschnitts Interpret, Titel und Album ermittelt.

➊ Betätigen Sie – während die Musik gespielt wird – die 🎤-Schaltfläche im Google-Such-Widget (Pfeil) des Startbildschirms.

➋ Tippen Sie dann auf *Musik erkennen* (Pfeil).

➌ Google analysiert nun die Musik und zeigt Songtitel und Interpreten an.

22. YouTube

Die YouTube-Anwendung bietet eine ähnliche Funktionalität wie das Videoportal, das Sie unter *www.youtube.com* im Web finden. Wir empfehlen, das Handy während der YouTube-Nutzung waagerecht zu halten, damit Sie die Videos in voller Displaygröße ansehen können.

❶❷ Sie finden *YouTube* im *Google*-Ordner des Startbildschirms.

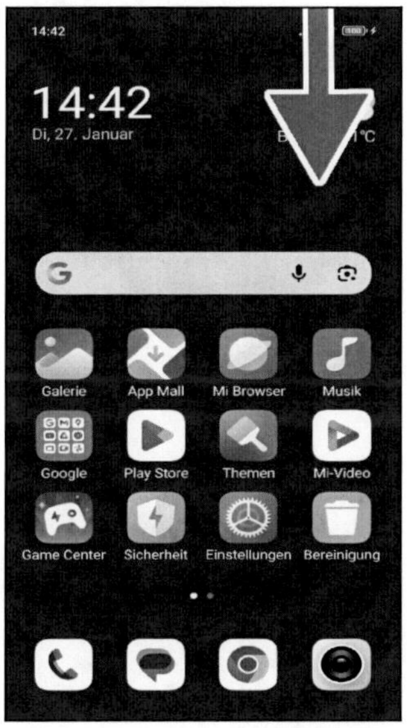

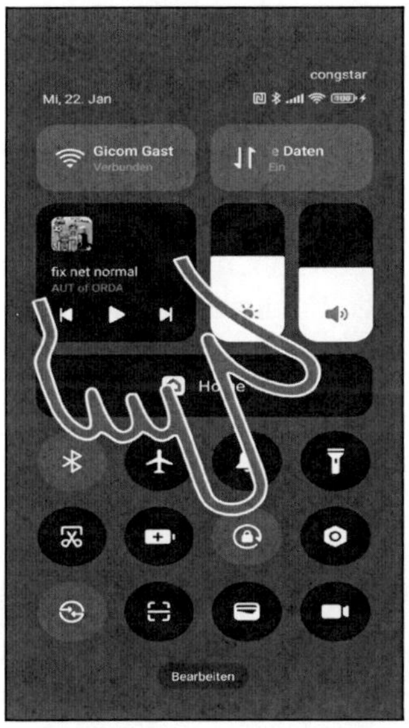

❶❷ YouTube nutzen Sie am besten im Querformat. Damit das Handy automatisch vom Hoch- auf das Querformat umschaltet, müssen Sie eventuell eine Einstellung ändern: Öffnen Sie das Kontrollfeld und kontrollieren Sie ob aktiv ist. Deaktivieren Sie es gegebenenfalls durch kurzes Antippen.

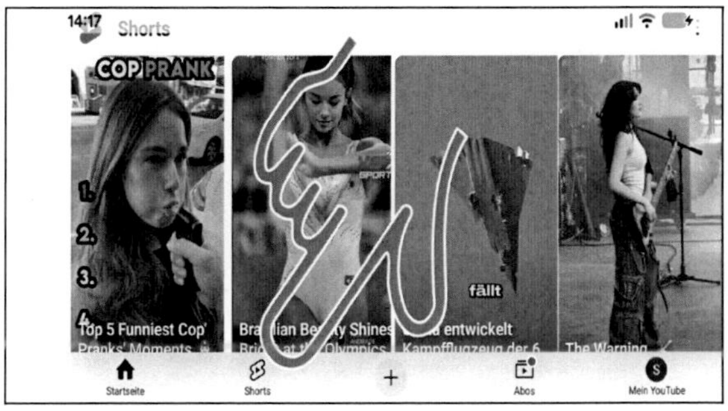

Über die Register schalten Sie um zwischen:

- *Start*: Startseite
- *Shorts*: »Shorts« (engl. »klein«) sind Kurzvideos mit maximal 60 Sekunden Dauer. Die Videos sind allerdings ein Ärgernis, da sie im Portrait-Modus ablaufen und man nicht in ihnen vor- oder zurückspulen kann!
- ⊕: Eigene Videos hochladen oder Video live streamen.
- *Abos*: Von Ihnen abonnierte Kanäle (=Anbieter).
- *Mein YouTube*:
  - *Verlauf*: Liste der bereits aufgerufenen Videos.
  - *Playlists*: Von Ihnen markierte Videos sowie zusammengestellte Playlists.
  - *Meine Videos*: Von Ihnen selbst hochgeladene Videos.
  - *Deine Filme & Serien*: Listet die von Ihnen erworbenen Filme und Kanäle auf.
  - *Premium-Mitglied werden*: Die werbefreie Nutzung ist über ein kostenpflichtiges Abo für 12,99 Euro pro Monat möglich. Im Tarif ist auch YouTube Music Premium (siehe Kapitel *21.1 Die Tarife von YouTube Music*) enthalten.
  - *Wiedergabezeit*: Nutzungsstatistik.

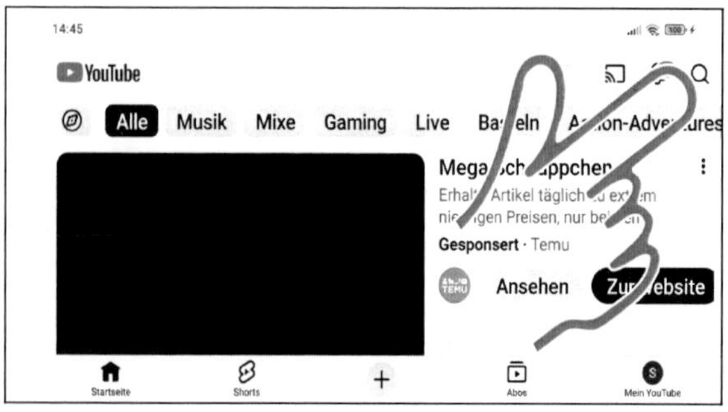

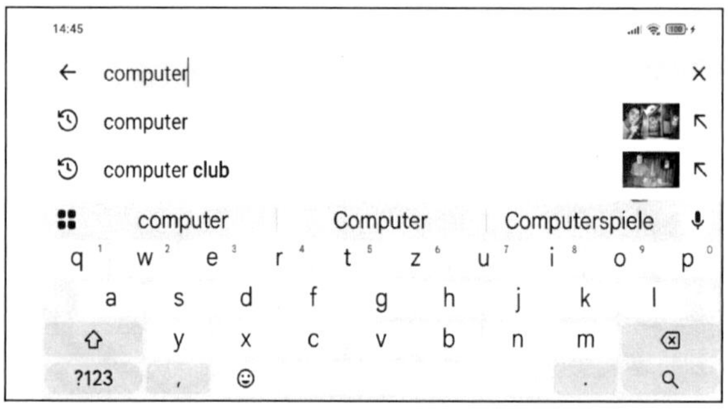

❶❷ Zum Auffinden von Videos tippen Sie oben auf 🔍, geben den Suchbegriff ein und betätigen 🔍 auf dem Tastenfeld. Tippen Sie in den Suchergebnissen das anzuzeigende Video an.

Die ersten Einträge in der Ergebnisliste sind meistens Werbung, durch die sich YouTube finanziert. Wischen Sie einfach nach oben, um die eigentlichen Suchergebnisse anzuzeigen.

❶❷ Die Wiedergabe erfolgt. Tippen Sie auf den Bildschirm, um Bedienelemente anzuzeigen. Die ◀-Taste bringt Sie wieder auf in das Hauptmenü. ⤡ (Pfeil) schaltet dagegen in ein kleines Videofenster um.

Bitte wundern Sie sich nicht, wenn ein Video nicht den gesamten Bildschirm ausfüllt, sondern ein schwarzer Rand bleibt. Bis vor 10 Jahren unterstützten TV-Sender und Aufnahmegeräte häufig nur das 4:3-Format (gelesen als »Länge zu Breite«), während heute 16:9 (HD-Format) üblich ist. Die von anderen YouTube-Nutzern hochgeladenen Videos im 4:3-Format stammen also aus älteren Quellen oder von veralteten Aufnahmegeräten.

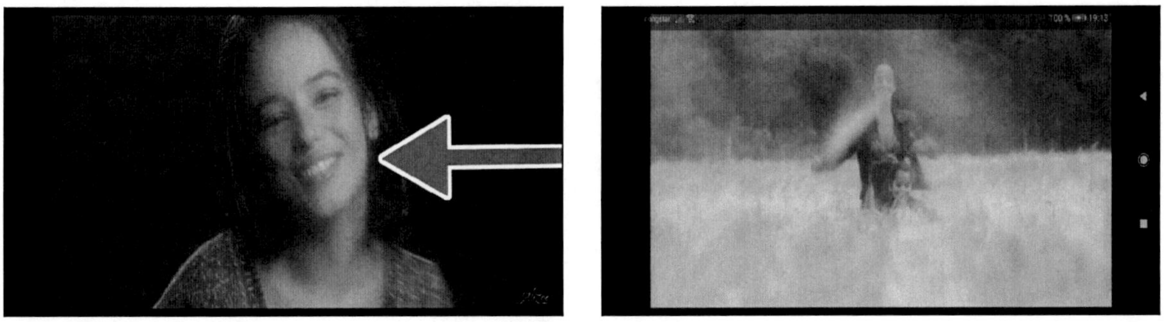

❶❷ Navigationstasten werden standardmäßig ausgeblendet. Wischen einmal von außerhalb des Bildschirms nach links, um sie wieder anzuzeigen.

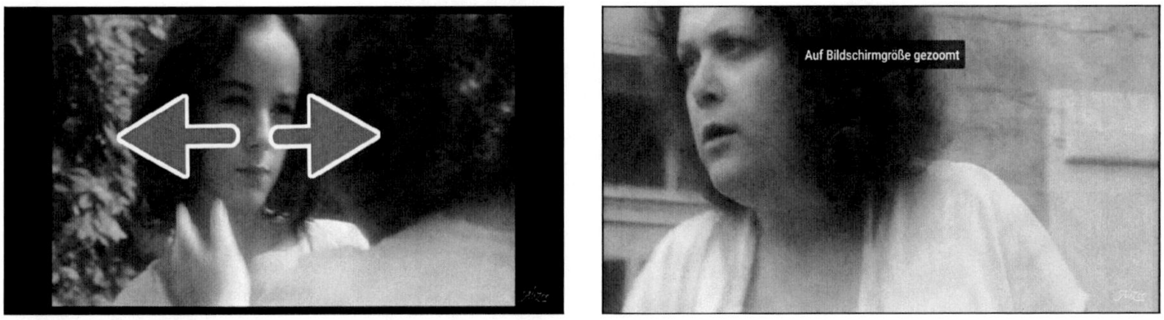

❶❷ Die Ansicht können Sie mit einer Kneifgeste nach außen (Zeigefinger und Daumen auf den Bildschirm setzen und dann auseinander ziehen) vergrößern.

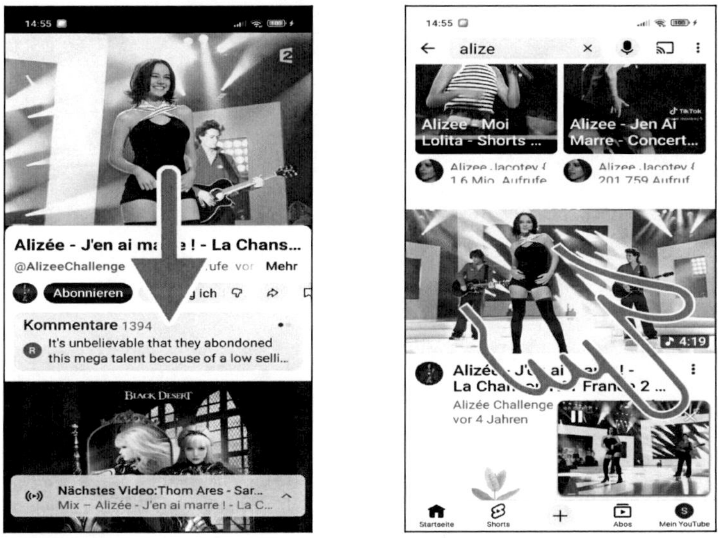

❶ Wenn Sie das Handy aufrecht halten, verkleinern Sie mit einer Wischgeste nach unten das Videofenster.

❷ Sie können dann in YouTube weiter stöbern, während das Video weiterläuft. ✕ beendet die Wiedergabe. Tippen Sie dagegen ins Videofenster, um es wieder zu vergrößern.

➊➋ Eine Besonderheit sind sogenannte »Shorts«, Videos im Hochformat, durch die Sie mit einer Wischgeste blättern.

22.1 Untertitel

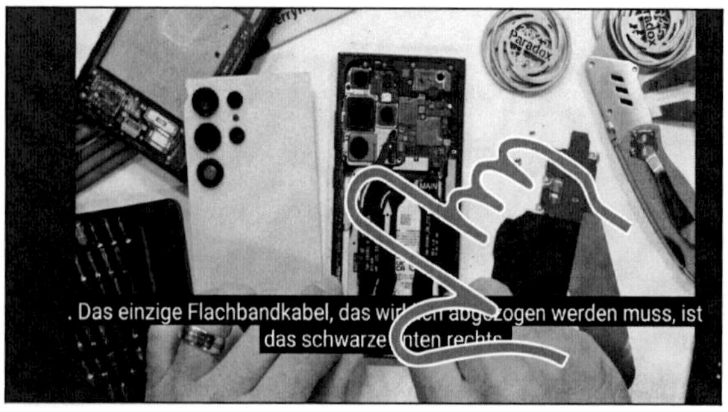

➊➋ Viele Videos sind untertitelt. So schalten Sie die Untertitel an/aus: Tippen Sie einmal auf den Bildschirm, sodass die Schaltflächen angezeigt werden, dann betätigen Sie die CC -Schaltfläche.

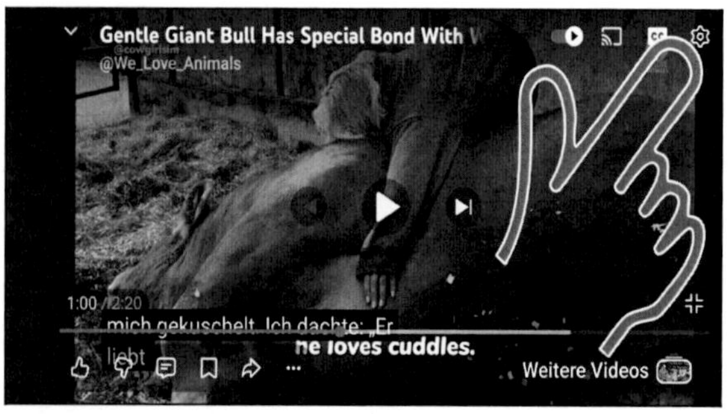

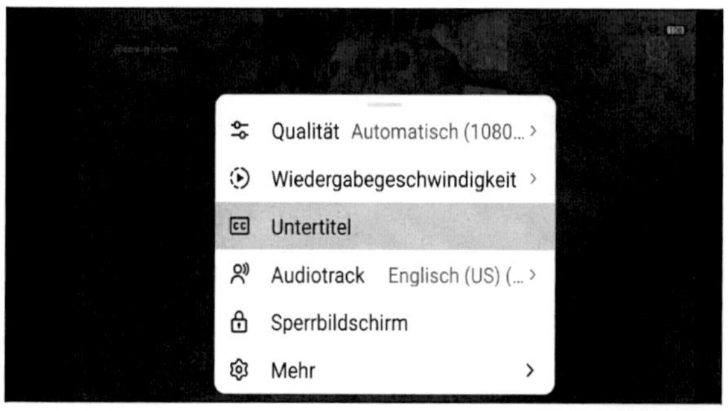

➊➋ Das Besondere an den Untertiteln: Sie können die Sprache auf Deutsch umstellen und damit auch ausländische Videos anschauen, die für Sie sonst unverständlich wären. Dazu tippen Sie auf ⚙ (vorher einmalig auf den Bildschirm tippen, falls die Schaltfläche nicht angezeigt wird) und gehen auf *Untertitel*.

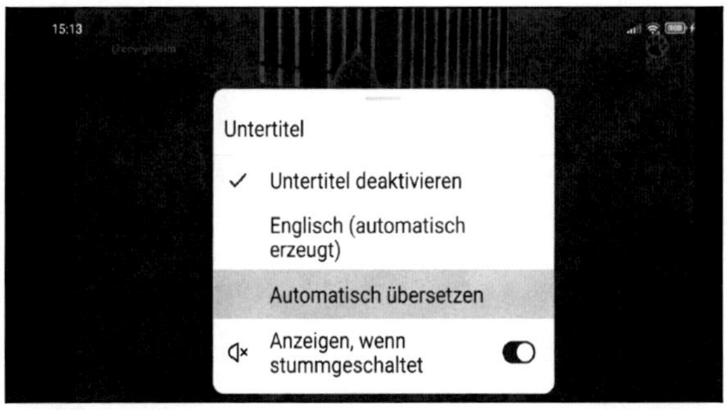

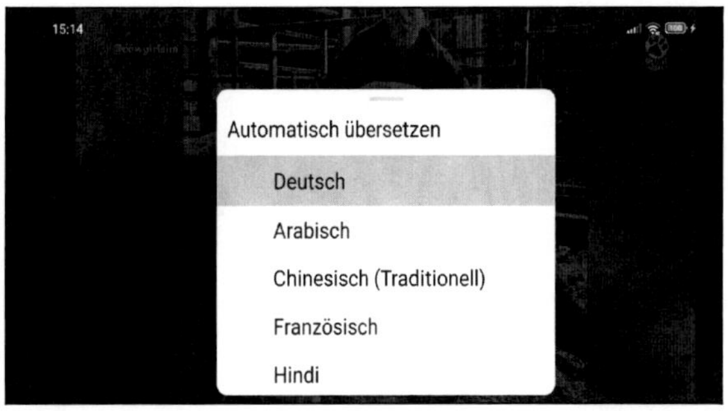

➊ Hat der Kanalbetreiber keine übersetzten Untertitel bereit gestellt, dann wählen Sie *Automatisch übersetzen* und gehen auf *Deutsch*. Beachten Sie, dass die Übersetzung in der Regel sehr holprig ist.

➋ Andernfalls wählen Sie einfach *Deutsch* aus.

22.2 Roboterstimme deaktivieren

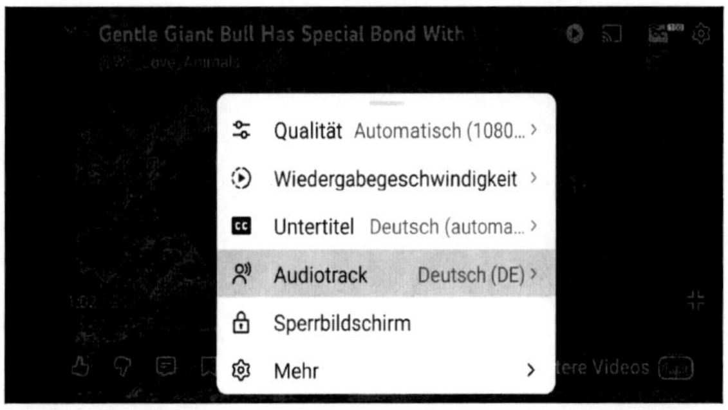

Falls Ihnen bei Videos eine künstlich wirkende Stimme oder eine ungewohnte Betonung auffällt, ist vermutlich eine KI am Werk: YouTube bietet für viele internationale Inhalte eine automatische deutsche Neuvertonung an.

➊ So deaktivieren Sie die Roboterstimme und aktivieren die Originalstimme: Tippen Sie auf ⚙.

➋ Wählen Sie im Menü *Audiotrack* aus.

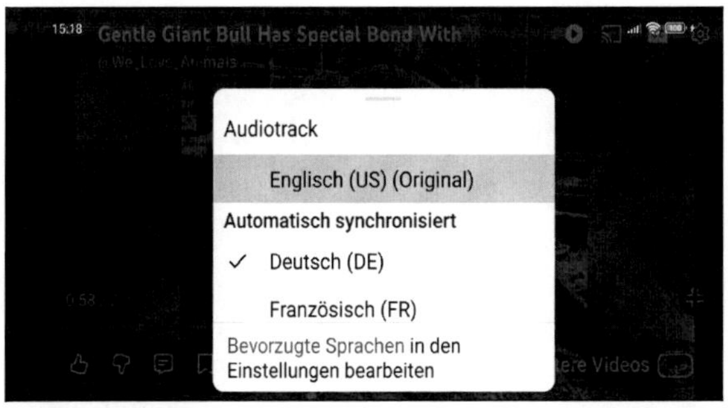

Die meisten Videos richten sich an ein internationales Publikum und haben daher eine englischsprachige Tonspur. In diesem Beispiel wählen wir *Englisch (US) (Original)* aus.

Ärgerlicherweise gibt es in YouTube keine Option zum dauerhaften Ausschalten der automatischen Übersetzung.

22.2.1 *KI-Videos auf YouTube*

Auf YouTube ist ein riesiges Fake-Video-Netzwerk aktiv, das ausschließlich KI-generierte Videos mit teilweise grauenhaften Fotomontagen und abstoßenden Falschmeldungen veröffentlicht. Zum Beispiel soll ein Video die Leiche eines Formel-1-Rennfahrers zeigen, ein anderes Mal wird behauptet, ein Tennis-Star habe seine eigene Tochter vergewaltigt. Mit mehr als 100 Millionen Abrufen sind die vermutlich aus Vietnam heraus betriebenen Videokanäle sehr erfolgreich.

Inzwischen verbreiten die »Fake-Schleudern« nicht nur sensationsheischende Promi-News, sondern auch Bildungsinhalte.

Das Hauptmotiv hinter diesen Fake-Video-Netzwerken ist finanzieller Natur. Durch Clickbait (reißerische Überschriften und Vorschaubilder, die zum Klicken animieren) und die Teilnahme an Werbeprogrammen wollen die Betreiber Geld verdienen. Je mehr Aufrufe ein Video generiert, desto höher sind die Einnahmen. Dazu tragen reißerische Videobeschreibungen und Vorschaubilder bei. Man kann auch von »Ragebait« (engl. »Wut-Köder«) sprechen, das heißt, die Betreiber provozieren gezielt, worauf die Besucher des Kanals mit wütenden Kommentaren reagieren. Die Betreiber wissen, dass selbst negative Kommentare die YouTube-Algorithmen positiv beeinflussen und damit die Videos einem größeren Publikum vorgesetzt werden. Google hat bereits angekündigt, vermehrt gegen Clickbait in YouTube vorzugehen.

Bitte verzichten Sie auf die gezielte Suche nach Fake-Videos auf YouTube. Das Videoportal passt seine Empfehlungen an Ihr Sehverhalten an. Das bedeutet: Schauen Sie auch nur ein Fake-Videos an, werden Sie künftig vermehrt damit konfrontiert.

❶ KI-generierte Fake-Videos sind in der Regel bereits am hysterischen Titel erkennbar. Alles was sie dort sehen und hören hat die KI generiert, vermutlich stammt sogar die Idee zum Video von der KI…

❷ Einige Kanalbetreiber setzen KI auch für das Erzählen von unterhaltsamen Geschichten ein, sodass man hier nicht von »Betrug« sprechen sollte. Leider gibt es nie einen Hinweis, in welchem Maße die künstliche Intelligenz am Entstehungsprozess beteiligt war.

22.3 Kostenpflichtiges Abo

YouTube zeigt vor vielen Videos und auch zwischendurch Werbung an, die man nicht unterbrechen kann. Wenn Sie YouTube werbefrei nutzen möchten, müssen Sie ein Abo abschließen. Es gibt dazu drei verschiedene Tarife:

- **YouTube Premium Lite**: Für 5,99 Euro pro Monat sehen Sie bei einigen Musikvideos und in der Suche ab und zu Werbung.
- **YouTube Premium**: Der 12,99 Euro teure Monatstarif verzichtet vollständig auf Werbeunterbrechungen. Sie erhalten Zugriff auf einige weitere exklusive Inhalte (»YouTube Originals«).
- Weitere Verbilligungen gibt es für Familien und Studenten, sowie Kunden, die einen Jahrestarif wählen.

Falls Sie gerne Musik hören, empfiehlt sich YouTube Premium, denn Sie können dann auch den Musik-Streaming-Dienst YouTube Music (siehe Kapitel *21 Musik*) werbefrei mitnutzen!

22.3.1 Abo abschließen

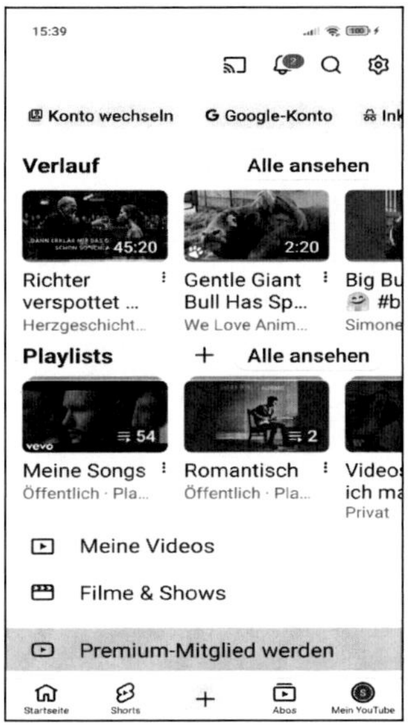

➊ Gehen Sie auf *Mein YouTube.*

➋➌ Wählen Sie *Premium-Mitglied werden* und gehen Sie auf *2 Monate für 0 € testen.*

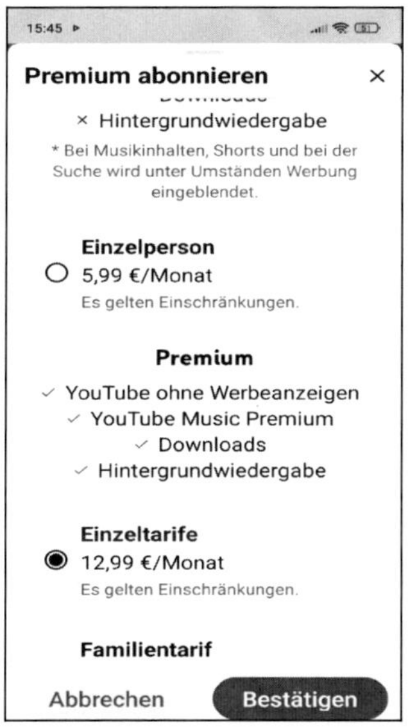

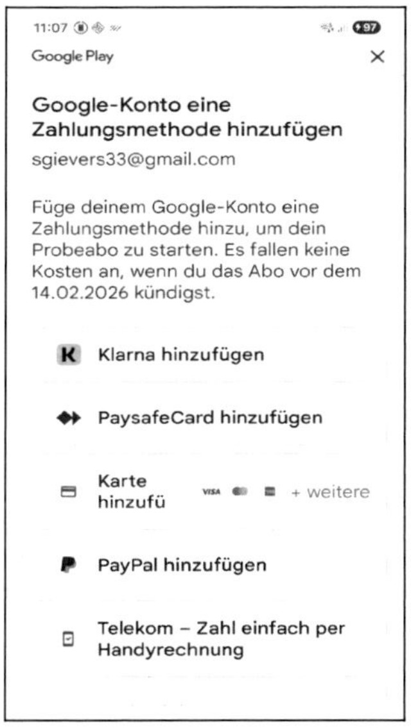

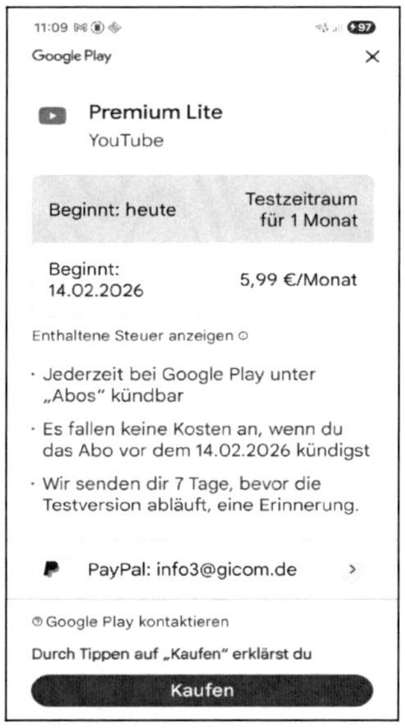

➊ Sie haben nun die Wahl zwischen *Premium Lite, Premium Lite* und Abos für Familien und Studenten. Wenn Sie hauptsächlich Dokumentationen und Influencer-Videos konsumieren, reicht *Premium Lite* für Sie vollkommen aus. Gehen Sie auf *Bestätigen.*

➋➌ Auch wenn Sie zunächst nur das kostenlose einmonatige Probeabo nutzen möchten, ist die Angabe einer Zahlungsmethode Pflicht. Wählen Sie einen der Vorschläge aus und wischen Sie im Fenster nach oben, worauf die *Kaufen*-Schaltfläche erscheint, die Sie betätigen. Bestätigen Sie im folgenden Bildschirm den Vorgang durch Eingabe des Passworts zu Ihrem Google-Konto.

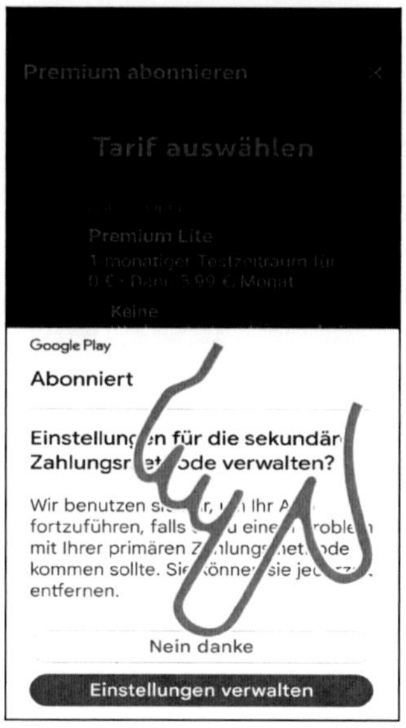

➊ Aktivieren Sie *Ja, immer*, damit niemand unautorisiert Käufe im Play Store auf Ihrem Handy durchführen kann. Betätigen Sie *OK*.

➋ Hier gehen Sie auf *Nein danke.*

➌ Schließen Sie den Bildschirm mit *Jetzt ansehen*. Sie nutzen nun YouTube werbefrei.

22.3.2 Abo auf weiteren Geräten nutzen

Sie dürfen das Abo auf mehreren Geräten nutzen. Auf einem PC rufen Sie dazu im Webbrowser *youtube.com* auf und klicken auf *Anmelden*.

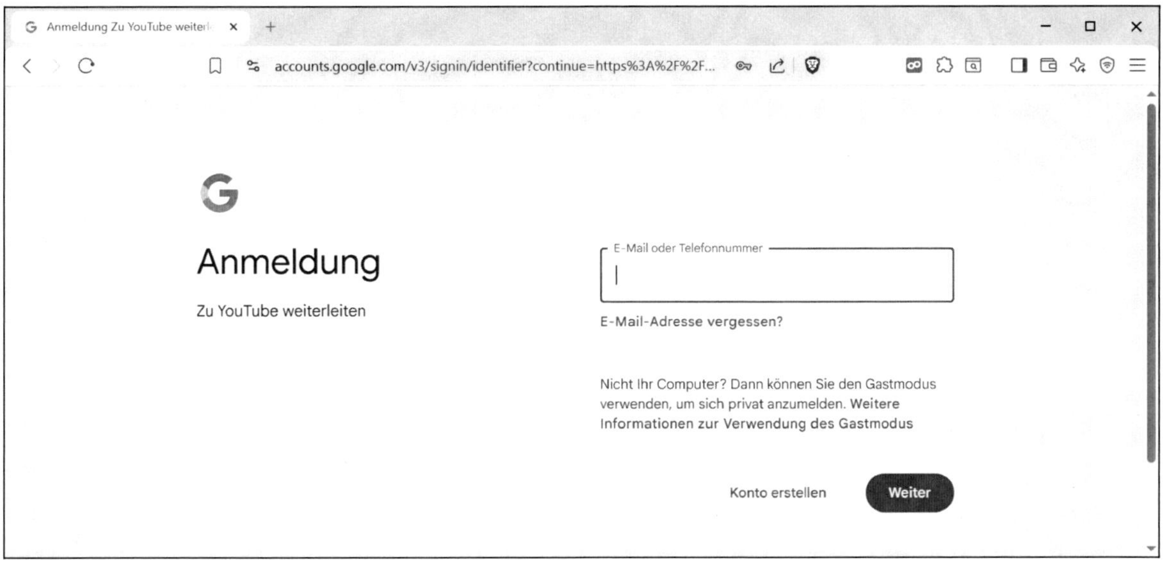

Loggen Sie sich mit dem gleichen Google-Konto ein, das Sie auch auf dem Handy verwenden.

22.3.3 Abo kündigen

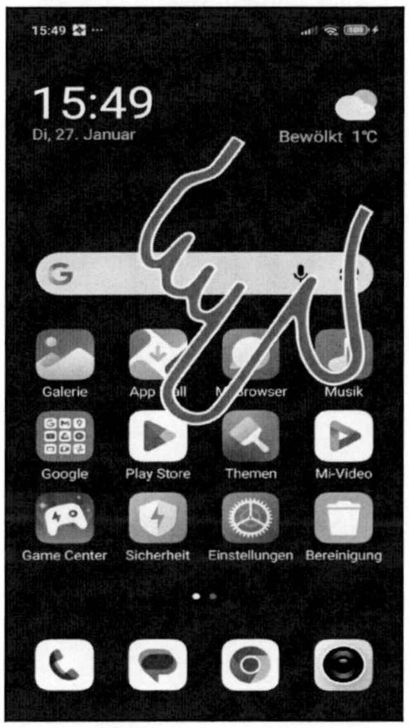

❶ Rufen Sie den *Play Store* im Startbildschirm auf.

❷ Tippen Sie auf das runde Kontosymbol.

❸ Rufen Sie *Zahlungen und Abos* auf.

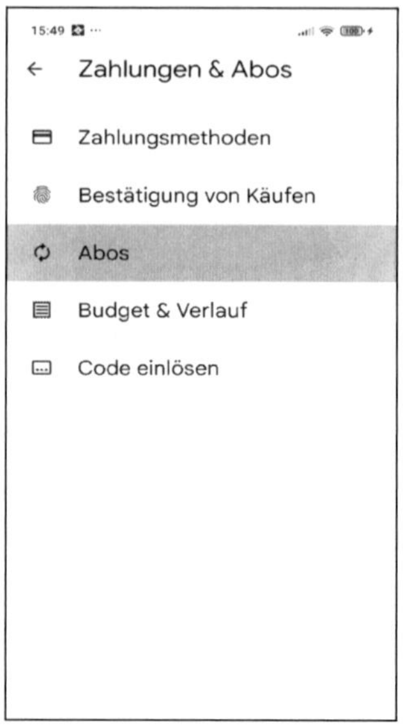

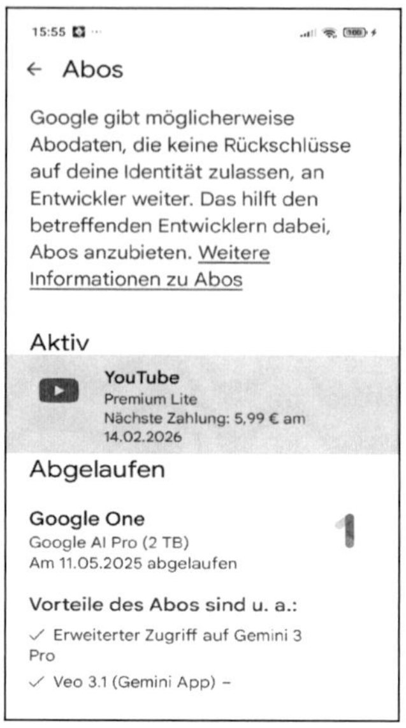

❶ Gehen Sie auf *Abos.*

❷ Wählen Sie das Abo aus.

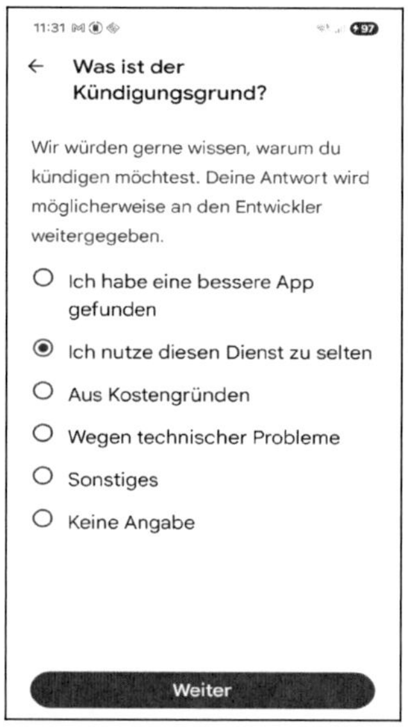

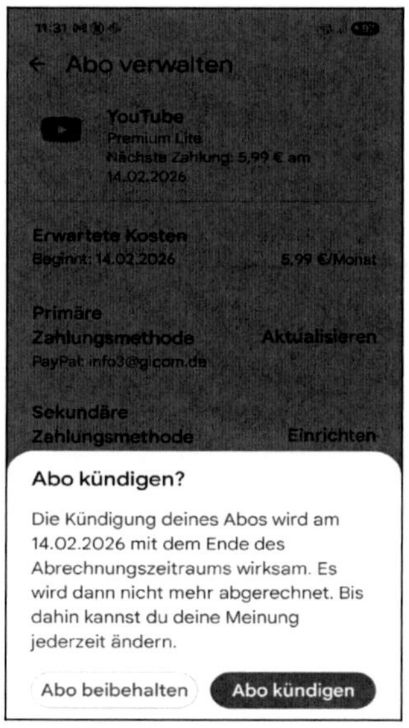

❶ Betätigen Sie *Abo kündigen.*

❷ Wählen Sie einen beliebigen Grund aus, betätigen Sie *Weiter.*

❸ Betätigen Sie *Abo kündigen.*

23. Weitere Programme

23.1 Rechner

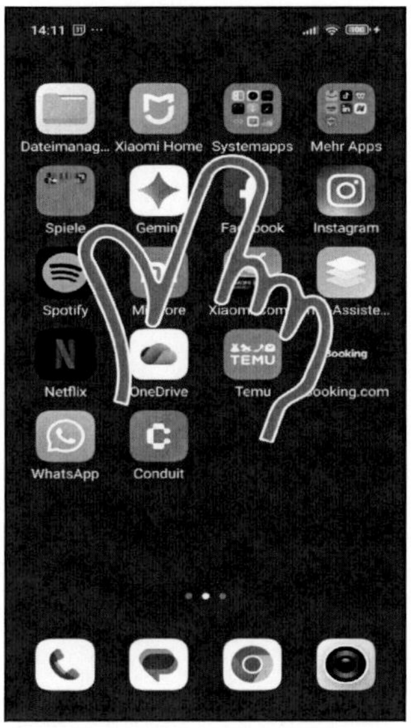

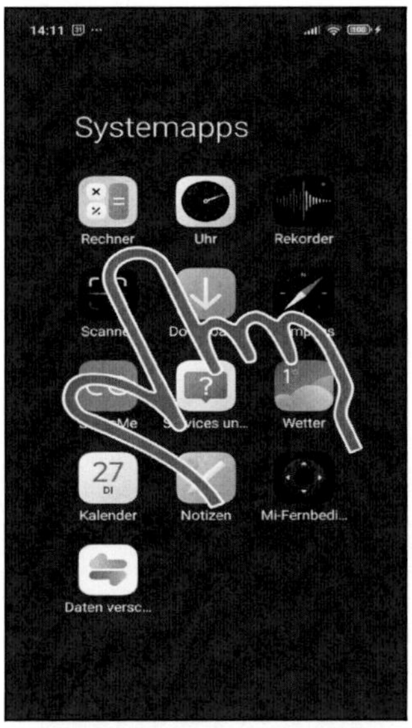

❶❷ Rufen Sie *Rechner* im *Systemapps*-Ordner des Startbildschirms auf.

❸ Alle Eingaben erfolgen in natürlicher Schreibweise. Das Rechenergebnis erhalten Sie dann nach Betätigen der »=«-Taste auf dem Tastenfeld.

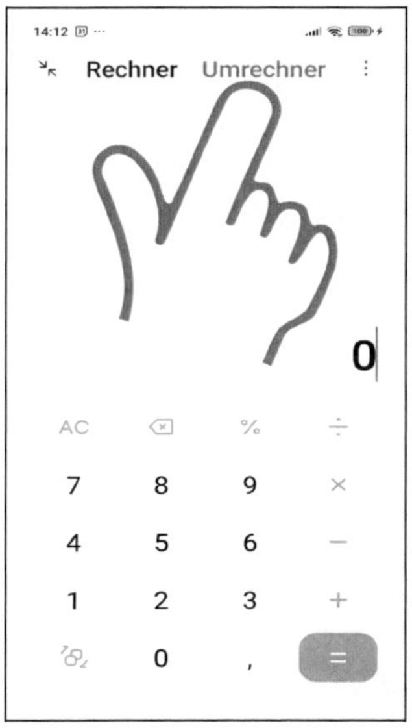

❶❷ Über die Register am oberen Bildschirmrand schalten Sie zwischen den weiteren Funktionen *Umrechner* und *Darlehen* um.

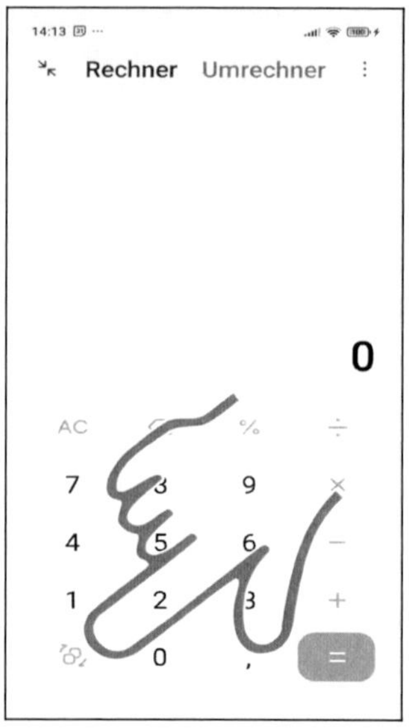

❶❷ schaltet auf die wissenschaftlichen Funktionen um.

23.2 Wecker und Uhr

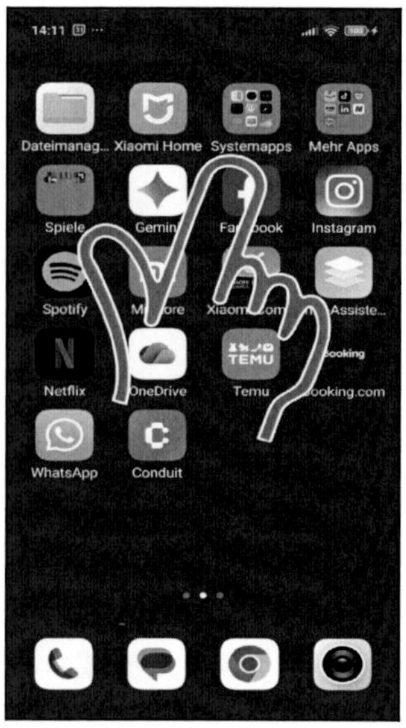

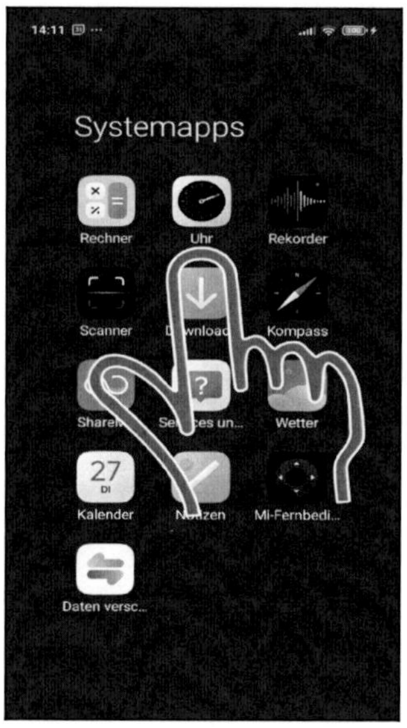

❶❷ Sie finden *Uhr* im *Systemapps*-Ordner des Startbildschirms.

❶❷ Über das Register am unteren Bildschirmrand schalten Sie zwischen den Funktionen der Uhr-Anwendung um: *Wecker, Uhr, Stoppuhr* und *Timer.*

23.2.1 Alarm

❶ Aktivieren Sie das *Wecker*-Register.

❷ Tippen Sie auf +.

❸ Anschließend stellen Sie die Uhrzeit ein. Die weiteren Funktionen:

- *Klingelton*: Der Alarmton.
- *Wiederholen*: Passen Sie den Wecker an Ihren Wochenablauf an, indem Sie ihn beispielsweise nur Wochentags aktivieren.
- *Bei Wecker vibrieren*
- *Löschen, nachdem der Wecker klingelt*: Für einmalige Alarm-Ereignisse.
- *Bezeichnung*: Damit Sie Bescheid wissen, warum Sie den Wecker eingestellt hatten.

Schließen Sie den Vorgang mit ✓ (oben rechts) ab.

Wie man eigene Alarmtöne auf dem Handy einrichtet, erfahren Sie im Kapitel *28.10 Eigene Klingel- und Benachrichtigungstöne.*

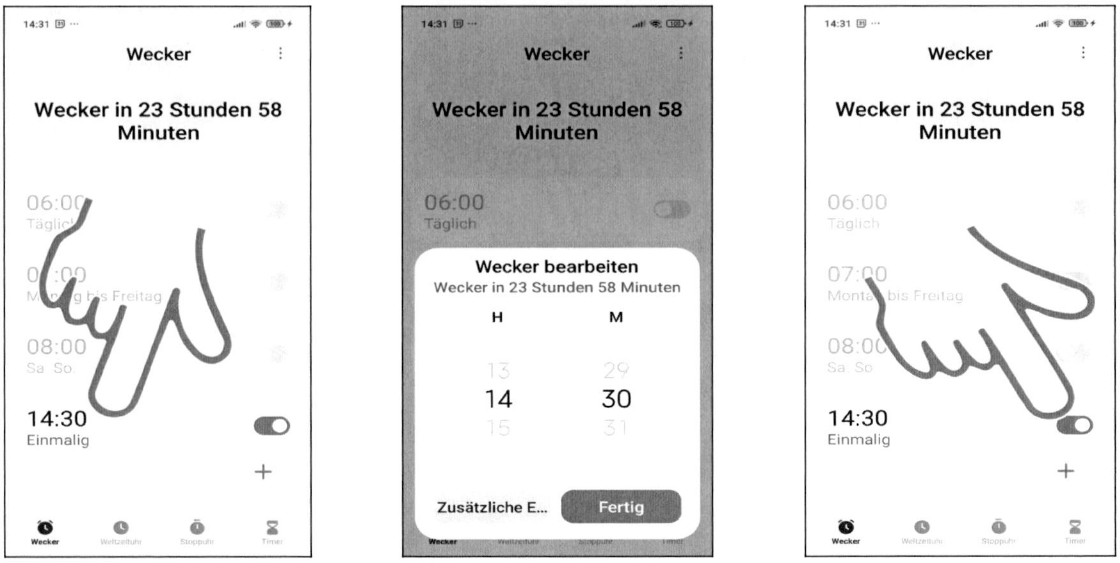

❶❷ Der Alarm ist eingerichtet und aktiv. Bei Bedarf tippen Sie ihn an, worauf Sie die Alarmzeit ändern können. Dagegen öffnet *Zusätzliche Einstellungen* den Bearbeitungsbildschirm.

❸ Über den Schalter (Pfeil) aktivieren/deaktivieren Sie Alarmzeiten.

❶ Dass mindestens ein Alarm aktiv ist, erkennen Sie am ⏰-Symbol in der Titelleiste (Pfeil).

❷ Im Benachrichtigungsfeld informiert das Handy über den anstehenden Termin.

❸ Sobald der Wecker ertönt, erscheint ein Popup, über das Sie den Alarm für 10 Minuten auf Lautlos schalten oder den Wecker abschalten. Alternativ betätigen Sie eine Lautstärke-Taste auf der rechten Geräteseite für 10 minütiges Stummschalten.

23.3 Google Drive

Bei Google Drive handelt es sich um einen Online-Speicher, worin Sie beliebige Dateien ablegen. Das Arbeitsprinzip kennen Sie vielleicht schon vom Konkurrenten Dropbox. Google Drive ist mit Ihrem Google-Konto verknüpft.

Beachten Sie, dass Google Drive zwar 15 Gigabyte Online-Speicher zur Verfügung stellt, dieser aber mit anderen Google-Diensten wie Gmail (siehe Kapitel *9 Gmail*) geteilt wird.

Die übliche Vorgehensweise:

1. Laden Sie von Ihrem Handy aus beliebige Dateien wie Fotos oder Office-Dokumente in Google Drive hoch.
2. Der Zugriff auf die Dateien lässt sich anschließend für andere Nutzer freigeben.

3. Über eine Weboberfläche (*drive.google.com*) ist auch die Dateiverwaltung über einen PC-Webbrowser möglich. Dort können Sie auch ein PC-Programm herunterladen, das Ihnen die Arbeit mit Google Drive erleichert.

Zusätzlich verwaltet Google Drive auch Microsoft Office-Dateien (Word, Excel und PowerPoint). Dies geschieht über die Zusatzprogramme Google Docs, Google Tabellen und Google Präsentationen. Google Drive ist sehr umfangreich, weshalb wir hier nur auf die interessantesten Funktionen eingehen können.

❶❷ Das Programm *Drive* rufen Sie im *Google*-Ordner des Startbildschirms auf.

❸ Betätigen Sie im einmaligem Popup *Schließen.*

❶❷ Mit der Schaltfläche oben links öffnen Sie die Seitenleiste (Ausklappmenü). Die enthaltenen Funktionen:

- *Zuletzt geöffnet*: Dateien, auf die Sie zuletzt zugegriffen haben (Zugriffsverlauf).
- *Uploads*: Statusanzeige, wenn Sie manuell Dateien in Google-Drive hochladen.
- *Offline*: Aus Google Drive heruntergeladene Dateien. Sie haben darauf auch offline – also ohne Internetverbindung – Zugriff.
- *Papierkorb*: Von Ihnen in Google Drive gelöschte Dateien.
- *Spam*: Jede Person, die Ihre Gamil-E-Mail-Adresse kennt, kann Ihnen Dateien freigeben. Diese tauchten dann ungefragt in Google Drive auf. Google Drive filtert schädliche Dateien heraus und speichert sie in *Spam*.
- *Einstellungen*: Diverse Datensicherungseinstellungen.

- *Hilfe & Feedback*
- *Speicherplatz*: Informiert über den freien und belegten Speicher und bietet die Möglichkeit, weiteren Speicherplatz dazu zu mieten.

❶❷ Die Register am unteren Bildschirmrand:

- : Start (Hauptseite)
- : Markiert: Von Ihnen als Favoriten markierte Dateien.
- : Freigegeben: Von anderen Anwendern für Ihr Google-Konto freigegebene Dateien.
- : Dateien: Von Ihnen ins eigene Google-Konto hochgeladene Dateien.

23.3.1 Dateien bei Google Drive hochladen

❶❷ Gehen Sie auf + und dann auf *Hochladen*.

❸Über die Schaltflächen am oberen Bildschirmrand wählen Sie den Dateityp, im Beispiel *Bilder*, aus.

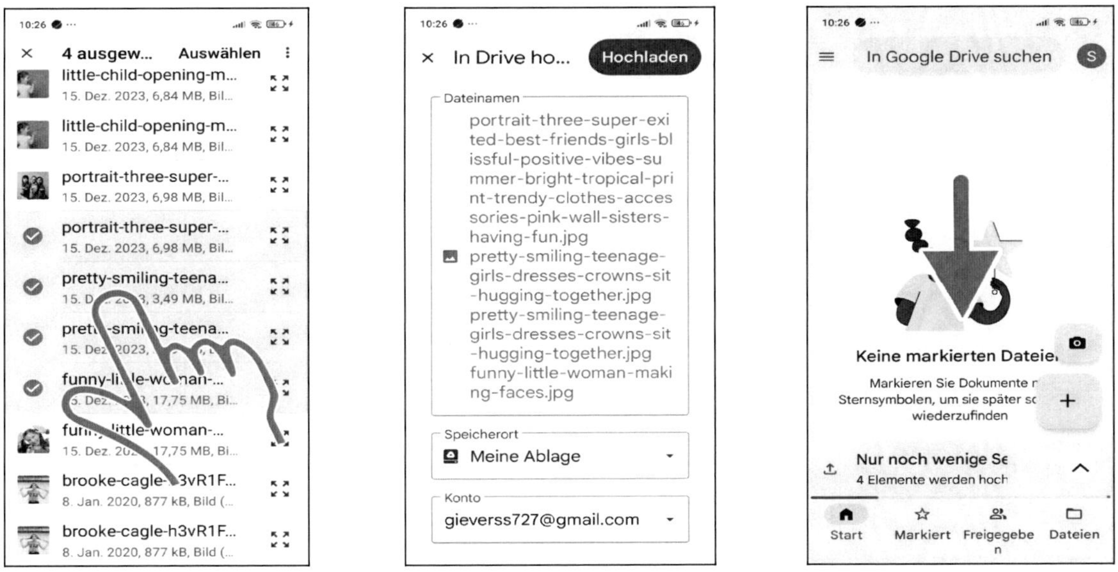

❶ Markieren Sie mit kurzem Antippen die ins Google-Konto hochzuladenden Dateien. Betätigen Sie dann *Auswählen* (oben rechts im Bildschirm). Im folgenden Bildschirm betätigen Sie *Hochladen.*

❷❸ Aktualisieren Sie die Ansicht mit einer Wischgeste nach unten. Die neu hochgeladenen Dateien werden angezeigt.

Beachten Sie: Google Drive und Google Fotos arbeiten unabhängig voneinander, das heißt, Fotos und Videos, die Sie bei Google Drive hochladen, erscheinen nicht in Google Fotos und umgekehrt. Das war vor einigen Jahren noch anders.

23.3.2 Anzeige

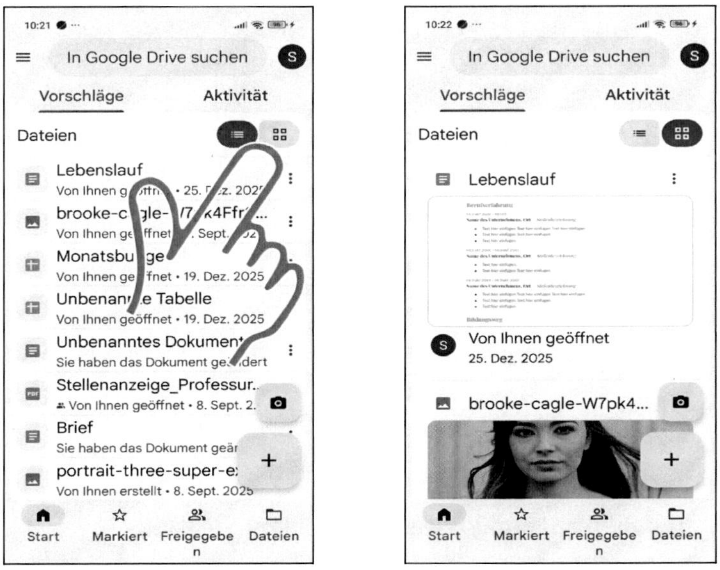

❶❷ Mit der Schaltfläche oben rechts wechseln Sie zwischen der Vorschau- und Listenansicht.

23.3.3 Office-Datei erstellen

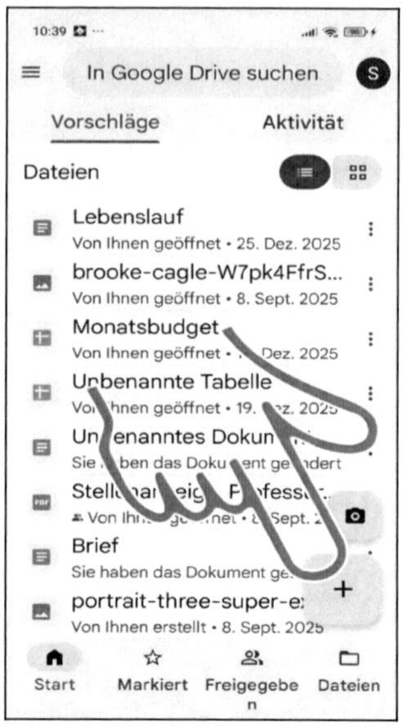

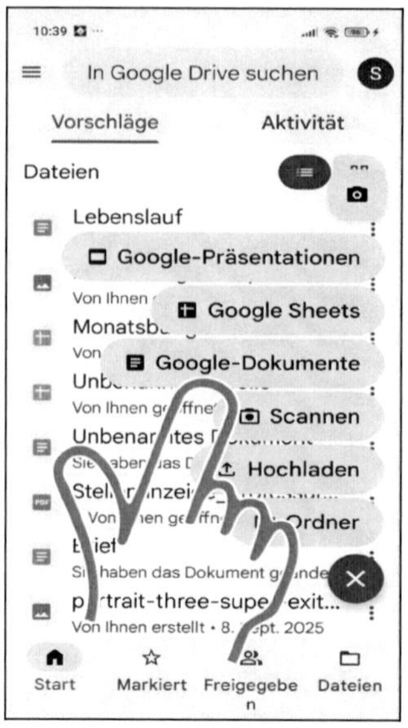

Google bietet Programme an, mit denen Sie Office-Dateien bearbeiten können. Unterstützt werden dabei die Microsoft-Dateiformate Word, Excel und PowerPoint.

❶❷ Gehen Sie auf + und dann auf *Google-Dokumente, Google-Sheets* (Tabellen) oder *Google-Präsentationen.*

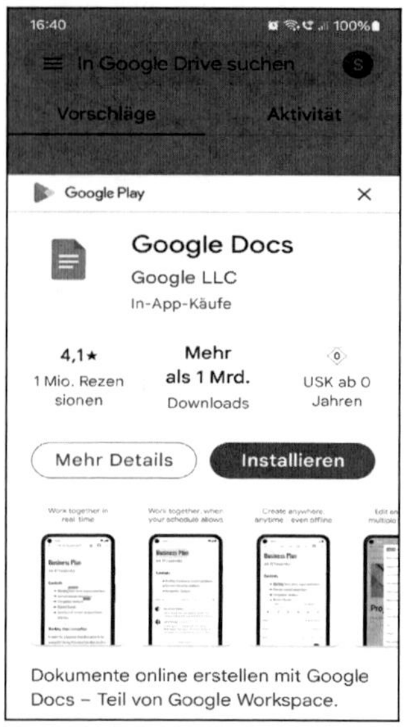

❶ Die Bearbeitungsfunktionen sind auf dem Handy nicht vorinstalliert. Sie werden daher beim ersten Aufruf gegebenenfalls aufgefordert, die Installation nachzuholen. Gehen Sie deshalb auf *Installieren.*

❷❸ Sie müssen nun warten, bis die Installation abgeschlossen ist. Betätigen Sie dann *Öffnen.*

❶ Betätigen Sie +.

❷❸ Das jeweilige Programm startet mit einem leerem Dokument/einer leeren Tabelle. Sie befinden Sie im Editor. Nach der Bearbeitung speichern Sie die Datei mit ✓ (Pfeil) und kehren mit ← nach Google Drive zurück. Sie finden die Datei im *Dateien*-Register von Google Drive.

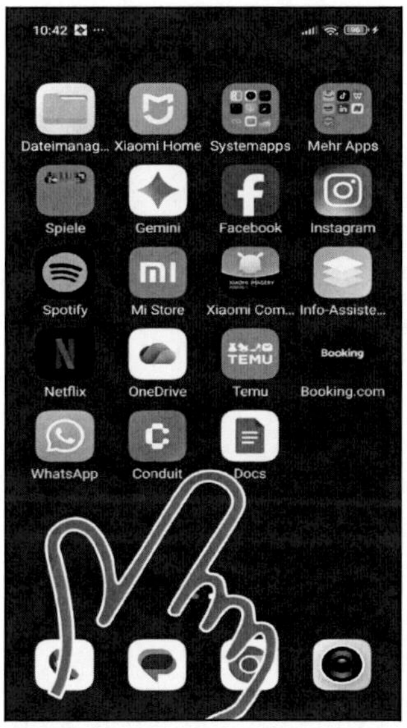

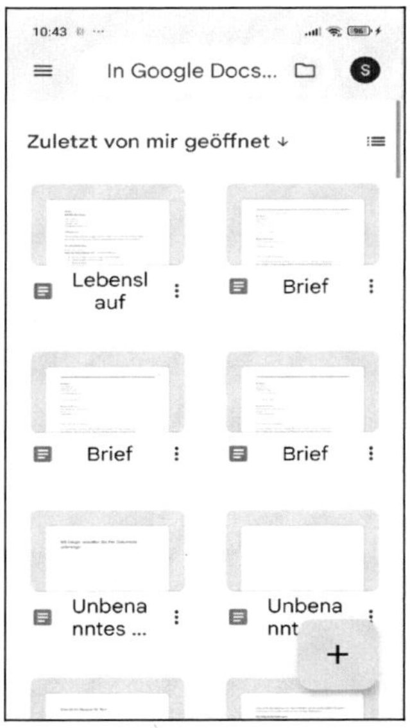

❶❷ Die Google Office-Anwendungen Google Docs, Google Tabellen und Google Präsentationen laufen eigenständig und lassen sich nach der Installation direkt im Startmenü aufrufen.

23.3.4 Dateien freigeben

Standardmäßig haben nur Sie Zugriff auf Ihre in Google Drive abgelegten Dateien. Sie können aber Dateien oder Verzeichnisse für Dritte freigeben. Über einen Link, den Sie beispielsweise per E-Mail verschicken, können die Empfänger die jeweilige Datei im Webbrowser anzeigen.Dateien freigeben

Standardmäßig haben nur Sie Zugriff auf Ihre in Google Drive abgelegten Dateien. Sie können aber einzelne Dateien oder ganze Verzeichnisse für Dritte freigeben.

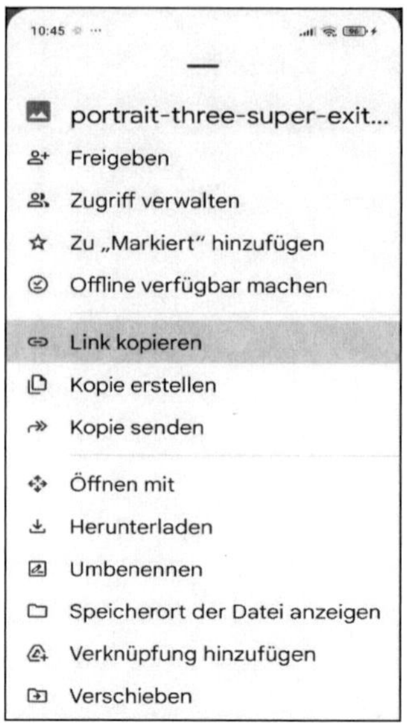

❶ Tippen Sie hinter dem Dateinamen auf ⋮ (Pfeil).

❷ Gehen Sie auf *Link kopieren*. Google Drive hat eine Webadresse (»Freigabelink«) in die Zwischenablage kopiert.

❶ In unserem Beispiel möchten wir jemand anderem die Datei per E-Mail zugänglich machen. Verlassen Sie Google Drive und rufen Sie eine E-Mail-Anwendung, im Beispiel Gmail, auf. Erstellen Sie dort eine neue Nachricht. Den Inhalt der Zwischenablage mit dem Google Drive-Link fügen Sie über die Schaltfläche über dem Tastenfeld ein.

❷ Sie können nun die E-Mail mit dem Link versenden.

23.4 Sicherheit

❶❷ Die *Sicherheit*-Anwendung, die Sie im Startbildschirm finden, fasst einige Funktionen zusammen, die sonst über verschiedene Anwendungen des Handys verteilt sind. Darüber hinaus dienen einige Menüs der Systemwartung. Ihr Betriebssystem führt selbsttätig alle nötigen Wartungsarbeiten aus und prüft auch automatisch Ihr Handy auf Sicherheitsprobleme, weshalb wir von den Wartungsfunktionen der Sicherheit-Anwendung eher abraten.

23.5 Scanner (QR Codes lesen)

Der Scanner liest QR-Codes und öffnet die darin hinterlegte Webseite im Webbrowser.

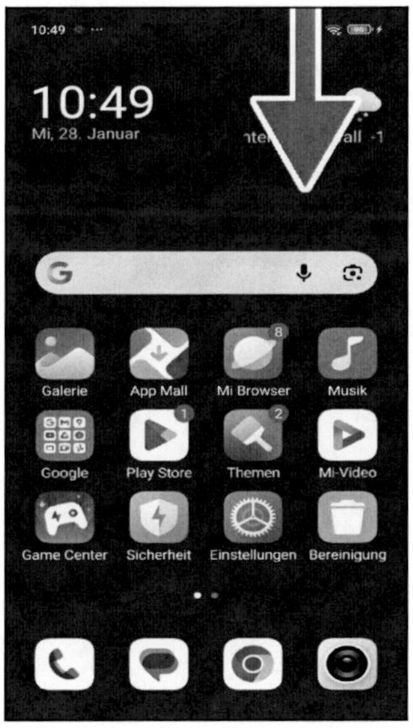

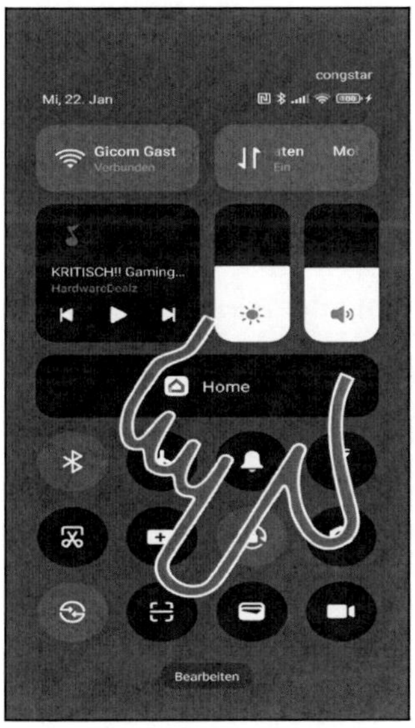

❶ Öffnen Sie das Kontrollzentrum mit einer Wischgeste.

❷ Rufen Sie dann ⛶ auf.

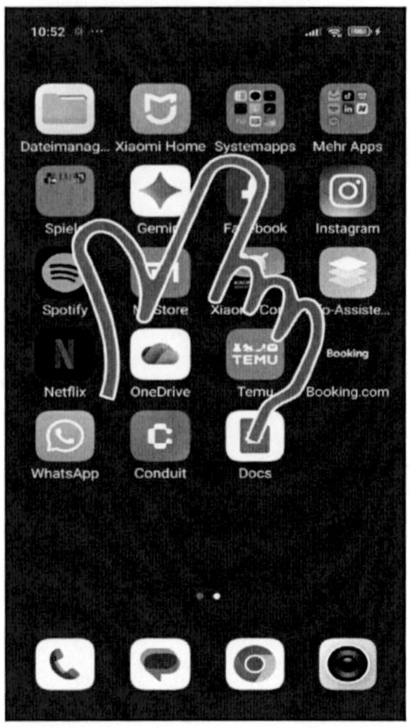

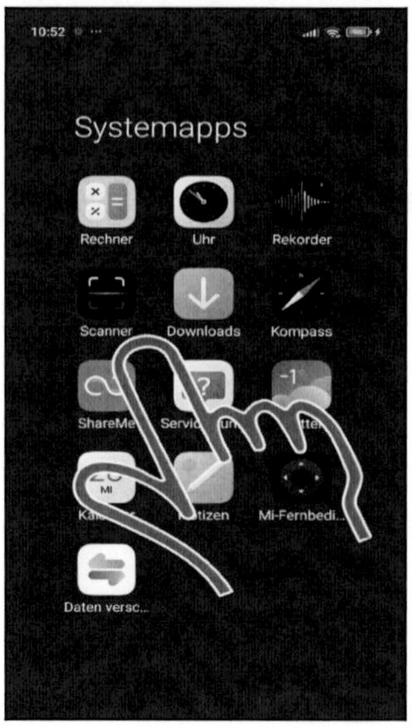

❶❷ Alternativ finden Sie *Scanner* im *Systemapps*-Ordner des Startbildschirms.

❶ In unserem Beispiel haben wir einen sogenannten QR-Code in einem Werbekatalog gefunden und halten das Handy darauf.

❷❸ Die dahinterliegende Webadresse wird angezeigt und mit *Zur Webseite* im Webbrowser geöffnet.

Tipp: Sie können auch die im Kapitel *17.5.3 QR-Code scannen* beschriebene Funktion nutzen.

24. Empfehlenswerte Apps aus dem Play Store

Im Google Play Store werden unzählige Programme (Neudeutsch als »Apps« bezeichnet) angeboten, die den Funktionsumfang Ihres Handys erweitern. Unsere kleine Übersicht stellt davon einige Nützliche vor.

24.1 Installation

Sofern Sie bereits den Play Store (siehe Kapitel *16 Play Store*) genutzt haben, können Sie dieses Kapitel überlesen.

So installieren Sie die Programme:

❶ Rufen Sie den *Play Store* aus dem Startbildschirm auf.

❷ Tippen Sie auf *Suche*.

❸ Nun geben Sie den Namen eines Programms ein und betätigen Sie 🔍-Taste unten rechts im Tastenfeld. In der folgenden Auflistung können Sie dann das zu installierende Programm antippen. Alternativ wählen Sie schon während der Eingabe einen der Suchvorschläge aus, sofern sich darunter das Gesuchte befindet.

Falls das Suchfeld nicht sichtbar ist, wenn Sie den Play Store aufrufen, müssen Sie erst mit ein- oder mehrmaligem Betätigen der ◀-Taste in den Hauptbildschirm zurückkehren.

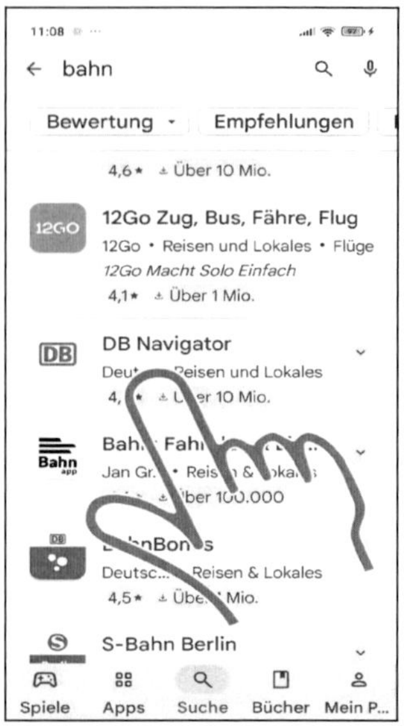

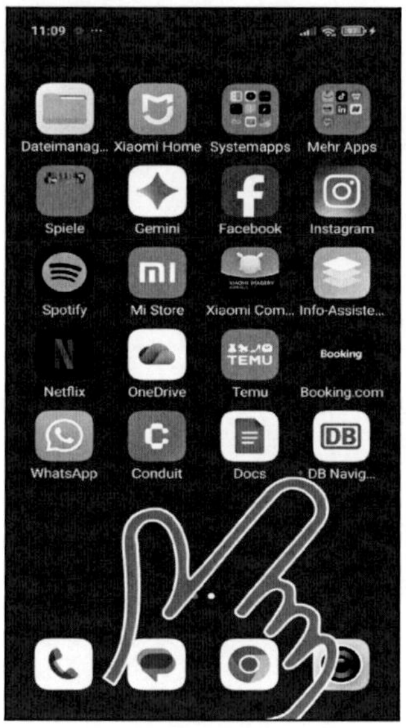

❶ Wählen Sie das Programm aus.

❷ Betätigen Sie zuerst *Installieren,* um das Programm auf dem Handy zu installieren. Sie müssen warten, bis Download und Installation abgeschlossen sind, was je nach Programmgröße und Internetverbindungsgeschwindigkeit einige Minuten dauern kann.

❸ Im Startbildschirm erscheint eine neue Verknüpfung, über die Sie das installierte Programm aufrufen können.

24.2 Empfehlungen

Damit Sie die vorgestellten Programme schnell im Play Store auffinden, haben wir in kursiver Schrift deren genauen Namen angegeben.

Beispiel:

Pro 7, Sat.1, Kabel eins

7TV | Mediathek, TV Livestream

»Aktuelle Folge verpasst….«

Suchen Sie im Beispiel im Play Store nach »*7TV | Mediathek, TV Livestream*«. Meistens reicht es aus, die ersten Buchstaben des Programmnamens einzugeben, worauf der Play Store schon das Gesuchte vorschlägt.

Es ist leider nicht selten, dass Programme aus dem Play Store verschwinden oder nicht auf Ihrem Gerät installierbar sind (es gibt dann einen entsprechenden Hinweis). Also bitte nicht frustriert sein!

24.2.1 Fernsehen

Alle Fernsehsender bieten eine entsprechende App mit weiteren Infos zum Programm an. Häufig kann man damit nicht nur Live-Sendungen schauen, sondern auch verpasste Sendungen abrufen.

❶ *RTL+*: Zugriff auf alle Angebote von RTL, inklusive Filme und Serien, Sport mit Live-Übertragungen, sowie Musik, Hörbücher und Podcasts. Es werden verschiedene Abos zwischen 5,99 bis 14,99 Euro/Monat angeboten.

❷ *Joyn deine Streaming App*: Bietet den Zugriff über 60 Live-Sender, von öffentlich-rechtlich bis privat. Im Plus-Abo für 6,99 Euro/Monat stehen weitere Pay-TV-Sender von Pro 7, Sat 1 und Kabel Eins, sowie diverse Serien und Film-Bibliotheken zur Verfügung.

❸ *ARD Mediathek* und *ZDF Streaming und Live-TV*: Live-TV und Sendungsarchiv, sowie Programmübersicht.

24.2.2 TV- und Kinoprogramm

Sie sind ein TV-Stubenhocker? Dann dürften diese Programme für Sie nützlich sein, mit denen Sie sich einen schnellen Überblick der für Sie interessanten Sendungen verschaffen.

Prime Guide TV Programm (❶)

TV SPIELFILM - TV Programm(❷)

TV Movie - TV Programm (❸)

24.2.3 Transport, Reisen und Hotels

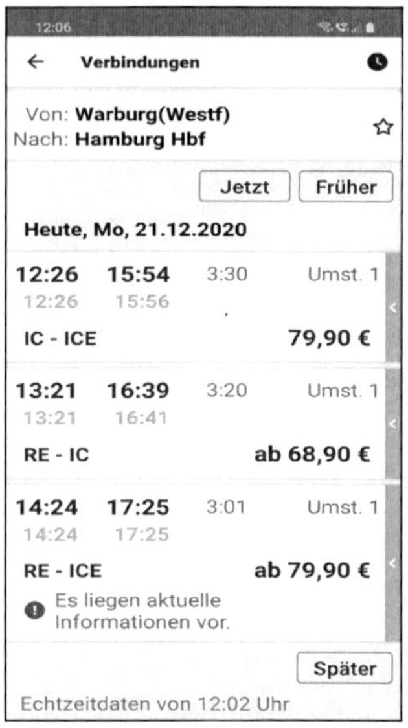

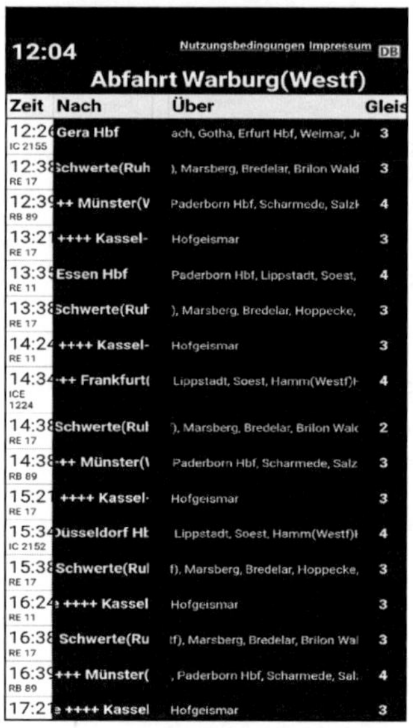

Die verschiedenen lokalen Verkehrsverbünde und die Deutsche Bahn haben eigene Apps veröffentlicht. Damit sind Sie bei Fragen zum Fahrplan nicht vom schlecht gelaunten Zugpersonal oder umständlichen Fahrkartenautomaten abhängig.

DB Navigator (➊)

Der DB Navigator der Deutschen Bahn berechnet Ihnen Routen vom Start- zum Zielort und weist auf bevorstehende Umstiege frühzeitig hin. Auch Echtzeit-Informationen wie Verspätungen und der direkte Zugang zu alternativen Verbindungen werden gezeigt. Das Programm nutzt Echtzeitdaten und informiert über Zugausfälle und Ersatzfahrpläne. Über den Menüpunkt »Regionale Angebote« können Sie Länder-Tickets, das Quer-Durchs-Land-Ticket und das Schönes-Wochenende-Ticket auswählen und direkt mobil buchen.

Bahnhofstafel Live (➋)

Das Programm nutzt die gleiche Datenquelle wie die Anzeigetafeln an den jeweiligen Bahnhöfen. Sie erhalten so einen schnellen Überblick über Verspätungen und Gleiswechsel.

Öffi – Fahrplanauskunft (➌)

Installiert drei Apps für die öffentlichen Verkehrsmittel mit Infos zu den Abfahrtszeiten und nächstgelegenen Haltestellen in den wichtigsten deutschen und internationalen Städten. Ein Routenplaner ermittelt die optimale Fahrtstrecke.

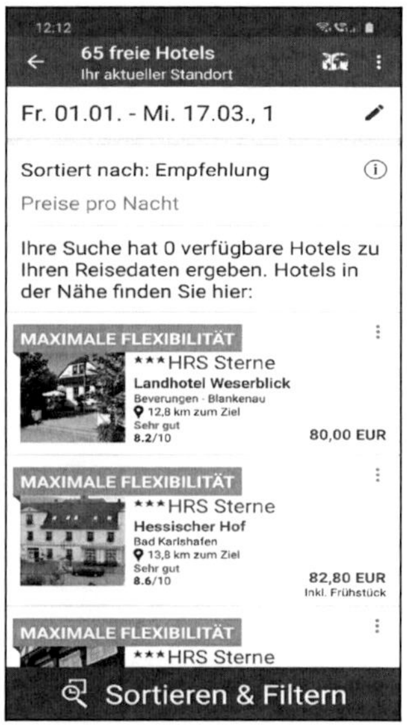

Vergleichen Sie die Preise von Hotels und buchen Sie direkt Ihr Zimmer mit den nachfolgend vorgestellten Programmen.

Die Apps:

- *Hotel Suche HRS* (❶)
- *Booking.com – Hotel-Buchungen* (❷)

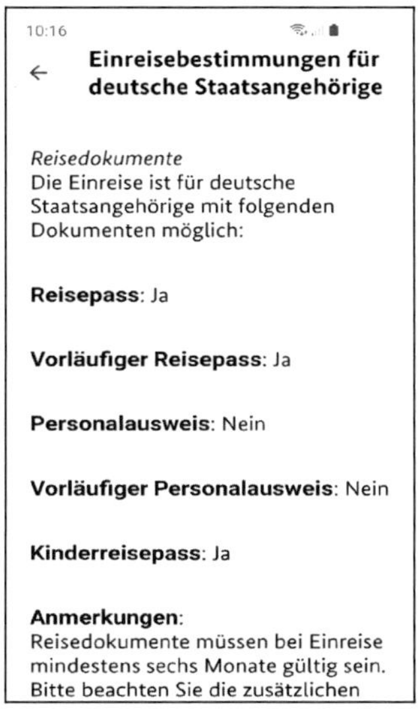

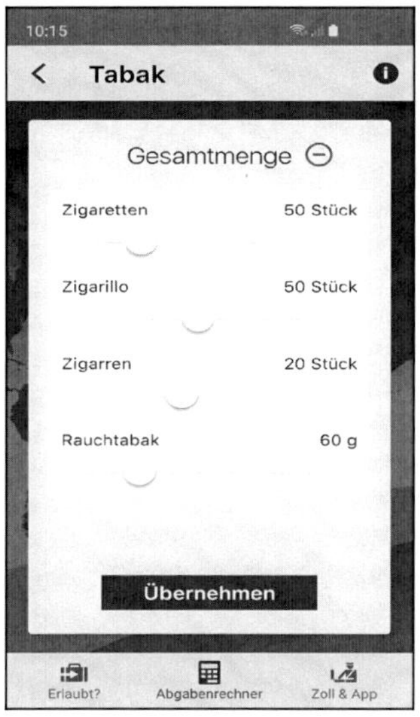

Eine Auslandsreise kann schnell zum Albtraum werden, wenn man sich nicht an die Bräuche und Gesetze des Gastgeberlands hält. Damit Sie nicht durch Unwissen in Schwierigkeiten geraten und im Notfall wissen, an wen Sie sich wenden sollten, wurden zwei Apps entwickelt.

Sicher reisen (❶❷)

Das Programm liefert die nötigen Infos für eine sichere und reibungslose Auslandsreise: Sie erhalten Tipps für Ihre Reisevorbereitung und für Notfälle, die Adressen der deutschen Vertretungen im Ausland und der Vertretungen Ihres Reiselandes in Deutschland. Falls nötig, werden Sie über Reise- und Sicherheitshinweise des Auswärtigen Amts informiert.

Zoll und Reise (❸)

Wenn Sie sich nicht sicher sind, was man abgabenfrei aus dem Urlaub mit nach Deutschland bringen darf, hilft Ihnen *Zoll und Reise* weiter. Mit dieser ermitteln Sie bei Bedarf auch die fälligen Abgaben, wenn Sie die Freimenge überschreiten und erfahren, welche Waren Sie nicht einführen dürfen.

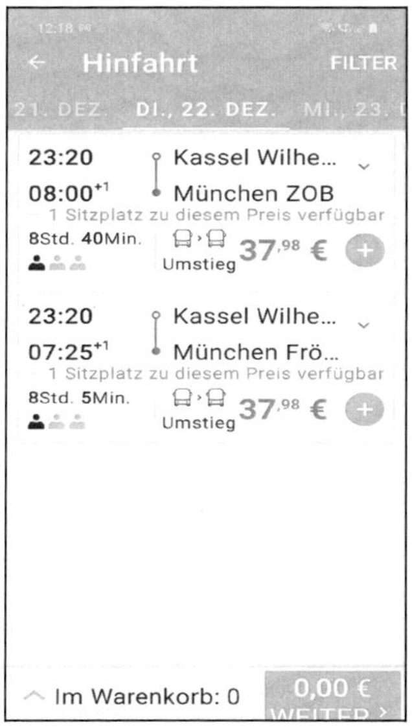

Die Fernbusse haben sich inzwischen zu einer starken Konkurrenz zur Deutschen Bahn entwickelt. Über entsprechende Apps ermitteln Sie die nächsten Fahrten, deren Kosten und erwerben Tickets.

FlixBus: Fernbus durch Europa (❶)

»Reise in Europa günstig mit Fernbus und Zug. Einfach bequem per App buchen.«

Busliniensuche: Fernbus App (❷❸)

Mit Busliniensuche ermitteln Sie die passende Fernbusverbindung und haben alle Preise, Abfahrtszeiten und Haltestellen in Ihrer Umgebung zur Hand. Das Programm berücksichtigt alle auf dem deutschen Markt aktiven Fernbuslinien und zeigt deren Fahrtdauer und Preise an.

24.2.4 Auskunft

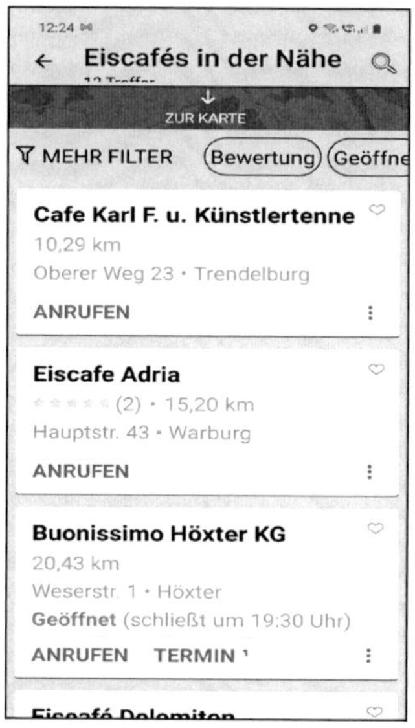

Das Örtliche Telefonbuch & Auskunft in Deutschland (❶)

Das Örtliche Telefonbuch und Auskunft für Deutschland. Das Programm dient nicht nur als Telefonbuch, sondern informiert auch über die Benzinpreise, das Kinoprogramm und listet Bars, Hotels, Supermärkte und Freizeitgelegenheiten. Außerdem ist ein Routenplaner enthalten.

Gelbe Seiten – Auskunft und mobiles Branchenbuch (❷)

In den Gelben Seiten sind alle Gewerbebetriebe gelistet, die Sie somit einfach auffinden. Soweit hinterlegt, informiert die App auch über die Öffnungszeiten und Benutzerbewertungen.

24.2.5 Google Notizen

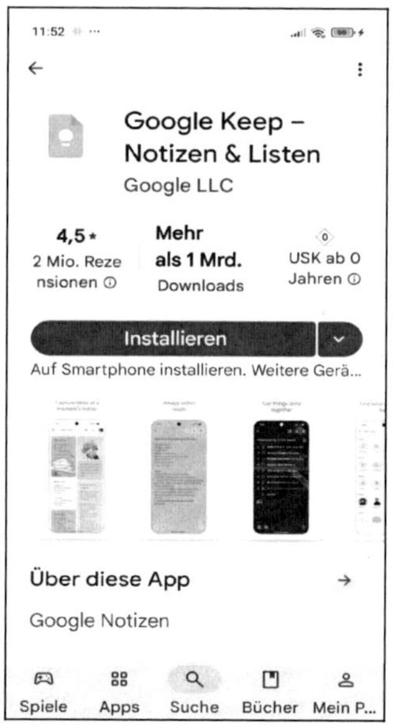

Google Notizen ist ein elektronisches Notizbuch. Ihre darin verwalteten Texte, Bilder und Audioaufnahmen werden automatisch in Ihrem Google-Konto abgelegt und stehen dann auch auf anderen Android-Geräten zur Verfügung.

Sie finden das Programm unter dem Namen *Google Keep – Notizen & Listen* im Play Store.

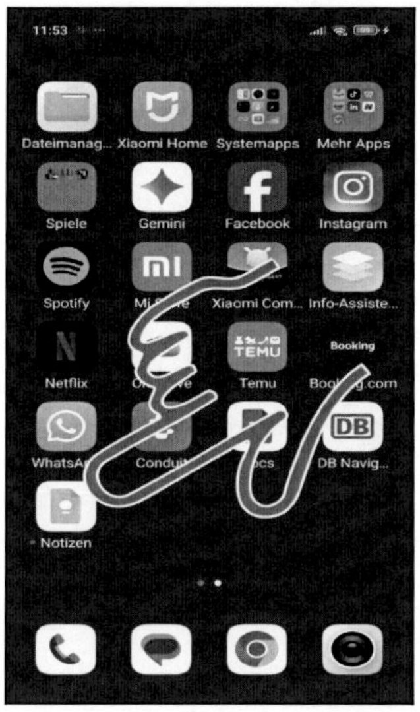

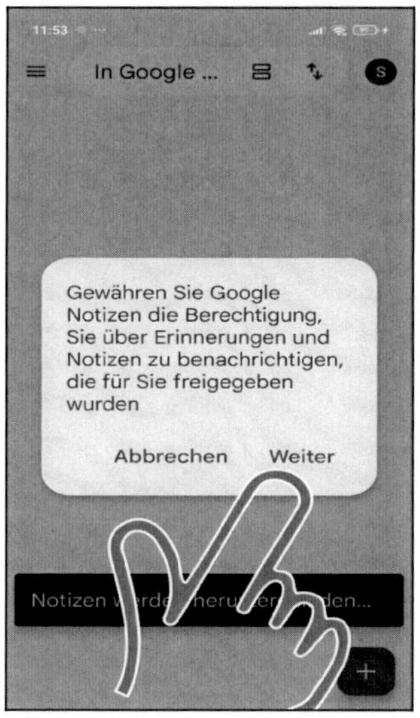

❶ Sie starten *Notizen* nach der Installation aus dem Startbildschirm.

❷❸ Die einmalig angezeigten Bildschirme beziehungsweise Popups schließen Sie mit *Jetzt starten, Weiter* und *Zulassen.*

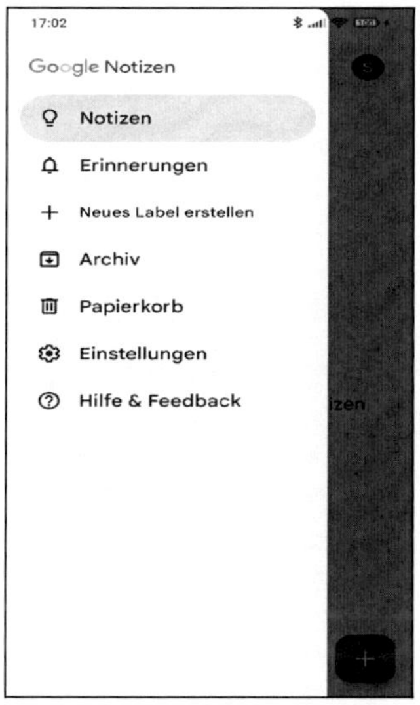

❶❷ Google Notizen arbeitet mit einem Ausklappmenü, das Sie über die Schaltfläche oben rechts öffnen. Sie finden darin die Einträge *Notizen, Erinnerungen, Archiv* und *Papierkorb*:

- *Notizen* ist Ihr Arbeitsbereich, in dem Sie alles sammeln, was gerade aktuell ist oder noch abgearbeitet werden muss.
- *Erinnerungen*: Hier finden Sie alle Notizen, die von Ihnen mit einer zeitlichen oder örtlichen Erinnerung versehen wurden. Hinweis: Google entfernt in einem der nächsten Updates diese Funktion.
- Wenn Sie eine Notiz nicht mehr benötigen, können Sie sie in das *Archiv* verschieben.
- *Papierkorb*: Gelöschte Notizen landen für einige Zeit im Papierkorb, aus dem Sie sie gegebenenfalls wieder »retten« können.

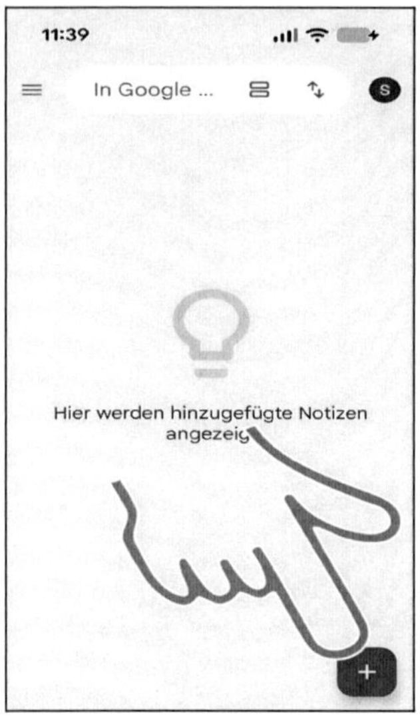

❶ Tippen Sie zur Notizerstellung auf **+**.

❷ etätigen Sie eine der Schaltflächen:

- *Bild*: Vorhandenes Foto verwenden.
- *Zeichnung*: Handschriftliche Notiz.
- *Liste*: Listeneintrag
- *Text*: Textnotiz.

❸ Beispiel für eine Textnotiz.

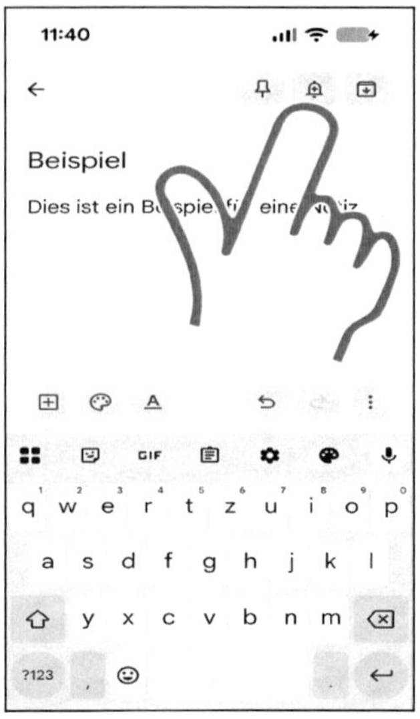

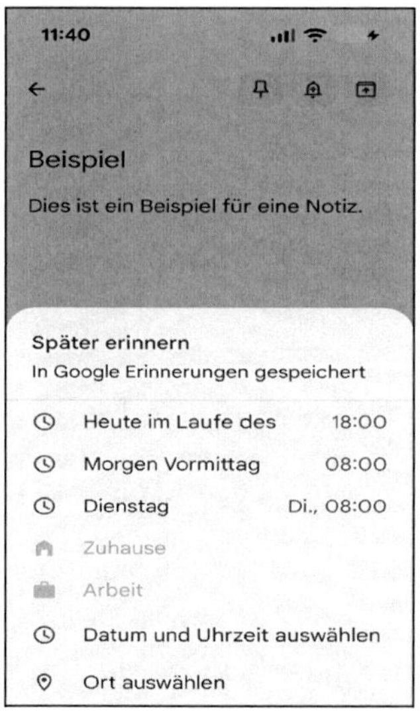

❶❷ Für eine automatische Benachrichtigung tippen Sie auf 🔔. Anschließend können Sie eine *Uhrzeit*-Erinnerung festlegen.

In einem der nächsten Updates wird Google diese Funktion entfernen.

❶❷ Über das ⁝-Menü stehen folgende Funktionen zur Verfügung:

- *Löschen*: Notiz entfernen.
- *Kopie erstellen*
- *Senden*: Notiz über E-Mail, Bluetooth usw. versenden. Damit der Empfänger etwas mit Ihrer Notiz anfangen kann, wird die Notiz in ihre Bestandteile (Bild, Audioaufnahme, Text, etc.) zerlegt und diese als einzelne Dateien verschickt.
- *Mitbearbeiter*: Personen, die mit dem Notizeninhalt zu tun haben.
- *Labels*: Sofern Sie sehr viele Notizen vorliegen haben, sollten Sie ihnen Labels zuweisen. Später grenzen Sie die Notizenauflistung über ein Label im Ausklappmenü ein.

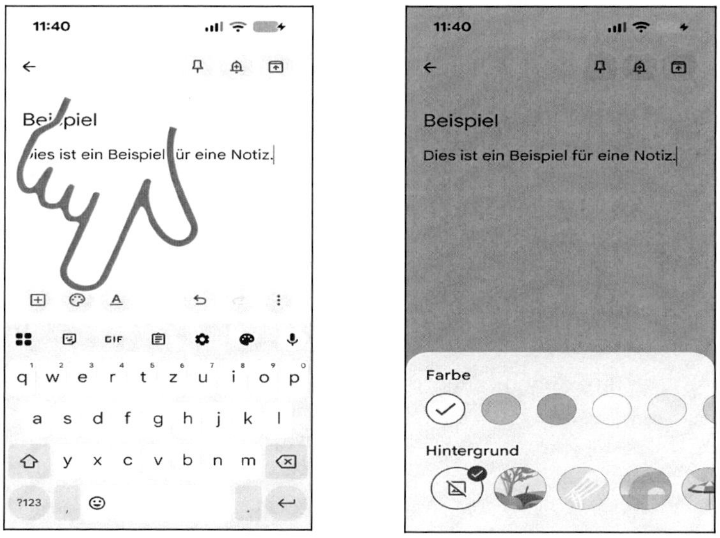

❶❷ Jeder Notiz können Sie mit 🎨 eine Farbe oder Hintergrundbild zuweisen.

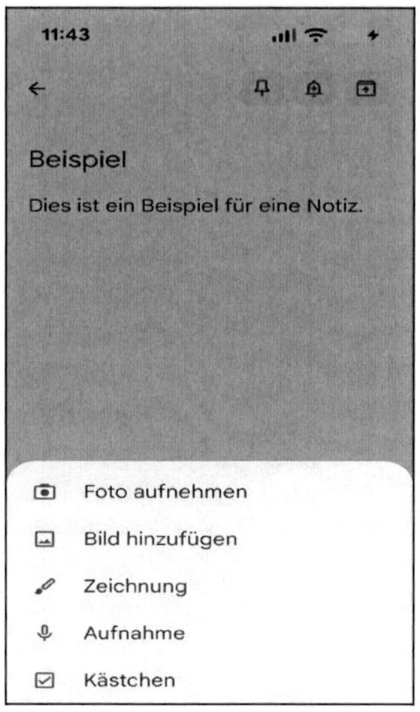

❶❷ Über die ⊞-Schaltfläche fügen Sie der Notiz weitere Elemente hinzu.

Verlassen Sie den Bearbeitungsbildschirm mit der ◀-Taste, worauf die Notiz gespeichert wird.

❸ Beispiel für einige Notizen.

24.2.6 Notiz bearbeiten

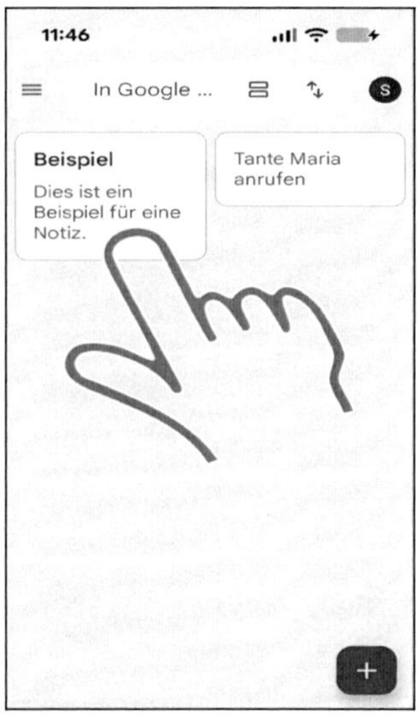

❶❷❸ Zum Bearbeiten tippen Sie die Notiz an, anschließend tippen Sie auf das Element, das Sie ändern möchten.

24.2.7 Labels

Sie verwenden Labels für die einfachere Organisation Ihrer Notizen.

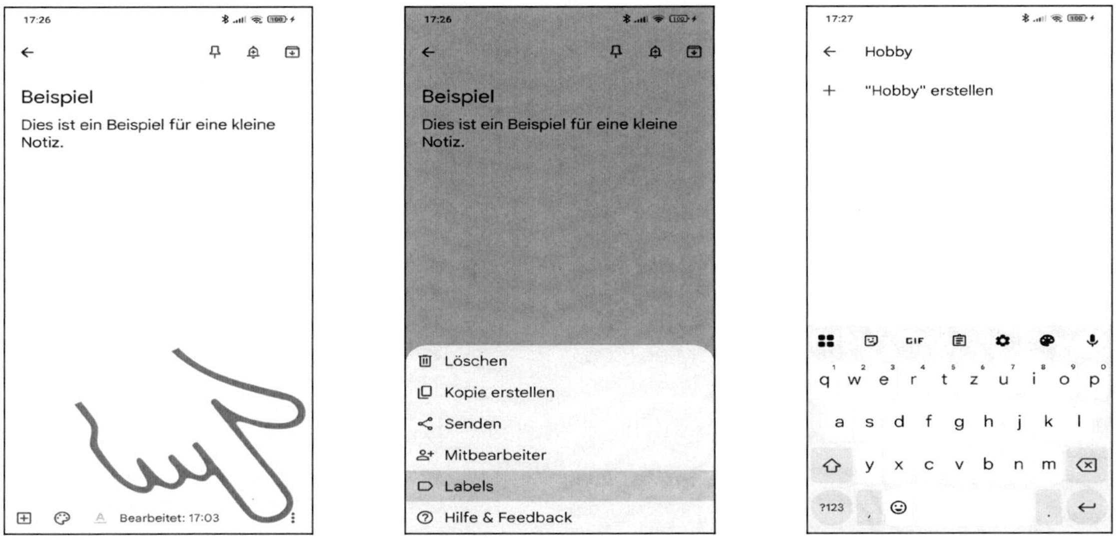

➊➋ So weisen Sie einer Notiz die Label zu: Betätigen Sie ⋮ für das Menü und gehen Sie auf *Labels.*

➌ Erfassen Sie im Eingabefeld die Labelbezeichnung und betätigen Sie *"xxx" erstellen*. Auf dem gleichen Wege legen Sie bei Bedarf weitere Label an.

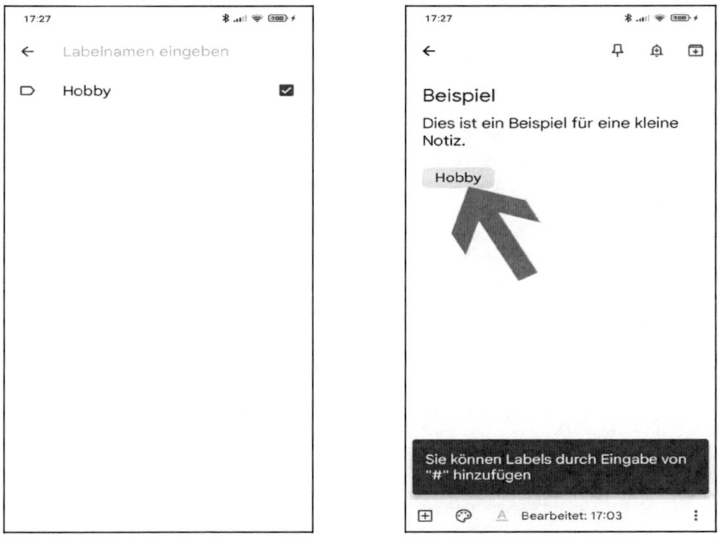

➊ Schließen Sie den Bildschirm mit der ◀-Taste.

➋ Das Label erscheint im Notizenbildschirm.

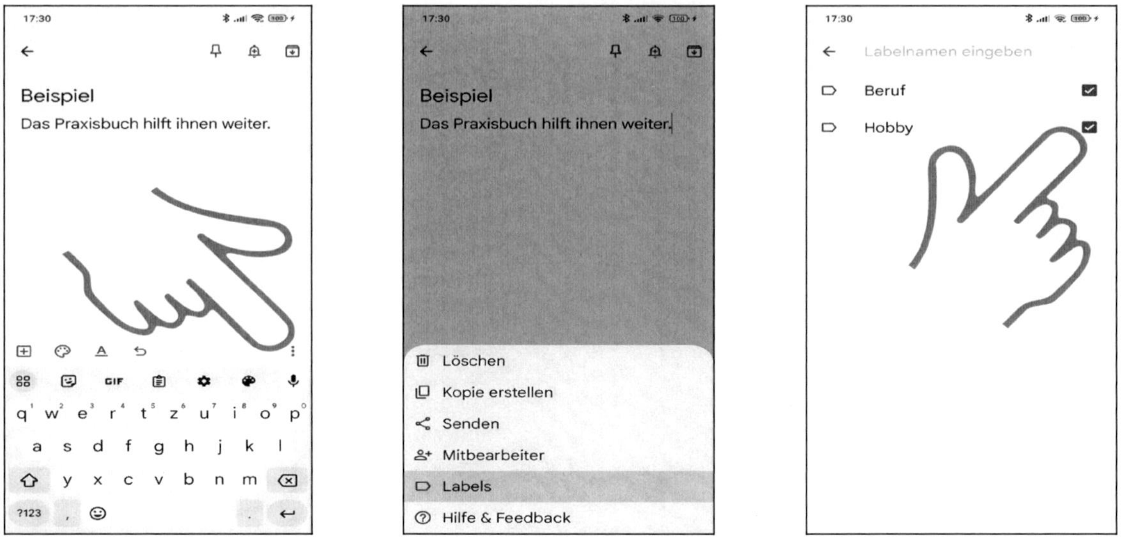

❶❷❸ Wenn Sie künftig ⋮/*Labels* aufrufen, können Sie direkt eines oder mehrere Label auswählen.

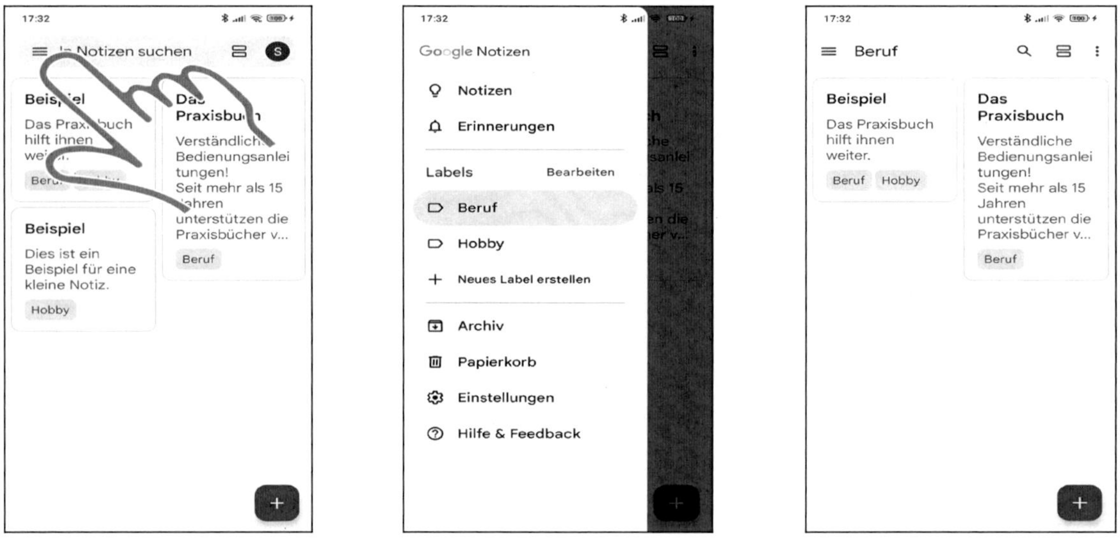

❶❷ Die Labelanzeige begrenzen Sie einfach über das Ausklappmenü, worin Sie einfach auf das Label gehen.

❸ Die ◀-Taste beziehungsweise Auswahl von *Notizen* im Ausklappmenü bringt Sie wieder in die Standardansicht zurück.

24.2.8 Archivierung

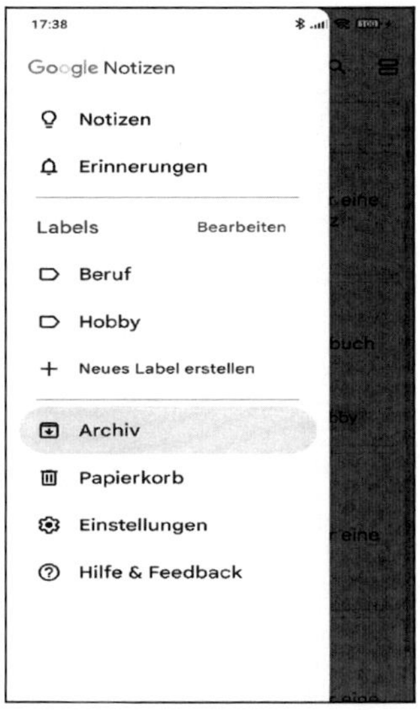

➊ Nicht mehr benötigte Notizen, auf die Sie später vielleicht noch zugreifen möchten, archivieren Sie mit der ⊡-Schaltfläche.

➋➌ *Archiv* im Ausklappmenü listet alle archivierten Notizen auf.

24.3 Übersetzer

Der »Übersetzer« ist kein einfaches Wörterbuch, sondern optimiert für die direkte Kommunikation mit Personen aus anderen Kulturkreisen.

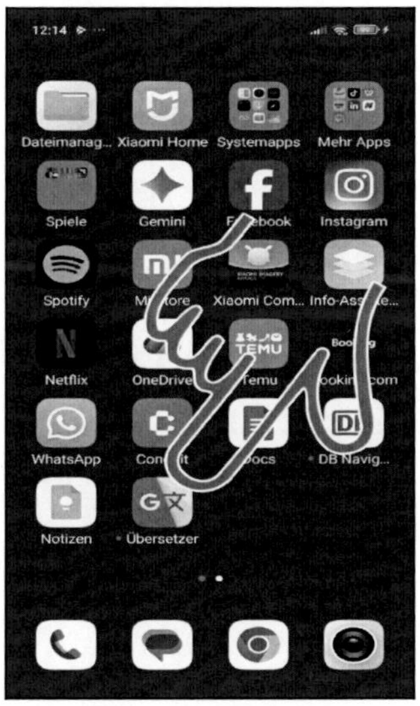
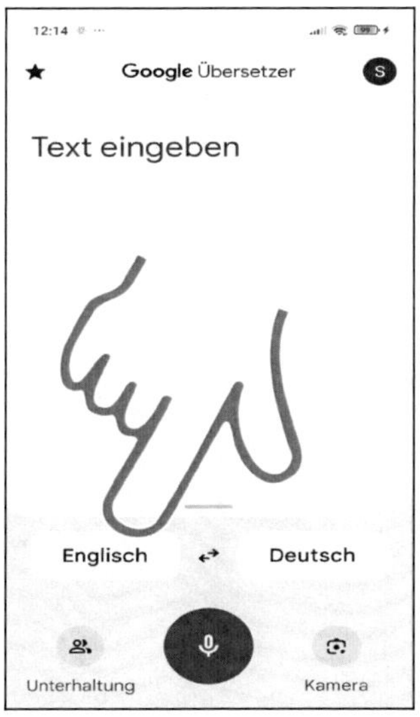

➊ Suchen und installieren Sie den **Google Übersetzer** im Play Store.

➋ Rufen Sie das Programm aus dem Startbildschirm auf.

➌ Als erstes müssen Sie die zu Ursprungssprache und die Zielsprache auswählen. Die ⇆-Schaltfläche tauscht die Übersetzungsrichtung.

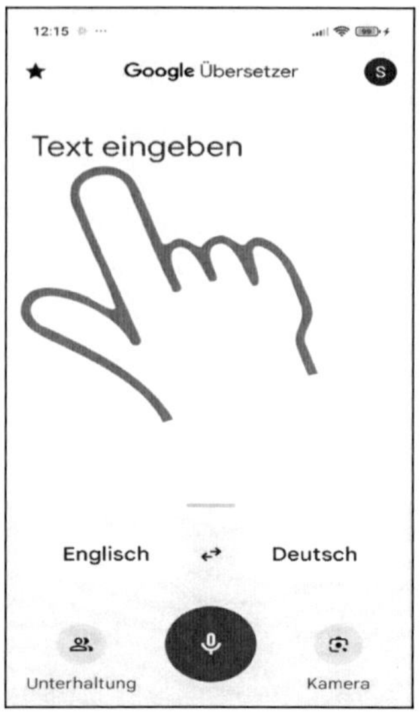

❶❷ Tippen Sie ins Eingabefeld und erfassen Sie einen Text, der sofort übersetzt wird. Die **X**-Schaltfläche oben rechts löscht Ihre Eingabe.

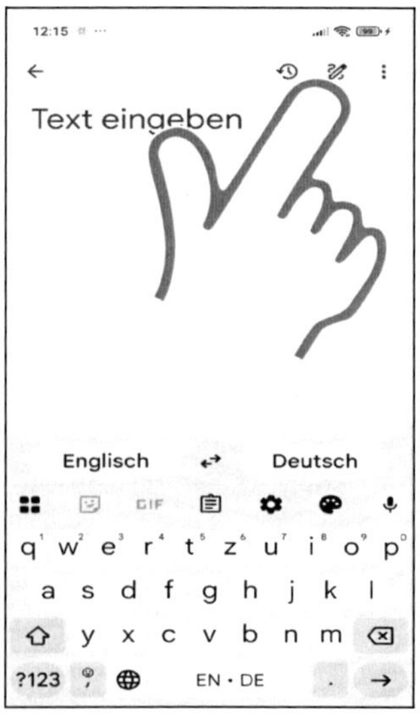

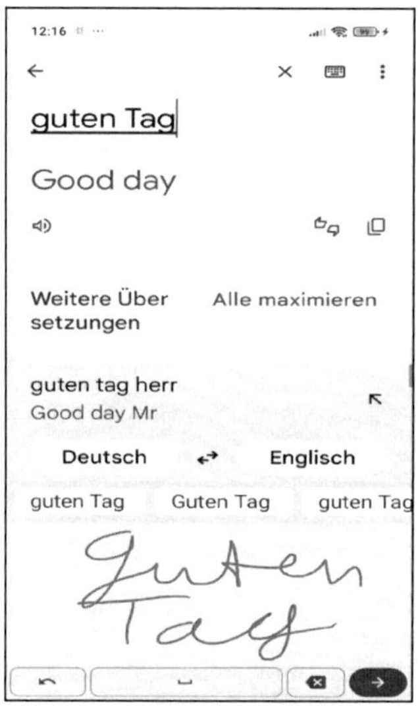

❶ beziehungsweise schaltet zwischen der handschriftlichen und getippten Eingabe um.

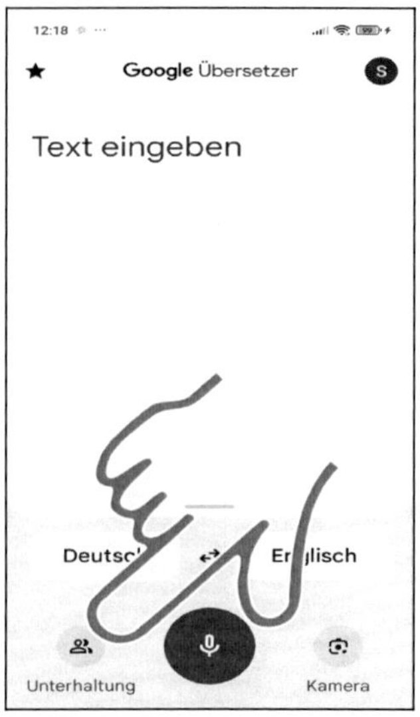

❶ Auch eine fließende Konversation ist möglich. Dazu gehen Sie auf *Unterhaltung*.

❷ Der Übersetzer erkennt automatisch die verwendete Sprache beziehungsweise den Sprecher und führt die Übersetzung durch.

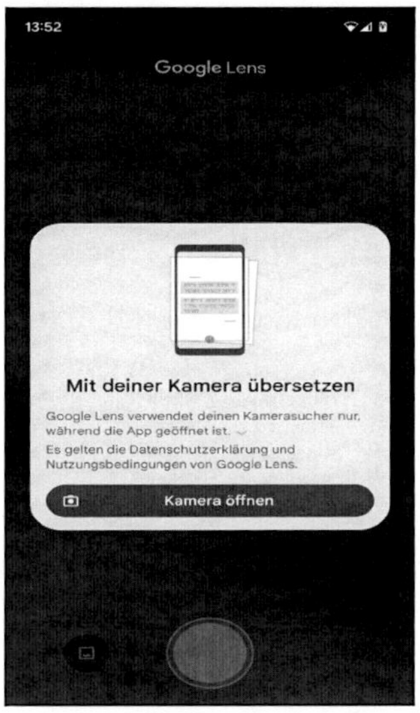

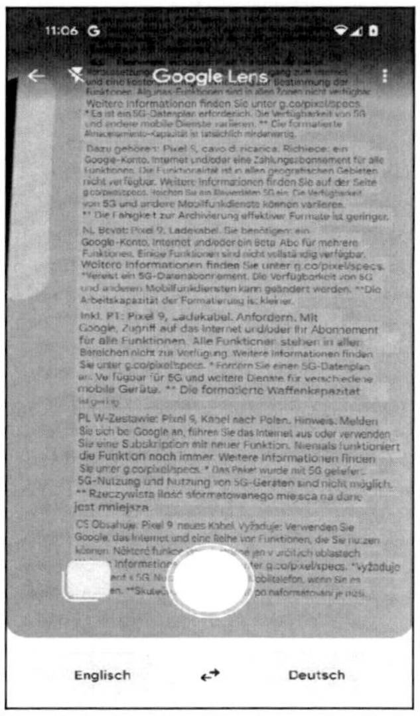

❶ Die *Kamera*-Schaltfläche öffnet den Direktübersetzer.

❷ Betätigen Sie *Kamera öffnen.*

❸ Halten Sie die Kamera über einen fremdsprachlichen Text, beispielsweise ein Hinweisschild oder eine Speisekarte, worauf die Übersetzung ins Kamerabild eingeblendet wird. Achten Sie auf das korrekte Sprachpaar, das Sie am oberen Bildschirmrand einstellen.

24.4 Polizei-App

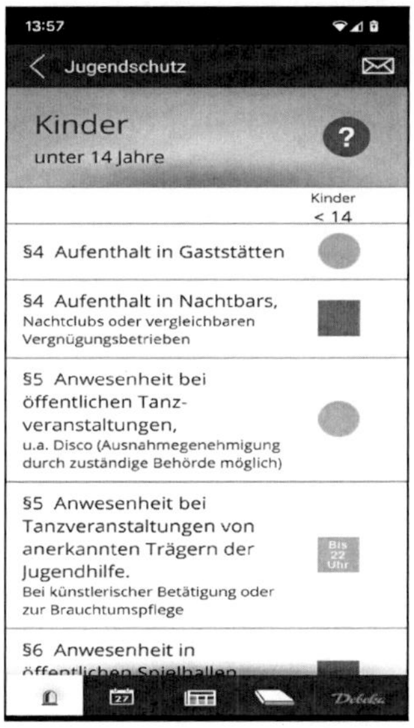

Die von einer Polizeigewerkschaft entwickelte **DpolG**-App ersetzt viele andere Anwendungen und ist zudem werbefrei. Zwar ist manches nur für Polizisten interessant, die folgenden Funktionen dürften aber auch für Laien interessant und nützlich sein:

- Waffenübersicht: Welche Waffentypen gibt es und dürfen sie mitgeführt werden?
- Betäubungsmittel: Reaktionstests, Drogen, deren Konsumform und Effekte.
- Tatbestandskatalog: Fehlverhalten im Straßenverkehr und deren Strafen.
- KFZ-Kennzeichen: Suche nach Kennzeichen/Kreis.
- Erste Hilfe: Diagnose und empfohlene Handlungsweisen.
- Versicherungen: Farbe der aktuellen Versicherungsplakette von Mofas und E-Bikes.
- Fahrerlaubnis: Neue und alte Führerscheinklassen und Berechtigungen.
- Hauptuntersuchung: Farbe der aktuellen Plakette und Bußgelder bei Überschreitung des HU-Termins.

25. Bluetooth

Bluetooth ist ein Funkstandard zur schnurlosen Verbindung verschiedener Geräte wie PCs, Handys, Drucker und natürlich Mobilcomputer. Mit Bluetooth kann man in der Praxis Distanzen von etwa zwei bis zehn Metern überbrücken, wobei theoretisch Übertragungsgeschwindigkeiten bis 24 Mbit/s möglich sind. Es ist kein Sichtkontakt zwischen den Geräten nötig.

Jede Datenübertragung zwischen zwei Bluetooth-Geräten setzt eine vorherige Kopplung voraus. Dabei kann es sich um eine kurzzeitige Kopplung handeln oder eine permanente. Während der Kopplung muss einer der Teilnehmer ein Kennwort eingeben beziehungsweise bestätigen. Die permanente Kopplung hat den Vorteil, dass man das Kennwort jeweils nur einmalig eingeben muss.

Auch wenn Bluetooth sehr viel mehr kann, wird es von den meisten Anwendern ausschließlich für die Kopplung mit Headsets oder Bluetooth-Lautsprechern genutzt.

25.1 Bluetooth ein/ausschalten

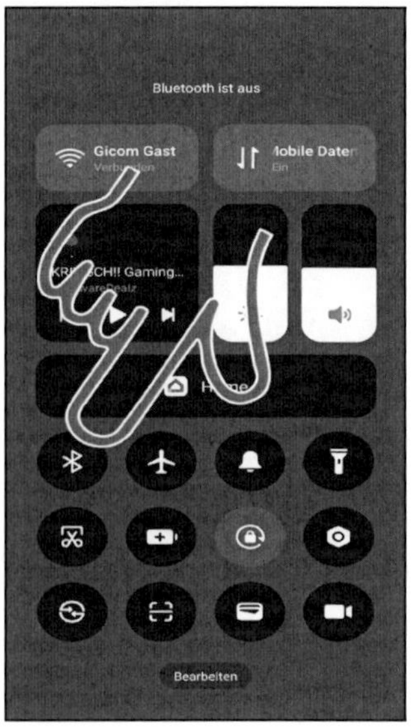

❶❷ Bluetooth schalten Sie mit der ✱-Schaltfläche im Kontrollzentrum ein/aus (eventuell finden Sie diese Schaltfläche an einer anderen Position im Kontrollzentrum).

> Der Energieverbrauch ist vernachlässigbar, weshalb Sie Bluetooth ruhig dauerhaft eingeschaltet bleiben kann.
>
> Das Kontrollzentrum beschreibt ausführlich das Kapitel *4.9 Kontrollzentrum.*

25.2 Bluetooth-Headset/Freisprecheinrichtung verwenden

Bluetooth eignet sich besonders gut für den Betrieb von Headsets und Auto-Freisprecheinrichtungen. In Beispiel verwenden wir ein Headset des Herstellers Samsung (Modell HM1100).

> Besonders praktisch ist die Verwendung von Bluetooth-Freisprecheinrichtungen, die es bereits ab 20 Euro für den nachträglichen Einbau ins Auto gibt. Verlassen Sie das Auto mit Ihrem Handy, so wird automatisch die Bluetooth-Verbindung abgebaut, beim Einsteigen wieder aufgebaut. Sie brauchen also nicht die Freisprecheinrichtung jeweils ein/auszuschalten. Wichtig ist nur, daran zu denken, dass die Bluetooth-Verbindung auch dann aktiv ist, wenn Sie einige Meter neben dem Auto stehen – eingehende Anrufe laufen dann über die Freisprecheinrichtung.
>
> Auf die Koppelung von Autofreisprechanlagen können wir in diesem Buch leider nicht eingehen, weil jeder Hersteller sein eigenes Süppchen kocht. Ihr Autohändler oder Ihre Werkstatt wird Ihnen aber gerne weiterhelfen.

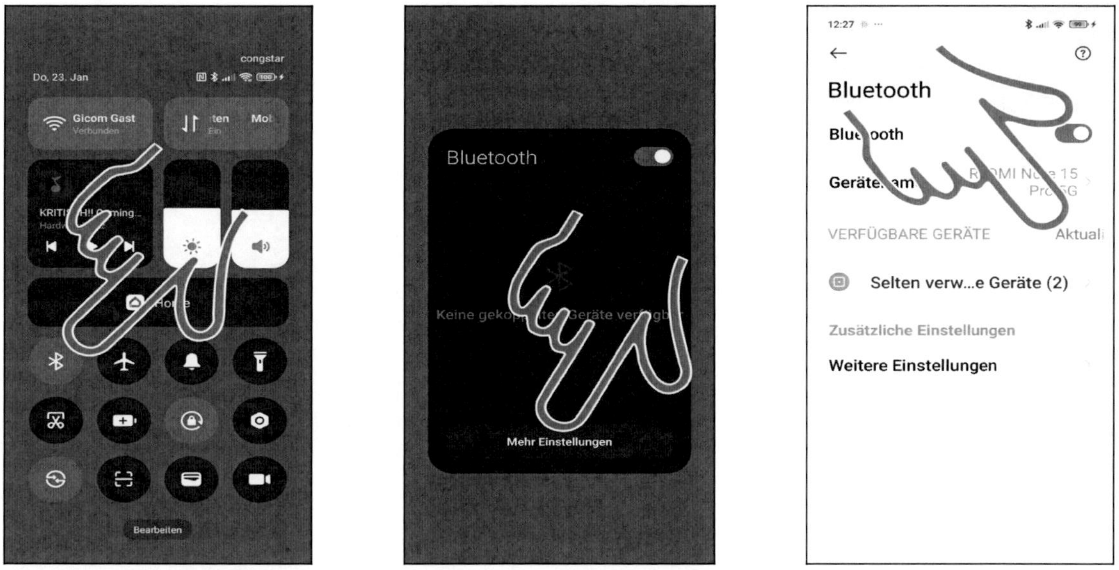

❶ Tippen und halten Sie im Kontrollzentrum die ᛒ-Schaltfläche.

❷ Gehen Sie auf *Mehr Einstellungen*.

❸ Auf dem Bluetooth-Bildschirm startet die Gerätesuche automatisch. Auf dem Headset müssen Sie in den Kopplungs-Modus schalten, beispielsweise indem Sie die Sprechtaste mehrere Sekunden drücken. Meistens blinkt dann eine LED am Headset. Dann betätigen Sie *Aktualisieren*.

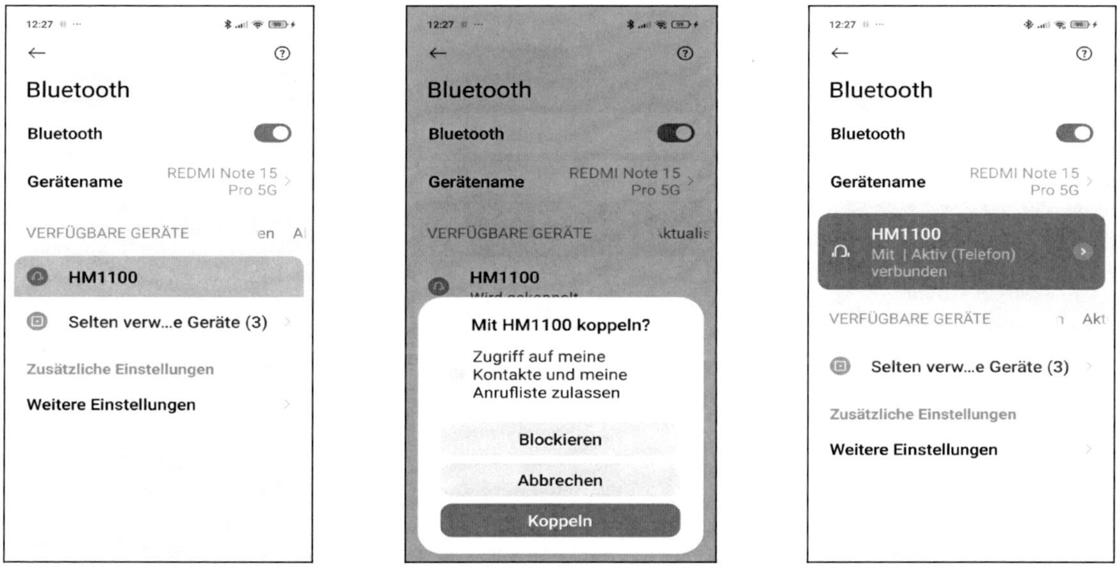

❶ Nach einigen Sekunden wird die Freisprecheinrichtung gefunden und angezeigt. Tippen Sie deren Namen an.

❷ Schließen Sie das Popup mit *Koppeln.*

❸ Das Handy unterlegt das gekoppelte Headset mit blauer Farbe.

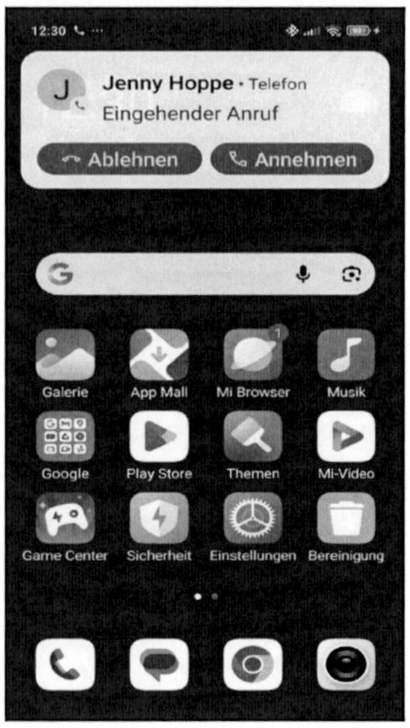

➊ Geht jetzt ein Anruf ein, können Sie ihn wie gewohnt, oder alternativ über die Sprechtaste des Bluetooth-Headsets entgegennehmen.

➋➌ Zwischen Telefon-Lautsprecher und Headset schalten Sie jederzeit mit der ✻-Schaltfläche (Pfeil) um.

Wenn Sie das Headset ausschalten, wird natürlich auch automatisch die Bluetooth-Verbindung zum Handy beendet. Umgekehrt baut das Headset beim Einschalten automatisch wieder die Bluetooth-Verbindung auf.

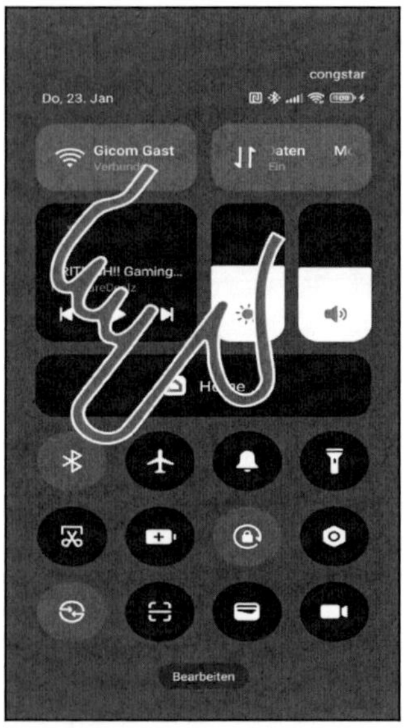

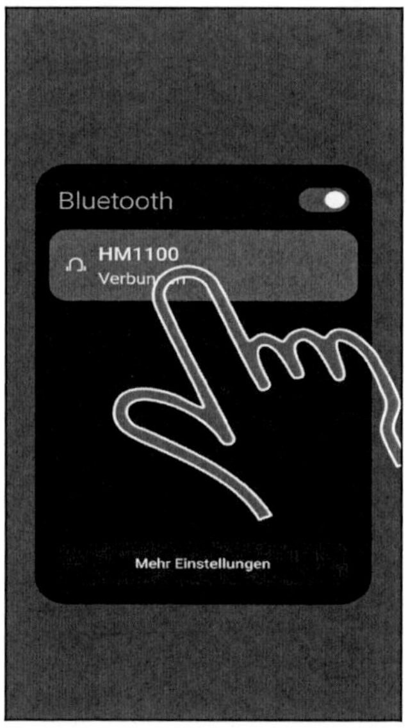

➊ So heben Sie die Verbindung mit dem Headset auf: Rufen Sie zunächst wieder den Konfigurationsbildschirm auf, indem Sie den Finger auf ✻ im Kontrollzentrum halten.

➋➌ Tippen Sie das Bluetooth-Headset in der Geräteauflistung an. Erneutes Antippen aktiviert das Headset wieder.

Alternativ können Sie natürlich auch einfach das Headset ausschalten.

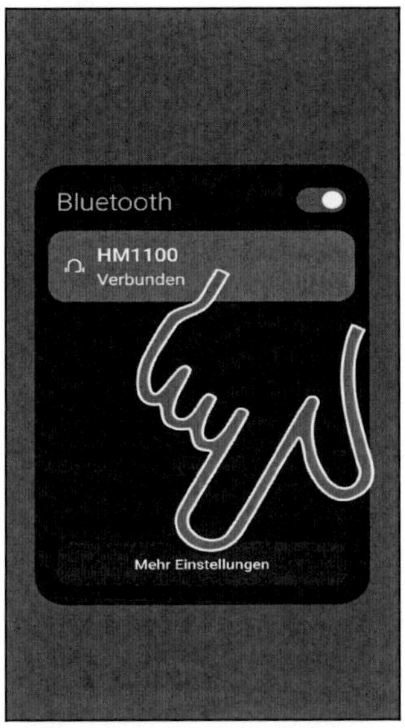

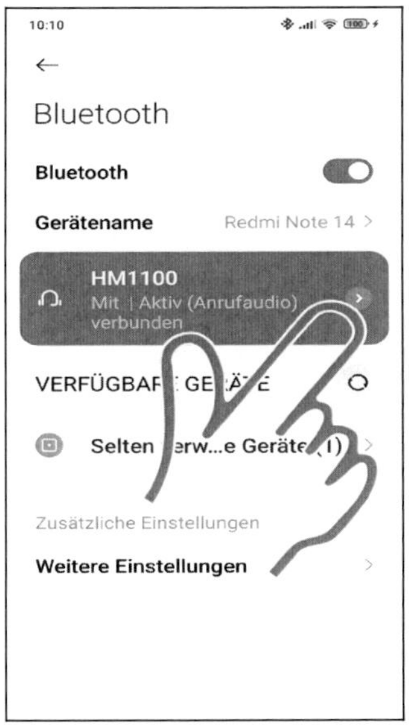

❶ Für weitere Funktionen betätigen Sie *Mehr Einstellungen.*

❷❸ Antippen von **>** hinter dem Geräteeintrag öffnet den Konfigurationsbildschirm:

- *Umbenennen*: Den Gerätenamen können Sie ändern.
- *Trennen*: Beendet die Bluetooth-Verbindung, sodass keine Daten mehr zwischen den beiden Geräten übertragen werden können. Für eine erneute Datenverbindung können Sie allerdings eine erneute Kopplung durchführen.
- *Gerätetyp*: Der Gerätetyp wird automatisch zugewiesen und sollte nicht geändert werden.
- *Telefonanrufe*: Nicht deaktivieren, weil Sie dann mit dem Headset nicht mehr telefonieren können.
- *Zugriff auf Kontakte und Anrufliste gewähren*: Ohne Funktion bei Headsets.

25.3 Bluetooth-Audio

Sie können unterwegs zwar über den Handy-Lautsprecher Musik hören (beispielsweise über YouTube, siehe Kapitel *22 YouTube* oder YouTube Music, siehe Kapitel *21 Musik*), wir empfehlen für diesen Zweck aber einen Bluetooth-Lautsprecher. Diese besitzen in der Regel einen eigenen Akku und haben den Vorteil, dass man sie beliebig im Haus positionieren kann. Vernünftige Bluetooth-Lautsprecher ab ca. 30 Euro bieten einen besseren Klang und sind lauter als das Handy. Einige Exemplare bieten weitere Features wie eine Telefon-Freisprechfunktion, eine Lademöglichkeit für das Handy oder sind wasserdicht für den Außeneinsatz.

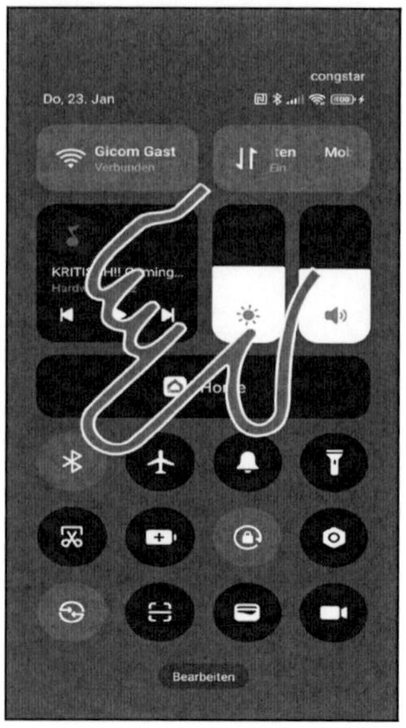

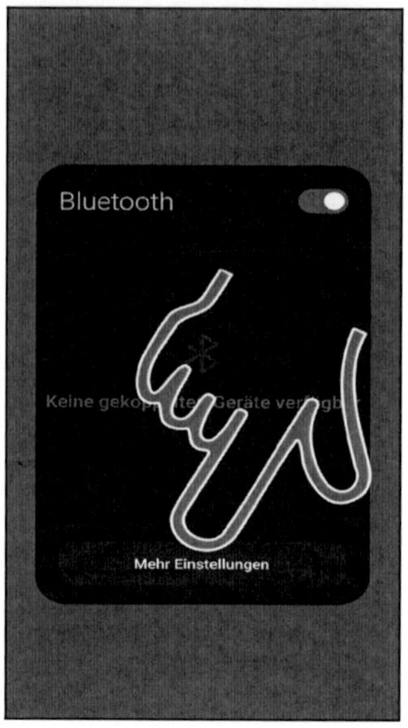

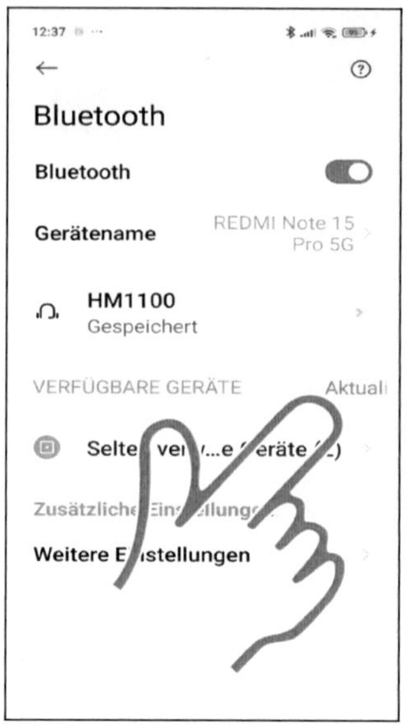

➊ Tippen und halten Sie im Kontrollzentrum die ✱-Schaltfläche.

➋ Gehen Sie auf *Mehr Einstellungen*.

➌ Betätigen Sie *Aktualisieren*, sofern das Bluetooth-Gerät nicht angezeigt wird.

Beachten Sie auch das Handbuch zu Ihrer Bluetooth-Box, worin erläutert wird, wie Sie die Kopplungsbereitschaft der Bluetooth-Box aktivieren.

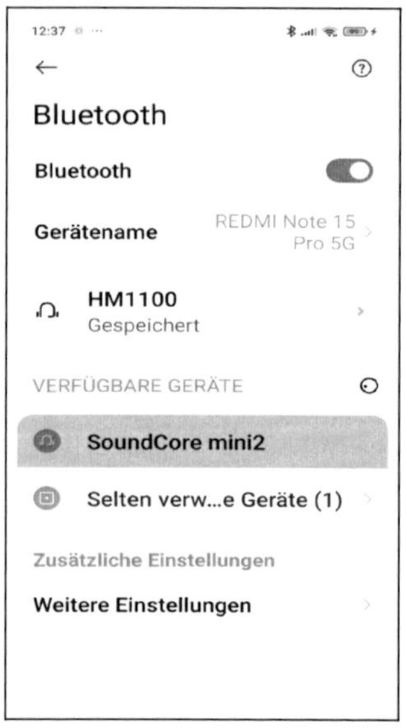

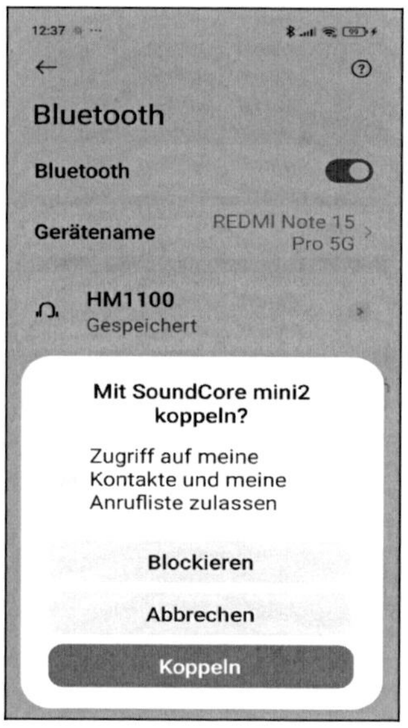

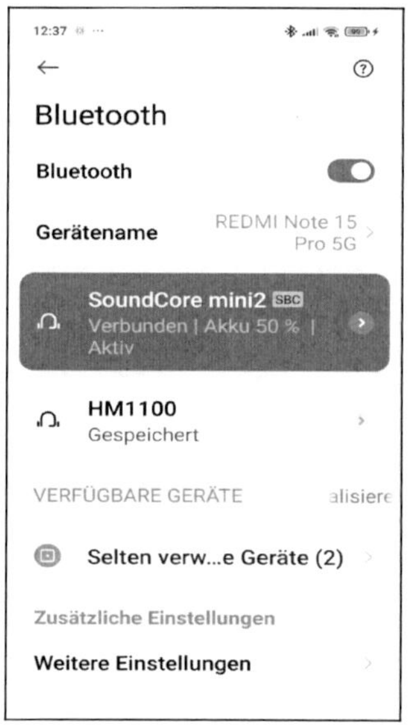

➊ Tippen Sie kurz den gefundenen Eintrag an.

➋ Bestätigen Sie mit *Koppeln*.

➌ Das Gerät ist mit dem Handy verbunden.

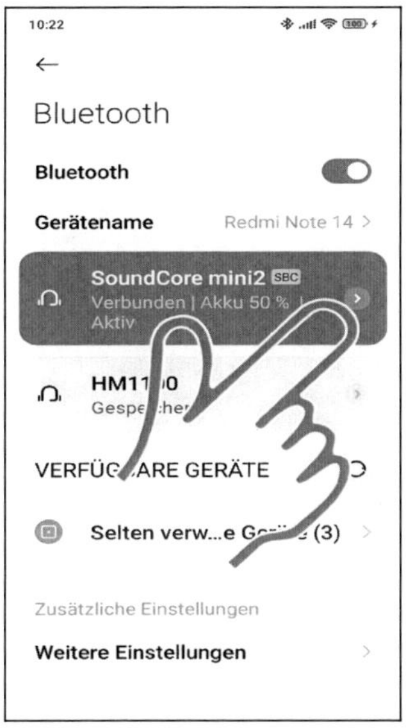

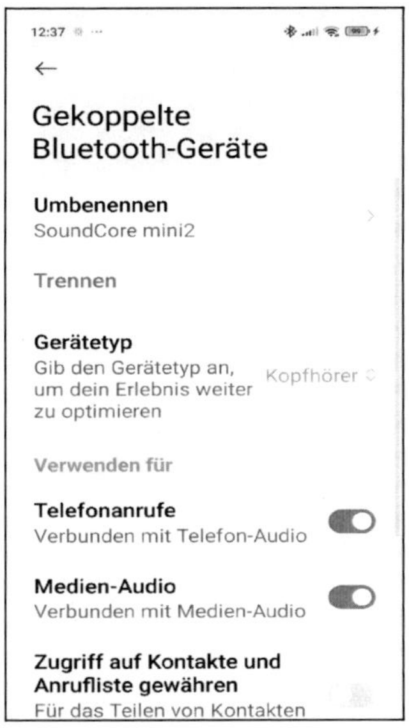

❶❷ Für weitere Einstellungen gehen Sie auf > (Pfeil):

- *Umbenennen*: Den Gerätenamen können Sie ändern.
- *Trennen*: Beendet die Bluetooth-Verbindung, sodass keine Daten mehr zwischen den beiden Geräten übertragen werden können. Für eine erneute Verbindung können Sie allerdings eine erneute Kopplung durchführen.
- *Gerätetyp*: Der Gerätetyp wird automatisch zugewiesen und sollte nicht geändert werden.

Unter *Verwenden für*:

- *Telefonanrufe:* Deaktivieren Sie *Telefonanrufe*, damit Anrufe nicht über die Bluetooth-Box als Freisprechanlage erfolgen. Sie können also, wenn gerade Musik abgespielt wird, Anrufe entgegen nehmen, ohne befürchten zu müssen, dass andere Personen im Raum über die Bluetooth-Box mithören.
- *Medien-Audio*: Muss aktiviert sein, damit die Audiowiedergabe über die Bluetooth-Box erfolgt.
- *Zugriff auf Kontakte und Anrufliste gewähren*: Ohne Funktion bei einer Bluetooth-Box.
- *Konstante Lautstärke beibehalten*: Diese Einstellung sorgt dafür, dass die Lautstärke des Handys und der Bluetooth-Box gleichgeschaltet ist. Sie müssten andernfalls die Lautstärke am Handy und der Box separat einstellen.

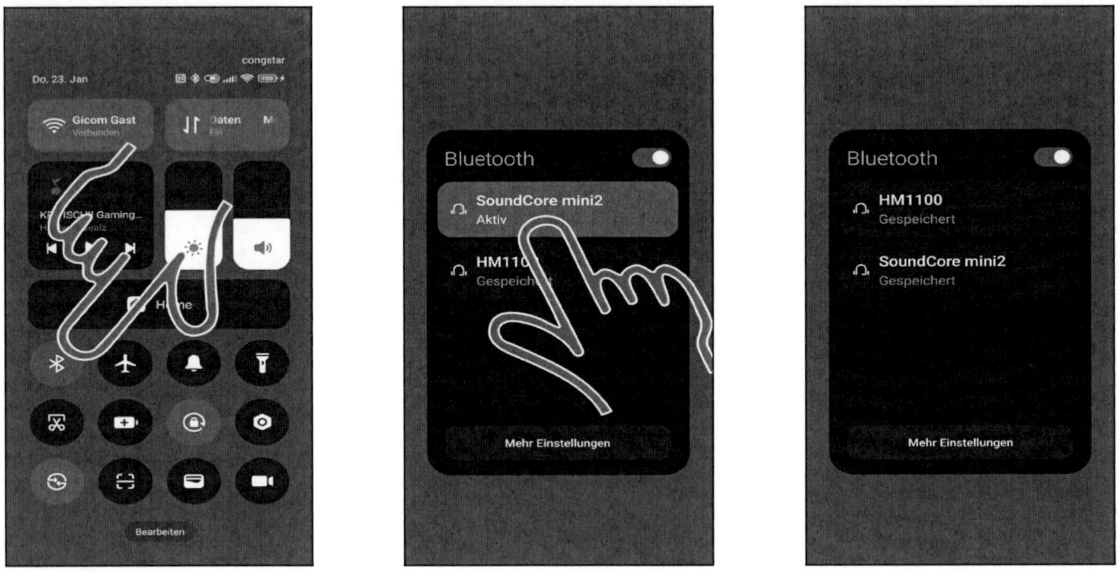

❶ So heben Sie die Verbindung mit der Bluetooth-Box auf: Rufen Sie zunächst wieder den Konfigurationsbildschirm auf, indem Sie den Finger auf ✱ im Kontrollzentrum halten.

❷❸ Tippen Sie die Bluetooth-Box in der Geräteauflistung an. Erneutes Antippen aktiviert sie wieder. Alternativ können Sie natürlich auch einfach die Bluetooth-Box ausschalten.

26. Zugriffssperren

Sie haben die Möglichkeit, Ihr Handy auf Geräteebene (»Gerätesperre«) oder SIM-Ebene (»SIM-Sperre«) gegen unbefugten Zugriff zu sichern. Sobald Sie eine der beiden Sperren aktivieren, lässt sich das Handy erst nach Eingabe des jeweiligen Codes nutzen. Beachten Sie, dass auf Sie erhebliche Probleme zukommen, wenn Sie den Code vergessen: Im Fall der Gerätesperre können Sie Ihr Xiaomi nur noch durch einen Hard-Reset wieder entsperren, wodurch aber alle Daten verloren gehen. Wenn Sie dagegen die PIN bei der SIM-Sperre dreimal falsch eingeben, erfolgt eine Sperre, die Sie immer noch über die »General-PIN«, die PUK, beenden können. Geben Sie die PUK allerdings zehnmal falsch ein, erfolgt eine Dauersperre und Ihnen bleibt nichts anderes übrig, als dies dem Netzbetreiber zu melden, der Ihnen eine neue SIM-Karte zuschickt.

Neben der Geräte- und SIM-Sperre gibt es noch die Displaysperre, die einfach nur gegen ungewollte Tastenbetätigung schützt, wenn Sie das Gerät gerade nicht nutzen.

Damit ein Dieb nichts mit den Daten auf dem Smartphone und der SIM-Karte anfangen kann, müssen SIM-Sperre und Gerätesperre mit Codeschutz gleichzeitig aktiv sein.

Die Netzbetreiber übermitteln ihren Kunden die PIN und PUK in der Regel automatisch bei Vertragsabschluss. Diese Infos sind entweder auf dem SIM-Kartenträger aufgedruckt oder werden in den Vertragsunterlagen mitgeliefert. Zudem stellen viele Anbieter die PIN und PUK im Online-Kundenportal oder in der jeweiligen Anwendung zur Verfügung. So können Sie beispielsweise bei Verlust der Unterlagen ihre PIN und PUK bequem online einsehen.

Wichtig: Dateien, die sich auf einer eingelegten Speicherkarte befinden, sind durch die Zugriffssperren nicht gesichert. Eine aus dem Handy entnommene Speicherkarte lässt sich sehr einfach über einen PC mit Speicherkartenleser oder in einem anderen Handy/Tablet auslesen.

26.1 Displaysperre

Die Displaysperre, welche bereits im Kapitel *4.2 Displaysperre* beschrieben wird, aktiviert sich automatisch nach einiger Zeit der Nichtnutzung. Eine Wischgeste nach oben deaktiviert die Displaysperre.

Sobald die Displaysperre aktiv ist, schaltet sich das Display nach 5 Sekunden aus.

❶ Rufen Sie die *Einstellungen* im Startbildschirm auf.

❷ Gehen Sie auf *Sperrbildschirm*.

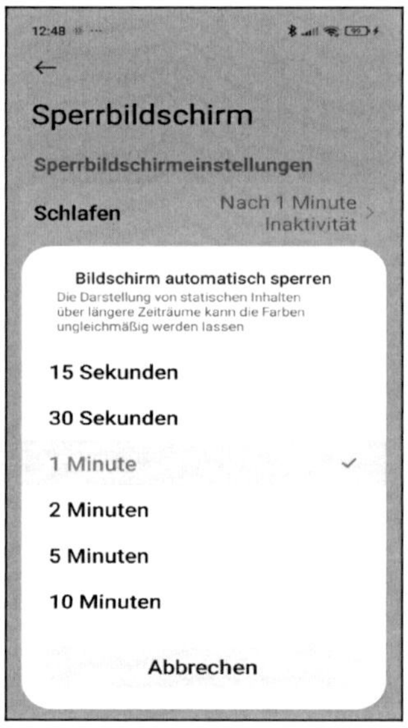

❶ Tippen Sie nun auf *Schlafen*.

❷ Wählen Sie gewünschte Abschaltzeit aus.

26.1.1 Funktionen während der Displaysperre

Abhängig von Ihrem persönlichen Nutzungsmuster, ist es eventuell sinnvoll, bestimmte Bildschirmelemente und Funktionen in der Displaysperre ein- oder auszuschalten.

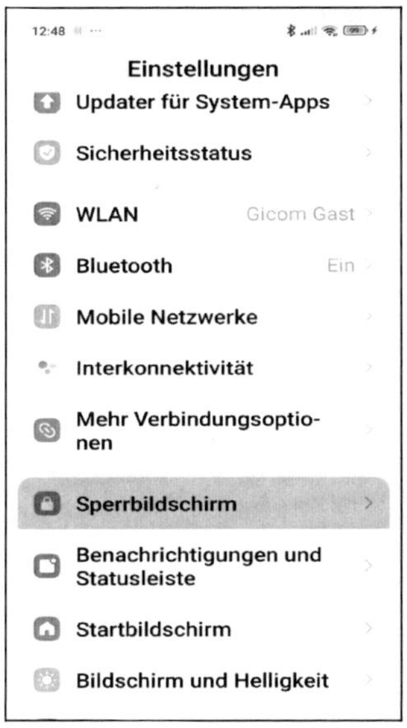

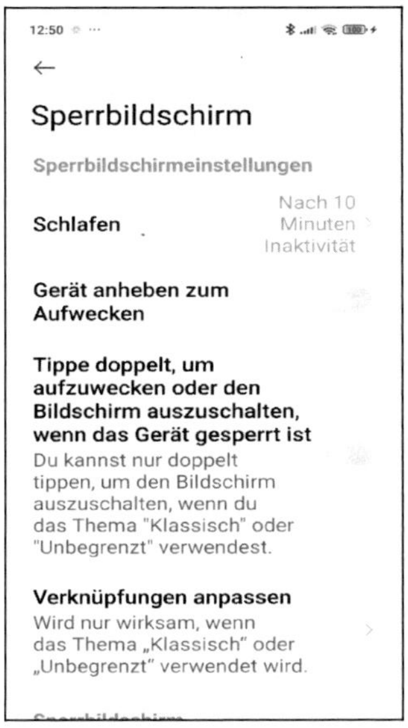

❶ Gehen Sie in den *Einstellungen* auf *Immer eingeschaltetes Display und Sperrbildschirm.*

❷ Die Menüs:

Unter *Sperrbildschirmeinstellungen*:

- *Schlafen*: Legt die Zeitspanne fest, nach der das unbenutzte Handy das Display abschaltet und die Gerätesperre aktiviert.
- *Gerät anheben zum Aufwecken*: Wenn Sie das Handy von einem Tisch aufnehmen, schaltet sich automatisch das Display ein. Von dieser Funktion raten wir ab, weil sich das Display eventuell auch beim Transport in der Tasche einschaltet und damit den Akkuverbrauch erhöht.
- *Tippe doppelt, um aufzuwecken oder den...*: Zweimaliges schnelles Tippen schaltet das abgeschaltete Display wieder ein.
- *Verknüpfungen anpassen*: Die im Sperrbildschirm angebotenen Verknüpfungen unten links und rechts können Sie anpassen. Vorbelegt sind *Themen* (wählen Sie aus, aus welchen Kategorien Bilder angezeigt werden) und *Kamera.*

Unter *Sperrbildschirm*:

- *Zum Bearbeiten drücken und halten*: Halten Sie einen Finger auf dem Sperrbildschirm gedrückt, um dessen Bildschirmelemente zu bearbeiten.
- *Hintergrundbildkarussell*: Auf dem Sperrbildschirm laufen automatisch Landschaftsbilder oder Fotos von Ihrer Kamera durch.

Unter *Weitere*:

- *Kamera starten*: Zweimaliges schnelles Betätigen der Leiste-Taste auf der rechten Geräteseite startet die Kamera.
- *Taschenmodus*: Das Handy verhindert Tastenbetätigungen, sobald es transportiert wird.

26.2 Gerätesperre

Einen Schutz vor unbefugtem Zugriff auf das Xiaomi bietet der Kennwortschutz für die Displaysperre. Wenn das Display entsperrt oder das Gerät eingeschaltet wird, muss der Benutzer entweder erst ein Entsperrmuster mit dem Finger auf dem Gerät malen oder ein Passwort eingeben, bevor er es nutzen kann. Zusätzlich ist auch die Entsperrung per Fingerabdruck möglich.

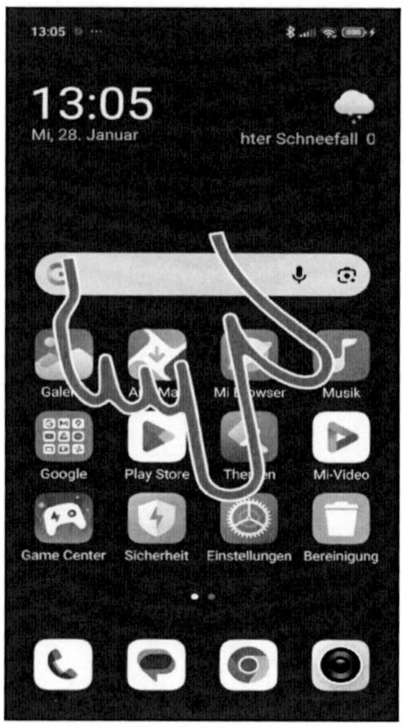

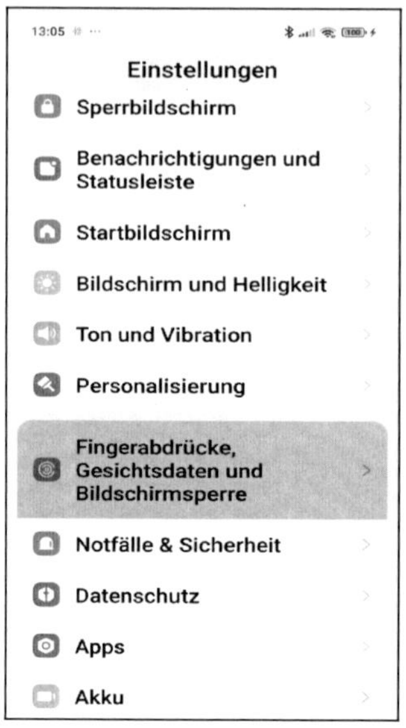

❶❷ Im Startbildschirm rufen Sie *Einstellungen* auf und gehen dann auf *Fingerabdrücke, Gesichtsdaten und Bildschirmsperre.*

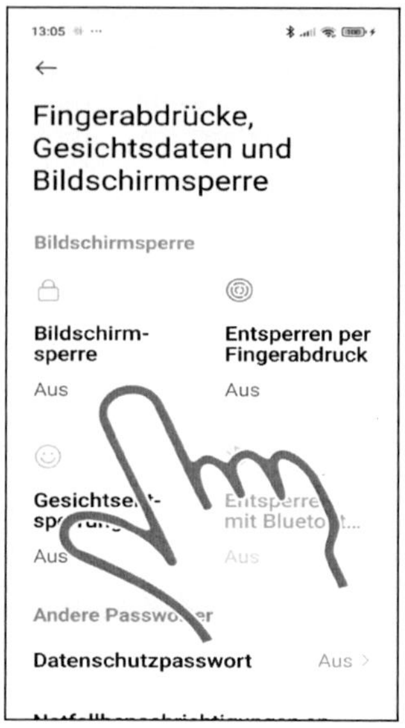

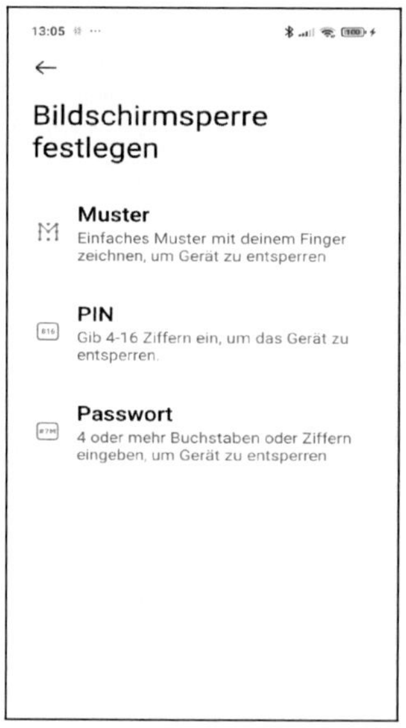

❶❷ Tippen Sie auf *Bildschirmsperre.*

Sie haben nun die Wahl zwischen:

- *Muster*: Sperre, die das Gerät nach Malen eines Musters freischaltet.
- *PIN*: PIN-basierte Sperre (nummerisches Kennwort).
- *Passwort*: Gerät wird nach Eingabe des Passworts (alphanumerisches Kennwort) freigegeben.

Um eine eingerichtete Gerätesperre später wieder zu deaktivieren, gehen Sie einfach auf den neuen Menüeintrag *Bildschirmsperre ausschalten.*

26.2.1 Muster-Sperre

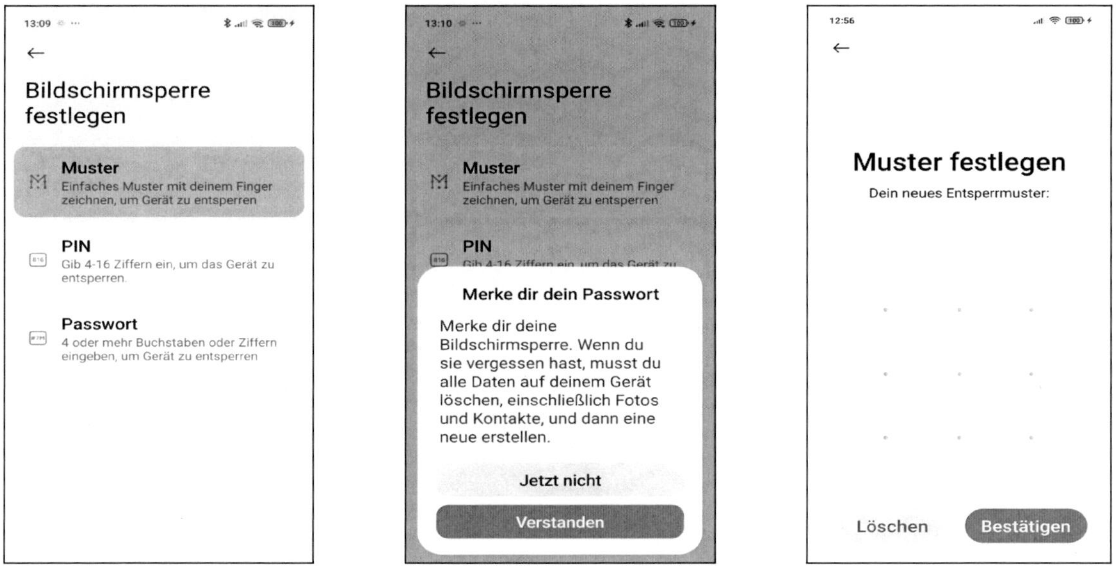

❶ Gehen Sie auf *Muster.*

❷ Es erscheint ein Warnhinweis mit Zeitverzögerung. Warten Sie einige Sekunden, dann betätigen Sie *Verstanden.*

❸ Verbinden Sie nun mindestens vier der Knöpfe auf dem Bildschirm, indem Sie mit angedrücktem Finger darüber fahren. Dies wiederholen Sie. Gehen Sie auf *Bestätigen.*

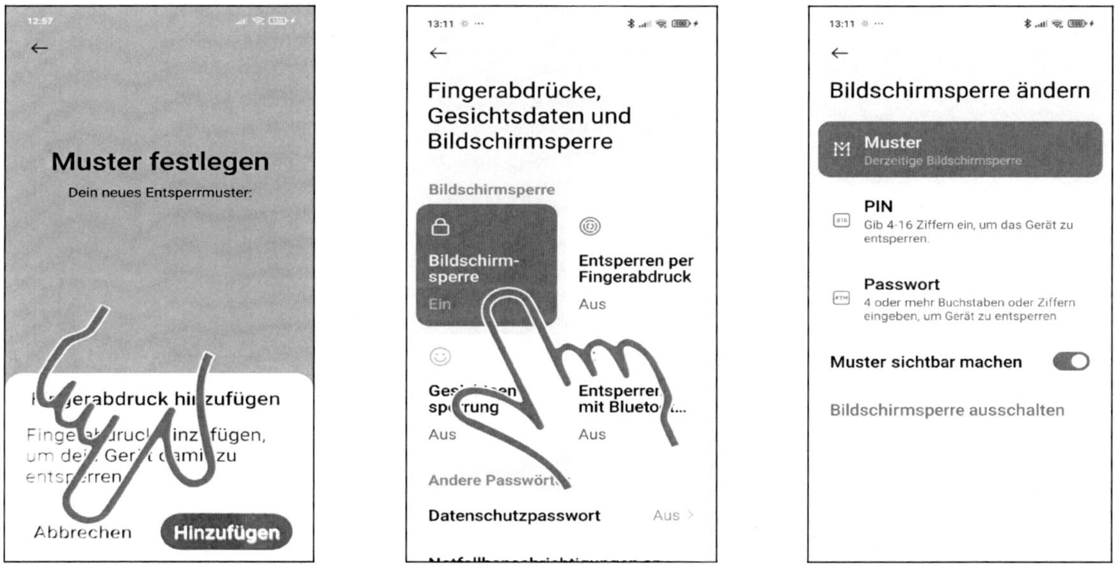

❶ Die Abfrage zum Fingerabdruck schließen Sie mit *Abbrechen.*

❷❸ Sie befinden sich wieder im *Passwörter und Sicherheit*-Menü. Wenn Sie jetzt *Bildschirmsperre* erneut aufrufen (Sie müssen es mit der Sperrgeste freigeben), hat sich das Menü am unteren Bildschirmrand geändert:

- *Muster sichtbar machen*: Sollten Sie nicht deaktivieren, weil Sie sonst nicht die »Spur« beim Entsperren sehen.
- *Bildschirmsperre ausschalten*: Mustersperre entfernen.

Beachten Sie, dass Sicherheitsexperten eine schwerwiegende Schwachstelle der Muster-Displaysperre herausgefunden haben: Hält man das Handy etwas schräg gegen das Licht, sieht man anhand der Fingerspuren, an welcher Stelle auf dem Display das Muster »gezeichnet« wurde. Besseren Schutz bietet die im nachfolgenden Kapitel beschriebene PIN-, beziehungsweise Passwortsperre.

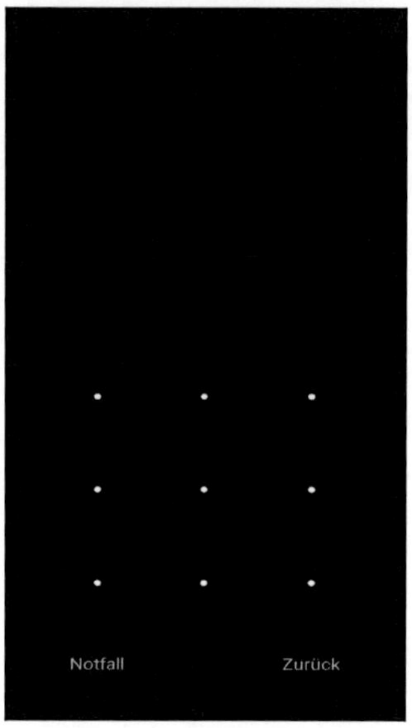

➊➋ Zum Entsperren wischen Sie auf einer beliebigen Stelle im Bildschirm und führen dann die zuvor erstellte Entsperrgeste durch.

26.2.2 PIN- und Passwortsperre

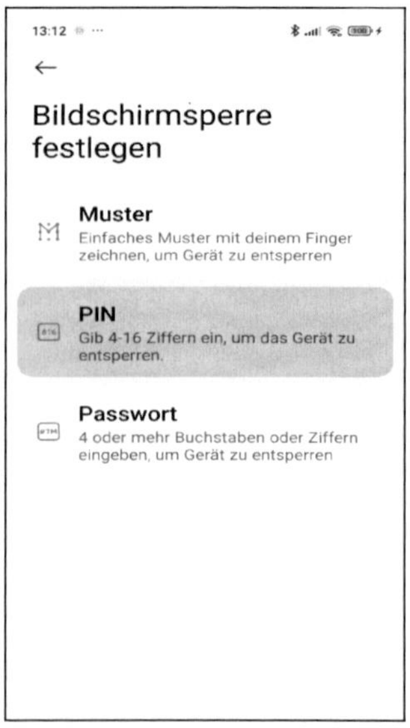

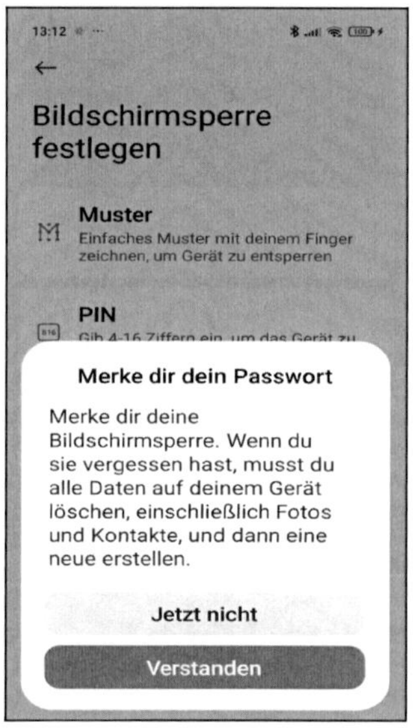

➊ Gehen Sie im *Bildschirmsperre*-Bildschirm auf *PIN.*

➋ Schließen Sie den zeitverzögerten Hinweis mit *Verstanden.*

➌ Nach Eingabe der PIN betätigen Sie *Weiter.* Erfassen Sie die PIN erneut und gehen Sie auf *OK.*

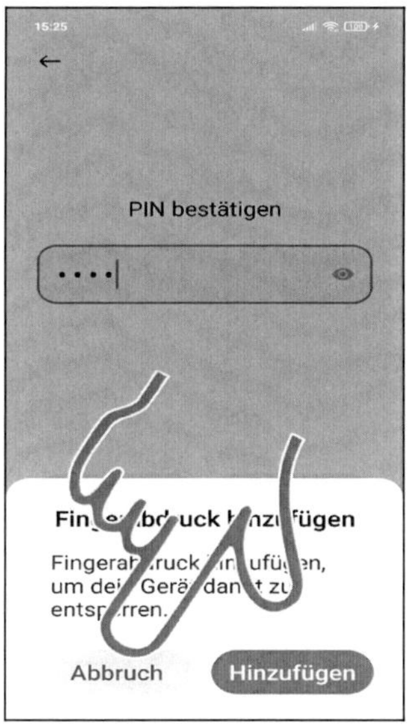

➊ Den Hinweis auf die Fingerabdrucksperre schließen Sie mit *Abbrechen.*

➋ Die Gerätesperre verlangt nun beim nächsten Mal das Kennwort.

➊➋ Rufen Sie *Bildschirmsperre* auf. Nach Freigabe mit Ihrem Passwort können Sie eine zusätzliche Entsperrart mit *Muster* oder *Passwort* anlegen. *Bildschirmsperre ausschalten* entfernt die PIN-Sperre wieder.

26.3 SIM-Sperre

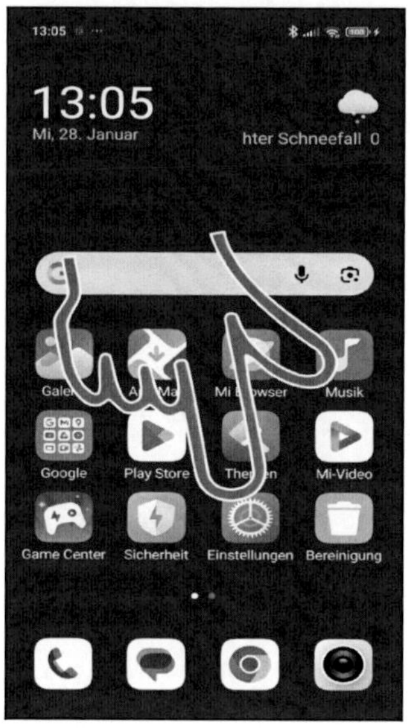

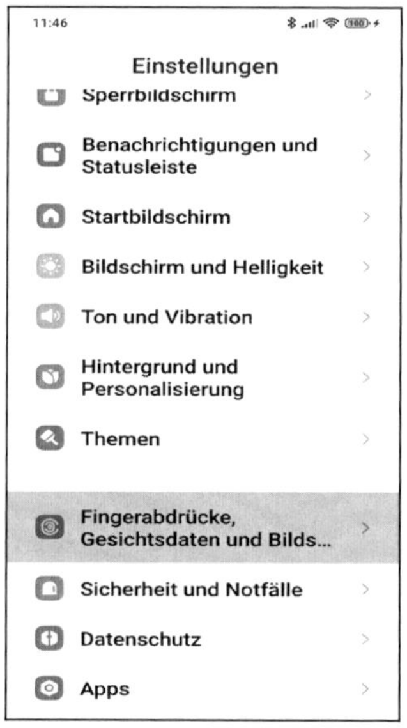

❶ Das Gerät kann man bei der SIM-Sperre erst nach Eingabe der PIN Ihrer SIM-Karte nutzen, wenn man es einschaltet.

❷❸ So konfigurieren Sie die SIM-Sperre: Im Startbildschirm rufen Sie *Einstellungen* auf und gehen dann auf *Fingerabdrücke, Gesichtsdaten und Bildschirmsperre.*

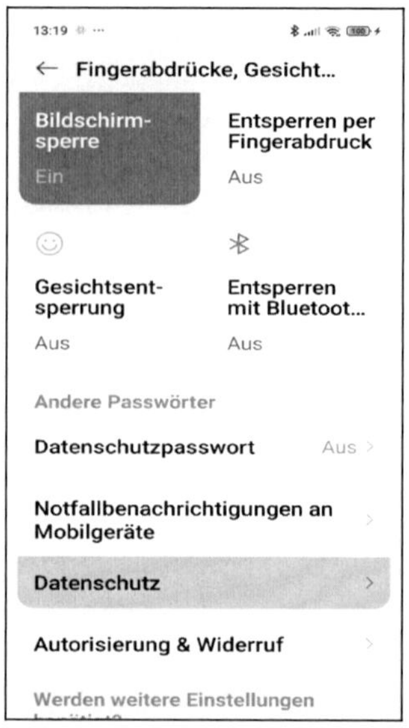

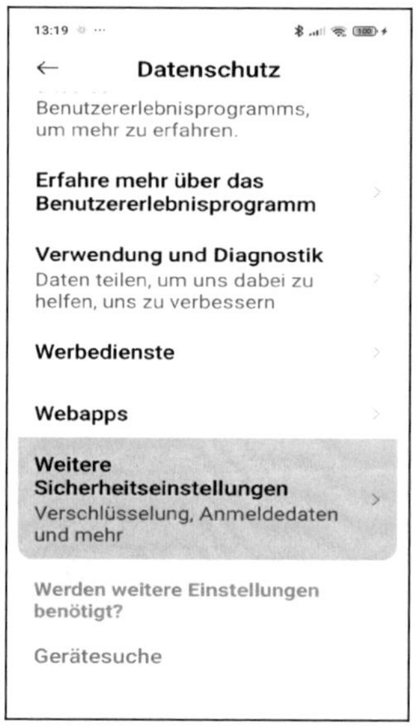

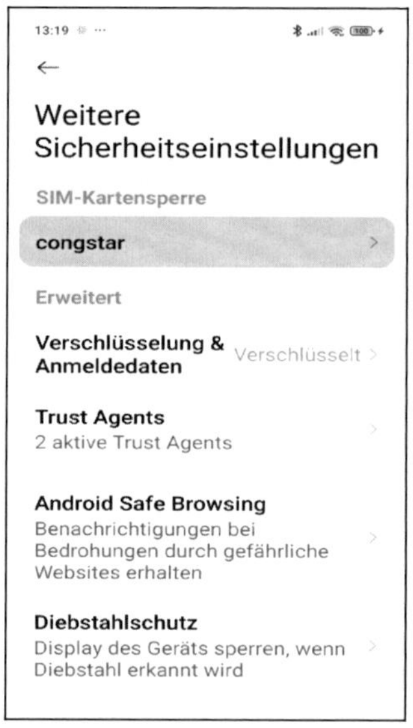

❶❷ Gehen Sie auf *Datenschutz*, anschließend auf *Weitere Sicherheitseinstellungen* und dann auf den Namen Ihres Mobilnetzanbieters, im Beispiel *congstar.*

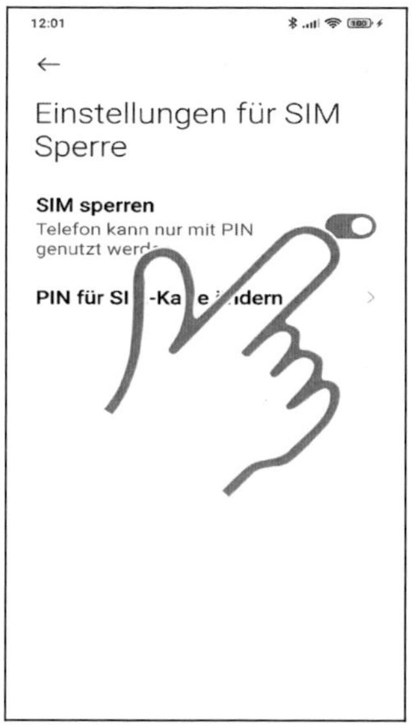

Aktivieren/Deaktivieren Sie *SIM-Karte sperren*. Über *PIN ändern* können Sie die vom Netzbetreiber vorgegebene vierstellige SIM-PIN ändern.

26.4 Fingerabdrucksperre

Jeder Mensch hat individuelle Fingerabdrücke, weshalb fast alle Hersteller in ihren höherwertigen Handys eine Fingerabdrucksperre einbauen. Da einige Handys von mehreren Personen genutzt werden, unterstützt das Xiaomi die Speicherung von mehreren Fingermustern.

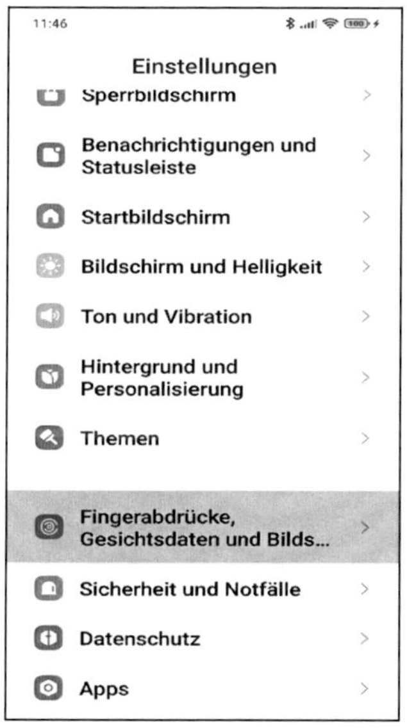

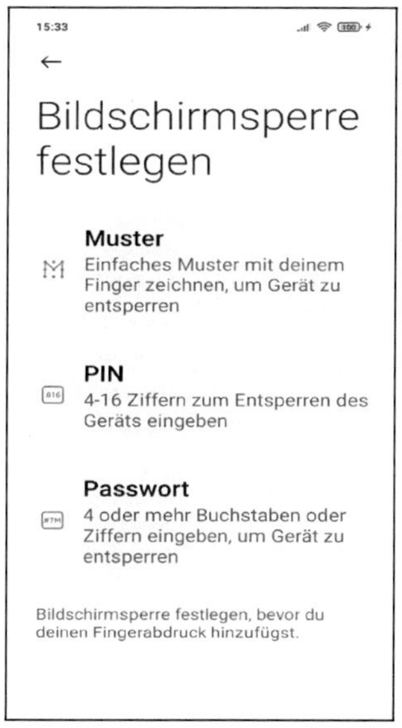

❶❷ In den *Einstellungen* gehen Sie auf *Fingerabdrücke, Gesichtsdaten und Bildschirmsperre.* und rufen *Entsperren per Fingerabdruck* auf. Zur Sicherheit müssen Sie jetzt die zuvor eingegebene PIN, das Passwort oder das Muster eingeben.

❸ Sofern Sie noch keine Muster, PIN- oder Passwortsperre eingerichtet hatten, fordert Sie das Hand auf, dies, wie im Kapitel *26.2.2 PIN- und Passwortsperre* beschrieben, nachzuholen. Folgen Sie einfach den Anweisungen.

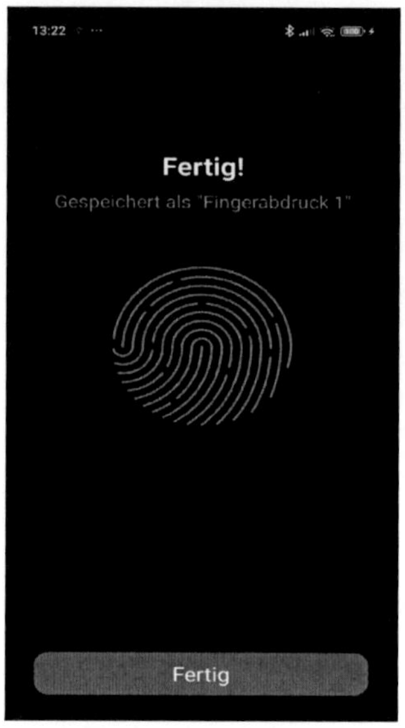

➊ Der Fingerabdrucksensor befindet sich unter dem Display, weshalb dieser Hinweis erscheint, den Sie mit *Verstanden* schließen.

➋ Tippen und halten Sie den Finger auf der Sensorfläche und folgen Sie den Anweisungen.

➌ Schließen Sie den Erfolgshinweis mit *Fertig*.

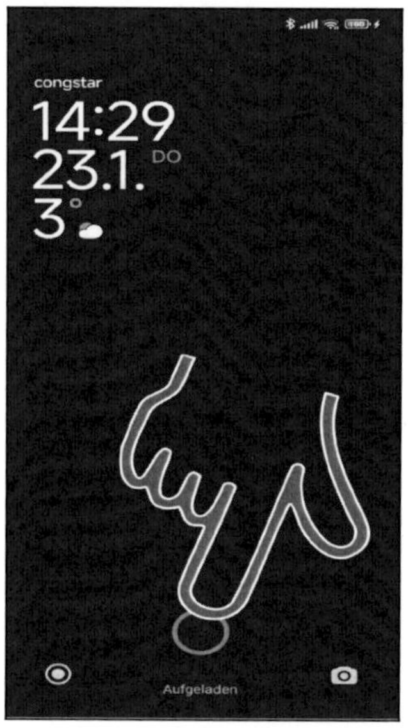

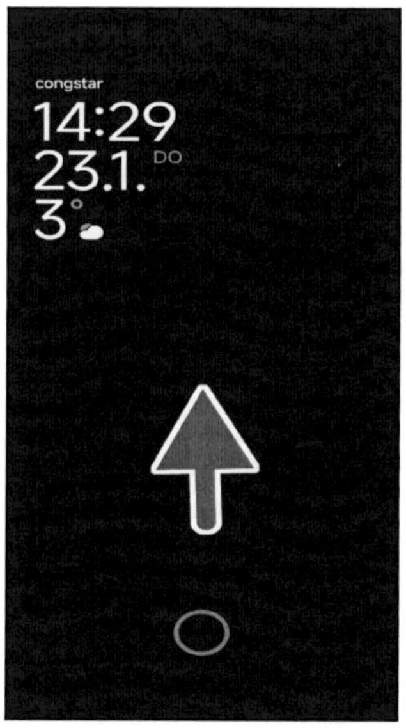

➊➋ Damit Sie auch bei ausgeschaltetem Display den Fingerabdrucksensor »finden«, tippen Sie einmal kurz mit dem Finger auf das Display oder heben das Handy von einem Tisch auf. Das Handy zeigt dann einen »Ring« an, auf dem Sie mit dem Finger tippen.

➌ In seltenen Fällen funktioniert die Entsperrung per Fingerabdruck nicht, beispielsweise, wenn Sie Ihren Finger verletzt haben. Über eine Wischgeste nach oben schalten Sie dann auf die Kennworteingabe um.

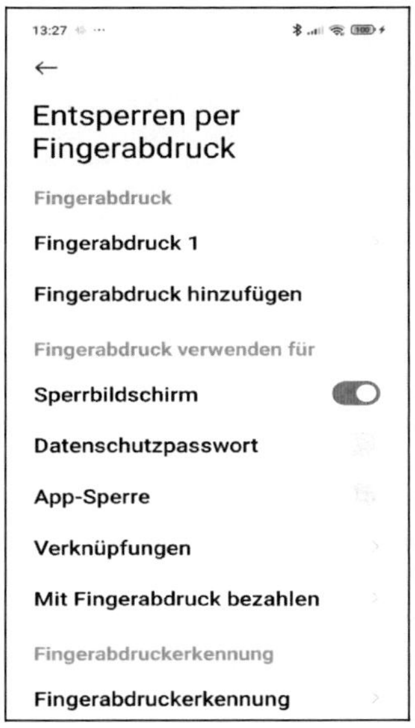

❶❷ Für Sie relevant im *Entsperren per Fingerabdruck*-Menü sind folgende Funktionen:

Unter *Fingerabdruck*:

- *Fingerabdruck 1*: Tippen Sie den Menüeintrag an, um ihm einen anderen Namen zu geben, idealerweise den von derjenigen Person, die den Fingerabdruck angelegt hat. Löscht den Eintrag.
- *Fingerabdruck hinzufügen*: Fingerabdrücke von einer weiteren Person speichern, die Zugriff auf das Handy erhalten soll.

Unter *Fingerabdruck verwenden für*:

- *Sperrbildschirm*: Sollte aktiviert bleiben, weil sonst die Fingerabdruckentsperrung nicht erfolgt und Sie stattdessen das Kennwort/die Wischgeste verwenden müssen.
- *Datenschutzpasswort; App-Sperre; Mit Fingerabdruck bezahlen*: Auf diese selten benötigten Funktionen geht das Buch nicht ein.
- *Verknüpfungen*: Halten Sie den Finger auf dem Fingerabdrucksensor für zusätzliche Funktionen. In der Praxis ohne Nutzen.
- *Mit Fingerabdruck bezahlen*: Diese Funktion steht in Europa nicht zur Verfügung.

Unter *Fingerabdruckerkennung*:

- *Fingerabdruckerkennung*: Sie können eine Animation wählen, die während der Fingerabdruckerkennung abläuft.

Unter *Andere*:

- *Fingerabdruckentsperrung bei gedimmten Licht*: Bei Dämmerung und Nachts reduziert das Handy die Displayhelligkeit während der Fingerabdruckerkennung.
- *Fingerabdrucksymbole anzeigen, wenn der Bildschirm aus ist*: Heben Sie das ausgeschaltete Handy von einem Tisch auf oder tippen Sie einmal auf den ausgeschalteten Bildschirm, damit der Fingerabdrucksensor angezeigt wird.

26.5 Maßnahmen gegen Diebstahl

Jeden Tag gehen in Deutschland mehrere Tausend Mobilgeräte verloren, sei es durch Diebstahl oder Vergesslichkeit. Falls Sie mal Ihr Handy verlieren sollten, ist dies glücklicherweise nicht so schlimm, denn alle Daten, die Sie mit den mitgelieferten Google-Anwendungen verwalten, werden automatisch im Internet in Ihrem Google-Konto gesichert. Melden Sie sich dann mit Ihrem Google-Konto auf einem anderen Android-Tablet/Handy an, stehen Ihre Daten automatisch nach einigen Minuten wieder zur Verfügung. Haben Sie außerdem Ihr Handy, wie im Kapitel *26.2 Gerätesperre* beschrieben, gegen fremden Zugriff geschützt, brauchen Sie auch kaum Angst haben, dass jemand mit Ihren Daten Missbrauch treibt.

Ärgerlich bleibt ein Geräteverlust aber trotzdem. Mit der in diesem Kapitel vorgestellten Funktion können Sie daher Ihr Handy lokalisieren. Von Erfolg sind die Ortungsmaßnahmen nur gekrönt, wenn das Handy eingeschaltet ist und der Dieb/Finder es nicht über eine Tastenkombination zurücksetzt. Deshalb gilt: Je schneller Sie die Ortung durchführen, desto größer ist die Wahrscheinlichkeit, es wiederzufinden.

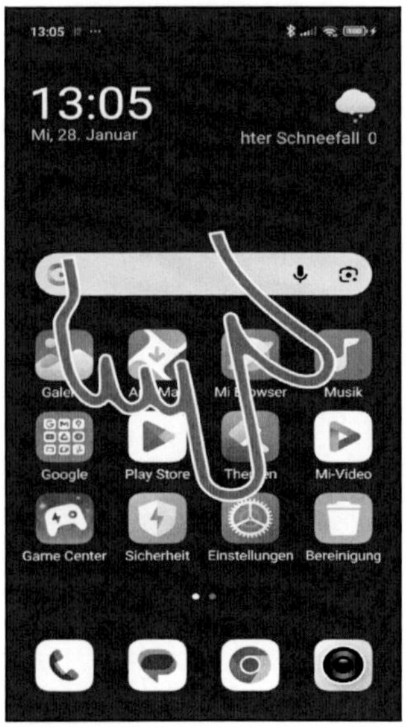

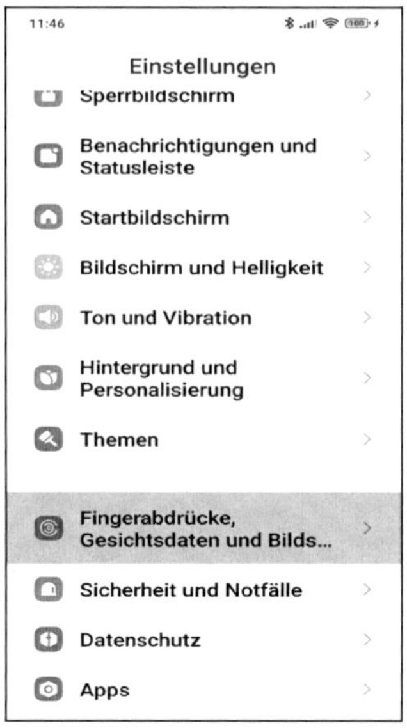

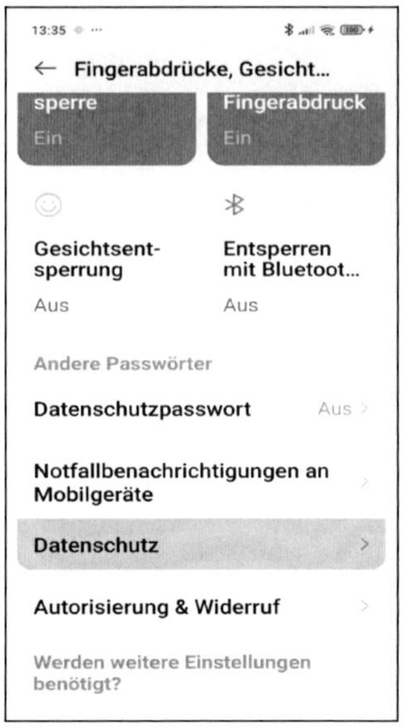

❶❷ Kontrollieren Sie zunächst auf Ihrem Handy, ob die Ortungseinstellungen korrekt sind: Rufen Sie die *Einstellungen* auf und gehen Sie auf *Fingerabdrücke, Gesichtsdaten und Bildschirmsperre.*

❸ Rufen Sie *Datenschutz* auf.

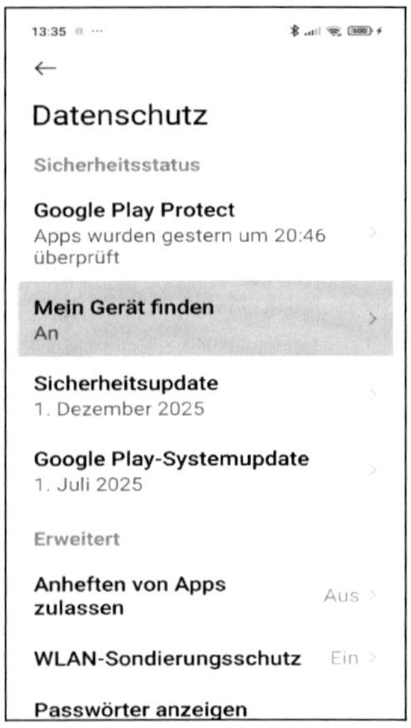

Prüfen Sie, ob *Mein Gerät finden* aktiv ist. Falls dies nicht der Fall sein sollte, aktivieren Sie die Funktion im Menü.

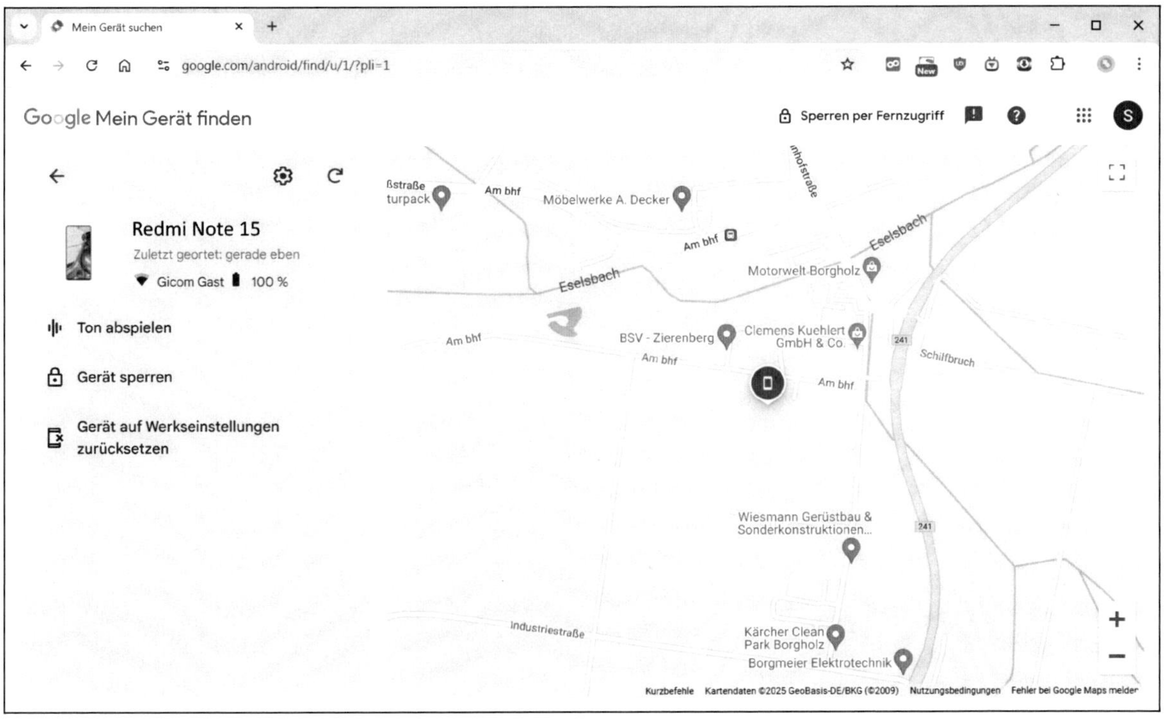

Im Falle eines Geräteverlusts rufen Sie die Geräte-Manager-Website in einem Webbrowser auf und führen dort die Ortung beziehungsweise Fernlöschung durch. Wir empfehlen, die Ortung zumindest einmal als Trockenübung auszuprobieren, damit Sie im »Ernstfall« mit der Weboberfläche vertraut sind und schnell reagieren können. Rufen Sie jetzt *www.google.com/android/find* in einem PC-Webbrowser auf und melden Sie sich mit Ihrem Google-Konto an.

Falls Sie mehrere Android-Geräte besitzen (oder mal besessen haben), müssen Sie erst das Gerät auswählen, dessen Position Sie ermitteln möchten.

Die aktuelle Geräteposition wird mit einem blauen Sticker in der Karte angezeigt. Klicken Sie auf *Ton abspielen*, damit das Handy sich akustisch mit voller Lautstärke bemerkbar macht. Für die Löschung des Gerätespeichers klicken Sie auf *Gerät auf Werkseinstellungen zurücksetzen*.

27. Eingabemethoden

Die Eingabemethode aktiviert sich automatisch, wenn Sie sich in einem Eingabefeld befinden. Das Handy besitzt kein separates Tastenfeld wie Notebooks, weshalb der Hersteller diverse Tricks anwendet, damit Sie mit Ihren Fingern trotzdem fehlerfrei Eingaben vornehmen können.

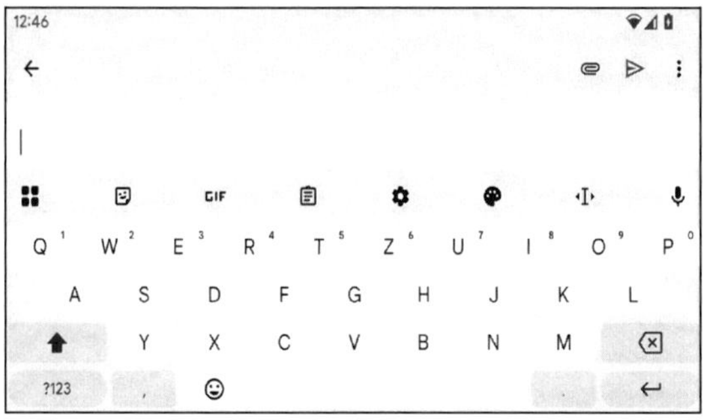

❶ Das Tastenfeld erscheint automatisch, sobald das Gerät von Ihnen eine Texteingabe erwartet, beziehungsweise Sie in ein Textfeld tippen.

❷ Ein kleines Tastenfeld erscheint, wenn Sie das Handy um 90 Grad gedreht halten. Dabei ist es egal, welche Eingabemethode vorher aktiv war. Beachten Sie, dass dafür *Sperre des Ausrichtung* (siehe Kapitel *4.11 Längs- und Querdarstellung*) im Benachrichtigungsfeld deaktiviert sein muss.

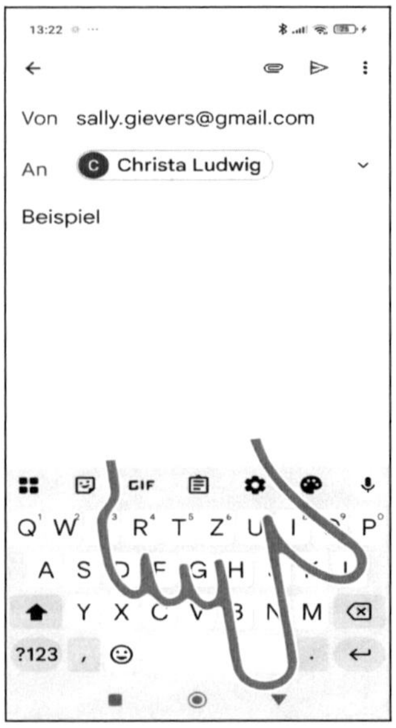

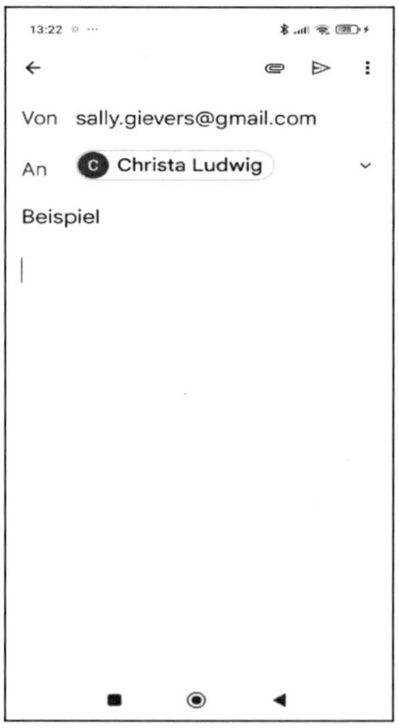

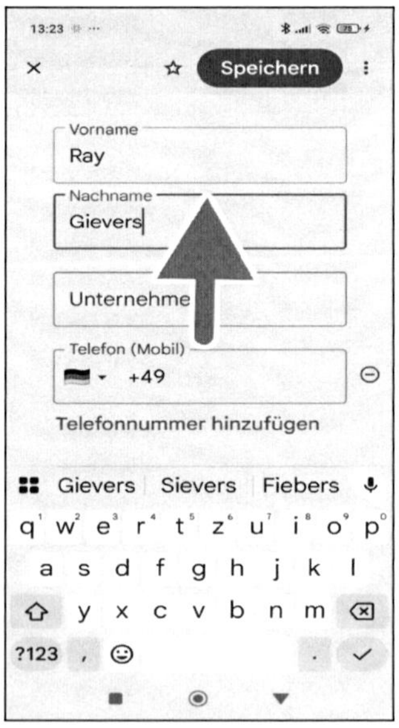

❶❷ Betätigen Sie einmal die ▼-Taste (an der Display-Unterseite), worauf das Tastenfeld verschwindet. Sobald Sie ein Eingabefeld antippen, zeigt das Handy das Tastenfeld wieder an.

❸ Häufig kommt es vor, dass das Tastenfeld wichtige Eingabefelder oder Informationen überdeckt. In diesem Fall tippen und halten Sie den Finger auf dem Bildschirm (nicht auf das Tastenfeld) und ziehen nach unten beziehungsweise oben.

❶ Für viele Satz- und Sonderzeichen ist auf der Displaytastatur kein Platz. Betätigen Sie dafür die »*?123*«-Taste (Pfeil).

❷ Über die »*ABC*«-Taste schalten dann wieder auf das normale Tastenfeld zurück.

❸ Umlaute geben Sie ein, indem Sie die jeweilige Taste, im Beispiel »a«, etwas länger gedrückt halten. Das Tastenfeld zeigt nun ein Popup an, worin Sie den Finger auf einen Umlaut ziehen.

❶❷ Doppelt belegt (mit dem Finger einige Sekunden darauf halten) ist auch die Punkt-Taste.

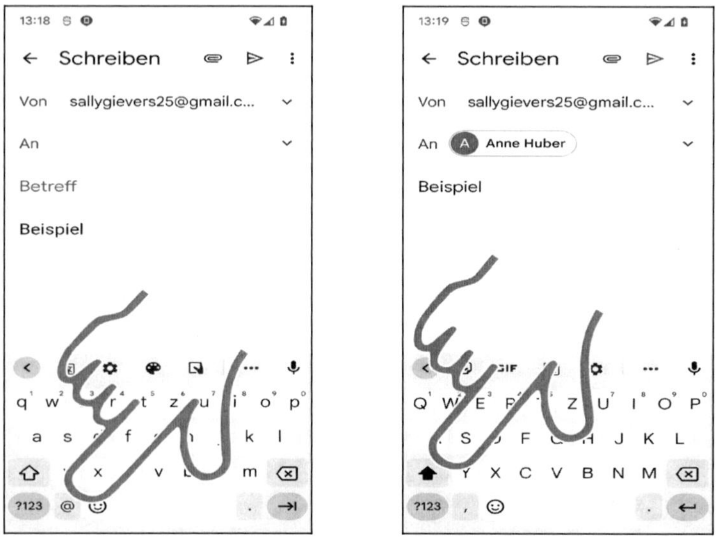

❶ In E-Mail-Eingabefeldern ändert sich die Tastenbelegung etwas: Dort steht das »@«-Zeichen zur Verfügung.

❷ Die Hochstelltaste (Pfeil) funktioniert ähnlich wie von einer PC-Tastatur gewohnt, das heißt, Sie halten den Finger für einige Sekunden auf der Taste gedrückt, bis sie einen blauen Strich anzeigt. Alle Eingaben erfolgen dann in Großschrift. Betätigen Sie die Hochstelltaste erneut, werden die Großbuchstaben wieder abgeschaltet.

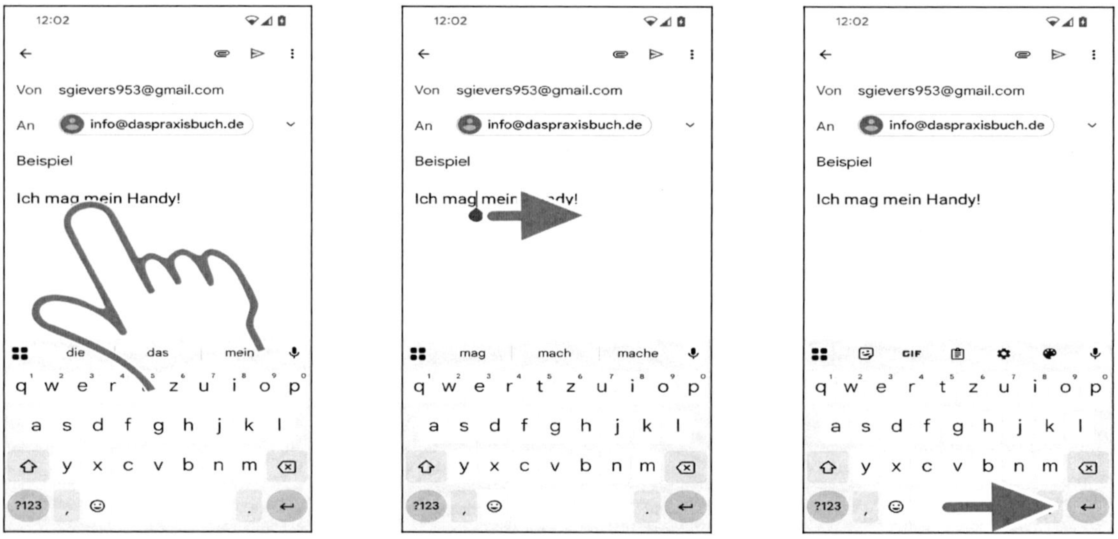

❶ Trotz des relativ großen Displays ist es kaum möglich, den Cursor mit dem Finger auf eine bestimmte Textposition zu setzen, um Korrekturen oder Ergänzungen vorzunehmen. In diesen Fall tippen Sie einfach ungefähr auf die Textposition.

❷ Anschließend positionieren Sie den Cursor, indem Sie die blaue Lasche verschieben.

❸ Alternativ halten Sie den Finger auf der Leertaste gedrückt und wischen dann nach rechts oder links, was ebenfalls den Cursor verschiebt.

27.1 Sonderfunktionen

➊ Die ▪▪-Taste oberhalb des Tastenfelds schaltet eine Symbolleiste ein:

- : Lustige animierte Comic-Grafiken.
- **GIF**: Kurze Szenen aus bekannten TV-Serien und Kinofilmen.
- : Über die Zwischenablage können Sie Texte speichern und später wieder abrufen.
- : *Einstellungen*: Darauf geht Kapitel *27.4 Eingabeoptionen* ein.
- : *Design*: Ein- oder mehrfarbiger Hintergrund für das Tastenfeld.
- : Auf die Spracherkennung geht noch Kapitel *27.5 Spracherkennung* ein.
- *Einhändiger Modus*: Verkleinert die Bildschirmdarstellung, damit Sie das Handy mit einer Hand bedienen können.
- *Textbearbeitung*: Blendet große Cursortasten und Schaltflächen ein, über die Sie Texte markieren, kopieren und einfügen.
- *Gboard teilen*: In den Tastenfeld-Einstellungen vorgenommene Änderungen an ein anderes Android-Gerät senden.
- *Übersetzen*: Aktiviert die Übersetzerfunktion, um beispielsweise englischen Text nach Deutsch zu übersetzen.
- *Unverankert*: Tastenfeld frei auf dem Bildschirm verschieben.
- *Größe ändern*: Höhe des Tastenfelds ändern.
- *Emoji*: Piktogramm (»Smiley«) im Eingabefeld einfügen. Diese Funktion erreichen Sie einfacher direkt über das Tastenfeld, wie das nächste Kapitel zeigt.
- *Rückgängig machen*: Die Undo-Funktion macht die letzte Eingabe rückgängig. Sie dürfen sie auch mehrmals hintereinander einsetzen.

27.1.1 Emojis

Damit es während der Konversation über E-Mail, SMS, WhatsApp oder sozialen Netzwerken wie Facebook zu keinen Missverständnissen kommt, können Sie Ihre Emotionen mit Piktogrammen, beispielsweise 😁 für »Lachen«, ausdrücken. Während früher dafür die Bezeichnung »Smiley« üblich war, hat sich inzwischen die Bezeichnung »Emoij« (japanisch für »Bildschriftzeichen«) durchgesetzt.

Kommt Ihnen die die Form der Emojis bekannt vor? Das erste Smiley, von dessen Design sich die Emoijs ableiten, wurde in den 1960er Jahren von einem Grafiker entwickelt, um die Mitarbeitermoral in einem amerikanischen Versicherungskonzern anzuheben. Das Smiley findet sich inzwischen millionenfach auf Kaffeetassen, T-Shirts usw. wieder und ist ein weltweit geschütztes Warenzeichen.

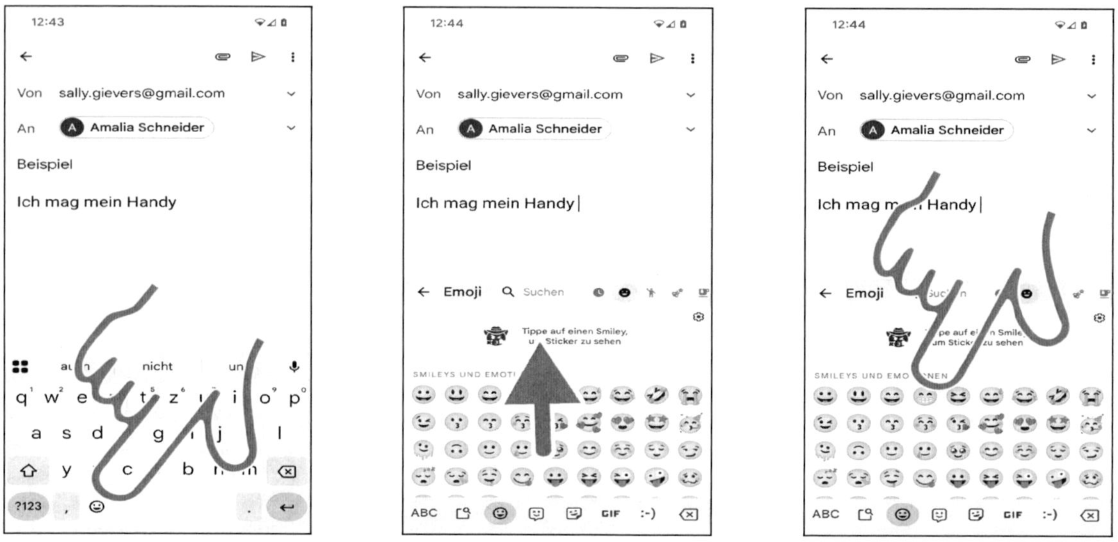

❶ Betätigen Sie die ☺-Taste für das Emoji-Tastenfeld.

❷❸ Wischen Sie durch die angebotenen Emojis und tippen Sie eines an, das Sie ins Eingabefeld übernehmen möchten.

Bitte verwenden Sie die Emoijs vorsichtig, denn manche Emoijs sind missverständlich. In Geschäftskorrespondenz sollten Sie auf Emojis verzichten, weil sie als schlechter Stil gelten.

Die Emojis sind zwar weltweit genormt, dennoch verwendet jeder Gerätehersteller und jedes soziale Netzwerk andere Emoij-Designs. Wenn Sie von Ihrem Handy also eine E-Mail an einen Apple iPhone-Nutzer senden, bekommt dieser das in der Nachricht enthaltene Emoji im Apple-Design angezeigt.

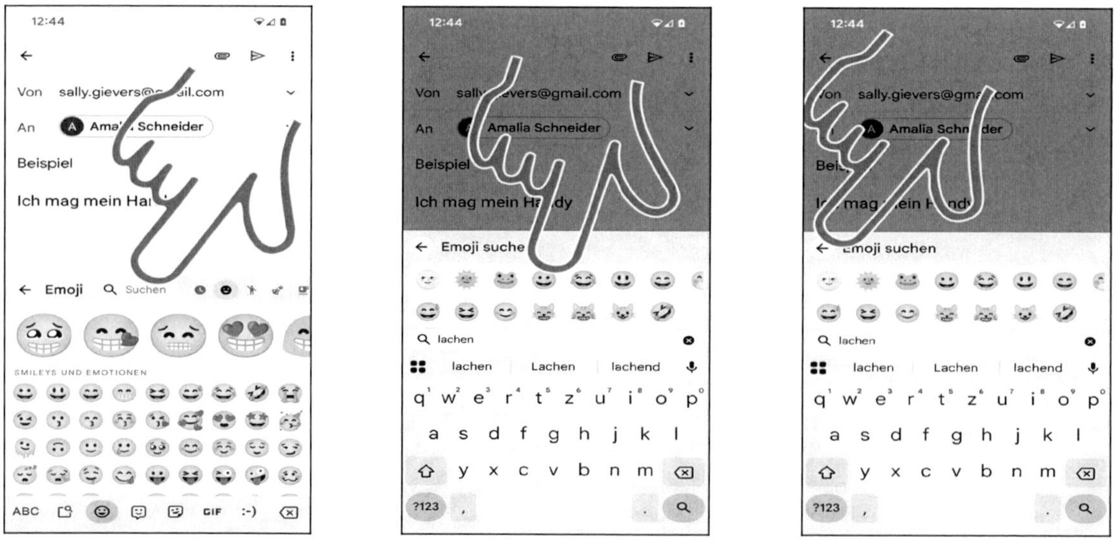

❶❷ Sie wissen nicht, welches Emoji Sie verwenden sollen? Dann tippen Sie ins *Emoji suchen*-Eingabefeld und geben einen Begriff, im Beispiel »lachen« ein. Tippen Sie eine der Fundstellen an, um sie zu übernehmen.

❸ Die ←-Schaltfläche (Pfeil) schließt das Suchfeld.

❶❷ Die ABC-Taste (Pfeil) wechselt wieder zum normalen Tastenfeld.

27.1.2 GIF

Das Grafikformat GIF wurde bereits in den 1980er Jahren erfunden und würde heute keine Rolle mehr spielen, wenn es nicht eine Besonderheit aufweisen würde: In einer GIF-Datei können mehrere Einzelgrafiken enthalten sein, die nacheinander wie ein Video abgespielt werden. Es hat sich in den letzten Jahren eine riesige Fangemeinde etabliert, die kurze Ausschnitte aus TV-Serien oder Kinofilmen als GIF-Dateien verbreitet.

❶ Betätigen Sie die **GIF**-Schaltfläche (Pfeil).

❷ Die GIFs sind in verschiedenen Kategorien angeordnet, zwischen denen Sie mit einer Wischgeste (Pfeil) und Antippen wechseln.

❸ Danach wischen Sie durch die angebotenen GIFs und tippen eine an, die ins Eingabefeld übernommen wird.

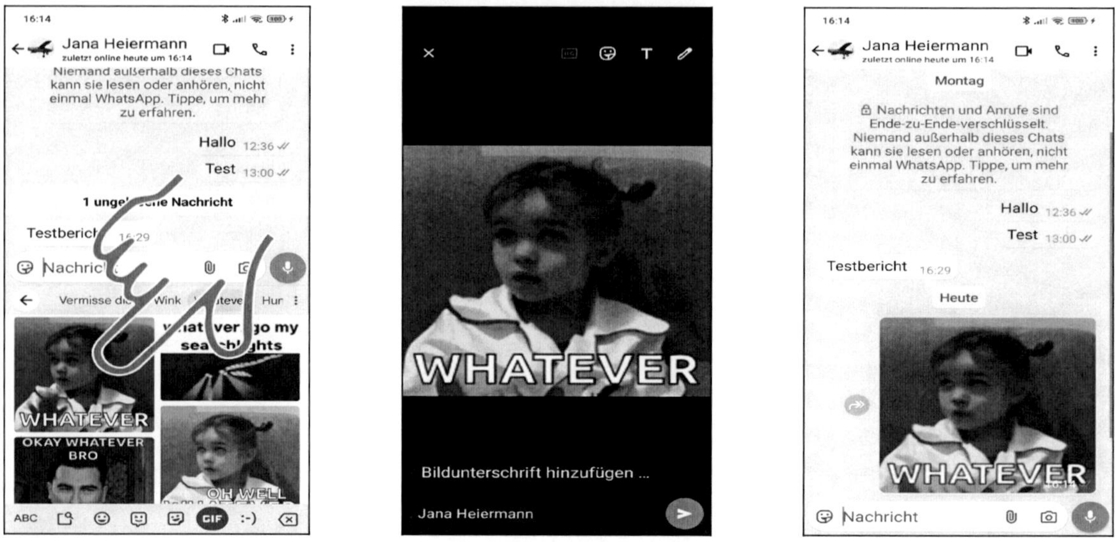

❶❷❸ In unserem Fall nutzen wir WhatsApp (siehe Kapitel *11 WhatsApp*), bei dem GIF-Bilder wie normale Fotos behandelt werden. Deshalb können Sie noch einen Kommentar eingeben, der dann mit dem GIF verschickt wird. Der Empfänger muss dann die Vorschau antippen, damit WhatsApp das GIF abspielt. Per E-Mail verschickte GIFs werden dagegen meistens automatisch beim Empfänger abgespielt.

27.1.3 Aufkleber

»Aufkleber« sind lustige Grafiken, mit denen Sie Ihre Texte aufhübschen.

❶ Betätigen Sie die -Schaltfläche (Pfeil).

❷ Die Grafiken sind in verschiedenen Kategorien angeordnet, zwischen denen Sie über die Schaltflächen wechseln (Pfeil). Anschließend übernehmen durch Antippen eine der Grafiken ins Eingabefeld.

❸ Die ⊕-Schaltfläche installiert weitere Grafikpakete.

27.2 Wortvorschläge

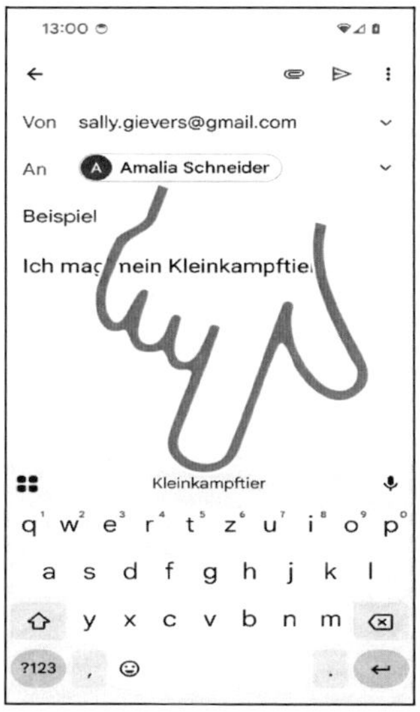

➊ Während der Texteingabe erscheinen oberhalb des Tastenfelds drei Wortvorschläge, die Sie durch Antippen übernehmen können. Das am wahrscheinlichsten von Ihnen gemeinte Wort ist jeweils in der Mitte zu finden, es wird automatisch ins Eingabefeld übernommen, wenn Sie die Leertaste oder ein Satzzeichen eingeben.

➋ Nicht erkannte – das heißt, nicht im eingebauten Wörterbuch des Handy vorhandene – Wörter, sind in der Eingabezeile unterstrichen. Um das aktuelle Wort in das Wörterbuch zu übernehmen tippen Sie es in den Vorschlägen an. Beim nächsten Mal wird es dann vorgeschlagen.

Tipp: Häufig kann man sich die auf dem Android-Tastenfeld umständliche Eingabe von Umlauten ersparen, indem man stattdessen das Wort mit dem korrespondierenden Vokal eingibt. Beispiele: »wahrend« statt »während« oder »langlich« statt »länglich«. In den Wortvorschlägen erscheint dann das korrekte Wort mit Umlaut.

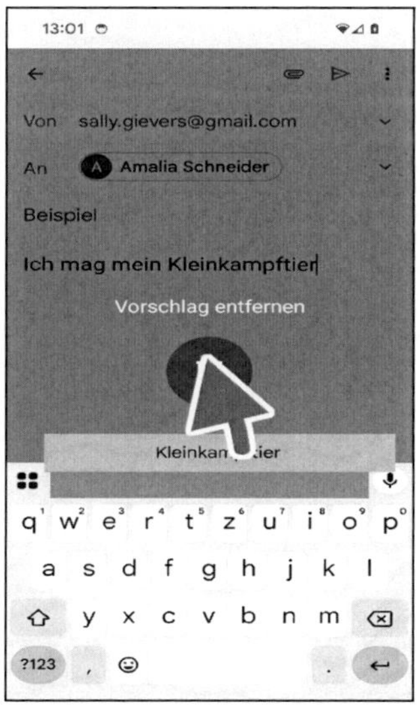

➊➋ So löschen Sie ein Wort wieder aus dem Wörterbuch: Tippen und halten Sie den Finger auf dem Vorschlag, bis er markiert ist und ziehen Sie ihn auf *Vorschlag entfernen.*

27.3 Texte kopieren, ausschneiden und einfügen

Es kommt häufiger mal vor, dass man einen Text, beispielsweise aus einer SMS oder E-Mail, in einer anderen Anwendung weiterverwenden will.

Leider handhaben die Anwendungen das Kopieren und Einfügen von Texten jeweils etwas unterschiedlich. Damit Sie eine Idee davon bekommen, wie der grundsätzliche Ablauf ist, möchten wir einen Text aus einer im Webbrowser angezeigten Webseite in Gmail (siehe Kapitel *9 Gmail*) versenden.

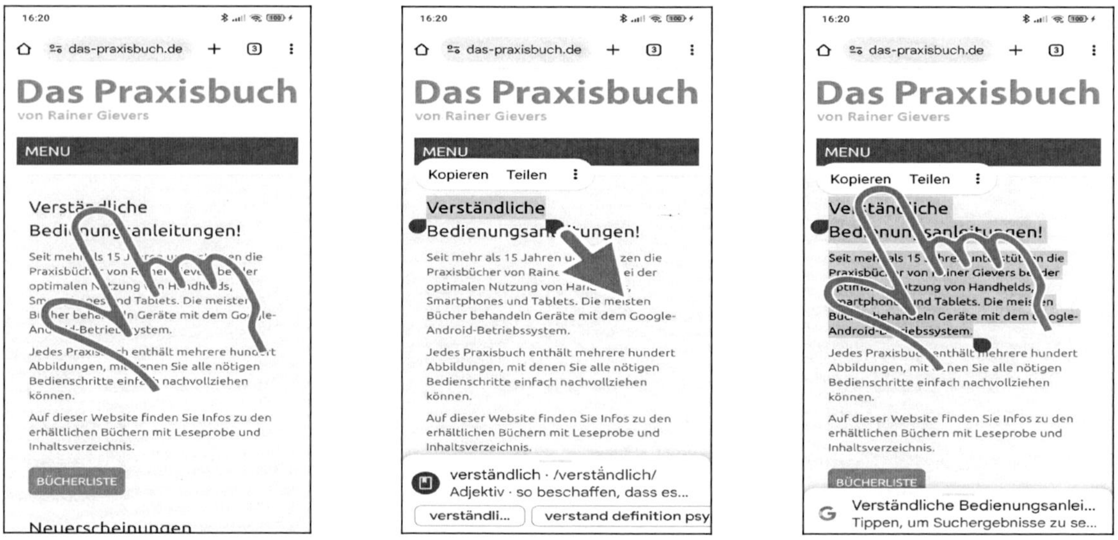

➊ Beispiel für das Markieren im Webbrowser (siehe Kapitel *10 Chrome-Webbrowser*): Tippen und halten Sie den Finger auf einem Wort, welches darauf hin markiert ist.

➋ Anschließend ändern Sie den markierten Bereich, indem Sie die Schieber an die gewünschte Position bewegen. Dabei unterstützt Sie eine eingeblendete Lupe.

➌ Tippen Sie die *Kopieren*-Schaltfläche an.

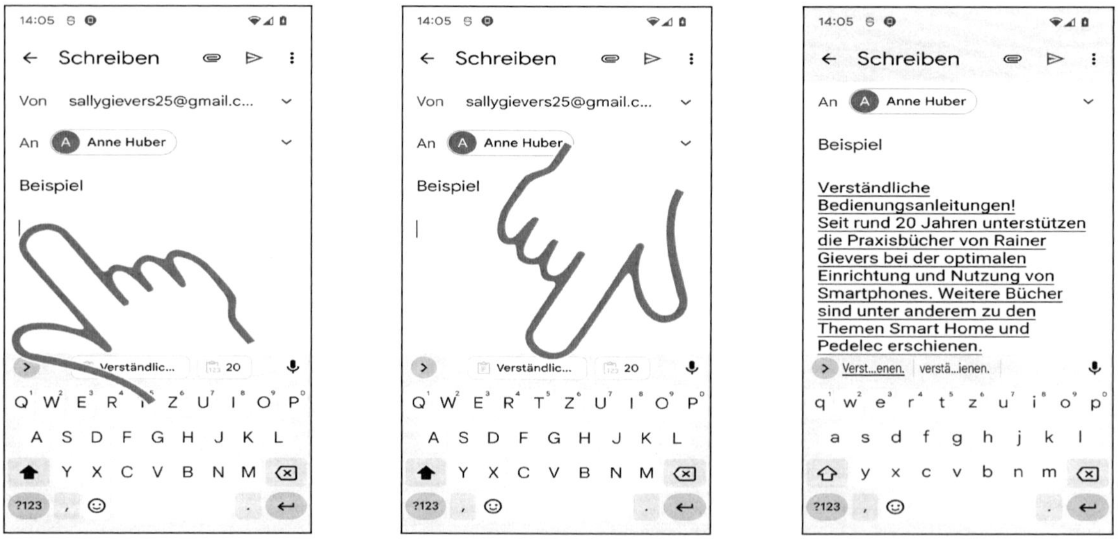

➊ Rufen Sie nun die Anwendung auf, in der Sie den kopierten Text einfügen möchten. Tippen Sie auf die Zielposition – bitte beachten Sie dabei, dass Sie nur in bestehenden Text beziehungsweise ans Textende tippen können.

➋➌ Oberhalb des Tastenfelds tippen Sie auf die angezeigte Zwischenablage, welche darauf hin eingefügt wird.

27.4 Eingabeoptionen

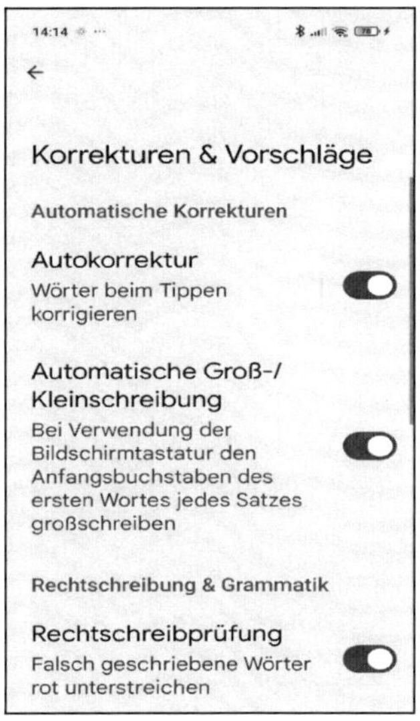

❶❷ Für die Eingabeoptionen betätigen Sie in der Symbolleiste ✿.

❸ Das Menü:

- *Sprachen*: Neben der Systemsprache wählen Sie hier auch die Belegung des Tastenfelds aus. Anhand der eingestellten Sprache erfolgen auch Vorschläge aus dem Wörterbuch.
- *Einstellungen*: Darauf kommen wir unten noch.
- *Design*: Die Tastaturfarbe.
- *Korrekturen & Vorschläge* (❸):
  - *Autokorrektur*: Das in der Vorschlagsliste über dem Tastenfeld hervorgehobene Wort wird automatisch ins Eingabfeld übernommen, sobald Sie die Leertaste oder eine Interpunktionstaste betätigen. Falls Sie viele Fremdwörter verwenden, kann die Deaktivierung der Autokorrektur angeraten sein.
  - *Automatische Groß-/Kleinschreibung*: Bei Satzanfängen (nach einem Punkt) beginnen Wörter automatisch mit Großbuchstaben.
  - *Rechtschreibprüfung*: Wörter, die nicht im eingebauten Wörterbuch enthalten sind, hebt das Handy beim Antippen mit roter Unterstreichung hervor.
  - *Grammatikprüfung*: Die Grammatikprüfung ist derzeit offenbar nur für englischsprachige Texte aktiv.
  - *Intelligentes Schreiben*: Das Tastenfeld macht anhand des Kontexts passende Wortvorschläge.
  - *Keine anstößigen Wörter vorschlagen*: Schimpfworte erscheinen nicht in den Wortvorschlägen.
  - *Leiste mit Vorschlägen*: Oberhalb des Tastenfelds werden Wortvorschläge eingeblendet, die Sie durch Antippen übernehmen.
  - *Wortvorschläge*: Ausgehend von Wortwahrscheinlichkeiten macht das Tastenfeld jeweils Wortvorschläge.
  - *Vorschläge für nächstes Wort*: Wortvorschläge erfolgen aufgrund des Satzkontextes.
  - *Kontaktvorschläge*: Kontaktnamen aus dem Telefonbuch werden bei den Vorschlägen berücksichtigt.
  - *Intelligente Antworten*: Wählen Sie aus, ob Sie Satzvorschläge erhalten möchten und ob diese auf den Kontext beruhen.
- *Glide Typing*: Die »gleitende Eingabe« behandelt Kapitel *27.6 Bewegungseingabe*.

- *Spracheingabe:* Verwaltet das verwendete Wörterbuch und die Blockierung von Schimpfwörtern in der Spracheingabe. Sie sollten hier nichts ändern.
- *Zwischenablage*: Über dem Tastenfeld wird der zuletzt in die Zwischenablage kopierte Text zur Auswahl vorgeschlagen.
  - *Kürzlich kopierten Text und kürzlich kopierte Bilder in der Vorschlagssäule zeigen*
  - *Informationen wie Adressen und Telefonnummern in kürzlich kopierten Text vorschlagen*
  - *Kürzlich aufgenommene Screenshots in der Zwischenablage speichern*
- *Wörterbuch*: Verwaltet die während der Eingabe gelernten Wörter.
- *Emoijs, Sticker & GIFs:* Verwaltet den schnellen Zugriff auf Emojis über das Tastenfeld.
- *Gboard teilen*: Die Tastatureinstellungen an ein anderes Android-Gerät senden.
- *Datenschutz*: Stellen Sie ein, ob Google Ihre Texteingaben intern auswerten darf.
- *Bewerten*
- *Hilfe & Feedback*

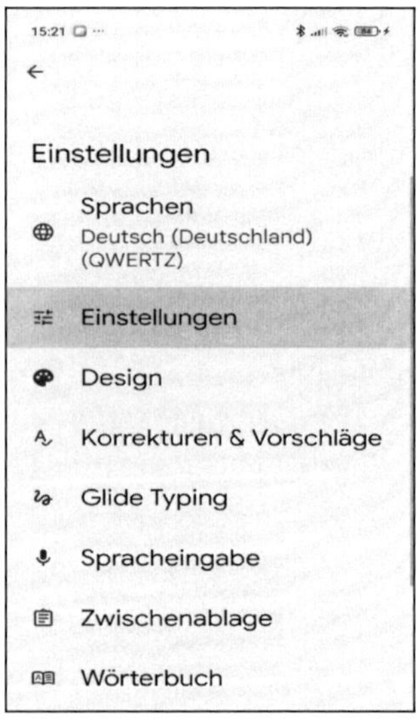

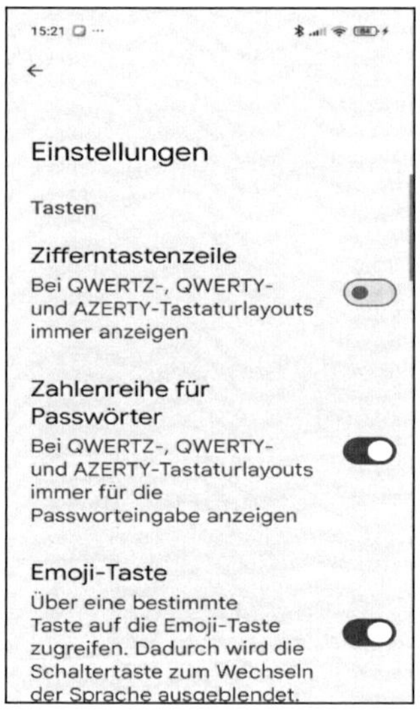

❶❷ *Einstellungen* konfiguriert:

Unter *Tasten*:

- *Zifferntastenzeile*: Zahlentasten oberhalb des Tastenfelds einblenden. Beachten Sie, dass dabei Bildschirmfläche für die laufende Anwendung verloren geht.
- *Zahlenreihe für Passwörter*: In Passwortfeldern zeigt das Tastenfeld auch die Zahlentasten an.
- *Emoji-Taste*: Wenn deaktiviert, müssen Sie für Emojis (Smileys) auf dem Tastenfeld die Komma-Taste drücken und halten.
- *Kommataste; Punkttaste*: Sie können beide Tasten ausblenden, was aber keinen Sinn ergibt.

Unter *Darstellung*:

- *Schriftart*: Sie können zwischen der Systemschrift und der Gboard-Schrift wählen.
- *Schriftgröße*: Standardmäßig nutzt das Tastenfeld die Systemschriftgröße.

Unter *Layout*:

- *Leiste mit Vorschlägen*: Oberhalb des Tastenfelds werden Wortvorschläge eingeblendet, die Sie durch Antippen übernehmen.

- *Einhandtastatur*: Sofern Sie das Tastenfeld mit einer Handy bedienen möchten, stellen Sie hier ein, auf welcher Seite es andocken soll. Das Tastenfeld ist dann kleiner.

Unter *Tastenkürzel:*

- *Doppeltes Leerzeichen durch Punkt ersetzen*: Zweimaliges Antippen der Leertaste gibt einen Punkt mit folgendem Leerzeichen ein.
- *Nach Satzzeichen automatisch Leerzeichen einfügen*: Nach Punkt und Komma wird automatisch ein Leerzeichen eingefügt.
- *Tasten gedrückt halten, um Symbole einzugeben*: Die Tasten erhalten eine mehrfache Belegung. Um ein Satzzeichen einzugeben, müssen Sie die jeweilige Taste länger gedrückt halten.
- *Symbole durch Wischen eingeben*: Halten Sie den Finger auf einer Taste und ziehen Sie den Finger nach unten für die Eingabe von Sonderzeichen.
- *Empfindlichkeit für Flick-Input*: Zeitraum, den Sie eine Taste für die Zweitbelegung gedrückt halten müssen.

Unter *Drücken von Tasten*:

- *Ton*: Tastenklick.
- *Lautstärke der Tastendrucktöne*: Nur einstellbar, wenn *Ton* aktiv ist.
- *Vibrationsstärke bei Tastendruck*: Nur einstellbar, wenn *Vibrieren bei Tastendruck* aktiv ist.
- *Pop-up für Tasten*: Standardmäßig erscheint bei längerem Tippen und Halten einer Taste ein Popup mit weiteren Zeichenvorschlägen, beispielsweise bei der »a«-Taste mit »ä«, »â«, »á« und »á«. Falls Sie dies nicht wünschen, deaktivieren Sie *Pop-up bei Tastendruck.*
- *Dauer des Gedrückthaltens*: Wartezeit, bis das Handy nach längerem Drücken einer Taste die doppelte Belegung anzeigt.
- *App-Symbol*: Über die im Startbildschirm eingeblendete *Gboard*-Anwendung greifen Sie direkt auf die Einstellungen des Tastenfelds zu.

27.5 Spracherkennung

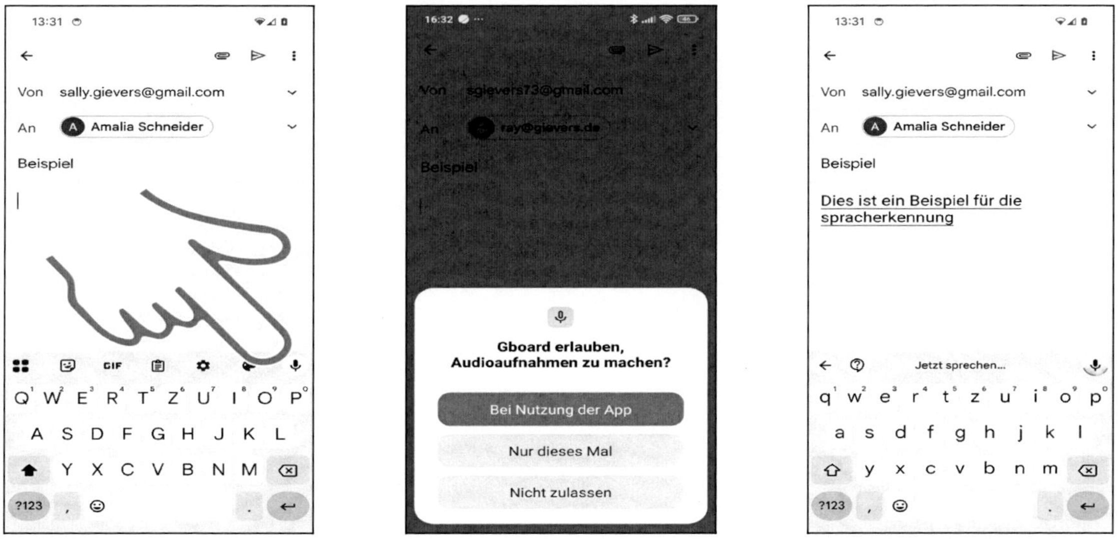

❶ Die Spracherkennung aktivieren Sie über die 🎙-Taste (Pfeil) oberhalb des Tastenfelds.

❷ Beim ersten Mal müssen Sie mit *BEI NUTZUNG DER APP* die Sprachaufnahmen genehmigen.

❸ Sprechen Sie dann in ruhigem Tonfall und gleichmäßig die Wörter, beziehungsweise Sätze, die dann in Text umgesetzt werden. Auch Satzzeichen wie »Fragezeichen« oder »Punkt« können Sie direkt sprechen.. Das Tastenfeld erscheint wieder nach erneutem Antippen von 🎙.

27.6 Bewegungseingabe

❶❷ Die Bewegungseingabe ist recht einfach zu verstehen: Halten Sie den Finger auf den ersten Buchstaben des einzugebenden Worts angedrückt und ziehen Sie nun mit angedrücktem Finger auf die weiteren Buchstaben des Worts. Setzen Sie dann den Finger ab. In unserem Beispiel soll »Beispiel« eingegeben werden. Leerzeichen fügt die durchgehende Eingabe übrigens automatisch zwischen den Wörtern ein. Für die Eingabe von doppelten Buchstaben bewegen Sie den Finger über der entsprechenden Taste einfach hin und her.

28. Tipps & Tricks

In diesem Kapitel stellen wir Ihnen einige nützliche Funktionen des Xiaomi-Handys vor.

28.1 Das Xiaomi-Konto

Bis vor kurzem war die Nutzung eines Xiaomi-Kontos optional. Das hat sich mit den KI-Funktionen der Galerie-Anwendung geändert (siehe Kapitel *18.2.2 Bearbeiten*), die zwingend ein Xiaomi-Konto voraussetzen. Auch für die von Xiaomi angebotenen Smartwatches und Smart Home-Produkte benötigen Sie ein Xiaomi-Konto.

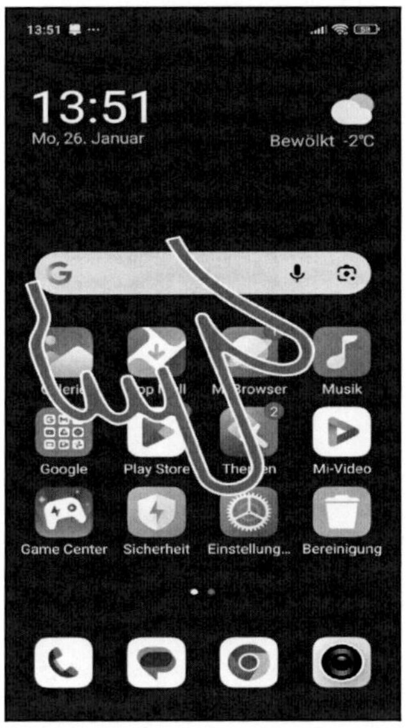

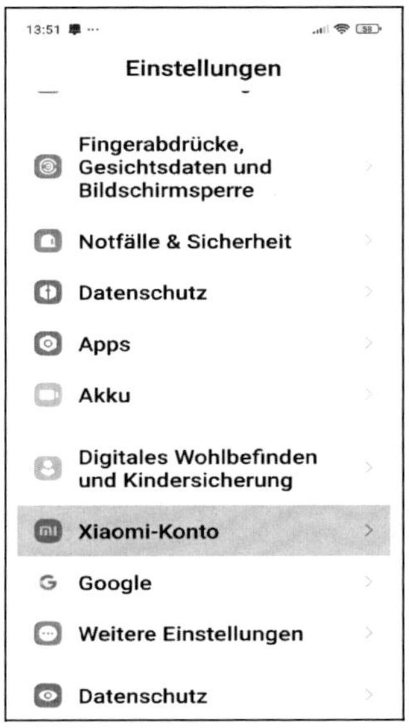

Die Vorgehensweise ist bei Registrierung und späterer Anmeldung jeweils gleich:

❶ Rufen Sie im Startbildschirm die *Einstellungen* auf.

❷ Wählen Sie *Xiaomi-Konto.*

❸ Aktivieren Sie *Ich habe die Datenschutzvereinbarung…*

❶ Wir empfehlen, für die Registrierung beim Xiaomi-Konto das ohnehin vorhandene Google-Konto zu verwenden. Dies macht die Nutzung einfacher. Gehen Sie daher auf *Mit Google anmelden.*

❷ Wählen Sie Ihr Google-Konto aus.

❸ Gehen Sie auf *Ein neues Xiaomi-Konto erstellen.* Sie sind angemeldet und können den Bildschirm verlassen.

28.2 Benachrichtigungen aktivieren

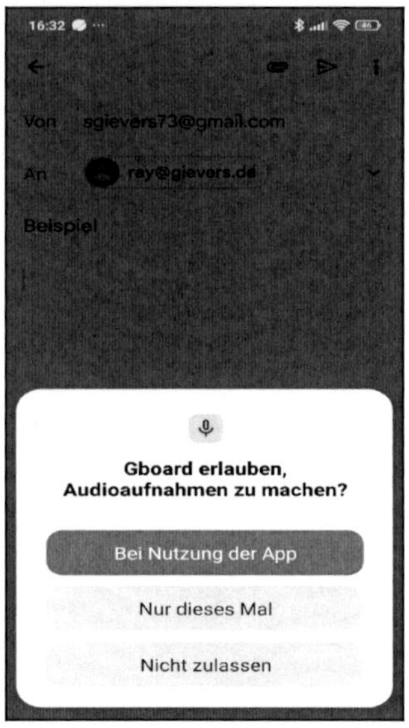

Viele Anwendungen auf dem Handy zeigen dieses Popup beim ersten Start an. Sie gestatten damit, dass Sie akustisch, in der Titelleiste und im Benachrichtigungsfeld, über Wichtiges informiert werden.

Bestätigen Sie immer mit *Zulassen* beziehungsweise *Bei Nutzung der App*.

Sie haben aus Versehen *Nicht zulassen* betätigt? Kein Problem, denn im Folgenden erfahren Sie, wie Sie diesen kleinen Fauxpas wieder korrigieren!

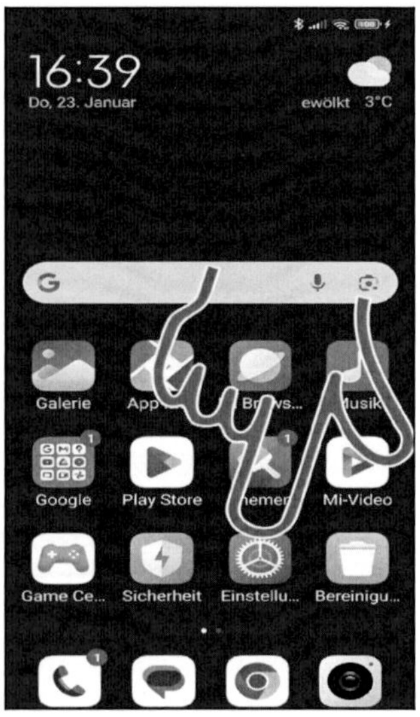

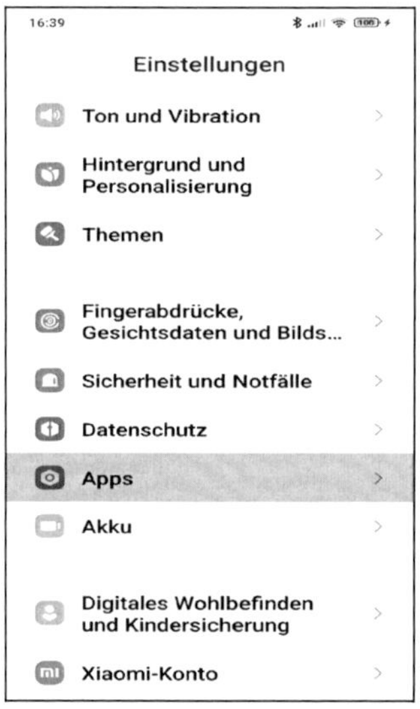

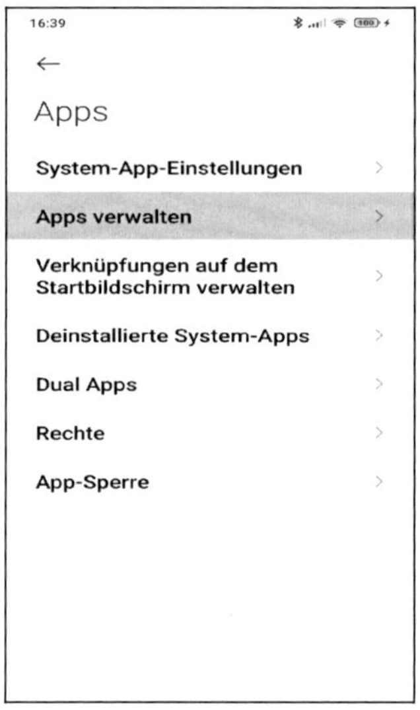

❶ Gehen Sie im Startbildschirm auf *Einstellungen.*

❷❸ Wählen Sie *Apps* und dann *Apps verwalten.*

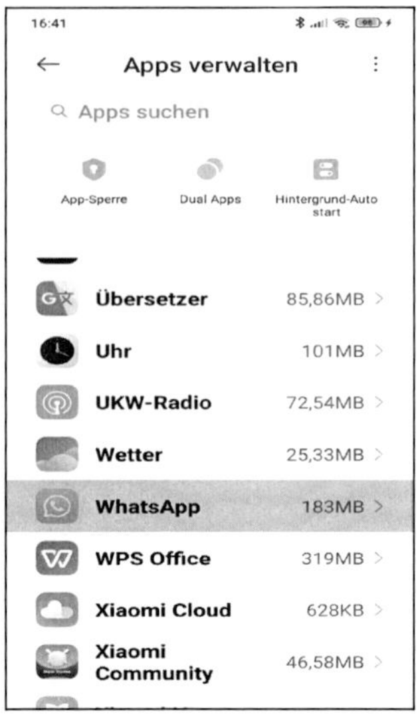

❶ Wählen Sie ein Programm in der Liste aus.

❷ Gehen Sie auf *App-Berechtigungen.*

❶❷ Unter *Zugelassen* beziehungsweise *Nicht zugelassen* aktivieren/deaktivieren Sie die Benachrichtigungstypen. Sie können nun das Menü verlassen.

28.3 NFC deaktivieren

NFC ist ein Funkstandard zur Datenübertragung über Entfernungen von wenigen Zentimetern. Sie nutzen NFC mit Ihrer Girocard (»EC-Karte«) oder Kreditkarte, wenn Sie drahtlos im Supermarkt bezahlen.

Auch Ihr Handy unterstützt NFC, um darüber per Google Pay Zahlungen abzuwickeln. Dazu muss man bei Google seine Kredit- oder Debitkarte hinterlegen. Beim Zahlungsvorgang legt man sein Handy auf das Zahlungsterminal an der Kasse, worauf der Rechnungsbetrag abgebucht wird. In diesem Buch gehen wir nicht weiter auf Google Pay ein, weil es zum einen datenschutzrechtlich bedenklich ist und zum anderen gegenüber der Girocard keinerlei Vorteile bietet.

Standardmäßig ist NFC an Ihrem Handy aktiviert, wobei es nicht viel Strom verbraucht. Trotzdem sollten Sie NFC ausschalten, weil sonst das Handy durch NFC-fähige Karten beeinflusst werden könnte. Wir haben schon erlebt, dass eine Krankenkassenkarte (»Gesundheitskarte«) eines unserer Handys so verwirrt hat, dass es nicht mehr nutzbar war. Insbesondere Etuies, die sowohl das Handy als auch weitere Karten aufnehmen, sind dabei problematisch.

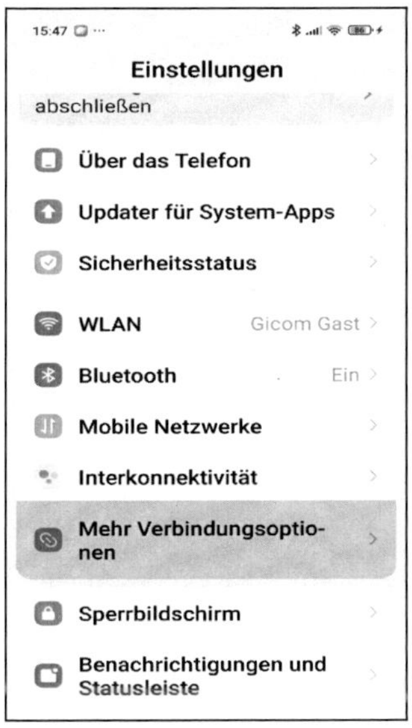

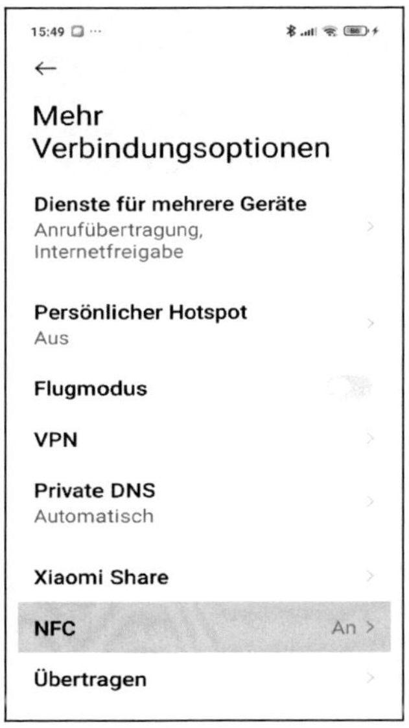

❶❷ So deaktivieren Sie NFC: Rufen Sie die *Einstellungen* auf und gehen Sie auf *Mehr Verbin-*

dungsoptionen.

❸ Gehen Sie ins NFC-Menü und deaktivieren Sie dort *NFC.*

28.4 Anwendungen als Standard

Sie haben wahrscheinlich zu diesem Zeitpunkt schon einige dutzend Programme aus dem Google Play Store (siehe Kapitel *16 Play Store*) installiert. Häufig überlappen sich dabei die Programmfunktionen, beispielsweise unterstützen alle Textverarbeitungsprogramme das Word-Format.

Wenn Sie auf dem Xiaomi-Handy eine Funktion auslösen, für die mehrere Anwendungen in Frage kämen, fragt das Gerät nach.

❶ Im Fall einer Word- oder PDF-Datei, die Sie in einer E-Mail (siehe Kapitel *9 Gmail*) antippen, erscheint eine Rückfrage. Wählen Sie dann das gewünschte Programm aus – weitere geeignete Programme listet *Mehr* (❷) auf.

❸ Verwenden Sie *Immer*, um die Rückfrage künftig für Dateien desselben Typs zu vermeiden und immer das gleiche Programm zu verwenden.

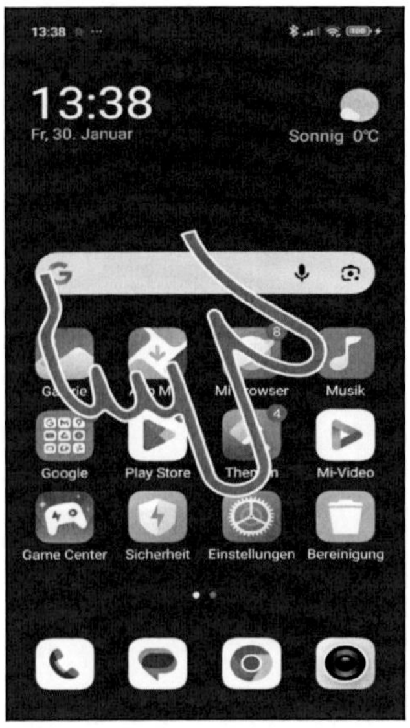

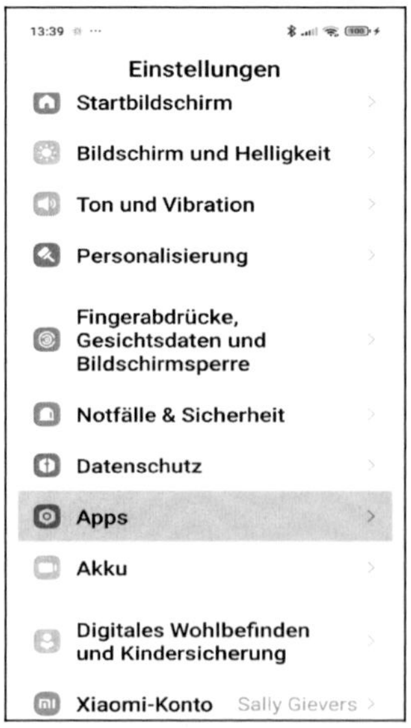

❶ So setzen Sie die Voreinstellung des immer verwendeten Anzeigeprogramms wieder zurück: Rufen Sie im Startbildschirm *Einstellungen* auf.

❷ Wählen Sie *Apps*.

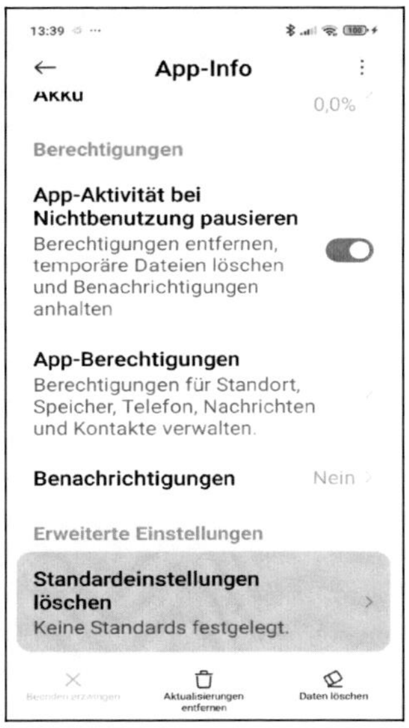

❶ Tippen Sie in das Suchfeld.

❷ Geben Sie den Namen der Anwendung an, die Sie zurücksetzen möchten ein – im Beispiel Google Drive – und wählen Sie einen der Vorschläge aus.

❸ Betätigen Sie *Standardeinstellungen zurücksetzen*.

28.5 Handy verloren oder geklaut – was nun?

Vorsorge ist immer die beste Versicherung, um das eigene Handy oder Tablet wiederzubekommen, wenn Sie es irgendwo mal liegen lassen oder es gestohlen wird. Wichtig ist erst einmal, dass ein ehrlicher Finder, beziehungsweise die Polizei die Möglichkeit hat, Sie zu kontaktieren. Zwar lassen sich auf dem Xiaomi die Kontaktdaten so einstellen, dass sie beim Einschalten angezeigt werden, ist der Akku aber leer, bringt dies dem Finder auch nichts. Wir bringen deshalb auf unseren elektronischen Geräten, die wir unterwegs dabei haben, Adressaufkleber mit unseren Kontaktdaten an.

28.5.1 Datenschutz

Ein weiteres wichtiges Thema ist der Schutz Ihrer persönlichen Daten auf dem Handy. Ein Finder/Dieb könnte nämlich zum Beispiel Folgendes:

- Kontakte und Termine ändern oder löschen.
- Die im Webbrowser gespeicherte Formulardaten, zum Beispiel das Login von Ebay oder einer Shopping-Website ausnutzen, um Käufe in Ihrem Namen durchzuführen.
- Diffamierende E-Mails oder SMS in Ihrem Namen über die E-Mail/SMS-Anwendung verschicken.
- Nach peinlichen SMS, E-Mails, Fotos oder Videos suchen und diese im Web oder anderswo veröffentlichen.
- Sex-Hotlines oder sonstige teure 0900er-Premiumnummern über Ihre SIM-Karte anrufen.
- Im Google Play Store über Ihre dort gespeicherte Kreditkarte fröhlich Ihr Geld für teure Software ausgeben (nur möglich, wenn Sie Ihr Google-Konto-Passwort dort gespeichert haben).

An dieser Stelle wollen wir erst gar nicht über den Einsatz Ihres Android-Handys in einem sensiblen Firmenbereich reden. Das Xiaomi speichert viele Daten wie Kontakte, Termine, Browser-Lesezeichen usw. auf Google-Server, auf die amerikanische Behörden problemlos Zugriff haben. Es soll auch Firmen geben, die Software anbieten, um abgesicherte Geräte auszulesen, wozu nur der physische Zugriff auf das Gerät nötig ist (zum Beispiel auf Flughäfen bei der Zollkontrolle). Natürlich lässt sich das Xiaomi auch ohne Google-Konto (und damit ohne Google-Server) nutzen, dann könnte man sich aber auch genauso gut ein Notizblock zulegen.

Damit es Diebe nicht zu einfach haben, hier einige Tipps:

- Aktivieren Sie in *Einstellungen/Fingerabdrücke, Gesichtsdaten und Bildschirmsperre* die Gerätesperre (Muster, PIN, Passwort). An die Daten in Ihrem Gerätespeicher kommt dann der Dieb nicht heran (siehe Kapitel *26.2 Gerätesperre*).
- Den Google Play-Store wird bei Käufen ohnehin Ihr Google-Konto-Kennwort verlangt.
- Die unter *Einstellungen/Fingerabdrücke, Gesichtsdaten und Bildschirmsperre/Datenschutz/Weitere Sicherheitseinstellungen/(Netzbetreibername)/SIM-Karte sperren* verfügbare SIM-Kartensperre sorgt dafür, dass ein Dieb Ihre SIM-Karte nicht einfach entnehmen und in seinem Handy für teure Anrufe nutzen kann. Stattdessen wird der Dieb an der Abfrage der SIM-PIN scheitern.
- Notieren Sie sich die IMEIs Ihres Handys, die Sie auf der Verkaufsverpackung finden und notieren Sie sie am besten auf Ihre Rechnung für das Gerät, sofern sie dort nicht bereits aufgeführt ist. Bei einer Diebstahlsmeldung können Sie die IMEI dann mit angeben.

Der Diebstahl/Verlust ist eingetreten:

Abhängig von der Situation, also wenn Sie nicht sicher sind, ob die zuvor aufgeführten Sicherheitsmaßnahmen greifen, gehen Sie wie folgt vor:

- Rufen Sie sich selbst an. Sind Sie mit mehreren Personen vor Ort, sollten diese zuvor ausschwärmen lassen, damit das Handy schnell lokalisiert wird. Ein markanter Klingelton ist da natürlich hilfreich.
- Erstatten Sie Anzeige bei der Polizei (den Polizei-Beleg benötigen Sie eventuell, damit Ihre Versicherung den Verlust erstattet). Eventuell hat sich dort auch schon der ehrliche Finder gemeldet.
- In Hotels, Bahnhöfen, Flughäfen gibt es Fundbüros und vielleicht hat dort jemand zwischenzeitlich das Gerät abgegeben. Verwenden Sie ein Schutzetui für das Handy, dürfte es sinnvoll sein, dort Ihre Visitenkarte einzulegen. Dadurch wird es für den Finger einfacher, Sie zu kontaktieren.
- Lassen Sie beim Mobilnetzbetreiber Ihre SIM-Karte sperren.
- Der im Kapitel *26.5 Maßnahmen gegen Diebstahl* beschriebene Android Gerätemanager ist ebenfalls nützlich, um Ihr Handy wiederzufinden.

28.6 Akkulaufzeit erhöhen

Mit einigen kleinen Kniffen erhöhen Sie die Akkulaufzeit Ihres Xiaomi-Handys:

- Passen Sie über den Helligkeitsregler im Kontrollzentrum die Displaybeleuchtung an. Das Display ist die Handy-Komponente mit dem höchsten Stromverbrauch.
- Die Displayabschaltdauer stellen Sie in den *Sperrbildschirm/Schlafen* ein.
- Widgets im Startbildschirm (siehe Kapitel *4.10.2 Widgets*) dienen dazu, immer aktuelle Infos für den Anwender bereit zustellen, laden dafür aber teilweise in regelmäßigen Abständen Daten aus dem Internet (beispielsweise bei Newstickern). Reduzieren Sie die Aktualisierungshäufigkeit in den Einstellungen des Widgets oder löschen Sie nicht benötigte Widgets vom Startbildschirm).
- Beenden Sie alle Anwendungen und Spiele, wenn Sie sie nicht nutzen (mit der ◀-Taste, sofern es keine andere Beendigungsoption gibt).

Im Handel sind sogenannte Power-Packs erhältlich, die aus einem großen Akku bestehen, an die Sie Ihr Handy zum Nachladen anschließen. Ein Power-Pack reicht – je nach Kapazität – für mehrere Ladungen, bevor sie das Power-Pack selbst an einer Steckdose aufladen müssen.

Einen großen Einfluss hat auch das Mobilfunknetz. Befinden Sie sich an einem Standort mit schlechten Empfang (oben rechts in der Titelleiste werden nur ein oder zwei Balken für die Empfangsstärke angezeigt), dann versucht das Handy mit verstärkte Leistung zu senden, was die

Akkulaufzeit reduziert. Wir empfehlen dann:

- Falls möglich, wechseln Sie den Standort. In Gebäuden ist der Empfang in Fensternähe oder in einem höheren Stockwerk meist besser.
- Befinden Sie sich längerfristig an einem Ort mit schlechtem Mobilfunkempfang, dann sollten Sie solange den Flugmodus aktivieren (sofern Sie weder telefonieren noch das Internet nutzen müssen). Den Flugmodus beschreibt Kapitel *5.5 Flugmodus (Offline-Modus)*.
- Vermeiden Sie Telefonate bei schlechtem Mobilfunkempfang. Nicht nur reduzieren Sie damit die Akkulaufzeit erheblich, sondern Sie setzen sich unnötigem Elektrosmog aus. Ein eindeutiger Einfluss von elektromagnetischen Wellen auf die Gesundheit wurde bisher allerdings trotz zahlreicher Studien nicht nachgewiesen.
- Alternativ: Sofern ein WLAN-Zugangspunkt vorhanden ist, fragen Sie nach dessen Zugangsdaten und verbinden Sie sich damit (siehe Kapitel *8 Internet einrichten und nutzen*). Telefonverbindungen erfolgen dann mittels WLAN-Call-Protokoll über die WLAN-Verbindung.

❶❷ Als Ergänzung zu den oben aufgeführten Maßnahmen können Sie auch selbst in die Energieverwaltung eingreifen: Öffnen Sie das Kontrollzentrum. Dort schalten Sie mit den Energiesparmodus ein/aus.

Die vom aktivem Energiesparmodus betroffenen Systemfunktionen:

- Es laufen nur die unbedingt benötigten Systemdienste des Betriebssystems im Hintergrund.
- Das Handy stoppt Synchronisierungen und GPS zur Akkuschonung. Als Folge erhalten Sie unter anderem keine Benachrichtigungen über neu vorliegende E-Mails.
- Alle im Hintergrund laufenden Programme werden angehalten.

Sie erreichen bei vollem Akku eine Laufzeit von ca. drei Tagen statt einem Tag.

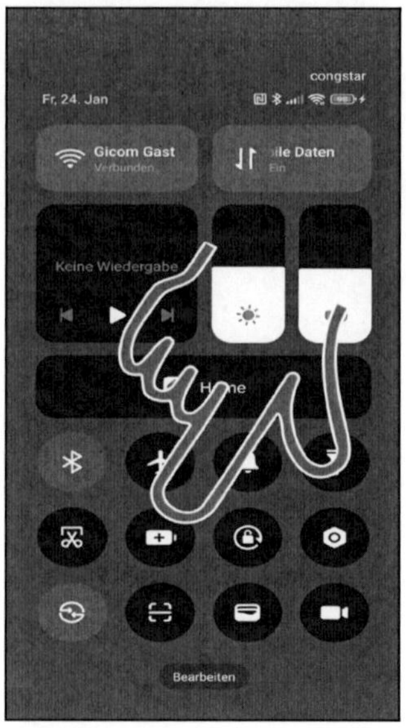

❶❷ Tippen und halten Sie den Finger auf für weitere Einstellungen:

Unter *Energiesparmodus*:

- *Bildschirm für Benachrichtigungen nicht aufwecken*: Bei ausgeschaltetem Bildschirm erfolgen keine Benachrichtigungen, beispielsweise über neu eingegangene E-Mails.
- *Dauerhaft eingeschalteten Bildschirm deaktivieren*: Schaltet das sogenannte »immer eingeschaltete Display« aus (siehe Kapitel *14.2.1 Inaktivitätsdisplay*).
- *Ausschalten wenn aufgeladen*: Macht in der Regel keinen Sinn.
- *Zeitpunkt festlegen um zwischen den Modi zu wechseln; Start; Ende*: Stellen Sie ein, wann der Energiesparmodus automatisch aktiv sein soll. Wir empfehlen dafür nachts, wenn Sie das Handy ohnehin nicht nutzen. Sofern Sie das Handy in der Nacht ohnehin immer laden, macht das natürlich keinen Sinn!

Unter *Ultra-Energiesparmodus* (diesen aktivieren Sie in den Einstellungen unter *Akku*):

- *Ausschalten, wenn aufgeladen*: Sobald der Handy-Akku auf 50 Prozent Kapazität gesunken ist, schaltet sich das Handy aus. Umgekehrt schaltet es sich aus, wenn der Ladevorgang abgeschlossen ist.

28.7 Screenshots (Bildschirmkopien)

In jeder Anwendung dürfen Sie einen Screenshot (Bildschirmkopie) erstellen, die Sie anschließend beispielsweise per E-Mail verschicken.

❶ Drücken Sie in der Anwendung, von der Sie einen Screenshot erstellen möchten, für einige Sekunden gleichzeitig die den Ein/Ausschalter und die Lautstärke-runter-Taste.

❷❸ Der Screenshot wird für einige Sekunden in der oberen rechten Bildschirmecke angezeigt. Tippen Sie darauf. Sie können das Bild nun bearbeiten beziehungsweise an Dritte versenden.

Die Screenshot-Bilder finden Sie im Gerätespeicher im Verzeichnis *DCIM\Screenshots*.

28.8 Handy zurücksetzen

Für den Fall, dass Sie Ihr Xiaomi nicht mehr nutzen und an einen Dritten weitergeben möchten, sollten Sie die darauf vorhandenen Daten löschen. Dieser Vorgang wird auch als »Zurücksetzen« bezeichnet.

Steigen Sie auf ein anderes Android-Handy um, so ist der Umzug Ihrer Daten (Termine, Kontakte, Browser-Lesezeichen, aus dem Play Store installierte Programme) auf das neue Gerät sehr einfach. Sie müssen sich nur auf dem neuen Handy mit dem gleichen Google-Konto anmelden, das Sie bei der Ersteinrichtung auf dem Xiaomi-Handy angelegt hatten. Das Google-Konto ist gleichzeitig auch die in Gmail (siehe Kapitel *9 Gmail*) genutzte E-Mail-Adresse.

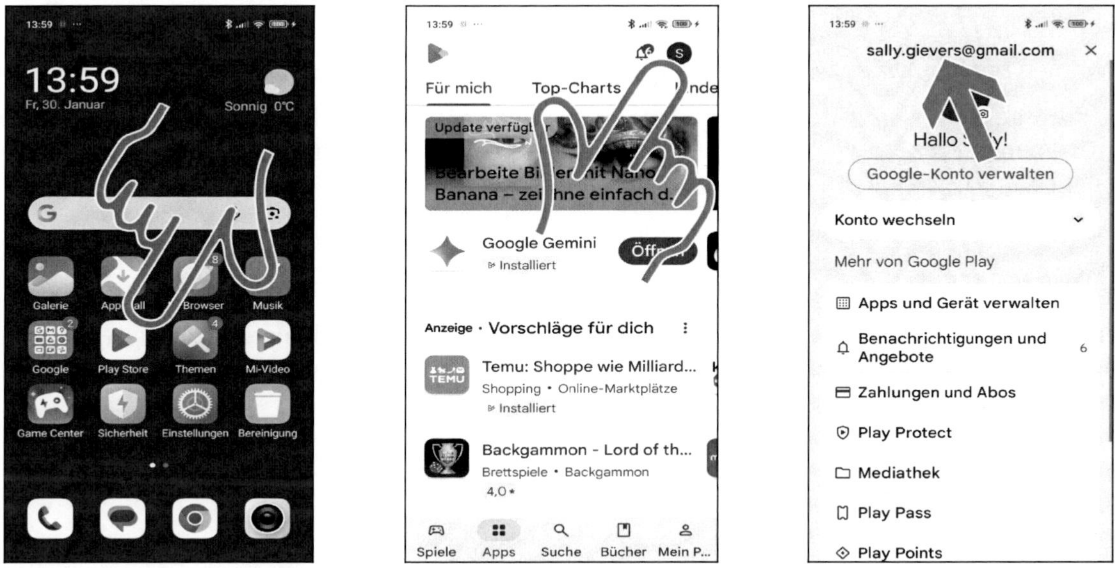

❶ So erfahren Sie, unter welchem Google-Konto Ihre Daten auf dem Xiaomi gespeichert werden: Rufen Sie eine beliebige Google-Anwendung – im Beispiel *Play Store* – auf.

❷❸ Tippen Sie auf das runde Kontosymbol, das Ihren Google-Konto-Namen (Pfeil) verrät.

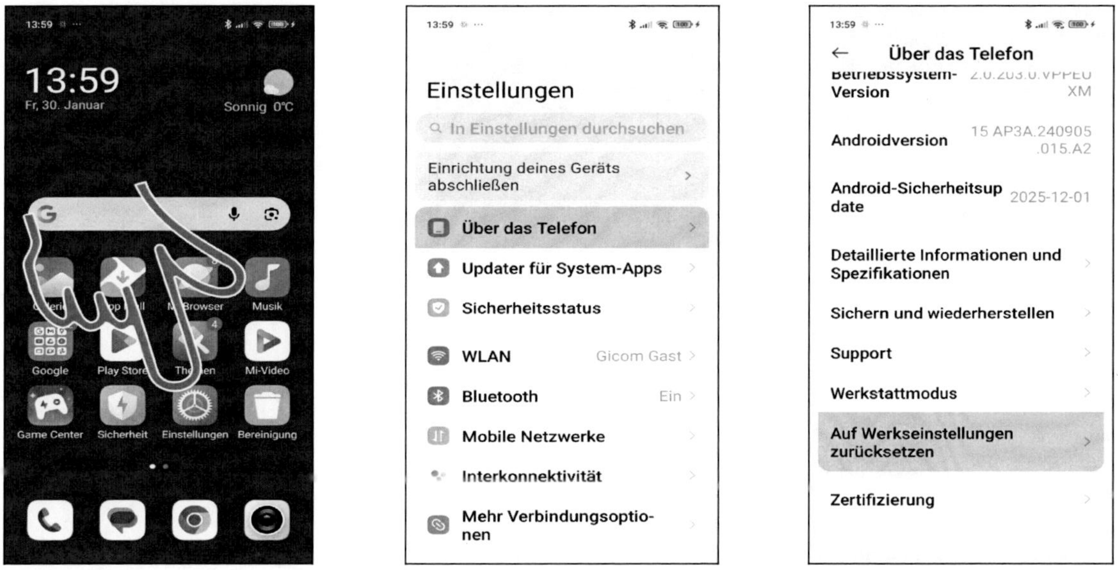

❶ Damit kommen wir zum Zurücksetzen. Rufen Sie dafür *Einstellungen* aus dem Startbildschirm auf.

❷❸ Wählen Sie *Über das Telefon/Auf Werkseinstellungen zurücksetzen*.

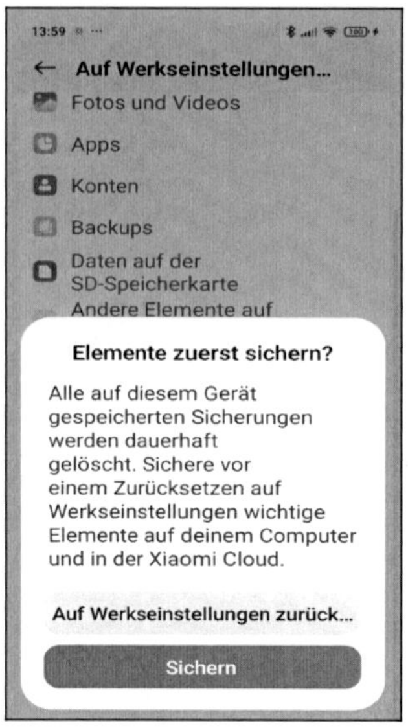

❶ Wählen Sie *Alle Daten löschen.*

❷ Und folgen Sie den Anweisungen, wobei Sie zwischen den Schritten aus Sicherheitsgründen immer einige Sekunden warten müssen, bevor Sie die nächste Schaltfläche betätigen können. Das Handy befindet sich anschließend im Auslieferungszustand.

28.9 Ordner

Ordner sind unter anderem nützlich, wenn man sehr viele Anwendungen auf dem Handy installiert hat. Man legt dann einfach mehrere Ordner im Startbildschirm an, worin man seine Anwendungen verschiebt.

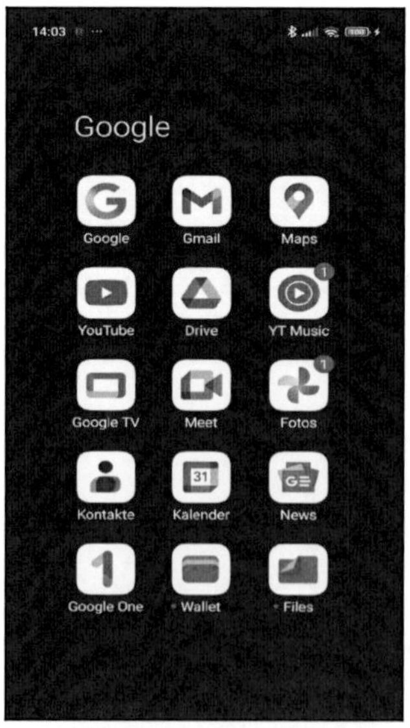

❶❷ Mit Ordnern haben Sie bereits in Form des *Google*- und *Tools*-Ordners Bekanntschaft gemacht.

28.9.1 Ordner anlegen und verwalten

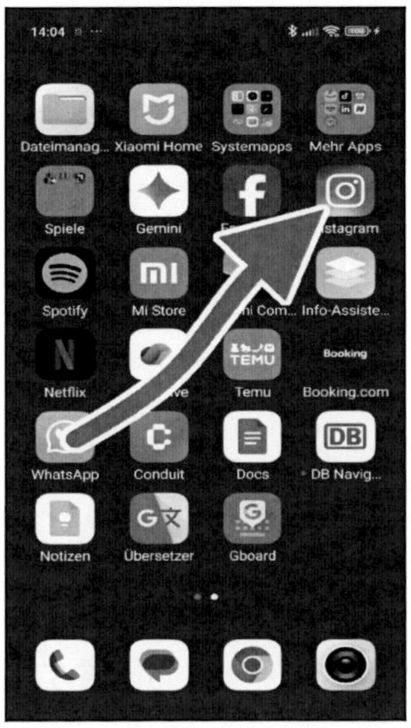

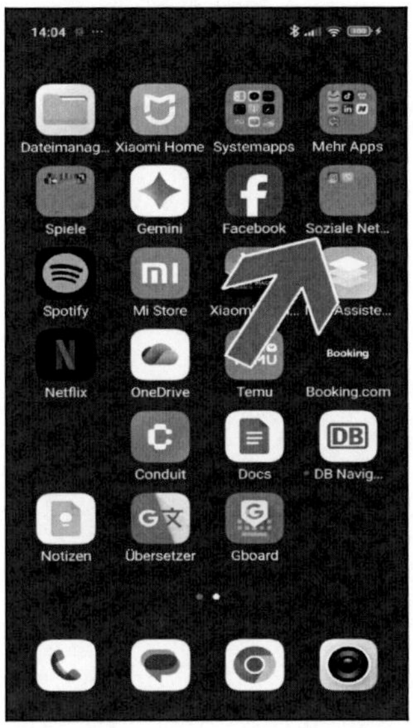

➊ In unserem Beispiel stellen wir unseren eigenen Ordner zusammen. Tippen und halten Sie den Finger auf ein Programm im Startbildschirm und ziehen Sie es auf ein weiteres. Lassen Sie sich bitte nicht davon irritieren, dass eventuell ein Kontextmenü angezeigt wird.

➋ Das Handy erstellt aus den beiden Programmen einen Ordner (Pfeil). Ziehen Sie bei Bedarf noch weitere Programme in den Ordner.

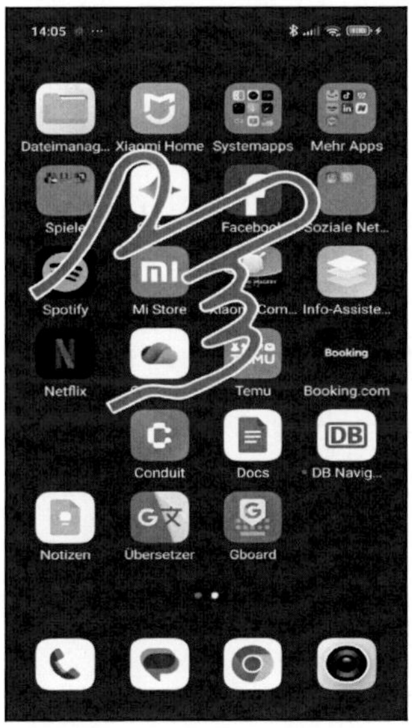

➊ Tippen Sie den Ordner an.

➋➌ Den Ordnernamen ändern Sie sehr einfach, indem Sie den Finger darauf halten, bis das Handy in den Editiermodus schaltet. Erfassen Sie den neuen Ordnernamen und bestätigen Sie mit *Fertig*.

Verschieben Sie den Ordner auf dem Startbildschirm, indem Sie den Finger darauf tippen und halten und dann an die gewünschte Position ziehen.

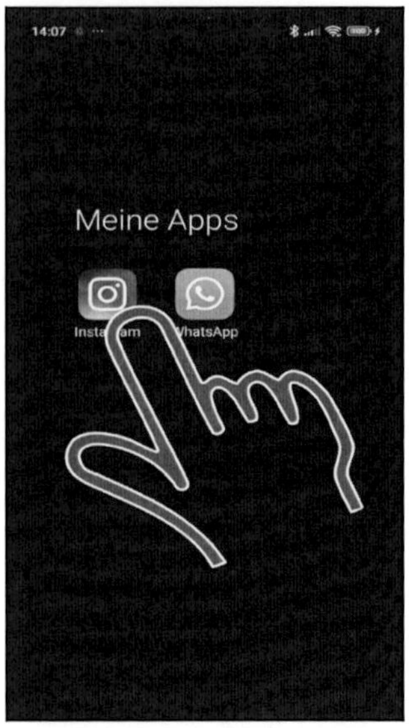

➊ Die Programme starten Sie mit Antippen. Zum Schließen des Ordners betätigen Sie die ◀-Taste oder tippen in einen Bildschirmbereich außerhalb des Ordners.

➋ So entfernen Sie ein Programm aus dem Ordner: Ziehen Sie es mit gedrücktem Finger aus dem Ordner. Lassen Sie dann das Programm an der gewünschten Position los.

28.10 Eigene Klingel- und Benachrichtigungstöne

Standardmäßig bietet das Handy nur eine kleine Auswahl an Klingel- und Benachrichtigungssignalen. Sie dürfen aber weitere Audiodateien (idealerweise im Format MP3) installieren.

Schließen Sie das Handy am PC an (siehe auch Kapitel *15 Gerätespeicher*). Wählen Sie als Gerät *Interner gemeinsamer Speicher* aus. Kopieren Sie die Audiodateien in ein beliebiges Verzeichnis.

Alternativ suchen Sie im Webbrowser (siehe Kapitel *10 Chrome-Webbrowser*) nach Klingeltönen (»ringtone download« oder »klingelton download«) und laden diese herunter.

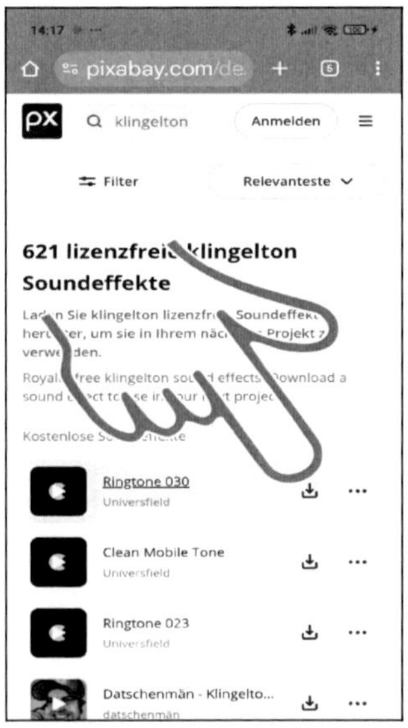

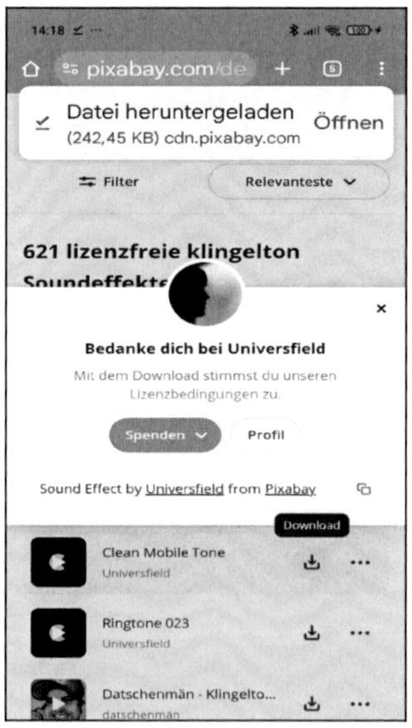

➊➋ Eine Menge Klingeltöne finden Sie auf *pixabay.com/de/sound-effects/search/klingelton.* Tippen Sie ⤓ hinter den Songs an, die dann heruntergeladen werden.

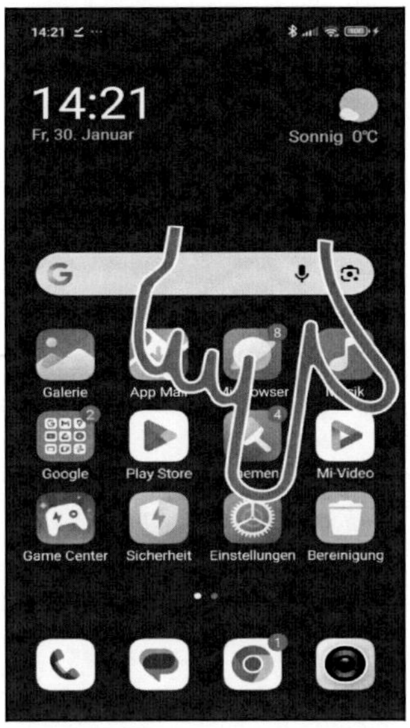

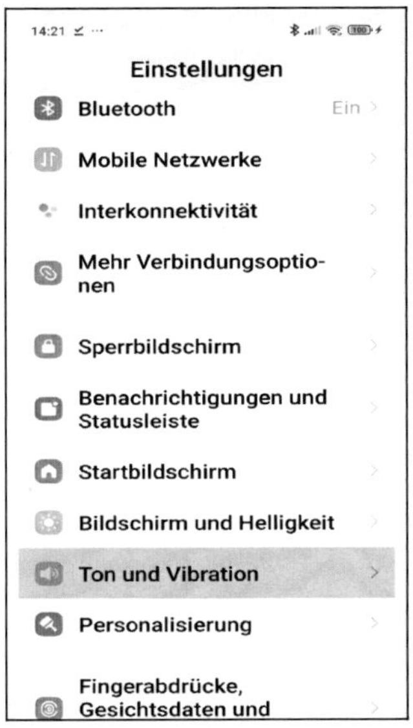

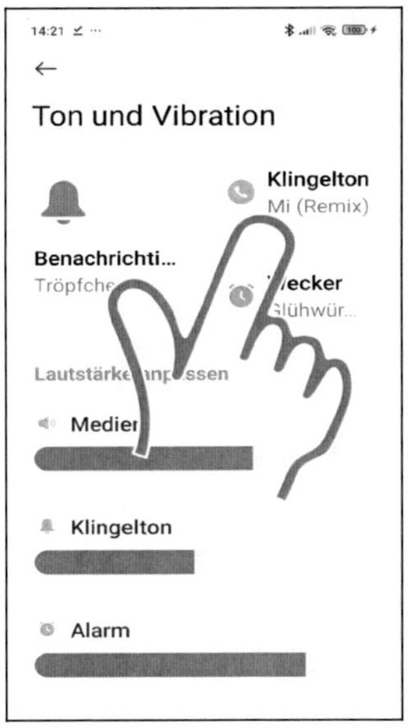

❶❷ Rufen Sie die *Einstellungen* auf und gehen Sie auf *Ton und Vibration.*

❸ Wählen Sie *Klingelton.*

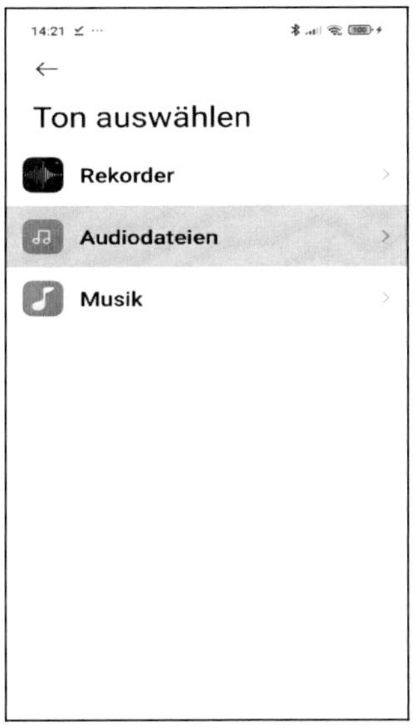

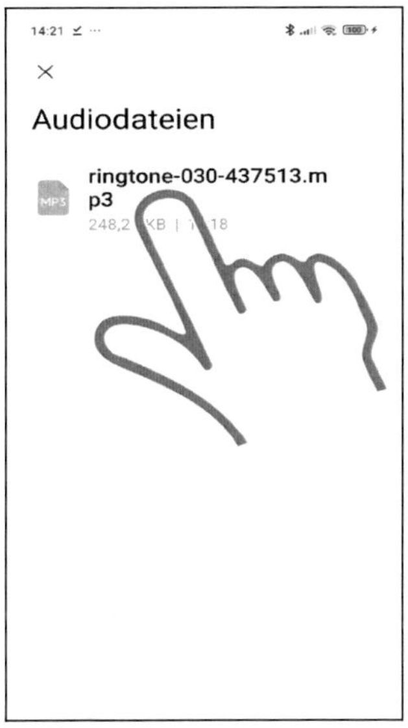

❶ Wählen Sie *Auf deinem Gerät gespeicherte.*

❷ Wählen Sie *Audiodateien* und schließen Sie das Popup mit *Vollen Zugriff erlauben.*

❸ Tippen Sie die Datei an, welche in die Klingeltonliste übernommen wird.

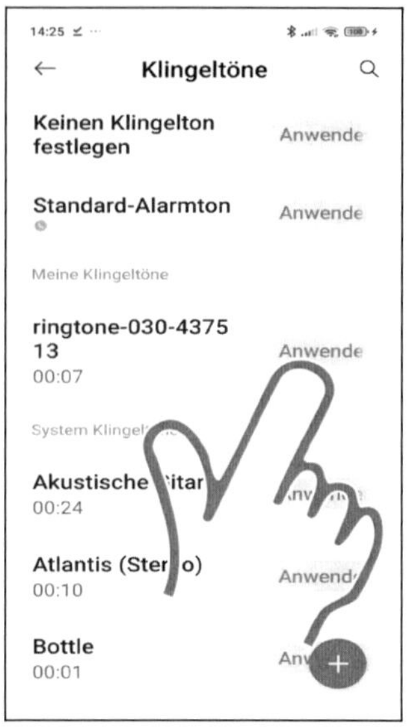

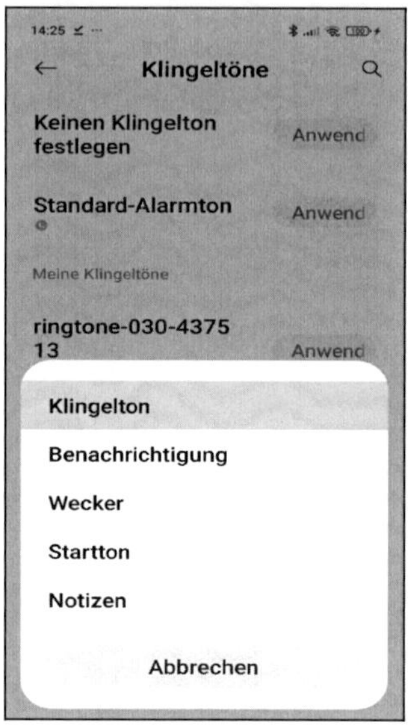

❶❷ Betätigen Sie hinter dem Klingelton *Anwenden* und dann *Klingelton*. Sie können nun den Bildschirm verlassen.

28.11 Dunkelmodus

Ihr Handy unterstützt den sogenannten »Dark Mode« (engl. »dunkler Modus), bei dem der Bildschirm invertiert wird.

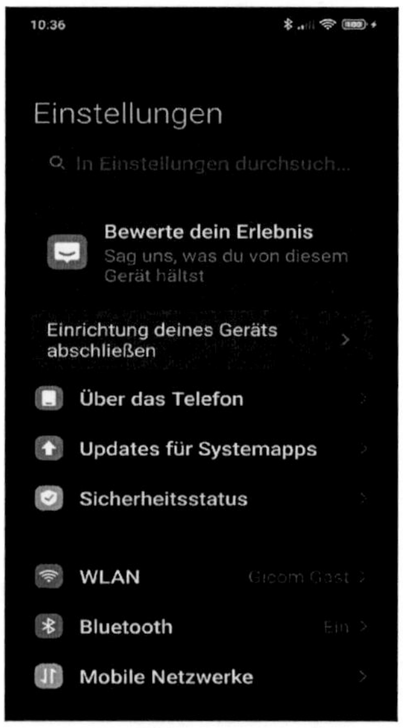

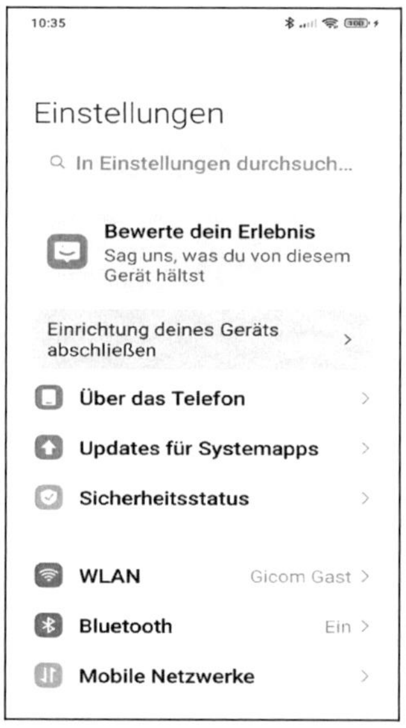

Aktiver (❶) und ausgeschalteter (❷) Dark Mode.

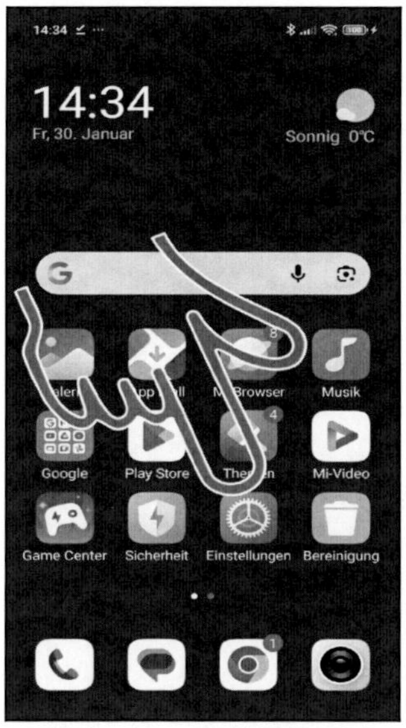

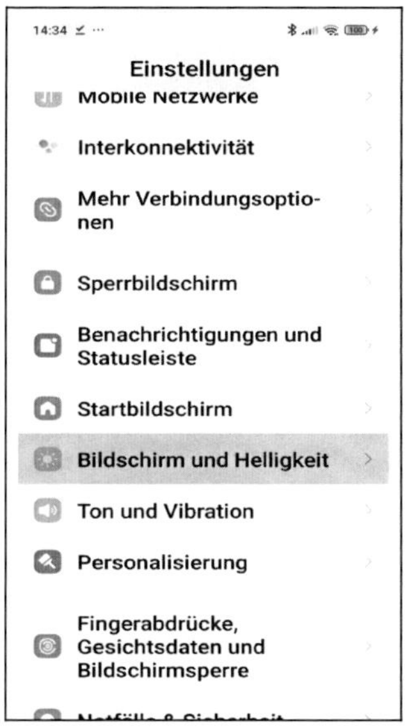

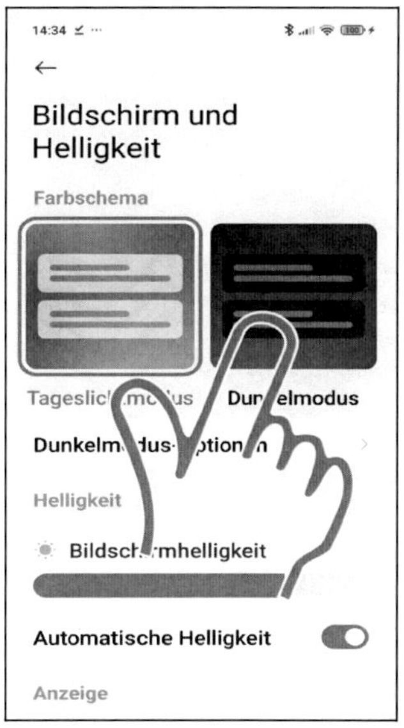

❶❷ So aktivieren Sie den Dunkelmodus: Rufen Sie die *Einstellungen* auf und gehen Sie auf *Bildschirm und Helligkeit.*

❸ Betätigen Sie die *Dunkelmodus*-Schaltfläche.

Bitte beachten Sie, dass nicht alle Apps auf Ihrem Smartphone den Dunkelmodus unterstützen oder die von Ihnen aktivierte Dunkelmodus-Einstellung berücksichtigen. Insbesondere betrifft dies einige Anwendungen von Xiaomi. Zusätzlich haben Sie die Möglichkeit, den Dunkelmodus direkt in bestimmten Apps separat zu aktivieren, wie beispielsweise in der Telefon- oder Chrome-Anwendung.

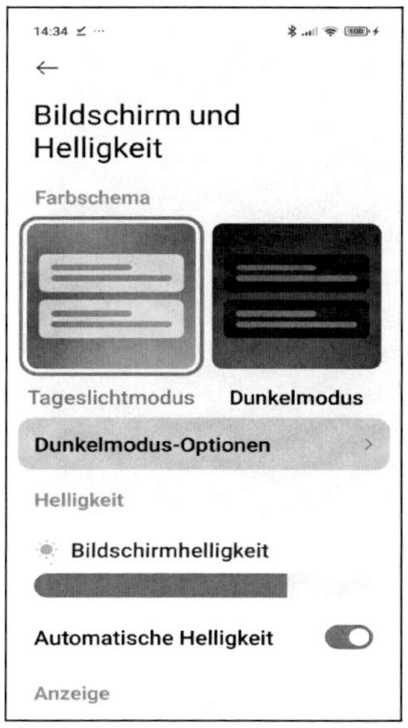

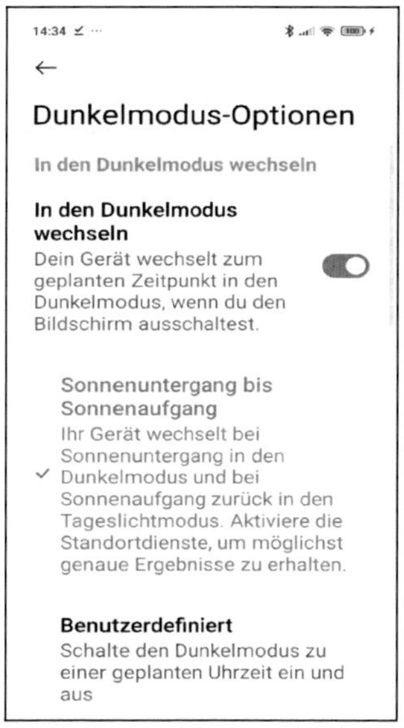

❶ Falls Ihnen die Umschaltung zwischen Hell- und Dunkelmodus zu umständlich ist, können Sie auf eine Automatik zurückgreifen. Dazu rufen Sie *Dunkelmodus-Optionen* auf.

❷❸ Aktivieren Sie *In den Dunkelmodus wechseln*, danach aktivieren Sie entweder *Sonnenuntergang bis Sonnenaufgang* oder legen mit *Benutzerdefiniert* die Umschaltzeiten fest.

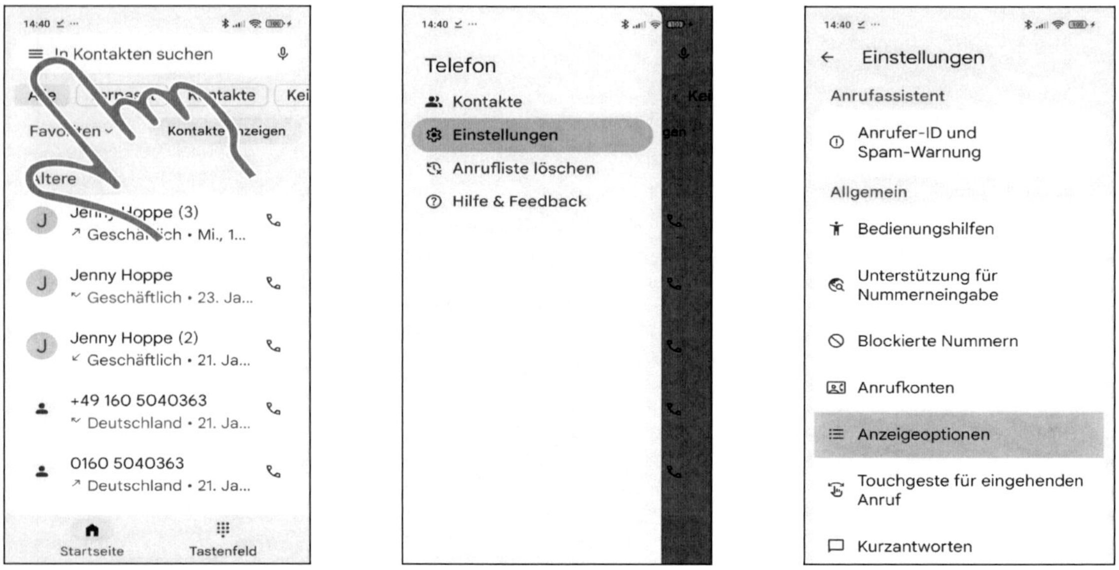

❶❷ Beispiel Dunkelmodus in der Telefonoberfläche (siehe Kapitel *5 Telefonie*): Rufen Sie hier in der Seitenleiste die *Einstellungen* auf.

❸ Gehen Sie auf *Anzeigeoptionen.*

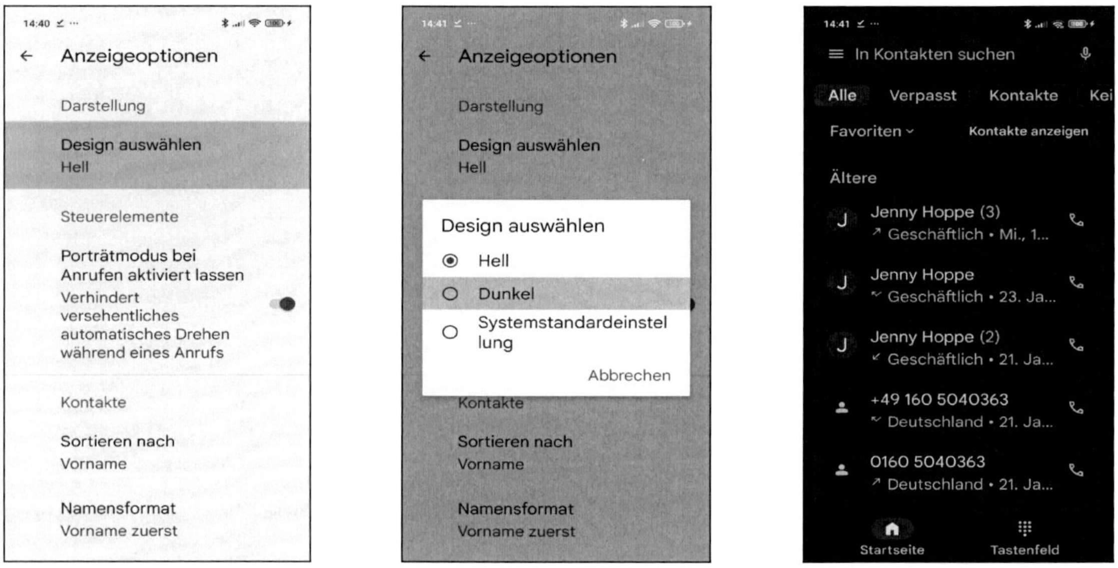

❶ Rufen Sie *Design auswählen* auf.

❷ Wählen Sie hier *Dunkel* aus.

❸ Die Telefonoberfläche erscheint nun invertiert, was die Bedienung in der Dunkelheit erleichtert.

28.12 Das Speicherlimit von Google

Vorweg gesagt: Falls Sie Ihr Handy hauptsächlich zum Telefonieren nutzen, müssen Sie sich nicht mit diesem Kapitel auseinander setzen. Verwenden Sie dagegen intensiv Gmail für Ihre E-Mails (siehe Kapitel *9 Gmail*) oder erstellen Sie viele Fotos/Videos mit der Kamera-Anwendung (siehe Kapitel *17 Kamera*), dann müssen Sie sich dagegen früher oder später mit dem Speicherplatz beschäftigen.

Zusammen mit Ihrem Google-Konto (siehe Kapitel *13 Das Google-Konto*) erhalten Sie 15 GB (Gigabyte) Speicherplatz auf den Google-Servern. Dieser wird von allen Google-Anwendungen (Gmail, Kontakte, Google Fotos, Google Maps, Chrome-Webbrowser, Google Drive…) auf Ihrem Handy genutzt.

Achtung: Es ist zu unterscheiden zwischen dem **Gerätespeicher**, der bei Ihrem Handy 128, 256 oder 512 GB (Gigabyte) beträgt und dem **Speicherplatz Ihres Google-Kontos auf den Google-**

Servern.

Die Datenspeicherung auf den Google-Servern läuft permanent automatisch im Hintergrund ab, weshalb Sie sich nicht damit beschäftigen müssen. Für Sie hat dies den angenehmen Effekt, dass Ihre Daten nicht verlorengehen können. Wenn Sie beispielsweise Ihr Handy verlieren oder es kaputt geht, kaufen Sie einfach ein neues und melden sich dort mit Ihrem Google-Konto bei der Ersteinrichtung an. Die Daten werden dann automatisch auf dem Handy wieder hergestellt.

Übrigens ist auch der Betrieb von mehreren Handys/Tablets mit einem Google-Konto möglich. Einzige Voraussetzung: Alle Geräte müssen Android als Betriebssystem verwenden. Wenn Sie nun auf einem Gerät beispielsweise einen neuen Kontakt im Telefonbuch anlegen, erscheint dieser auch auf allen anderen Geräten. Nicht unterstützt werden vom Google-Konto die Anwendungen von Dritten, die Sie aus dem Play Store installiert haben.

Wie erwähnt, stehen für Ihre Daten 15 GB (Gigabyte) Speicher zur Verfügung, die sich alle Google-Anwendungen teilen.

28.12.1 Speicherplatzinfo

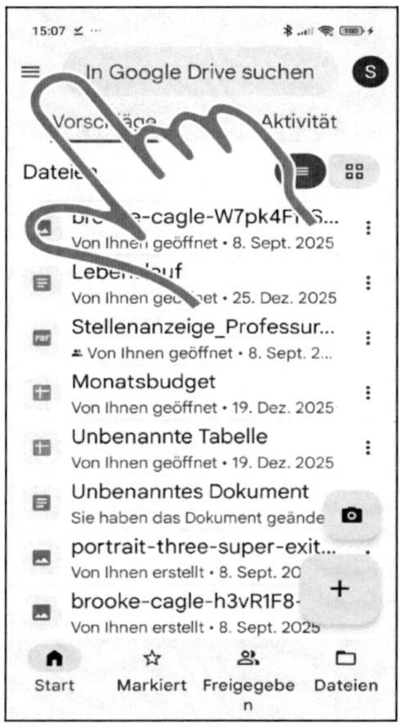

❶❷ So überprüfen Sie, wieviel Speicher im Google-Konto belegt ist: Im Startbildschirm gehen Sie auf *Google* und rufen *Drive* auf.

❸ Öffnen Sie die Seitenleiste (Ausklappmenü).

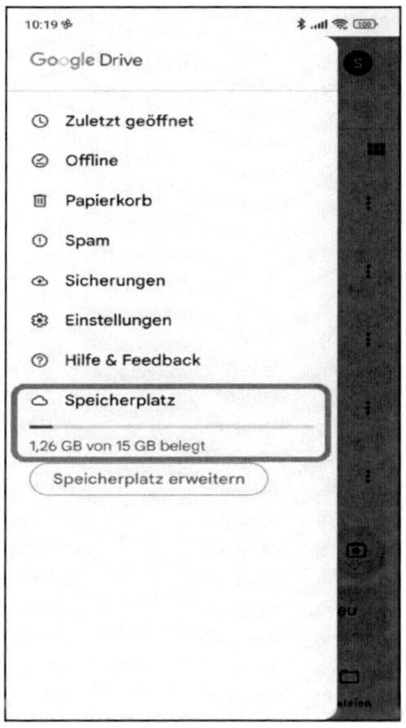

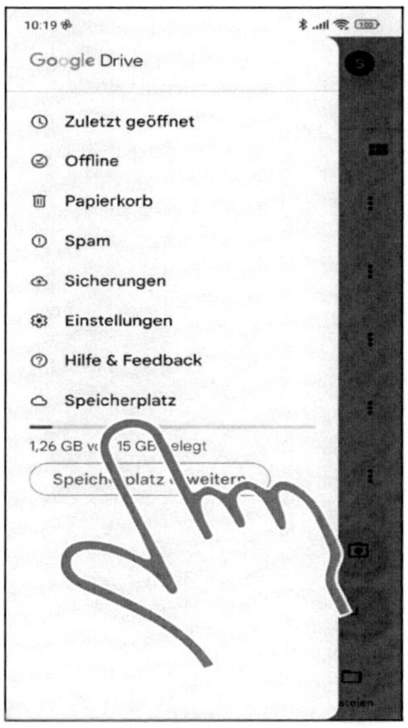

❶ In unserem Beispiel ist der Google-Speicher bereits zu 1,26 GB belegt.

❷❸ Antippen des Speicherhinweises öffnet eine Übersicht, in der Google die Anwendungen mit ihrem Speicherverbrauch auflistet.

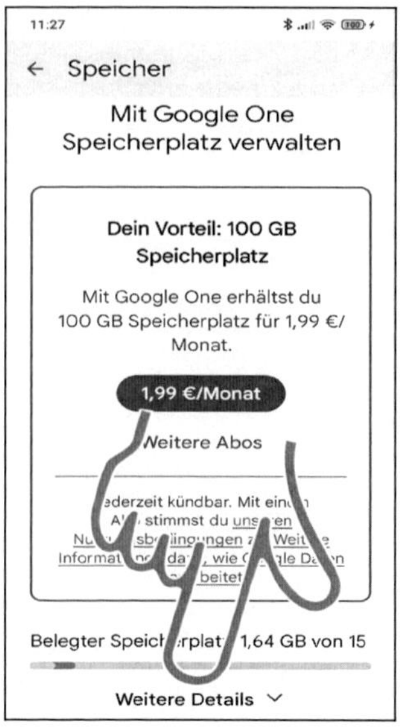

➊➋ Gehen Sie auf *Weitere Details* für eine Speicherverbrauchsauflistung nach Anwendungen.

Unser Tipp: Damit Sie niemals in Speicherplatznöte beim Google-Konto geraten, sollten Sie nicht mehr benötigte E-Mails in Gmail (siehe Kapitel *9 Gmail*) immer sofort nach Kenntnisnahme löschen. Insbesondere E-Mails mit Dateianhängen (siehe Kapitel *9.1.2 Dateianlagen*) sind richtige Speicherfresser! Verzichten Sie auf die im Kapitel *9.2.3 Archivieren* vorgestellte Funktion.

28.12.2 Google One

Für die wenigsten Anwender dürfte das Angebot der hier vorgestellten Speicherplatzerweiterung Sinn machen: Zu Preisen zwischen 1,99 bis 9,99 Euro pro Monat lässt sich der Google-Speicherplatz auf 100 GB bis 2000 GB erweitern.

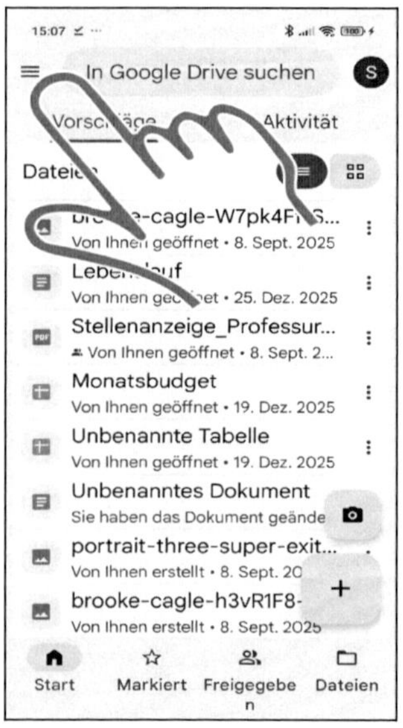

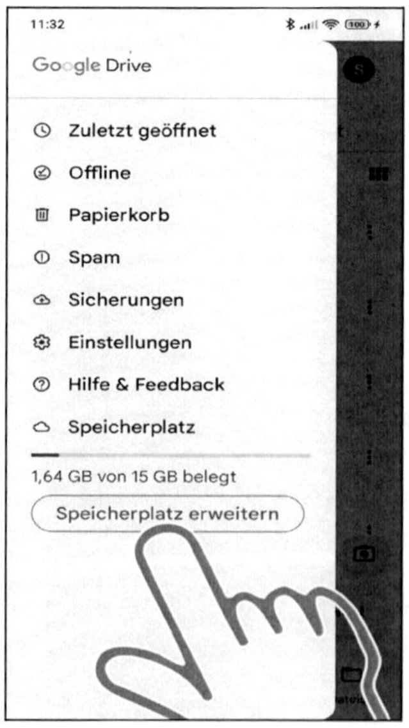

➊ Rufen Sie, wie im vorherigen Kapitel beschrieben, Google Drive auf und öffnen Sie das Ausklappmenü.

➋ Gehen Sie auf *Speicherplatz erweitern.*

➌ Wählen Sie einen Tarif und danach die Zahlungsmethode aus.

28.12.3 Speicherfunktion von Google Fotos ausschalten

Neben dem im Kapitel *18 Galerie* beschriebenen Bildanzeiger ist auf Ihrem Handy auch die Anwendung »Google Fotos« vorinstalliert. Wir haben auf eine Beschreibung von Google Fotos in diesem Buch verzichtet, weil das Programm keinen Mehrwert im Vergleich zur Galerie-Anwendung bietet. Wenn Sie möchten, können Sie Google Fotos natürlich trotzdem nutzen. Wichtig ist dann aber, die automatische Speicherung im Google-Konto zu deaktivieren.

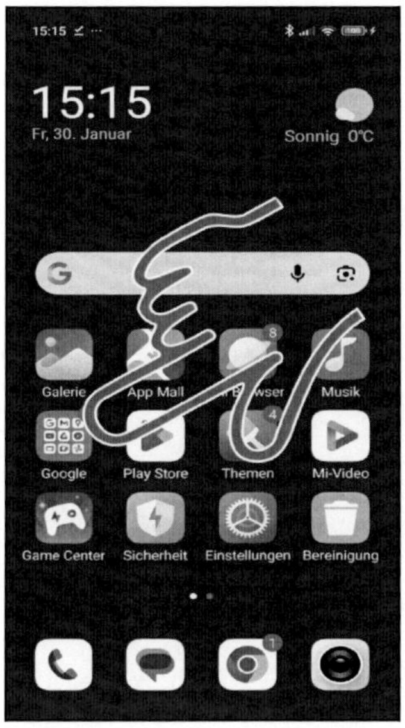

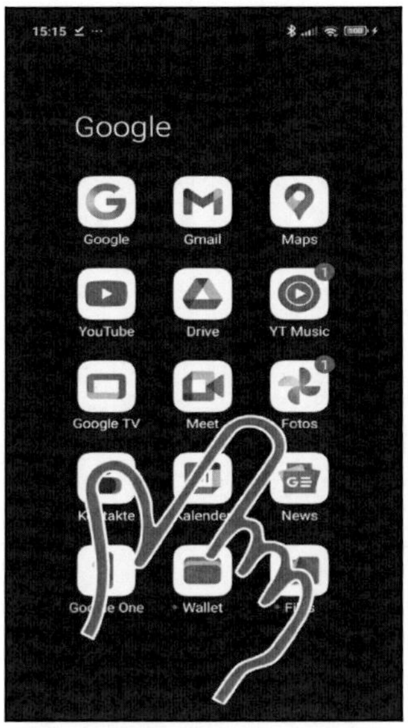

➊➋ Sie rufen Google Fotos im *Google*-Ordner unter *Fotos* auf.

➌ Sofern Sie das Programm zum ersten Mal nutzen, erscheint ein Popup, das Sie mit *Nicht sichern* schließen.

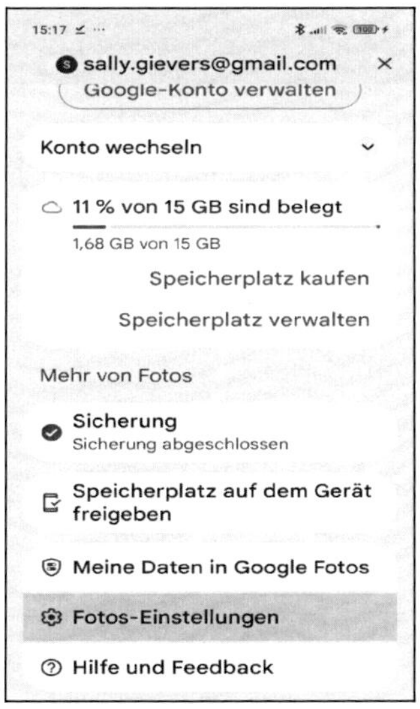

➊ Tippen Sie in Google Fotos auf das runde Kontosymbol.

➋ Wählen Sie *Fotos-Einstellungen.*

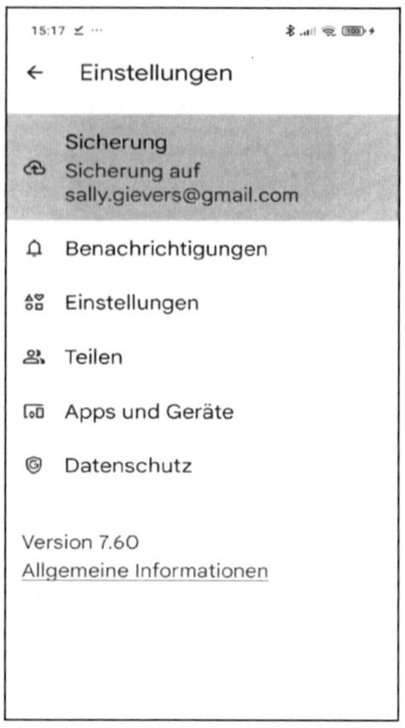

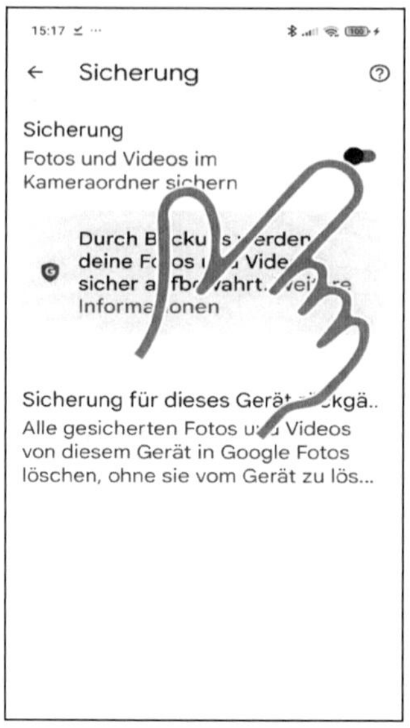

❶ Gehen Sie auf *Sicherung.*

❷ Deaktivieren Sie *Sicherung*, sofern es aktiv ist.

28.13 Mehrere SIM-Karten gleichzeitig nutzen

Die Verwendung von zwei SIM-Karten in einem Handy (Dual-SIM-Funktion) macht unter Umständen Sinn:

- Berufliche und private Trennung: Nutzung einer SIM-Karte für berufliche Zwecke und der zweiten für private Kommunikation. So lassen sich Arbeit und Privatleben leichter trennen, ohne zwei Geräte mit sich führen zu müssen.
- Nutzung im Ausland: Kaufen Sie an Ihrem Aufenthaltsort eine lokale SIM-Karte, um Roaming-Kosten zu sparen. Beachten Sie, dass im EU-Ausland nur die in Deutschland üblichen Kosten anfallen, also keine zweite Karte nötig ist. Sie haben im EU-Ausland darüber hinaus mit Ihrer deutschen SIM-Karte einen besseren Empfang, weil alle lokalen Mobilnetzbetreiber genutzt werden. Das ist bei einer lokal gekauften SIM-Karte nicht der Fall.
- Netzabdeckung optimieren: Manche Netzbetreiber haben in bestimmten Regionen eine bessere Abdeckung als andere. Mit zwei SIM-Karten können Sie flexibel auf das Netz mit der besten Verbindung umschalten.
- Besonders im beruflichen Bereich kann die Back-up-Option nützlich sein: Falls ein Netzbetreiber Störungen hat oder kein Netz verfügbar ist, bleiben Sie über die zweite SIM-Karte erreichbar.

Sofern Sie ein Redmi Note 15 Pro+ 5G und Redmi Note 15 Pro 5G besitzen und eine zweite SIM-Karte verwenden möchten, empfehlen wir den Ewerb einer eSIM. Diese lässt sich leicht einrichten (wir gehen darauf während der Einrichtung im Kapitel *3 Erster Start* ein).

Eine physikalische zweite SIM-Karte legen Sie genauso ein, wie im Kapitel *2.3 Die SIM-Karte* beschrieben.

Im Folgenden beschreiben wir die Nutzung einer eSIM zusammen mit einer normalen SIM-Karte.

Bitte beachten Sie, dass wir an dieser Stelle nicht auf alle Besonderheiten der eSIM eingehen können. Die meisten Funktionen dürften aber selbsterklärend sein.

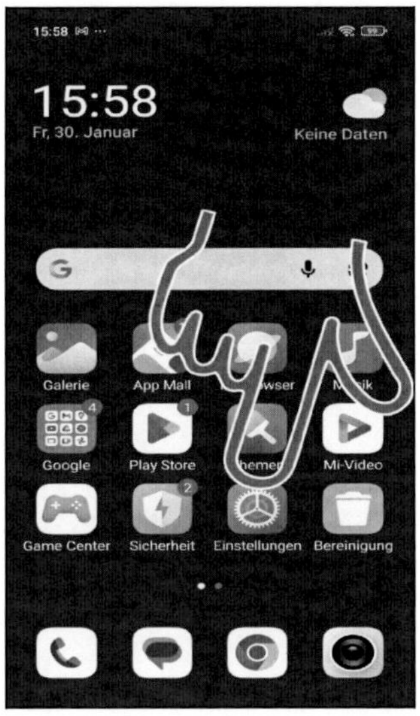

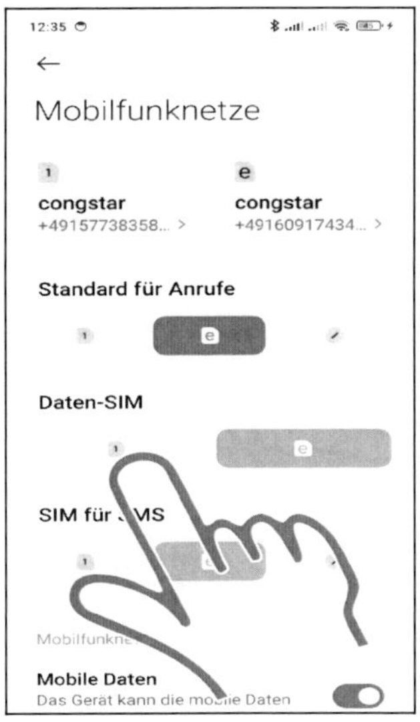

❶❷ Rufen Sie die *Einstellungen* im Startbildschirm auf und gehen Sie auf *Mobile Netzwerke.*

❸ In unserem Beispiel sind bereits zwei SIM-Karten – normale SIM und eSIM – aktiv. Legen Sie über die Schaltflächen fest, welche SIM-Karte standardmäßig für Anrufe, für das mobile Internet und SMS verwendet wird.

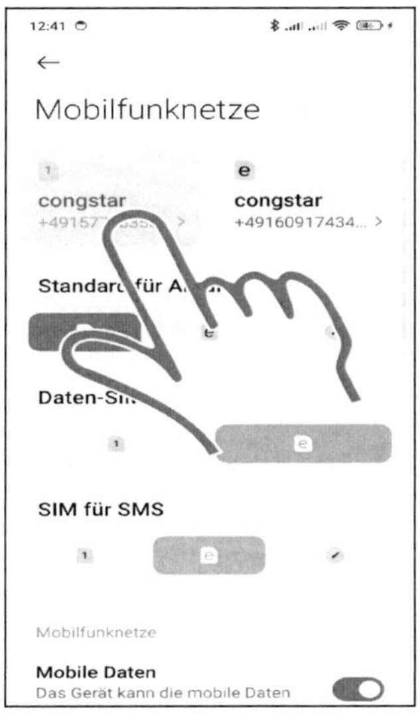

❶❷ Eine gerade nicht benötigte SIM-Karte deaktivieren Sie einfach, indem Sie sie antippen und dann *Einschalten* deaktivieren.

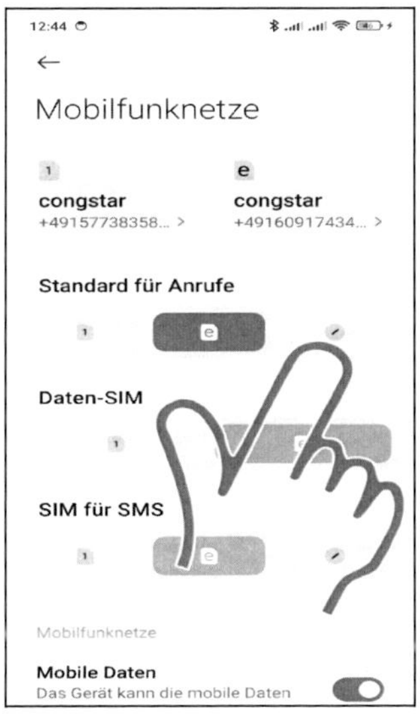

❶❷ Sie möchten vor jedem Anruf die verwendete Rufnummer (SIM-Karte) auswählen? Dann aktivieren Sie ❷.

❸ Das Handy fragt Sie nun bei jedem Anruf, nach der zu verwendenden Rufnummer beziehungsweise SIM-Karte.

28.13.1 eSIM verwalten

Nur für die Modelle Redmi Note 15 Pro+ 5G und Redmi Note 15 Pro 5G.

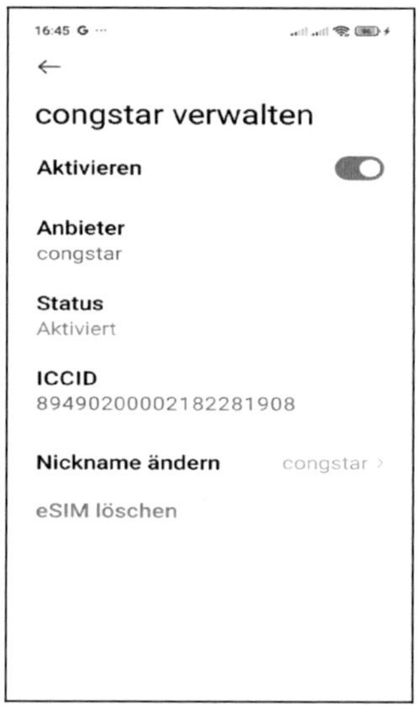

❶ Rufen Sie *eSIM verwalten* auf.

❷ Tippen Sie den Netzbetreiber an (Pfeil).

❸ Die Funktionen:

- *congstar* (Netzbetreiber) öffnet ein Menü, in dem Sie die eSIM temporär deaktivieren oder vom Gerät löschen (❸).
- *eSIM hinzufügen*: Eine weitere eSIM hinzufügen oder von einem anderen Handy übernehmen.
- *eSIMs entdecken*: Sucht und initialisiert möglicherweis bereits im Handyspeicher vorhandene eSIMs.
- *Übertrage die eSIM von einem anderen Gerät*: Das Prozedere für die Übertragung ist meist umständlicher als das Neubeantragen einer eSIM.

Eine vom Gerät gelöschte eSIM ist dauerhaft verloren, das heißt, Sie müssen Sie vor erneuter Verwendung neu bei Ihren Mobilnetzbetreiber anfordern. Dies ist in der Regel kostenlos.

❶ So fügen Sie eine eSIM hinzu beziehungsweise aktivieren sie auf dem Handy: Gehen Sie auf *eSIM verwalten.*

❷ Rufen Sie eSIM *hinzufügen* auf. Scannen Sie den bereitgestellten QR-Code oder geben Sie den Code von Hand ein.

❸ Schließen Sie den Vorgang mit *Hinzufügen* ab.

28.14 Datenschutzeinstellungen

In den letzten Jahren wurde weltweit das Datensammeln der Softwarebranche durch diverse Gesetze immer mehr eingeschränkt. Was für die Privatsphäre auf der einen Seite zu begrüßen ist, hat auf der anderen Seite negative Auswirkungen auf den Bedienkomfort.

Beispiel: Google darf die in den Telefonbuch-Kontakten hinterlegten Geburtstage nicht einfach in den Kalender als Termine übernehmen. Ebenso dürfen Suchwörter aus der Google-Suche nicht für Empfehlungen im Kartendienst Google Maps oder in YouTube verwendet werden.

Über die »Meine Aktivitäten«-Seite legen Sie selbst fest, welche Daten Google zwischen seinen Diensten austauschen darf.

❶ Rufen Sie in einem Webbrowser die Webadresse *myactivity.google.com/linked-services* auf (Sie dürfen dazu auch den Browser auf einem PC nutzen, was einfacher ist – Sie müssen sich dann aber mit Ihrem Google-Konto anmelden).

❷ Aktivieren Sie alle Dienste, die Daten untereinander austauschen dürfen. In der Regel dürften das alle sein, was Sie mit einem Haken beim ersten Eintrag erledigen.

❸ Blättern Sie nun mit einer Wischgeste durch den Bildschirm und gehen Sie *Weiter.* Auf der folgenden Seite betätigen Sie *Bestätigen*.

29. Stichwortverzeichnis

Sie haben im Stichwortverzeichnis nicht gefunden, was Sie suchen? Dann empfehlen wir Ihnen das Herunterladen des PDF-Ebooks (siehe Seite 3). Alle PDF-Anzeigeprogramme bieten eine Volltextsuchfunktion!

30. Weitere Bücher des Autors

Vom Technik-Journalisten Rainer Gievers sind zahlreiche Bücher zum Thema Mobile Computing erschienen. Eine Übersicht finden Sie auf *www.das-praxisbuch.de*. Sie erhalten die Bücher bei Ihrem lokalen Buchhändler oder über Online-Shops der großen Buchketten.

Sie möchten wissen, ob es vom Autor ein Buch zu Ihrem Handy gibt? Dann nutzen Sie bitte die Suchfunktion unter der Webadresse *www.das-praxisbuch.de/suche.*

Allgemeine Themen

- Das Praxisbuch Chromebook (Ausgabe 2026/27)
- Das Praxisbuch Google-Anwendungen (Ausgabe 2026/27)
- Das Praxisbuch Amazon Alexa & Echo (Ausgabe 2026/27)
- Das Praxisbuch Internet mit dem Android-Handy (Ausgabe 2026/27)
- Das Praxisbuch KI-Schnellstart

Samsung Galaxy A-Serie:

- Samsung Galaxy A16 5G
- Samsung Galaxy A17 5G
- Samsung Galaxy A25 5G
- Samsung Galaxy A26 5G
- Samsung Galaxy A35 5G
- Samsung Galaxy A36 5G
- Samsung Galaxy A55 5G
- Samsung Galaxy A56 5G

Samsung Galaxy S-Serie:

- Samsung Galaxy S24 / S24+ / S24 Ultra
- Samsung Galaxy S24 FE
- Samsung Galaxy S25 / S25+ / S25 Ultra
- Samsung Galaxy S25 Edge
- Samsung Galaxy S25 FE

Google Pixel:

- Google Pixel 8 & 8 Pro
- Google Pixel 8a
- Google Pixel 9 & Pixel 9 Pro/XL
- Google Pixel 9a
- Google Pixel 10 & Pixel 10 Pro/XL

Stand: 01/2026